suhrkamp taschenbuch
wissenschaft 1678

W0229719

Fühlen, Denken, Handeln ist eine Weiterführung des erfolgreichen Buches *Das Gehirn und seine Wirklichkeit* und befasst sich aus Sicht der Hirnforschung mit der Frage, wer oder was in uns unser Verhalten bestimmt. Dargestellt wird, wie Gefühle im Gehirn entstehen und wie sie unser Denken, Erinnern und Handeln beeinflussen. Zugleich wird aufgezeigt, wie sich das Ich und die Persönlichkeit ausbilden und inwieweit Charakter und Persönlichkeit im Erwachsenenalter grundlegend veränderbar sind. Von besonderer Bedeutung ist die Frage, in welchem Maße unser Tun bewusst oder unbewusst gesteuert wird und wir Einsicht in die Antriebe unseres Handelns haben. Ist das Ich »Herr im Hause«? Was haben Hirnforschung und experimentelle Psychologie zur Funktion des Willens und zur Willensfreiheit zu sagen?

Ziel des Buches ist es, die Umrisse eines neuro- und kognitionswissenschaftlich begründeten Menschenbildes zu präsentieren, das die Grundlage zu einem offenen und toleranten Gespräch mit den Sozial- und Geisteswissenschaften über das »Wesen des Menschen« bilden kann. Die für die Lektüre wichtigen neurobiologischen Zusammenhänge werden verständlich vermittelt, mit einem philosophie- und begriffsgeschichtlichen Hintergrund versehen und durch zahlreiche Abbildungen erläutert.

Gerhard Roth, geboren 1942 in Marburg, ist Professor für Verhaltensphysiologie an der Universität Bremen und Rektor des Hanse-Wissenschaftskollegs in Delmenhorst.

Im Suhrkamp Verlag erschienen: *Das Gehirn und seine Wirklichkeit. Kognitive Neurobiologie und ihre philosophischen Konsequenzen*, 1994 (stw 1275); *Aus Sicht des Gehirns*, 2003 (stw 1915); *Willensfreiheit und rechtliche Ordnung* (stw 1833, hg. zusammen mit Ernst-Joachim Lampe und Michael Pauen) und *Freiheit, Schuld und Verantwortung* (eu 12, zusammen mit Michael Pauen).

Gerhard Roth
Fühlen, Denken, Handeln

Wie das Gehirn
unser Verhalten steuert

Neue, vollständig
überarbeitete Ausgabe

Suhrkamp

Bibliografische Information der Deutschen Nationalbibliothek
Die Deutsche Nationalbibliothek verzeichnet diese Publikation
in der Deutschen Nationalbibliografie;
detaillierte bibliografische Daten sind im Internet über
http://dnb.d-nb.de abrufbar.

suhrkamp taschenbuch wissenschaft 1678
Erste Auflage 2003
© Suhrkamp Verlag Frankfurt am Main 2001
Suhrkamp Taschenbuch Verlag
Satz: jürgen ullrich typosatz, Nördlingen
Druck: Druckhaus Nomos, Sinzheim
Printed in Germany
Umschlag nach Entwürfen von
Willy Fleckhaus und Rolf Staudt
ISBN 978-3-518-29278-5

5 6 7 8 9 10 – 14 13 12 11 10 09

Inhalt

Vorwort zur überarbeiteten Auflage

Das vorliegende Taschenbuch ist eine überarbeitete und erweiterte Version des im Jahre 2001 erschienenen Buches. Dessen Erfolg hat Verlag und Autor überrascht und sie dazu bewogen, die vorliegende Taschenbuchausgabe früher als geplant herauszubringen.

Ich habe bei der Überarbeitung die Grundstruktur des Buches beibehalten, jedoch einige Kapitel stark überarbeitet. Dies gilt für das 7. Kapitel »Das Bewusste und das Unbewusste«, dessen erster Teil weitgehend neu geschrieben ist, und für das 10. Kapitel »Starke Gefühle«, dem zwei Teile hinzugefügt wurden, nämlich »Schmerz« und »Sexualität, Verliebtsein und Liebe«; der Teil »Aggression und Gewalt« wurde weitgehend neu geschrieben. Dies gilt auch für das 15. Kapitel »Willensfreiheit, Determinismus und Autonomie« und das letzte Kapitel »Zusammenfassung und Ausblick: Ein neues Menschenbild?«

Im 15. Kapitel habe ich mich bemüht, die begriffliche Vielfalt und den philosophiegeschichtlichen Hintergrund des Problemkomplexes »Willensfreiheit« ausführlicher darzustellen. Mir ist aber klar, dass ich dieses zurzeit in der Öffentlichkeit intensiv diskutierte Thema keineswegs erschöpfend behandelt habe, mein Standpunkt dürfte aber gegenüber der ersten Version dieses Kapitels noch klarer geworden sein.

Im 16. Kapitel bin ich in der gebotenen Kürze auf gegenwärtige Diskussionen in den Sozialwissenschaften eingegangen, insbesondere hinsichtlich einer Rückbesinnung auf den überwunden geglaubten Individualismus, der im Zusammenhang mit der »Nutzentheorie« interessante Anknüpfungspunkte für ein Gespräch zwischen Neuro- und Kognitionswissenschaften und den Sozialwissenschaften bildet. Sehr zu bedauern ist, dass dieser wichtige Dialog immer noch nicht in Gang gekommen ist.

Um diesen Prozess zu beschleunigen, präsentiere ich hier vorab meine Kernthese zum Verhältnis der biologischen und der gesellschaftlichen Natur des Menschen: Die gesellschaftliche Natur des Menschen ergibt sich aus seiner (neuro)biologischen Natur und nicht umgekehrt, und deshalb ist die gesellschaftliche Natur des Menschen ohne die (neuro)biologische nicht verständlich. Nur weil der Mensch über angeborene Mechanismen verfügt, die ihn biologisch, psychisch und kommunikativ an andere Menschen binden, gibt es eine menschliche Gesellschaft.

Dem Buch hinzugefügt wurden drei Exkurse »Das Geist-Gehirn-Problem: Gelöst? Lösbar? Unlösbar?«, »Neurobiologie und Psychoanalyse. Oder: Hatte Freud Recht?« und »Freier Wille, Verantwortlichkeit und Schuld«, die alle neu geschrieben wurden, und in denen ich versucht habe, das jeweils zuvor Gesagte in lockerer Form weiterzuführen. Allerdings bedarf das Thema des zweiten Exkurses einer ausführlichen und tieferen Behandlung, für die aber aus akutem Mangel an empirischen Untersuchungen die Zeit noch nicht reif ist. Die Begründung einer umfassenden »Psycho-Neurowissenschaft« wird eines der großen Themen zukünftiger Wissenschaft sein.

Ansonsten habe ich an zahlreichen Stellen neue Literatur verarbeitet und versucht, Fehler auszumerzen und den Text lesbarer und verständlicher zu machen. Dem nicht einschlägig vorgebildeten Leser bleibt jedoch die Mühe des langsamen Durcharbeitens nicht erspart. Einige neue Abbildungen sind hinzugekommen.

Ich danke allen Lesern, die mir in großer Zahl nützliche Kommentare und Korrekturvorschläge zugesandt haben, und bitte die Mehrzahl von ihnen um Entschuldigung dafür, dass ich entweder nur knapp oder gar nicht geantwortet habe. Eine sorgfältige Stellungnahme hätte die kurz bemessene Zeit zwischen meinen dienstlichen Verpflichtungen völlig aufgezehrt.

Einer Reihe von Personen möchte ich namentlich für ihre Mithilfe an der vorliegenden Version danken. Besonderer Dank gilt wiederum meiner Frau und Kollegin Ursula Dicke (Universität Bremen), die mir nicht nur bei der Herstellung der neuen Abbildungen geholfen hat, sondern in geduldiger und fachkundiger Weise viele neurowissenschaftliche Probleme mit mir diskutiert hat. Ausführlicher Dank gilt auch dem Magdeburger Philosophen Michael Pauen, der mehrere Versionen des Kapitels 8, des Exkurses 1 und insbesondere des Kapitels 15 über Willensfreiheit gelesen und fachkundig kommentiert hat. Meiner Tochter Anna Roth (Universität Münster) danke ich für ihre Hilfe beim Abfassen des Exkurses 3 über »Freier Wille, Verantwortlichkeit und Schuld«. Frau Monika Lück, Herr Daniel Strüber und Frau Petra Behlmer-Elster (alle Hanse-Wissenschaftskolleg Delmenhorst) haben wesentlichen Anteil an der Neufassung des Teils »Aggression und Gewalt« des 10. Kapitels gehabt.

Schließlich danke ich Frau Christine Egger (Hanse-Wissenschafts-kolleg, Delmenhorst) für das Korrekturlesen der Texte.

Weitere Personen, die mir in der einen oder anderen Weise bei der Überarbeitung dieses Buches geholfen haben und denen deshalb mein herzlicher Dank gebührt, seien hier in der alphabetischen Reihenfolge ihrer Familiennamen genannt: Uwe an der Heiden (Witten-Herdecke), Manfred Cierpka (Heidelberg), Georg Elwert (Berlin), Hans-Jochen Heinze (Magdeburg), Peter Hejl (Siegen), Michael Koch (Bremen), Martin Kohli (Berlin), Hans Markowitsch (Bielefeld), Randolf Menzel (Berlin), Thomas Münte (Magdeburg), Uwe Opolka (Delmenhorst), Hans-Christian Pape (Magdeburg), Klaus Pawelzik (Bremen), Sabina Pauen (Heidelberg), Christian Pfeiffer (Hannover), Wolfgang Prinz (München), Jan Philipp Reemtsma (Hamburg), Wiltrud Renter (Regensburg) und Helmut Schwegler (Bremen). Wie üblich gehen alle Fehler und Unrichtig-keiten, die in diesem Buch enthalten sind, zu meinen Lasten.

Lilienthal, im März 2003

Vorwort

Dieses Buch stellt die Fortsetzung meines Buches »Das Gehirn und seine Wirklichkeit« dar, das seit dem Erscheinen der ersten Auflage im Jahre 1994 eine überaus günstige Aufnahme erfahren hat. In jenem Buch ging es in erster Linie aus neurobiologischer Sicht um die Frage, wie *Erkenntnis* entsteht, d. h. um die biologischen, evolutionsbiologischen und neurobiologischen Grundlagen der Wahrnehmung und der darauf aufbauenden kognitiven Leistungen; um die Frage, wie Wahrnehmung, Erkenntnis und Bewusstsein zusammenhängen und welche erkenntnistheoretischen Konsequenzen sich hieraus ergeben. Auf der Grundlage eines neurobiologischen Konstruktivismus habe ich die Entstehung unserer Erlebniswelt – der *Wirklichkeit* – nachzuzeichnen versucht und das Verhältnis dieser Wirklichkeit zur hypothetischen bewusstseinsunabhängigen *Realität* diskutiert.

In dem vorliegenden Buch geht es um eine komplementäre Frage, nämlich wie aus neurowissenschaftlicher Sicht *Handeln* entsteht und *wer oder was in uns* dieses Handeln bestimmt. Traditionell stehen dabei zur Auswahl einerseits Ich, Verstand, Vernunft, das Bewusste, andererseits Triebe, Gefühle, das Unbewusste – oder eine Mischung von beidem. Ich habe versucht, dasjenige in der jeweils gebotenen Kürze oder Ausführlichkeit zu berichten, was Neurobiologie und Hirnforschung, aber auch die Neuropsychologie und die Handlungspsychologie in den letzten Jahren hierzu herausgefunden haben. Die Behandlung dieses Themas leitet allerdings wiederum über den rein neurowissenschaftlichen Rahmen hinaus zur Frage nach der Natur und Funktion des Ich und des Bewusstseins beim Handeln, nach der Rolle des Unbewussten und schließlich nach der Willensfreiheit.

Dieses Buch ist nicht zur Bekehrung (noch) Andersdenkender geschrieben, als auftrumpfende Präsentation objektiver naturwissenschaftlicher Wahrheiten, sondern als Angebot zu einem toleranten Gespräch zwischen denjenigen Wissenschaften, die sich mit dem menschlichen Verhalten befassen. Freilich handelt es sich bei den hier vorgestellten Forschungsergebnissen um Erkenntnisse, die sich im disziplinären Diskurs bewährt haben. Sie sollten deshalb nicht vorschnell als bloße individuelle oder soziale Konstrukte abgetan werden. Wer sie nicht akzeptiert, hat die Pflicht, logische oder methodische Fehler aufzuzeigen, bessere Experimente durchzuführen oder plausiblere Interpretationen vorzulegen.

Ich habe Überschneidungen mit dem Buch »Das Gehirn und seine Wirklichkeit« zu vermeiden gesucht. Dies war allerdings in einigen Bereichen weder wünschenswert, z. B. wenn es um neurobiologisches Grundwissen ging, noch möglich, etwa im Zusammenhang mit der Frage nach den neurobiologischen Grundlagen und der Funktion des Bewusstseins. Das limbische System und die von ihm hervorgebrachten Affekte und Emotionen, die im vorliegenden Buch neben dem System der Handlungssteuerung den breitesten Raum einnehmen, habe ich seinerzeit nur gestreift.

Das Buch ist wiederum für ein breiteres Publikum gedacht. Ich hoffe, bei dieser Zielsetzung zwei Versuchungen widerstanden zu haben, nämlich erstens den Text mit allerlei Geschichten und Anekdoten nach dem Motto »Da ruft mich doch am Montagmorgen der Kollege X an und erzählt mir...« oder mit eigenen Lebensweisheiten anzureichern, und zweitens einer »Hirnmythologie« zu verfallen, d. h. auf der Basis des sicherlich noch unzureichenden Wissens über die neurobiologischen Grundlagen von Fühlen, Denken und Handeln *Welterklärungsmodelle* zu entwickeln.

Stattdessen habe ich versucht, eng an den neurobiologischen und psychologischen Forschungsergebnissen zu bleiben und nicht zu sehr ins Spekulieren zu geraten bzw. dort, wo ich spekuliere, dies auch kenntlich zu machen. Das mag auf Kosten der Lesbarkeit des Buches gegangen sein. Andererseits habe ich versucht, den Leser nicht mit Spezialliteratur und Spezialabhandlungen zu überschütten, sondern diejenigen Forschungsergebnisse zu präsentieren, die zurzeit in Fachkreisen *ernsthaft* diskutiert werden. Was ich vortrage, ist unvermeidbar lückenhaft und von Fehlern durchsetzt; niemand kann – soviel Mühe und Zeit er auch aufwendet – alles, was einschlägig ist, lesen und dann auch noch korrekt wiedergeben. In dieser Hinsicht bitte ich den Leser eindringlich um die gebotene Nachsicht.

Von Konstruktivismus, der in dem erstgenannten Buch einen breiten Raum einnahm, ist in diesem Buch kaum die Rede. Dies ist nicht etwa der Fall, weil ich mich vom Konstruktivismus verabschiedet hätte (gelegentlich wird mir das unterstellt), sondern weil ich – zumindest was die erkenntnistheoretischen Fragestellungen betrifft – den Konstruktivismus im positiven Sinne für ausdiskutiert ansehe. Die von mir und einigen Kollegen seinerzeit entworfene, eng an die

Neurobiologie angelehnte Theorie der Konstruktivität unserer Wahrnehmungs- und Erlebniswelt hat – mit meiner und ohne meine Mitwirkung – Eingang in neuro- und kognitionswissenschaftliche Lehrbücher genommen und wird durch neuere Forschungsergebnisse bestätigt. Es ist daher müßig, sie weiter wortreich zu erläutern oder zu erklären. Aus meiner Ablehnung eines *radikalen* Konstruktivismus, der so tut, als gebe es ein Ich, das sich selbstreferentiell eine Welt zusammenbaut, habe ich nie einen Hehl gemacht. Das Ich ist nicht das Subjekt der Wirklichkeit, sondern ein Konstrukt in ihr, wenn auch ein wichtiges, wie zu zeigen sein wird. Ich glaube auch, dass die *Konstruktivität* des limbischen Systems weit über diejenige der Wahrnehmung hinaus geht; Letztere ist ohne Erstere gar nicht möglich.

Zum Schluss möchte ich einer ganzen Reihe von Personen danken, die mir bei der Erstellung dieses Buches in unterschiedlicher Weise geholfen haben. Mein nachdrücklichster Dank geht an meine Frau und Kollegin Ursula Dicke, Universität Bremen, die mit mir viele Aussagen dieses Buches diskutiert und die Kapitel kritisch gelesen hat und an der Herstellung der Abbildungen beteiligt war. Danken möchte ich weiterhin Uwe Opolka, Hanse-Wissenschaftskolleg Delmenhorst, der viel für die Lesbarkeit des Textes getan hat. Danken möchte ich auch all den Freunden und Kollegen, die zu Teilen des Buches Gedanken und kritische Anmerkungen geliefert haben, und die ich hier in alphabetischer Reihenfolge ihrer Nachnamen nenne: Peter Buchheim (München), Manfred Cierpka, Hans-Jochen Heinze (Magdeburg), Peter Hejl (Bonn), Harry Jerison (Los Angeles), Michael Koch (Bremen), Hans-Joachim Markowitsch (Bielefeld), Hans-Christian Pape (Magdeburg), Sabina Pauen (Magdeburg), Michael Pauen (Magdeburg), Ulrich Sachsse (Göttingen), Wulf Schiefenhövel (Erlang-Andechs) und Helmut Schwegler (Bremen). Herrn Wolfgang Grunwald (Universität Bremen) danke ich herzlich für die große Hilfe bei der Herstellung der vielen Abbildungen. Selbstverständlich gehen alle Fehler und Unrichtigkeiten, die in diesem Buch enthalten sind, zu meinen Lasten.

Brancoli und Lilienthal, April 2001

Einleitung

Wer oder was bestimmt unser Verhalten? Seit Menschen – als Priester, Theologen, Philosophen, Wissenschaftler oder Dichter – begannen, über den Sinn menschlicher Existenz nachzudenken, haben sie sich mit dieser Frage auseinander gesetzt. Ihre Antworten bewegen sich zwischen den Extremen einer völligen Fremdsteuerung und einer völligen Eigensteuerung des Individuums. Das eine Extrem findet sich im Glauben an eine göttliche Macht, die gütig oder arglistig das Schicksal der Welt und jedes Einzelnen determiniert, oder noch radikaler an ein nach ehernen Gesetzen ablaufendes Weltgeschehen ohne Ziel und Sinn (ein *fatum*), dem die Menschen und selbst die Götter ausgeliefert sind.

Eine moderne Version dieser antiken Schicksalslehre sieht den Menschen als Rädchen im unaufhaltsamen Gang der biologischen Evolution, die ihrerseits eingebettet ist in die Evolution unserer Erde und schließlich des ganzen Universums. Hier hinein passt die Auffassung, dass Organismen – uns Menschen eingeschlossen – bloße Vehikel sind, die von »egoistischen« Genen für ihre eigene Vermehrung genutzt werden, wobei dieser Drang der Gene nach Vermehrung wiederum ein Geschehen ohne Sinn und Ziel ist.

Andere Lehren wie der Behaviorismus sehen im Organismus ein Bündel von Reiz-Reaktionsbeziehungen, geformt nach den Gesetzen der klassischen und operanten Konditionierung. Viele sozialwissenschaftliche Theorien sehen in ähnlicher Weise den Menschen als eine Entität an, die den Kräften der Gesellschaft bereitwillig nachgibt. Auch hier ist das Individuum ein Treibgut; sein Verhalten hat nichts Eigenständiges, *Autonomes* an sich.

Dem stehen Auffassungen gegenüber, die das Individuum als weitgehend *innengesteuert* ansehen. Solche Autonomie-Konzepte können jedoch ebenfalls völlig unterschiedlich ausfallen, je nachdem, wer bei dieser Autonomie das »Sagen« hat. Bei den einen walten Kräfte in uns, die als stammesgeschichtlich entstandene Reflexe und Instinkte für unser biologisches und gesellschaftliches Überleben sorgen, denen aber das bewusste Ich schicksalhaft ausgesetzt ist. Die Vertreter der Psychoanalyse sehen neben solchen stammesgeschichtlich erworbenen »Trieben« frühkindliche Prägungserlebnisse am Werk, die unsere spätere Persönlichkeit in günstiger oder ungünstiger Weise weitgehend festlegen. Hier ist zwar der Organismus, das Individuum insgesamt, selbstbestimmt, aber das bewusste Ich ist nicht der Lenker des eigenen Schicksals, sondern Spielball unbewusster und willentlich nicht beeinflussbarer Kräfte und Vorgänge. Vernunft, Verstand und Einsicht haben hier nur eine geringe Chance gegen die »niederen Triebe«.

Gegen eine solche *interne Heteronomie* steht die Auffassung des – zumindest teilweise – *bewusst* und *frei* über sein Schicksal bestimmenden Individuums. Dieses Konzept ist bis heute die Grundlage des abendländischen Gesellschafts-, Rechts- und Erziehungssystems. Es ist deshalb so erfolgreich, weil es unserem Empfinden entspricht. Bei den meisten Handlungen, die wir ausführen, haben wir das Gefühl, dass wir als bewusst denkendes, fühlendes und planendes Subjekt, als *Ich*, Verursacher des Großteils unserer Handlungen sind. Dieses Ich ist seinerseits bestimmt von Vernunft, von der Einsicht in die Sachlage und die Randbedingungen unseres Handelns und insbesondere in die Konsequenzen dieses Handelns.

Zwar wird kaum jemand leugnen, dass es gelegentlich Antriebe gibt, die dieses autonome Ich nicht zu zügeln vermag, Einflüsse, denen es unbewusst unterworfen ist. Aber hierbei handelt es sich nach gängiger Meinung um Einschränkungen, die wir in Rechnung stellen müssen, oder um krankhafte Zustände, Psychopathologien, die der Therapie bedürfen. In dem festen Glauben an eine zumindest partielle Autonomie des bewussten Ich, an seine Entscheidungs- und Handlungsfreiheit, wurzelt der Gedanke der *persönlichen Verantwortung* für unsere Taten. Individuelle Autonomie ist damit der Kern von Moral und Ethik, wie dies am eindrucksvollsten in der praktischen Philosophie Immanuel Kants dargestellt wurde.

Freilich hat es seit der Antike bis heute bedeutende Philosophen gegeben, allen voran Baruch Spinoza und David Hume, die dieses Gefühl subjektiver Freiheit als Illusion ansahen, ohne zugleich das Konzept der Autonomie des Menschen grundsätzlich aufzugeben. Für sie war die Annahme einer subjektiven Willensfreiheit (d. h. der Möglichkeit, in wichtigen Dingen unseres Lebens völlig frei zwischen Alternativen wählen zu können) unvereinbar mit dem gesunden Menschenverstand wie auch mit den Erkenntnissen der Naturwissenschaften. Spätestens seit Descartes war es nämlich klar, dass ein freier Wille die Gültigkeit der sonst überall herrschenden Naturgesetze sprengen müsse – eine schwerwiegende Erkenntnis. Dieser Erkenntnis war sich im Übrigen auch Immanuel Kant bewusst, indem er ausführte, es sei müßig, die Existenz eines freien Willens im »Reich der Natur« erforschen zu wollen. Der freie Wille ist für Kant ein Postulat der praktischen Vernunft; er *muss* existieren, weil es sonst keine Moral und Ethik gibt und damit kein Zusammenleben der Menschen in Selbstbestimmung und Würde.

Solche Fragen wurden seit Jahrhunderten heftig diskutiert. In der zweiten Hälfte des vorigen (d. h. des 20.) Jahrhunderts schien man sich indes darauf geeinigt zu haben, den Widerstreit zwischen Fremd- und Selbstbestimmung des Menschen, zwischen *Vernunft* und *Gefühl*, als prinzipiell unlösbar hinzunehmen. Überdies herrschte zu jener Zeit in den Gesellschaftswissenschaften als Nachklang des Behaviorismus der Gedanke einer weitgehenden sozialen Verformbarkeit des Menschen vor. Dieser Gedanke schien – etwa bei dem Soziologen Niklas Luhmann – durchaus vereinbar zu sein mit der Idee der Gesellschaft als eines selbstregulierenden und selbsterhaltenden, *autopoietischen* Systems: In seinen kommunikativen Akten determiniert das Individuum die anderen Individuen und wird zugleich durch sie determiniert wie ein Element in einem großen Netzwerk. Das Individuum ist somit autonom und heteronom zugleich; die Frage nach einer *absoluten* individuellen Autonomie stellt sich dabei nicht, ebenso wenig wie die Frage der Vorherrschaft der Vernunft über die Gefühle.

Innerhalb derjenigen Wissenschaft, die sich am ehesten auf die Untersuchung dieser Fragen hätte konzentrieren sollen, nämlich der Psychologie, hatte man in der zweiten Hälfte des 20. Jahrhunderts anderes zu tun, als sich mit derart philosophisch-metaphysischen Themen zu befassen. Es stand nämlich die Wende vom Behaviorismus zum Kognitivismus, zur »symbolgeleiteten Informationsverarbeitung« an. Auch das kontrastierende Konzept des Konnektionismus, der »subsymbolischen Informationsverarbeitung« in Netzwerken, hatte nichts mit dieser Frage zu schaffen. Wenn man den Computer bzw. das künstliche Neuronale Netzwerk als bestes Modell für die Leistungen des menschlichen Gehirns ansieht, dann stellt sich die Frage nach der menschlichen Autonomie nicht.

Die Situation wurde erst anders, als man in den achtziger Jahren des 20. Jahrhunderts die Emotionspsychologie und die Handlungs- und Volitionspsychologie (also diejenige Psychologie, die sich mit der Vorbereitung und Ausführung von Willenshandlungen befasst) neu belebte. Diese Art von Psychologie war sowohl in den angelsächsischen als auch den kontinentaleuropäischen Ländern seit der ersten Hälfte des 20. Jahrhunderts fast völlig in Vergessenheit geraten.

Von der Biologie sowie von den übrigen Naturwissenschaften konnte man aus Sicht der Philosophie und Psychologie und erst recht der Sozialwissenschaften bei der Frage nach den »Determinanten menschlichen Verhaltens« keine Antwort erwarten. Dies war durchaus verständlich, denn was im Rahmen der Evolutionsbiologie, der Genetik, der Lorenz'schen Instinktlehre, der Soziobiologie und der Verhaltensökologie als Erklärungen menschlichen Verhaltens angeboten wurde, schien auf einen krassen biologischen Determinismus hinauszulaufen, der dem vorherrschenden sozialwissenschaftlichen Menschenbild diametral entgegenstand und moralisch und gesellschaftlich unannehmbar war.

Die Neurobiologie erlebte in der zweiten Hälfte des 19. Jahrhunderts eine Episode wilder »Gehirnmythologien«, in denen auf der Basis bereits guten grobanatomischen und neurologischen, aber noch völlig fehlenden physiologischen und feinanatomischen Wissens umfassende Erklärungsmodelle für Geist und Psyche des Menschen geliefert wurden; auch Sigmund Freud beteiligte sich als junger Neurologe hieran. Diese Periode der »Gehirnmythologien« kam zu Beginn des 20. Jahrhunderts zu einem schnellen Ende, und es begann die langwierige Erforschung der zellulären, neurophysiologischen und neurochemischen Grundlagen von Gehirn und Nervensystem, die ihren Fortschritt wesentlich der Entwicklung neuer Methoden, z. B. der Mikroelektrodentechnik oder neuer Anfärbetechniken, verdankte.

Diese neuen Methoden konnten ihre ersten großen Erfolge an sehr einfachen neuronalen Prozessen, überdies meist in sehr einfachen Nervensystemen und Gehirnen feiern, etwa am Riesenaxon des Tintenfisches, an Brust- und Bauchganglien von Insekten, an Nerv-Muskel-Präparaten des Frosches oder der Katze, an Segmenten des Rückenmarks von Säugetieren usw. So wurde die Basis der modernen zellulären Neurobiologie gelegt, die in den achtziger und neunziger Jahren des 20. Jahrhunderts durch molekularbiologische und genetische Methoden dramatisch erweitert wurde. Auch die Erforschung der Sinnesleistungen begann an sehr einfachen Systemen, etwa dem Komplexauge der Fliege oder der Netzhaut des Frosches, und führte schließlich zur systematischen Erforschung

sensorischer Systeme, vor allem des visuellen Systems der Wirbeltiere, d. h. von Fisch, Frosch, Taube, Katze und Affe. Ähnliche Erfolge
ergaben sich im Bereich der neuronalen Grundlagen des Lernens und
der Gedächtnisbildung oder bei der Erforschung des motorischen
Systems, die vor allem aus klinisch-neurologischem Interesse durchgeführt wurde.

Dies alles fand weit entfernt von der Frage statt, welche Faktoren
menschliches Verhalten bestimmen. Man wollte am möglichst einfachen Objekt forschen, um ein Maximum experimenteller Manipu-
lierbarkeit zu haben und um die *Prinzipien* der Funktionsweisen des
Nervensystems zu erforschen, nicht ihre spezielle Ausprägung beim
Menschen. Aber auch diejenigen Forschungsvorhaben, die mit relativ
komplexen Fragestellungen begannen, etwa um die Rolle von Pyramidenzellen des Säugercortex bei kognitiven Leistungen zu ergrün-
den, »endeten« bei der Entwicklung einer neuen elektrophysiologischen Technik, nämlich der Patch-Clamp-Ableitung, die unser
Verständnis von den Geschehnissen an der Membran der Nervenzelle
revolutionierte.

Die Wende innerhalb der Neurowissenschaften hin zu einer Beschäftigung mit den menschlichen Verhaltensdeterminanten wurde
durch mehrere unabhängige Entwicklungsstränge herbeigeführt.
Hierzu gehört das neu erwachte Interesse an der Erforschung des
limbischen Systems – desjenigen Teils des Wirbeltiergehirns, das mit
dem Entstehen und der Kontrolle von Affekten und Emotionen zu
tun hat und insbesondere mit der Bewertung und Steuerung von
Verhalten. Diese Forschung verband sich schnell mit der bereits
etablierten klinischen Forschung zur Wirkung von Neuro- und
Psychopharmaka. Einen zweiten Strang bildet die Entwicklung
der funktionellen Bildgebung (Positronen-Emissions-Tomographie,
funktionelle Kernspintomographie, Magnetenzephalographie), die
nun zur Erforschung kognitiver und emotional-affektiver Funktionen am gesunden und kranken Menschen eingesetzt werden konnte.

Hinzu kam die zunehmende Abkehr der experimentellen Psychologie von der bloßen Reaktionszeitmessung und dem Entwerfen von
Flussdiagrammen, was zu einem Wiedererwachen der Emotions-,
Handlungs- und Volitionspsychologie führte wie auch zur stürmi-
schen Entwicklung der Neuropsychologie, d. h. der Untersuchung
kognitiver und emotionaler Zustände und Leistungen an Gesunden
und Patienten mithilfe des EEG und der bildgebenden Verfahren. All

dies verband sich mit dem im letzten Jahrzehnt des 20. Jahrhunderts beginnenden Wandel des Menschenbildes von einem Soziologismus hin zu den Bio- und Neurowissenschaften, zur Hirnforschung als Leitwissenschaft. Man betrachtet inzwischen die Resultate der Verhaltensgenetik und der Verhaltensökologie mit weniger Vorurteilen als bisher, und Bücher wie »Ist Erziehung sinnlos?« von Judith Rich Harris werden zu Bestsellern. Zur selben Zeit verstärkt sich das Neurobiologie-Interesse der Psychoanalyse – einer Disziplin, die seit Freuds demonstrativem Abschied aus der Neurologie der Hirnforschung außerordentlich ablehnend gegenüberstand –, und im selben Maße entwickeln auch Hirnforscher zunehmend Interesse an der Frage, ob Freud »Recht hatte«. Freilich stehen diese Entwicklungen erst am Anfang.

Ziel des vorliegenden Buches ist es, diejenigen Erkenntnisse der Neurobiologie und der Hirnforschung darzustellen, von denen ich glaube, dass sie direkt oder indirekt zu der nur interdisziplinär behandelbaren Frage nach den Determinanten menschlichen Verhaltens beitragen können. Dabei steht die Frage im Vordergrund, wer oder was in unserem Gehirn (wie auch im Gehirn uns nahe stehender Tiere) unser Verhalten steuert: Das Bewusstsein oder das Unbewusste, Verstand oder Gefühle, das »Ich« oder das »Es«, willensfreie Planung oder Triebzwänge (oder irgendeine Mischung solcher Instanzen).

Es ist nützlich, sich die Geschichte der einschlägigen Ideen und Begriffe zu vergegenwärtigen. Deshalb stelle ich im ersten Kapitel des vorliegenden Buches vier in jüngerer Zeit entwickelte Theorien vor, die der Biologie nahe standen bzw. nahe stehen und in je eigener Weise die Frage zu beantworten versuchten bzw. versuchen, wer oder was unser Verhalten bestimmt. Hierbei handelt es sich um den Behaviorismus, die Lehre Sigmund Freuds, die Instinktlehre von Konrad Lorenz und Niko Tinbergen und die Soziobiologie bzw. Verhaltensökologie. Diese Theorien haben seinerzeit das Denken über die Grundlagen menschlichen (und tierischen) Verhaltens nachhaltig bestimmt und tun dies zum Teil auch heute noch.

Da es immer auch gut ist, sich seiner biologischen Wurzeln zu erinnern, stelle ich im zweiten Kapitel die Frage, woher wir kommen, nämlich als Säugetier, als Affe und als *Homo sapiens*. Dabei wird uns natürlich die Frage nach der Evolution des menschlichen Gehirns besonders beschäftigen, insbesondere, ob der Mensch innerhalb dieser Evolution durch irgendeinen »großen Sprung« sein tierisches Erbe hinter sich gelassen hat. Im dritten Kapitel versuche ich dann neurobiologisches Grundwissen zu vermitteln, das für das Verständnis der folgenden Kapitel nötig ist; hierbei gehe ich besonders auf diejenigen Geschehnisse in unserem Gehirn ein, die den Affekten und Gefühlen zugrunde liegen.

Im vierten, fünften und sechsten Kapitel befasse ich mich mit den neurobiologischen Grundlagen so genannter »höherer« kognitiver Leistungen, nämlich komplexer Wahrnehmungsleistungen, Denken, Intelligenz, Kreativität und Erinnern (auch wenn hier viele Fragen unbeantwortet bleiben müssen). Das siebte Kapitel befasst sich mit den neuronalen Grundlagen bewusster und unbewusst ablaufender Leistungen des Gehirns, insbesondere mit der Frage, welche unterschiedlichen Funktionen das Bewusste und das Unbewusste haben und was dies für die Verhaltenssteuerung bedeutet. Im Exkurs 1 beschäftigen wir uns mit der Frage, was diese Erkenntnisse für das ehrwürdige philosophische Geist-Gehirn-Problem bedeuten.

Im achten, neunten und zehnten Kapitel geht es um das limbische System und die Frage, wie dieses System Affekte und Emotionen hervorbringt, die geeignet sind, unser Denken und Handeln zu beherrschen. Exemplarisch werden dabei als »starke Gefühle« Stress, Schmerz, Furcht, Trauer Aggressivität, Lust und Liebe behandelt. Hier werden wir fragen, ob und in welchem Maße der Verstand bzw. die Vernunft des Menschen eine Chance gegen diese »starken Gefühle« haben.

Im elften und zwölften Kapitel geht es um einige der kompliziertesten Fragen, an die sich die Neurowissenschaften heranwagen können, nämlich zum einen um die Bildung des Ich und der Persönlichkeit während der Entwicklung des Kindes und um die Frage, inwieweit sich dies mit der Individualentwicklung des Gehirns in Einklang bringen lässt. Zum anderen geht es um die Frage, warum und wie sprachliche und nichtsprachliche Kommunikation und Verstehen zwischen Menschen möglich, aber häufig so schwierig ist und warum es so schwer – wenn nicht gar unmöglich – ist, sich selbst zu verstehen. Dies beinhaltet eine kritische Betrachtung der Funktion des bewussten Ich, das – wie zu Anfang erwähnt – sich traditionell in der Rolle des »Rosselenkers« sieht. Im Exkurs 2 wird gefragt, ob und inwieweit die Lehre Freuds, d. h. die Psychoanalyse, mit dem in diesem Buch bisher Gesagten vereinbar ist. Dies zielt natürlich in Richtung auf eine mögliche neurobiologische Fundierung der Psychotherapie.

Im dreizehnten, vierzehnten und fünfzehnten Kapitel geht es um die neurobiologischen Grundlagen und handlungspsychologische Aspekte unseres Tuns, insbesondere derjenigen Handlungen, bei denen wir das Gefühl haben, wir als bewusstes Ich seien es, die planen, wollen und agieren. In diesem Zusammenhang stellt sich unausweichlich die Frage nach der Willensfreiheit. Wie ich zeigen werde, lässt sich vor dem Hintergrund neurobiologischen Wissens und unter Berücksichtigung relevanter psychologischer und philosophischer Aspekte eine plausible Antwort auf die Frage geben, ob und in welchem Sinne der Wille »frei« ist und welche Funktion das Gefühl der »Willensfreiheit« hat. Im Exkurs 3 werden wir dann fragen, welche sozialen und rechtlichen Konsequenzen die Antwort auf diese Frage haben könnte.

Das letzte Kapitel liefert eine Darstellung der wichtigsten Aussagen dieses Buchs und stellt dann die Frage, in welchem Verhältnis das sich aus den in diesem Buch präsentierten Daten und Überlegungen ergebende Menschenbild zu dem weithin vorherrschenden sozialwissenschaftlichen Menschenbild (dem »homo sociologicus«) steht und in welcher Weise zwischen beiden Menschenbildern eine Brücke geschlagen werden kann.

1. Moderne Theorien der Verhaltenssteuerung

In diesem Kapitel werde ich Theorien behandeln, die Ende des 19. Jahrhunderts und im Laufe des 20. Jahrhunderts entwickelt wurden und sich – wenngleich in sehr unterschiedlicher Weise – mit der Frage befassten, wer oder was menschliches (und tierisches) Verhalten bestimmt. Hierzu gehören der amerikanische Behaviorismus, die Psychoanalyse Sigmund Freuds, die Instinkttheorie von Konrad Lorenz und Niko Tinbergen sowie die von Edward O. Wilson begründete Soziobiologie und die ihr nahe stehende Verhaltensökologie. Diese Theorien sind entweder biologische Theorien oder nehmen wie im Falle der Psychoanalyse Freuds von der Neurobiologie ihren Ausgang, und sie erheben alle einen *universellen Erklärungsanspruch*. Sie haben einen starken Einfluss auf das Denken ihrer Zeit ausgeübt bzw. tun dies auch heute noch. Ich möchte mit der Behandlung dieser vier Theorien in kritischer Absicht den ideengeschichtlichen Hintergrund für das liefern, was in den weiteren Kapiteln folgt.

Der amerikanische Behaviorismus

Der amerikanische Behaviorismus ist sicher die erfolgreichste und folgenreichste Theorie menschlichen und tierischen Verhaltens überhaupt. Er war einerseits die radikale Auseinandersetzung mit einer philosophisch orientierten Humanpsychologie, die ihr Hauptziel in einer verstehenden Erklärung von Phänomenen wie Bewusstsein, Erleben, Geist und allgemein mentalen Leistungen sah. Deren Vorgehen bestand im Wesentlichen in der *Introspektion*, d. h. der Analyse des eigenen Erlebens. Zum anderen setzte sich der Behaviorismus vehement gegen eine Theorie tierischen Verhaltens zur Wehr, die Tiere im Wesentlichen von Trieben und Instinkten geleitet sah.

Der Instinktbegriff der modernen Ethologie oder Verhaltensforschung, mit dem wir uns im Zusammenhang mit Konrad Lorenz und Niko Tinbergen noch ausführlicher beschäftigen werden, geht auf das Werk des amerikanischen Tierpsychologen William McDougall (1871-1938) zurück. Für McDougall gibt es ein System von Instinkten, das in früheren Schriften aus 11, in seinem späteren Werk aus 18 Instinkten oder Neigungen besteht. Hierbei finden sich so unterschiedliche Zustände und Tätigkeiten wie Angst, Ekel, Neugier, Erwerb, Sexualität, Geselligkeit, Nahrungssuche, Lachen, Ruhen und Wandern, aber auch Atmen, Husten und Niesen aufgelistet. In dieser Tradition schrieb noch 1940 der niederländische Verhaltensbiologe Bierens de Haan in seinem Werk »Die tierischen Instinkte und ihr Umbau durch Erfahrung«: »Unter dem ›Instinkt‹ verstehen wir bei den Tieren die charakteristische psychische Veranlagung, dank welcher bestimmten Empfindungen, Wahrnehmungen oder Erinnerungen bestimmte Gefühle und Emotionen folgen, und diesem Erkennen und Fühlen wieder ein bestimmter Drang und bestimmte Strebungen, die sich in Handlungen verwirklichen, während umgekehrt auch bestimmte Wahrnehmungen und Gefühle wieder von den Strebungen erweckt und beeinflusst werden.«

Es ist klar, dass ein solcher auf subjektiven Befindlichkeiten beruhender Verhaltensantrieb nicht »objektiv«, d. h. mit exakten naturwissenschaftlichen Methoden messbar und analysierbar ist. Die Forderung, tierisches und menschliches Verhalten gleichermaßen (natur)wissenschaftlich zu untersuchen, wurde gegen Ende des 19. Jahrhunderts zuerst vom amerikanischen Psychologen Edward Thorndike (1874-1949) erhoben. Thorndike ließ sich bei der Verwirklichung dieses Ziels von dem berühmten Grundsatz leiten, den C. Lloyd Morgan (1852-1936) formuliert hatte und der lautete, dass man eine bestimmte Verhaltensleistung auf möglichst niedrigem Niveau erklären müsse und nicht unnötig »hochstufige« Begriffe bemühen dürfe (eine Variante von »Occams Rasiermesser«).

Thorndike erfand für das Studium des Lernverhaltens von Katzen und Hunden einen Versuchskäfig (*puzzle box*), in welchen das Versuchstier, z. B. eine hungrige Katze, hineingesperrt wird (Abb. 1.1). Vor dem Käfig ist ein Stück Futter ausgelegt. Die Katze versucht aus dem Käfig heraus und an das Futter zu kommen, kratzt, beißt und springt im Käfig umher und tritt irgendwann einmal auf eine Pedalvorrichtung, die eine Klappe öffnet. Die Katze entweicht und frisst das Futter. Anschließend wird sie erneut in den Käfig gesperrt, und das Ganze wiederholt sich ein paar Mal. Man beobachtet dann, dass sich die Zeit, in der die Katze sich im Käfig »unmotiviert« verhält, zunehmend verkürzt und das Tier schließlich sofort das Pedal betätigt, um dem Käfig zu entkommen. Wir würden

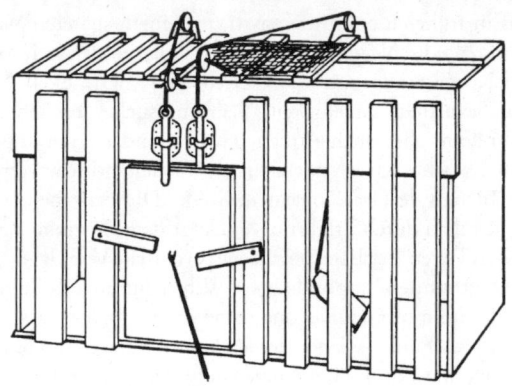

1.1 Der Problemkäfig Edward Thorndikes. Durch Treten eines Pedals kann ein Versuchstier die Tür öffnen und auf diese Weise den Käfig verlassen. (Aus Blough und McBride Blough, 1970.)

nun sagen, die Katze habe *gelernt*, dass das Pedalbetätigen den Käfig öffnet und ein Entkommen ermöglicht. Wie lässt sich dieses Lernverhalten erklären?

Nach Thorndike wird die Auftrittswahrscheinlichkeit eines Verhaltens dadurch erhöht, dass es *positive Konsequenzen* hat. Im Falle der Katze ist dies zum einen der Zugang zum Futter und zum anderen das Entkommen aus dem »Problemkäfig« (die Beendigung eines negativen Zustandes, nämlich des Eingesperrtseins, ist natürlich auch etwas Positives). Thorndike nannte dies das *Gesetz des Effektes* (oder der *Auswirkung*). Charakteristisch für diese Art von Lernen ist die langsame Änderung des Verhaltens, nicht eine plötzliche Einsicht. Diese Art von Lernen wurde später *Lernen am Erfolg, instrumentelle Konditionierung, Verstärkungslernen* oder *operante Konditionierung* genannt (s. unten). Sie unterscheidet sich deutlich von einem anderen Typ von Lernen, das von dem russischen Physiologen und Lerntheoretiker Iwan Pawlow (1849-1936) entdeckt und konzipiert wurde und *klassische Konditionierung* heißt. Diese Reflexlehre (»Reflexologie«) wurde von Pawlow um die Jahrhundertwende entwickelt und hatte eine große Wirkung auf den hier in Rede stehenden amerikanischen Behaviorismus.

Bei der Pawlowschen klassischen Konditionierung geht es um folgenden Zusammenhang: Eine natürliche Verhaltensreaktion eines

28

Versuchstieres, z. B. der Speichelfluss eines Hundes, wird durch einen natürlichen oder *unbedingten Reiz* (so genannt, weil dieser ohne weitere Bedingungen, angeborenermaßen, wirkt) verlässlich ausgelöst, z. B. durch den Anblick oder Geruch von Futter. Irgendein anderer Reiz, z. B. ein Glockenzeichen, hat diese Wirkung primär nicht (dies muss im Zweifelsfalle überprüft werden). Wird aber das Glockenzeichen einige Male mit dem Anblick von Futter zeitlich gepaart (*assoziiert*), dann genügt schließlich das Glockenzeichen allein, um Speichelfluss auszulösen – also etwas, das es vorher nicht getan hat. Das Glockenzeichen wird dadurch zum *bedingten Reiz* und der Speichelfluss zur *bedingten Reaktion*, weil das Glockenzeichen nur unter der Bedingung der Paarung seine Wirkung erhalten hat und der Speichelfluss ebenfalls durch die Paarung bedingt wird.

Lange Zeit war unklar, wie diese klassische Konditionierung zu erklären ist. Heute bevorzugt man die »kognitive« Erklärung. Diese lautet, dass der zuvor neutrale Reiz durch die Paarung mit dem natürlicherweise wirksamen Reiz dessen Bedeutung übernimmt und zum *verlässlichen Voraussager* des unbedingten Reizes wird (Holland, 1993; Lachnit, 1993, 2003). Der Hund merkt also (gleichgültig, ob bewusst oder unbewusst): Gleich gibt es etwas zu fressen! Wichtig ist die Tatsache, dass es sich hierbei nicht um das Erlernen einer neuen Verhaltensweise, sondern um das Auslösen einer bestehenden, reflexhaften Verhaltensweise durch einen neuen Reiz handelt. Pawlow meinte, man könne alles Lernverhalten durch solche klassische Konditionierung erklären, und zwar auch ziemlich komplexes Verhalten, indem an den ersten bedingten Reiz ein zweiter Reiz »angehängt« würde und an diesen ein dritter usw. (Konditionierungen bzw. Assoziationen sekundärer und tertiärer Art).

Im Falle von Thorndikes Katzenexperiment und dem Gesetz des Effektes handelt es sich nicht um das Auslösen eines reflexhaften Verhaltens durch einen konditionierten Reiz, sondern um ein Verhalten, welches das Tier nicht oder bisher nicht in dieser Weise gezeigt hat. Es ist kaum anzunehmen, dass das Pedaltreten für Thorndikes Katze ein »natürlicher Reflex« ist, denn dann wäre dieses Verhalten spontan aufgetreten wie der Speichelfluss des Pawlowschen Hundes. Es handelt sich also hier um zwei unterschiedliche Typen assoziativen Lernens.

Als der eigentliche Begründer des amerikanischen Behaviorismus ist der Psychologe John Broadus Watson (1879-1958) anzusehen. Seine

Hauptwerke sind »Behavior: An Introduction to Comparative Psychology« von 1914 und »Psychology from the Standpoint of a Behaviorist« von 1919. Im Jahre 1913 schrieb er den berühmt gewordenen Aufsatz »Psychology as a Behaviorist Views It«. Watson wollte die Psychologie zur Lehre von der Kontrolle und Voraussage von Verhalten machen. Bei der Erklärung menschlichen und tierischen Verhaltens lehnte er radikal »mentalistische« oder »internalistische« Begriffe wie Bewusstsein, Wille, Absicht und Vorstellung ab. Bewusstsein als eigenständiges Phänomen existiert nach Watson nicht; so etwas anzunehmen, sei reiner Aberglaube. Verhalten kann ausschließlich über die Beziehung von Reiz und Reaktion erklärt werden und über die sich daraus ergebende Ausbildung von Gewohnheiten (*habits*). Diese sind nichts anderes als komplexe Verkettungen einfacher konditionierter Verhaltensweisen. Worte sind für Watson linguistische Reaktionen auf Außenreize, Gedanken ein leises »Zu sich Sprechen«. Sie werden von außen angestoßen und können dann eine Zeit lang in sich kreisen. Innere Zustände sind, sofern überhaupt vorhanden, »verdecktes Verhalten« (*covert behavior*).

Nach Watson gelten für tierisches und menschliches Verhalten dieselben »objektiven« Gesetze; deshalb gibt es auch keine menschliche oder tierische Psychologie, sondern nur eine einzige Art von Psychologie, und zwar die Lehre von der Veränderung des Verhaltens nach den Prinzipien der klassischen und operanten Konditionierung. *Alles* Verhalten ist hierdurch gezielt veränderbar, wenn dies auch manchmal in der Praxis schwierig zu erreichen ist.

Watson wich in einem wichtigen Punkt von Thorndike und anderen Behavioristen in der Erklärung von Verhaltensänderungen aufgrund instrumenteller bzw. operanter Konditionierung ab. Für ihn war nicht der *Belohnungscharakter* einer Verhaltenskonsequenz wichtig, z. B. das Entkommen, Futter oder der Zugang zu Sexualpartnern, sondern allein die Frequenz und Stärke des Zusammentreffens von Reiz und Reaktion, d. h. davon, wie häufig und wie effektiv das Türöffnen auf den Pedaltritt folgt und die Futtergabe auf das Hebeldrücken. Es gibt für Watson keine Assoziation zwischen mehreren Reizen, sondern nur zwischen Reiz und Reaktion. Dadurch scheiden auch Assoziationen sekundärer oder tertiärer Art im Sinne von Pawlow aus.

In die entgegengesetzte Richtung ging der Behaviorist Clark Hull (1884-1952), denn er betonte gerade die Bedeutung eines Reizes als

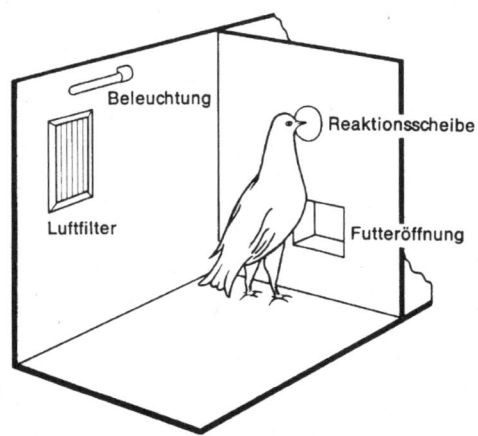

Beleuchtung

Reaktionsscheibe

Luftfilter

Futteröffnung

1.2 Schnitt durch eine Skinner-Box, wie sie für Versuche mit Tauben benutzt wurde. In die Trennwand sind eine Reaktionsscheibe und eine Futteröffnung eingelassen, in der nach richtiger Reaktion Futter erscheint. (Aus Blough und McBride Blough, 1970.)

Belohnung (*reward*). Nach Hull liegt jedem Lernen das Streben zugrunde, ein bestimmtes Bedürfnis zu befriedigen bzw. einen sich daraus ergebenden Triebzustand zu beseitigen (*need reduction*): Kein Lernen ohne Belohnung! Diese Überzeugung übernahm auch der letzte große und vielleicht bedeutendste Behaviorist Burrhus F. Skinner (1904-1990). Er entwickelte in seinem langen Leben das Begriffsinstrumentarium des modernen Behaviorismus. Sein Hauptwerk ist das Buch »Science and Human Behavior« von 1953.

Skinner erlangte in der Lernpsychologie und Verhaltensbiologie große Bedeutung allein schon dadurch, dass er die experimentellen Bedingungen der Erforschung menschlichen und tierischen Verhaltens stark verbesserte und verfeinerte. Er entwickelte die nach ihm benannte *Skinner-Box*, in der Versuchstiere, vor allem Tauben und Ratten, von störenden und verfälschenden menschlichen Einflüssen weitgehend ferngehalten werden können. Die Belohnung für einen Hebeldruck oder das Picken auf eine Glasscheibe, nämlich der kurzzeitige Zugang zu Futter, wurden dabei ebenso automatisiert wie die Registrierung des Verhaltens des Versuchstieres (Abb. 1.2). Skinner nannte das von ihm detailliert studierte Verhalten »operantes

Lernen«, da es sich hierbei um ein aktives, die Umwelt erkundendes und veränderndes Verhalten handle und nicht um ein rein reaktives (»respondentes«) Verhalten wie bei der klassischen Konditionierung. Durch die Konsequenzen des aktiven Verhaltens (Hebeldrücken, Scheibenpicken usw.) auf die Umwelt, nämlich das Erscheinen von Futter, verändert sich das Verhalten selbst. Die Konsequenzen wirken als Verstärker (*reinforcer*); deshalb wird dieses Lernverhalten auch »Verstärkungslernen« (*reinforcement learning*) genannt (Angermeier, 1976; McFarland, 1989).

Der ersten Verstärkung geht eine Phase von »Versuch und Irrtum« (*trial and error*) voraus, in der das Versuchstier in der Skinner-Box alles Mögliche tut, bis es zufällig den Hebel drückt oder an die Scheibe pickt; dies ruft dann die Belohnung auf den Plan. Die Belohnung erzielt, so bewies Skinner, ihre beste Wirkung, wenn sie dem Verhalten unmittelbar folgt. Viele Tiere sind nämlich nicht in der Lage, Reaktion und Belohnung zu assoziieren, wenn zwischen ihnen ein Zeitraum von einigen Minuten liegt, in dem die Tiere nichts oder etwas anderes tun (in letzterem Fall wissen sie ja nicht, mit welchem Verhalten sie die Belohnung assoziieren sollen).

Es gibt nach Skinner zwei Formen von Verstärkung, nämlich *positive Verstärkung*, die durch das Auftreten einer Belohnung hervorgerufen wird, und *negative Verstärkung*, die durch das Entfernen, Beenden oder Vermeiden eines negativen (aversiven) Zustandes bewirkt wird. Im ersteren Fall tut die Ratte in der Skinner-Box etwas, um Futter zu bekommen, im zweiten Fall tut sie etwas, um das Auftreten eines unangenehmen Zustandes, etwa eines Elektroschocks oder eines grellen Lichtblitzes, zu unterbinden. Um diesen Zustand vermeiden zu können, ist ein *Hinweisreiz* nötig, der wenige Sekunden vor dem Elektroschock auftritt, z. B. ein kurzer, nicht unangenehmer Ton oder das Blinken eines mäßig hellen Lichtes. Sobald der Hinweisreiz auftritt, hat die Ratte die Chance, irgendetwas zu tun, um den Schock zu vermeiden. Diese Vermeidungsmaßnahme (*avoidance response*) kann ein einfacher Hebeldruck sein oder eine komplizierte Abfolge von Reaktionen, die das Tier wiederum nach Versuch und Irrtum herausbekommt. Vermeidungslernen (negative Konditionierung) ist im Allgemeinen effektiver als positive Konditionierung, d. h. es führt schneller zu einer angestrebten Verhaltensänderung.

Von negativer Verstärkung strikt zu unterscheiden ist *Bestrafung*. Bestrafung kann entweder das direkte Verabreichen eines aversiven

Stimulus (Einsperren in einen dunklen Raum, grelles Licht, Prügel) oder der Entzug einer Belohnung (Futterentzug, Fernsehverbot) sein. Sie senkt zwar die Auftrittswahrscheinlichkeit einer Handlung, aber sie beseitigt sie meist nicht völlig, insbesondere auch deshalb, weil man nicht dauernd strafen kann, ohne das Versuchstier oder den zu konditionierenden Menschen körperlich oder psychisch schwer zu schädigen oder gar zu töten. Hört man aber mit der Bestrafung auf, so wirkt das Ende einer Bestrafung – die Eltern haben endlich aufgehört, ihr Kind wegen des unaufgeräumten Zimmers auszuschimpfen – stark belohnend auf die ursprünglich zu unterdrückende Verhaltensweise!

Alles willkürliche Verhalten von Mensch und Tier – so lautet das Glaubensbekenntnis von Skinner und seinen Anhängern – wird über Verstärkungs- und Vermeidungslernen gesteuert, d. h. über die *Konsequenzen des Verhaltens*. Skinner verwandte große Sorgfalt darauf, die Wirkung unterschiedlicher Verstärkungsstrategien, so genannter Verstärkungsschemata oder Verstärkungsprogramme, auf den Lernerfolg zu analysieren. So gibt es regelmäßige Verstärkung, auch fixierte Quotenverstärkung genannt, die darin bestehen kann, dass eine Belohnung nach jedem Hebeldrücken (»Immer-Belohnen«) auftritt, nach dem x-ten Hebeldrücken oder in festen zeitlichen Intervallen, z. B. alle drei Minuten. Schließlich gibt es die Belohnung mit variablen Quoten (nach dreimaligem Hebeldrücken, dann nach fünfmaligem, nach siebenmaligem, nach viermaligem Hebeldrücken usw.) oder mit variablen Zeitintervallen (Belohnung nach drei Sekunden, dann nach sieben, fünf, zehn, vier Sekunden, vorausgesetzt, das Versuchstier drückt relativ regelmäßig den Hebel).

Skinner stellte dabei fest, dass eine neue Handlung durch Immer-Belohnen schnell etabliert wird, beim Fortfall der Belohnung aber auch schnell wieder erlischt. Dieses Erlöschen (»Extinktion«) verzögert sich bei der Intervall-Belohnung, und wird bei der variablen Belohnung am längsten hinausgezögert. Man fängt bei der Konditionierung also in der Regel mit Immer-Belohnen an, geht dann zu festen Belohnungsquoten und Zeitintervallen über und setzt schließlich variable oder *intermittierende* Belohnungsprogramme ein. Mit einem solchen Vorgehen erreicht man die höchsten Reaktionszahlen und die geringste Extinktionsrate; d. h. die Versuchstiere werden, auch wenn die Belohnung lange ausbleibt, immer wieder die konditionierte Reaktion zeigen. Mensch und Tier wissen ja nicht, ob die

Belohnung nun endgültig ausbleibt oder ob nicht gerade ein sehr langes Intervall zwischen den Belohnungen auftritt. Anders als Skinner würden wir heute vom »Prinzip Hoffnung« sprechen in dem Sinne: »Irgendwann muss das Glück ja wiederkommen!«.

Wichtig ist die von Skinner getroffene Unterscheidung zwischen primärer und sekundärer Verstärkung. Beobachtet man, dass sich nach Futterentzug das Verhalten eines Versuchstieres durch Futter verändert, so kann das Futter als *primärer Verstärker* angesehen werden. Andere primäre Verstärker sind die Gabe von Flüssigkeit, Schlafen nach Schlafentzug, sexueller oder sozialer Kontakt. Jedoch können Ereignisse wie das Geräusch des Futterbehälters, das Herabfallen der Futterpille, das Öffnen der Tür durch den Pfleger, die blinkende Pinzette, mit der Futterbrocken dargeboten werden, Geschirrklappern usw. zu *sekundären Verstärkern* werden, wenn sie häufig zusammen mit dem primären Verstärker auftreten. Solche Prozesse gehören aus heutiger Sicht zum *Kontextlernen*, und man weiß inzwischen, dass sie eine wichtige Rolle beim Lernen von Tier und Mensch spielen (s. Kapitel 5), denn diese sekundären Verstärker haben die Funktion von Hinweisreizen (»Gleich gibt's was zu essen!«, »Hier lauert Gefahr!«).

Skinner wich in einem wichtigen Erklärungspunkt von Clark Hull und seinem Konzept der Belohnung ab, indem er den Drang zur Belohnung nicht als einen inneren Trieb ansah, sondern als einen durch äußere Umstände bewirkten Mangelzustand (*deprivation*), den das Tier zu beheben trachtet. In aller Regel ist dies Futter- oder Flüssigkeitsentzug in genau kontrollierter Weise (z. B. für 20 Stunden oder bis zum Erreichen von 80 Prozent des Normalgewichts). Auf diese Weise umgeht Skinner den Bezug auf einen inneren Motivationszustand wie »Hunger« oder »Durst« zur Erklärung eines beobachtbaren Appetenzverhaltens; stattdessen formuliert Skinner: »Der Futterentzug dauerte 22 Stunden«.

Skinner vermeidet hiermit den vitiösen Zirkel, der darin besteht, dass wir aus beobachtbarem Verhalten (das Tier stürzt sich wie wild auf das Futter) einen inneren Zustand (Hunger) ableiten, den wir dann wieder zur Erklärung für das beobachtete Verhalten benutzen (das Tier stürzte sich auf das Futter, *weil* es hungrig war). Solche Erklärungen aufgrund *zweckmäßigen* Verhaltens (d. h. *teleologische* Erklärungen) waren Skinner völlig fremd, er wollte nur dasjenige berücksichtigen, was messbar und beobachtbar war. Aus heutiger

Sicht hätte er natürlich auch den Blutzuckergehalt des Versuchstieres messen können, um einen »internen« physiologischen Faktor zu kennen, doch ist die Frage nach der strengen Korrelation zwischen einem solchen internen Faktor und der Motivation wissenschaftlich auch heute noch nicht abschließend beantwortet.

Dieselbe Skepsis hegt Skinner gegenüber dem Belohnungscharakter eines Verstärkers. Seiner Meinung nach müssen wir gar nicht annehmen, dass der Anblick von Futter das Tier zum Hebeldrücken antreibt, sondern wir beobachten einfach, dass das Tier den Hebel drückt, sich über das Futter hermacht und dann zunehmend häufiger den Hebel drückt. Aufgrund des voraufgehenden Futterentzuges und der beobachteten Verhaltensänderung erschließen wir den Verstärkungscharakter des Futters für das Hebeldrücken. Was dabei im Innern des Tieres vor sich geht (z. B. erhöht die Futteraufnahme die Zuckerreserven, was Veränderungen im medialen Hypothalamus und schließlich im restlichen limbischen System nach sich zieht – s. Kapitel 8 bis 10), ist für Skinner irrelevant.

Zu diesem Punkt schreibt Skinner: »Der Einwand [des Behaviorismus] gegen innere Zustände besteht nicht darin, dass diese etwa nicht existierten, sondern darin, dass sie für eine funktionale Analyse nicht relevant sind. Wir können uns mit dem Verhalten eines Systems nicht auseinander setzen, wenn wir uns ganz in ihm aufhalten; wir müssen uns schließlich und endlich den Kräften zuwenden, die auf den Organismus von außen her einwirken.« (»Wissenschaft und menschliches Verhalten«, 1973, S. 41).

Diese Feststellung lässt an Klarheit nichts zu wünschen übrig und offenbart eine radikal neue Sicht tierischen und menschlichen Verhaltens. In ihren Grundzügen lautet diese Sicht: Tierisches und menschliches Verhalten – so kompliziert es im Innern des Organismus auch zugehen mag – ist *von außen gesteuert*: Bestimmte Reize rufen bestimmte Reaktionen hervor, die Konsequenzen für das nächste Verhalten haben, indem sie dieses in seiner Auftrittswahrscheinlichkeit erhöhen oder erniedrigen. Wie dies im Körperinneren geschieht, etwa durch Umverdrahtung im Nervensystem, ist dabei irrelevant und wahrscheinlich auch gar nicht aufzuklären. Wenn wir nur lange und genau genug die Gesetzmäßigkeiten des operanten Konditionierens, die Wirkungen der verschiedenen Verstärkungsprogramme, der primären und sekundären Verstärker usw. studiert haben, dann können wir tierisches und menschliches Verhalten *vollständig vorhersagen* und auch *kontrollieren.* Wir können vom ersten Glied, der Stimulussituation, gleich zum dritten Glied in der Kausalkette, dem beobachteten Verhalten übergehen und brauchen uns nicht mit dem Zwischenglied zu befassen, d. h. den internen Vorgängen und Befindlichkeiten.

Mensch und Tier werden von Skinner und den meisten anderen Behavioristen als *extern determinierte und determinierbare Wesen* angesehen. Daraus resultierte ein ungehemmter Erziehungsoptimismus, der lautete, dass jedes Tier und jeder Mensch zu jedem erwünschten Verhalten erzogen werden können, vorausgesetzt sie können dies überhaupt körperlich vollbringen (eine Taube kann nicht zweihändig Klavier spielen lernen) und man macht es richtig, d. h. nach den von den Behavioristen herausgefundenen Gesetzen der operanten/instrumentellen Konditionierung. Entsprechend hatten die Grundsätze des Behaviorismus einen überwältigenden Einfluss auf die damalige Psychologie und Verhaltensbiologie und weit darüber hinaus auf Pädagogik, Didaktik und Politik. Alternative psychologische Ansätze wie Freuds Psychoanalyse, die im Anschluss an diesen Abschnitt behandelt wird, wurden aus dem Bereich »wissenschaftlicher« Psychologie herausgedrängt bzw. verabschiedeten sich freiwillig daraus, oder sie wurden wie die Gestaltpsychologie nur sehr am Rande beachtet. Die Lorenzsche Instinkttheorie, von der in diesem Kapitel ebenfalls noch die Rede sein wird, wurde überhaupt erst nach dem Zweiten Weltkrieg außerhalb des deutschsprachigen Raumes bekannt und von behavioristischer Seite scharf kritisiert, z. B. durch Daniel Lehrman (vgl. Roth, 1974).

Der große Fortschritt, der mit dem Aufkommen der Pawlowschen Reflexlehre und des Behaviorismus verbunden war, bestand und besteht in einer Revolutionierung der Methoden der experimentellen Verhaltensbiologie und dem Aufstellen von Gesetzen, die den Vorgängen des assoziativen Lernens (d. h. der klassischen und operanten Konditionierung) universell zugrunde liegen. Nicht gesehen wurde, dass hierfür nur bestimmte, meist einfache Lernprozesse geeignet sind und bestimmte Versuchstiere wie Ratten und Tauben viel besser »funktionieren« als andere. Man wusste seit langem in Kreisen von Zirkusdompteuren, dass man keineswegs allen Tieren alles, was diese motorisch überhaupt leisten können, in gleicher Weise beibringen kann, sondern dass bestimmte Tiere bestimmte Dinge schnell und andere nur schwer oder gar nicht lernen (McFarland, 1989).

So gelang es dem mit Skinner zusammenarbeitenden Tierpsychologen-Ehepaar Breland beispielsweise trotz vieler Konditionierungsversuche nicht, Schweine dazu zu bringen, ein Geldstück in ein Sparschwein (!) zu stecken, oder Hühner dazu zu bringen, für auch nur 10 bis 12 Sekunden ruhig auf einer Plattform zu verharren, ohne zu scharren. Die Autoren schlossen aus ihren Befunden, dass Tiere und Menschen keineswegs immer, wie von Skinner behauptet, den Weg des geringsten Aufwandes einschlagen, um zu einer Belohnung bzw. Verstärkung zu gelangen, und zwar dann nicht, wenn interne Tendenzen (z. B. angeborene Verhaltensweisen) dem entgegenstehen. Daraus folgte die inzwischen allgemein akzeptierte Einsicht, dass operante Konditionierung dann am erfolgreichsten ist, wenn sie angeborenen *Lerndispositionen* eines Tieres oder Menschen entgegenkommt. So etwas durfte es aber in den Augen des Behaviorismus überhaupt nicht geben. Man weiß heute auch, dass der Lernerfolg nicht nur von den allgemeinen Lerndispositionen abhängt, sondern auch von den beteiligten Sinnessystemen. Lernen im visuellen, auditorischen, somatosensorischen und olfaktorischen Bereich läuft z. T. in völlig unterschiedlicher Weise ab, und ein intermodaler Transfer, z. B. zwischen visuellem und olfaktorischem System, ist bei den meisten Tieren nicht oder nur unter großen Schwierigkeiten möglich (Menzel und Roth, 1996).

Eine andere, heute immer noch diskutierte Frage lautet, ob es neben dem nichtassoziativen Lernen (Habituation und Sensitisierung) und den assoziativen Formen der klassischen und operanten Konditionierung noch andere Formen tierischen und menschlichen Lernens gibt. Die Behavioristen bestritten dies heftig und behaupteten, auch die komplexesten Verhaltensweisen und mentalen Leistungen seien nichts anderes als Verkettungen einfacher konditionierter Vorgänge, z. B. Sprechen und Denken als »inneres Handeln«. Heraus fielen oder nicht genügend gewürdigt wurden dabei Lernformen wie Imitationslernen und Einsichtslernen sowie alle Formen mentaler Operationen wie Kategorisieren, internes Problemlösen und Handlungsplanen. Selbstverständlich wurde auch jegliche Art angeborenen Verhaltens geleugnet (s. oben).

Auch wenn die Schwierigkeiten des Behaviorismus, komplexes Verhalten als Ketten operant konditionierten Verhaltens zu beschreiben, schon früh offensichtlich waren, so dauerte es lange, nämlich bis zum Ende der vierziger Jahre des 20. Jahrhunderts, ehe sich stärkerer

Widerstand formierte. Die beiden ersten bedeutenden Kritiker des Behaviorismus kamen interessanterweise aus den eigenen Reihen. Der erste war der Psychologe Edward C. Tolman (1886-1959). Tolman war Vertreter des »zweckhaften« Behaviorismus und beeinflusst von der Gestaltpsychologie. Sein Hauptwerk ist »Purposive Behavior in Animals and Men« (1932). Nach Tolman ist die Grundeinheit des Verhaltens der zweckhafte, zielgerichtete Akt, der von »kognitiven Prozessen« geleitet ist. Solche kognitiven Prozesse überhaupt in Rechnung zu stellen, war für den orthodoxen Behaviorismus ein Sakrileg; Tolman sah sich aber beim Studium komplexerer Lernprozesse, etwa beim Labyrinthlernen von Ratten, genötigt, die Existenz »kognitiver Karten« als eine Art interner Repräsentation der räumlichen Außenwelt anzunehmen, da die Ratten in der Lage waren, Abkürzungen einzuschlagen, die sie vorher nie gegangen waren. Der bedeutsame Schritt Tolmans war also die Anerkennung der Existenz solcher interner Repräsentationen oder »intervenierender Variablen«, d. h. von Vorgängen im Innern von Tier und Mensch, die die reine Reiz-Reaktionsbeziehung mehr oder weniger stark beeinflussen können. Eine solche Annahme war die Grundlage der berühmten »kognitiven Wende« in Psychologie und Neurobiologie und wird heute als selbstverständlich angesehen (vgl. Gardner, 1987).

Der andere »Abweichler« war der Psychologe und Verhaltensforscher Karl S. Lashley (1890-1958). Lashley war beeinflusst von Watson, mit dem er zusammenarbeitete, er untersuchte aber zugleich als einer der ersten die neuronalen Grundlagen des Verhaltens, besonders des Lernverhaltens. Sein Hauptwerk ist »Brain Mechanisms and Intelligence« (1929). Berühmt wurde er durch Lernexperimente mit Ratten, bei denen er nacheinander alle verschiedenen Areale der Großhirnrinde der Tiere zerstören konnte, ohne dass ihre Fähigkeit zum Labyrinthlernen beeinträchtigt war. Aufgrund dieser Befunde kam er zur Aufstellung des Prinzips der »Massenaktion«. Dieses lautet, dass es beim Lernen auf die Masse von aktiviertem Hirn-(bzw. Cortex-)Gewebe ankommt und nicht auf bestimmte »Zentren«. Zugleich propagierte er das Prinzip der »Äquipotentialität«, welches besagt, dass bestimmte sensorische Teile des Gehirns die Funktion anderer Teile übernehmen können. Beide Aussagen werden heute sehr kritisch gesehen.

Wichtig aber war die Grundüberzeugung Lashleys, dass jede

mentale Aktivität durch Hirnmechanismen verursacht ist, und dass es sich lohnt, diese zu studieren. In einer Rede von 1948 führte Lashley aus, dass Verhalten keineswegs eine bloße Reiz-Reaktionskette sei, sondern durch ein internes, hierarchisch organisiertes System kontrolliert werde. An der Spitze dieses Systems stehen allgemeine Pläne und Absichten, die nachgeordnete, konkretere Handlungsprogramme bis hinunter zu den Einzelaktionen steuern. Verhalten ist also getrieben durch Planung, Vorausschau und Intentionen. Das Zentralnervensystem wartet keineswegs passiv auf den nächsten Reiz, sondern ist spontan, ist *antizipatorisch*. Damit war der Boden des orthodoxen Behaviorismus bereits verlassen.

Andere wichtige Wurzeln der Überwindung des Behaviorismus in seiner orthodoxen Form waren die Kybernetik und die Informationstheorie mit Theoretikern und Forschern wie Norbert Wiener, Warren McCulloch, John von Neumann, Ross Ashby, Alan Turing und Claude Shannon. Allen diesen Personen ging es um die Entwicklung zielgerichteter, d. h. *intentionaler* Maschinen, insbesondere um ihre Anwendung im Zweiten Weltkrieg (z. B. bei der Konstruktion effektiverer Flugabwehreinrichtungen). Das wichtigste Prinzip ist dabei das der »Rückkopplung«; dies wurde als die Fähigkeit zur *Homöostase*, d. h. zum Aufrechterhalten eines gewünschten Zustandes, des *Sollwerts*, interpretiert.

In der Psychologie wurde schließlich die »kognitive Wende« durch Arbeiten der Psychologen Donald Broadbent und Eric Neisser eingeleitet. Dies führte zum so genannten Funktionalismus, d. h. der Auffassung, dass Kognition *Informationsverarbeitung* ist, die mithilfe von logischen Berechnungsabläufen (*Algorithmen*) nachgezeichnet werden kann (Anderson, 1996). Interessanterweise wurde dabei der von Lashley eingeschlagene Weg wieder verlassen. Die Funktionalisten waren ebenso wie die Behavioristen der Überzeugung: Selbst wenn letztlich alle mentalen Prozesse neuronal im Gehirn verankert sind, so ist die Kenntnis dieser Verankerung völlig irrelevant. Die kognitive Psychologie hat sich entsprechend mit der Informationsverarbeitung im Bereich der Symbole, Regeln, Überzeugung, nicht aber mit deren physiologischen Grundlagen zu befassen. Dies führte bei dem führenden amerikanischen Funktionalisten Jerry Fodor in seinem einflussreichen Buch »The Language of Thought« von 1975 zu der bemerkenswerten Feststellung, es gebe mehr Übereinstimmung zwischen Geist und Computer als zwischen

Geist und Gehirn. Diese Computer-Metapher und der damit verbundene Anti-Neurobiologismus in den Kognitionswissenschaften haben sich bis heute als verhängnisvoll erwiesen und sind trotz aller Erfolge der »kognitiven Neurowissenschaften« in der Psychologie und der Linguistik keineswegs überwunden. Vielleicht ist dies eine späte Rache des Behaviorismus an seinem »Überwinder«, dem Kognitivismus.

Die Psychoanalyse Sigmund Freuds

Sigmund Freud prägte wie kein anderer die zeitgenössischen Vorstellungen vom »Psychischen« und der Art, wie dieses das menschliche Verhalten steuert. Gleichzeitig ist das, was er zum Teil vor mehr als hundert Jahren hierüber geschrieben hat, heute mehr denn je umstritten, und die Frage »Hatte Freud Recht?« wird in Illustrierten und Tageszeitungen diskutiert. Erschwert wird die Auseinandersetzung mit dieser Frage dadurch, dass es schwierig ist, die Lehre Freuds zutreffend wiederzugeben, und zwar erstens, weil Freud seine Anschauungen im Laufe seines Lebens zum Teil stark verändert hat, und zweitens, weil sich ein fast undurchdringliches Dickicht von Urteilen und Vorurteilen um den Kernbestand seiner Lehre gebildet hat. Gleichzeitig ist bei kaum einer anderen bedeutenden Persönlichkeit unserer jüngeren Geistesgeschichte die Biographie so aufschlussreich für den Inhalt seines Werkes wie bei Freud. Deshalb sei sein Leben hier kurz dargestellt, insbesondere die frühe Phase, in der er der Neurologie und Hirnforschung nahe stand (vgl. Ellenberger, 1996).

Sigmund Freud wurde 1856 als Sohn eines jüdischen Geschäftsmannes in der kleinen Stadt Freiberg in Mähren (tschechisch Pribor) geboren. Seine ersten drei Lebensjahre verbrachte Freud in Freiberg, 1860 zog die Familie nach Wien. In den Jahren 1866 bis 1873 besuchte Freud das angesehene Sperlgymnasium; er war immer ein sehr guter Schüler. Danach, 1873, begann er das Medizinstudium; er arbeitete ab dem fünften Semester regelmäßig im Labor für vergleichende Anatomie von Carl Claus, dann im Labor des berühmten Physiologen und Histologen Ernst Brücke (1819-1892). Brücke war ein Schüler des Begründers der Physiologie, Johannes Müller, und zwar zusammen mit Hermann von Helmholtz, Emil Dubois-Reymond und Carl Ludwig, die zu den Vätern der modernen Natur- und Biowissenschaften gehören. Brücke lehnte wie die genannten Studienkollegen jede Art von Vitalismus und teleologischem Denken ab und wollte psychische Prozesse vollständig auf physiologische Vorgänge und diese wiederum auf physikalische und chemische Gesetze zurückführen, also das »Reduktionismus-Programm« verwirklichen. Im Labor von Brücke traf Freud auf dessen Assistenten, den Physiologen Sigmund Exner und den Neurologen Josef Breuer, die ihn auf unterschiedliche Art stark beeinflussen sollten.

Im Jahre 1881 erwarb Freud den medizinischen Doktorgrad und wurde Lehrassistent in Brückes Labor. Im darauf folgenden Jahr verließ er plötzlich Brückes Labor und wandte sich der Karriere als praktizierender Arzt zu. Der Anlass hierfür war die Verlobung mit Martha Bernays (1861-1951), die einer bekannten jüdischen Familie entstammte. Um heiraten zu können, musste Freud sich nach einer Beschäftigung umsehen, die ihm und seiner zukünftigen Familie einen standesgemäßen Unterhalt ermöglichte. Zwischen 1883 und 1886 war er Sekundararzt im Labor des Hirnanatomen Theodor Meynert und beschäftigte sich mit der Neuroanatomie des Hirnstamms von »niederen« Wirbeltieren (nämlich des Neunauges). Meynert (1833-1892) galt neben Paul Flechsig (1847-1929) in Leipzig als der führende europäische Neuroanatom; er versuchte psychische und psychopathologische Phänomene mehr oder weniger direkt mit der Aktivität bestimmter Hirnzentren in Verbindung zu bringen, und tat damit das, was man damals als »Gehirnmythologie« bezeichnete. Im Jahr 1884 wurde Freud zum Privatdozenten der Universität Wien ernannt; 1885 bis 1886 hielt er sich für vier Monate in Paris bei dem seinerzeit berühmten Pathologen und Neurologen Jean-Martin Charcot (1825-1893) auf, der sich u. a. mit der Heilung von Hysterie durch Hypnose beschäftigte. Dies machte auf Freud einen großen Eindruck und brachte ihn vertieft mit psychiatrischen Fragestellungen in Berührung.

Nach seiner Rückkehr nach Wien im Frühjahr 1886 eröffnete Freud eine eigene Praxis für neurologische und psychiatrische Erkrankungen und heiratete Martha Bernays. Im Jahre 1891 zog er dann mit Familie und Praxis in das berühmte Haus Berggasse 19, wo er bis zu seiner Flucht vor dem Nationalsozialismus im Jahre 1938 wohnte und arbeitete. Freud wurde schnell ein Arzt der »besseren Wiener Kreise«, und schon 1893 gehörte er zu den Wiener Berühmtheiten. In den Jahren 1893 bis 1895 schrieb er zusammen mit Josef Breuer, seinem Kollegen aus Meynerts Labor, die »Studien über Hysterie«. Die Jahre bis 1899 erlebten die Ausarbeitung der Grundprinzipien der Psychoanalyse. In das Jahr 1895 fällt das Entstehen der Schrift »Entwurf einer Psychologie«, die erst postum (1950) veröffentlicht wurde und den Versuch darstellte, eine Theorie des »seelischen Apparates« auf der Grundlage der soeben etablierten Neuronentheorie zu entwickeln. Im Jahre 1899 schrieb er das umfangreiche Werk »Die Traumdeutung«, erschienen (bzw. vordatiert auf) 1900, das Freud schlagartig berühmt machte. In dieser Zeit war Freud von dem Gefühl durchdrungen, eine große Wahrheit oder eine neue geistige Welt entdeckt zu haben, eben die Welt des Psychisch-Unbewussten, die sich unter anderem im Traum äußert und mit der sich die neue Lehre, *Psychoanalyse* genannt, beschäftigte.

Im Jahre 1902 wurde Freud nach langem Warten zum außerordentlichen Professor ernannt, und es traf sich zum ersten Mal die kleine Gruppe von Anhängern der Psychoanalyse, die *Psychologische Mittwochsgesellschaft*. In kurzen Abständen folgten nun Veröffentlichungen von Werken, die heute als Eckpfeiler der Psychoanalyse angesehen werden, nämlich »Zur Psychopathologie des Alltagslebens« (1904), »Drei Abhandlungen zur Sexualtheorie« (1905) und »Der Witz und seine Beziehung zum Unbewussten« (1905). In den folgenden Jahren wurden der erste internationale Kongress für Psychoanalyse, die erste psychoanalytische Zeitschrift und die Internationale Gesellschaft für Psychoanalyse (1910) gegründet. Im Jahre 1911 bzw. 1913 trennten sich Alfred Adler und Carl Gustav Jung von Freud und entwickelten ihre eigenen Denk- und Therapierichtungen.

Im Jahre 1920 wurde der nunmehr weltberühmte Freud zum ordentlichen Professor berufen. In den folgenden Jahren erschienen die für das Spätwerk Freuds grundlegenden Werke »Jenseits des Lustprinzips« (1920) und »Das Ich und das Es« (1923), die religionskritische Schrift »Die Zukunft einer Illusion« (1927) und schließlich »Das Unbehagen in der Kultur« (1929). Nach dem »Anschluss« Österreichs an das Deutsche Reich der Nationalsozialisten im Jahre 1938 floh Freud auf Drängen und unter Mithilfe einflussreicher Freunde über Paris nach London, wo er 1939 an einem Krebsleiden starb, das er über lange Jahre heroisch ertragen hatte.

Interpreten der Werke Freuds haben immer wieder darauf hingewiesen, dass Freud als universell gebildete Person eine Vielzahl unterschiedlicher geistiger Strömungen des damaligen Kontinental-europa aufgenommen hat (hierzu war das Wien der Wende vom 19. zum 20. Jahrhundert der ideale Ort) und in teils sehr origineller, teils eigentümlicher Weise miteinander verschmolz. Von großer Bedeutung für den jungen Freud waren die Neurobiologie und die Hirnforschung seiner Zeit, die er bei Brücke und Meynert in den besten damaligen Labors und aufgrund eigener neuroanatomischer Untersuchungen gründlich kennen lernte.

Man muss sich dabei vergegenwärtigen, dass erst wenige Jahre zuvor die für die heutige Neurobiologie grundlegende »Neuronen-Doktrin« veröffentlicht worden war, nämlich die Anschauung, dass das Nervensystem wie der Körper insgesamt aus Nervenzellen, *Neurone* genannt, aufgebaut ist und dass die seit langem im Gehirn beobachteten »Ganglienkugeln« und »Fasern« zusammengehören und eben die Nervenzellen mitsamt Fortsatz (Axon) bilden (vgl. hierzu Florey, 1996; Breidbach, 2001). Völlig unklar war noch zu Freuds Studienzeiten die Frage, welche Art von Kontakten die Nervenzellen untereinander haben; der Begriff der »Synapse« wurde erst einige Jahre später von Charles Sherrington geprägt. Von den elektrophysiologischen Vorgängen im Gehirn hatte man wenig, von den neurochemischen Vorgängen keinerlei Kenntnis. Hingegen wusste man über die anatomische Gliederung des menschlichen Gehirns einigermaßen Bescheid und hatte grobe Vorstellungen über die Funktionen der einzelnen Hirnzentren.

Zugleich trieb man – wie bereits erwähnt – »Hirnmythologie«, d. h. man entwarf auf dünner empirischer Basis große Konzepte über die kognitiven und psychischen Leistungen des Gehirns. Meynert zum Beispiel versuchte (aus heutiger Sicht nicht zu Unrecht) das »Unbewusste« den subcorticalen Zentren des Endhirns und dem Hirnstamm, das Ich hingegen dem assoziativen Cortex (bei Freud »Rinde« genannt) zuzuweisen. Wie der andere führende Neurologe seiner Zeit, John Hughlings Jackson (1835-1911), glaubte Meynert, psychische Erkrankungen seien ein Rückfall (eine Regression) cortikal-rationaler Funktionen auf unbewusste subcorticale Funktionen. An solcher Gehirnmythologie beteiligte sich auch Freud in seinem erwähnten »Entwurf einer Psychologie« von 1895, den er allerdings nicht veröffentlichte und der ihm offenbar – völlig zu Unrecht! – lebenslang peinlich war.

Bei diesem Bemühen war Freud zugleich zutiefst beeinflusst von der Tradition der »dynamischen Psychologie«, die von Franz Anton Mesmer (1734-1815) über die romantische Medizin (vor allem Carl Gustav Carus, 1789-1869) bis zu Charcot und Pierre Janet (1849-1947) reichte und in scharfem Gegensatz zum Rationalismus der Aufklärung und des Klassizismus den Begriff des Unbewussten und Triebhaften bei der Erklärung des Psychischen in den Vordergrund stellte (Ellenberger, 1996). Eine antirationalistische Auffassung von der Dominanz unbewusster Triebe und Antriebe findet sich ebenso in der Philosophie Arthur Schopenhauers (1788-1860) und in dessen Nachfolge in der Philosophie Friedrich Nietzsches (1844-1900). Stark beeinflusst wurde Freud aber auch durch die Assoziationspsychologie Johann Friedrich Herbarts (1776-1841). Für Herbart sind Assoziationen Verknüpfungen von Wahrnehmungen, Gedanken, Vorstellungen und Gefühlen aufgrund von Gleichzeitigkeit, Gleichheit, formaler oder inhaltlicher Verwandtschaft oder Ähnlichkeit oder aufgrund ihres entsprechenden Gegensatzes und sind damit die »Grundtatsachen psychischen Geschehens«. Herbart ging davon aus, dass sich im »Seelischen« lange Assoziationsketten bilden, die in einem gleitenden Übergang vom Unbewusstem zum Bewusstein aufsteigen; er entwickelte auch die moderne Vorstellung vom Kampf der Assoziationen um den Zugang zum Bewusstsein. Ebenfalls einen großen Einfluss auf den jungen Freud übte das so genannte »Konstanzprinzip« des Psychophysikers Gustav Theodor Fechner (1801-1887) aus, entwickelt in der kleinen Schrift von 1873 »Einige Ideen zur Schöpfungs- und Entwicklungsgeschichte«. Nach diesem Prinzip besitzt alles Lebendige eine Tendenz zur Stabilität, zur Rückkehr in ein Gleichgewicht. Instabilität erzeugt Unlust, Rückkehr zur Stabilität Lust.

Vorstellungen von der Dynamik des Psychischen und seiner Erkrankungen – etwa in dem Sinne, dass Leidenschaften, besonders das Sexuelle, die Hauptursache von Neurosen und Psychosen seien, dass sich Wahnvorstellungen bis in die frühe Kindheit zurückverfolgen lassen – und die Beschäftigung mit dem Zusammenhang zwischen Sexualpathologie und kindlicher Sexualität waren zu Zeiten der Entstehung der Freudschen Psychoanalyse im Wien der Wende vom 19. zum 20. Jahrhundert gängige und heftig diskutierte Themen und wurden von Freud wie selbstverständlich aufgenommen. Es ist deshalb kein Wunder, dass Freuds Anschauungen schnell zahlreiche Anhänger fanden; die Auffassung, Freud habe, zumal als Jude, gegen erbitterte Widerstände zu kämpfen gehabt, gehört eindeutig ins Reich der Fabel (vgl. Ellenberger, 1996).

Trotz aller Brüche lässt sich in Freuds Werk ein *Grundschema des Psychischen* erkennen. Freud geht in seinem ersten Konzept der Psychoanalyse vor 1920 (was man in der Freud-Forschung »erste Topik« nennt) von einer Schichtung des Psychischen in ein Unbewusstes, ein Vorbewusstes und ein Bewusstes aus, die in der »zweiten Topik« ab 1920 durch die Systeme »Es«, »Ich« und »Über-Ich« ersetzt wird. Die beiden Modelle sind nicht identisch, gemeinsam sind aber zwei Grundvorstellungen. Die erste Grundvorstellung nimmt explizit Rückgriff auf das Fechnersche »Konstanzprinzip« und lautet, dass alle seelischen Vorgänge auf *Abfuhr* von übermäßiger Erregung, von Spannung, angelegt seien, die von außen als Wahrnehmung (furcht)erregender Umweltgeschehnisse und von innen als Triebe in die Psyche eindringen. So erzeugte psychische Spannung ist *Unlust;*, Abfuhr oder zumindest Herabsetzung von Spannung erzeugt dagegen *Lust.*

Die zweite Grundannahme lautet, dass es eine Sphäre des Unbewussten gibt, die in der Entwicklung des Seelischen vor dem Bewusstsein existiert und lebenslang gegenüber dem Bewusstsein dominiert. Dieses Unbewusste hat seinerseits verschiedene Schichten, nämlich eine überindividuelle (d. h. allen Menschen zukommende) Schicht, in der sich der allgemeine, in den Mythen beschriebene Vater-Sohn-Konflikt (die Ermordung des Urvaters), der Ödipus-Konflikt (d. h. das inzestuöse Begehren der Mutter durch das männliche Kleinkind) und die sich aus beidem ergebenden Mordphantasien und Kastrationsängste des Kindes finden. Eine zweite Schicht ist die der frühkindlichen Sexualität und Sexualerfahrung, etwa das traumatische Erlebnis elterlicher Sexualität, der Penisneid des Mädchens oder phantasierter bzw. realer sexueller Missbrauch durch Erwachsene. Beide Schichten werden gegen das Bewusstsein durch die *infantile Amnesie*, d. h. die Unfähigkeit, sie bewusst zu erinnern, abgesperrt. Eine dritte Schicht wird durch sexuelle Handlungen und Fehlhandlungen während der Pubertät gebildet. Derartige »libidinöse« Antriebe werden durch nicht-libidinöse frühkindliche Erfahrungen und seelische Verletzungen ergänzt. Dieses Unbewusste hat – von starker *Triebenergie* besetzt – die Tendenz, sich erst im Vorbewussten und dann im Bewusstsein bemerkbar zu machen. Es wird dabei aber durch eine aktive Kraft, einen Zensor, im Unbewussten festgehalten – ein Vorgang, den Freud *Verdrängung* nennt. In den Schriften nach 1920 ist es der unbewusste Teil des Ich, welcher diese Verdrängung vornimmt.

Starke Antriebe und traumatische Erinnerungen äußern sich auf Bewusstseinsebene als schwere seelische Erkrankungen. Aber auch in weniger schweren Fällen dringt das Unbewusste in verkleideter Form hervor, und zwar in unseren Träumen, in Fehlleistungen wie Versprechern oder »falschen« Handlungen oder im Witz. Im Traum (und entsprechend in der hysterischen und neurotischen Erkrankung) gibt es eine *Oberfläche* (der »manifeste Trauminhalt«), die durch den aktuellen Trauminhalt gebildet wird, eine *Zwischenebene* (der »latente Trauminhalt«), auf der Jugenderlebnisse und -konflikte in verstellter Form auftauchen, und eine *tiefe Ebene* der frühkindlichen Erlebnisse (Ödipuskonflikt usw.). Für Freud ist der Traum die Ersatzerfüllung eines verdrängten sexuellen Wunsches. Der Zensor greift ein und versucht die Erfüllung dieses Wunsches dadurch niederzuhalten, dass er sein Auftauchen »in verkleideter Form«, in einer nicht bedrohlichen Weise, nämlich als *Verschiebung*, *Verdichtung* und *Symbolisierung* erlaubt. Der Traum ist somit eine verschlüsselte Rückkehr vom Bewussten ins Unbewusste, vom Erwachsenenalter ins Frühkindliche, vom Sprachlichen ins Bildliche und Symbolische. Daher rührt für Freud die Wichtigkeit der Traumdeutung.

Das *Bewusstsein* wird vor und nach 1920 definiert als die Wahrnehmung äußerer Ereignisse und Empfindung von Lust und Unlust aufgrund von Erregungen aus dem »Innern« der Psyche. Bewusstsein ist die mehr oder weniger passive »Oberfläche« des psychischen Apparates und stößt unmittelbar an die Außenwelt. Freud lokalisiert es in der »Rinde«, womit er ganz augenscheinlich die Großhirnrinde, den Isocortex, meint. Gegen die Außenwelt hin hat das Bewusstsein einen »Reizschutz«, der es im Allgemeinen gegen Überreizung durch starke Umweltereignisse schützt; allerdings kann überstarke Reizung, etwa in Form von Kriegserlebnissen, Vergewaltigung oder eines furchtbaren Unfalls, zur Ausbildung eines psychischen Traumas führen. Nach innen besteht kein Reizschutz, was bedeutet, dass das Bewusstsein großen inneren Spannungen ausgesetzt ist. Das Bewusstsein ist für Freud der Ort schnell wechselnder Inhalte; es enthält im Gegensatz zum Unbewussten keine bleibenden Erinnerungen.

Die Funktion des Bewusstseins besteht im Ausrichten der Aufmerksamkeit auf die äußere Welt, im Registrieren dessen, *was Sache ist.* An der Zensur und der aktiven Verdrängung hat das Bewusstsein keinen Anteil. Wichtig ist in diesem Zusammenhang, dass das Individuum weder in seinem Traum noch in seinen »Freudschen Fehlleistungen«, noch in seinen Neurosen und Psychosen weiß, *warum* es so handelt, wie es handelt. Da das Bewusstsein keinen direkten Zugang zum Unbewussten hat, ist das Individuum auch nicht in der Lage, dessen Wirkungen zu durchschauen. Hierzu ist die »psychoanalytische Kur« nötig als – wie Freud sagt – »mühsame, wenn auch nicht unmögliche Beeinflussung des Unbewussten vom Bewusstsein her«, in der die Überwindung der Widerstände geschieht, die zwischen den Systemen *Unbewusst* und *Vorbewusst* herrschen.

Das *Vorbewusste* gehört im Rahmen der ersten wie der zweiten Topik deutlich auf die Seite des Bewussten und ist vom Unbewussten durch den eigentlichen Zensor getrennt. Das Vorbewusste enthält alles, was dem Bewusstsein im Prinzip zugänglich, aber nicht aktual bewusst ist, d. h. Erinnerungen und Kenntnisse. Entsprechend sind vorbewusste ebenso wie bewusste Vorstellungen im Gegensatz zu denen des Unbewussten an die verbale Sprache gebunden. Das Bewusstwerden vorbewusster Inhalte muss einen zweiten, schwächeren Zensor passieren; dieser wählt aus, sucht Inhalte zu vermeiden, die das Bewusstsein stören können, aber es verdrängt nicht im eigentlichen Sinne.

In dem Aufsatz »Das Ich und das Es« von 1923 gliedert Freud den »psychischen Apparat« in drei Systeme, *Es, Ich* und *Über-Ich.* Diese neue Einteilung, die »zweite Topik«, ist allerdings nur teilweise identisch mit der früheren Entgegensetzung zwischen dem Unbewussten und dem Bewussten. Während das Es völlig unbewusst ist, haben sowohl das Ich als auch das Über-Ich teils bewusste, teils unbewusste Anteile. Vorbereitet wurde diese neue Konzeption durch den 1920 erschienenen Aufsatz »Jenseits des Lustprinzips«, in dem Freud die Einteilung der Triebe in einen *Lebenstrieb* (Eros) und einen *Todes- oder Destruktionstrieb* (später Thanatos genannt) präsentiert. Ein solches Hinausgehen über den Sexualtrieb, die Libido, als einzigen Trieb hatte sich bereits ab 1914 angedeutet.

Das *Es* wird in der zweiten Topik zum »großen Triebpol« der Persönlichkeit, zur Quelle der Triebenergie überhaupt, die sich in den beiden »Partialtrieben« Eros und Thanatos verkörpert. Der Lebenstrieb will sich fortpflanzen, vermehren, Neues schaffen, der Todestrieb hingegen will zu früheren, anorganischen Zuständen zurückkehren. Allgemein definiert Freud 1920 den Trieb als einen »dem Belebten innewohnenden Drang zur Wiederherstellung eines früheren Zustandes«; er verkörpert die »konservative Natur des Lebenden«. Die Sexualtriebe sind die eigentlichen Selbsterhaltungs- und Lebenstriebe, sie sind nicht bloß auf Fortpflanzung eingeschränkt, sie verkörpern die Grundenergie, die Libido. Allerdings schreibt Freud drei Jahre später in »Das Ich und das Es«, dass es eine einzige, »verschiebbare« Grundenergie gebe, die sich teils im Lebenstrieb, teils im Todestrieb verwirkliche.

Das Es ist unstrukturiert, »chaotisch«, hat keine Organisationsform, keinen Gesamtwillen, keine Beziehung zur Realität; es strebt nach unbedingter Verwirklichung und Erfüllung. Das *Ich* der zweiten Topik ist nur zum Teil identisch mit dem Bewusstsein. Es reicht tief in das Es hinein und ist zum Teil dessen Knecht; es »pflegt seinen Willen, so als wäre es sein eigener Wille«. Zugleich ist aber das Ich die Verkörperung des *Realitätsprinzips*, nämlich als Kontrolle der Abfuhr von seelischen Spannungen, der Wahrnehmung, als Realitätsprüfung, Antizipation, zeitliche Ordnung der seelischen Vorgänge, rationales Denken und zugleich als Träger der Abwehroperationen gegen die Triebforderungen des Es. Das Ich soll die zunehmende Beherrschung der Triebe sichern und das Realitätsprinzip an die Stelle des im Es herrschenden Lustprinzips und seiner Triebstrukturen stellen. Diese Operationen vollziehen sich zum großen Teil unbewusst. Im Ich sind auch die Widerstände gegen die aufdeckende Psychotherapie beheimatet, die dem Patienten unbewusst sind und die der Psychotherapeut behutsam identifizieren und beseitigen muss.

Neben dem Es muss sich das Ich gegen das *Über-Ich* und dessen Forderungen zur Wehr setzen. Diese Instanz, die Freud im Rahmen seiner zweiten Topik« von 1923 einführte, repräsentiert das Gewissen, die Selbstbeobachtung, die Idealbildung, den Richter und Zensor des Ich. Das Über-Ich ist ursprünglich einerseits ein Teil des Es, welches »phylogenetische, archaische Prinzipien« verkörpert, es ist »der Anwalt des Innersten des Es«. Andererseits ist das Über-Ich ein Teil des Ich, der sich zunehmend abtrennt und sich diesem gegenüberstellt. Es entstammt nach Freud dem »Untergang des Ödipus-Komplexes«, indem das männliche Kind auf die Befriedigung seiner inzestuösen

Wünsche gegenüber der Mutter und auf die Mordphantasien gegenüber dem Vater verzichtet und die libidinöse Besetzung der Eltern in eine Identifizierung der Eltern als Über-Macht verwandelt, das Inzestverbot also *verinnerlicht*. Nach Freud wird das Über-Ich umso stärker, je stärker der Ödipuskomplex war und je mehr Kräfte dessen Überwindung verzehrte.

In der weiteren Entwicklung der kindlichen Psyche wird das Über-Ich durch die sozialen und kulturellen Anforderungen im Rahmen von Erziehung, Religion und Moral ergänzt; darin gehen auch die Über-Ich-Vorstellungen der Eltern ein. Das kindliche Über-Ich wird damit zum Träger der Tradition, all der zeitbeständigen Wertungen, die sich auf diesem Wege über Generationen fortgepflanzt haben. Es wird zum Gewissen, zum Autoritätsglauben und – im Falle des Versagens des Ich – zur Quelle von Schuldgefühlen. Zu Beginn ist das Ich schwach und hat den Ödipus-Komplex, also den Inzest-Wunsch, zu bewältigen. Später wird es stark oder soll zumindest stark werden; das Über-Ich ist für das Ich das »Denkmal der einstigen Schwäche und Abhängigkeit des Ich und setzt seine Herrschaft auch über das reife Ich fort«, und zwar in Form des kategorischen Imperativs (»Du sollst!«).

Sehen wir mit einigem Abstand auf dieses Konzept und vernachlässigen die Unterschiede in den Schriften vor und nach 1920, so erscheint das bewusste Ich bei Freud eingezwängt in ein Netzwerk von dreierlei Einflüssen, nämlich denen des Es bzw. Unbewussten, denen des Über-Ich und denen der Realität. Das Ich versucht verzweifelt, Diener dieser drei Herren zu sein. Dabei erlebt es den Einfluss des Mächtigsten der drei Herren, nämlich des Es bzw. des Unbewussten, gar nicht direkt, sondern indirekt als Träume, Fehlleistungen, Obsessionen, Perversionen oder als psychische Erkrankung und damit als vermeintlich eigene Zustände. Das *bewusste* Ich hat keine Einsicht in die unbewussten Kräfte, die es bewegen; zugleich reicht das Ich weit in das Unbewusste hinein; es wird weitgehend, wenn nicht gar völlig *determiniert* durch Geschehnisse, die vor oder an seinen Ursprüngen liegen, nämlich in der frühen Kindheit oder gar in der Vorgeschichte des Menschen (der »Urhorde«).

Zweifellos ist die Theorie Freuds ein Gegenbild zum Konzept des autonomen Ich des Rationalismus und der klassischen europäischen Philosophie. Dennoch bleibt Freud in seinem Therapie-Optimismus der Aufklärung verhaftet, denn durch die Psychoanalyse werden die

»wilden Triebe« offen gelegt: Der Patient spricht alles frei assoziierend aus, was ihm in den Sinn kommt, gleichgültig wie absurd, unmoralisch und peinlich dies sein mag. Darauf baut der Psychotherapeut mit seiner Deutungstechnik auf, überwindet – hoffentlich – die Widerstände und befreit die unbewusst gebundenen Energien. *Es* wird hierdurch zumindest teilweise zum *Ich*, und damit wird das eigentliche Ziel des Menschen, nämlich die in sich ruhende Persönlichkeit, verwirklicht, und zwar durch das Ich, welches sich gleichzeitig von den Forderungen des Über-Ich befreit, das ja auch dem Es entstammt. Bei allem Kulturpessimismus bahnt sich auch bei Freud letztlich der klassische Aufklärungsgedanke Bahn. Der einzelne Mensch ist zwar nicht für seine Persönlichkeit verantwortlich, aber er hat den Retter in Form des psychoanalytischen Therapeuten.

Es wäre reizvoll, schon hier aus der Sicht der Hirnforschung eine kritische Bewertung der Psychoanalyse Freuds vorzunehmen. Da wir uns hierzu intensiv mit den neurobiologischen Grundlagen des »psychischen Apparates« beschäftigen müssen, soll die Frage, ob »Freud Recht hatte«, erst im »Exkurs 2« behandelt werden.

Die Vergleichende Verhaltensforschung von Lorenz und Tinbergen

Ende der sechziger und Anfang der siebziger Jahre war im deutschsprachigen Raum die Verhaltensforschung sehr populär, besonders in Form der so genannten Vergleichenden Verhaltensforschung, wie sie von Konrad Lorenz und seinen Schülern, vor allem von Irenäus Eibl-Eibesfeldt, Wolfgang Wickler und Paul Leyhausen, vertreten wurde. »Vergleichende Verhaltensforschung« war damals eine Art Leitwissenschaft. Das von Lorenz im Jahre 1963 veröffentlichte Buch »Das sogenannte Böse – Zur Naturgeschichte der Aggression« erreichte in kurzer Zeit Rekordauflagen; ein ähnlicher Bestseller wurde merkwürdigerweise auch die 1965 in zwei Bänden unter dem Titel »Über tierisches und menschliches Verhalten« herausgegebene Schriftensammlung, die eher Akademisch-Nüchternes enthält. Auch das 1967 von Eibl-Eibesfeldt (und nicht von Lorenz) verfasste Werk »Grundriss der vergleichenden Verhaltensforschung« erlebte eine beachtliche Verbreitung, genauso wie die 1973 erschienene »Verhaltensbiologie des Kindes« von Bernhard Hassenstein. Zunehmend rascher flossen dann Schriften mit Titeln wie »Liebe und Haß« (Eibl-Eibesfeldt), »Biologie der Zehn Gebote« und »Sind wir alle Sünder?« (beide von Wickler) aus den Federn vergleichender Verhaltensforscher.

Tierisches und menschliches Verhalten schien im Rahmen dieser Verhaltenslehre vollständig erklärbar. Nicht wenig zu diesem Erfolg trug die von den genannten Autoren scharfe, gelegentlich auch mit deutschtümelnden Untertönen gemischte Kritik an dem international noch dominierenden amerikanischen Behaviorismus bei, der soeben besprochen wurde. Als schließlich im Jahre 1973 Konrad Lorenz zusammen mit dem niederländisch-britischen Verhaltensforscher Niko Tinbergen und dem österreichisch-deutschen Wissenschaftler Karl von Frisch den Nobelpreis für Physiologie und Medizin erhielt, schien der Triumph vollkommen. Kurz danach verebbte aber das Interesse an der Lorenzschen Verhaltensbiologie schlagartig – ein Schicksal, das auch ihren Antipoden, den Behaviorismus, ereilte. Während Letzterer dem in der Psychologie sich seit den frühen siebziger Jahren entwickelnden »Kognitivismus« zum Opfer fiel (s. oben), sind die Gründe für den Niedergang der Vergleichenden Verhaltensforschung Lorenzscher Manier komplexer. Dieser Niedergang ist ein klassisches Beispiel dafür, dass Fragen, die über lange Zeit als zentral angesehen wurden und immer noch werden, innerhalb der Wissenschaften plötzlich aufgegeben werden, ohne dass sie in irgendeiner Weise befriedigend gelöst wurden. Wissenschaftler sind es offenbar müde, sich mit Problemen herumzuschlagen, für die sie keine einfachen Methoden und erst recht keine einfachen Lösungen parat haben.

Nichtsdestoweniger spielt die Lorenzsche Lehre in Schulbüchern und in der breiteren Öffentlichkeit auch heute noch eine bedeutende Rolle. Was Sozial- und Geisteswissenschaftler in der Regel von der Verhaltensbiologie wissen, setzt sich zusammen aus der Lorenzschen Instinktlehre und einer kruden Version der Soziobiologie, auf die ebenfalls noch einzugehen sein wird.

Der Begriff des Instinkts

Der Begriff »Instinkt« kommt von lateinisch *instinctus* und bedeutete in der Antike und dem Mittelalter so viel wie Trieb oder Antrieb. Parallel hierzu wurden Begriffe wie *appetitus*, *affectus*, *conatus*, *instigatio* und *cupiditas* verwandt, die alle die Grundtatsache meinen, dass menschliches und tierisches Verhalten *von innen heraus angetrieben* wird und kein bloßes Reagieren auf Umweltreize darstellt (Köck, 1993).

Mit dem Begriff des Instinkts im Sinne eines *angeborenen Vermögens* im engeren Sinne ist seit jeher eine grundlegende Unterscheidung zwischen menschlichem und tierischem Verhalten verbunden, wie sie zuerst die griechischen Philosophen Platon und Aristoteles getroffen haben: Der Mensch allein ist mit einer immateriellen, unsterblichen Seele (*anima rationalis*) und mit einem spezifischen Vernunftvermögen (*logistikón*), mit Geist (*nous*) ausgestattet und dazu noch mit Willensfreiheit. Diese Vermögen, nämlich Vernunft, Geist, Willensfreiheit, gehen dem Tier ab; es ist ausschließlich von Naturtrieben beherrscht. Dadurch ist der Instinktbegriff stets negativ besetzt; er umfasst das Niedrig-Materielle, das Unfreie, Natur-Notwendige, das Tierische.

Die Philosophen der stoischen Schule entwickelten als erste diese Instinktidee systematisch weiter. Das Tier – so argumentierten sie – sei schon von Natur aus mit Antrieben von höchster Zweckmäßigkeit ausgestattet, die es vom Schädlichen weg und zum Nützlichen hin lenken. Sein Verhalten ist *naturnotwendig*, ohne Einsicht, Überlegung und Absicht. Viele Naturbeobachtungen scheinen dies zu belegen: Entlein drängen nach dem Schlüpfen sofort zum Wasser, auch wenn sie von Hühnern ausgebrütet wurden und Enten nie gesehen hatten. Die Brutpflege der Vögel war für die frühen Naturforscher ein Wunder an zweckmäßigem Verhalten. Der römische Stoiker Seneca berichtet, dass alle Bienen ihre Waben und alle Spinnen ihre Netze immer gleich bauen. Diese stoische Instinkttheorie bildete die Grundlage der mittelalterlich-christlichen Auffassung, dass Tiere keine unsterbliche Seele haben. Sie sind – wie Descartes es später formulieren wird – Automaten ohne Denkfähigkeit. Entsprechend heißt es: »Animal non agit, agitur« – »Das Tier wird gelenkt, es lenkt sich nicht selbst« (wie der Mensch).

Die Aufklärung betrachtete das Vorhandensein von instinktiv-zweckmäßigem Verhalten als Beweis für die Existenz eines genialen Weltschöpfers oder – entpersonalisiert – für die Weisheit der Natur. In dem Werk »Allgemeine Betrachtungen über die Triebe der Tiere, hauptsächlich über ihre Kunsttriebe, zum Erkenntnis des Zusammenhanges der Welt, des Schöpfers und unserer selbst« des Hamburger Philosophen Hermann Samuel Reimarus aus dem Jahre 1760 heißt es entsprechend: »Ich zeige aus der Verschiedenheit der Arten des Lebens und ihrer Bedürfnisse, dass die Kunsttriebe auf die Erhaltung und Wohlfahrt jedes Tieres und seines Geschlechtes zielen, und die geschicktesten Mittel für die Bedürfnisse jeder Lebensart zu diesem Zwecke in sich halten. Ich zeige, dass sie nicht in einer Geschicklichkeit bestehen, welche sich die Tiere selbst durch Erfahrung und Vernunft erworben hätten, sondern dass sie angeborene Fertigkeiten sind. (...) Eben darin offenbart sich das Göttliche in der tierischen Natur, dass ihre unedlen Seelenkräfte so weislich determiniert und dadurch so erhöhet sind, dass sie mehr zu ihrem wahren Besten damit ausrichten, als wir Menschen mit allem unserem Denken und Überlegen, mit allem Witze und Vernunftschlüssen würden ersonnen und ausgerichtet haben.« (Zitiert aus Köck, 1993)

Allerdings hat es einem solchen dualistischen Konzept gegenüber immer ein monistisches Weltbild gegeben, das keinen qualitativen Sprung zwischen Tier und Mensch sah, z. B. bei den antiken Philosophen Demokrit, Epikur und Lukrez sowie bei dem neuzeitlichen schottischen Philosophen David Hume. Letzterer stellte nüchtern fest, Instinktverhalten finde sich beim Menschen genauso wie beim Tier, z. B. in den Bewegungsautomatismen. Instinkt ist für ihn »mechanical power«, d. h. unbewusstes Können. Für Hume kann Vernunft allein niemals ein Beweggrund für unser Handeln sein und gegen die Triebe und starken Motive nichts ausrichten.

Der moderne Instinktbegriff geht – wie bereits im Zusammenhang mit dem Behaviorismus erwähnt – auf die Instinktpsychologie von McDougall zurück und wurde von führenden europäischen Verhaltensforschern wie Bierens de Haan fortgeführt. Gegenüber einer solchen »einfühlenden« Instinkttheorie plädierte der Stuttgarter Zoologe Heinrich Ernst Ziegler (1858-1925) entschieden für eine »objektive Instinkttheorie« im Rahmen der Pawlowschen Reflexlehre, die ebenfalls schon besprochen wurde. Instinkte sind danach komplexe Reflexe bzw. Reflexketten, sie beanspruchen allerdings nicht nur ein Organ, sondern immer den ganzen Organismus.

Die Instinktlehre von Lorenz und Tinbergen

Konrad Lorenz (1903-1989) war der jüngste Sohn eines erfolgreichen Wiener Orthopäden. Schon früh war er begeisterter Tierbeobachter, absolvierte das Studium der Medizin, später auch der Zoologie und

Philosophie. Nach der Tätigkeit als wissenschaftlicher Assistent in Wien wurde er 1940 Professor für vergleichende Psychologie in Königsberg. Nach dem Krieg leitete er 1951 eine Forschungsstelle der Max-Planck-Gesellschaft in der Nähe von Münster, von 1957 bis 1973 war er Direktor des neugegründeten Max-Planck-Instituts für Verhaltensphysiologie in Seewiesen. Bis zu seinem Tode im Jahre 1989 war er dann wieder in Österreich tätig.

Niko Tinbergen (1907-1988) war der Sohn eines Gymnasiallehrers aus Den Haag. Ebenfalls sehr früh begeistert für tierisches Verhalten studierte er Zoologie in Leiden. Erste Arbeiten auf dem Gebiet der Verhaltensforschung bzw. Tierpsychologie entstanden zu dieser Zeit. Im Jahre 1932 wurde er Hochschullehrer in Leiden. Nach dem Krieg, im Jahre 1949, übersiedelte er nach Oxford, wo er bis zu seiner Emeritierung lehrte und arbeitete.

Lorenz und Tinbergen lernten sich 1936 auf einer Tagung in Leiden kennen. Lorenz war von beiden der renommiertere Forscher, er hatte Arbeiten zu sozialen Rabenvögeln (so die bekannte Arbeit »Über den Kumpan in der Umwelt des Vogels«), über das Verhalten von Entenvögeln und theoretische Aufsätze zum Instinktbegriff und zur Evolution des Verhaltens veröffentlicht. Tinbergens Leistungen lagen hingegen in empirischen Arbeiten über die Orientierung des »Bienenwolfs« (eines Insekts), über das Balzverhalten des Samtfalters, die Sperrbewegungen von jungen Drosseln und das Übersprungverhalten. Gemeinsames Ziel der beiden jungen Forscher war eine »objektivistische«, d. h. naturwissenschaftlich orientierte Erforschung angeborenen Verhaltens. Im Jahre 1938 veröffentlichten sie ihre erste gemeinsame Arbeit »Taxis und Instinkthandlung in der Eirollbewegung der Graugans«. Die so genannte Eirollbewegung der Graugans wurde zum klassischen Beispiel für eine *Instinktbewegung*, auch *Instinkthandlung* oder *Erbkoordination* genannt.

Die – weitgehend von Lorenz vorgegebene – Grundaussage der gemeinsamen Arbeit lautete: Instinktbewegungen bzw. Erbkoordinationen sind *formkonstant*, stereotyp, sie können aber unterschiedlich vollständig ablaufen, und zwar je nach Art und Stärke der inneren Erregung. Sie beruhen auf der *inneren Bereitschaft*, der *Appetenz* eines Organismus, die sich in einer Unruhe und bei stärkerer Intensität in einem gezielten Suchen nach einer Situation äußert, in der eine Instinkthandlung ablaufen kann. Die Instinkthandlung ist in ihrem Kern nicht durch Außenreize oder Lernvorgänge veränderbar, die notwendige Anpassung an die Umwelt erfolgt rein reaktiv, durch *Taxien*.

Ein von Tinbergen in seinem berühmten Buch »The Study of Instinct« von 1951 diskutiertes – und aus heutiger Sicht irriges – Beispiel hierfür ist der »Fangschlag des Frosches«: Nach diesem Konzept führen alle Frösche auf der ganzen Welt ihren Beutefang rein instinktiv in derselben grundlegenden Weise aus, indem sie sich nach einem bewegten Objekt, das nicht zu groß und nicht zu klein ist, ausrichten, die Zunge herausschnellen und das Objekt verspeisen. Orientierungsreaktionen können allerdings diese »Erbkoordination« bzw. »Instinkthandlung« überlagern, weil sich (entsprechend der Position eines aus dem Nest gerollten Eies) eine Fliege ja an verschiedenen Orten in der Nähe des Frosches befinden kann.

Das *Konzept des inneren Antriebes* speiste sich aus denselben Quellen wie die Vorstellung Freuds von der Libido als »Grundenergie« und richtete sich explizit gegen Zieglers Reflexketten-Theorie. Dieses Konzept war gleichzeitig stark durch den Verhaltensphysiologen Erich von Holst (1908-1962) und sein Modell von der *endogenen Reizdynamik* bei der Kontrolle der Bewegungen beeinflusst. Die Untersuchungen von Holsts zu diesem Thema führten zur Entdeckung eines Mechanismus, den man später den »zentralen Mustergenerator« (englisch *central pattern generator*) nannte und um dessen Existenz und Funktion jahrzehntelang unter Neurobiologen heftig gestritten wurde. Dieser gibt – so glaubt man heute – in Form eines relativ einfachen neuronalen Netzwerkes bei Bewegungen wie Schwimmen, Laufen oder Fliegen ein motorisches Grundmuster an, das aber durch externe Reize und sensorische Rückmeldungen stark moduliert werden kann (vgl. Grillner et al., 2000). Für Konrad Lorenz war die Idee einer zentralnervösen Bewegungskoordination der generelle Beweis dafür, dass es im Nervensystem angeborene, *spontanaktive* verhaltenssteuernde Mechanismen gibt und dass der Organismus nicht nur ein *reaktives* System ist. Dies sollte sich als eine verhängnisvolle Verallgemeinerung einer wichtigen neurophysiologischen Entdeckung erweisen.

Lorenz entwickelte in den darauf folgenden Jahren sein bekanntes »psychohydraulisches Modell« der Steuerung von Instinkthandlungen (Abb. 1.3). Er ging von der Überzeugung aus, dass die zahlreichen Instinkthandlungen relativ unabhängig voneinander existieren und operieren; heute würde man von einem »Modul-Charakter« der

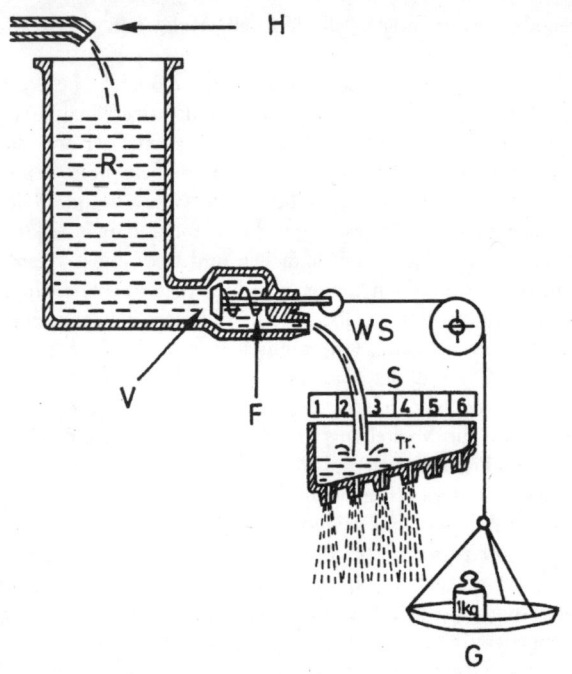

1.3 Hydraulisches Modell zur Erklärung von Instinkthandlungen nach Lorenz. Die Mechanismen, die eine Instinkthandlung antreiben, sind gedacht als ein Reservoir (R), in das aus dem Hahn (H) kontinuierlich Wasser einströmt (= Produktion *aktionsspezifischer Energie*). Die im Reservoir jeweils enthaltene Wassermenge entspricht der jeweils akkumulierten Energie. Aufgestaut wird das Wasser durch ein Ventil (V), das durch eine Feder (F) geschlossen gehalten wird und die *Reizschwelle* repräsentiert. Die Feder kann durch verschiedene Gewichte (G), die die *Spezifität des Schlüsselreizes* darstellen, mehr oder weniger weit geöffnet werden. Die Instinkthandlung ist der austretende Wasserstrahl (WS); dessen Intensität (Auslenkung auf der Skala S) entspricht der *Intensität der Ausführung der Instinkthandlung*. Je mehr Wasser sich im Reservoir befindet (= *erhöhter Triebstau*), desto größeren Druck übt es auf V aus und desto weniger Gewicht wird benötigt, um V zu öffnen, d. h. um den Widerstand von F zu überwinden. Bei gleichem Wasserdruck im Reservoir ist die Auslenkung von WS auf S umso größer, je schwerer G ist. Bei extremem Wasserdruck, d. h. Triebstau, öffnet sich V auch ohne G (= *Leerlaufreaktion*). (Aus Roth, 1974.)

Instinkthandlungen sprechen. Jede Instinkthandlung ist von einer »aktionsspezifischen Energie« getrieben; diese wird von spezifischen Nervenzentren produziert und durch die Ausführung der Instinkthandlung aufgebraucht. Das geschieht in der *Endhandlung* – einer Verhaltensweise, die zur Beendigung des Appetenzverhaltens führt. Das Tier muss die Sequenz von typischen Teilschritten einer Instinkthandlung durchlaufen, bis die Endhandlung auftritt, z. B. eine Kopulation, das Verschlucken von Beute, die Vertreibung des Revierfeindes. Die aktionsspezifische Energie wird dabei »aufgezehrt« (man erinnere sich an das Freudsche Konzept der »Spannungsabfuhr«), und eine neue Instinkthandlung ist solange nicht ausführbar, solange nicht genügend neue aktionsspezifische Energie produziert wurde.

Die Produktion der aktionsspezifischen Energien erfolgt automatisch; allerdings muss eine gewisse Menge dieser Energie vorhanden und eine bestimmte *Schwelle* erreicht sein, damit eine entsprechende Instinkthandlung überhaupt ablaufen kann. Bei Überschreiten der Schwelle bricht sich die Instinkthandlung normalerweise nicht spontan Bahn, hinzu kommen muss bei vielen Instinkthandlungen eine spezifische *Auslösesituation*. Diese Annahme ist verknüpft mit den Begriffen des »angeborenen Auslösemechanismus« und des »Schlüsselreizes«, die jahrzehntelang die deutschsprachige Verhaltensforschung beschäftigt haben.

Der »angeborene Auslösemechanismus« (AAM) vermittelt nach Lorenz dem Tier *das angeborene Erkennen einer biologisch relevanten Umweltsituation*. Jede Instinkthandlung hat ihren eigenen AAM; das Tier erfasst mithilfe dieses AAM in seiner Umwelt bestimmte, das Objekt oder den Vorgang gut kennzeichnende Merkmale, die das Tier angeborenermaßen kennt bzw. erkennt. Diese Merkmale oder Merkmalskombinationen, *Schlüsselreize* genannt, sind meist sehr einfach und kommen in biologisch sinnvollen Zusammenhängen vor. Hierzu Lorenz: »Bestimmte Kombinationen von Reizen stellen oft sehr spezifisch wirkende Schlüssel zu bestimmten Reaktionen dar; diese Reaktionen können dann auch durch sehr ähnliche Reizkombinationen nicht ausgelöst werden. Es besteht also zu bestimmten Schlüsselreizen ein rezeptorisches Korrelat, das etwa nach Art eines Kombinationsschlosses nur auf ganz bestimmte Zusammenstellungen von Reizeinwirkungen anspricht und damit die Instinkthandlung in Gang bringt« (Lorenz, 1937/1965 I, S. 299).

Schlüsselreize können sehr einfache Merkmale sein wie ein roter

Fleck auf dem Schnabel einer Möwe, eine komplexe Bewegungsweise wie der Zickzacktanz eines Stichlings oder der kunstvolle Werbegesang eines Singvogels. Meist sind komplexe Schlüsselreize aus einfachen Komponenten aufgebaut. Handelt es sich um eine Bewegung oder die Verhaltensweise eines Artgenossen wie das Maulaufreißen von Nestlingen (»Sperren«), so spricht man von einem »sozialen Auslöser«. Es gab unter den »Lorenzianern« einen intensiven Streit darüber, inwieweit zur Auslösung einer Instinkthandlung alle Komponenten stets vorhanden sein müssen, ob einige fehlen dürfen und ob sie summativ oder multiplikativ wirken (vgl. dazu Zippelius, 1992).

Der AAM wurde als eine Art Filter gedacht, der jeweils einer Instinkthandlung vorgeschaltet ist und nur ganz bestimmte Konfigurationen durchlässt und an die einer bestimmten Verhaltensweise vorgesetzten Kommandostelle weiterleitet. Dadurch wird gewährleistet, dass die Instinkthandlung biologisch sinnvoll auftritt und nicht in einem falschen Kontext »verpulvert« wird. Genauere Vorstellungen darüber, wie ein AAM sinnesphysiologisch oder zentralnervös realisiert sein könnte, hatte Lorenz allerdings nicht. Dass es aber so etwas geben musste, zeigte für ihn und seine Mitstreiter die Tatsache, dass bei vielen Wirbellosen und Wirbeltieren zahlreiche Verhaltensweisen durch sehr einfache Attrappen ausgelöst werden können, z. B. der Beutefang eines Frosches durch eine kleine bewegte Pappscheibe, das Angriffsverhalten eines Stichlings durch ein wurstähnliches Gebilde mit roter Unterseite und das Futterbetteln eines Silbermöwenküken mit einem bewegten gelben Stab mit einem roten Punkt. Dies schien auf einen sehr einfachen Erkennungsmechanismus in den Sinnessystemen der untersuchten Tiere hinzudeuten (ein Irrtum, wie man heute weiß; vgl. Roth, 1996).

Instinkthandlungen benötigen zu ihrer Auslösung also zweierlei, nämlich erstens genügend produzierte aktionsspezifische Energie und zweitens eine adäquate Stimulation des AAM, der für die Instinkthandlung zuständig ist, und zwar durch einen Schlüsselreiz bzw. eine Kombination von Schlüsselreizen. Dies nannte Lorenz das *Prinzip der doppelten Quantifizierung*. Dieses Prinzip ließ auch quantitative Voraussagen zu. Es besagte nämlich, dass die Intensität, mit der eine Instinkthandlung beobachtbar ist, sowohl von der Höhe der aktionsspezifischen Erregung bzw. Energie als auch von dem Gesamtreizwert der aktuell vorliegenden Umweltsituation bestimmt wird. Beide Faktoren können sich also innerhalb weiter Grenzen *gegenseitig ersetzen*, d. h. eine Instinkthandlung (z. B. Futterbetteln, Paarungstanz und Angriffsverhalten) kann bei hoher Bereitschaft und niedrigen Reizwerten des Schlüsselreizes oder bei niedriger Bereitschaft und hohem Reizwert des Schlüsselreizes mit derselben Intensität auftreten.

Ein Extrem findet dieses Prinzip im Phänomen der *Leerlaufreaktion*. Hiermit ist der Umstand gemeint, dass Tiere bei sehr starker innerer Bereitschaft zuweilen bestimmte Instinkthandlungen in völliger Abwesenheit spezifischer Schlüsselreize ausführen: Männliche Vögel balzen in Ermangelung eines Weibchens eine Käfigecke an, Stare schnappten nach imaginären Fliegen und schütteln sie tot, Katzen haschen nach imaginärer Beute, und so fort. Erklärt wurde dieses Phänomen durch die Annahme, dass sich bei Abwesenheit eines spezifischen Schlüsselreizes die für eine Instinkthandlung benötigte Energie immer weiter »aufstaut« und zu einer drastischen *Reizschwellenerniedrigung* hinsichtlich der Auslösbarkeit der Instinkthandlung führt. Mit einfachen Worten: Je hungriger ich bin, desto weniger appetitlich muss die vorhandene Nahrung sein. Fehlt ein Schlüsselreiz völlig, so bricht sich bei genügend hohem Triebstau die Instinkthandlung von selbst Bahn.

Lorenz und seine Schüler haben ihre Instinkttheorie uneinheitlich konzipiert und mehrfach beträchtlich modifiziert, ohne dies jedoch kenntlich zu machen. So sprechen Lorenz und sein Schüler Leyhausen später davon, dass die späten Prozesse einer Instinkthandlung ausfallen könnten, wenn nicht genügend aktionsspezifische Energie vorhanden sei (so kann beim Beutefang der Katze das Auffressen oder sogar das Töten der Maus ausfallen), dabei bleibe aber die Sequenz der Handlung starr erhalten. Auch hinsichtlich der Schlüsselreiz-Lehre gab es zahlreiche Varianten. Unberührt blieben und bleiben jedoch folgende Kernaussagen: (1) Es gibt bei Tieren angeborene (ererbte, genetisch fixierte) Verhaltensweisen, Instinkthandlungen oder Erbkoordinationen genannt, und zwar in Bereichen, die absolut lebens- und überlebensnotwendig sind und bei denen Tiere gar keine Möglichkeit haben, sie von Artgenossen zu lernen (etwa wenn sie isoliert aufwachsen) oder sie durch Versuch und Irrtum langwierig auszuprobieren (Webervögel bauen ihr kunstvolles Nest auf Anhieb, die Webspinne baut ihr Netz ohne Vorbild und Übung usw.). (2) Diese Instinkthandlungen werden durch eine aktionsspezifische Energie getrieben, die automatisch produziert wird und sich in der Endhandlung aufzehrt. (3) Die Instinkthandlung braucht normalerweise zu ihrer Auslösung einen adäquaten Schlüsselreiz; bei maximalem Triebstau kann es jedoch zu einer Leerlaufreaktion kommen.

In dem bereits erwähnten Buch »Das sogenannte Böse« wendet Lorenz diese Instinkttheorie auf die Erklärung menschlichen Verhaltens an (Lorenz, 1963). Auch der Mensch – so lautet die Grundthese – besitzt eine Grundausrüstung an Instinkthandlungen, die seinen Umgang mit der unbelebten und belebten Natur und insbesondere auch mit seiner sozialen Umgebung steuern. Die Rationalität des Menschen kann hier nur abmildern und umlenken, aber nicht beseitigen (man beachte die Nähe zum Freudschen Triebkonzept). Lorenz macht dies am Beispiel menschlicher Aggressivität deutlich. Aggressivität ist für das biologische Überleben des Individuums und der Gruppe notwendig. Sie wird als typische Erbkoordination durch eine *aggressionsspezifische Energie* angetrieben, die automatisch produziert wird und sich aufstaut, wenn ihr nicht Gelegenheit gegeben wird, sich zu entladen. Wir werden also aggressiv und böse, wenn sich in uns genügend aggressionsspezifische Energie aufgestaut hat.

Normalerweise muss ein adäquater Schlüsselreiz vorliegen, d. h. ein triftiger Anlass, damit wir unseren Ärger herauslassen können. Ist dies nicht der Fall, so beginnen wir nach weniger triftigen Anlässen zu suchen, und im Extremfall bricht der Ärger als Leerlaufreaktion ohne ersichtlichen Grund hervor. Es wäre also für das Individuum ganz falsch, sich zusammenzunehmen und seinen Ärger hinunterzuschlucken. Ebenso falsch wäre es für seine Umgebung, jeden Anlass zum Ärger ängstlich zu vermeiden, denn dies würde nur zu einer Schwellenerniedrigung und schließlich zur Leerlaufreaktion führen. Aggression ist nach Lorenz unvermeidlich, es sei denn, man züchtet den Menschen die Aggression ab. Dies – so Lorenz – würde aber das Fortfallen aller positiven Folgen von Aggressivität bedeuten wie Verteidigungswille, Einsatz für andere, Begeisterung, Wissenschaft, Sport und – vor allem – Liebe. All diese Verhaltensweisen werden nach Lorenz nämlich von derselben Energie angetrieben (Freud würde hier von *Libido* sprechen).

Für Lorenz gibt es indes einen Ausweg aus dieser scheinbar hoffnungslosen Situation, nämlich die Tatsache, dass friedliche Aktivitäten wie die bereits genannten von derselben Energie getrieben werden wie Aggression, und dass deshalb ihre Ausführung die aggressionsspezifische Energie aufzehren kann. Vaterländische Begeisterung, Sport, Wissenschaft, Freundschaft und Liebe vermögen also die unvermeidliche Aggressivität in ungefährliche Bahnen zu lenken.

So populär seinerzeit diese Theorie war und im deutschen Biologieunterricht auch heute noch vielfach ist, eine kritische Beurteilung muss aus heutiger Sicht weitgehend negativ ausfallen. Dies gilt insbesondere für das Konzept des Triebstaus. Sehr viele als Instinkthandlung angesehene Verhaltensweisen zeigen keinen Triebstau, z. B. Beutefang und Fluchtverhalten. Lorenz spricht von rhythmischer Wiederholung aufgrund eines Triebstaus; davon ist aber hierbei nichts beobachtbar. Es wurden von der Lorenzschule auch niemals genaue Experimente zur Leerlaufreaktion und zum Automatismus des Triebstaus durchgeführt, und es gibt auch von anderen Labors keine aussagekräftigen Untersuchungen hierzu. Lorenz nahm im missverstandenen Anschluss an Erich von Holst zentralnervöse »Substanzen« an, die einen solchen Stau zeigen sollten. Das Paradebeispiel für die Existenz der Leerlaufreaktion, der berühmte handaufgezogene Star, hat seinen schlichten Ursprung in einer Erinnerung von Lorenz an eine einmalige Beobachtung während seiner Studienzeit, die innerhalb der Lorenzschule von Aufsatz zu Aufsatz, von Lehrbuch zu Lehrbuch immer mehr den Charakter harter empirischer Evidenz annahm.

Leider muss sich die Kritik auch gegen Tinbergen richten, der für Lorenz experimenteller Gewährsmann war. Krasse methodische Unzulänglichkeiten und Ungereimtheiten etwa bei der berühmten Mövenarbeit von Tinbergen und Perdeck von 1950 kann man vielleicht noch mit den Schwierigkeiten von Freilanduntersuchungen und den damaligen Methodenstandards entschuldigen. Sehr bedenklich ist hingegen die Tatsache, dass – wie man in der Originalarbeit nachlesen kann – die beiden Autoren damals überhaupt keine dominierende Wirkung des roten Schnabelflecks als Schlüsselreiz für das Futterbetteln fanden. Dies hinderte später Tinbergen selbst und praktisch alle Autoren von Ethologie-Lehrbüchern nicht daran, die dürftigen Forschungsergebnisse als einen *der* Beweise für die Existenz und Wirksamkeit von Schlüsselreizen zu zitieren. Verschwiegen wurde und wird in aller Regel ebenso, dass spätere Untersuchungen anderer Ethologen bei unerfahrenen Küken ebenfalls keine deutliche Bevorzugung des Flecks nachweisen konnten (Zippelius, 1992).

Ähnlich Kritisches ist zur Arbeit Tinbergens aus dem Jahre 1937 über das Revier- und Paarungsverhalten des dreistachligen Stichlings zu sagen, einem weiteren Grundpfeiler der Instinktlehre (ter Pelwijk und Tinbergen, 1937; vgl. Tinbergen, 1951). Auch hier sprachen die Originaldaten keineswegs eindeutig für eine aggressionsauslösende Wirkung der roten Bauchunterseite eines Rivalen oder eine paarungsauslösende Wirkung des silbrig aufgetriebenen Bauches eines Weibchen, und eine eindeutige Schlüsselreiz-Wirkung dieser Merkmale konnte in mehreren späteren Versuchen nicht nachgewiesen werden. Dies hindert den Lorenz-Schüler Eibl-Eibesfeldt nicht daran, in seinem bekannten »Grundriß der vergleichenden Verhaltensforschung« festzustellen: »Beim Stichling ist der rote Bauch ein kampfauslösendes Merkmal; eine plumpe Wachswurst, die unterseits rot ist, sonst aber alle Fischmerkmale, wie etwa Flossen, entbehrt, wird sogleich bekämpft, während viel stichlingsähnlichere Attrappen ohne Rotfärbung keinerlei Kampf auslösen. Wichtig ist jedoch, dass die Bauchseite rot ist; drehen wir die Attrappe um, verliert sie ihre kampfauslösende Wirkung. Weibchen werden von den Stichlingsmännchen an ihrem vom Laich aufgetriebenen Bauch erkannt, der ihnen außerdem in bestimmter Weise präsentiert wird. Man kann Laichbauch und Stellung mit einfachen Attrappen nachmachen und damit Balzverhalten auslösen« (Eibl-Eibesfeldt, 1987, S. 164). Als im Rahmen eines BBC-Films über Tinbergen dieses berühmte Experiment gedreht werden sollte, musste der niederländische Stichlings-Ethologe Bakker herangezogen werden, um per mühsamer Dressur den Stichlingen das »richtige Instinktverhalten« beizubringen. Experimentelle Überprüfungen der Befunde von ter Pelwijk und Tinbergen in jüngerer Zeit durch Jenkins und Rowland (1996) zeigen zwar ein schnelles Lernen bei der Zuordnung von Farbsignalen und dem Auftreten von Revierrivalen, aber keinerlei Bevorzugung einer roten Färbung vor anderen Farben.

Nach einer kritischen Durchsicht bleibt wenig übrig, was überhaupt an empirischen Belegen der Lorenz-Tinbergenschen Instinkttheorie gelten könnte (vgl. hierzu die sehr gute und kritische Darstellung von Zippelius, 1992). Die Lorenzschule war in ihrem Eifer, möglichst vieles als angeboren zu beweisen, ebenso blind wie die Behavioristen in ihrem Bestreben, alles als erlernt herauszustellen –

nur dass Letztere den Ersteren methodisch weit überlegen waren. So haben Lorenz, Tinbergen und ihre Schüler in ihren Experimenten oft nicht gewissenhaft genug die Möglichkeit von Tieren zum Lernen im Ei oder im Uterus oder kurz nach der Geburt methodisch überprüft, obwohl es seinerzeit bereits genügend Beweise hierfür gab. Tinbergen und Perdeck etwa sind schlicht nicht auf die Idee gekommen, dass frischgeborene Silbermöwenküken nach allem und jedem in ihrer Umgebung picken, das auffallend genug ist (z. B. ein kontrastreicher Punkt auf einem Elternschnabel), und sofort lernen, was davon die Fütterung nach sich zieht. Solch schnelles Versuch- und Irrtums-lernen ist unter frischgeschlüpften oder -geborenen Wirbeltieren weit verbreitet.

Vieles von dem, was man aus heutiger Sicht kritisch gegen die Lorenzsche Instinkttheorie einwenden muss, war seit den fünfziger und sechziger Jahren des 20. Jahrhunderts bekannt und hätte von Lorenz und seinen Schülern berücksichtigt werden müssen. Fatal für das Menschenbild der Vergleichenden Verhaltensforschung war, dass ihre Vertreter mit sehr ungesicherten und z. T. bereits damals widerlegten Daten aus der Verhaltensforschung an bestimmten Tiergruppen hantierten und diese Daten relativ wahllos auf andere Tiergruppen und den Menschen übertrugen. Der Schaden ist immens: Wann immer in den Sozialwissenschaften vom »biologischen Menschenbild« gesprochen wird, so meint man hiermit das von Lorenz und seinen Schülern entworfene Bild des Menschen als eines von Instinkten beherrschten und von Triebstau geplagten Wesens. Diesem Zerrbild kann man natürlich umso einfacher das Ideal des Zeitgenossen entgegenhalten, der beliebig sozialisierbar und erziehbar ist und bei dem die biologische »Grundausrüstung« eine vernachlässigbare Größe darstellt.

Soziobiologie und Verhaltensökologie

Die Soziobiologie geht auf Arbeiten von William D. Hamilton in den frühen siebziger Jahren des vorigen Jahrhunderts zurück und wurde von Edward O. Wilson, John Maynard Smith, Robert Trivers und Richard Dawkins weiterentwickelt (um nur die wichtigsten Personen zu nennen). Hauptwerk ist Wilsons Buch »Sociobiology: the New Synthesis«, das 1975 veröffentlicht wurde. Sehr einflussreich war auch das von Richard Dawkins 1976 veröffentlichte Buch »The Selfish Gene« (deutsch »Das egoistische Gen«, 1978). Die Kernaussage der Soziobiologie lautet, dass die Evolution auf der Selektion von Genen beruht, welche die Träger vererbbarer Merkmale sind. Die Gene sind es, die letztendlich um Überleben, Vermehrung und Verbesserung kämpfen; sie sind in diesem Sinne »egoistisch«. Es hat sich allerdings schon sehr früh in der Evolution als vorteilhaft für die Gene erwiesen, sich mit unterschiedlichsten »Überlebensmaschinen«, d. h. Organismen, zu umgeben, sei es um besseren Zugang zu Nährstoffen zu erhalten, welche die Gene für ihre Replikation benötigen, sei es, um durch Auswandern in neue ökologische Nischen dem ständig härter werdenden Konkurrenzdruck zu entfliehen.

Die Rezepte für die Ausbildung von »Überlebensmaschinen« sind nahezu unendlich vielfältig: Im einen Fall war es gut, ein Einzeller zu bleiben und den Organismus einfach zu halten (z. B. bei der Amöbe oder beim Pantoffeltierchen), im anderen Fall wurden riesige »Überlebensmaschinen« wie im Fall eines Elefanten oder eines Blauwals gebaut. Letztendlich aber besteht die einzige Aufgabe des Organismus, des *Phänotyps*, im Schutz der Gene. Je komplizierter allerdings der Phänotyp wird, desto mehr wird er mit seinen vielen Merkmalen selbst das Ziel der natürlichen, Darwinschen Selektion, und desto mehr werden – scheinbar! – die Gene zu Vehikeln. Dennoch gilt weiterhin: Alles was sich im und mit dem Organismus vollzieht, ist nur vom Überleben der Gene her zu verstehen; *der Organismus ist das Vehikel »seiner« Gene!* Dies gilt für einfache ebenso wie für komplexe Verhaltensweisen einschließlich Kultur und Zivilisation. Dabei ist es völlig irrelevant, ob die Organismen, uns Menschen eingeschlossen, sich dessen bewusst sind oder nicht. Eine sehr lesbare Darstellung dieser Auffassung findet sich in John Tyler Bonners Buch »The Evolution of Culture in Animals« von 1980 (deutsch »Kultur-Evolution bei Tieren«, 1983).

Die Verhaltensökologie ist eine interessante Variante der Soziobiologie. Wie diese nimmt sie ihren Ausgang von der Spielart des *Neodarwinismus*, den seine Kritiker »Pan-Adaptionismus« genannt haben (vgl. Gould und Lewontin, 1979), also der Überzeugung, alle Merkmale eines Organismus, seien sie anatomischer, physiologischer oder verhaltensbiologischer Art, müssten einen Anpassungswert haben. So schreibt A. J. Cain in »The Perfection of Animals«: »(. . .) wenn wir bei einigen Merkmalen keinerlei adaptive oder funktionale Bedeutung erkennen können, so ist es weitaus wahrscheinlicher, dass wir dies unserer abgrundtiefen Unkenntnis zuzuschreiben haben, als dass dieses Merkmal wirklich nicht-adaptiv, selektionsneutral oder funktionslos ist« (zitiert nach John Alcock, 1996).

Mit anderen Worten: Alles, was sich an und in einem Organismus findet, muss einen Sinn und Zweck haben, der ihm durch den Prozess der natürlichen Selektion verliehen wurde. Was nicht unter Selektionsdruck steht und damit potentiell günstig für den Organismus ist, kann sich auch nicht ausbilden. Eine solche Ansicht ist natürlich keineswegs unproblematisch, und viele Evolutionsbiologen akzeptieren die Evolution »neutraler« oder sogar leicht negativer Merkmale, besonders wenn solche Merkmale mit anderen, stark positiven Merkmalen gekoppelt sind oder wenn sie zu einem funktionellen »Kompromiss« beitragen (vgl. Eldredge, 1985).

Dem verhaltensökologischen und soziobiologischen Ansatz und der Lorenzschen Instinkttheorie ist die Überzeugung gemeinsam, dass das Verhalten der Tiere (und wohl auch des Menschen) weitgehend von »angeborenen« Mechanismen gesteuert ist. Nur derartige Mechanismen können evolutiv entstanden und entsprechend adaptiv sein, d. h. den Reproduktionserfolg des Individuums bzw. der genetisch miteinander verwandten Individuen sichern (dies wird im Angelsächsischen *kinship selection* genannt). Daher lautet die Grundüberzeugung: Alle für eine Art charakteristischen Verhaltensweisen müssen *letztendlich* den Fortpflanzungserfolg des Individuums und der Genverwandtschaft sichern. Tiere verhalten sich in einer bestimmten Weise *zweckmäßig*, weil sie dadurch *langfristig* ihren Fortpflanzungserfolg gewährleisten.

In diesem Zusammenhang wird zwischen kurzfristigen (*proximaten*) und langfristigen (*ultimaten*) Zielen von Verhaltensprogrammen unterschieden. Ausschlaggebend sind dabei nur die langfristigen Ziele. Es ist völlig irrelevant, ob ein Tier *Einsicht* in den Zweck seines Tuns hat; wichtig ist nur die Zweckmäßigkeit als solche. Dies gilt nach Ansicht der adaptionistischen Verhaltensbiologie und Soziobiologie auch für weite Teile des menschlichen Verhaltens. Menschliches Verhalten wird genauso von der reproduktiven Zweckmäßigkeit bestimmt, d. h. dem Bestreben, möglichst viele eigene Gene an die nächste Generation weiterzugeben; die proximaten Ziele bzw. die Erklärungen für unser menschliches Verhalten können davon beliebig abweichen.

Der adaptionistischen Theorie wird anlässlich solcher Äußerungen häufig vorgeworfen, sie mache weitreichende Aussagen, ohne dass man bei den in Rede stehenden Verhaltensweisen die entsprechenden Gene bzw. Genkomplexe und ihren Wirkungszusammenhang genau kenne. Obwohl es schön wäre, hierüber Genaueres zu wissen, geht diese Kritik am Kernpunkt der Verhaltensökologie und der Soziobiologie vorbei. Es genügt nämlich, dass sich Tiere (und Menschen) in einer bestimmten Situation langfristig in einer Weise verhalten, die entsprechende Modellrechnungen voraussagen. Man muss dann nur zeigen, dass die Tiere bzw. die Menschen überhaupt keine Chance hatten, zu ihrem Verhalten per Überlegung oder durch Versuch und Irrtum zu gelangen, weil das Verhalten hierfür zu komplex ist.

Hauptbeispiele für die Verhaltensökologie sind *quasi-rationales Verhalten* von Tieren und die Evolution altruistischen Verhaltens (vgl. Alcock, 1996). Besonders Ersteres ist natürlich für die Fragestellung des vorliegenden Buches von großem Interesse. Viele Untersuchungen hierzu gehen von der Tatsache aus, dass sich auch zwischen nah verwandten Arten ein Verhalten z. T. stark unterscheidet. Dies kann man auf zwei Weisen interpretieren: Die Unterschiede sind entweder zufällig, oder sie sind Adaptationen an unterschiedliche Überlebensbedingungen in einer ganz spezifischen Umwelt. Beispiele, um dies zu überprüfen, finden sich bei Verhaltensweisen wie Nahrungssuche, Sozialverhalten und Revierverteidigung, Schutz vor Feinden, Fortpflanzungsverhalten, Brutfürsorge und Kommunikation.

Was Nahrungssuche und Beutefang betrifft, so sind die einen Tierarten Allesfresser, die anderen hochgradige Spezialisten; die einen sind Jäger, die anderen Lauerer, die einen jagen allein, die anderen im Verband. Ebenso haben die einen Tierarten ein Revier, die anderen sind revierlos und leben in sozialen Verbänden; die einen kennen sich individuell, die anderen nicht; die einen haben eine feste Rangordnung, die anderen nicht; die einen leben im Patriarchat, die anderen im Matriarchat. Beim Fortpflanzungsverhalten schließlich finden wir eine außerordentliche Vielfalt, nämlich Monogamie, Polygamie mit Polygynie (Vielweiberei) oder Polyandrie (Vielmännerei), Promiskuität (schnell wechselnde Partnerschaften), lebenslange Bindungen, Bindungen für eine Brutsaison, lebenslange Bindungen mit oder ohne »Seitensprünge«. Die einen Tiere haben viele Nachkommen ohne Brutfürsorge, die anderen wenige, um die sie sich intensiv kümmern. Brutfürsorge kann durch die Mutter und/oder den Vater geschehen und so weiter und so fort.

Was wie eine ungerichtete Variabilität tierischen Verhaltens aussieht, verrät für den Verhaltensökologen eine präzise evolutive Anpassung an ganz bestimmte Überlebensbedingungen. Diese muss man allerdings kennen, um das zuweilen verwunderliche Verhalten von Tieren zu verstehen. Häufig ist allerdings der adaptive Charakter eines Verhaltens nicht ohne weiteres einsichtig. Was soll es für einen Sinn haben, wenn die meisten Vögel zumindest für eine Brutzeit monogam sind (mit charakteristischen Ausnahmen), die Mehrzahl der Säugetiere aber nicht (ebenfalls mit charakteristischen Ausnahmen)? Warum sind einige Vögel strikte Revierbesitzer, andere aber nicht? Wieso zeigen manche Tiere »uneigennütziges« (altruistisches) Verhalten, wenn es doch um den Fortbestand der eigenen Gene geht? Wie kann sich – z. B. beim Kuckuck – Brutparasitismus ausbilden? Warum fressen viele Tiere nicht so viel, wie sie könnten, sondern halten sich zurück?

Die Antwort der Verhaltensökologie auf diese Fragen lautet: Es geht auch bei tierischem Verhalten um eine Kosten-Nutzen-Analyse nach Art der Spieltheorie. Es gibt dementsprechend ein *kurzfristig* und ein *langfristig* optimales Verhalten. Alle vorderhand nützlichen Verhaltensweisen können in aller Regel auch Nachteile haben, und es kommt darauf an, eine Strategie zu entwickeln, die *langfristig erfolgreich* ist, auch wenn sie kurzfristig Nachteile mit sich bringen sollte. Langfristig optimale Verhaltensweisen sind immer *Kompromisse* aus bestimmten, aktuell vorteilhaften Verhaltensweisen und vorliegenden Beschränkungen und Zwängen.

Ein Beispiel für einen solchen Ansatz ist die Theorie der optimalen Nahrungsbeschaffung (*Optimal Foraging Theory*) (vgl. Alcock, 1996). Es wird angenommen, dass Tiere primär darauf aus sind, ihren Energiegewinn aus dem Futter zu maximieren. Daher sollte zu beobachten sein, dass Tiere immer die größte oder kalorienreichste Nahrung in schnellster Zeit und größter Menge zu sich nehmen. Dies wird in aller Regel aber nicht beobachtet. So sammeln Austernfischer (Strandvögel!) nicht die größten Muscheln, die sie finden können, d. h. solche von einer Länge von mehr als 50 Millimetern, sondern kleinere, denn die größeren können trotz aller Anstrengungen von ihnen nicht geöffnet werden. Die Berücksichtigung dieses Faktums führt zu einer zweiten Berechnung, die eine bevorzugte Größe um

50 Millimeter voraussagt. Aber auch diese Voraussage trifft nicht zu, sondern die Austernfischer nehmen am liebsten kleinere Muscheln einer Länge von 30 bis 45 Millimeter. Als Erklärung findet man schließlich, dass Muscheln umso mehr von Seepocken überzogen sind, je größer sie sind, und dies hindert die Austernfischer am Öffnen der Muscheln.

Eine gängige Kritik an einem solchen Ansatz lautet, dass neben der Energiemaximierung auch andere Faktoren beim Nahrungserwerb wichtig sind. Ein Beispiel hierfür ist die Nahrungssuche: Bestimmte Vögel nisten in einem Gebiet, das gut gegen Feinde geschützt ist, in dessen Nähe es aber nur wenig oder nur kalorienarme oder schwer zu handhabende Nahrung gibt. Die Vögel kennen aber einen Platz, an dem es sehr schmackhafte bzw. kalorienreiche Nahrung gibt. Diese ist sehr vorteilhaft, denn besonders bei Weibchen hängt die Frage, ob sie sich im laufenden Jahr reproduzieren können, von intensiver Nahrungsaufnahme ab. Dieser Platz liegt aber weiter entfernt, und der Vogel muss sich durch ungeschütztes Gelände bewegen, wo er mit einer bestimmten Wahrscheinlichkeit das Opfer von Fressfeinden wird.

Die Frage ist nun: Soll das Tier das Risiko eingehen, den entfernteren Futterplatz aufzusuchen, weil der Nutzen, nahrhafte Beute schnell zu sich nehmen zu können (oder für die Nachkommen zu sammeln), das Risiko aufwiegt, gefressen zu werden? Oder soll es sich lieber mit der weniger wertvollen Nahrung in der Nähe begnügen? Schließlich kann der vorteilhafte Futterplatz so weit entfernt sein, dass sich der energetische Aufwand, der nötig ist, um dorthin zu fliegen, kaum mehr lohnt. Auch muss sich das Tier an diesem Platz eventuell mit Nahrungskonkurrenten auseinander setzen, was ebenfalls energiezehrend ist. Solche Kosten-Nutzen-Rechnungen können also ziemlich kompliziert sein, aber man kann, wenn man viele empirische Daten hat (bzw. gut abschätzen kann), diese in eine Kosten-Nutzen-Gleichung einsetzen und dann eine Optimalitätsberechnung anstellen. Es stellt sich dann eine ganz bestimmte Strategie als optimal (d. h. als *bester Kompromiss*) heraus, z. B. einen Futterplatz dann anzufliegen, wenn er nicht zu weit entfernt ist, wenn der Feinddruck nicht zu hoch ist und der Kampf um das begehrte Futter nicht zu kräftezehrend. Andernfalls begnügt man sich mit dem Futter in der Nähe, auch wenn es mühsamer zu gewinnen oder weniger kalorienhaltig ist.

Man kann nun erstens feststellen, ob die Tiere, die man untersucht, sich optimal verhalten, und man kann zweitens experimentell überprüfen, ob sie in voraussagbarer Weise ihr Verhalten ändern, wenn einige Variablen in der Gleichung sich ändern (z. B. Entfernung, Feinddruck usw.). In vielen Fällen – so jedenfalls die Verhaltensökologen – trifft dies auch zu. Die Tiere werden also so betrachtet, *als ob* sie komplizierte Berechnungen anstellten. Gleichzeitig weiß man natürlich, dass dies nicht der Fall ist, sondern dass sich die zum Teil komplizierten Verhaltensweisen oder gar Mischstrategien evolutiv herausgebildet haben. Die Tiere tun das angeborenermaßen; wie dies genau funktioniert – das ist bisher (und von Verhaltensökologen zugestanden) ein Geheimnis.

Trotz eindrucksvoller Erklärungsmodelle der Verhaltensökologie für quasi-rationales Verhalten der Tiere bleiben viele Fragen offen. Eine dieser Fragen lautet: Warum singen revierbesitzende Singvögel? Geht es um Revierverteidigung oder das Anlocken von Weibchen? Ein Revier mit Gesang zu verteidigen ist vorteilhaft, aber auch kostspielig; es ist energetisch aufwendig und lockt Rivalen oder Fressfeinde an. Ebenso kostspielig ist es, ein Weibchen anzulocken. Es ist der Verhaltensbiologie bisher nicht gelungen, den Vorteil des Singens für die Revierverteidigung zu dokumentieren. Viele Untersuchungen zeigen auch, dass nichtsingende Männchen sich eine Paarung erstehlen. Wahrscheinlich handelt es sich um eine von John Maynard Smith so genannte »evolutionär stabile Strategie«, die darin besteht, dass es einige Revierbesitzer gibt und daneben viele Revierlose, die sich gelegentlich Paarungen erschleichen.

Eine seit langem diskutierte, besonders schwierige Frage der Verhaltensbiologie ist die Evolution altruistischen Verhaltens (so genannter »reziproker Altruismus«) (vgl. Bonner, 1983). Tiere helfen anderen Tieren; sie warnen und verteidigen andere, teilen sich mit ihnen Beute und Nahrung, jagen gemeinsam, helfen beim Nestbau, bei der Bewachung der Nachkommen usw., ohne davon sofort oder überhaupt einen individuellen Nutzen zu haben, z. B. wenn sie (wie die »Helfer am Nest«) auf eigene Nachkommenschaft verzichten oder beim »Wacheschieben« ihr Leben riskieren.

Man kann hier das Argument anführen, dass es in den genannten Fällen nicht um den Vorteil des Individuums, sondern der Gruppe geht, das Individuum »opfert sich« also dem Gruppenvorteil. Die Schwierigkeit einer Deutung besteht darin, dass solche Strategien – so sehr sie der Gruppe nützen – nicht gegen Betrüger immun sind. Betrüger haben einen Vorteil und damit letztlich mehr Nachkommen, so dass sich ihre betrügerischen Gene gegenüber den Nichtbetrügern letztendlich durchsetzen. Reziproker Altruismus ist – so scheint es – keine evolutiv stabile Strategie, es sei denn, dass sich nichtbetrügende Gruppenmitglieder die Betrüger »merken« und entsprechend »abstrafen« (was in der Tat auch beobachtet wird) oder dass die Gruppenmitglieder miteinander verwandt sind. Dann tritt *Sippenselektion* auf (die »kin selection« von Maynard Smith).

»Glanzstück« der Argumentation zugunsten der *kin selection* ist die Erklärung des Verhaltens staatenbildender Insekten, insbesondere der so genannten Hautflügler (Hymenopteren, zu denen Bienen, Wespen und Ameisen gehören). Diese Insektenstaaten sind charakterisiert durch einen Ausschluss der großen Mehrheit der Individuen von der Fortpflanzung (Arbeiterinnen) und durch Selbstaufopferung (Soldaten). Die Hypothese von W. D. Hamilton war, dass die Ausbildung solch altruistischen Verhaltens auf der besonderen genetischen Verwandtschaft zwischen Schwestern beruht (Hamilton, 1974). Bei den Hymenopteren liegt nämlich eine so genannte haplo-diploide Verwandtschaft vor, die damit zu tun hat, dass der männliche Genotyp nur einen Gensatz (ein haploides Genom), der weibliche dagegen wie ansonsten meist üblich zwei Gensätze (das väterliche und das mütterliche, also ein diploides Genom) besitzt. Dies führt letztendlich dazu (die Einzelheiten sind hier unwichtig), dass die Arbeiterinnen im Schnitt enger miteinander verwandt sind als mit ihren Eltern.

Hamilton meinte, dass deshalb der Altruismus bei Hymenopteren stärker ausgeprägt sei als anderswo im Tierreich und zur Bildung steriler Kasten von Arbeiterinnen führe. Hierfür gibt es Beweise wie auch Gegenbeweise. Starke Gegenbeweise bestehen in folgenden Tatsachen: (1) bei vielen staatenbildenden (*eusozialen*) Hymenopteren paaren sich die Königinnen mit mehreren Männchen; dadurch fällt z. T. die enge Verwandtschaft zwischen den Schwestern in einem Stock fort. (2) Viele Kolonien eusozialer Insekten haben mehrere, genetisch nicht identische Königinnen, deren Eier von allen Arbeiterinnen gleichermaßen umsorgt werden und bei denen der Verwandtschaftsgrad oft geringer als 50 Prozent ist. (3) Eusozialität ist keineswegs auf haplo-diploide Organismen beschränkt. Termiten zeigen eine ganz erstaunliche Konvergenz in ihrem eusozialen Verhalten zu den Hymenopteren, haben ihre Eusozialität aber völlig unabhängig davon ausgebildet und besitzen einen diploiden Erbgang.

Innerhalb der Säugetiere gibt es bei Nagetieren wie den kleinen, völlig haarlosen Nacktmullen eine starke Sozialität gepaart mit sozialer Sterilität. Diese leben in Kolonien zu 70 bis 80 Tieren, wobei die Fortpflanzung von einer riesigen »Königin« besorgt wird. Die anderen Weibchen und die meisten Männchen sind steril und versorgen die Königin und die Brut. Haplo-Diploidie ist auch hier keine notwendige Voraussetzung für eusoziales Verhalten. Eine alternative soziobiologische Deutung ist, dass die Tiere einer Kolonie aufgrund häufiger Inzucht sehr eng miteinander verwandt sind. Eine weitere Erklärung nimmt als ersten Schritt den Bau immer komplizierterer Nestbauten an. Je komplizierter ein solches Nest, desto risikoreicher wird für das Individuum das Abwandern; als Folge davon kommt es zum Verbleiben im Nest, auch wenn die Vorteile des Verbleibens vergleichsweise gering sind, und damit kommt es zur Eusozialität.

Wie zu Anfang erwähnt, geht die Soziobiologie auch beim Menschen von der Dominanz des »Genegoismus« aus. Dies bedeutet, dass wie beim tierischen Verhalten die wahren, ultimaten Gründe menschlichen Verhaltens überhaupt nicht bewusst sein müssen. Vieldiskutiertes Beispiel ist das menschliche Sexualverhalten (Paul, 1999). Soziobiologie und Verhaltensökologie gehen davon aus, dass Frauen weniger zum Seitensprung neigen als Männer, weil ihre notwendige Investition in die Aufzucht der Nachkommenschaft höher ist als die der Männer. Für sie »lohnt« sich also eine Mehrfachpaarung nicht in dem Maße wie bei Männern. Anders bei Männern: Sie können aus Sicht der Soziobiologie relativ risikolos ihre Gene verstreuen. Als Evidenz hierfür im »proximaten« Verhalten gilt, dass Männer ein höheres Interesse an Pornographie zeigen und häufiger Verkehr mit weiblichen Prostituierten haben als Frauen mit männlichen Prostituierten (eine Annahme, die sicherlich einer genauen Überprüfung bedürfte).

Die Institution der Ehe ist für Soziobiologie und Verhaltensökologie eine Form der Vermeidung von Spermakonkurrenz. Da es – anders als bei den meisten Säugetieren – für den Mann schwierig ist zu erkennen, wann die Partnerin fruchtbar ist, muss er ständig bei ihr bleiben und mit ihr kopulieren, um sicherzustellen, dass er auch Vater der Kinder ist, die die Partnerin austrägt. Als »treusorgendem Ehemann und Familienvater« entsteht für den Mann bzw. seine Gene so ein Fitnessvorteil gegenüber dem Casanova-Verhalten. Soziobiologen weisen darauf hin, dass in sexuell freizügigen Gesellschaften, in denen die Vaterschaft statistisch weniger gewiss ist, die Sorge für die Geschwisterkinder oft größer ist als die für die – unterstellten – eigenen Kinder.

Die Erklärung hierfür lautet, dass ein Mann mit den Kindern seiner Schwester zu durchschnittlich 25 Prozent genetisch verwandt ist, während bei starker Promiskuität die Chance, mit den Kindern der eigenen Frau verwandt zu sein, erheblich geringer ausfällt. Entsprechend ist es im Dienste des Genoms der Sippe »vernünftiger«, sich für die Kinder der eigenen Schwester einzusetzen als für eine Nachkommenschaft mit ungewissen Vaterschaftsverhältnissen. Würde man allerdings die Männer in solchen Gesellschaften danach fragen, warum sie sich so verhalten, so würden sie alles Erdenkliche erzählen und auf Mythen und religiöse Vorschriften hinweisen; aus Sicht der Soziobiologen sind sie nur Vehikel ihrer egoistischen Gene. Auf einige andere Aspekte der soziobiologischen Sichtweise menschlichen Verhaltens, z. B. bei der Partnerwahl, werde ich noch im nächsten Kapitel eingehen.

Schlussbetrachtung

Bei aller Verschiedenheit untereinander stellen die vier hier dargestellten Theorien einen radikalen Angriff auf das traditionelle westliche Menschenbild dar. Für den orthodoxen Behaviorismus sind Tiere und Menschen lernende Automaten, die nur durch externe Ereignisse und nicht durch interne Faktoren (Wünsche, Motive, Triebe, Denken, Einsicht) gesteuert werden. Sie passen sich der Umwelt vollkommen an und sichern dadurch ihr Überleben. Für Freud ist der Mensch (und um diesen geht es ihm ausschließlich) als *bewusstes Ich* ein Spielball zwischen Realität, Es und Über-Ich und damit eine Instanz, die nicht weiß, was mit und in ihr geschieht (es sei denn, sie hat einen hilfreichen Psychoanalytiker zur Hand). Für Konrad Lorenz sind Menschen und Tiere gesteuert von Trieben und Instinkten und stets gefährdet durch Triebstau, dem man nur durch kompensatorische Aktionen entgeht. Für die Soziobiologie und die Verhaltensökologie schließlich sind Tiere und Menschen Vehikel egoistischer Gene, die im Laufe der Evolution immer raffiniertere Programme für ihre eigene Vermehrung entwickeln, auf welche die Tiere und wohl auch die meisten Menschen mit Ausnahme der Verhaltensökologen niemals durch Nachdenken kämen.

Für das bewusste, verständige und vernünftige Ich als Steuermann des eigenen Handelns bleibt in allen vier Theorien kein oder nur sehr wenig Platz. In keiner der Theorien kennt das Ich die wahren Gründe für das, was es tut, und ein solches Wissen ist für sein überlebensrelevantes Verhalten auch gar nicht erforderlich. Dies leisten entweder der konditionierende Einfluss der Umwelt, die Instinktausrüstung oder das Überlebensprogramm der Gene. Lediglich die Theorie Freuds ist hier wohl vorsichtiger und hat als Zielvorstellung die mögliche Teilautonomie des Ich gegenüber dem Es wie auch gegenüber dem Über-Ich. Wir werden im weiteren Verlauf dieses Buches sehen, ob und inwieweit die hier vorgestellten Theorien im Lichte der Erkenntnis der Hirnforschung in ihrer skeptischen Haltung gegenüber der Autonomie des bewussten Ich Bestand haben.

2. Woher wir kommen

Als Charles Darwin im Jahre 1871 sein Buch »Die Abstammung des Menschen« veröffentlichte, wurde die Aussage, dass wir Menschen vom Affen abstammen, d. h. Primaten sind, als Skandal empfunden. Auch heute noch erregt es einiges Aufsehen, wenn man in Vorträgen statt von »Menschen« und »Tieren« von »menschlichen und nicht-menschlichen Tieren« spricht. Zu tief sitzt in den meisten von uns die Vorstellung, wir seien von den »Tieren« fundamental verschieden. So ist in Debatten um die Berechtigung von Tierexperimenten immer wieder das Argument zu hören, Befunde an Tieren seien grundsätzlich nicht auf den Menschen übertragbar, da der Mensch »völlig anders« sei. Wie dies mit dem ebenso häufig geäußerten Argument zusammenpasst, Tiere würden genauso wie wir Menschen empfinden und leiden, ist dabei allerdings rätselhaft.

Dass Menschen Primaten sind, kann man hinsichtlich des Körperbaus und der Gene heutzutage nicht mehr vernünftig bezweifeln. Aber trifft dies auch für das menschliche Gehirn zu und insbesondere für unser Verhalten? Haben unsere Vorfahren im Laufe der Evolution des Menschen während der vergangenen 4 bis 5 Millionen Jahre nicht einen großen Sprung gemacht, der uns bei aller anatomischen und genetischen Verwandtschaft nicht doch fundamental von den anderen Menschenaffen trennt? Tragen wir das »Äffische« immer noch mit uns herum, oder haben wir dieses biologische Erbe abgeworfen? Viele Sozialwissenschaftler und Philosophen sind der Meinung, der Mensch habe sich in der Tat von dieser Vergangenheit befreit, z. B. indem er gesellschaftliche Verhältnisse entwickelte, die sich bei nichtmenschlichen Tieren nicht finden. Der Blick zurück in unsere Primatenvergangenheit soll uns einen ersten Aufschluss hierüber liefern.

Biologische Verwandtschaftsverhältnisse des Menschen

Biologisch gesehen sind wir Wirbeltiere (*Vertebrata*), und innerhalb der Wirbeltiere gehören wir zur Klasse der Säugetiere (*Mammalia*). Innerhalb der Säugetiere sind wir Mitglieder der Ordnung Primaten (*Primates* – »Herrentiere«), die sich aus Halbaffen (*Prosimia*), Tarsiern

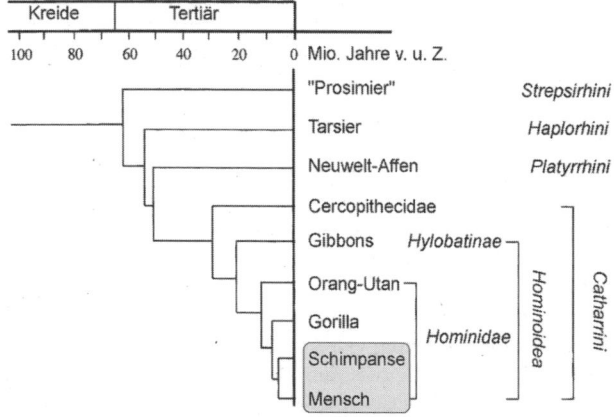

2.1 Verwandtschaftsbeziehungen der Primaten einschließlich des Menschen. (Nach Nieuwenhuys et al., 1998; verändert.)

(*Tarsii*) und Affen (*Simia*) zusammensetzt. Innerhalb der Primaten gehören wir zu den Altweltaffen (*Catarrhini*), im Gegensatz zu den Neuweltaffen (*Platyrrhini*) des amerikanischen Doppelkontinents, und innerhalb der Altweltaffen sind wir Mitglieder der Gruppe »Menschenaffen«, die Gibbon, Orang-Utan, Gorilla, Schimpanse und Mensch umfasst. Manche Taxonomen fassen diese Großaffen zur Überfamilie *Hominoidea* zusammen, andere machen daraus die Familie *Hominidae* (Abb. 2.1).

Innerhalb der Gruppe *Hominidae/Hominoidea* sind Menschen und Schimpansen (*Pan troglodytes*) bzw. Bonobos (*Pan paniscus*) enger miteinander verwandt als die Schimpansen mit den Gorillas. Der nächste Verwandte zu den Vertretern dieser Gruppe ist der Gorilla, und beide Gruppen zusammen bilden die Gruppe der afrikanischen Menschenaffen, deren nächster Verwandter der in Asien vorkommende Orang-Utan ist. Schimpansen sind also biologisch gesehen unsere nächsten Verwandten, wir bilden mit ihnen eine natürliche Abstammungseinheit (eine »monophyletische Gruppe«, wie man sagt).

In der Vergangenheit wurden die Gibbons, Orang-Utans, Gorillas und Schimpansen zur Familie *Pongidae* zusammengefasst, während man den Menschen und seine ausgestorbenen Vorfahren in die Familie *Hominidae* stellte. Eine solche Unterscheidung ist zwar psychologisch verständlich – viele Menschen möchten eben keine »Affen« sein –, aber sie ist biologisch und taxonomisch nicht begründet. Vielmehr müsste man aufgrund der engen Verwandtschaft die beiden Schimpansenarten und die Art *Homo sapiens* einschließlich unserer Vorfahren und der ausgestorbenen Seitenlinien (also die Gattungen *Homo, Paranthropus* und *Australopithecus,* s. unten) zu einer eigenen biologischen Gruppe (z. B. eine Unterfamilie) zusammenfassen, für die allerdings noch kein Name existiert; sie könnte z. B. »Schimpansenartige« heißen. Immerhin stehen der einen Art der Gattung *Homo* zwei Arten der Gattung *Pan* gegenüber.

Die frühesten Primaten entstanden vor mindestens 65 Millionen Jahren (MJ), die Trennung von Altwelt- und Neuweltaffen erfolgte vor ungefähr 50 MJ, die zwischen Altwelt-Kleinaffen (*Cercopithecidae*) und -Großaffen vor ungefähr 30 MJ. Innerhalb der *Hominidae/Hominoidea* spalteten sich die Gibbons vor 19 bis 17 MJ ab, die Orang-Utans vor 16 MJ und die Gorillas vor 9 bis 7 MJ. Menschen und Schimpansen trennten sich vor 8 bis 6 MJ. Wenn man bedenkt, dass es seit 65 Millionen Jahren Primaten gibt, dann handelt es sich bei der Aufspaltung von Schimpansen und den »Vor-Menschen« um ein relativ junges Ereignis.

Zweifellos haben unsere schimpansenartigen Vorfahren im Urwald gelebt. Was einige von ihnen veranlasst haben mag, den »schützenden Urwald« (das Paradies?) zu verlassen, ist nicht bekannt. Klimaänderungen, die zu schrumpfenden Urwaldflächen, zunehmender Savannenbildung und damit schwindenden Nahrungsressourcen führten, mögen einen ständig wachsenden Konkurrenzdruck unter den damals existierenden Großaffen erzeugt haben. Überall in der tierischen Evolution führt zunehmende Konkurrenz um Nahrung und Nistplätze dazu, dass Arten versuchen, in neue Lebensräume einzudringen, um diesem Konkurrenzdruck auszuweichen. Diese neuen Lebensräume waren die Grassteppen, die Savannen.

Im Falle der Vorfahren des Menschen mag es dabei vor allem um die Fähigkeit gegangen sein, sich schneller als die Konkurrenten auf zwei Beinen (wahrscheinlich noch vermischt mit dem für die anderen Affen typischen Knöchelgang) fortzubewegen. Dies ermöglichte es ihnen, die Savanne von einem Wäldchen zum anderen so schnell zu durchqueren, dass die dort lauernden Feinde (vor allem Leoparden) eine deutlich geringere Chance zum Zupacken hatten. Mit der Zeit mag es dann immer weniger riskant gewesen sein, sich in der Savanne aufzuhalten und zu ernähren. Ein echter aufrechter Gang scheint es aber nicht gewesen zu sein, der unsere ersten Vorfahren auszeichnete; wahrscheinlich hat auch »Lucy« (s. unten) noch eine Mischung von Klettern, Knöchelgang und halbwegs aufrechtem Gang benutzt. Es gibt bisher keine verlässlichen Beweise dafür, dass es irgendeine bedeutende intellektuelle Überlegenheit gewesen war, die zur Entstehung der ersten Vormenschen führte, denn ihre Gehirne waren kaum größer als die ihrer Schimpansen-Kollegen.

Die Evolution des Menschen

Wie dies auch abgelaufen sein mag, die weitere Entwicklung in Richtung *Homo sapiens* ist trotz intensiver Ahnen-Forschung nur in groben Zügen bekannt. Die wichtigste Erkenntnis der letzten Jahre lautet, dass vor 7 bis 6 MJ keineswegs eine einzige Gruppe von Australopithecinen (»Südaffen«) den afrikanischen Urwald verließ, um sich in der Folgezeit zum *Homo sapiens* »hochzuarbeiten«. Vielmehr hat es in dieser Zeitspanne zahlreiche Aufspaltungen in menschenartige Primaten gegeben, von denen zum Teil mehrere Vertreter gleichzeitig lebten und wohl auch gelegentlich in Kontakt kamen. Von diesen vielen Linien hat allerdings nur eine bis heute überlebt, nämlich die zum modernen *Homo sapiens*, zu uns führende. Im Rückblick sieht das Ganze ziemlich zielstrebig aus, aber die Evolution hat offenbar mit unterschiedlichen Typen von Vor- und Frühmenschen »herumexperimentiert«. Insgesamt sind wohl zwanzig oder mehr Hominidenarten in den vergangenen fünf Millionen Jahren entstanden, und Afrika hat über lange Zeit mehrere Menschenarten gleichzeitig beherbergt. Erst seit ungefähr 25 000 Jahren ist *Homo sapiens* – sind wir – »allein auf der Welt«.

Die für uns relevante Gattung *Australopithecus* existierte vor 4,4 bis 1,1 MJ am Turkana-See (früher Rudolfsee) und am Victoria-See in Ostafrika sowie in Südafrika. Hierzu gehörten unter anderem folgende Arten: *Australopithecus anamensis*, deren Vertreter vor 4,2 MJ am Turkana-See in Kenia lebten und ca. 120 cm groß waren; *Australopithecus afarensis*, wozu die berühmte »Lucy« gehört, der vor 3,8 bis 3 MJ in Tansania, Kenia und Äthiopien lebte und im männlichen Geschlecht ca. 150 cm groß war; *Australopithecus africanus*, der vor 2 MJ in Südafrika lebte und ca. 140 cm groß war; und *Australopithecus garhi*, der vor 2,5 MJ in Äthiopien lebte. Sie alle hatten ein Gehirnvolumen von 400 bis 550 ccm, was dem Gehirnvolumen der heutigen Schimpansen bzw. Gorillas entspricht (deren Vorfahren aus damaliger Zeit hatten ein etwas kleineres Gehirn). Die Evolution ist vermutlich von *A. anamensis* über *A. afarensis* zu *A. africanus* und *A. garhi* gelaufen. Von *A. afarensis* hat sich möglicherweise die Gattung *Paranthropus* abgespalten, deren Arten *P. aethiopicus*, *P. boisei* (2,5 MJ, Tansania, ca. 140 cm groß) und *P. robustus* (1,6 MJ, Südafrika) rückblickend »Seitenexperimente« darstellen.

Aus *Australopithecus africanus* oder *A. garhi* entwickelten sich Vertreter der neuen Gattung *Homo*, und zwar *H. rudolfensis* (in Ostafrika), *H. habilis* (in Afrika südlich der Sahara) und *H. ergaster* (in Ostafrika). *Homo habilis* existierte vor 2,1 bis 1,5 MJ am Turkana- und am Victoria-See. Er war ca. 140 cm groß, hatte ein Gehirnvolumen von 500 bis 630 ccm und verwendete Werkzeuge zum Schneiden, Schaben und Hämmern. *Homo rudolfensis* lebte vor 2,5 bis 1,8 MJ am Turkanasee (Rudolfsee). Er war bis zu 155 cm groß und hatte ein Gehirnvolumen von 600 bis 700 ccm, was hiermit bereits deutlich größer ist als das der damaligen und auch der heutigen Menschenaffen. Bei *Homo rudolfensis* wurden ebenfalls primitive Werkzeuge gefunden, z. B. scharfkantige Abschläge von Steinen zum Zerlegen und Abschaben von Kadavern. Viele Wissenschaftler glauben, dass *H. rudolfensis* als erste Menschenart Afrika vor 1,8 MJ verließ (vgl. dazu die Ausgabe der Zeitschrift *Science* vom 2. März 2001). Aus einem dieser frühen Vertreter der Gattung *Homo* entwickelten sich einerseits *H. erectus*, der Ostasien besiedelte und (über ein Zwischenglied, *H. antecessor* genannt) *H. ergaster* bzw. *H. heidelbergensis*, der dann die gesamte Alte Welt besiedelte.

Homo ergaster/heidelbergensis lebte von 1,8 MJ bis 40 000 v. Chr. in Europa (Deutschland, Frankreich, Nordspanien, Balkan), im Kaukasus, in Marokko und im gesamten Ostafrika, während *Homo erectus* in Südostasien, in China, in Ost- und Südafrika zu finden war. Diese Vormenschen hatten ein erheblich gesteigertes Gehirnvolumen von ca. 900 ccm. *Homo erectus*-Arten wanderten vor rund 1,8 MJ nach Ostasien (China) und dann nach Südostasien. *H. heidelbergensis* und *H. erectus* kannten den Gebrauch von Feuer und von Faustkeilen.

Die allererste Besiedlung Südeuropas durch *Homo ergaster/heidel-*

bergensis geschah vor ca. 800 000 Jahren (manche Forscher nehmen auch eine Besiedelung vor rund 1 MJ oder noch früher an), nachhaltig besiedelt wurde Südeuropa aber erst vor rund 500 000 Jahren. *Homo heidelbergensis* spaltet sich nach Meinung der Mehrzahl der Forscher auf in *H. neanderthalensis* und *H. sapiens*. *Homo neanderthalensis*, der »Neandertaler«, lebte vor 220 000 bis 27 000 Jahren in Israel, am Schwarzen Meer, in der Osttürkei, in Persien und Afghanistan, in Spanien, Frankreich, Deutschland und England. Er war bis 160 cm groß und zeichnete sich durch einen massiven Knochenbau und einen muskulösen Körper aus; sein Kopf hatte starke Überaugenwülste und ein fliehendes Kinn. Neandertaler führten Totenbestattung durch und stellten feinere Werkzeuge her. Sie hatten ein Gehirnvolumen von 1.400 bis 1.900 ccm und damit im Schnitt deutlich mehr als der moderne Mensch.

Unser Vorfahre im engeren Sinne, *Homo sapiens*, entstand sehr wahrscheinlich in Ostafrika aus einer afrikanischen Form des *Homo erectus*, und zwar in einem Zeitraum vor zwischen 600 000 und 150 000 Jahren und breitete sich von dort in einer vom heutigen Menschen nicht mehr wesentlich unterschiedenen Form über die ganze Welt aus. Die Besiedlung Südafrikas geschah vor ca. 150 000 Jahren, diejenige Nordafrikas und Kleinasiens vor ca. 100 000 Jahren. Von dort aus breitete sich *Homo sapiens* nach Afghanistan, Nordindien, China und Südostasien aus, er kam vor 60 000 Jahren in mehreren Wellen nach Australien, vor 35 000 bis 15 000 Jahren nach Nordostasien und von dort nach Nord- und Südamerika. Die erste Besiedlung Südeuropas durch *Homo sapiens* geschah vor ca. 40 000 Jahren, also vergleichsweise spät. In Kleinasien lebte der Neandertaler schon vor mindestens 200 000 Jahren, vor rund 100 000 Jahren kam *H. sapiens* hinzu. Beide teilten offenbar ihren Lebensraum mehr oder weniger friedlich miteinander, verwendeten ungefähr dieselben Werkzeuge, und auch ihre anderen Lebensgewohnheiten scheinen sehr ähnlich gewesen zu sein. Das war in Europa anders; dort traf *Homo sapiens* vor rund 40 000 Jahren auf den bereits lange ansässigen *H. neanderthalensis*, und nach weiteren 10 000 Jahren war Letzterer verschwunden.

Die Gründe hierfür sind rätselhaft. Es gibt nach wie vor die Annahme (die auch in Romane Eingang fand), dass *Homo sapiens* den Neandertaler schlicht ausrottete, aber dafür gibt es keinerlei Beweise, ebenso wenig dafür, dass Infektionskrankheiten, gegen die der moderne Mensch immun war, dem Neandertaler ähnlich zum

Verhängnis wurden wie den Ureinwohnern Amerikas bei der Invasion durch die Spanier. Ob und inwieweit *Homo sapiens* und *Homo neanderthalensis* in Europa überhaupt nennenswert in Kontakt kamen, ist unklar. Es gibt bisher keine deutlichen Beweise für eine genetische Vermischung zwischen beiden Menschenarten. Vielleicht vermischten sie sich, aber die Nachkommen waren nicht fruchtbar oder hatten andere sehr nachteilige genetische Merkmale.

Fest steht, dass die modernen Menschen in der Zeit zwischen 40 000 und 30 000 Jahren vor unserer Zeit im Vergleich zum Neandertaler »plötzlich« feinere Werkzeuge herstellten. Sie waren ganz offenbar geschickte Jäger und Fischer, benutzten Lanzen und verfügten eventuell über eine effektivere Jagdtechnik. Viele Skelette von Neandertalern weisen Knochenbrüche auf, wie sie im »Nahkampf« mit Großwild auftreten können, während entsprechende Verletzungen bei Skeletten von *Homo sapiens* aus jener Zeit nicht in diesem Maße zu finden sind. Vielleicht hat *Homo sapiens* mithilfe von Lanzen den Neandertalern das zum Überleben notwendige Wild weggefangen.

Auch über den Besitz von Sprache als möglichen entscheidenden Vorteil unserer unmittelbaren Vorfahren wird häufig spekuliert. Es wird zwar angenommen, dass auch die Neandertaler eine rudimentäre Sprache hatten, die aufgrund ihres hochsitzenden Kehlkopfes vornehmlich auf Konsonanten beruhte. Bei *Homo sapiens* scheint die typisch menschliche, d. h. syntaktische Sprache vor ca. 100 000 Jahren in ihrer Entwicklung begonnen und vor ca. 30 000 Jahren zu einer ersten Ausreifung gekommen zu sein. Manche nehmen hierfür irgendeine »revolutionäre« Veränderung des Gehirns an; dafür gibt es aber keine Beweise. Es ist vernünftig anzunehmen, dass die Entwicklung der syntaktischen Sprache einher ging mit der Evolution grundlegender Funktionen des Stirnhirns, die abstraktes und symbolisches Denken und insbesondere Handlungsplanung förderten; davon wird noch ausführlich zu reden sein. Dies aber ist in jedem Fall ein langsamer, sich über Millionen von Jahren hinziehender Prozess gewesen, der irgendwann einmal eine funktionale Schwelle überschritt.

Wie dem auch sei, vor ca. 30 000 Jahren kam es dann zu einer »kulturellen Explosion«, die sich in großartigen Kunstwerken, vor allem in wunderbaren Höhlenmalereien niederschlug, zum Beispiel in Spanien (Altamira) und Südfrankreich (Lascaux). Um etwa diese

Zeit verschwanden die Neandertaler und auch die letzten Vertreter des *Homo erectus*. Damit war für *Homo sapiens* der Weg frei. Dann ging es »Schlag auf Schlag«. Mit dem Ende der letzten Eiszeit vor ca. 10 000 Jahren entstand in Vorderasien die erste Landwirtschaft, erste größere Siedlungen mit mehreren tausend Menschen wurden gegründet. Aufgrund von Verdichtungen der Bevölkerung infolge der zunehmenden Erwärmung und Versteppung bzw. Wüstenbildung oder aufgrund besonders günstiger klimatischer, geologischer oder botanisch-zoologischer Bedingungen entstanden in China, am Indus, in Mesopotamien und am Nil die ersten Hochkulturen mit der Erfindung einer Schriftsprache, einer effektiven Verwaltung, es entwickelten sich Astronomie, Mathematik, Kunst und Kultur und damit die Grundlagen der frühen Hochkulturen.

Welche biologischen Faktoren diese Entwicklung des Menschen ermöglicht haben könnten, ist unklar. Wir müssen davon ausgehen, dass das menschliche Gehirn und seine Leistungen sich zumindest in den letzten 30 000 Jahren nicht wesentlich verändert haben. Die Höhlenmalereien in Altamira und Lascaux sind von einer solchen Meisterschaft, ebenso die damals entstandenen Werkzeuge, dass man nicht an eine grundlegende Steigerung kognitiver oder manipulatorischer Leistungen des Menschen in der Zwischenzeit glauben mag. Auch genetisch ist der moderne *Homo sapiens* sehr homogen, und bisher hat niemand trotz intensiver Suche schwerwiegende Unterschiede in der Intelligenz zwischen den menschlichen Rassen nachweisen können: Ein von deutschen Eltern kurz nach der Geburt adoptiertes Kind afrikanischer oder südamerikanischer Herkunft entwickelt sich im Durchschnitt geistig und emotional ununterscheidbar von einem deutschen Kind. Zur Erklärung des »großen Sprunges« der Menschheit müssen wir wohl einen Synergie-Effekt mehrerer Einzelfaktoren annehmen, von denen neben der syntaktischen Sprache eine höhere Bevölkerungsdichte die wichtigsten waren. Hier bleibt noch viel zu forschen.

Gehirnevolution

Bemerkenswert an der Evolution unserer Vorfahren innerhalb der Gattungen *Australopithecus* und *Homo* bleibt die rasante Zunahme des Gehirnvolumens. Innerhalb von 3,5 MJ Jahren hat sich nämlich das Gehirnvolumen verdreifacht, und zwar von rund 450 ccm bei *Australopithecus afarensis* auf rund 1300-1400 ccm beim heutigen Menschen. Was könnten die Ursachen für diesen Vorgang gewesen sein? Was einem zuerst einfällt, ist eine Vergrößerung des Körpervolumens. Bei Wirbeltieren wird nämlich die Gehirngröße ganz überwiegend durch die *Körpergröße* bestimmt. Zahlreiche Tiergruppen sind im Laufe ihrer Evolution größer geworden, und dies gilt insbesondere für Säugetiere. Säugetiere sind eine relativ alte Gruppe und schon zu Beginn des Erdmittelalters (Mesozoikum) entstanden, also vor rund 230 MJ. Allerdings waren sie etwa mardergroß und nachtaktiv und hüteten sich, für die nächsten 165 MJ den Großreptilien (den »Dinosauriern«) in die Quere zu kommen.

Als diese vor 65 MJ schlagartig ausstarben, trat eine dramatische Evolution der Säugetiere ein, und viele der dann entstehenden Arten wurden kontinuierlich größer; dies gilt für Pferde genauso wie für Elefanten. Die Gründe hierfür sind unklar. Es mag sein, dass es für viele Säugetiere immer schon vorteilhaft war, groß zu werden. Wenn ein Säuger groß ist, ist er nicht nur besser gegen Feinde geschützt, sondern er benötigt als Warmblüter pro Kilogramm Körpergewicht auch vergleichsweise weniger Nahrung, da die wärmeabstrahlende Oberfläche langsamer wächst (nämlich im Quadrat) als das Körpervolumen (das in der dritten Potenz zunimmt). Dieser vorteilhaften Tendenz zum Größerwerden mag aber im Erdmittelalter das stark erhöhte Risiko, von den Dinosauriern entdeckt und gefressen zu werden, entgegengestanden haben; erst als diese verschwunden waren, konnte ein Säuger risikolos an Körpervolumen zunehmen. Ob dies wirklich der Grund war, sei dahingestellt.

Gesichert ist hingegen, dass das Gehirn aufgrund einfacher genetisch kontrollierter Wachstumsgesetze dieser Körpervergrößerung folgt. Gehirne werden im Wesentlichen »passiv« größer, wenn die Körper größer werden; es muss hierfür kein *gehirnspezifischer* Selektionsdruck angenommen werden. Allerdings nimmt bei einer Vergrößerung des Körpers die Gehirngröße nicht im gleichen Verhältnis, also proportional oder *isometrisch*, zu (dies wäre der Fall, wenn bei Verdoppelung des Körpervolumens sich das Gehirnvolumen verdoppeln würde), sondern unterproportional oder *negativ allometrisch*, und zwar mit einem Exponenten (allometrischen Koeffizienten) von rund 0,7 (Jerison, 1973) (Abb. 2.2). Bei proportionalem (isometrischem) Gehirnwachstum wäre dieser Exponent 1. Als Folge

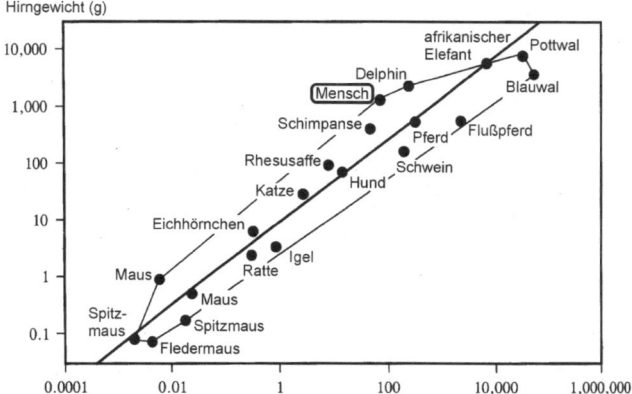

2.2 Das Verhältnis von Hirngewicht (in Gramm) und Körpergewicht (in Kilogramm) bei Säugetieren in doppelt-logarithmischer Darstellung. Einige Spitzmausarten, Maus, Hund, Pferd und afrikanischer Elefant haben »durchschnittlich« große Gehirne, ihre Datenpunkte liegen genau auf der Regressionsgeraden. Schimpansen, der Mensch, aber auch Delphine haben überdurchschnittlich, einige Fledermausarten, Igel, Schwein, Flusspferd, Blauwal und Pottwal unterdurchschnittlich große Gehirne. (Nach Nieuwenhuys et al., 1998; verändert.)

dieser negativen Allometrie nimmt bei einer Vergrößerung des Körpers die Größe des Gehirns zwar *absolut zu*, aber *relativ ab*. Entsprechend haben kleine Tiere absolut gesehen *kleine*, relativ zu ihrer Körpergröße aber *große* Gehirne, während sehr große Tiere relativ zu ihrem Körper sehr kleine Gehirne haben. So haben Spitzmäuse Gehirne, die bis zu 10 Prozent ihres Körpervolumens ausmachen, während beim Blauwal, dem größten lebenden Tier, das Gehirn weniger als 0,01 Prozent der Körpermasse bildet (Abb. 2.3).

Über die Bedeutung des *allometrischen Koeffizienten* von ca. 0,7 wurde lange spekuliert, aber bis heute gibt es dafür keine allgemein akzeptierte Erklärung. Im Übrigen zeichnen sich Angehörige unterschiedlicher Wirbeltierklassen wie auch Angehörige unterschiedlicher Säugetierordnungen durch ganz bestimmte Gehirn-Körper-Relationen aus, die zu ihrem *Bauplan* gehören. Halbaffen haben relativ zu ihrem Körpervolumen durchschnittlich doppelt so große Gehirne wie Insektenfresser (z. B. Igel), und Affen haben wiederum

83

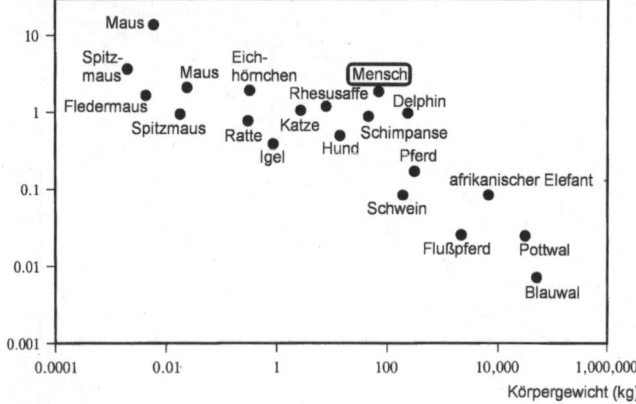

relatives Gehirngewicht (Prozent Körpergewicht)

Körpergewicht (kg)

2.3 Das Verhältnis von Gehirngewicht (in Prozent des Körpergewichtes) bei denselben 20 Säugetierarten wie in Abbildung 2. 2. Die Abbildung verdeutlicht, dass bei einer Zunahme des Körpergewichts das relative Gehirngewicht stark abnimmt. Man beachte, dass das menschliche Gehirn diesem allgemeinen Trend folgt, sich jedoch am oberen Rand der Verteilung befindet. Das Diagramm zeigt wiederum eine doppelt-logarithmische Darstellung. (Nach Nieuwenhuys et al., 1998; verändert.)

doppelt so große Gehirne wie Halbaffen. Der Mensch liegt hinsichtlich seines relativen Gehirngewichts bzw. Gehirnvolumens von rund 2% des Körpervolumens durchaus in der Spitzengruppe, wenn auch nicht ganz an der Spitze (Hofman, 2000). Sehr kleine Affen, Fledermäuse, Spitzmäuse und Vögel haben ein mindestens ebenso großes und zum Teil sehr viel größeres Gehirn relativ zur Körpergröße bzw. Körpermasse als der Mensch.

Was hingegen das menschliche Gehirn auszeichnet, ist die Tatsache, dass es im Verhältnis zur absoluten Körpergröße des Menschen ungewöhnlich groß ist. Wenn man innerhalb der Säuger die Gehirn-Körper-Beziehungen bei der Katze willkürlich gleich 1 setzt, dann besitzt der Mensch eine relative Gehirngröße, die 7 bis 8 mal größer ist als der Säugetierdurchschnitt, d. h. wenn er eine Katze in menschlicher Größe wäre. Die Tatsache, dass ein Tier ein Gehirn besitzt, das größer ist, als von der Körpergröße her zu erwarten wäre, nennt man *Enzephalisation* (d. h. »Verhirnung«). Eine starke Enzephalisation findet man übrigens auch bei Delphinen, die ein Gehirn haben, das verglichen mit dem Körpervolumen 5 bis 6 mal größer ist als der Säuger-Durchschnitt; der Mensch übertrifft jedoch mit einem Enzephalisationsquotienten zwischen 7 und 8 auch die Delphine.

Das vergleichsweise große Gehirn des heutigen Menschen hat sich in erstaunlich kurzer Zeit entwickelt. Die frühesten Vorfahren des heutigen Menschen, die Australopithecinen (zu denen *Lucy, Australopithecus afarensis*, gehörte), hatten – wie bereits geschildert – vor ca. 3,5 MJ ein Gehirnvolumen von 400 bis 550 ccm. Eine deutlichere Gehirnvergrößerung ergab sich mit *Homo rudolfensis/habilis* vor rund 2 MJ Jahren mit 500 bis 700 ccm. Ein nächster Schritt in der Gehirnevolution vollzog sich vor 1,8 MJ mit dem Erscheinen von *Homo heidelbergensis* und *Homo erectus*, die ein Gehirnvolumen von 800 bis 1000 ccm hatten. *Homo sapiens* mit einem Gehirnvolumen zwischen 1100 und 1800 ccm (und einem Durchschnitt von 1350 ccm) repräsentiert den vorerst letzten Schritt in der Hirnevolution der Gattungen *Australopithecus* und *Homo*. Allerdings hat nicht der moderne Mensch, sondern der Neandertaler mit einem Gehirnvolumen zwischen 1400 und 1900 ccm das durchschnittlich größte Gehirn aller Primaten (siehe oben).

Diese sehr schnelle Zunahme an Gehirnmasse ist ein erstaunlicher Vorgang, denn er durchbricht radikal die üblichen negativ-allometrischen Gehirn-Körper-Beziehungen. Vergleichen wir, wie in Abbildung 2.4 geschehen, die Gehirn-Körper-Beziehungen bei den Menschenaffen wie auch bei der Gattung *Paranthropus* und den Vertretern der Gattung *Australopithecus*, die nicht zu unseren Vorfahren gehörten, so finden wir einen allometrischen Koeffizienten von 0,33-0,34, der typisch ist für eine Zunahme des Gehirnvolumens innerhalb einer taxonomischen Einheit unterhalb der Stufe von Familien. Vergleichen wir hingegen das Gehirnwachstum unserer Vorfahren von *Australopithecus afarensis* (bzw. *africanus*) an, so kommen wir auf einen Wert von 1,73 (Philbeam und Gould, 1974). Das bedeutet, dass innerhalb des Prozesses der Menschwerdung das Gehirn schneller wuchs als der Körper.

Die Gründe hierfür müssen in *internen Wachstumsprozessen* zu suchen sein, die wiederum auf Veränderungen der genetischen Kontrollmechanismen für das ontogenetische Gehirnwachstum beruhen. Anders kann man einen derartigen, sich über mehrere Millionen Jahre hinziehenden Prozess nicht erklären (der überdies bei Delphi-

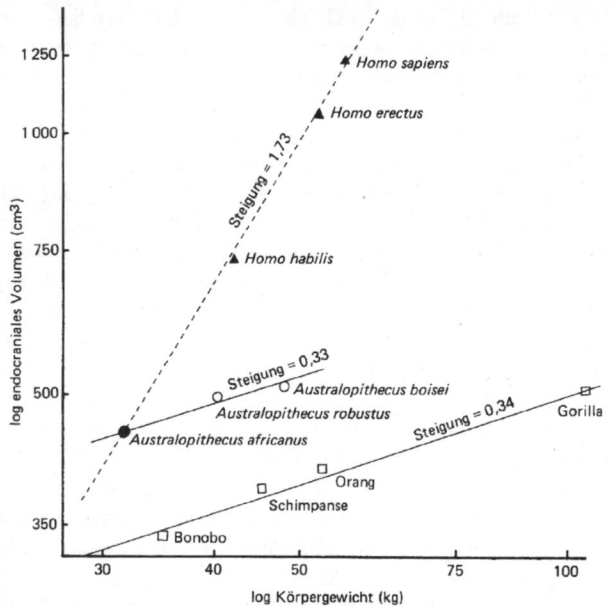

2.4 Die Abbildung zeigt die Zunahme des Gehirnvolumens bzw. bei ausgestorbenen Angehörigen der Gattungen *Australopithecus* und *Homo* das endokraniale Volumen (jeweils in Kubikzentimetern) im Verhältnis zur Zunahme des Körpergewichts (in Kilogramm). Man beachte, dass die Zunahme des Gehirnvolumens bei den nichtmenschlichen Menschenaffen sowie bei den Australopithecinen, die nicht zu unseren unmittelbaren Vorfahren gehörten, flach verläuft, während sie von *Australopithecus africanus* über *Homo habilis* und *Homo erectus* zum modernen Menschen (*Homo sapiens*) steil (positiv allometrisch) ansteigt. (Nach Philbeam und Gould, 1974; verändert.)

nen ebenfalls beobachtbar ist). Hierfür sprechen auch Besonderheiten der Individualentwicklung des menschlichen Gehirns. So konnten Riska und Atchley (1985) zeigen, dass aufgrund einer genetischen Kopplung während der vorgeburtlichen Entwicklung Körper und Gehirn isometrisch wachsen. Bei den nichtmenschlichen Säugetieren wächst das Gehirn nachgeburtlich negativ allometrisch, d. h. das Gehirn wächst langsamer als der Körper, beim Menschen hingegen ist das isometrische Gehirnwachstum durch die Verlängerung der menschlichen Schwangerschaft ebenfalls verlängert, und dieses isometrische Gehirnwachstum setzt sich auch noch eine ganze Zeit lang über die Geburt hinaus fort. Dadurch wird das menschliche Gehirn »automatisch« größer im Vergleich zu nichtmenschlichen Primaten.

Ein verlängertes isometrisches oder gar positiv allometrisches Wachstum betrifft beim Menschen das gesamte nicht-olfaktorische Gehirn und begünstigt besonders diejenigen Hirnteile, die während der Gehirnentwicklung der Säugetiere grundsätzlich am spätesten ausreifen (Finlay und Darlington, 1995). Dies sind das Kleinhirn und die Großhirnrinde, und innerhalb der Großhirnrinde die assoziativen Anteile, von denen in Kapitel 4 ausführlich die Rede sein wird. Dies bedeutet, dass allein schon durch Verlängerung der Periode, in der Hirnzellen sich teilen, das menschliche Gehirn einerseits ein großes Kleinhirn und zum anderen eine große Großhirnrinde und hierin einen besonders großen Assoziationscortex bekam. Wie Jerison (2000) nachgewiesen hat, bestimmt die Gehirngröße mit einer Irrtumswahrscheinlichkeit von einem Prozent nicht nur die Oberfläche des Cortex, sondern auch die Größe der Basalganglien, des Kleinhirns und sogar des präfrontalen Cortex (PFC).

Es ist also nicht gerechtfertigt – wie häufig geschehen – Selektionsdrücke anzunehmen, die ein Wachstum der Großhirnrinde *gezielt erzwangen*; dies ist bei einem Gehirn, dessen Teile aufs Engste zusammenhängen, auch gar nicht möglich. Vielmehr waren hier unspezifische Wachstumsprozesse am Werk. Dies gilt im Übrigen auch für den präfrontalen Cortex, von dem häufig behauptet wird, er habe sich im Laufe der Evolution des *Homo sapiens* überproportional vergrößert (vgl. Deacon, 1990, 1997) – eine Annahme, die natürlich besonders dadurch sinnfällig wird, dass vieles, was typisch menschliches Verhalten ausmacht, z. B. rationales Handeln und eine syntaktische Sprache, mit Aktivitäten des präfrontalen Cortex eng verbunden ist (vgl. Kapitel 4 und 14). Kürzliche Untersuchungen von Semendeferi et al. (2002) mithilfe der strukturellen Kernspintomographie haben zum einen bestätigen können, dass der Mensch unter den Primaten den größten präfrontalen Cortex besitzt, und zwar mit 29-33% des gesamten Cortexvolumens. Dieses Faktum erklärt sich jedoch aus einem *allgemeinen* leicht positiv-allometrischen Wachstum des PFC innerhalb der Primaten bzw. der Säugetiere. Nach Semendeferi liegt das Volumen des präfrontalen Cortex bei Orang-Utan, Gorilla und Schimpanse mit ihren gegenüber dem Menschen kleineren Gehirnen entsprechend zwischen 26 und 29% des Gesamt-cortex, während kleinere Affengehirne wesentlich kleinere PFCs haben.

Der Mensch hat also keineswegs einen besonders großen Cortex bzw. präfrontalen Cortex, weil er diesen dringend benötigte. Vielmehr erhielt er ihn »umsonst« geliefert, weil – aus bisher unbekannten Gründen – sein Gehirn stark wuchs. *Nachdem* jedoch ein großer Cortex entstand, konnte dieser als Grundlage für gesteigerte sensorische, motorische und kognitive Leistungen verwendet werden.

Ist unser Verhalten »äffisch«?

Wie in diesem Kapitel mehrfach betont, sind wir Menschen Primaten, also »Affen«, und aufs Engste mit den Schimpansen verwandt. Unser Gehirn ist – abgesehen von seiner Größe – von dem der anderen Menschenaffen nahezu ununterscheidbar. Es stellt sich daher die Frage, ob dies auch für unser Verhalten zutrifft. Intuitiv wehrt sich wohl die Mehrzahl unserer Mitmenschen und die Mehrzahl der Wissenschaftler außerhalb der Biologie gegen einen solchen Gedanken und weist darauf hin, dass es gar kein typisch menschliches Verhalten gebe, das mit dem der Tiere verglichen werden könne, sondern höchst unterschiedliche Verhaltensweisen in unterschiedlichen Gesellschaften und Kulturen. Dem widersprechen viele Ethnologen mit dem Hinweis auf »transkulturelle Verhaltens-Universalien«, d. h. identische oder sehr ähnliche Verhaltensweisen in allen Kulturen auf der Welt. Natürlich ist dies kein schlüssiger Beweis dafür, dass unser Verhalten ein typisches Primatenverhalten oder zumindest ein typisches Schimpansenverhalten ist, denn der hypothetische »große Sprung« zwischen den Gattungen *Pan* und *Homo* könnte auch jede größere Ähnlichkeit im Verhalten unterbrochen haben. Es könnte sich evolutiv ein typisch menschliches Verhaltensrepertoire herausgebildet haben, das sich grundlegend von dem anderer Tiere unterscheidet.

Ich will im Folgenden kurz auf einige Verhaltensweisen von Primaten eingehen, die hierüber Aufschluss geben könnten, nämlich Aggressionsverhalten, Dominanzverhalten und Sexualverhalten. Ich lege meinen Ausführungen das vorzügliche Buch des Göttinger Primatenforschers Andreas Paul mit dem Titel »Von Affen und Menschen – Verhaltensbiologie der Primaten« von 1999 zugrunde (vgl. auch Wrangham und Peterson, 2001).

Aggression in Form von Streit ist bei Affen etwas Alltägliches; meist geht es dabei um Nahrungsmittel und bei den Männchen vor allem um den Zugang zu Weibchen im fortpflanzungsfähigen Alter. Anders als dies Konrad Lorenz meinte, gibt es dabei keine angeborene Schonung, keinen fairen Kommentkampf, sondern ein bewusstes oder automatisiertes Abwägen der Vor- und Nachteile eines Kampfes. Fühlt der eine sich wesentlich stärker als der andere, dann langt er kräftig zu, und es kommt zu einem Beschädigungs- oder Tötungskampf. Bei vielen Affen ist die Zahl der schweren Verletzungen und Todesfälle bei solchen Kämpfen beträchtlich. Kampf zwischen Verwandten ist in vielen Primatengesellschaften besonders häufig, und dies schließt auch Aggression von Eltern gegen ihre Kinder ein. Auch hier und in Not- und Mangelsituationen scheint das Prinzip zu gelten: sie oder ich.

Bei den meisten Primaten und in allen menschlichen Kulturen scheinen Männchen/Männer eher zu Aggression zu neigen als Weibchen/Frauen (vgl. Kapitel 10, Teil 5). Eine in Pauls Buch veröffentlichte Liste, in der 27 der gut 200 heute existierenden Primatenarten berücksichtig sind, zeigt, dass bei zwei Dritteln dieser Arten das männliche Geschlecht aggressiver ist als das weibliche. Dies gilt auch für die beiden Schimpansenarten. Zugleich sind Männchen in fast allen Fällen eher die Opfer von Aggression als Weibchen; es geht also vornehmlich um Aggression zwischen Männchen bzw. Männern. Diese Unterschiede in der Aggressivität zwischen den Geschlechtern treten bei Menschen bereits in früher Jugend auf, d. h. mit zwei bis zweieinhalb Jahren. Mord und Totschlag sind in allen menschlichen Kulturen unter Männern um ein Vielfaches höher als unter Frauen. Dies scheint auch für die meisten Säugetiere und Primaten zu gelten, und zwar vermutlich als direkte oder indirekte Auswirkung des männlichen Sexualhormons Testosteron, wovon in Kapitel 10, Teil 5, noch die Rede sein wird.

Das Töten von Artgenossen wurde lange Zeit nur dem Menschen zugeschrieben. Dies ist falsch, jedoch spielt auch hier das Geschlecht die entscheidende Rolle. Beim Töten von Artgenossen sind bei allen Primaten fast ausnahmslos Männchen die Täter, allerdings sind bei nichtmenschlichen Primaten im Gegensatz zum Menschen die Opfer fast immer noch nicht entwöhnte Jungtiere; das Töten anderer

Artgenossen ist in der Tat selten mit Ausnahme des Kommentkampfes oder der Kriegszüge von Schimpansen. Bei solchen Kindestötungen (*Infantizid*), die auch bei anderen Säugetieren (z. B. Löwen) beobachtet werden, handelt es sich fast stets um Täter, die erst vor kurzem in die Gruppe eingewandert oder in eine hohe Rangposition aufgestiegen waren. Täter und Opfer sind in den meisten Fällen nicht verwandt, und zahlreiche Indizien sprechen dafür, dass diese Kindestötung Teil der männlichen Fortpflanzungsstrategie ist. Hierdurch beseitigen junge Primaten, die das frühere Alpha-Männchen vertrieben und die »Macht« und damit auch den Zugang zu den Weibchen errungen haben, das Erbgut ihrer Vorgänger. Wichtig – und für uns Menschen befremdlich – ist dabei die Tatsache, dass der Verlust ihrer Jungtiere die Weibchen schneller kopulations- und empfängnisbereit macht.

Ebenso wie die Tötung von Artgenossen wurde das Kriegführen einzig dem Menschen zugesprochen. Dass auch dies falsch ist, zeigte die Schimpansenforscherin Jane Goodall, indem sie von regelrechten Kriegszügen bei freilebenden Schimpansen berichtet und damit ihren eigenen Glauben an die »Unschuld der Tiere« zerstörte (Goodall, 1986). Solche Kriegszüge werden meist von kooperierenden, miteinander verwandten Männchen durchgeführt, die ihren Opfern zahlenmäßig stets überlegen sind. Derartige Kampfbündnisse werden bei den Schimpansen dadurch begünstigt, dass Männchen in der Gruppe verbleiben, in der sie geboren wurden, während Weibchen beim Erreichen der Geschlechtsreife in andere Gruppen abwandern (Exogamie). Das hat zur Folge, dass die Männchen einer Gruppe enger miteinander verwandt sind als die Weibchen. Bei den Kriegszügen geht es keineswegs um das bloße Vertreiben von Konkurrenten, sondern um die absichtliche Verletzung und Tötung anderer männlicher Schimpansen; Weibchen werden praktisch nie angegriffen. Ziel ist offenbar eine Vergrößerung des Lebensraumes, um dadurch geschlechtsreife Weibchen anzulocken. Bonobos unterscheiden sich im Übrigen von den Schimpansen dadurch, dass sie keine kooperativen Kampfbündnisse eingehen.

Bei Primaten und den meisten anderen Säugern sind die Männchen das dominierende Geschlecht; sie sind meist bedeutend größer und kräftiger und besser »bewaffnet« als die Weibchen. *Dominanzverhalten*, z. B. Kampf und Verteidigung von Rangstellungen und das damit verbundene Imponiergehabe, ist keineswegs ein Weg zum

Frieden, wie Konrad Lorenz behauptete (Lorenz, 1963), sondern ein Mittel des Stärkeren, sich mit möglichst geringem Aufwand den Zugang zu knappen Ressourcen zu sichern (mit einem scharfen Blick, einer kurzen herrischen Geste, einer angedeuteten Attacke usw.). Rangordnungen vermindern zwar in der Tat blutige Konflikte, jedoch ist dies eine Folge der notgedrungenen Unterwerfung des Schwächeren, der seine geringen Chancen realistisch kalkuliert, und nicht das primäre Ziel der »Hackordnung«. Rangniedere Tiere akzeptieren keineswegs freiwillig die Rangfolge, sondern entwickeln alternative Strategien, um das Beste aus der Situation für ihre Lebens- und Fortpflanzungschancen zu machen, z. B. indem sie Kopulationen »erstehlen«, während das Alpha-Männchen sich mit ernsthaften Konkurrenten abmüht.

Die Frage, ob und in welchem Maße das menschliche *Sexual-verhalten* bestimmten Regeln gehorcht und ob diese sich gegebenenfalls auch bei unseren Primatenverwandten wiederfinden lassen, ist ein vieldiskutiertes Thema. Bei allen Säugetieren gibt es hinsichtlich des Zusammenhangs von Paarungsverhalten und Fortpflanzungserfolg große Unterschiede zwischen den Geschlechtern, die allerdings das von Bateman aufgestellte und übrigens von Experimenten mit Fruchtfliegen abgeleitete Prinzip bestätigen (Bateman, 1948). Dieses Prinzip lautet, dass bei Männchen der Fortpflanzungserfolg mit der Zahl der Sexualpartnerinnen ansteigt, während derjenige der Weibchen unabhängig von der Anzahl der Sexualkontakte ist, vorausgesetzt, sie haben sich wenigstens einmal gepaart. Mit anderen Worten: Weibchen können sich aus Sicht des Reproduktionserfolges durchaus mit einem Männchen zufrieden geben, denn sie investieren im Durchschnitt sehr viel mehr in die Nachkommenschaft als Männchen, Männchen hingegen werden durch sexuellen Kontakt mit möglichst vielen Weibchen belohnt, während sie sich im Durchschnitt wenig bis überhaupt nicht um die Aufzucht ihrer Nachkommen kümmern.

Bei vielen Primaten, z. B. bei Pavianen, Gorillas, Meerkatzen und Husarenaffen, führt diese Tatsache zu dem, was man »Weibchen-Verteidigungspolygynie« oder »Haremsbildung« genannt hat. Diese bedeutet, dass einzelne Männchen (die Alpha-Männchen), die an Kraft, Rücksichtslosigkeit, Erfahrung und Intelligenz anderen Männchen überlegen sind, ganze Gruppen von Weibchen monopolisieren. Da neue, kräftige Konkurrenten ständig nachwachsen, die ebenfalls Zugang zu den Weibchen haben wollen, führt eine solche Einrichtung, wie man sich leicht vorstellen kann, zu erbitterten Kämpfen, so dass ein Männchen die Alpha-Stellung kaum länger als zwei bis drei Jahre halten kann. Kein Affe kann realistisch damit rechnen, mehr als einmal im Leben einen Harem erobern zu können. Andere Affen, z. B. Orang-Utans, und Halbaffen zeigen dagegen eine »opportunistische« Polygynie, indem sie umherstreifen und sich mit Weibchen paaren, auf die sie zufällig treffen; dabei sind Vergewaltigungen nicht selten.

Wenn bei Primatenspezies, z. B. Kattas, Grünen Meerkatzen, Makakenaffen, Schimpansen und Savannenpavianen, ein einzelnes Männchen nicht in der Lage ist, eine Gruppe von Weibchen zu monopolisieren, so entsteht ein von Promiskuität gekennzeichnetes Paarungssystem, in dem sich jedoch nicht jede mit jedem paart (das findet sich am ehesten bei den Bonobos), weil auch Rang, Alter und individuelle Bevorzugungen eine Rolle spielen. Polyandrie, d. h. Vielmännerei, ist unter Primaten selten; man findet sie zum Beispiel bei Krallenaffen.

Wie sieht es bei uns Menschen aus? George Peter Murdock stellte 1967 aufgrund von Untersuchungen in 849 Gesellschaften fest, dass bei 83 Prozent von ihnen Polygynie, also Vielweiberei, herrschte. Diese war nur zum Teil gebunden an das Vorhandensein von Macht und Reichtum, d. h. Polygynie existiert auch ohne eine besondere Machtstellung der Männer – eine für die Soziobiologie schwer erklärbare Tatsache. In 16 Prozent der Gesellschaften war Monogamie die vorherrschende Form des Zusammenlebens der Geschlechter. In den meisten Gesellschaften, die Monogamie propagieren, wird außerehelicher Sexualkontakt verheirateten Männern offiziell oder stillschweigend zugestanden, nicht aber verheirateten Frauen. Dennoch zeigen Vaterschaftsuntersuchungen, dass auch in diesen Gesellschaften »Seitensprünge« bei Frauen keineswegs selten sind.

Die moderne westliche Gesellschaft ist zunehmend durch das charakterisiert, was man »serielle Monogamie« nennt: Menschen leben mehr oder weniger monogam in einer Ehe oder eheähnlichen Beziehung, lassen sich scheiden bzw. trennen sich und gehen erneut eine mehr oder weniger monogame Beziehung ein und so fort. Eine streng monogame menschliche Gesellschaft hat es offenbar nie gegeben; umgekehrt wird aber auch Promiskuität nirgendwo offiziell propagiert. Polyandrie kommt nur bei 0,5 Prozent der Gesellschaften vor; hier handelt es sich meist um die Verheiratung einer Frau mit mehreren Brüdern. Auf die neurobiologischen Aspekte von Sexualität, Verliebtheit und Liebe werde ich im zehnten Kapitel (Teil 7) zurückkommen.

Fazit

Am Ende des ersten Kapitels hatte ich bereits die Frage gestellt, ob und inwieweit eine soziobiologische Sicht, wie sie z. B. Andreas Paul vertritt, für alle Grundbausteine des menschlichen Verhaltens zutrifft. Selbst wenn man dies bezweifeln mag und an einen »großen Sprung« zwischen dem Menschen und den nichtmenschlichen Primaten glaubt – oder zumindest an die emanzipatorische Kraft der (post) industriellen Gesellschaft –, so wird man doch bestimmte auffällige Ähnlichkeiten im Sexual-, Dominanz- und Konfliktverhalten in vielen Kulturen nicht leugnen können.

Dies dürfte uns nicht überraschen, wenn wir in den kommenden Kapiteln dieses Buches sehen werden, dass diejenigen Gehirnzentren, die solchen Verhaltensweisen zugrunde liegen (nämlich die Zentren des limbischen Systems), bei allen Primaten, ja bei den meisten Säugetieren strukturell und funktional dieselben sind. Auch hat sich das Volumenverhältnis zwischen diesen limbischen Zentren und der Großhirnrinde, die wir – nicht ganz zu Unrecht – als Sitz von Verstand und Vernunft ansehen, im Laufe der Evolution des Menschen keinesfalls zugunsten der Großhirnrinde verschoben (vgl. Finlay und Darlington, 1995; Hofman, 2000). Unsere äffische Vergangenheit mag uns sehr unangenehm sein, sie ist aber nicht zu leugnen. Es gibt ohne Zweifel eine *Kontinuität des Verhaltens* zwischen Schimpansen und uns Menschen. Allerdings sind wir Menschen offenbar mehr als andere Tiere in der Lage, die stammesgeschichtlichen Determinanten des Verhaltens durch Konditionierungsvorgänge, Erziehung oder Einsicht zu verändern. Wie groß die Bandbreite dieser Veränderbarkeit ist, wird noch zu diskutieren sein.

3. Wie es im Gehirn zugeht

In diesem Kapitel soll das Wissen vermittelt werden, das nötig ist, um die anatomischen und physiologischen Sachverhalte im Gehirn des Menschen zu verstehen, die bei emotionalen, kognitiven, exekutiven und motorischen Leistungen auftreten. Dies betrifft insbesondere auch die Vorgänge auf Einzelzellebene, die scheinbar weitab von den komplexen Sachverhalten liegen, um die es in diesem Buch geht. Man verfällt aber nicht sofort in einen neurobiologischen Reduktionismus, wenn man betont, wie wichtig es ist, in diesem Zusammenhang die zellulären Mechanismen in unserem Gehirn zumindest umrisshaft nachzuvollziehen. Emotion, Kognition und Verhalten fallen nicht vom Himmel, sondern werden durch diese Mechanismen und die ihnen wiederum zugrunde liegenden molekularbiologischen Vorgänge erst ermöglicht.

Viele Hirnzentren und physiologische Vorgänge, die hier kurz erwähnt sind, werden in späteren Kapiteln ausführlicher behandelt. Details finden sich in den folgenden deutschsprachigen Lehrbüchern, die im Literaturverzeichnis aufgeführt sind. Allgemeine Neurobiologie: Kandel, Schwartz und Jessell (1996); Dudel, Menzel und Schmidt (2001); zum Aufbau des menschlichen Gehirns: Nieuwenhuys, Voogd und van Huijzen (1991); Benninghoff, Anatomie Bd. 2, hrsg. von Drenckhahn und Zenker (1994); zur Physiologie: Birbaumer und Schmidt (1999); zur Neuropsychologie: Kolb und Wishaw (1993).

Der Aufbau des menschlichen Gehirns im Grundriss

Das menschliche Gehirn (Abb. 3.1-3.3) gliedert sich von vorn (d. h. *rostral*) nach hinten (d. h. *caudal*) in Endhirn (*Telencephalon*), Zwischenhirn (*Diencephalon*), Mittelhirn (*Mesencephalon*), Brücke (*Pons*), Kleinhirn (*Cerebellum*) und Verlängertes Mark (*Medulla oblongata*), das in das Rückenmark (*Medulla spinalis*) übergeht. Endhirn und Zwischenhirn bilden zusammen das Vorderhirn (*Prosencephalon*), Mittelhirn, Brücke und Verlängertes Mark zusammen den Hirnstamm (*Truncus cerebri*).

Das *Verlängerte Mark* (*Medulla oblongata*) bildet die direkte Fort-

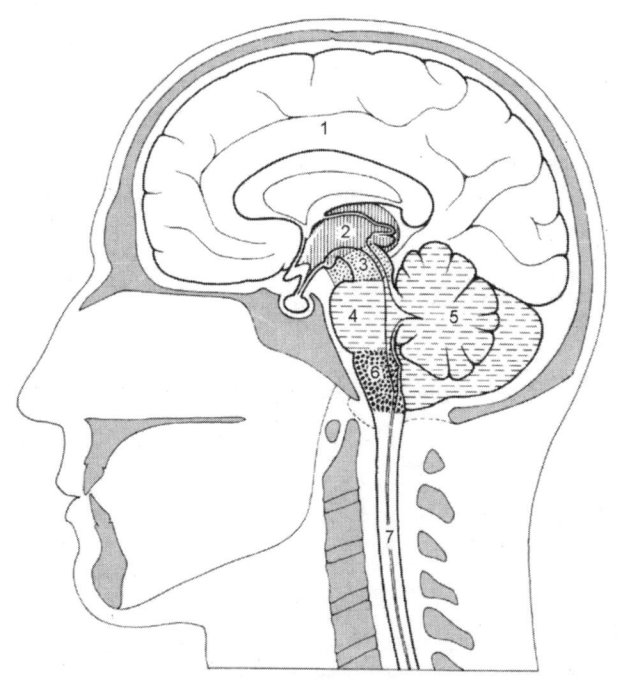

3.1 Schematische Darstellung der Gliederung des menschlichen Gehirns und Rückenmarks und ihrer Position innerhalb des Schädels. 1 Endhirn (Telencephalon); 2 Zwischenhirn (Diencephalon); 3 Mittelhirn (Mesencephalon); 4 Brücke (Pons); 5 Kleinhirn (Cerebellum); 6 Verlängertes Mark (Medulla oblongata); 7 Rückenmark (Medulla spinalis). (Nach Nieuwenhuys et al., 1991; verändert.)

setzung des Rückenmarks. Es ist der Ort des Ein- und Austritts der fünften bis zwölften Hirnnerven und enthält die motorischen und sensorischen Kerngebiete dieser Nerven. Diese sind wiederum umgeben von Kernen der Formatio reticularis, die sich als »netzwerkartige« (*retikuläre*) Struktur von hier über die Brücke bis zum vorderen Mittelhirn zieht und an der Steuerung lebenswichtiger Körperfunktionen wie Schlafen und Wachen, Blutkreislauf und Atmung sowie an Aufmerksamkeits- und Bewusstseinszuständen beteiligt ist.

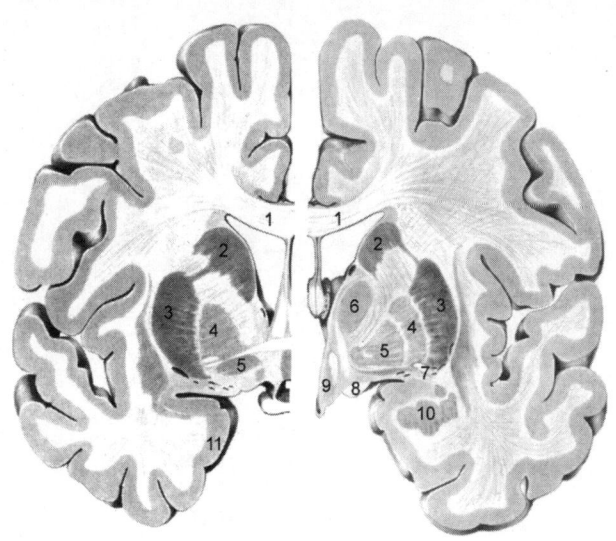

3.2 Querschnitt durch das menschliche Gehirn auf Höhe der vorderen Basalganglien (linke Seite) und der Basalganglien, des vorderen Thalamus und der vorderen Amygdala (rechte Seite). 1 Balken, 2 Ncl. caudatus, 3 Putamen, 4 Globus pallidus, äußerer Teil, 5 Globus pallidus, innerer Teil, 6 anteriorer thalamischer Kern, 7 anteriore Kommissur, 8 optischer Trakt, 9 Hypothalamus, 10 Amygdala, 11 parahippocampaler Cortex. (Nach Nieuwenhuys et al., 1991; verändert.)

Das *Mittelhirn* (*Mesencephalon*) gliedert sich in einen oberen (*dorsalen*) Teil, das Mittelhirndach (Vierhügelplatte, *Corpora quadrigemina*), und einen unteren (*ventralen*) Teil, das Tegmentum. Die Vierhügelplatte besteht aus den vorderen und hinteren Hügeln (*Colliculi superiores* und *Colliculi inferiores*). Die Colliculi superiores spielen eine wesentliche Rolle bei visuell und auditorisch ausgelösten Blick- und Kopfbewegungen sowie bei gerichteten Hand- und Armbewegungen und entsprechenden Aufmerksamkeitsleistungen. Die Colliculi inferiores sind wichtige Zentren des Hörsystems. Das Tegmentum enthält Anteile der Formatio reticularis sowie Zentren, die für Bewegung, Handlungssteuerung und vegetative Funktionen zuständig sind (z. B. der Nucleus ruber, die Substantia nigra und das Zentrale Höhlengrau).

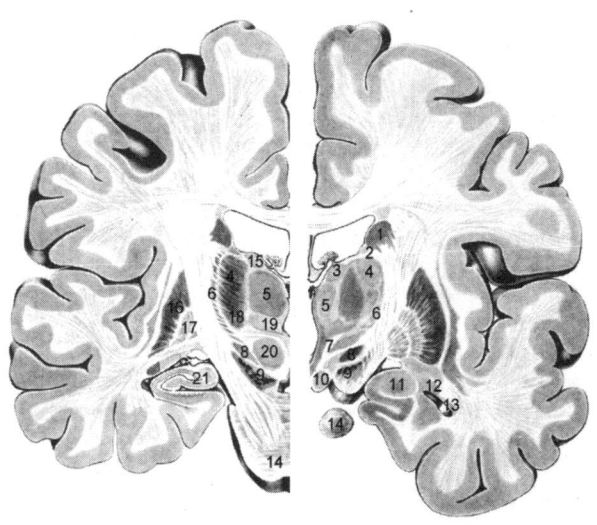

3.3 Querschnitt durch das menschliche Gehirn auf Höhe der hinteren Amygdala (rechte Seite) und des Hippocampus (linke Seite); 1 Körper des Ncl. caudatus, 2 Stria terminalis, 3 Ncl. anterior thalami, 4 Ncl. ventralis lateralis, 5 Ncl. medialis thalami, 6 Ncl. reticularis thalami, 7 mammillothalamischer Trakt, 8 Ncl. subthalamicus, 9 Substantia nigra, 10 Mammillarkörper, 11 Amygdala, 12 Stria terminalis, 13 Schwanz des Ncl. caudatus, 14 Pons, 15 Ncl. lateralis dorsalis, 16 Putamen, 17 Globus pallidus, 18 Ncl. ventralis posterolateralis, 19 Ncl. centromedianus, 20 Ncl. ruber, 21 Hippocampus. (Nach Nieuwenhuys et al., 1991; verändert.)

Das *Kleinhirn* (*Cerebellum*) besteht (1) aus dem Vestibulo-Cerebellum, das mit der Steuerung des Gleichgewichts und der Augenbewegungen zu tun hat, (2) dem Spino-Cerebellum, das über das Rückenmark Eingänge von den Muskelspindeln erhält, und (3) dem Ponto-Cerebellum, das an der Steuerung der feinen Willkürmotorik beteiligt ist. Das Kleinhirn ist über die *Brücke* (*Pons*) unter dem Einfluss der motorischen Großhirnrinde an der Feinregulierung der Muskeln beteiligt und stellt einen wichtigen Ort motorischen Lernens dar (vgl. auch Kap. 13). Beim Menschen hat das Kleinhirn auch an kognitiven Leistungen und Sprache erheblichen Anteil, allerdings ohne dass dies dem Bewusstsein zugänglich ist. Die Brücke enthält Umschaltstellen zwischen Cortex und Kleinhirn sowie Kerne der

Formatio reticularis (z. B. den Nucleus tegmentalis pontis caudalis und den Locus coeruleus).

Das *Zwischenhirn* (*Diencephalon*) (vgl. Abb. 3.3) liegt beim Menschen tief im Innern des Gehirns zu beiden Seiten des dritten Hirnventrikels und besteht aus Epithalamus, dorsalem Thalamus, ventralem Thalamus (auch Subthalamus genannt) und Hypothalamus. Der *Epithalamus* besteht aus der Zirbeldrüse (Epiphyse), einem bei vielen Wirbeltieren lichtempfindlichen Organ, das die Biorhythmik beeinflusst (ihre Funktion beim Menschen ist unklar), und den Habenulae, einer Schaltstelle zwischen den Riechzentren (Olfaktorik) und dem Hirnstamm.

Der *dorsale Thalamus* stellt ein Konglomerat aus funktional sehr unterschiedlichen Kernen und Kerngebieten dar und ist mit der Hirnrinde (dem Cortex) über auf- und absteigende Fasern verbunden, die das *thalamo-cortikale System* bilden (Abb. 4.2, **7.3**; Jones 2001). Traditionell werden die Kerne und Kerngebiete des dorsalen Thalamus in *pallio-thalamische* und *trunco-thalamische Kerne* eingeteilt. Die pallio-thalamischen Kerne erhalten spezifische Eingänge von subcortikalen Zentren und stehen ihrerseits mit eng umgrenzten Cortexgebieten gleicher Funktion in Verbindung. Sie haben teils sensorische und motorische Funktionen (z. B. der laterale Kniehöcker visuelle, der mediale Kniehöcker auditorische, die laterale Kerngruppe gustatorische, somatosensorische, vestibuläre und motorische Funktionen), teils kognitive Funktionen (z. B. das Pulvinar) oder limbische Funktionen (die anteriore und mediale Kerngruppe). Zu den trunko-thalamischen Kernen gehören die intralaminären Kerne sowie die Mittellinien-Kerne. Sie spielen bei der Regulation von Wachheits-, Bewusstseins- und Aufmerksamkeitszuständen und bei der Verhaltensbereitschaft eine wichtige Rolle.

Der ventrale Thalamus oder *Subthalamus* besteht vornehmlich aus dem Nucleus subthalamicus und dem Globus pallidus, die beide zu den für die Willkürmotorik zuständigen Basalganglien gezählt werden (s. unten). Der *Hypothalamus* ist das wichtigste Regulationszentrum des Gehirns für vegetative Funktionen wie Atmung, Kreislauf, Nahrungs- und Flüssigkeitshaushalt, Wärmehaushalt, Biorhythmen und immunologische Reaktionen. Er beeinflusst lebens- und überlebenswichtiges Verhalten wie Flucht, Verteidigung, Fortpflanzung und Nahrungsaufnahme.

Das *Endhirn* (*Telencephalon*, beim Menschen auch Großhirn

genannt) umfasst die Hirnrinde (Cortex cerebri) sowie subcorticale Anteile, die mit Aufmerksamkeit, emotionaler Bewertung und Verhaltenssteuerung zu tun haben. Hierzu gehören das Corpus striatum (Nucleus caudatus und Putamen), das basale Vorderhirn einschließlich der septalen Kerne und nicht-cortikale Teile der Amygdala.

Bei der Großhirnrinde unterscheidet man den sechsschichtigen *Isocortex* (häufig – aber fälschlich – auch *Neocortex* genannt) und den drei- bis fünfschichtig aufgebauten *Allocortex*. Zum Allocortex (früher unzutreffend auch *Palaeocortex* und *Archicortex* genannt) gehören die Riechrinde (piriformer Cortex), der insuläre Cortex (Insula), der cinguläre Cortex, Teile des Mandelkern-Komplexes (Amygdala), die Hippocampus-Formation (Subiculum, Ammonshorn, Gyrus dentatus) und die ihr benachbarte entorhinale, perirhinale und parahippocampale Rinde.

Der Isocortex wird in vier Lappen (*Lobi*, Singular *Lobus*) eingeteilt, und zwar den Hinterhauptslappen (*Lobus occipitalis*), den Schläfenlappen (*Lobus temporalis*), den Scheitellappen (*Lobus parietalis*) und den Stirnlappen (*Lobus frontalis*) (Abb. 3.4 und 3.5). Verschiedene Teile des Isocortex unterscheiden sich im Vorhandensein unterschiedlicher Zelltypen (Pyramidenzellen, dornenbesetzte und glatte Sternzellen usw.), in der Zellkörpergröße und Zelldichte, der Dicke der einzelnen Schichten und der Gesamtdicke zum Teil deutlich voneinander. Aufgrund dieser Unterschiede wird der Isocortex seit der grundlegenden Arbeit von Korbinian Brodmann zu Beginn des 20. Jahrhunderts in 52 Hirnrindenareale eingeteilt. Diese werden mit »A« (für »Areal«), zuweilen auch »BA« (für »Brodmann-Areal«), bezeichnet und sind durchnummeriert (A1, A2, bzw. BA1, BA2 usw.) (vgl. Abb. 3.4 und 3.5). Für die verschiedenen funktionellen Systeme (z. B. visueller, auditorischer, motorischer Cortex) sind zusätzliche Bezeichnungen gebräuchlich, die gegebenenfalls genannt werden.

Die meisten der hier nur kurz erwähnten Hirnteile werden in den nachfolgenden Kapiteln noch ausführlich besprochen.

Der Aufbau der Nervenzelle

Die Gehirne aller Tiere einschließlich des Gehirns der Menschen sind aus zwei Haupttypen von Zellen aufgebaut, nämlich Nervenzellen, *Neurone* genannt, und Gliazellen. Letztere haben Stütz- und Versor-

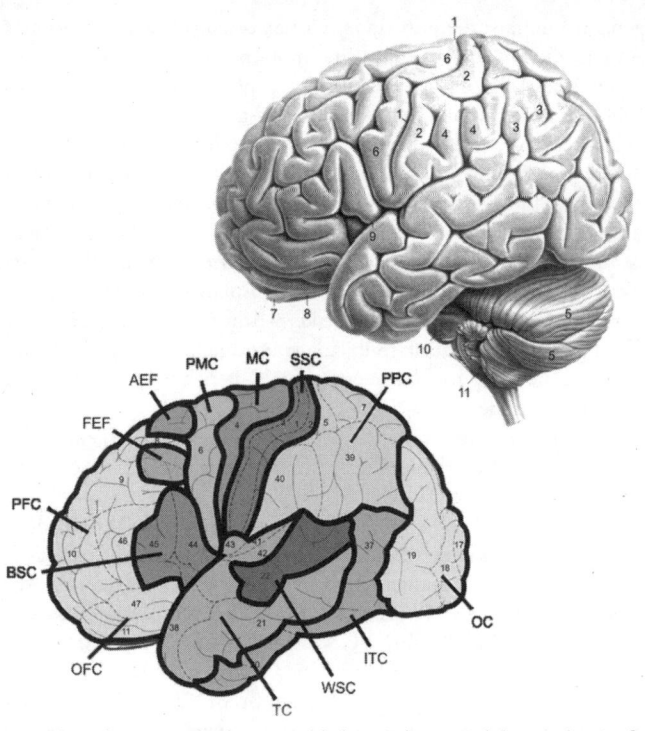

3.4 Oben: Seitenansicht des menschlichen Gehirns. Sichtbar ist die Großhirnrinde mit ihren typischen Windungen (Gyrus/Gyri) und Furchen
(Sulcus/Sulci) und das ebenfalls stark gefurchte Kleinhirn. Abkürzungen:
1 Zentralfurche (Sulcus centralis); 2 Gyrus postcentralis; 3 Gyrus angularis;
4 Gyrus supramarginalis; 5 Kleinhirn-Hemisphären; 6 Gyrus praecentralis;
7 Riechkolben (Bulbus olfactorius); 8 olfaktorischer Trakt; 9 Sulcus lateralis;
10 Brücke (Pons); 11 Verlängertes Mark (Medulla oblongata.)
Unten: Anatomisch-funktionelle Gliederung der seitlichen Hirnrinde. Die
Zahlen geben die übliche Einteilung in cytoarchitektonische Felder nach K.
Brodmann an. Abkürzungen: AEF = vorderes Augenfeld; BSC = Broca-
Sprachzentrum; FEF = frontales Augenfeld; ITC = inferotemporaler Cortex;
MC = motorischer Cortex; OC = occipitaler Cortex (Hinterhauptslappen);
PFC = präfrontaler Cortex (Stirnlappen); PMC = dorsolateraler prämoto-
rischer Cortex; PPC = posteriorer parietaler Cortex; SSC = somatosen-
sorischer Cortex; TC = temporaler Cortex (Schläfenlappen); WSC =
Wernicke-Sprachzentrum. (Nach Nieuwenhuys et al., 1991; verändert.)

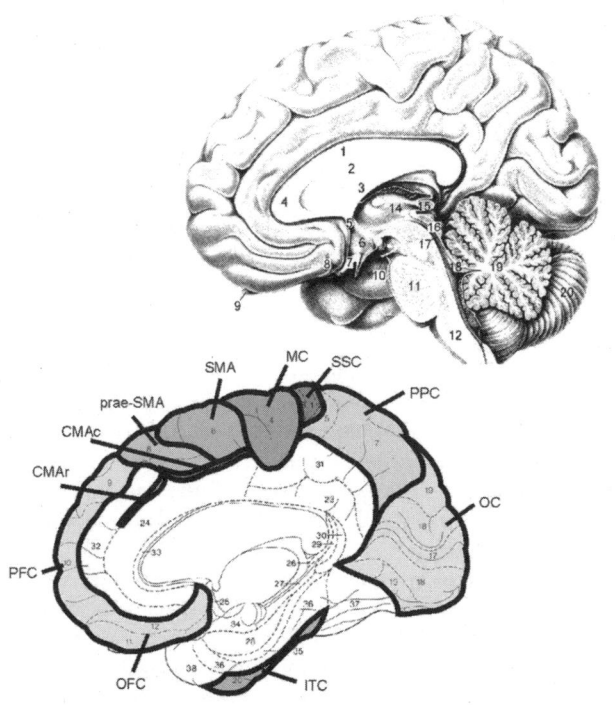

3.5 Oben: Medianansicht des menschlichen Gehirns. 1 Balken (Corpus callosum); 2 Septum pellucidum; 3 Fornix; 4 Knie des Balkens; 5 Commissura anterior; 6 Hypothalamus; 7 Sehnervkreuzung (Chiasma opticum); 8 Sehnerv (Nervus opticus); 9 Bulbus olfactorius; 10 Nervus oculomotorius; 11 Brücke (Pons); 12 Verlängertes Mark (Medulla oblongata); 13 Rückenmark (Medulla spinalis); 14 Thalamus; 15 Pinealorgan; 16 Vierhügelplatte des Mittelhirns; 17 Tegmentum des Mittelhirns; 18 vierter Ventrikel; 19 Wurm (Vermis) des Kleinhirns; 20 Kleinhirnhemisphären.
Unten: Anatomisch-funktionelle Gliederung der medialen Hirnrinde. Die Zahlen geben wie in Abb. 3. 4 Brodmann-Areale an. Abkürzungen: CMAc = caudales cinguläres motorisches Areal; CMAr = rostrales cinguläres motorisches Areal; ITC = inferotemporaler Cortex; MC = motorischer Cortex; OC = occipitaler Cortex (Hinterhauptslappen); prae-SMA = prae-supplementär-motorisches Areal; PFC = präfrontaler Cortex (Stirnlappen); PPC = posteriorer parietaler Cortex; SMA = supplementär-motorisches Areal; SSC = somatosensorischer Cortex. (Nach Nieuwenhuys et al., 1991; verändert.)

gungsfunktionen; inwieweit sie spezifischer an der neuronalen Erregungsverarbeitung beteiligt sind, ist umstritten (s. die angegebenen Lehrbücher).

Nervenzellen sind in ihrem Aussehen außerordentlich vielfältig, dennoch weisen die meisten von ihnen eine gemeinsame Grundstruktur auf (Abb. 3.6). Sie besitzen einen Dendritenbaum, der aus mehr oder weniger stark aufgezweigten Fortsätzen, *Dendriten* genannt, besteht. Der Dendritenbaum dient der Aufnahme neuronaler Erregung und ihrer Fortleitung zum Zellkörper, *Soma* genannt, hin. Weiterhin besitzen Nervenzellen einen Fortsatz, Nervenfaser oder *Axon* genannt, der die neuronale Erregung von der Nervenzelle zu anderen Nervenzellen oder zu Effektoren, z. B. Drüsen oder Muskeln, fortleitet. Sein Ursprungsort am Soma oder am Schaft des Dendritenbaums wird *Axonhügel* genannt. Ein Axon kann kurz oder lang sein, d. h. wenige Mikrometer (Tausendstel Millimeter) oder mehr als einen Meter, und sich ähnlich wie der Dendritenbaum überall in seinem Verlauf in Seitenäste, *Kollaterale* genannt, aufspalten und Kontakte mit Dendriten, Zellkörpern oder Axonen anderer Nervenzellen bilden.

Nervenzellen schicken axonale Fortsätze in bestimmte Bereiche, sie *projizieren* dorthin. Neurone, die ihr Axon in ein entfernteres Gebiet schicken, nennt man *Projektionsneurone*; solche, die gar kein Axon besitzen (auch solche Neuronen gibt es) oder deren Axon die nähere Umgebung nicht verlässt, nennt man *Interneurone*. Manchmal projiziert eine einzige Nervenzelle parallel zu vielen verschiedenen Gebieten im Gehirn.

Nervenzellen derselben Funktion sind meist zu größeren Gruppen zusammengeschlossen, die auch äußerlich sichtbar abgegrenzt sind. Diese Zellgruppen nennt man *Kerne* (lat. *Nuclei*, Singular *Nucleus*). Verschiedene Kerne sind durch die Axone von Projektionsneuronen verbunden, wobei diese Verbindungen häufig rückläufig, *reziprok*, sind, d. h. Kern A projiziert zu Kern B und umgekehrt; beide beeinflussen sich somit gegenseitig. Meist ist ein bestimmter Kern auf diese Weise mit mehreren anderen Kernen verbunden. Nervenzellen haben über *Synapsen* miteinander Kontakt (Abb. 3.11). Synapsen können sowohl zwischen Axonen und Dendriten, Axonen und Zellkörpern, Axonen und anderen Axonen als auch zwischen Dendriten bestehen. Es gibt zwei Arten von Synapsen, elektrische und chemische. Bei den *elektrischen Synapsen* sind zwei Nervenzellen über

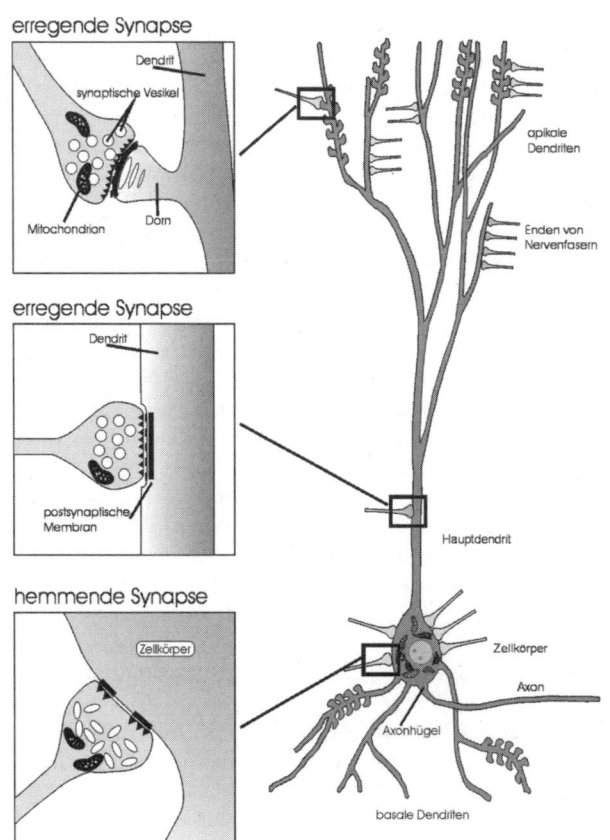

3.6 Aufbau einer idealisierten Nervenzelle (Pyramidenzelle der Großhirnrinde). Die apikalen und basalen Dendriten (oben und unten) dienen der Erregungsaufnahme, das Axon (unten) ist mit der Erregungsweitergabe an andere Zellen (Nervenzellen, Muskelzellen usw.) befasst. Links drei verschiedene Synapsentypen (vergrößert): oben eine erregende Synapse, die an einem »Dorn« eines Dendriten ansetzt (»Dornsynapse«); in der Mitte eine erregende Synapse, die direkt am Hauptdendriten ansetzt; unten eine hemmende Synapse, die am Zellkörper ansetzt. (Nach Spektrum der Wissenschaft/Scientific American, 1994; verändert.)

sehr enge Zellkontakte (*gap junctions*) und Zellplasmabrücken miteinander verbunden. Hier kann die elektrische Erregung direkt und ohne nennenswerte Verzögerung von einer Zelle zur anderen hinüberfließen; auch kann die Stärke der Erregung reguliert werden, allerdings nicht in dem Maße wie bei chemischen Synapsen.

Bei den *chemischen Synapsen* (Abb. 3.6, 3.11) wird die elektrische Erregung zwischen den Nervenzellen durch chemische Botenstoffe, *Neurotransmitter* (meist einfach *Transmitter* genannt), vermittelt. Chemische Synapsen bestehen aus einem präsynaptischen Teil, der *Präsynapse* (in der Regel dem Endknöpfchen eines Axons) und einem postsynaptischen Teil, der *Postsynapse* (diese ist je nach Lage ein Stück Membran des Zellkörpers, eines Dendriten oder des Axons einer anderen Nervenzelle). Oft tragen Dendriten einer Nervenzelle kleine Vorsprünge, Dornfortsätze (*spines*) genannt, die bevorzugte Orte für Synapsen zwischen axonalen Endknöpfchen und Dendriten darstellen und offenbar beim Lernen eine wichtige Rolle spielen. Prä- und Postsynapse stehen nicht in unmittelbarem Kontakt, sondern sind durch den *synaptischen Spalt* getrennt, der weniger als ein Tausendstel eines Millimeters breit ist. Dieser Spalt wird bei synaptischer Aktivität durch die Ausschüttung von Transmittern überbrückt.

Membranpotential und Aktionspotential

Die Funktion der Nervenzellen besteht in der Aufnahme, Verarbeitung und Fortleitung neuroelektrischer und neurochemischer Signale. Diese Funktion wird dadurch ermöglicht, dass die Membran der Nervenzellen – wie übrigens die Membran anderer Zellen auch – elektrisch geladen ist. Dies bedeutet, dass eine Spannung, also eine *elektrische Ladungsdifferenz*, zwischen dem Zellinneren und der unmittelbaren Zellumgebung besteht. Diese Differenz entsteht durch die unterschiedliche Verteilung von positiv und negativ geladenen Atomen oder Molekülen, *Ionen* genannt. Im Falle von Nervenzellen handelt es sich vornehmlich um negativ geladene organische Ionen und um positiv oder negativ geladene anorganische Ionen (sog. Kationen bzw. Anionen). Zu diesen anorganischen Ionen gehören negativ geladene Chlorid-Ionen (Cl^-), positiv geladene Kalium- und Natrium-Ionen (K^+, Na^+) sowie doppelt positiv geladene Calcium-(Ca^{++}) und Magnesium-Ionen (Mg^{++}).

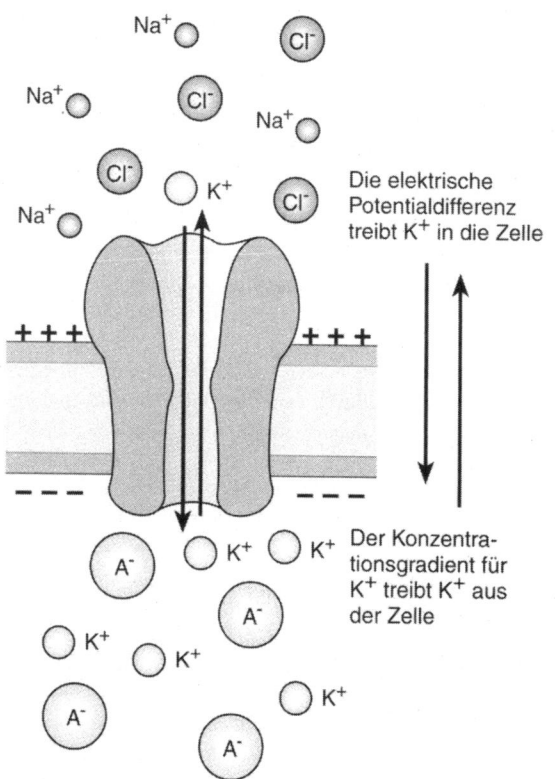

3.7 Ionenverteilung an einem Ionenkanal (Kalium-Kanal) einer Nerven-zellmembran. Die spezifische Verteilung der positiv geladenen Natrium-Ionen (Na^+) und Kalium-Ionen (K^+) sowie der negativ geladenen Chlorid-Ionen (Cl^-) und organischen Ionen (A^-) ergibt sich aus einem Ausgleich zwischen elektrischer Potentialdifferenz und dem Konzentrationsgradienten der Kalium-Ionen. (Nach Kandel et al., 1996; verändert.)

Normalerweise ist die Zellmembran für derartige Teilchen völlig undurchlässig. Damit Ionen dennoch die Membran durchdringen können, weist diese winzig kleine Öffnungen auf, *Ionenkanäle* genannt. Einige von ihnen sind hochselektiv und lassen nur einen Typ von Ionen durch; man spricht deshalb von K^+-, Na^+-, Cl^- und Ca^{++}-

Ionenkanälen (Abb. 3.7); andere lassen mehr als einen Ionentyp passieren.

Das Öffnen und Schließen der Ionenkanäle kann auf unterschiedliche Weise geschehen. Manche Ionenkanäle besitzen ein spannungsempfindliches Element, das dafür sorgt, dass bei genügender *Depolarisation* (wenn das Zellinnere aufgrund einer Erregung gegenüber dem Zelläußeren weniger negativ wird als zuvor) oder bei *Hyperpolarisation* (wenn das Zellinnere negativer wird) sich die Kanäle öffnen oder umgekehrt schließen, falls sie im Ruhezustand geöffnet sind. Solche Ionenkanäle nennt man *spannungsgesteuert*. Andere Ionenkanäle tragen an ihrer Außenseite bestimmte »Andockstellen«, so genannte *Rezeptoren*, an denen sich bestimmte Stoffe, z. B. Transmitter, Neuromodulatoren oder andere neuroaktive Substanzen (s. unten), anlagern und dadurch das Öffnen oder Schließen der Kanäle bewirken. Solche Ionenkanäle nennt man *liganden-gesteuert* oder *ionotrop* (Abb. 3.8).

Schließlich können Ionenkanäle auch durch das Anfügen einer Phosphatgruppe (*Phosphorylierung*), geöffnet (und eventuell auch geschlossen) werden. Derartige Prozesse laufen im Zellinnern ab und werden dadurch in Gang gesetzt, dass neuroaktive Substanzen sich an Rezeptoren anlagern, die auf der Zelloberfläche sitzen und durch die Zellmembran bis in das Innere der Zelle reichen; solche Rezeptoren nennt man *metabotrop*. Im Innern der Zelle wird über ein Guanosintragendes Protein (»G-Protein«) eine Adenylat-Zyklase aktiviert oder inhibiert, die unter Beteiligung von Adenosintriphosphat (ATP), zyklischem Adenosinmonophosphat (cAMP) und einer Proteinkinase (PK) bewirkt, dass anorganisches Phosphat abgespalten wird, das sich dann mit dem Ionenkanal verbindet und dessen Öffnungszustand bzw. Leitfähigkeit beeinflusst. Einen solchen Ablauf nennt man eine intrazelluläre Second-Messenger-Kaskade (Abb. 3.9).

Solche Kaskaden laufen auch mit anderen Zwischenstoffen ab (z. B. über die Phospholipase C, Inositoltriphosphat und Diacylglycerin). Es gibt auch die Möglichkeit, dass das G-Protein direkt auf den Kanal einwirkt und ihn öffnet oder schließt. Die Second-Messenger-Kaskade kann auch den intrazellulären Calcium-Spiegel verändern und dadurch über weitere chemische Schritte Umstrukturierungen an und in der Zelle bewirken. Beispielsweise kann über die Aktivierung entsprechender Gene die Anzahl der Ionenkanäle und damit die Effizienz der synaptischen Erregungsübertragung

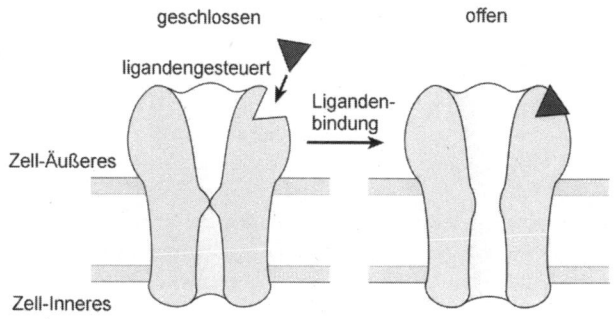

3.8 Ligandengesteuerter Ionenkanal. Der Kanal öffnet sich, wenn der Transmitter (schwarzes Dreieck) sich an eine spezifische Stelle des Kanals, den Rezeptor, anlagert (Nach Kandel et al., 1996; verändert.)

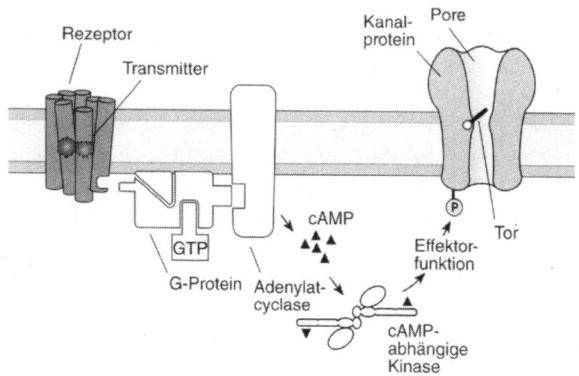

3.9 Metabotroper Ionenkanal. Hier sind der Rezeptor und der Kanal räumlich voneinander getrennt. Das Anlagern eines Transmittermoleküls an den Rezeptor setzt intrazellulär eine Kaskade von chemischen Prozessen in Gang, die schließlich zur Phosphorylierung und damit zum Öffnen des Kanals führen. Weitere Erläuterungen im Text. GTP = Guanosintriphosphat; G-Protein = GTP-tragendes Protein; cAMP = zyklisches Adenosinmonophosphat; P = Phosphatgruppe. (Nach Kandel et al., 1996; verändert.)

beeinflusst werden. Die metabotrope Einwirkung von Transmittern und Neuromodulatoren ist für das emotionale Geschehen im Gehirn besonders wichtig, wie wir noch sehen werden.

Im Ruhezustand weist eine Nervenzellmembran im Innern gegen die Außenseite gemessen eine Spannung zwischen -50 und -80 mV auf, das *Ruhemembranpotential*. Dies kommt aufgrund zweier Dinge zustande. Zum einen haben Ionen einer bestimmten Art das Bestreben, sich in gleichen Konzentrationen auf beiden Seiten einer Membran zu verteilen (z. B. gleichviel K^+- oder Na^+-Ionen innen und außen). Andererseits tendieren sie – als geladene Teilchen – dazu, Ladungsunterschiede auszugleichen, indem sich auf beiden Seiten der Membran gleichviel positive und negative Ladungen anordnen. Beide Tendenzen würden verwirklicht werden können, wenn alle Ionen ungehindert durch die in der Membran befindlichen Ionenkanäle hindurchwandern könnten. Es würde dann keine Ladungsdifferenz zwischen innen und außen auftreten und kein Strom fließen können.

Die Membran einer Nervenzelle ist jedoch im Ruhezustand für die großen organischen, negativ geladenen Ionen gänzlich und für Natrium- und Calcium-Ionen weitgehend undurchlässig, für Kalium- und Chlorid-Ionen dagegen gut durchlässig. Die großen organischen Ionen sind »innen eingesperrt« und machen das Zellinnere stark negativ (bis -120 mV). Dies kann nur teilweise durch Einwandern von K^+-Ionen ausgeglichen werden, nämlich bis zu dem Punkt, an dem sich deutlich mehr (etwa zwanzigmal so viel) K^+-Ionen innen als draußen befinden und dieser Konzentrationsunterschied kein weiteres Einströmen mehr zulässt. Die ebenfalls positiv geladenen Natrium-Ionen können nicht in nennenswertem Maße »zur Hilfe eilen«, denn für sie ist die Zellmembran, wie erwähnt, nahezu undurchlässig.

Es kommt daher unter den gegebenen Verhältnissen zwischen der Tendenz der K^+-Ionen, den durch die großen organischen Ionen erzeugten negativen Zustand im Zellinnern auszugleichen, und ihrem Bestreben, auf beiden Seiten der Membran in gleicher Konzentration vorzuliegen, zu einem »Kompromiss« bei -75 mV (statt -120 mV), bei dem sich die beiden gegensätzlichen Kräfte (nämlich Ausgleich der elektrischen Potentialdifferenz und Konzentrationsausgleich) ausbalancieren. Entsprechend fließt kein Strom durch die Membran; es herrscht »Ruhe«. Deshalb nennt man eine solche

Situation »Ruhemembranpotential«, das bei den meisten Nerven-zellen zwischen −80 und −50 mV liegt (Abb. 3.7).

Allerdings ist diese Ruhe nur vorgetäuscht, denn die Natrium-Ionenkanäle sind nicht vollständig geschlossen, sondern lassen einige Na⁺-Ionen durch. Dies würde das Ruhemembranpotential bald gegen Null treiben, wenn es nicht eine *Natrium-Kalium-Pumpe* gäbe, welche solche eindringenden Natrium-Ionen im Austausch mit Kalium-Ionen im Verhältnis drei zu zwei wieder hinausbefördert. Diese Pumpe ist energetisch teuer: das Aufrechterhalten des negativen Ruhemembranpotentials aller Nervenzellen im Gehirn zehrt einen Großteil der dem Gehirn zur Verfügung stehenden Energie auf (und diese ist im Vergleich zu anderen Körperorganen schon außerordentlich hoch). Ohne die Pumpe würde aber die neuronale Erregungs-verarbeitung überhaupt nicht funktionieren, denn es gäbe keinen Spannungsunterschied, und es könnte folglich kein Strom fließen.

Das Entstehen eines Aktionspotentials (AP) beruht auf einer sehr kurzfristigen Veränderung des Ruhepotentials (Abb. 3.10). Dabei wird das Zellinnere an einer Stelle auf der Membran, in der Regel am Axonhügel oder entlang des Axons, für ca. eine Millisekunde positiv gegenüber dem Zelläußern. Dies geschieht, wenn eine elektrische Erregung eintrifft und dadurch die lokale negative Spannung von z. B. −75 mV weniger negativ, d. h. *depolarisiert* wird, z. B. auf −50 mV. Beim Überschreiten dieser »Feuerschwelle« öffnen sich für den Bruchteil einer Millisekunde die zuvor überwiegend geschlossenen Na⁺-Kanäle schlagartig in selbstverstärkender Weise. Die Durchlässigkeit der Membran für Natrium steigert sich dadurch um das Fünfhundertfache. Na⁺-Ionen strömen entlang ihres Konzentrationsgradienten massiv *in das Zellinnere ein*; die Folge dieses Vorgangs ist eine Umkehrung des Membranpotentials, bei der das Aktionspotential steil auf einen Wert von ca. +30 mV ansteigt.

Nach einer sehr kurzen Öffnung von weniger als einer Millisekunde schließen sich die Na⁺-Kanäle wieder selbsttätig, und bereits dieser Vorgang bewirkt ein Abfallen des Aktionspotentials. Mit sehr geringer Verzögerung gegenüber den Na⁺-Kanälen öffnen sich die restlichen noch geschlossenen K⁺-Kanäle, und K⁺-Ionen strömen entlang ihres Konzentrationsgradienten vermehrt *aus der Zelle heraus*. Dies führt zusammen mit dem selbsttätigen Schließen der Na⁺-Kanäle dazu, dass die Umpolung wieder rückgängig gemacht wird, und das Aktionspotential fällt steil ab (*Repolarisation*). Dabei ergibt

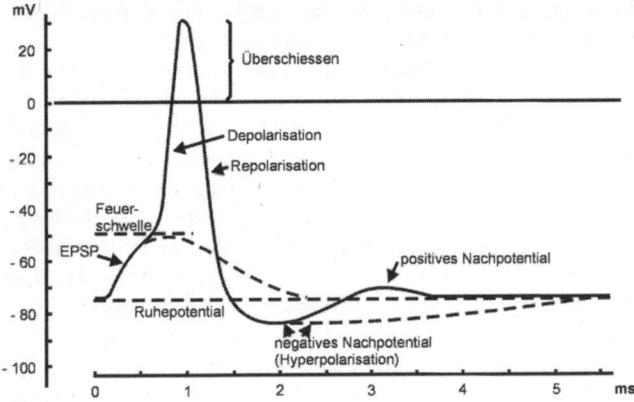

3.10 Entstehung und Verlauf eines Aktionspotentials. Erklärung im Text.
EPSP = Exzitatorisches postsynaptisches Potential.

sich ein Überschießen dieses Vorgangs, d. h. das Membranpotential wird kurzfristig noch negativer als das Ruhepotential, es wird *hyperpolarisiert*. Nach wenigen Millisekunden ist dann über ein positives Rückschwingen (*positives Nachpotential*) die Zelle zu ihrem negativen Ruhepotential zurückgekehrt, und ein weiteres Aktionspotential kann ausgelöst werden.

Das Aktionspotential ist ein Alles-oder-nichts-Signal: Wenn einmal durch genügende Depolarisation der Membran die Erregungsschwelle überschritten ist, dann steigt das Aktionspotential bis zu seinem maximalen Wert an; seine Amplitude bleibt also stets dieselbe. Das Aktionspotential ist in diesem (und nur in diesem) Sinne ein *digitales* Signal. Variabel ist hingegen die Frequenz der Entladung der Aktionspotentiale. Diese hängt davon ab, wie schnell als Folge einer Erregung eine Depolarisation der Membran auf eine andere folgt und wie stark diese ist. Bei starker Reizung der Membran wird nämlich die »Feuerschwelle« schneller erreicht als bei schwacher Reizung. Durch diesen Mechanismus werden Reize unterschiedlicher Stärke (Amplitude) in Entladungsraten (Feuerfrequenz) von Aktionspotentialen umgesetzt; dies nennt man *Analog-Digital-Wandlung*.

Aktionspotentiale entstehen in aller Regel am Axonhügel der Nervenzelle. Dort sitzen spannungsabhängige Natrium- und Kalium-Kanäle in großer Zahl, die Natrium-Kanäle sind selbstverstärkend, und die Feuerschwelle ist vergleichsweise niedrig, d. h. die Kanäle öffnen sich schon bei geringer Depolarisation. Axone leiten die Aktionspotentiale selbsttätig weiter. Dies geschieht bei marklosen, *unmyelinisierten* Axonen dadurch, dass die Erregung an einer Stelle die spannungsgesteuerten Natrium-Kanäle in der Umgebung öffnet und dadurch ein weiteres Aktionspotential auslöst. In dieser Weise wandert das Aktionspotential, normalerweise beginnend am Axonhügel, über die Axonmembran. Die Fortleitung geschieht dabei um so schneller, je dicker die Faser ist, weil mit zunehmendem Durchmesser der elektrische Widerstand sinkt. Die bei dieser *elektrotonischen* Fortleitung erreichten Geschwindigkeiten liegen im Bereich von 0,1 bis 1 Meter pro Sekunde. Bei einer Aufzweigung des Axons in Kollaterale läuft die Erregung entsprechend ohne Verlust parallel weiter. Das Ganze ähnelt sehr dem Fallen von Dominosteinen, bei dem ja auch »verlustfreie« Aufzweigungen möglich sind.

Anders sieht die Sache bei markhaltigen, *myelinisierten* Fasern aus, bei denen das eigentliche Axon von einer isolierenden Hülle umgeben ist, die den Stoff Myelin enthält. Diese Myelinscheide ist in gewissen Abständen (etwa jeden Millimeter) wenige Mikrometer breit unterbrochen, und an diesen Stellen, den *Ranvier'schen Schnürringen*, liegt die Axonmembran offen zutage. Dort befinden sich besonders viele spannungsabhängige Natrium-Kanäle. Der Strom wandert nun nicht wie bei den unmyelinisierten Axonen in kleinsten Schritten voran, sondern »springt« nahezu verlust- und verzögerungsfrei von Schnürring zu Schnürring und löst dabei jeweils ein Aktionspotential aus. Dies nennt man *saltatorische* (d. h. springende) Erregungsfortleitung. Auf diese Weise werden Geschwindigkeiten bis 130 Meter pro Sekunde erreicht; die Verzweigungsmöglichkeiten sind dieselben wie bei unmyelinisierten Axonen.

Der Gewinn dieses Mechanismus liegt aber nicht nur in der wesentlich höheren Fortleitungsgeschwindigkeit, sondern vor allem in der enormen Platzersparnis. Um auf Fortleitungsgeschwindigkeiten von 100 und mehr Metern pro Sekunde zu kommen, müssten unmyelinisierte Fasern riesige Durchmesser besitzen, während myelinisierte Fasern mit derselben Fortleitungsgeschwindigkeit trotz der Myelinscheide vergleichsweise dünn sind. Es treten jedoch auch hier große Platzprobleme auf, wenn Gehirne sehr groß werden und sehr viele Projektionsneurone mit langen und sich vielfach verzweigenden Axonen besitzen. Der Platzbedarf solcher myelinisierten Axone steigt nämlich dann wesentlich schneller als derjenige der Nervenzellen selber. Schon Gehirne von der Größe des menschlichen Gehirns (das bei weitem nicht das größte ist) bestehen zum beträchtlichen Teil aus »weißer Substanz« (d. h. myelinhaltigen Fasern) im Vergleich zur »grauen Substanz« (d. h. Zellkörpern, Dendriten und unmyelinisierten Fasern).

Wie erwähnt, entstehen Aktionspotentiale in aller Regel am Axonhügel. Anders sehen die Vorgänge an der Synapse aus. In der subsynaptischen Membran gibt es keine selbstverstärkenden Natrium-Kanäle, so dass es zu keinem »lawinenartigen« Einstrom von Natrium-Ionen in die Zelle und zu einer schnellen Umpolung der Membran ins Positive wie bei einem Aktionspotential kommt.

Transmitter, Neuromodulatoren, Neuropeptide, Hormone

Bei chemischen Synapsen erfolgt die Erregungsübertragung durch die Ausschüttung von Transmittern (Abb. 3.11). Im Wirbeltiergehirn sind die wichtigsten Transmitter (auch »klassische Transmitter« genannt) *Acetylcholin, Noradrenalin, Serotonin, Dopamin, Glutamat, Gamma-Aminobuttersäure* (abgekürzt *GABA*) und *Glycin*. Innerhalb des Gehirns dienen Glutamat, Glycin und GABA der direkten Signalübertragung an der Synapse im Zeitintervall von Millisekunden, während die Transmitter Noradrenalin, Serotonin, Dopamin und Acetylcholin im Gehirn eine *modulatorische* Wirkung haben, d. h. sie können die Wirkung der anderen Transmitter verändern, und zwar in der Regel im Zeitintervall von Sekunden. Sie werden deshalb auch *Neuromodulatoren* genannt. Neben den Transmittern und Neuromodulatoren sind im Gehirn *Neuropeptide* aktiv, von denen zurzeit bereits mehr als hundert bekannt sind, sowie *Neurohormone*. Beide Substanzklassen haben eine längerfristige Wirkung als Neurotransmitter und Neuromodulatoren und wirken im Bereich von Minuten bis Tagen, manchmal sogar länger.

Neurotransmitter und Neuromodulatoren befinden sich in winzigen Bläschen (*Vesikeln*) verpackt in den synaptischen Endknöpfen eines Axons, der Präsynapse (vgl. Abb. 3.11). Sie werden dort auch aus chemischen Vorprodukten zusammengesetzt (synthetisiert). Aufgrund einer einlaufenden elektrischen Erregung (Depolarisation)

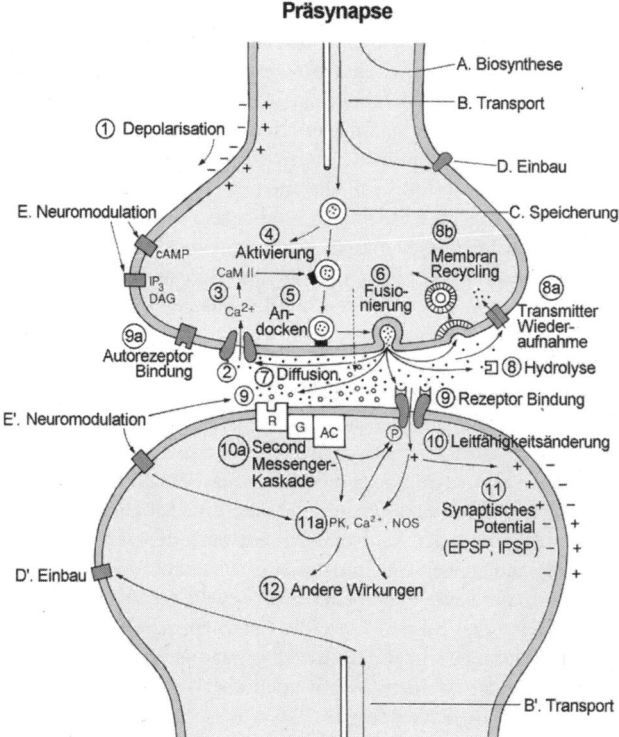

Präsynapse

Postsynapse

3.11 Biochemische Vorgänge an einer chemischen Synapse. 1-12 kennzeich-
nen schnellere Vorgänge, die während der unmittelbaren Verarbeitung und
Weitergabe von Signalen an der Synapse ablaufen. A – E bzw. A' – E'
bezeichnen eher langfristige Vorgänge: Synthese, Transport, Speicherung
von Transmittern und Modulatoren; Einbau von Kanalproteinen und
Rezeptoren in die Membran und modulatorische Wirkungen. Weitere
Erklärungen im Text. Abkürzungen: AC = Adenylatcyclase; cAMP =
cyclisches Adenosinmonophosphat; Ca²⁺ = Calcium-Ionen; CaMII = Calmodulin-abhängige Proteinkinase II; DAG = Diacylglycerin; G = GTP-
bindendes Protein; IP3 = Inositoltriphosphat; NOS = Stickoxydsynthase;
PK = Proteinkinase; R = Rezeptor. (Nach Shepherd, 1994; verändert.)

öffnen sich an der Präsynapse spannungsabhängige Calciumkanäle. In einem komplizierten, durch eine Calmodulin-abhängige Proteinkinase (CaM II) vermittelten Prozess werden die Vesikel veranlasst, zur präsynaptischen Membran zu wandern, sich ihr anzulagern (»Andocken«), mit ihr zu verschmelzen (»Fusionierung«) und eine sehr geringe Menge Transmitter freizusetzen. Dabei ist die Menge des freigesetzten Transmitters im Allgemeinen proportional zur einlaufenden Erregung. Es handelt sich hierbei also um eine Art Digital-Analog-Wandlung des Signals (also um das Umgekehrte des Geschehens am Axonhügel), denn obwohl die Transmitter in Päckchen (»Quanten«) abgegeben werden, ist die Menge an ausgestoßenem Transmitter ein Analogsignal.

Es gibt allerdings verschiedene Mechanismen, welche die Umsetzung von einlaufender Erregung (meist in Form eines Aktionspotentials) in die Menge eines ausgestoßenen Transmitters beeinflussen und damit die präsynaptische Wirkung des Transmitters verstärken oder vermindern können und deshalb *präsynaptische Bahnung* bzw. *Hemmung* genannt werden. Eine Möglichkeit besteht in der Regulation der Zahl und Arbeitsweise der präsynaptischen spannungsabhängigen Calcium-Ionenkanäle, eine andere in der Beeinflussung der Kette chemischer Prozesse, die zur Aktivierung der Transmittervesikel führen. Über die präsynaptische Bahnung oder Hemmung können sehr effektiv die Übertragungseigenschaften einer Synapse geändert werden. Wir werden aber sehen, dass es hierfür noch andere Möglichkeiten gibt.

Die Transmittermoleküle diffundieren in den synaptischen Spalt und wirken je nach Transmitterart entweder direkt, d. h. ligandengesteuert bzw. ionotrop auf die mit den Ionenkanälen verbundenen Rezeptoren in der gegenüberliegenden, subsynaptischen Membran des nachgeschalteten Neurons ein (»Rezeptor-Bindung«) und öffnen bzw. schließen diese, oder sie lagern sich an metabotrope Rezeptoren an, die dann über ein G-Protein direkt oder vermittels einer intrazellulären Signalkaskade (»Second Messenger-Kaskade«) auf den räumlich getrennten Ionenkanal einwirken (»Phosphorylierung«) (S. Abb. 3.8 und 3.9). Viele Transmitter können auf die eine und die andere Weise wirken (s. unten).

Durch das Öffnen der Ionenkanäle in der subsynaptischen Membran durch erregende Transmitter (z. B. Glutamat) können vermehrt Na^+- oder Ca^{++}-Ionen in die Zelle einströmen. Es kommt jedoch hierbei nicht wie am Axonhügel zum Auftreten eines Aktionspotentials, da das selbstverstärkende Öffnen von Natrium-Kanälen fehlt, sondern zu einer lokalen Depolarisation der Membran in Form eines *exzitatorischen* (erregenden) *postsynaptischen Potentials* (abgekürzt *EPSP*). Im anderen Fall (z. B. bei der Ausschüttung von GABA) strömen Kalium-Ionen aus der Zelle bzw. Chlorid-Ionen in die Zelle, und es kommt hierdurch zu einer Hyperpolarisierung der Membran und zu einem *inhibitorischen* (hemmenden) *postsynaptischen Potential* (abgekürzt *IPSP*); dies macht die Membran für weitere Erregungen vorübergehend unempfindlicher. Beim EPSP oder IPSP handelt es sich um ein abgestuftes, *graduiertes* Potential, dessen Stärke von der Menge des freigesetzten Transmitters und der Zahl der aktivierten Ionenkanäle abhängt: je mehr Transmitter, desto stärker das EPSP. EPSP und IPSP sind also *analoge Signale*. Ein EPSP löst nun in den angrenzenden Membranregionen der Dendriten ebenfalls eine Erregung aus, die – falls sie stark genug ist – bis hin zum Axonhügel fortgeleitet wird und dort ein Aktionspotential oder eine Salve von Aktionspotentialen auslöst. Diese dendritische Weiterleitung eines EPSP geschieht jedoch *nicht* in selbstverstärkender Weise wie am Axon, sondern das EPSP schwächt sich mit zunehmender Entfernung von seinem Entstehungsort ab (s. unten).

Substanzen, die an die Rezeptoren von Neurotransmittern und Neuromodulatoren ebenfalls »andocken« und deren Wirkung nachahmen oder verstärken, nennt man *Agonisten*; Stoffe, welche die Wirkung bestimmter Neurotransmitter und Neuromodulatoren abschwächen oder blockieren, nennt man *Antagonisten*. Viele Kanäle bzw. Rezeptoren werden nach ihren Agonisten benannt (s. unten).

Über bestimmte chemische Prozesse werden Transmitter und Neuromodulatoren sehr schnell aus dem synaptischen Spalt entfernt und über die präsynaptische Membran erneut in die Zelle aufgenommen (Transmitter-Wiederaufnahme, *re-uptake*). In der Präsynapse findet dann eine Re-Synthese der Stoffe statt (s. Abb. 3.11). Dies bedeutet, dass die Wirkung eines Transmitters bzw. Neuromodulators nicht nur über die ausgeschüttete Menge kontrolliert werden kann, sondern auch durch die Beeinflussung der Wiederaufnahme oder der Re-Synthese. Je weiter die Wiederaufnahme hinausgezögert oder in ihrer Effektivität verringert wird und je schneller die Re-Synthese abläuft, desto stärker kann die neuroaktive Substanz im synaptischen Spalt verbleiben und auf die subsynaptische Membran einwirken. Auf diesen beiden Prozessen beruht die Wirkung vieler Neuro- und Psychopharmaka.

Glutamat ist eine Aminosäure und wird aus Glutamin synthetisiert. Es kommt überall im Gehirn vor und war deshalb in seiner Eigenschaft als Transmitter lange Zeit schwer nachzuweisen. Es gibt zwei Hauptgruppen von Glutamat-Rezeptoren, nämlich erstens einen Rezeptor, der AMPA (d. h. alpha-Amino-3-Hydroxy-5-Methyl-4-Isoxazol-Propionsäure) sowie die Stoffe Quisqualat und Kainat bindet, und zweitens einen Rezeptor, der NMDA (d. h. N-Methyl-D-Aspartat) bindet. Der erstgenannte Rezeptor ist ligandengesteuert und öffnet Na^+- und K^+-Kanäle, ist aber relativ unempfindlich für Calcium. Der NMDA-Rezeptor hingegen ist sowohl spannungs- als auch ligandengesteuert (ionotrop) (Abb. 3.12) und ist neben Na^+- und K^+-Kanälen mit einem Ca^{++}-Kanal von großer Leitfähigkeit verbunden. Er wird aufgrund zahlreicher Untersuchungen mit Lernen und Gedächtnisbildung in Verbindung gebracht und deshalb ausführlicher in Kapitel 5 besprochen. Neben den ligandengesteuerten Glutamat-Rezeptoren und dem teilweise spannungsgesteuerten NMDA-Rezeptor bzw. -kanal gibt es auch *metabotrope* Glutamat-Rezeptoren und -kanäle, d. h. solche, bei denen der Transmitter an einen vom Kanal getrennten Rezeptor bindet, der mit einem G-Protein in Verbindung steht, das wiederum eine Kaskade von intrazellulären Stoffwechselprozessen in Gang setzt (s. oben).

Gamma-Aminobuttersäure (GABA) ist ebenfalls eine Aminosäure und entsteht aus Glutamat. GABA wirkt über verschiedene Rezeptorkomplexe, von denen im vorliegenden Zusammenhang $GABA_A$ und $GABA_B$ wichtig sind. Die Bindung an den $GABA_A$-Rezeptor öffnet direkt Chlorid-Kanäle und führt zu einer schnellen Hemmung; der $GABA_A$-Rezeptor hat eine Bindungsstelle für Benzodiazepine (d. h. Beruhigungsmittel wie Valium) und andere angstmindernde Stoffe, z. B. Barbiturate. Er ist auch der Wirkort für Alkohol. Die Bindung von GABA an den $GABA_B$-Rezeptor öffnet metabotrop über ein G-Protein entweder direkt oder indirekt, d. h. über eine intrazelluläre Signalkette, K^+-Kanäle und bewirkt eine »langsame« Hemmung (beide Hemmungen liegen jedoch im Millisekundenbereich). GABA-Rezeptoren befinden sich häufig an den präsynaptischen Endigungen von Nervenzellen, welche die Neuromodulatoren Dopamin, Serotonin und das Neuropeptid Substanz-P ausschütten,

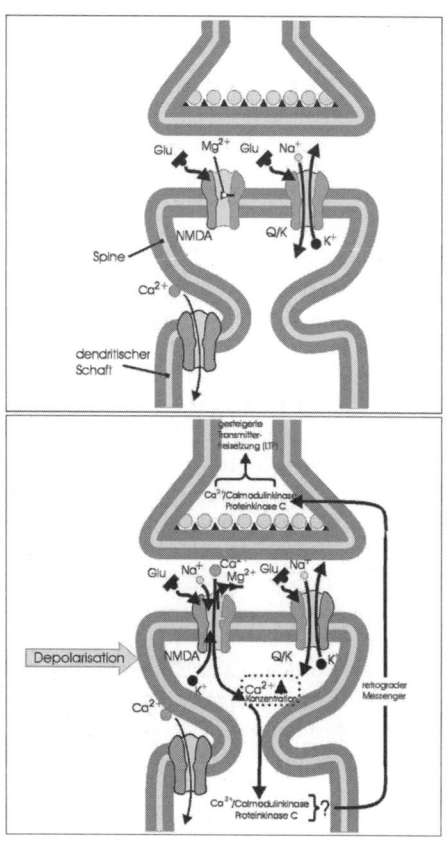

3.12 Wirkungsmechanismus der NMDA-Synapse. *Oben*: Der Quisqualat-Kainat (Q/K)-Kanal (rechts) ist durch Einwirkung des Transmitters Glutamat (Glu) geöffnet, so dass Natrium-Ionen eintreten und Kalium-Ionen austreten können; der NMDA-Kanal (links) hingegen ist durch ein Magnesium-Ion (Mg^{2+}) blockiert. Unten: Durch zusätzliche Depolarisation der Postsynapse öffnet sich der NMDA-Kanal durch Herausschleudern des Magnesium-Ions. Aufgrund erhöhten Calcium-Einstroms und der Erhöhung der intrazellulären Calcium-Konzentration wird über Zwischenschritte ein auf die Präsynapse rückwirkender *(retrograder) Messenger*, nämlich Stickoxyd, freigesetzt, der die Transmitterfreisetzung in der Präsynapse steigert und dadurch über Langzeitpotenzierung (LTP) die Effektivität der Synapse längerfristig erhöht. (Aus Roth, 1996.)

und können somit selbst modulierend wirken, indem sie die Ausschüttung dieser Stoffe hemmen.

Acetylcholin (*ACh*) wirkt im Nervensystem auf zwei Typen von Synapsen ein, deren Wirkung durch die Stoffe Nicotin und Muscarin charakterisiert werden kann. Deshalb spricht man von *nicotinischen* und *muscarinischen* cholinergen Synapsen bzw. Rezeptoren. Typisch für eine nicotinische cholinerge Synapse ist die motorische Endplatte, die durch eine Nervenendigung an einem Muskel gebildet wird. Hier wirkt ACh als schneller Transmitter. Der nicotinische ACh-Rezeptor ist ionotrop und lässt sich durch das bekannte Pfeilgift Curare blockieren. Wichtiger im vorliegenden Zusammenhang ist der muscarinische Rezeptor, denn über ihn wirkt ACh im Gehirn neuromodulatorisch, vor allem über Zellen des basalen Vorderhirns (Abb. 7.4). Man unterscheidet mehrere muscarinische Rezeptoren (M_1, M_2 usw.), die alle metabotrop sind. Im Falle des M_1-Rezeptors wird durch Bindung des ACh ein G-Protein aktiviert, das entweder direkt oder indirekt einen K^+-Kanal öffnet, wodurch die Zelle hyperpolarisiert wird; beim M_2-Rezeptor wird über eine Signalkette ein Ca^{++}-Kanal geöffnet und die Zelle erregt. Ein bekannter Antagonist des muscarinischen Rezeptors ist das Atropin, das Gift der Tollkirsche.

Die Neuromodulatoren Dopamin, Noradrenalin, Adrenalin und Serotonin werden als *biogene Amine* oder *Monoamine* bezeichnet. Weil sie einen Catecholring besitzen, werden Dopamin, Noradrenalin und Adrenalin auch als *Catecholamine* bezeichnet; sie haben einen gemeinsamen Syntheseweg. Der Neuromodulator Serotonin besitzt neben dem Catecholring noch einen Indolring und ist deshalb ein *Indolamin*.

Dopamin entsteht aus der Aminosäure Tyrosin, die mit der Nahrung aufgenommen wird. Tyrosin wird zu *Levodopa* (L-Dihydroxy-Phenylalanin) und dieser Stoff schließlich zu Dopamin umgewandelt. Dies ist eine wichtige Tatsache für Parkinson-Patienten, bei denen die Substantia nigra des Mittelhirns zu wenig Dopamin produziert (vgl. Kapitel 13). Dopamin selbst kann nämlich nicht die Blut-Hirnschranke passieren, wozu Levodopa in der Lage ist. Es wird deshalb als Medikament zur Parkinson-Therapie eingesetzt.

Dopamin wirkt auf mindestens fünf Rezeptoren ein, die alle metabotrop sind. Hiervon sollen hier nur der D_1- und D_2-Rezeptor betrachtet werden. D_1-Rezeptoren sind nur postsynaptisch lokalisiert; ihre Aktivierung durch Dopamin führt über ein erregendes

G-Protein und zyklisches AMP über die Öffnung von Calcium-Kanälen zur Erhöhung des intrazellulären Calciums und zu einer Erregung. D_2-Rezeptoren sind prä- und postsynaptisch vorhanden. Ihre Stimulation führt postsynaptisch über ein hemmendes G-Protein zur Senkung zyklischen AMPs und zu einer Erhöhung des Kalium-Ausstroms und damit zu einer Hemmung der Zelle. Schizophrenie-dämpfende Psychopharmaka (z. B. Chlorpromazin) sind Dopamin-Antagonisten und blockieren die D_2-Rezeptoren. Umgekehrt können Dopamin-Agonisten wie Amphetamine schizophrenieartige Effekte hervorrufen. Sie hemmen die Wiederaufnahme von Dopamin aus dem synaptischen Spalt in die Präsynapse und verlängern damit seine Wirkung.

Noradrenalin entsteht in den präsynaptischen Vesikeln, vor allem von Zellen des Locus coeruleus (Abb. 7.2), aus Dopamin. Es bindet an α- und β-Rezeptoren, die ihrerseits verschiedene Untertypen besitzen (im Zentralnervensystem jeweils zwei). Eine Bindung von Noradrenalin an den $α_1$-Rezeptor öffnet Ca^{++}-Kanäle und wirkt deshalb erregend, eine Bindung an den $α_2$-Rezeptor aktiviert ein G-Protein, das entweder direkt auf den K^+-Kanal wirkt oder indirekt über eine Signalkette einen K^+-Kanal bzw. einen Ca^{++}-Kanal öffnet, was zu einer Hemmung bzw. Erregung führt. Bei den β-Rezeptoren wird ein G-Protein aktiviert, das entweder direkt auf einen Ca^{++}-Kanal und damit erregend oder indirekt über eine Signalkette auf einen K^+-Kanal und damit hemmend einwirkt. Beruhigend wirkende Psychopharmaka (z. B. Chlorpromazin) blockieren den $β_1$-Rezeptor ($β_2$-Rezeptoren finden sich nur auf Gliazellen). Abgebaut wird Noradrenalin durch die Monoaminoxidase Typ A (MAO-A), es findet auch eine Inaktivierung durch Catechol-O-Methyltransferase (COMT) statt. Dieser Prozess ist wichtig für die Wirkung bestimmter Neuro- und Psychopharmaka.

Das dem Noradrenalin verwandte *Adrenalin* ist ein Hormon, das vom Nebennierenmark gebildet wird; es hat im Gehirn aber auch eine Transmitterwirkung. Es spielt im peripheren Nervensystem (s. Kapitel 8) eine wichtige Rolle und ist entscheidend an der Stressreaktion beteiligt (s. Kapitel 10).

Serotonin (5-Hydroxy-Tryptamin, 5-HT) entsteht über Zwischenschritte aus der Aminosäure Tryptophan. Das in Zellen im dorsalen Raphe-Kern (vgl. Abb. 7.1) produzierte Serotonin wird nicht über konventionelle Präsynapsen freigesetzt, sondern über Auftreibungen entlang ihrer Nervenfasern. Dadurch verbreitet sich das freigesetzte Serotonin in die Umgebung und übt eine eher diffuse Wirkung auf benachbarte Neurone aus. Serotonin wirkt auf eine ganze Reihe von Rezeptoren ein, von denen hier wiederum nur zwei betrachtet werden sollen. Beim $5\text{-}HT_1$-Rezeptor wirkt Serotonin über ein G-Protein entweder direkt oder indirekt über eine Signalkette auf einen K^+-Kanal und damit hemmend, beim $5\text{-}HT_2$-Rezeptor direkt auf einen Ca^{++}-Kanal und damit erregend. Die Wiederaufnahme von Serotonin wird durch Imipramin (ein Antidepressivum) blockiert, wodurch dessen Wirkung verlängert wird; der Abbau geschieht durch MAO-A, die Inaktivierung durch COMT.

Wichtig zu beachten ist, dass die Wirkung der genannten Transmitter und Neuromodulatoren nicht nur von ihrer chemischen Beschaffenheit abhängt, sondern auch von den Eigenschaften der Rezeptoren und Kanäle, auf die sie einwirken. Deshalb können – wie dargestellt – je nach Rezeptor- und Kanaltyp dieselben Substanzen erregend oder hemmend wirken, einen Kanal direkt öffnen und schließen oder die Wahrscheinlichkeit des Öffnens oder Schließens *beeinflussen*, wie dies die Neuromodulatoren tun. Die Wirkung der Substanzen hängt zudem von der Zahl und der Empfindlichkeit der Rezeptoren ab. In komplizierten Regelkreisen kann sich zum Beispiel die Zahl der Rezeptoren verringern, aber gleichzeitig die Empfindlichkeit der Rezeptoren erhöhen.

Neben Neurotransmittern und Neuromodulatoren beeinflussen auch *Neuropeptide* und *Hormone* den Aktivitätszustand von Nervenzellen, und zwar entweder ebenfalls über das Anlagern an Rezeptoren oder über eine direkte Einwirkung auf das intrazelluläre Geschehen. Es gibt eine große Zahl von Neuropeptiden und Neurohormonen, doch nur solche, die für das Entstehen und die Regulation von Emotionen besonders wichtig sind, sollen hier erwähnt werden.

Opioide sind Neuropeptide, die – wie der Name sagt – eine opiatähnliche Wirkung haben. Ihre Wirkung besteht in der Unterdrückung oder Verminderung von spontan, chemisch oder synaptisch induzierten neuronalen Antworten. Es gibt im Gehirn drei Haupttypen von Rezeptoren für Opiate, nämlich δ-, κ- und μ-Rezeptoren. δ-Rezeptoren sind im Thalamus, Cortex, Striatum, Hypothalamus, Mittelhirn, Hirnstamm und Rückenmark zu finden, κ-Rezeptoren vornehmlich im Nucleus accumbens, im olfaktorischen Tuberkel, in der Substantia nigra und im Hypothalamus. μ-

Rezeptoren zeigen ein hohes Vorkommen im olfaktorischen Bulbus, im Hypothalamus, in der Amygdala und im Hippocampus, sind aber auch im Neocortex, im Striatum (Nucleus caudatus) und im Kleinhirn zu finden. Opioide, die an diese Rezeptoren binden und eine ähnliche Wirkung entfalten wie die Opiate, sind vor allem *Met-Enkephalin, ß-Endorphin* (beide binden an den µ-Rezeptor, der durch die Bindung von Morphium charakterisiert ist), *Leu-Enkephalin* (bindet an den δ-Rezeptor) und *Dynorphin* (bindet an den ϰ-Rezeptor). Sie werden deshalb »Endorphine« (d. h. vom Körper selbst erzeugte, *endogene Morphine*) genannt. ß-Endorphin entsteht im Hypophysenvorderlappen durch Spaltung des Stoffes Pro-Opio-Melanocortin (POMC). Hierbei entstehen auch die Hormone α-MSH (Melanocyten-Stimulierendes Hormon) und ACTH (Adrenocorticotropes Hormon). ACTH spielt bei der Stressreaktion eine wichtige Rolle (s. Kapitel 10).

Von außen zugeführte Opiate (d. h. Drogen) und hirneigene Opiate wirken in aller Regel über inhibitorische G-Proteine und damit hemmend. δ- und µ-Rezeptoren scheinen an der durch Opiate und Opioide ausgelösten Euphorie beteiligt zu sein, der ϰ-Rezeptor löst dagegen Unwohlsein aus, z. B. beim Drogenentzug. Alle drei Rezeptortypen verringern die Schmerzempfindung, d. h. sie haben eine *analgetische* Wirkung.

Die Neuropeptide *Oxytocin* und *Arginin-Vasopressin* (AVP) werden aufgrund des Einwirkens hypothalamischer Neurone im Hypophysenhinterlappen produziert und ins Blut abgegeben. Auch die Ausschüttung des *Neuropeptids Y* (NPY) wird über hypothalamische Neurone bewirkt. *Oxytocin* reguliert den Milchfluss und die Wehen, fördert allgemein weibliches Fürsorgeverhalten und darüber hinaus soziale Bindung und Kommunikation. *Arginin-Vasopressin* reguliert den Blutdruck, steigert die Rückresorption von Wasser in der Niere und vermindert dadurch den Wasserverlust; daneben steigert es bei Männern das sexuelle Appetenzverhalten und die Aggression. *Neuropeptid Y* befördert das Ess- und Trinkverhalten, reduziert die Körpertemperatur und den Blutdruck und wirkt allgemein beruhigend.

Die Neuropeptide *Cholecystokinin* (CCK), *Substanz-P* (SP) und *Vasoaktives Intestinales Peptid* (VIP) gehören zu den gastrointestinalen Peptiden; sie werden also außerhalb des Gehirns produziert, sind im Gehirn jedoch weit verbreitet. Cholecystokinin dämpft den Appetit, reduziert Schmerz, löst jedoch auch Panikgefühle aus. Substanz-P vermittelt Schmerzsignale (»P« für »pain«), erhöht Erregung und Aggressivität und das männliche Sexualverhalten. Das Vasoaktive Intestinale Peptid fördert Vermeidungslernen und hemmt angstmotiviertes Verhalten.

Der *Corticotropin-Releasing-Faktor* (CRF) wird im paraventrikulären und supraoptischen Kern des Hypothalamus produziert (s. Kapitel 10). Über dessen Bahnen wirkt CRF auf den Hypophysenvorderlappen ein und löst dort über die Spaltung von Pro-Opio-Melanocortin die Produktion von ACTH aus (siehe oben). CRF aktiviert dadurch eine generelle Stress-Antwort mit vielfältigen Folgen für die Emotionalität und das Verhalten (s. Kapitel 10).

Es ist unschwer zu sehen, dass die genannten Neuromodulatoren, Neuropeptide und Hormone (und viele andere, die hier nicht genannt werden können) die neurochemische Grundlage unseres Gefühlslebens und damit unserer emotionalen Verhaltenssteuerung bilden. Auf diese Zusammenhänge werde ich noch ausführlich eingehen.

Prinzipien der neuronalen Erregungsverarbeitung

Nervenzellen sind die funktionalen Grundbausteine der neuronalen Erregungsverarbeitung. Sie wirken als Generator, Filter, Verstärker oder Abschwächer von Erregung; sie kontrollieren deren räumliche und zeitliche Eigenschaften und Ausbreitung. Eine »normale« Nervenzelle, die einen ausgedehnten Dendritenbaum und ein Axon besitzt, ist mit zehntausend oder mehr erregenden und hemmenden Synapsen besetzt, die von tausend bis zehntausend anderen Nervenzellen stammen (d. h. jede Nervenzelle wird im Schnitt über ein bis zehn Synapsen von einer anderen Nervenzelle beeinflusst). Eine einzelne Synapse depolarisiert die subsynaptische Membran in Form eines EPSP um weit weniger als 1 mV (bei Motorneuronen beispielsweise um rund 0,2 bis 0,4 mV). Dies bedeutet, dass selbst ohne eine Abschwächung bei der Weiterleitung über den Dendritenbaum zum Axonhügel dieses EPSP es nicht schaffen würde, ein Aktionspotential auszulösen, denn dazu sind mindestens 10 mV Depolarisierung nötig. Im Falle eines Motorneurons müssten also 50 Synapsen oder mehr *gleichzeitig aktiv* sein, um die Membran des Axonhügels genügend zu depolarisieren.

Dabei gilt: Je weiter eine einzelne Synapse vom Axonhügel entfernt ansitzt (z. B. an distalen Dendriten), desto wirkungsloser ist das von ihr ausgelöste EPSP, da dessen Stärke »versickert«, und desto mehr Synapsen müssen gleichzeitig aktiv sein, damit genügend Erregung den Axonhügel erreicht und die Zelle »feuert«. Dies bedeutet auch, dass eine einzelne Zelle eine andere nur dann erregen kann, wenn sie mit vielen Synapsen an ihr aufsitzt. Normalerweise feuert also eine Zelle nur dann, wenn mehrere bis viele vorgeschaltete Neurone *gleichzeitig* und *gleichartig* auf sie einwirken. Dies erzeugt eine starke Filterfunktion.

Der wichtigste Faktor für die Integrationsleistung einer Nervenzelle ist das zahlenmäßige Verhältnis von erregenden und hemmenden Synapsen und natürlich die Tatsache, *wo* diese ansetzen. Eine gleichzeitige Erregung und eine Hemmung, hervorgerufen durch dieselbe Zahl erregender und hemmender Synapsen an denselben Stellen, sind gleich stark und heben sich gegenseitig auf, während unterschiedliche Zahlenverhältnisse der beiden Synapsentypen, kombiniert mit unterschiedlichen Ansatzorten, sehr unterschiedliche Erregungszustände hervorrufen. Erregende Synapsen sind vermehrt in distalen Dendritenbereichen zu finden, während hemmende Synapsen dazu tendieren, in der Nähe des Axonhügels anzusetzen (vgl. Abb. 3.6). Dadurch können Letztere, selbst wenn sie viel geringer an Zahl sind, den Erregungsfluss sehr effektiv, sozusagen in der »Hinterhand«, beeinflussen. Ebenso können hemmende Synapsen, die an Gabelpunkten des Dendritenbaums sitzen, ganze dendritische Bereiche »abschalten«.

Die Aussage, dass ein EPSP auf dem Weg zum Axonhügel rein passiv geschieht, ist nicht ganz korrekt, denn es gibt an manchen Stellen des Dendritenbaums bestimmte »Verstärkerzonen«, an denen ein dendritisches Aktionspotential entsteht, weil dort spannungsgesteuerte Calcium-Kanäle sitzen und das EPSP vorübergehend »aufpäppeln«. Die Zahl und die räumliche Verteilung dieser dendritischen Triggerzonen beeinflussen natürlich die Chance eines EPSP, zum Axonhügel »durchzukommen«, und damit die Integrationsleistungen eines Neurons.

Wir sehen, dass ein einzelnes Neuron bereits ein sehr komplexes System der Erregungsverarbeitung ist. Was Tausende, gar Millionen oder Milliarden von verschalteten Neuronen zusammen leisten, davon haben wir keinerlei Detailkenntnisse; wir kennen nur deren »Endprodukte«, z. B. uns als bewusstes Ich.

Methoden der kognitiven Neurobiologie

Gegenwärtig gängige Methoden der kognitiven Neurobiologie umfassen die Einzel- und Vielzellableitungen mithilfe von Mikroelektroden, die Elektroenzephalographie (EEG), die Magnetenzephalographie (MEG), die Positronen-Emissions-Tomographie (PET) und die funktionelle Kernspintomographie (fNMR/fMRT/fMRI). Für eine genauere Darstellung von EEG, MEG, PET und fNMR siehe Münte und Heinze (2001).

Die Registrierung der Aktivität einzelner Nervenzellen mithilfe der *Mikroelektrodentechnik* setzt das Freilegen von Gehirngewebe voraus und geschieht in der Regel im Tierversuch oder (selten) am offenen Gehirn eines Patienten im Zusammenhang mit Hirnoperationen. Mikroelektrodenableitungen werden entweder *extrazellulär* durchgeführt, wobei das Auftreten von überschwelligen Erregungszuständen in Form von Aktionspotentialen erfasst wird, oder *intrazellulär*, wobei man auch Hemmungszustände (Inhibitionen) und unterschwellige Erregungszustände registriert, die von extrazellulären Ableitungen nicht erfasst werden. Mithilfe »gröberer« extrazellulärer Mikroelektroden lässt sich auch die Aktivität kleinerer Zellverbände erfassen (so genannte Summen- und Feldpotentiale).

Beim *EEG* wird am Kopf mithilfe von Oberflächenelektroden durch die intakte Schädeldecke hindurch (also »nicht-invasiv«, wie man sagt) die elektrische Aktivität einer großen Zahl von Nervenzellen gemessen, und zwar im Wesentlichen diejenige der vertikal zur Hirnoberfläche angeordneten Pyramidenzellen. Subcortikale Vorgänge werden in der Regel nur über ihre Effekte auf cortikale Prozesse erfasst. Die zeitliche Auflösung des EEG liegt im Millisekundenbereich. Mithilfe des EEG können deshalb Erregungsverteilungen in der Großhirnrinde während kognitiver Leistungen zeitlich genau dargestellt werden, allerdings ist die Lokalisation der Herkunftsorte der Erregungen ungenau, auch wenn inzwischen häufig mit über hundert Elektroden gemessen wird. Allerdings können durch aufwendige mathematische Methoden die Erregungsorte (die sog. Dipole) einigermaßen genau lokalisiert werden. Bei der Messung *ereigniskorrelierter Potentiale* (*EKP*) wird die Änderung des EEG aufgrund der Wahrnehmung äußerer Reize (Lichtblitze, Töne, auch Gesichter, Wörter und Objekte) oder durch rein intern generierte Ereignisse wie Aufmerksamkeit, Vorstellungen und Erinnerungen

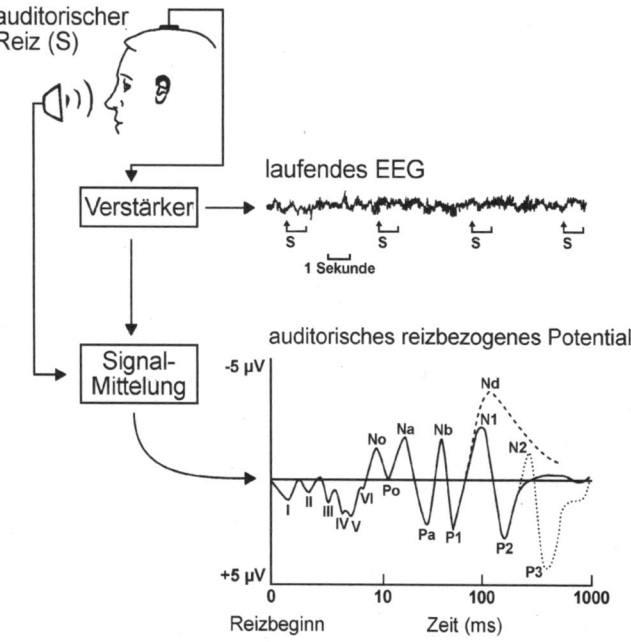

auditorischer Reiz (S)

laufendes EEG

S   S   S   S

1 Sekunde

Verstärker

Signal-Mittelung

auditorisches reizbezogenes Potential

-5 µV

Nd

N1

N2

No   Na   Nb

Po

I   II   III   VI

IV   V

Pa   P1

P2

P3

+5 µV

0   10   100   1000

Reizbeginn   Zeit (ms)

3.13 Ereigniskorreliertes Potential. Das Elektroenzephalogramm (EEG) wird mithilfe von Elektroden auf der Kopfhaut über einen Verstärker registriert, während der Versuchsperson ein Reiz S (z. B. ein Ton) dargeboten wird. Durch Signalmittelung wird aus dem EEG das auditorische reizbezogene Potential herausgefiltert. Daraus ergeben sich unterschiedliche positive (nach unten gerichtete, mit P bezeichnete) und negative (nach oben ausgerichtete, mit N bezeichnete) Schwankungen der Hirnaktivität im Bereich zwischen +5 und −5 Mikrovolt (µV). Die mit römischen Ziffern gekennzeichneten kleinen Schwankungen stellen Erregungen des Hirnstamms dar, die Schwankungen ab P1 Erregungen der Großhirnrinde. Die N1 (auch N100 genannt) ist umso größer, je höher die noch unbewusste Aufmerksamkeit ist (N1 wird zu Nd), die P3 (oder P300) tritt auf, wenn etwas Überraschendes, Abweichendes oder Wichtiges passiert. Die P3 markiert ungefähr den Zeitpunkt des Bewusstwerdens eines Reizes. (Aus Roth, 1996.)

erfasst. Allerdings sind diese Änderungen mit bloßem Auge nicht zu erfassen und werden deshalb mithilfe von Mittelungsverfahren aus dem EEG extrahiert (Abb. 3.13).

Anders als beim EEG werden beim *MEG* mithilfe hochsensitiver Detektoren Veränderungen der parallel zur Cortexoberfläche verlaufenden *magnetischen* Felder gemessen. Das MEG hat bei gleicher sehr guter Zeitauflösung eine etwas bessere Ortsauflösung als das EEG, weil die magnetische Leitfähigkeit des Hirngewebes – und damit die Ausbreitung und das »Verschmieren« des Signals – geringer ist als seine elektrische Leitfähigkeit. Zu beachten ist, dass MEG und EEG unterschiedliche Signalquellen (nämlich solche, die horizontal bzw. vertikal zur Cortexoberfläche angeordnet sind) messen und daher unterschiedliche Aspekte lokaler Erregungszustände darstellen. Computergestützte Auswertmethoden können inzwischen die Ortsauflösung von EEG und MEG stark verbessern.

PET und fNMR messen nicht direkt die elektrische Aktivität des Gehirns (wie Mikroelektroden-Ableitungen, EEG und EKP) oder die magnetische Aktivität (wie das MEG), sondern beruhen auf der Tatsache, dass neuronale Erregungen von einer lokalen Erhöhung der Hirndurchblutung und des Hirnstoffwechsels, vornehmlich des Sauerstoff- und Zuckerverbrauchs, begleitet sind (Posner 1994). Beim PET wird dem Blut eines Patienten oder einer Versuchsperson ein Positronen-aussendendes Isotop (z. B. ^{15}O oder ^{18}F) in Verbindung mit einer am Stoffwechsel beteiligten Substanz (z. B. Wasser oder Glucose) zugeführt. Dieser Stoff wird in besonders hoher Konzentration an den Stellen des Gehirns verbraucht, an denen die Hirnaktivität besonders intensiv ist. Das beim Zerfall des Isotops freiwerdende Positron vereinigt sich mit einem Elektron, und dies führt zu Gammastrahlung, bei der zwei Photonen in genau entgegengesetzte Richtungen fliegen. Dies wird durch Detektoren registriert, die ringförmig um den Kopf des Patienten angebracht sind. Mithilfe eines Computers lassen sich Zerfallsort und Zerfallsmenge genau berechnen und in ein dreidimensionales Aktivitätsbild umsetzen. Die räumliche Auflösung liegt im Bereich von 5-10 mm, das Erstellen eines aussagekräftigen PET-Bildes benötigt 45 bis 90 Sekunden. Hiermit können schnellere neuronale bzw. kognitive Prozesse nicht erfasst werden. Auch liefert PET keine Darstellung der Anatomie des untersuchten Gehirns. Der große Vorteil von PET gegenüber fNMR (s. unten) ist allerdings die Möglichkeit, Stoffwechselprozesse quantitativ in absoluten Werten zu erfassen.

Die *Kernspintomographie* oder *Kernresonanztomographie* (englisch »nuclear magnetic resonance« – NMR, auch »magnetic resonance imaging«, MRI, genannt) beruht darauf, dass sich in einem starken Magnetfeld Atomkerne mit ihren Magnetachsen parallel zu den Feldlinien ausrichten. Durch einen angelegten kurzen Hochfrequenzimpuls werden sie kurzzeitig aus dieser Position ausgelenkt und senden nach Ende des Impulses ein Signal aus, das Aufschluss über die Art und Position des Kerns sowie die physikalische und chemische Beschaffenheit seiner Umgebung liefern. Hiermit lassen sich z. B. mit Hilfe von Wasserstoffkernen – anders als beim EEG, MEG oder bei PET – genaue anatomische Darstellungen von Gehirnen erreichen.

Bei der *funktionellen* Kernspintomographie (fNMR, fMRI) wird die Tatsache ausgenutzt, dass sauerstoffreiches und sauerstoffarmes Blut unterschiedliche magnetische Eigenschaften besitzen. Dies nennt man BOLD- (d. h. blood-oxygen-level-dependent) Effekt. Dadurch lassen sich sowohl Schwankungen im Sauerstoffgehalt des Blutes als auch Unterschiede im lokalen Blutfluss in Abhängigkeit von der leistungsbedingten Stoffwechselaktivität des Gehirns erfassen und bildlich darstellen. Der BOLD-Effekt zeigt an, wo im Gehirn die neuronale Aktivität lokal erhöht ist (vgl. Abb. 7.5). Man nimmt an, dass bei erhöhter Aktivität lokaler neuronaler Netzwerke Signale an das Hirngewebe in der näheren Umgebung ausgesendet werden, die mit einer Verzögerung von wenigen Sekunden zu einem erhöhten Blutfluss führen (so genannter *hämodynamische* Reaktion). Welcher Art diese Signale sind, ist noch nicht ganz klar (vgl. Magistretti, 1999).

Neuere Untersuchungen des Tübinger Neurobiologen N. Logothetis und Mitarbeitern (Logothetis et al., 2001; vgl. dazu auch Arthurs und Boniface, 2002), bei denen gleichzeitig die elektrische Aktivität kleiner Zellgruppen im visuellen Cortex von Makakenaffen und der BOLD-Effekt gemessen und miteinander verglichen wurden, zeigten, dass die beste Übereinstimmung zwischen dem BOLD-Effekt einerseits und den so genannten lokalen Feldpotentialen besteht, die vornehmlich die Aktivität des *synaptischen Eingangs* an den Dendriten der Neurone widerspiegeln, und nicht so sehr zwischen BOLD-Effekt und dem Auftreten von Aktionspotentialen, die den Ausgang der Aktivität einer Nervenzelle darstellen. Dies stimmt mit der Tatsache überein, dass die Prozesse an den Synapsen, die mit intrazellulären Signalkaskaden und der Re-Synthese des Transmitters Glutamat (dem häufigsten Transmitter in der Großhirnrinde) zu tun haben, auch diejenigen sind, welche den höchsten Sauerstoff- und

Glukoseverbrauch haben. Das Auslösen von Aktionspotentialen hingegen ist energetisch mehr oder weniger kostenlos, da hierbei eine aufgebaute Spannung kurzfristig zusammenbricht (s. oben). Teuer ist darüber hinaus die Natrium-Kalium-Pumpe zum Aufrechterhalten des Ruhemembranpotentials, aber deren Arbeit stellt sozusagen eine Dauerausgabe dar, die nicht aufgabenspezifisch ist.

Die räumliche Auflösung des fNMR ist besser als die von PET, und seine zeitliche Auflösung ist wesentlich besser. Sie liegt derzeit im Bereich einer Sekunde. Dies ist allerdings immer noch um zwei bis drei Größenordnungen schlechter als die des EEG und auch technisch nicht wesentlich steigerbar, da sich – wie erwähnt – die Hirndurchblutung gegenüber den neuro-elektrischen und neuro-magnetischen Geschehnissen mit einer Verzögerung von wenigen Sekunden ändert. Man kann allerdings dadurch, dass eine mehrfache kurzzeitige Stimulusdarbietung jeweils von einer kurzen Pause unterbrochen wird, diese Verzögerung »herausrechnen«. Es wird zudem inzwischen erfolgreich versucht, elektrophysiologische Methoden (Mikroelektrodenableitungen, EEG, EKP) oder MEG und fNMR miteinander zu kombinieren bzw. unter möglichst identischen Versuchsbedingungen durchzuführen.

Funktionelle Kernspintomographie hat gegenüber PET den Nachteil, dass eine Veränderung der Sauerstoffsättigung des Blutes bzw. des lokalen Blutflusses nicht absolut, sondern nur im Vergleich zu einem »Ruhewert« (englisch *baseline*) gemessen werden kann. Bei den Versuchen, kognitive, emotionale oder exekutive Prozesse mithilfe des fNMR zu lokalisieren, wird deshalb allgemein die *Subtraktionsmethode* angewandt (Raichle, 1994; Münte und Heinze, 2001), bei welcher ein spezifischer kognitiver, emotionaler oder exekutiver Prozess mit einem funktionell ähnlichen, aber kognitiv, emotional oder exekutiv nicht oder nur gering fordernden Prozess verglichen wird. Das kann so vor sich gehen, dass eine Versuchsperson aufgefordert wird, im ersten Durchgang bestimmte Wörter rein mechanisch zu lesen, während sie im zweiten Durchgang gleichzeitig über die Bedeutung dieser Wörter nachdenken soll. Wenn man nun die räumlichen Aktivitätsmuster und deren Intensitäten aus beiden Durchgängen voneinander subtrahiert, erhält man eine »reine« Darstellung der neuronalen Prozesse, die dem Erfassen des Wortsinns zugrunde liegen.

4. Das kognitive und exekutive Gehirn

Zum *kognitiven Gehirn* zähle ich all diejenigen Gehirnteile, die mit komplexer Wahrnehmung, Aufmerksamkeit, Denken, Vorstellen und Erinnern zu tun haben. Hierzu gehören neben den sensorischen Gebieten innerhalb und außerhalb der Großhirnrinde vor allem Teile des parietalen, temporalen und frontalen Assoziationscortex. Diese hängen eng mit allocortikalen und subcortikalen Zentren zusammen, wie dem Hippocampus, dem anterioren cingulären Cortex und dem basalen Vorderhirn sowie mit dem Pulvinar im Thalamus und dem Colliculus superior des Mittelhirns als subcortikalen Zentren für Aufmerksamkeitssteuerung.

Zum *exekutiven Gehirn* gehören diejenigen Hirnteile, die mit der Planung, Vorbereitung und Kontrolle von Handlungen zu tun haben. Hierzu gehören auf Ebene der Großhirnrinde der präfrontale Cortex und Teile des parietalen Cortex, auf allocortikaler Ebene der anteriore cinguläre Cortex und auf subcortikaler Ebene die anterioren, medialen und intralaminären Kerne. Die Basalganglien, die Brücke und das Kleinhirn werden dem subcortikalen prämotorischen und motorischen System zugerechnet und in Kapitel 13 ausführlich behandelt. Freilich gibt es zwischen dem kognitiven und exekutiven System ebenso wie zwischen dem exekutiven und prämotorisch-motorischen System gleitende Übergänge. Zugleich hängt das exekutive System eng mit dem limbischen System zusammen, von dem in Kapitel 8 ausführlich die Rede sein wird.

Die Großhirnrinde

Die stark gewundene Großhirnrinde, der *Cortex cerebri*, hat als »Hauptsitz« kognitiver Leistungen seit jeher die Hirnforscher fasziniert (vgl. Florey, 1996; Hofman, 2000; Schüz, 2000; Breidbach, 2001). Es lohnt sich in diesem Zusammenhang, die Evolution der Großhirnrinde der Säugetiere genauer zu betrachten. Wie der amerikanische Neurobiologe Harry Jerison gezeigt hat, wächst das Volumen der Großhirnrinde mehr oder weniger isometrisch bzw. proportional mit der Volumenzunahme des gesamten Gehirns. Entsprechend hat der Mensch nicht nur ein dreitausendmal größeres

Gehirn als die Maus, sondern auch einen dreitausendmal größeren Isocortex (Jerison, 1991).

Allerdings gibt es einige gruppenspezifische Abweichungen. Menschenaffen einschließlich des Menschen haben einen relativ größeren Isocortex als die kleinen Affen und andere Säugetiere, was damit zusammenhängt, dass ihr Vorderhirn (d. h. Endhirn plus Zwischenhirn) 74 Prozent der gesamten Hirnmasse einnimmt im Vergleich zu 60 Prozent bei den anderen Säugern. Der menschliche Isocortex hat eine Oberfläche von durchschnittlich 2200 Quadratzentimetern und eine Masse (einschließlich der weißen Substanz) von rund 600 Kubikzentimetern (Creutzfeldt, 1983). Damit umfasst er rund 40 Prozent der gesamten Hirnmasse und entspricht exakt den Werten anderer Menschenaffen. Entgegen einer häufig geäußerten Behauptung haben wir Menschen gegenüber den Menschenaffen oder anderen Säugern also keineswegs einen besonders großen Isocortex relativ zum Gesamtgehirn (vgl. auch Kapitel 2).

Wie Jerison in seinem grundlegenden Werk »The Evolution of Brain and Intelligence« von 1973 nachwies, nimmt die Oberfläche des Cortex ziemlich genau mit zwei Dritteln des Gehirnvolumens zu, d. h. unterproportional (*negativ allometrisch*). Dieses »Zurückbleiben« der Cortexoberfläche gegenüber dem Gehirnvolumen wird allerdings durch eine Zunahme der Cortexdicke ausgeglichen. So ist der Isocortex bei Mäusen 0,5 mm dick, beim Menschen hingegen bis zu 5 mm (Creutzfeldt, 1983; Schüz, 2000). Hierdurch ergibt sich die zuvor erwähnte annähernde Isometrie der Volumina von Isocortex und Gesamtgehirn.

Bemerkenswert ist jedoch, dass die mit einer Gehirnvergrößerung verbundene starke Volumenzunahme des Cortex sich nicht in einer proportionalen Steigerung der Anzahl cortikaler Neurone niederschlägt, sondern dass deren Zunahme weit hinter der Volumenzunahme des Cortex zurückbleibt. Die Erklärung hierfür ist, dass die cortikale Nervenzelldichte (d. h. die Zahl der Neurone pro Volumeneinheit, z. B. einem Kubikmillimeter) aus mehreren Gründen stark abnimmt. Zum einen erhöht sich überproportional die Anzahl der Gliazellen, die das Nervenzellgewebe stützen und ernähren, sowie die Anzahl von Blutgefäßen, die Sauerstoff und Glucose herantransportieren müssen, damit die vielen Nervenzellen überhaupt versorgt werden können. Zum anderen wächst die Zahl der Verknüpfungen zwischen den Nervenzellen schneller als die Zahl der Nervenzellen selbst, denn jede cortikale Nervenzelle ist mit rund zehntausend anderen Nervenzellen verknüpft. Dies führt dazu, dass die Axone und damit die »weiße Substanz«, die durch die Myelinscheiden der Axone gebildet wird, immer mehr Platz einnimmt. Dieser letztere Umstand verdient eine genauere Betrachtung.

Auf den ersten Blick würden wir sagen: Je mehr cortikale Neurone, desto besser! Dies ist aber nicht ganz korrekt. Kommen bei einer Vergrößerung des Hirnvolumens weitere Nervenzellen hinzu, so führt dies nur dann zu einer Steigerung der Leistungsfähigkeit des Gehirns, wenn die neuen Nervenzellen mit den vorhandenen auch adäquat verknüpft werden. Nehmen wir einmal an, wir hätten in einem Nervengewebe eine »Vollverknüpfung«, d. h. jede Nervenzelle sei mit jeder anderen in beiden Richtungen verbunden (was man intuitiv für optimal hält). Dann nimmt die Zahl der Verknüpfungen entsprechend der Formel $(n^2 - n)$ zu, wobei n die Anzahl der vorhandenen Nervenzellen angibt. Bei größeren Werten von n kann man die Formel auf (n^2) vereinfachen, denn bereits bei einer Zahl von tausend Neuronen ergeben sich dann 1 Million Verknüpfungen statt 990 000, was keinen großen Unterschied ausmacht. Die menschliche Großhirnrinde enthält ganz grob geschätzt 50 Milliarden Nervenzellen (Creutzfeldt, 1983; Hofman, 2000).

Dies würde bedeuten, dass bei großen Gehirnen die Zahl der Verknüpfungen gegenüber der Zahl von Zellen mehr oder weniger *quadratisch* wächst. Dies hat zur unangenehmen Konsequenz, dass die »weiße Substanz« viel schneller wächst und einen immer größeren Platz im Gehirn einnimmt als die durch die Zellkörper und Dendriten gebildete Hirnmasse (die »graue Substanz«). Mit rund 50 Milliarden Cortexneuronen würden wir bei einer Vollverknüpfung rund 2,5 mal 10 hoch einundzwanzig Fasern erhalten – eine unvorstellbar große Zahl. Dies würde beim Menschen zu unlösbaren Platzproblemen im Schädel führen, denn der Schädel eines Neugeborenen kann wegen der Enge des Geburtskanals nicht größer werden, als er ist. Außerdem stellt ein sehr großes Gehirn mit einem sehr großen Cortex ein erhebliches Problem hinsichtlich einer effektiven Durchblutung und damit einer ausreichenden Sauerstoff- und Nährstoffversorgung dar.

Abgesehen von diesen »drängenden« Problemen kann man auch nachweisen, dass eine Vollverknüpfung der Nervenzellen in unserer Großhirnrinde keineswegs das Optimum darstellt. Dies ist in einem

Betrieb oder einer Behörde nicht anders. Es würde zu chaotischen Zuständen führen, wenn jeder Angehörige des Betriebes oder der Behörde mit allen anderen Angehörigen intensiv kommunizierte. Effektiver ist es, den Grad der möglichen Kommunikation *lokal* sehr hoch zu halten, auf größere Distanz hingegen zu kanalisieren und zu beschränken. In der Großhirnrinde des Menschen und anderer Säugetiere herrscht deshalb keine Vollverdrahtung, sondern eine *dreifach untersetzte Verdrahtung*, bei der jede corticale Nervenzelle über zwei zwischengeschaltete Neurone und damit über drei Synapsen mit jeder anderen kommunizieren kann. Bei 50 Milliarden corticalen Neuronen kommen wir auf fünf mal zehn hoch vierzehn Fasern; dies sind rund zehn Millionen mal weniger Fasern als bei einer Vollverknüpfung und immer noch unvorstellbar viele.

Diese »untersetzte« Verknüpfungsstruktur wird u. a. dadurch erreicht, dass sich im Isocortex Aggregate oder »Module« ausbilden, in denen eng benachbarte Zellen direkt miteinander verknüpft sind, während *zwischen* den Modulen »Hauptleitungen« bestehen, die nur bestimmte Zellen in den beiden Modulen (diejenigen mit den längerreichweitigen Axonen) miteinander verbinden. Eine solche Verknüpfungsstruktur senkt den Anteil längerer Nervenleitungen enorm, steigert aber zugleich die Leistung. Auch dies ist in einem Betrieb oder einer Behörde nicht anders: Es ist viel effektiver, sich in kleineren Gruppen intensiv abzustimmen und dann über einen »Sprecher« (z. B. den Abteilungsleiter) das Ergebnis dieser Kommunikation einem Repräsentanten anderer Gruppen mitteilen zu lassen.

Kehren wir nach diesen Überlegungen zu den anatomischen Tatsachen zurück. Wie wir soeben erfahren haben, geht bei einer Vergrößerung der Oberfläche des Gesamthirns die unterproportionale (negativ allometrische) Vergrößerung des Isocortex einher mit einer Steigerung seiner Dicke. Gleichzeitig sinkt aufgrund der erwähnten Faktoren die Packungsdichte corticaler Neurone. Während sich im Motorcortex der Maus in einem Kubikmillimeter ca. 100 000 Neurone befinden, sind dies im Motorcortex des Menschen »nur« 10 000 Neurone. Der Motorcortex des Menschen ist mit fünf Millimetern ungefähr zehnmal dicker als derjenige der Maus. Dies führt zu der bemerkenswerten Tatsache, dass unabhängig von der Cortexdicke in einer Cortexsäule mit einer Grundfläche von 25 mal 30 Mikrometern (tausendstel Millimetern) bei kleinen wie großen Säugetieren ungefähr 110 Nervenzellen enthalten sind (Rockel et al., 1980).

Eine Ausnahme bildet hierbei allerdings die Großhirnrinde der Wale und Delphine, die vergleichsweise sehr dünn ist und nicht den charakteristischen sechsschichtigen Aufbau besitzt. Auch ist hier die Zelldichte deutlich geringer als bei Tieren mit ähnlich großen Gehirnen (z. B. Menschen). Garey und Leuba (1986) geben bei Delphinen eine Packungsdichte cortikaler Neurone an, die bei rund zwei Dritteln derjenigen von Landsäugetieren liegt. Kürzlich stellten Onur Güntürkün und Lorenzo von Fersen (1998) bei einer Reihe von Delphinarten eine Packungsdichte fest, die gar nur bei einem Viertel derjenigen von Landsäugetieren liegt.

Wenn wir beim Tümmler (*Tursiops truncatus*) von einer Cortex-oberfläche von 6000 Quadratzentimetern (gegenüber 2200 beim Menschen) und einer Zelldichte von einem Viertel derjenigen des menschlichen Cortex ausgehen, dann kommen wir auf eine Zahl von Cortexneuronen, die ungefähr bei zwei Dritteln der Zahl liegt, die für den Menschen geschätzt wird. Ebenso viele cortikale Zellen wie das Gehirn des Tümmlers scheint das Schimpansengehirn zu enthalten. Hinzu kommt, dass der Isocortex der Wale und Delphine offenbar weit geringer verknüpft ist als derjenige des Menschen. Dies könnte erklären, warum Tümmler und andere Delphine keineswegs eine den Menschen überragende Intelligenz aufweisen, wie häufig von populärwissenschaftlicher Seite behauptet wird, sondern maximal die Intelligenz eines Schimpansen, wenn nicht gar »nur« die eines Makakenaffen.

Ein großes Rätsel stellt in dieser Hinsicht der Elefant dar. Er hat nicht nur mit ca. 4 Kilogramm ein sehr großes Gehirn, sondern auch einen Cortex, der in seiner Dicke zwischen derjenigen der Delphine und der des Menschen liegt. Deshalb könnte es sein, dass Elefanten genauso viele Neurone in ihrer Großhirnrinde haben wie der Mensch oder ihn darin sogar übertreffen. Was ein Elefant eventuell damit macht, ist einigermaßen rätselhaft; denn abgesehen von seinem sehr leistungsfähigen Gedächtnis und seinem einigermaßen komplizierten Sozialleben ist von Elefanten mit Hinblick auf kognitive Leistungen nichts Aufregendes bekannt. Da Elefanten seit Jahrtausenden in Asien als Last- und Arbeitstiere gehalten werden, sollten bei ihnen eventuell vorhandene überragende kognitive Leistungen eigentlich bekannt sein.

Der Feinaufbau des Isocortex

In vielen Lehrbüchern und sonstigen Darstellungen der Neurobiologie findet man immer noch die Bezeichnungen *Palaeocortex* (»Urrinde«), *Archicortex* (»Altrinde«) und *Neocortex* (»Neu-Rinde«). Diese Bezeichnungen legen nahe, dass diese Typen von Hirnrinde während der Evolution des Säugetiergehirns nacheinander entstanden sind. Dies ist jedoch unzutreffend, denn alle Säugetiere, mit Ausnahme der Insektenfresser und der Cetaceen (Wale und Delphine), besitzen dieselben Grundtypen von Großhirnrinde. Hierbei handelt es sich um den sechsschichtigen Isocortex, den dreischichtigen Allocortex und einen vier- bis fünfschichtigen Heterocortex. Insektenfresser (z. B. Igel und Spitzmäuse) sowie Wale und Delphine besitzen keinen sechsschichtigen, sondern einen ungefähr dreischichtig aufgebauten Cortex. Man nimmt an, dass es sich bei ihrem Cortexaufbau nicht um einen »primitiven« Zustand, sondern um eine sekundäre Vereinfachung handelt. Dies folgert man auf Grund eines so genannten Außengruppenvergleichs. Hierbei stellt sich heraus, dass die Angehörigen der nächstverwandten Gruppe der »höheren« Säugetiere (der *Eutheria*, zu denen wir gehören), nämlich die Beuteltiere (*Metatheria*, *Marsupialia*) ebenfalls einen sechsschichtigen Cortex besitzen. Daraus schließt man, dass die gemeinsamen Vorfahren der »höheren« Säuger und der Beuteltiere mit hoher Wahrscheinlichkeit einen sechsschichtigen Isocortex besaßen.

Der Isocortex des Menschen hat, wie bereits erwähnt, eine Dicke von zwei bis fünf Millimetern; am dünnsten sind der visuelle und somatosensorische, am dicksten der motorische Cortex. Der Isocortex ist, anders als die meisten anderen Hirnteile (mit Ausnahme des Kleinhirns), sehr gleichförmig aufgebaut (Abb. 4.1). Der dominierende Zelltyp sind die *Pyramidenzellen*; sie bilden rund 80 Prozent aller cortikalen Neurone. Pyramidenzellen sind ausschließlich erregend. Sie besitzen einen pyramidenartigen Zellkörper, der namensgebend ist (vgl. Abb. 3.6). Pyramidenzellen sind die Projektionsneurone des Cortex, d. h. ihre Axone verlassen den Cortex, können aber zum Cortex zurückkehrende Kollaterale besitzen. Die apikalen und basalen Dendriten der Pyramidenzellen sind dicht mit Dornenfortsätzen besetzt. Die senkrecht zur Oberfläche verlaufenden apikalen Dendriten vieler Pyramidenzellen vereinigen sich zu Bündeln, die 10 bis 30 Dendriten enthalten können und »Dendronen« genannt

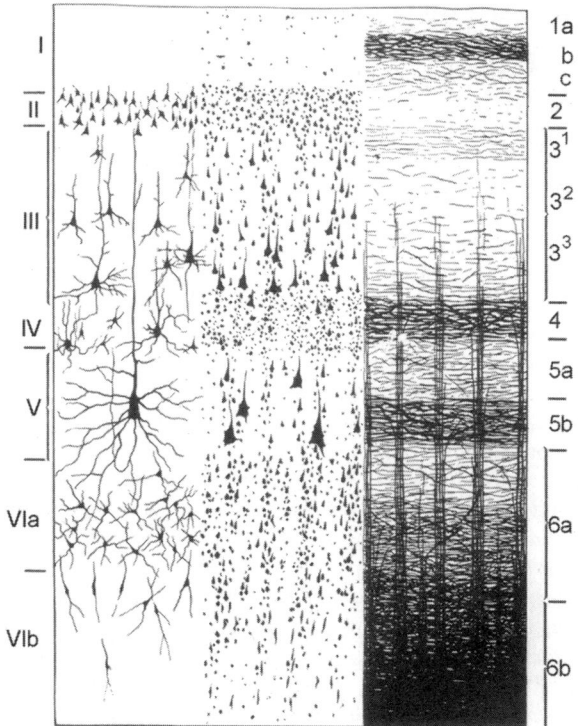

4.1 Zellulärer Aufbau (Cytoarchitektur) der sechsschichtigen Großhirnrinde (Isocortex). Der linke Teil der Abbildung zeigt die Verteilung der wesentlichen Nervenzelltypen des Isocortex, vor allem Pyramidenzellen, in einer so genannten Golgianfärbung. Der mittlere Teil zeigt die Verteilung der Nervenzellkörper in einer so genannten Nisslanfärbung. Rechts sind myelinisierte Fasern in einer so genannten Weigertanfärbung dargestellt. Links ist in römischen Ziffern die übliche sechsschichtige Unterteilung angegeben, rechts in arabischen Ziffern die genauere Unterteilung aufgrund der Nissl-Anfärbung. (Nach Vogt und Brodmann aus Creutzfeldt, 1983; verändert.)

werden. Die Dendriten der in oberen Cortexschichten lokalisierten Pyramidenzellen erreichen die Molekularschicht, wo sie sich rechtwinklig verzweigen. Die hierbei gebildeten *Horizontalfasern* reichen im Durchschnitt 100 bis 200 Mikrometer weit, bei großen Pyramidenzellen auch 400 Mikrometer.

Die restlichen rund 20 Prozent cortikaler Zellen sind Interneurone. Hierunter fallen vor allem *Sternzellen*, daneben auch *Korbzellen*, *Kandelaber-Zellen* und *bipolare Zellen*. Das Ausbreitungsfeld der Dendriten der Sternzellen ist rund oder in horizontaler oder vertikaler Richtung längsgestreckt, ihre Axone sind kurz und verzweigen sich lokal. Ihre Oberfläche ist entweder glatt (*glatte Sternzellen*, engl. *smooth stellate cells*) oder mit nur wenigen Dornen besetzt (*spiny stellate cells*). Diese dornenbesetzten Sternzellen finden sich in großer Zahl in Schicht IV der primären sensorischen Areale des Cortex. Sie haben ebenso wie die bipolaren Zellen und die Korbzellen erregende Funktion. Kandelaber-Zellen und glatte Sternzellen sind demgegenüber wahrscheinlich inhibitorische Interneurone.

Bei der sechsschichtigen Struktur des Isocortex unterscheidet man von der Cortexoberfläche nach innen folgende Schichten (Abb. 4.1): Schicht I, *Molekularschicht* genannt, enthält nur wenige Nervenzellen, sondern vorwiegend apikale Dendriten und Horizontalfasern der in tieferen Schichten lokalisierten Pyramidenzellen. Schicht II ist die *äußere Körnerschicht*. Hier finden sich kleine Pyramidenzellen und zahlreiche Sternzellen (»Körner«). Schicht III ist die *Pyramidenzellschicht*. Sie enthält kleine und mittelgroße Pyramidenzellen sowie Interneuronen. Schicht IV ist die *innere Körnerschicht*; sie besteht vorwiegend aus Sternzellen und Sternpyramidenzellen. Schicht V heißt *ganglionäre Schicht*; große Pyramidenzellen (die »Ganglienkugeln« früher Neuroanatomen) und Interneurone sind hier zu finden. Die größten Pyramidenzellen, die Betzschen Riesenzellen, finden sich im motorischen Cortex. Schicht VI ist die *Spindelzellschicht*; wenige große Pyramidenzellen sowie viele Spindelzellen finden sich hier.

Die Masse der Eingänge (Afferenzen) des Isocortex stammt vom Thalamus, und dort wiederum vornehmlich von den pallio-thalamischen Thalamuskernen. Diese thalamischen Afferenzen enden vor allem im unteren Teil der Schicht III und in Schicht IV und verzweigen dort stark. Sie kontaktieren vornehmlich die dortigen kleinen Pyramidenzellen, aber auch Interneuronen und basale Dendriten von Pyramidenzellen in Schicht III sowie apikale Dendriten von Pyramidenzellen in Schicht V und VI. Die Afferenzen von den trunkothalamischen Kernen (besonders von den intralaminären Kernen) enden vorwiegend in Schicht I und VI.

Nicht-thalamische Afferenzen kommen vorwiegend aus der Amygdala, dem basalen Vorderhirn einschließlich des Septum (cholinerge Afferenzen), den Basalganglien, dem Hypothalamus, den Raphekernen (serotonerge Afferenzen), dem Locus coeruleus (noradrenerge Afferenzen) und dem mesolimbischen System (dopaminerge Afferenzen). Diese überwiegend *modulatorischen* Afferenzen dringen nicht wie die palliothalamischen vertikal, sondern tangential in den Cortex ein und erreichen mit ihren Kollateralen ausgedehnte cortikale Gebiete, obwohl auch hier eine gewisse räumliche Anordnung (*Topie*) zu finden ist.

Die Ausgänge (Efferenzen) des Cortex übertreffen an Zahl die Afferenzen etwa um das Fünffache. Sie nehmen ihren Ausgang vornehmlich von Pyramidenzellen, deren Zellkörper in Schicht V und VI liegen. Die meisten Efferenzen ziehen aus Schicht VI zum Thalamus, wobei bestimmte cortikale Gebiete zu genau den Kernen zurückprojizieren, von denen sie Afferenzen erhalten. Diese rückläufigen Verbindungen bilden das *thalamo-cortikale System* (vgl. Abb. 4.2). Andere Efferenzen des Cortex ziehen aus Schicht V zum Striatum und zur Amygdala sowie über die Pyramidenbahn zum Mittelhirn, zur Brücke und zu den prämotorischen und motorischen Zentren des Verlängerten Marks und des Rückenmarks (vgl. Kapitel 13).

Die weitaus meisten Faserzüge des Cortex stellen jedoch intracortikale Verbindungen dar, *Assoziationsfasern* genannt. Man unterscheidet *kurzreichweitige* Assoziationsfasern, deren Ursprungsneurone in Schicht III und V liegen, und *langreichweitige* Fasern aus Schicht II, IV und V, welche die verschiedenen Rindenlappen miteinander verbinden. Diese Fasern bilden in regelmäßigen Abständen lokale Kollateralverzweigungen (*Cluster*). Hinzu kommen die in Schicht I verlaufenden weitreichenden apikalen Dendriten der Pyramidenzellen, die Horizontalfasern. Schließlich sind noch Kommissurfasern aus Schicht III und in geringerem Maße auch aus Schicht IV und VI zu nennen, die mit ca. 300 Mio. Fasern über den Balken (das *Corpus callosum*) die beiden Großhirnhemisphären miteinander verbinden. Nicht alle cortikalen Felder jedoch sind interhemisphärisch miteinander verbunden, z. B. nicht die Sehrinde im Hinterhauptcortex.

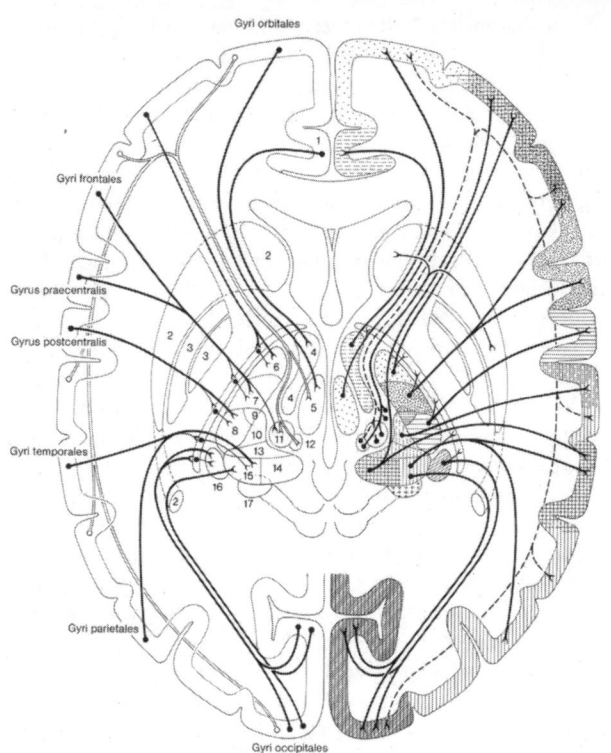

4.2 Schema des thalamo-corticalen Systems in einem Horizontalschnitt durch das menschliche Gehirn (oben ist vorn, unten ist hinten). In der Mitte sind die verschiedenen thalamischen Kerne sowie andere wichtige subcorticale Zentren abgebildet, außen die verschiedenen Areale der Großhirnrinde mit den wichtigsten Hirnwindungen (Gyri). *Rechts* sind die Projektionen der thalamischen Kerne zur Großhirnrinde dargestellt, *links* die Projektionen von Hirnrindenarealen zu thalamischen Kernen. 1 Gyrus cinguli; 2 Corpus striatum; 3 Globus pallidus; 4 Nucleus anterior thalami; 5 Nucleus medialis thalami; 6 Nucleus ventralis anterior; 7 Nucleus ventralis lateralis; 8 Nucleus ventralis posterior; 9 Nucleus ventralis posterior, pars parvocellularis; 10 Nucleus lateralis posterior; 11 Nucleus centromedianus; 12 Nucleus parafascicularis; 13 Pulvinar, pars anterior; 14 Pulvinar, pars medialis; 15 Pulvinar, pars lateralis; 16 lateraler Kniehöcker; 17 medialer Kniehöcker. (Aus Nieuwenhuys et al., 1991.)

Anatomische und funktionale Gliederung des Isocortex

Innerhalb des Isocortex (Abb. 3.4 und 3.5) unterscheidet man (1) primäre und sekundäre sensorische (d. h. somatosensorische, visuelle, auditorische, gustatorische und vestibuläre) Areale, deren Aktivität die Vorstufen unserer bewussten Wahrnehmung bilden; (2) primäre und sekundäre motorische Areale, in denen Details der Steuerung von Willkürbewegungen festgelegt werden; (3) kognitiv-assoziative Areale, die mit komplexer, bedeutungshafter Wahrnehmung, mit Vorstellen und Erinnern zu tun haben (parietaler und temporaler Assoziationscortex); (4) exekutive Areale, die mit Verhaltensplanung und -vorbereitung zu tun haben (vornehmlich der präfrontale Cortex und Teile des parietalen Cortex); und (5) limbische Areale, zuständig für Emotion, Motivation und Verhaltensbewertung, über die in Kapitel 8 zu reden sein wird.

Sensorische Areale

Der primäre *somatosensorische* Cortex verarbeitet Informationen über Tast-, Druck- und Berührungsreize der Haut und der Haare, die Stellung der Gelenke und den Spannungszustand der Muskeln. Eingänge erhält dieser Cortextyp von Kernen der lateralen thalamischen Kerngruppe. Er umfasst die parietalen Brodmann-Areale A3a, 3b, 1 und 2 (auch SI genannt), die hinter der Zentralfurche im Gyrus postcentralis bzw. in der Tiefe der Zentralfurche liegen. Er ist nach somatosensorischen Sinnesqualitäten bzw. -modalitäten aufgegliedert. So sind in den Arealen A3b und 1 Erregungen von Tast- und Druckrezeptoren der Haut und von Körperhaaren repräsentiert, in A2 Erregungen von Gelenk- und Vibrationsrezeptoren und in A3a solche von Muskelspindeln.

Eingänge erhält der primäre somatosensorische Cortex im Wesentlichen von zwei aufsteigenden Systemen, die beide im Hirnstamm zur Gegenseite kreuzen, so dass die Empfindungen einer Körperhälfte im gegenüberliegenden (kontralateralen) Cortex repräsentiert sind. Das Erste ist das *Hinterstrangsystem*, das für Berührungs-, Vibrations-, Muskeldehnungs- und Gelenkstellungsreize (so genannte *epikritische Sensibilität*) zuständig ist und dessen Fasern vom Rückenmark und von der Medulla oblongata über den Lemniscus medialis zum ventrolateralen und ventrocaudalen Teil des dorsalen Thalamus ziehen. Hier wird der Körper *somatotop*, d. h. in ungefährer Reihenfolge seiner Teile, abgebildet. Von hier aus ziehen Fasern zum postzentralen Gyrus, wo ebenfalls eine somatotope Abbildung des Körpers vorhanden ist.

Das zweite System ist das *Vorderseitenstrangsystem*, das den spinothalamischen Trakt bildet und Informationen über Schmerz- und Temperaturempfindungen (so genannte *protopathische Sensibilität*) fortleitet. Dieser Trakt zieht zusammen mit dem Lemniscus medialis zum ventrolateralen und ventrocaudalen Thalamus, wo ebenfalls eine somatotope Abbildung des Körpers vorliegt, daneben aber auch zu den medialen und intralaminären Kernen, die ihrerseits zum Striatum, zum posterioren parietalen und zum frontalen Cortex projizieren.

Entsprechend der geschilderten somatosensorischen Afferenzen ist die Oberfläche einer Körperseite (nämlich der gegenüberliegenden) in jedem der Areale A 3a, 3b, 1 und 2 entlang der Zentralfurche *somatotop* als »Homunculus« abgebildet. Dies geschieht in der Weise, dass die unteren Körperregionen auf der Innenseite der Hemisphäre bzw. im oberen Teil des Gyrus postcentralis und die oberen Körperregionen außen im unteren Teil des Gyrus postcentralis und der Zentralfurche repräsentiert sind. Der sekundäre somatosensorische Cortex (A5, auch SII genannt) ist nur partiell somatotop gegliedert und wird meist zum posterioren parietalen Cortex (A7a, A7b; s. unten) gerechnet.

Der primäre *visuelle* Cortex (A 17, auch Area striata oder striärer, d. h. »gestreifter« Cortex genannt) liegt am hinteren (okzipitalen) Teil des Cortex sowie an seiner hinteren Innenfläche (Abb. 3.4 und 3.5). Er erhält seine Eingänge ausschließlich vom lateralen Kniehöcker des dorsalen Thalamus. Der primäre visuelle Cortex wird eingerahmt vom sekundären (A18) und tertiären visuellen Cortex (A19; zusammen auch extrastriärer Cortex genannt). Die Funktionen des *menschlichen* striären und extrastriären visuellen Cortex sind nicht genau bekannt, scheinen aber auch in vielen Details den Verhältnissen beim Makakenaffen zu entsprechen, die gut untersucht sind. Beim Makakenaffen gibt es 30 oder mehr visuelle Areale (vgl. Roth, 1996). V1 (Area 17) enthält eine komplette retinotope Repräsentation des Gesichtsfeldes. Es besteht aus mehreren funktionalen Untersystemen, die mit den elementaren Reizmerkmalen »Bewegung«, »Farbe« und »Form« sowie »Disparität« binokularer Reize zu tun haben.

Das extrastriäre Areal V2 (A 18) enthält beim Makakenaffen Zellen, die selektiv auf Farbe/Wellenlänge, Kantenorientierung und Bewegung bzw. Bewegungsrichtung ansprechen. Hier werden auch Zellen gefunden, die auf virtuelle Konturen komplexer Objekte antworten. Das extrastiäre Areal V3/V3A (Area 19) enthält viele orientierungsselektive Zellen und solche, die spezifisch auf binokuläre Disparitäten antworten. Dieses Areal verarbeitet offenbar die visuellen Merkmale »Form« und »räumliche Tiefe«.

Das Areal V4 enthält viele farbsensitive Zellen; einige davon zeigen Farbkonstanz (d. h. die Aktivität der Zellen verändert sich nicht, auch wenn der Wellenlängenbereich des Lichts sich etwas ändert). Das Areal V5/MT (mediales temporales Feld) enthält Zellen, die auf bestimmte Bewegungsrichtungen antworten. Einige davon tun dies unabhängig vom Ort, von der Geschwindigkeit oder der Gestalt eines Objekts. Manche Zellen antworten auch unterschiedlich bei Fremdbewegung eines Objekts gegenüber einer durch Eigenbewegung des Kopfes oder der Augen induzierten Bewegung. Areal V6/MST (mediales superiores temporales Feld) enthält Zellen, die selektiv auf Rotation und Expansion von bewegten Mustern reagieren. Diese Zellen sind offenbar mit der Analyse von so genannten visuellen Fluss-Feldern befasst, die während der Eigenbewegung und bei der Blickverfolgung von Objekten auftreten. Die komplexe, von Bewusstsein begleitete visuelle Reizverarbeitung findet im inferioren temporalen Areal (IT) statt. IT wird deshalb weiter unten behandelt.

Der primäre *auditorische* Cortex umfasst beim Menschen das cortikale Gebiet A41 (die so genannten Heschlschen Querwindungen). Hier enden die Fasern der Hörstrahlung (*Radiatio acustica*) aus dem medialen Kniehöcker. Der primäre auditorische Cortex zeigt eine systematische Abbildung der Tonfrequenzen (*tonotope Organisation*). Der sekundäre auditorische Cortex (Area 42) umschließt hufeisenförmig den primären auditorischen Cortex und ist nicht klar tonotop gegliedert. Der assoziative auditorische Cortex befindet sich im oberen Temporallappen. Im Gegensatz zu subcortikalen auditorischen Neuronen reagieren die meisten cortikalen auditorischen Neurone nicht auf reine Töne, sondern nur auf komplexe auditorische Reize, auch zeigen sie nur phasische Antworten, d. h. sie antworten im Wesentlichen nur auf Änderungen in der Tonhöhe oder -stärke. Verglichen mit dem visuellen Cortex ist der auditorische Cortex der Primaten einschließlich des Menschen nur wenig erforscht.

Rindenareale, die auf Geschmackserregung (gustatorische Information) antworten, finden sich in der allocortikalen Insel (*Insula*) und im primären somatosensorischen Cortex. Der allocortikale olfaktorische Cortex besteht aus der Regio retrobulbaris, dem Tuberculum olfactorium und der Area praepiriformis, die alle Eingänge vom Riechkolben (*Bulbus olfactorius*) erhalten. Die genannten gustatorischen und olfaktorischen Areale stehen in enger Beziehung mit limbischen Zentren (s. Kapitel 8), vor allem mit dem Hypothalamus, der Amygdala, der entorhinalen Rinde und dem orbitofrontalen Cortex, die u. a. komplexe Geruchs- und Geschmacksinformationen verarbeiten. Bekanntlich haben Geschmacks- und insbesondere Geruchsinformationen eine besondere Wirkung auf Emotionen. Man sagt nicht umsonst »keinen guten Geschmack haben« und »jemanden nicht riechen können«.

Assoziative Areale

Der parietale Assoziationscortex

Der parietale Assoziationscortex (Abb. 3.4 und 3.5), auch posteriorer parietaler Cortex genannt, umfasst die Brodmann-Areale A5, 7a und 7b, die den oberen Parietallappen bilden, sowie den Gyrus angularis (A39) und den Gyrus supramarginalis (A40), die den unteren Parietallappen umfassen. Der vordere Teil des oberen Parietallappen, d. h. das Brodmann-Areal A5 (beim Affen PE genannt), erhält seine Eingänge im Wesentlichen aus der vor ihm liegenden primären somatosensorischen Rinde (Areale A3, 1 und 2) und projiziert seinerseits zum primären motorischen, prämotorischen und supplementärmotorischen Cortex (s. Kapitel 13) sowie zum präfrontalen Cortex. Der hintere Teil des oberen Parietallappens (Areal A7a) erhält zahlreiche somatosensorische Eingänge über das vorgeschaltete Areal A5/PE, daneben auch aus dem motorischen und prämotorischen Cortex. Die Efferenzen entsprechen denen von PE. Das ebenfalls im hinteren Teil des oberen Parietallappens, im Übergang zum Hinterhauptscortex gelegene Areal A7b (auch PG genannt) empfängt komplexe somatosensorische, visuelle, propriozeptive (d. h. von Muskelspindeln und Gelenkrezeptoren kommende), auditorische, vestibuläre (d. h. den Gleichgewichtssinn betreffende) und okulomotorische

(Augenbewegungen betreffende) Informationen. Dieses Gebiet projiziert ebenfalls zum präfrontalen Cortex.

Diese drei dorsalen Areale des Parietallappens finden sich auch beim Makakenaffen und sind deshalb anatomisch und funktionell gut untersucht. Unklar ist, ob es beim Affen Areale gibt, die dem unteren Parietallappen des Menschen mit den Arealen A39 und A40, d. h. dem Gyrus angularis und dem Gyrus supramarginalis, entsprechen, die das Schreib-Lese-Zentrum bilden. Von einigen Neurobiologen werden diese Areale als evolutionäre Neubildungen angesehen.

Der parietale Assoziationscortex integriert in seinem vorderen Teil körperbezogene Wahrnehmungen. Er vermittelt das Körpergefühl einschließlich des Gleichgewichtsgefühls, er konstruiert die Tastwelt und vermittelt Informationen über die Bewegungsabläufe, also darüber, was ich gerade tue. Zu den Aufgaben des vorderen oberen Parietallappens gehört auch die Konstruktion einer dreidimensionalen Welt und die Lokalisation der Sinnesreize, des eigenen Körpers und seiner Bewegungen in der Umwelt. Auf diese Weise wird das Wissen darüber erstellt, wo ich mich befinde und wo die Objekte und Geschehnisse sich befinden, die ich gerade wahrnehme.

Der Parietallappen spielt darüber hinaus bei der Steuerung der Bewegungen von Kopf, Arm und Hand eine wichtige Rolle. Er verarbeitet Informationen über die Gegenstände der Welt nicht so sehr danach, »wie sie sind« (dies tut eher der temporale Cortex, s. unten), sondern in Hinblick auf die Planung, Ausführung und Kontrolle von Bewegungen der Augen, des Kopfes, der Arme und der Hände. Im Parietallappen des Makakenaffen gibt es Neuronen, die dann feuern, wenn das Tier seinen Blick auf bestimmte Gegenstände richtet und dadurch seine Aufmerksamkeit auf sie lenkt. Viele parietale Neurone werden stark durch die Aufmerksamkeit auf verhaltensrelevante Gegenstände und Geschehnisse aktiviert, z. B. auf solche, die auf eine Belohnung (z. B. leckeres Futter) hinweisen. Entsprechend nimmt man im Primatengehirn ein »hinteres«, d. h. posterior-parietales Aufmerksamkeitszentrum an. Andere Neurone feuern, wenn der Affe Gegenstände anschaut, die er zu ergreifen plant oder dies dann auch wirklich tut (»Hand-Neurone«). Hiervon wird in Kapitel 13 noch zu reden sein.

Andere Aufgaben des Parietallappens sind noch komplexer und betreffen das, was man die Konstruktion des »mentalen Raumes« nennen kann (Kolb und Wishaw, 1996). Der Parietallappen des

Menschen zeigt dabei deutliche funktionale Hemisphärenunterschiede. Im *rechten* Parietallappen dominiert die räumliche Lokalisation, die konkrete oder mentale Konstruktion des Raumes mit der Möglichkeit des Perspektivwechsels. Im *linken* Parietallappen (einschließlich des Gyrus angularis und des Gyrus supramarginalis) wird vornehmlich symbolisch-analytische Information verarbeitet, etwa Rechnen bzw. Arithmetik und Sprache sowie die Bedeutung von Abbildungen und von Symbolen. Verletzungen des linken Parietallappens, besonders im Bereich des Gyrus angularis und marginalis, führen zu Störungen beim Lesen und Schreiben und von entsprechenden Gedächtnisfunktionen. Musikwahrnehmung und Aspekte der Musikausübung sind im Parietallappen lokalisiert, wobei das Wahrnehmen von Melodie und Harmonie eher rechtsparietal, das Erfassen des Rhythmus und das Verständnis von Vortragsanweisungen eher linksparietal abläuft (vgl. Spitzer, 2002).

Der Parietallappen ermöglicht, wie bereits kurz erwähnt, das Umlenken der Aufmerksamkeit (*shift of attention*) im Zusammenhang mit räumlicher Orientierung und im Hinblick auf Erwartungshaltungen. In diesem Zusammenhang ist der so genannte *Hemineglect* erwähnenswert. Es handelt sich hierbei um eine Erkrankung, bei der Patienten so tun, als gäbe es einen Teil der Seh- oder Körperwelt (der linken oder rechten) nicht. So wird etwa der linke Arm trotz Aufforderung nicht bewegt, sondern erst, wenn man ihn berührt, die linke Hälfte von Gegenständen wird nicht erkannt oder abgezeichnet, der linke Teil des Essens auf einem Teller wird nicht aufgegessen und der linke Teil eines bekannten Platzes nicht erinnert. Die Patienten sind sich aber ihres Defektes nicht bewusst, sondern beharren darauf, das Objekt vollständig gezeichnet und den Teller vollständig leergegessen zu haben. Diesen Mangel an Einsicht in eine Erkrankung nennt man *Anosognosie*.

Man führt heute diese Störungen nicht auf eine defekte Wahrnehmung von Ereignissen in einer Hälfte unserer Sinneswelt zurück, sondern auf ein *Defizit der Aufmerksamkeitsfokussierung* auf die betroffene Seite des Körpers bzw. der Außenwelt. Bringt man nämlich die Patienten mit Tricks zu einer Reaktion auf die scheinbar nicht existierende linke oder rechte »Welt«, so reagieren sie sehr gut darauf. Diesen Patienten geht es offenbar so wie uns Gesunden, wenn wir auf bestimmte Dinge »vor unserer Nase« nicht die Aufmerksamkeit richten. Dann ist es so, als wären sie überhaupt nicht vorhanden.

Nach Verletzungen des rechten Parietallappens können Patienten, wie der russische Neurologe Alexander Lurija anschaulich beschrieben hat, ihre verschiedenen Aufenthaltsorte nicht mehr räumlich und zeitlich auseinander halten und behaupten z. B. an verschiedenen Orten gleichzeitig zu sein; sie sehen selbst darin jedoch nichts Eigenartiges (Lurija, 1991). Auch dies ist ein Beispiel für Anosognosie.

Ausgedehnte Läsionen des parietalen Cortex führen zur Unfähigkeit, zweck- und objektbezogene Handlungsentwürfe (Werkzeuggebrauch, Ankleiden, Gebärden), *Apraxie* genannt, durchzuführen, daneben auch zu Unsicherheiten bei Bewegungen auf Zielobjekte hin, zu Raumorientierungsstörungen und Störungen des Körperschemas. Zu diesen Störungen gehört das *Balint-Syndrom* (1909 von Balint beschrieben), bei dem die visuelle, d. h. blickabhängige Steuerung von Greifbewegungen gestört ist und die Patienten meist neben einen Gegenstand greifen; nicht-visuell geleitete Bewegungen sind hingegen unbeeinträchtigt. Auch können diese Patienten jeweils nur ein isoliertes Objekt zu einer Zeit betrachten, was ihnen beim Lesen die Synthese von Buchstaben zu Wörtern und von Wörtern zu Sätzen unmöglich macht. Beim Balint-Syndrom nimmt man eine Schädigung des parietalen Areals PE an (s. oben). Für eine ausführliche Darstellung von neuropsychologischen Störungen im Zusammenhang mit dem Parietallappen sei auf das Lehrbuch von Kolb und Wishaw (1996) verwiesen.

Der temporale Assoziationscortex

Der temporale Assoziationscortex (Abb. 3.4 und 3.5) umfasst den oberen und mittleren Temporallappen, der neben Areal A22 die primären und sekundären auditorischen Regionen A41 und 42 einschließt (s. oben), daneben den temporalen Pol (A38), den caudalen, an den Hinterhauptscortex angrenzenden Teil (A37) und den unteren (inferioren) temporalen Cortex (IT; A20, 21). Nach innen, in Fortsetzung von A20, schließt sich der mediale Temporallappen an mit dem perirhinalen und parahippocampalen Cortex (A 35 und 36) und dem entorhinalen Cortex (A 28), der seinerseits den Hippocampus umgibt.

Im oberen und mittleren temporalen Cortex (A 41, 42, 22) wird komplexe auditorische Information verarbeitet; hier findet sich – bei den meisten Personen in der linken Hemisphäre – das Wernickesche

Sprachzentrum (ungefähr A22), das für einfaches Sprachverständnis (Semantik) zuständig ist (s. Kapitel 12). Der vorwiegend rechte inferiore und posteriore Temporallappen (A20, 21, 37) hat mit dem Erkennen komplexer visueller Objekte und Situationen zu tun. Hierzu gehört das Erkennen von Körperteilen wie der Hand, des Gesichts oder von Gesichtspartien bzw. verschiedenen Ansichten von Gesichtern sowie von individuellen Gesichtern, aber auch die Unterscheidung zwischen belebten und unbelebten Objekten. An der Gesichtererkennung ist auch der so genannte obere temporale Sulcus (Sulcus temporalis superior, STS) beteiligt.

Der vordere Teil des Temporallappens (der so genannte Temporalpol, A38) hat teils visuelle, teils auditorische Funktionen und ist mit der Verarbeitung komplexer Objekte und Szenen befasst; in diesem Zusammenhang ist er in das autobiographische Gedächtnis involviert. Neurone im STS an der Obergrenze des Areals A37 sind ebenso wie der anteriore temporale Pol multimodal. Dieses Gebiet bildet ein wichtiges Konvergenzzentrum zwischen dem parietalen und temporalen Cortex.

Während der parietale Cortex mit Raum, Lokalisation, Bewegung und Handlung im konkreten und abstrakten Sinn zu tun hat, befasst sich der temporale Cortex mit auditorischer und visueller *Objekterkennung*. Hierzu gehört das Identifizieren und Kategorisieren von Objekten und Szenen und das darauf aufbauende Erfassen von deren Bedeutung. Der Temporallappen ist hiermit der Zulieferer für das emotionale und das kognitiv-deklarative Gedächtnis in der Amygdala und der Hippocampusformation, die sich nach unten und innen an den Temporallappen anschließen. Der Temporallappen hat auch mit der Ausbildung sprachlicher (linkstemporal) und nichtsprachlicher (rechtstemporal) Kategorienbildungen zu tun, insbesondere mit solchen, die wir relativ automatisiert ausführen.

Generell führt die Zerstörung des oberen Temporallappens zu Störungen in der auditorischen Wahrnehmung, ein Defekt im unteren Temporallappen zur Unfähigkeit, Szenen und Objekte in ihrer Bedeutung zu erkennen, *Agnosie* genannt. Dabei zeigt auch der temporale Assoziationscortex eine deutliche Asymmetrie zwischen den Hemisphären. So führt eine Schädigung des linken Temporallappens in Höhe des Wernicke-Areals zu Defiziten im sprachlichen Bereich, insbesondere in der Fähigkeit, sprachliche Bedeutung (Semantik) zu erfassen, sofern diese nicht auf Syntax beruht – damit hat das Broca-Areal im frontalen Cortex zu tun. Schädigungen des rechten Temporallappens, besonders im oberen temporalen Sulcus (STS), führen in Kombination mit dem Gyrus fusiformis im extra-striären Cortex zu Defiziten beim Erkennen von Gesichtern, *Proso-pagnosie* genannt (Haxby et al., 2000). Personen sind z. B. nach einem Schlaganfall, der die genannten Areale betrifft, nicht mehr in der Lage, die Gesichter ihrer nächsten Angehörigen zu erkennen; sie können diese jedoch ohne weiteres anhand ihrer Stimme oder charakteristischer Körperbewegungen identifizieren.

Im rechten Temporallappen wird auch die Fähigkeit angesiedelt, die emotionalen Komponenten der Sprache, *Prosodie* genannt, zu erfassen, und ebenso die Fähigkeit, die Gesichtsmimik zu verstehen. Patienten mit Läsionen im rechten Temporallappen sind nicht mehr in der Lage, bestimmte *soziale Signale* wie den kurzen Blick des Gastgebers auf die Uhr in ihrer Bedeutung wahrzunehmen. Schließ-lich führt die Zerstörung oder chirurgische Entfernung des rechten Temporallappens zu tiefgreifenden Persönlichkeitsveränderungen, die man »Temporallappenpersönlichkeit« nennt. Hierzu gehören nach Kolb und Wishaw (1996) eine pedantische Sprache, Egozentrik, Beharren auf persönlichen Problemen im Gespräch, paranoide Züge, die Überbeschäftigung mit Religion und die Neigung zu aggressiven Ausbrüchen. Besonders letzteres Merkmal lässt vermuten, dass hier auch die im medialen Temporallappen beheimatete Amygdala in Mitleidenschaft gezogen wurde (vgl. Kapitel 8 und 10).

Der frontale Assoziationscortex

Zum frontalen Assoziationscortex (Abb. 3.4 und 3.5) gehören mit Ausnahme des primären und sekundären motorischen Cortex Teile des Frontallappens. Dabei handelt es sich um den präfrontalen und orbitofrontalen Cortex (A9, 10, 12, 46 und 47), das frontale Augenfeld (FEF, A8) und das supplementäre Augenfeld (A6), das supplementär-motorische Areal (SMA und prä-SMA, d. h. der mediale Teil von A6) und die Brocasche Sprachregion (A44, A45). Im vorliegenden Zu-sammenhang soll nur der präfrontale Cortex besprochen werden.

Der *präfrontale Cortex* (PFC) umfasst die Areale A9, 10 und 46. Einige Autoren untergliedern den PFC wiederum in einen *dorsola-teralen* und einen *ventrolateralen* Teil. Beide Teile des PFC erhalten unterschiedliche corticale und subcorticale Eingänge. Der *dorsola-*

terale PFC erhält körperbezogene Informationen aus dem posterioren parietalen Cortex über die Stellung und Bewegung von Kopf, Nacken, Gesicht und Händen, daneben Informationen über Raumorientierung sowie räumliche Aspekte der Handlungsplanung. Der *ventrolaterale* PFC empfängt hingegen vom Temporallappen Informationen über komplexe auditorische und visuelle Wahrnehmungen, z. B. das Erfassen von Objekten und Szenen, sowie sprachbezogene Informationen aus dem linken Temporallappen (d. h. dem Wernicke-Sprachzentrum).

Hinzu kommen für den gesamten PFC allocortikale und subcortikale Afferenzen aus dem anterioren cingulären und dem insulären Cortex, aus dem parahippocampalen Cortex, der dem linken PFC *verbale*, dem rechten *nichtverbale* Gedächtnisinhalte vermittelt, sowie aus dem mediodorsalen thalamischen Kern und dem Pulvinar. Von besonderer Bedeutung für die Funktionen des präfrontalen Cortex sind die dopaminergen Afferenzen aus dem mesolimbischen System, vor allem vom Ventralen Tegmentalen Areal des Mittelhirns (s. Kapitel 8). Efferenzen des PFC ziehen zurück in die iso- und allocortikalen Gebiete, aus denen die Afferenzen kommen, außerdem zum Nucleus caudatus, zum Zentralen Höhlengrau des Mittelhirns und in die Umgebung des Nucleus ruber und der Substantia nigra – zwei motorischen Zentren im Mittelhirntegmentum.

Der präfrontale Cortex hat ganz allgemein mit zeitlich-räumlicher Strukturierung von Sinneswahrnehmungen und entsprechenden Gedächtnisleistungen zu tun, und zwar bei der Planung und Vorbereitung von Handlungen sowie beim Lösen von Problemen und in diesem Zusammenhang mit Erinnern, Vorstellen und Denken (Förstl, 2002). Er ist auch Sitz des *Arbeitsgedächtnisses*, d. h. desjenigen Gedächtnisses, das im Zusammenhang mit Handlungsplanung für wenige Sekunden einen bestimmten Teil der Wahrnehmungen und die hiermit verbundenen Gedächtnisinhalte und Vorstellungen im Bewusstsein festhält (s. Kapitel 5). Allgemein zeigen Untersuchungen mithilfe bildgebender Verfahren, dass der PFC umso stärker aktiviert ist, je schwieriger sich ein bestimmtes Problem darstellt.

Unklar ist, welche kognitiv-exekutiven Funktionen in welchen Teilen des dorso- und ventrolateralen PFC anzusiedeln sind. Bisherige Untersuchungen zur funktionalen Organisation des menschlichen PFC, die mithilfe bildgebender Verfahren oder des Studiums der Folgen von Verletzungen gewonnen wurden, sind hinsichtlich der räumlichen Lokalisation relativ ungenau. Der PFC nichtmenschlicher Primaten, besonders der von Makakenaffen, ist aufgrund von Einzelzellableitungen viel genauer untersucht, doch auch hier gibt es Meinungsverschiedenheiten zwischen einzelnen Arbeitsgruppen, die auf diesem Forschungsgebiet tätig sind.

Weithin akzeptiert ist die Auffassung der mit Makakenaffen arbeitenden Arbeitsgruppe um Patricia Goldman-Rakic (vgl. Wilson et al., 1993). Danach erhält der dorsolaterale PFC cortikale Eingänge hauptsächlich aus dem Parietallappen und hat mit der Verarbeitung räumlicher Information (»Wo?«) und entsprechenden Kurzzeit-Gedächtnisleistungen zu tun. Der ventrolaterale PFC hingegen erhält Eingänge aus dem unteren Temporallappen und ist mit nichträumlicher Objektwahrnehmung (»Was?«) und damit zusammenhängenden Kurzzeit-Gedächtnisleistungen befasst. Entsprechend teilen Goldman-Rakic und Mitarbeiter das *räumliche* Arbeitsgedächtnis dem dorsolateralen PFC und das nichträumliche, *objekt- und szenenbezogene* Arbeitsgedächtnis dem ventrolateralen PFC zu. Nur im ventrolateralen PFC sind nach Befunden dieser Autoren Neurone vorhanden, die selektiv auf Gesichter antworten (Scalaidhe et al., 1997). Diese Aufteilung in einen dorsolateralen »Wo«-Anteil und einen ventrolateralen »Was«-Anteil wird bei Makakenaffen durch neuere Arbeiten von Earl Miller und Mitarbeitern bestätigt (Rao et al., 1997), wobei allerdings auch Neurone gefunden werden, die diese beiden Aspekte integrieren. Untersuchungen von Hasegawa et al. (1998) zeigen ebenfalls am Makakenaffen, dass der PFC der Ort des kurzzeitigen »Auslesens« von Langzeitinformationen ist, die ihrerseits im unteren Temporallappen gespeichert sind.

Ungeklärt ist die Frage, ob im PFC im Zusammenhang mit dem Arbeitsgedächtnis das *Behalten* der Information stattfindet oder die Entscheidung darüber, was eine Versuchsperson oder ein Affe *tun soll*. Als Zentrum des Behaltens wurden lange Zeit die Areale 9 und 46 angesehen. Hier wurden nämlich beim Makakenaffen Neurone gefunden, die in einer verzögerten Vergleichsaufgabe in der Periode zwischen dem Verschwinden des Hinweisreizes und der Wahlsituation feuern (Fuster und Alexander, 1971; Fuster, 1973, 1995). Diese Neurone wurden als *Kurzzeitgedächtnis-Neurone* interpretiert. Dem widersprachen jedoch Befunde, dass menschliche Patienten mit Läsionen im dorsolateralen PFC keine auffälligen Defizite im Kurzzeitgedächtnis zeigen.

Neueste Untersuchungen legen indes nahe, dass der dorsolaterale PFC weniger mit dem Kurzzeitgedächtnis selbst, als vielmehr mit der Überwachung (*monitoring*) von Informationen des Arbeitsgedächtnisses über verhaltensrelevante Ereignisse befasst ist (Kim und Shadlen, 1999; Petrides, 2000). Der ventrolaterale PFC ist dagegen offenbar direkter in Vergleich, Bewertung von Ereignissen, Handlungsentscheidung und Handlungsvorbereitung involviert (Petrides, 2000; Passingham et al., 2000). In einer kürzlich veröffentlichten kernspintomographischen Studie an menschlichen Versuchspersonen bei verzögerten Vergleichsaufgaben fanden Rowe et al. (2000), dass nur die *Auswahl* von situationsgerechten Handlungen aus dem Gedächtnis im »klassischen« Areal 46 für das Arbeitsgedächtnis, in Anteilen von A8 und im rechten orbitofrontalen Cortex sowie in Gebieten des parietalen Cortex stattfindet. Das *Behalten* von Gedächtnisinhalten war von Aktivitäten in A8 und parietalen Cortexarealen begleitet, nicht jedoch in A46. Die Autoren schließen daraus, dass bei verzögerten Vergleichsaufgaben Behalten und Entscheiden in unterschiedlichen PFC-Arealen stattfinden. A46 wäre demnach spezifisch für die Verhaltensentscheidung, nicht aber für das Behalten.

Die Tätigkeit des dorso- und ventrolateralen PFC scheint nach dem soeben Gesagten vor allem in der *kontextgerechten Beurteilung* und der entsprechenden bewussten *Handlungsentscheidung* zu liegen, wobei Emotionen offenbar nur eine geringe Rolle spielen. Scalhaide et al. (1997) fanden im ventrolateralen PFC von Makakenaffen bei der Aktivität von Gesichterneuronen keinerlei Modulation durch den emotionalen Kontext, sondern nur durch visuelle Details (vgl. auch Rolls, 1999). Mit dem Emotionalen ist vielmehr der orbitofrontale Cortex befasst, der in Kapitel 8 besprochen wird.

Läsionen des präfrontalen Cortex rufen beim Menschen keine genau umschriebenen Defizite bei der Wahrnehmung oder bei kognitiven Leistungen einschließlich der Intelligenz hervor, sondern Ausfälle, die zum einen die Handlungsplanung und zum anderen die Persönlichkeit des Menschen betreffen (bei Letzterem ist immer auch der orbitofrontale Cortex in Mitleidenschaft gezogen). Ein erster Symptomkomplex betrifft den Verlust des divergenten Denkens, d. h. der Fähigkeit, neue, zum Teil ungewöhnliche Lösungen eines Problems zu finden und sich Alternativen bei der Handlungsplanung einfallen zu lassen. Zu den beeinträchtigten Fähigkeiten gehört auch das Entwickeln neuer Strategien, d. h. *kreatives* Denken. Patienten mit präfrontalen Läsionen beharren auf alten, bewährten Lösungen – eine Haltung, die man *Perseveration* nennt; sie können in einer ungewohnten Problemsituation keine neuen Lösungen finden. Sie haben auch Mühe, komplexere Anweisungen zu befolgen. Bei alledem sind sich die Patienten – wie so häufig bei Defekten des assoziativen Cortex – ihrer Fehlleistungen meist nicht bewusst. Sie versichern vielmehr, die ihnen gestellte Aufgabe richtig verstanden und richtig gelöst zu haben.

Typisch für Patienten mit Schäden im PFC ist der Verlust der Verhaltensspontaneität, wobei linksseitige Schäden meist zu einer erheblichen Beeinträchtigung des Sprachflusses und der Sprachgewandtheit, rechtsseitige Schäden zu einer Reduktion der spontanen Mimik und Gestik und ganz allgemein des Verhaltens führen. Solche Patienten erscheinen lethargisch und »faul«, wobei sie durchaus sehr gesprächig sein können, da ihr linksseitiges Sprachzentrum nicht beeinträchtigt ist.

Ein häufiges Merkmal von Patienten mit Schädigung des präfrontalen Cortex ist die Schwierigkeit, Informationen aus der Umwelt für die Planung, Durchführung, Kontrolle und Bewertung des eigenen Verhaltens zu nutzen. Solche Patienten sind »fahrig« und hochgradig ablenkbar, sie zeigen ein ausgesprochen »reizgebundenes« Verhalten, d. h. sie reagieren sofort auf bestimmte Merkmale und warten nicht ab, in welchem Maße sich Dinge komplexer entwickeln und eventuell eine flexible Taktik erfordern (Förstl, 2002). Man nimmt an, dass durch die Schädigung des PFC eine seiner wichtigsten Fähigkeiten fortfällt, nämlich *spontane Antworten zu unterdrücken*. Entsprechend gehen manche PFC-Patienten »sehenden Auges« große Risiken ein. Auch hier sind der orbitofrontale und der anteriore cinguläre Cortex mitbeteiligt (vgl. Kapitel 8).

Bemerkenswert ist das Auftreten scheinbar sich widersprechender Symptome nach Läsion des präfrontalen Cortex, also auf der einen Seite das hartnäckige Verbleiben bei einer einmal eingeschlagenen Strategie und auf der anderen eine »Fahrigkeit« und hochgradige Ablenkbarkeit. Hierbei muss beachtet werden, dass der präfrontale und orbitofrontale Cortex mehr als andere Teile der Großhirnrinde unter Kontrolle des dopaminergen Systems stehen. Eine Überversorgung präfrontaler Netzwerke mit Dopamin führt wahrscheinlich zu einer erheblichen Lockerung kognitiver und exekutiver Netzwerke und damit zu erhöhter Assoziationsbereitschaft (Fahrigkeit, Ideenflucht), während eine Unterversorgung mit Dopamin zu einer verstärkten Rigidität und verminderten Assoziationsbereitschaft führt. Ähnliche Symptome sind auch bei Schizophrenie-Patienten zu beobachten, die u. a. an einer Störung der dopaminergen Eingänge des präfrontalen Cortex leiden. Hierauf komme ich im 6. Kapitel noch einmal zu sprechen.

5. Gedächtnis und Erinnerung

»Wir sind Erinnerung« heißt der Titel der 1998 erschienenen deutschen Übersetzung des lesenswerten Buches »Searching for memory. The brain, the mind, and the past«, das der amerikanische Gedächtnisforscher Daniel Schacter 1996 veröffentlichte. In der Tat, wir wären nichts ohne Gedächtnis und Erinnerung; wir wüssten nicht, wer und wo wir sind, welcher Tag heute ist und in welchem Monat und Jahr wir uns befinden, wer die anderen um uns herum sind, warum wir gerade hier sind und nicht anderswo, was man von uns erwartet, welche Bedeutung die Dinge und Geschehnisse um uns herum haben. Wir würden uns einerseits vor vielen Dingen grundlos ängstigen und andererseits viele Gefahren übersehen. Wir würden keine Gestik und Mimik verstehen und keinen Satz sprechen können. Schon bei etwas komplexeren Bewegungen kämen wir in Schwierigkeiten, weil die meisten Bewegungen eingeübt sind und damit von Lernen und Gedächtnis abhängen. Kurzum, wir wären verloren.

Was ich soeben genannt habe, sind alles alltägliche Gedächtnisleistungen und nicht ausgedehnte »Erinnerungen«, denen wir nachhängen. Zugleich sind diese Gedächtnisleistungen sehr verschiedenartig, und an manche denken wir gar nicht, wenn wir den Begriff »Gedächtnis« benutzen, z. B. das Erfassen von Wortbedeutungen oder das Benutzen eines Werkzeugs. Sie alle haben eines gemeinsam: Sie beruhen auf Veränderungen in unserem Gehirn, die *erfahrungsabhängig* sind und die Grundlage von *Lernen* bilden. Sie stehen damit in deutlichem Gegensatz zu den Funktionen unseres Körpers, die uns am Leben erhalten und die wir nicht lernen müssen (und auch gar nicht können), sowie zu allen grundlegenden affektiven Zuständen wie Wut, Schmerz, reaktiver Aggressivität und Teilen des Sexualverhaltens, die uns ebenfalls angeboren sind.

Es gibt eine umfangreiche neurobiologische und psychologische Literatur darüber, was die Begriffe »Lernen« und »Gedächtnis« umfassen, die hier nicht adäquat wiedergegeben werden kann. Deshalb weise ich auf die erwähnten neurobiologischen und neuropsychologischen Lehrbücher und Lehrbuchartikel hin, vor allem Kolb und Wishaw (1996) und Menzel (2001) sowie auf die Aufsätze von Menzel und Roth (1996), Goschke (1996a, b) und Markowitsch (2002). Im Folgenden muss ich mich auf einige wichtige Aspekte des menschlichen Gedächtnisses beschränken.

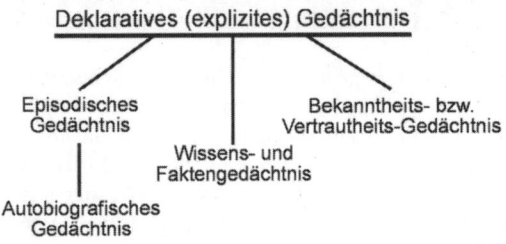

Deklaratives (explizites) Gedächtnis

- Episodisches Gedächtnis
- Autobiografisches Gedächtnis
- Wissens- und Faktengedächtnis
- Bekanntheits- bzw. Vertrautheits-Gedächtnis

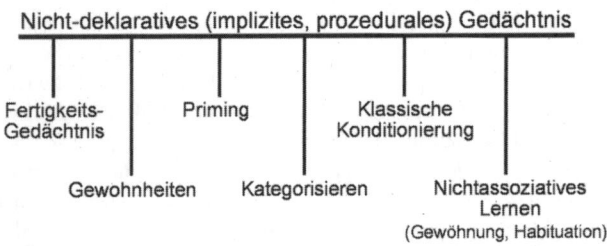

Nicht-deklaratives (implizites, prozedurales) Gedächtnis

- Fertigkeits-Gedächtnis
- Gewohnheiten
- Priming
- Kategorisieren
- Klassische Konditionierung
- Nichtassoziatives Lernen (Gewöhnung, Habituation)

5.1 Schema der Einteilung des menschlichen Gedächtnisses. Erläuterungen im Text.

Phänomenologie des Gedächtnisses

Nach Jahrzehnten intensiver Erforschung des Gedächtnisses des Menschen und anderer Primaten herrscht derzeit überraschende Einigkeit über die Klassifikation von Gedächtnisleistungen (Abb. 5.1). Zwei Grundtypen werden dabei unterschieden. Der amerikanische Psychologe Larry Squire (1987) prägte in den achtziger Jahren des 20. Jahrhunderts das Gegensatzpaar »deklaratives« versus »prozedurales Gedächtnis«, sein Kollege Daniel Schacter stellte »explizites« und »implizites Gedächtnis« gegenüber; andere Gegensatzpaare sind »kontrolliert« versus »automatisiert«. Gemeinsam ist allen ersteren Begriffen, dass sie sich auf Gedächtnisinhalte beziehen, die von *Bewusstsein begleitet* sein und *sprachlich berichtet* werden können, während dies für letztere Begriffe nicht oder nicht notwendig gilt. Diese beiden Grundtypen von Gedächtnisleistungen beruhen auf der

Aktivität sehr unterschiedlicher Gehirnzentren, wie wir noch sehen werden.

Das deklarative Gedächtnis wird im Anschluss an den estnisch-amerikanischen Gedächtnisforscher Endel Tulving weiter unterteilt in ein *episodisches Gedächtnis* und ein *Wissens-* bzw. *Faktengedächtnis* (vgl. Markowitsch, 1999, 2000). Ersteres umfasst das »Erinnern« im eigentlichen Sinne (*remembering*). Es beinhaltet das *autobiographische Gedächtnis* und bezieht sich auf inhaltlich, räumlich und zeitlich konkrete Erlebnisse mit Bezug auf die eigene Person (»was mir Montag voriger Woche in Hamburg passierte«) und Schicksale von Personen, die mit dem eigenen Schicksal verbunden sind. Es befasst sich mit dem räumlichen, zeitlichen und inhaltlichen *Kontext* von Gedächtnisinhalten (und wird deshalb auch *Kontextgedächtnis* genannt). Es schließt das *Quellengedächtnis* mit ein, d. h. das Wissen darüber, wann, wo, wie und von wem man etwas erfahren oder gelernt hat.

Das *Faktengedächtnis* hingegen umfasst *Wissen* (*knowing*) und betrifft personen-, orts-, zeit- und kontext-*unabhängige* Tatsachen (»zwei mal zwei ist vier«, »der Mars ist ein Planet«). Hierbei wissen wir in aller Regel nicht mehr, wann und von wem wir dies gelernt haben – das würde an der Bedeutung des Faktums auch nichts ändern. Schließlich gehört zum deklarativen Gedächtnis das *Bekanntheits-* oder *Vertrautheitsgedächtnis* (*familiarity memory*). Es sorgt dafür, dass wir darüber urteilen können, ob uns ein bestimmtes Objekt oder ein bestimmtes Geschehen bekannt bzw. vertraut ist oder nicht. Diese Gedächtnisart arbeitet mehr oder weniger automatisiert und mühelos. Meist kommt uns etwas bekannt oder unbekannt vor, ohne dass wir lange darüber nachdenken müssen. Wenn uns eine Serie von Objekten bzw. Gesichtern gezeigt wird und anschließend eine zweite Serie, so können wir in erstaunlich hohem Maße »auf Anhieb« sagen, ob wir ein Objekt oder Gesicht aus der zweiten Serie schon kennen oder nicht, ohne dass wir notwendig etwas Genaueres darüber sagen könnten.

Alle drei Gedächtnisse hängen hierarchisch miteinander zusammen, d. h. das autobiographische Gedächtnis baut auf dem Faktenge-dächtnis auf und dieses seinerseits auf dem Bekanntheitsgedächtnis. Ich kann mich nicht an ein bestimmtes Geschehnis aus meinem Leben erinnern, ohne dass ich bestimmte Fakten kenne und ohne dass mir bestimmte Dinge bekannt vorkommen. Umgekehrt ist dies sehr wohl möglich. Man kann sich deshalb vorstellen, dass sich episodische Vorgänge zunehmend in das Faktenwissen und von dort in das Bekanntheitswissen verlagern. Zuerst erinnern wir uns noch an viele Details eines bestimmten Vortrags einer bestimmten Person, später wissen wir nur noch, dass wir von der bestimmten Person irgendwann einmal über irgendetwas einen Vortrag gehört haben, und in noch größerem Zeitabstand könnte es sein, dass uns diese Person irgendwie bekannt vorkommt, ohne dass wir wissen warum.

Das *prozedurale, nicht-deklarative* Gedächtnis ist viel heterogener als das deklarative Gedächtnis und umfasst (1) alle *Fertigkeiten*, über die wir verfügen, seien sie kognitiver Art wie das schnelle Erkennen von Fehlern in einem Ablauf, oder motorischer Art wie Klavierspielen und Fahrradfahren, sowie die Ausbildung von *Gewohnheiten*; (2) *Priming*, d. h. das Reproduzieren von implizitem Wissen aufgrund von Lernhilfen (dazu mehr in Kapitel 7B); (3) *kategoriales Lernen*, d. h. das Klassifizieren anhand von Prototypen); (4) *klassische Konditionierung;* und (5) *nichtassoziatives Lernen*, d. h. Gewöhnung und Sensitisierung.

Bei den *Fertigkeiten (skills)* wissen wir zwar gewöhnlich, *dass* wir über sie verfügen, haben jedoch meist keine Kenntnis über die Details. Sofern ich mich nicht ausführlich mit der speziellen Motorik beschäftigt habe, die ich beim Fahrradfahren oder Klavierspielen einsetze, habe ich keine Ahnung davon, was mit meinem Körper und dem Fahrrad bzw. mit meinen Fingern und den Klaviertasten passiert, wenn ich radle oder eine Bach-Fuge spiele. Bewusstsein kann sogar störend sein, wenn ich während des Klavierspielens darüber nachdenke, wie meine Finger ihre Aufgabe erledigen. Allerdings ist es für Fertigkeiten charakteristisch, dass wir *zu Beginn ihres Einübens* ein hohes Maß an Konzentration aufwenden müssen; wir können dabei auch gut beschreiben, was wir wie machen und wo unsere spezifischen Schwierigkeiten liegen. Je mehr wir aber mit dem Üben voranschreiten und je besser der Ablauf klappt, desto weniger Konzentration ist notwendig und desto »unbeschreiblicher« wird die Sache. Wenn uns dann jemand fragt: »Wie machst Du das eigentlich?«, sagen wir meist: »Keine Ahnung, ich kann's eben«.

Kategorisieren, z. B. das Klassifizieren von Bildmaterial anhand geläufiger Schemata (so genannter Prototypen) wie »Vogel«, »Baum«, »Werkzeug«, »Gesicht«, ist meist hochgradig automatisiert und geschieht ohne Nachdenken. *Priming* und die meisten Vorgänge, die auf *klassischer Konditionierung* beruhen (vgl. Kap. 1), laufen meist völlig unbewusst ab. Wir haben keine Ahnung, warum wir etwas können oder warum wir etwas tun, weil uns – anders als beim Fertigkeitsgedächtnis – bereits der *Lernvorgang nicht bewusst ist.* Zum klassischen Konditionieren gehören nicht nur bestimmte Körperreaktionen, auf die wir *konditioniert* wurden, z. B. wenn wir beim Erklingen eines Tons das Augenlid bewegen, weil für einige Male der Ton mit einem Luftstoß auf unser Auge gepaart wurde, sondern auch entsprechende emotionale Konditionierung, über die in Kapitel 8 noch zu reden sein wird.

Ein Mittelding zwischen dem Erlernen von Fähigkeiten und der klassischen Konditionierung bildet der Erwerb von *Gewohnheiten* (*habits*), was eine Art instrumenteller Konditionierung (d. h. positives oder negatives Verstärkungslernen; vgl. Kapitel 1) darstellt. Die meisten Gewohnheiten gehen auf das vielfache Wiederholen anfänglich bewusst durchgeführter Handlungen zurück, die eine positive Konsequenz hatten oder eine negative Konsequenz zu vermeiden halfen und dann zur Routine wurden. Andere Gewohnheiten bilden sich aus, ohne dass uns dies überhaupt recht bewusst ist. Wir werden durch uns nahe stehende Personen »höflich« darauf aufmerksam gemacht, welch merkwürdige Gewohnheiten wir haben, und sind dann peinlich berührt.

Wahrscheinlich wird man das *emotionale Gedächtnis* neben dem deklarativen und dem prozeduralen Gedächtnis als dritte grundlegende Gedächtnisart ansehen müssen (s. unten und Kapitel 8). Die hier genannten Unterteilungen des Gedächtnisses wurden – wie auch sonst häufig der Fall – im Wesentlichen anhand von Beobachtungen an Patienten mit Störungen, in diesem Fall Gedächtnisstörungen (*Amnesien*), getroffen, die voneinander dissoziieren, d. h. unabhängig voneinander auftreten können, aber auch anhand experimenteller Untersuchungen vorgenommen (s. Kolb und Wishaw, 1996). Bei globalen Gedächtnisstörungen unterscheidet man eine Störung des Altgedächtnisses, *retrograde Amnesie* genannt, und eine des Neugedächtnisses, als *anterograde Amnesie* bezeichnet. Retrograde Amnesie bezieht sich – wie der Name schon sagt – auf Erinnerungen an Vergangenes; diese Störungen können z. B. nach einem Unfall für Stunden und Tage bis viele Jahre zurückreichen. Für solche Patienten sind etwa die letzten drei Monate vor dem Unfall ein »schwarzes Loch«. In aller Regel verkürzt sich die Zeit des Nichterinnerbaren, doch es bleibt eine Kernperiode übrig, in der auch langfristig nichts erinnert werden kann.

Anterograde Amnesie hingegen bedeutet die Unfähigkeit, Neues zu erlernen und für mehr als nur einen Augenblick zu behalten, also ein »Neugedächtnis« zu bilden. Für solche Personen ist alles fremd, was an Geschehnissen in ihr Bewusstsein tritt, auch wenn sie sich kurz zuvor damit ausführlich beschäftigt hatten. Es genügt, dass sie für einen Augenblick ihre Aufmerksamkeit auf etwas Anderes richteten. Bekannt geworden sind Fälle, in denen für bestimmte Patienten etwa aufgrund eines Unfalls oder einer Verletzung von Gedächtniszentren die Erinnerung mit dem 18. Lebensjahr stehen blieb, d. h. ab dann konnten sie nichts Neues mehr hinzulernen. Unter bestimmten Umständen treten eine retrograde und eine anterograde Amnesie in Kombination auf (z. B. beim Korsakoff-Syndrom).

Schon seit langem ist bekannt (z. B. bei dem von Scoville und Milner untersuchten Patienten H. M.; Scoville und Milner, 1957), dass sich bei Amnesie-Patienten die Gedächtnisstörung ausschließlich auf das explizite/deklarative, nicht aber auf das implizite/prozedurale Gedächtnis auswirkt. Dies bedeutet, dass Fertigkeiten, über die der Patient vor dem ersten Auftreten der Amnesie verfügte, wie Schreiben und Lesen, Autofahren, Fahrradfahren und Klavierspielen, unbeeinträchtigt blieben. Es war H. M. auch möglich (wenn auch mit einigen Schwierigkeiten), neue Fertigkeiten zu erwerben. Gewohnheiten wurden beibehalten, ebenso war der Priming-Effekt beim impliziten Lernen unbeeinträchtigt, ja zum Teil besser ausgebildet als bei Gesunden. Aber auch alle stark konsolidierten Inhalte des deklarativen Gedächtnisse wie der eigene Name oder derjenige der engsten Familienangehörigen, das Kategorisieren nach Prototypen – also all das, was wir ohne größeres Nachdenken tun können – waren ebenso unbeeinträchtigt wie Lernen aufgrund klassischer Konditionierung.

Das Arbeitsgedächtnis

Ein in den letzten Jahren intensiv untersuchter Typ von Gedächtnis ist das Arbeitsgedächtnis. Die ursprüngliche Definition des Arbeitsgedächtnisses von Baddeley (1986) umfasste die reine Gedächtnisleistung, die aus einem visuell-räumlichen Teil (»visuo-spatial sketch pad«) und einem sprachlichen Teil (»phonological loop«) besteht. Neuerdings nimmt Baddeley auch noch einen Speicher für episodische Inhalte an (Baddeley, 2000). In diesem episodischen Puffer sollen Informationen über ein Geschehen in multimodaler Weise codiert sein. Es wird angenommen, dass zumindest bei jungen Leuten das sprachliche Arbeitsgedächtnis links, das räumliche rechts angesiedelt ist. Diese Hemisphären-Asymmetrie scheint sich aber mit zunehmendem Alter zu reduzieren (s. Ende dieses Kapitels).

Das Arbeitsgedächtnis hält für wenige Sekunden einen bestimmten Teil der Wahrnehmungen und die hiermit verbundenen Gedächtnisinhalte und Vorstellungen im Bewusstsein fest und konstituiert dadurch den typischen »Strom des Bewusstseins«. Man nimmt an, dass das Arbeitsgedächtnis Zugriff auf die unterschiedlichen, in aller Regel unbewusst arbeitenden Systeme für Sinnes- und Gedächtnisleistungen und für die Handlungssteuerung hat und nach bestimmten Kriterien Informationen aus diesen Systemen »einlädt«; diese werden dann aktuell bewusst. Auch das Arbeitsgedächtnis ist modulartig aufgebaut; dies zeigt sich daran, dass wir verschiedene Elemente umso besser für kurze Zeit in unserem Gedächtnis behalten können, je *unähnlicher* sie in ihren physikalischen Eigenschaften und ihren Inhalten sind. Während ich vom Telefonbuch zum Telefon gehe, kann ich meine Wohnungseinrichtung oberflächlich betrachten, ohne die nachgeschlagene Telefonnummer zu vergessen. Wird mir jedoch dabei zufällig eine zweite Telefonnummer zugerufen, so ist die erste meist unweigerlich fort.

Das Arbeitsgedächtnis bildet den berüchtigten »Flaschenhals« unseres Kurzzeitgedächtnisses; es ist für die berühmten »fünf plus/minus zwei« Elemente von N. Miller verantwortlich, die wir gleichzeitig im Bewusstsein behalten und mit denen wir aktuell arbeiten können (daher der Ausdruck »Arbeitsgedächtnis«). Dabei handelt es sich allerdings nicht nur um fünf (plus/minus zwei) Namen oder Zahlen, sondern um Bedeutungseinheiten, was dazu führt, dass die Kapazität des Arbeitsgedächtnisses erheblich erweitert werden kann, wenn wir bestimmte Sachverhalte zu einfachen Bedeutungseinheiten zusammenfassen (englisch *chunking* genannt) oder mithilfe von »Eselsbrücken« verbinden können (z. B. eine räumliche Anordnung abstrakter Dinge). Umstritten ist allerdings, ob diese Enge, Beschränkung und Langsamkeit aus der begrenzten Kapazität des Arbeitsgedächtnisses selber herrührt oder aus der zeitlichen und/oder inhaltlichen Beschränktheit des Zugriffs und Abrufens von Informationen aus den Sinnes-, Gedächtnis- und Handlungssteuerungssystemen.

Neurobiologische Grundlagen des Gedächtnisses

Die Erforschung der neurobiologischen Grundlagen retrograder und anterograder Amnesie ergab, dass das deklarative Gedächtnis eindeutig mit dem verbunden ist, was Larry Squire das »mediale temporale System« genannt hat (Squire, 1987). Hierzu gehören der Hippocampus, der ihm anliegende entorhinale Cortex sowie der parahippocampale und der perirhinale Cortex. Eine beidseitige Läsion dieses Hirnteils, etwa in Zusammenhang mit der Entfernung eines Tumors oder eines epileptischen Herdes, führt zu einer retrograden und anterograden Amnesie, wie dies bei dem bereits erwähnten Patienten H. M. geschah. Bei H. M. wurde im Alter von 27 Jahren aufgrund zunehmender epileptischer Anfälle beidseitig der Hippocampus operativ entfernt (Scoville und Milner, 1957).

Der *Hippocampus* (lateinisch für »Seepferdchen« wegen seines eigentümlich gewundenen Querschnitts), auch Hippocampus-Formation genannt, befindet sich am unteren inneren Rand des Temporallappens (Abb. 3.2). Er besteht aus drei Teilen, dem *Gyrus dentatus*, dem *Ammonshorn* (Cornu ammonis) und dem *Subiculum*. Das Ammonshorn ist in vier Längszonen eingeteilt, die man CA 1 bis CA 4 (CA = Cornu ammonis) nennt. Es besitzt einen regelmäßigen fünfschichtigen Aufbau (Abb. 5.2). Die Zellkörper der für das Ammonshorn charakteristischen Pyramidenzellen befinden sich in der vierten Schicht. Die apikalen und basalen Dendriten der Pyramidenzellen verzweigen in den oberen Schichten 1 bis 3 (Stratum moleculare, Stratum lacunare und Stratum radiale) und der fünften Schicht (Stratum oriens) und sind reich mit Dornen besetzt, die als Kontaktstellen mit den einlaufenden Fasern dienen. Neben den Pyramidenzellen finden sich im Ammonshorn spindelförmige Korbzellen, von denen jede *hemmend* auf eine Gruppe von Pyramidenzellen wirkt.

Den Haupteingang erhält der Hippocampus über den entorhinalen Cortex (Abb. 5.2, 5.3 A). Dieser sendet Axone über den perforanten Trakt in der Molekularschicht parallel zum Gyrus dentatus, zum Subiculum, zu CA1 und CA3. Vom Gyrus dentatus laufen

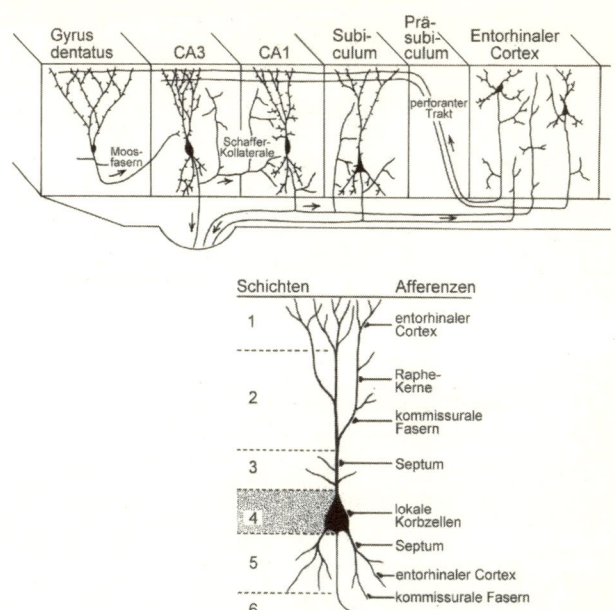

5.2 Oben: Schematischer Aufbau des »entrollten« Hippocampus mit dem Erregungsfluss durch die Hippocampus-Formation (Pfeile). CA1 Ammons-horn-Region 1; CA3 Ammonshorn-Region 3. Unten: Schichtung des Hip-pocampus; die Abbildung zeigt eine Pyramidenzelle mit ihren wichtigsten Eingängen. Weitere Erläuterungen im Text. (Nach Benninghoff, 1994, ver-ändert.)

Moosfasern zu CA3, von dort Axone der Pyramidenzellen als *Schaffer-Kollaterale* nach CA1 und von dort zum Subiculum. Axone der Pyramidenzellen des Ammonshorns sammeln sich im so genannten Alveus und ziehen als Faserband, *Fimbria hippocampi* und später *Fornix* (Gewölbe) genannt, nach caudal und dorsal, dann unterhalb des Balkens (Corpus callosum) nach vorn und bogenförmig nach unten bis zu den Mammillarkörpern des Hypothalamus sowie zum anterioren thalamischen Kern. Kollaterale der CA1- und CA3-Axone ziehen im Alveus zum entorhinalen Cortex zurück und von dort zum Isocortex.

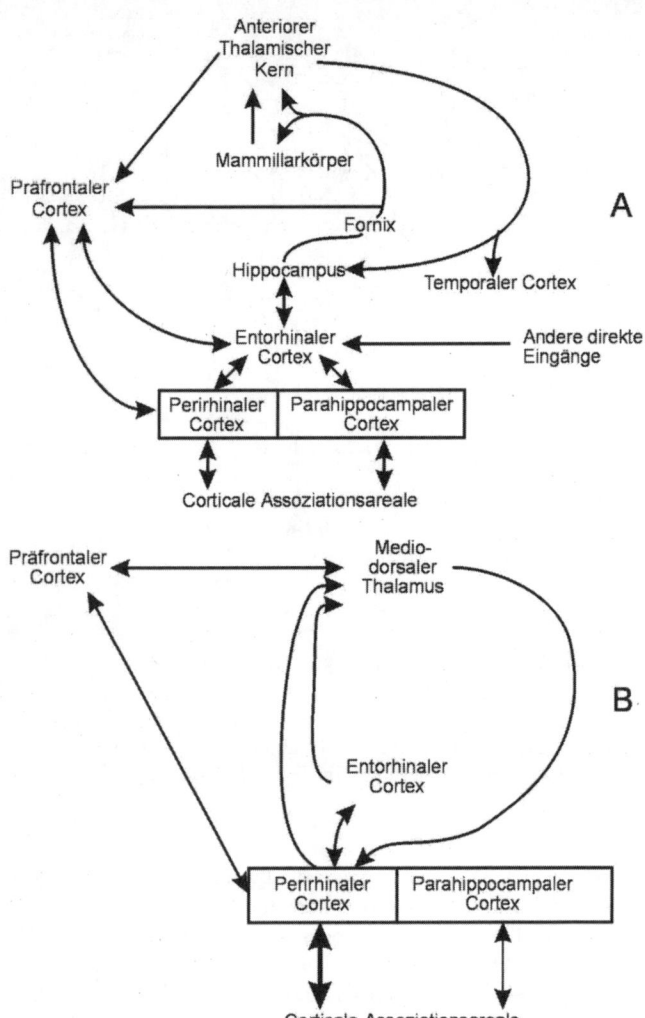

5.3 A Schema von Aggleton und Brown für den Schaltkreis, der dem episodischen Gedächtnis zugrunde liegt. B Schema für den Schaltkreis, der dem Fakten- bzw. Vertrautheitsgedächtnis zugrunde liegt. Weitere Erläuterungen im Text. (Aus Aggleton und Brown, 1999, verändert.)

Umgeben ist der Hippocampus von weiteren allocortikalen Gebieten, und zwar vom entorhinalen Cortex (Brodmann-Areal A28), dem wiederum der perirhinale und parahippocampale Cortex (A35, 36) benachbart ist. Praktisch alle Eingänge aus dem assoziativen Isocortex sowie gustatorische und olfaktorische Eingänge zum Hippocampus laufen über den perirhinalen bzw. parahippocampalen Cortex und von dort aus zum entorhinalen Cortex, der das »Eingangstor« zum Hippocampus bildet (Abb. 5.3 A). Afferenzen des Hippocampus kommen außerdem vom Nucleus accumbens, vom medialen Septum (mit dem der Hippocampus das septo-hippocampale System bildet), von der basolateralen Amygdala, vom medialen und lateralen Hypothalamus, von den limbischen Thalamuskernen, den Raphe-Kernen, dem Locus coeruleus und vom Zentralen Höhlengrau des Tegmentum (um nur die wichtigsten Zentren zu nennen). Die Ausgänge des Hippocampus ziehen über den entorhinalen, perirhinalen und parahippocampalen Cortex wieder zu den genannten cortikalen und subcortikalen Zielgebieten zurück.

Der Hippocampus und die ihn umgebende ento- und perirhinale Rinde werden als *Organisator* des bewusstseinsfähigen, deklarativen Gedächtnisses angesehen. Sie legen nach gegenwärtiger Anschauung fest, *welche* Wahrnehmungsinhalte *wo* und *in welcher Weise* bzw. *in welchem Kontext* in den unterschiedlichen Gedächtnissen niedergelegt werden. Wahrscheinlich sind sie auch am Abruf dieser Gedächtnisinhalte beteiligt, sofern diese nicht stark konsolidiert sind (Markowitsch, 2000).

Die neuronalen, insbesondere molekularen und zellulären Mechanismen, die der Gedächtnisbildung zugrunde liegen, sind trotz intensiver Untersuchungen in den vergangenen dreißig Jahren immer noch nicht ganz klar (vgl. hierzu die angegebenen Lehrbücher der Neurobiologie). Dies liegt nicht nur an der großen Komplexität dieser Vorgänge, sondern auch daran, dass die mit Gedächtnisleistungen verbundenen molekularen und zellulären Vorgänge meist nur »in vitro«, d. h. an künstlich am Leben erhaltenen Hirngewebestücken (z. B. Hippocampus-Scheiben) und damit weit entfernt von kognitiven, emotionalen und motorischen Prozessen detailliert untersucht werden können. »Glücksfälle« sind Habituations-, Sensitisierungs- und Konditionierungsvorgänge, die in vergleichsweise einfachen, d. h. wenige große Zellen umfassenden und experimentell gut zugänglichen Gehirnstrukturen (z. B. in der Meeresschnecke *Aplysia*) analysiert wurden. Ob diese Befunde auf Wirbeltiere bzw. Säuger übertragbar sind, ist umstritten.

Allgemein glaubt man, dass das »Einspeichern« eines Gedächtnisinhaltes auf der Leistungssteigerung synaptischer Übertragungsmechanismen innerhalb kleinerer oder größerer Netzwerke – beim deklarativen Gedächtnis von Netzwerken im Isocortex – beruht. Hierdurch verändert sich der Erregungsfluss durch diese Netzwerke und damit ihre Funktion. Die Veränderung der synaptischen Übertragungseffizienz kann entweder *präsynaptisch* reguliert werden, z. B. über eine calciumabhängige Erhöhung und Erniedrigung des Ausstoßes von transmittergefüllten synaptischen Vesikeln, oder *postsynaptisch* (bzw. prä- *und* postsynaptisch) durch die bereits in Kapitel 3 erwähnte *Langzeitpotenzierung* (LTP), die zumindest zum Teil auf der Aktivität von NMDA-Rezeptoren bzw. -Kanälen als »Koinzidenz-Detektoren« beruht (Menzel, 2001).

Der NMDA-Rezeptor ist – wie bereits erwähnt – mit einem Ca^{++}-Ionenkanal verbunden, der aber trotz der Einwirkung von Glutamat unter normalen Spannungsverhältnissen nicht aktiviert wird, weil er bei einem Ruhemembranpotential von -65 mV und darunter durch ein Magnesium-Ion blockiert ist (vgl. Abb. 3, 12 und 5.4 C). Erst durch stärkere Depolarisierung des NMDA-Rezeptors als üblich (d. h. zusätzlich um mindestens 10 mV) und unter Anwesenheit des Transmitters Glycin wird das Mg^{++}-Ion aus dem Ca^{++}-Kanal herausgetrieben, und der Kanal öffnet sich. Der Ca^{++}-Einstrom bewirkt einen erheblichen intrazellulären Ca^{++}-Anstieg. Dies setzt eine Second-Messenger-Kaskade in Gang, die zu strukturellen Umbauten an der Membran führt, die wiederum die Wirksamkeit der Synapse erhöhen. Der NMDA-Rezeptor wird durch Stoffe wie AP5 (2-Amino-5-Phosphovaleriansäure), Phencyclidin (PCP) und MK 801 gehemmt.

Über LTP ist seit der Pionierarbeit von Bliss und Lømo (1973) viel geforscht und geschrieben worden, insbesondere über LTP im Hippocampus, weil man meinte (zu Recht oder zu Unrecht – das ist umstritten), dieser Vorgang läge ganz allgemein Lernvorgängen zugrunde (vgl. Lynch, 1986; Bliss und Collingridge, 1993). LTP besteht darin, dass die wiederholte hochfrequente Reizung einer Synapse, insbesondere die simultane Reizung der prä- und postsynaptischen Membran, zu einer länger anhaltenden Verstärkung der synaptischen Übertragung führt, wie in Abbildung 5.4 A und B dargestellt (s. auch unten). Dies hatte 1949 der kanadische Psychologe Donald Hebb konzipiert (daher wird ein solcher Mechanismus *Hebb-Synapse* genannt) (Hebb, 1949). Allerdings hatten dieselbe Idee etwa fünfzig Jahre früher Sigmund Exner und – vielleicht unabhängig von ihm – Sigmund Freud (s. Kapitel 1). Für LTP ist die NMDA-Synapse ein ideales Instrument, und in der Tat führt die Blockierung von NMDA-Synapsen (z. B. durch den Antagonisten AP5) zu einer Unterdrückung von LTP und auch von manchen, meist einfachen, Lernvorgängen. Allerdings sind keineswegs an allen Lernvorgängen LTP und NMDA-Synapsen beteiligt.

Bevorzugtes Studienobjekt für LTP ist der Hippocampus, da er erstens mit Lernen in Verbindung gebracht wird und zweitens seine neuronale Verknüpfungsstruktur besonders einfach aufgebaut ist. Wie oben erläutert, besteht der Hippocampus aus mehreren Untereinheiten (Subiculum, Ammonshorn und Gyrus dentatus), die durch charakteristische Faserzüge miteinander verbunden sind (Moosfasern, Schaffer-Kollaterale). Man kann den Hippocampus in dünne Scheiben (slices) schneiden, in eine Nährflüssigkeit legen und nun alle erdenklichen elektrophysiologischen Experimente damit machen, z. B. die Schaffer-Kollateralen elektrisch reizen und dann die Wirkung dieser Stimulation auf nachgeschaltete Pyramidenzellen im Ammonshorn (CA1) untersuchen.

Aufgrund solcher Untersuchungen unterscheidet man inzwischen eine frühe und eine späte LTP (Abb. 5.4; Kandel, 2001). Bei der *frühen* LTP genügt eine einzige kurze Salve hochfrequenter Reizung, um eine Steigerung der Antwortstärke der nachgeschalteten CA1-Pyramidenzellen um das Zwei- bis Dreifache zu erreichen. Diese Verstärkung klingt nach Minuten bis Stunden wieder ab. Sie ist unabhängig von einer RNA-bzw. Proteinsynthese, da sie durch RNA-Synthese-Blocker nicht gehemmt werden kann. Man nimmt an, dass die frühe LTP zur kurzfristigen Modifikation bereits bestehender Strukturen an der Synapse führt, z. B. von Transmitter-Rezeptoren und damit verbundenen Kanälen. Hierbei spielt der NMDA-Rezeptor und -kanal eine wesentliche Rolle. Das Öffnen dieses Kanals führt zum starken Einströmen von Calcium und zu einer deutlichen Erhöhung des intrazellulären Calcium-Spiegels. Dies wiederum führt – unter Beteiligung mehrerer chemischer Prozesse – zu einer Erhöhung der Leitfähigkeit des AMPA-Rezeptors und -Kanals, der für die schnelle glutamaterge Erregungsübertragung zuständig ist.

Die *späte* LTP wird im Hippocampus durch mehrfache Salven

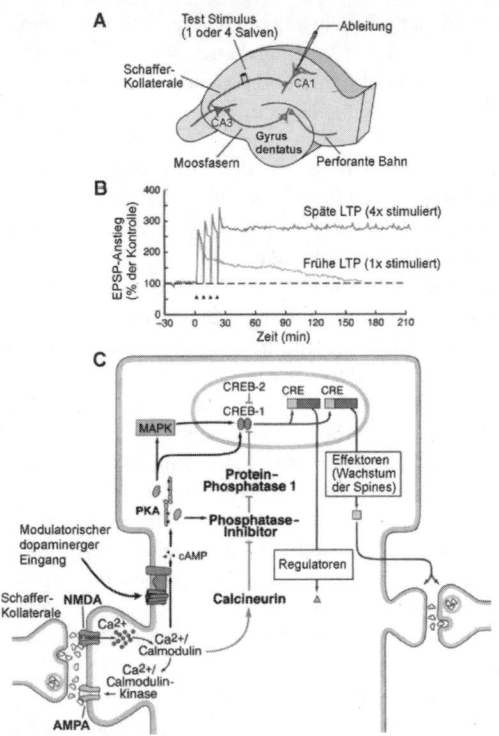

5.4 Neuronale Grundlagen der Langzeitpotenzierung (LTP). In A ist der Hippocampus im Querschnitt gezeigt. Die Schafferkollateralen, die von CA3 zu den CA1-Neuronen ziehen, werden mit einer Salve oder mit vier Salven elektrischer Impulse gereizt. Registriert wird die postsynaptische Antwort von CA1-Pyramidenzellen. B: Bei Reizung mit *einer* Salve ergibt sich eine Erhöhung des erregenden postsynaptischen Potentials (EPSP), das innerhalb von ca. 2 Stunden abfällt (»frühe LTP«). Wird das Neuron mit *vier* Salven stimuliert, dann dauert die LTP sehr viel länger an (»späte LTP«). C: Schema der zellulären und molekularen Vorgänge »früher« und »später« LTP« an Schaffer-Kollateralen: Bei einer »frühen LTP« werden NMDA-Kanäle aktiviert, die zu einer kurzfristigen Erhöhung der Leitfähigkeit von AMPA-Kanälen führen. Bei »später LTP« kommt es zu einer Aktivierung von Genen im Zellkern und über Effektoren zu einem Wachstum von Spine-Synapsen, welche die Grundlage des Langzeitgedächtnisses darstellen. Weitere Erläuterungen im Text. (Aus Kandel, 2001, verändert.)

hochfrequenter Reizung der Schaffer-Kollateralen ausgelöst und kann über viele Stunden bis Tage andauern. Sie führt zu längerfristigen morphologischen Veränderungen an der Synapse, z. B. der Verkleinerung oder Vergrößerung bestehender Dornensynapsen an Pyramidenzellen oder der Ausbildung neuer und der Elimination vorhandener Synapsen. Die mehrfache hochfrequente Reizung aktiviert verschiedene Proteinkinasen (alpha-CaMKII, PKC, PKA, ERK/MAPK), die zum Zellkern der Pyramidenzelle wandern und dort die Expression von so genannten cAMP response element (CRE-) bindenden Genen verursachen. Dies führt zur Proteinsynthese und schließlich zu den genannten strukturellen Änderungen an der Synapse. Frühe und späte LTP wurden neben dem Hippocampus auch in der Amygdala nachgewiesen (Fendt and Fanselow, 1999; LeDoux, 2000; Schafe et al., 2001; vgl. Kapitel 10).

Der Hippocampus hat enge Verbindungen mit allen Teilen der assoziativen Großhirnrinde und kann über den Ausstoß von Neuromodulatoren gezielt dortige synaptische Vorgänge während der Einspeicherung und Konsolidierung von Gedächtnisinhalten beeinflussen. Insofern ist er in der Tat der »Organisator« des deklarativen Gedächtnisses. Der Hippocampus selber unterliegt einer stetigen erfahrungsbedingten Reorganisation; in ihm sind Langzeitpotenzierung und die Wirkung von NMDA-Synapsen am eindeutigsten nachgewiesen.

Unbestritten ist auch, dass der Hippocampus und die ihn umgebende Rinde nicht die eigentlichen Orte der Einspeicherung für deklarative Gedächtnisinhalte sind, sondern nur der Ort, an dem festgelegt wird, *wo, wie stark und in welchem Kontext* Inhalte *abgespeichert* werden bzw. wie und in welchem Maße sie *abrufbar* sind. Der Speicherort für das deklarative Gedächtnis ist der Isocortex, wahrscheinlich in erster Linie der assoziative Cortex. Das Abspeichern geschieht modalitäts-, qualitäts- und funktionsspezifisch. Dies bedeutet, dass sich das Objektgedächtnis in visuellen Cortexregionen befindet, die mit Objekterkennung befasst sind, das Farbgedächtnis in den farbverarbeitenden Cortexarealen, das auditorische Gedächtnis in den auditorischen Regionen, sprachliche Erinnerungen in den Sprachzentren usw. Dies bedeutet außerdem, dass es praktisch ebenso viele Gedächtnisse gibt, wie Bedeutungskategorien der Wahrnehmung existieren; diese Gedächtnisse bilden innerhalb der Großhirnrinde relativ unabhängig voneinander arbeitende *Module*.

Bei gesunden Menschen zeigt sich dies daran, dass verschiedene alltägliche Gedächtnisleistungen wie Namensgedächtnis, Zahlengedächtnis, Gesichtergedächtnis, Ortsgedächtnis und Ereignisgedächtnis bei verschiedenen Personen jeweils ganz unterschiedlich ausgeprägt sein können: Der eine brilliert mit hundert auswendig abrufbaren Telefonnummern, verirrt sich aber ständig, der andere kann sich Namen partout nicht merken, dafür findet er jeden Ort wieder, an dem er einmal war, und so fort. Gedächtnisleistungen verhalten sich in dieser Hinsicht wie Spezialbegabungen.

Entsprechend können bei Patienten mit Amnesien bestimmte Gedächtnisleistungen auch unabhängig von anderen ausfallen. Besonders beeindruckend sind solche Phänomene im Bereich des Sprachgedächtnisses, wo der Gebrauch von Substantiven selektiv beeinträchtigt sein kann und die Patienten mühsam den Gegenstand umschreiben müssen, dessen Name ihnen nicht einfällt (»das, womit man schneidet«). Andere Patienten haben Schwierigkeiten, sich an Namen für belebte Objekte zu erinnern, entsinnen sich aber gut unbelebter Objekte. Bei anderen wiederum kann das Gedächtnis für verschiedene Sprachen (z. B. Muttersprache versus Fremdsprachen) selektiv ausfallen. So kann es passieren, dass Patienten nach einem Schlaganfall nicht mehr ihre Muttersprache beherrschen, sich aber recht und schlecht in einer Fremdsprache verständigen können (Schacter, 1996).

Mit zunehmender Konsolidierung von Gedächtnisinhalten, die sich beim Menschen über Jahre hinziehen kann, werden die im Cortex niedergelegten Gedächtnisinhalte zunehmend unabhängig vom Hippocampus. Dies erklärt, warum der Amnesie-Patient H. M., dessen Hippocampus beidseitig zerstört war, sich an bestimmte sehr vertraute Namen und Geschehnisse durchaus noch erinnern konnte. Alles, was wir »im Schlaf« beschreiben und benennen können, wird offensichtlich direkt cortikal und ohne Beteiligung des Hippocampus und der umgebenden Rinde abgerufen. Es benötigt keinen hippocampalen »Zugriffsschlüssel« mehr. Allerdings muss gesagt werden, dass die Konsolidierung von Gedächtnisinhalten ein wenig verstandener Prozess ist.

Uneinigkeit herrscht darüber, ob und inwieweit episodisches und semantisches Gedächtnis unterschiedlichen anatomischen Strukturen zugeordnet werden können. In einem vor wenigen Jahren veröffentlichten Artikel vertreten die beiden britischen Neurobiologen

Aggleton und Brown diese Auffassung (Aggleton und Brown, 1999). Ihrer Anschauung nach umfasst das *episodische* Gedächtnis ein Netzwerk von Zentren, zu dem der entorhinale, parahippocampale und perirhinale Cortex (EPPC) und der Hippocampus gehören, die Mammillarkörper, der anteriore thalamische Nucleus (eventuell auch Mittellinienkerne) und der präfrontale Cortex (Abb. 5.3 A).

Wie bereits erwähnt, projiziert der Hippocampus über den Fornix parallel zu den Mammillarkörpern und zum anterioren thalamischen Kern, der seinerseits zum präfrontalen Cortex wie auch zurück zum Hippocampus projiziert. Die Mammillarkörper projizieren ihrerseits zum anterioren thalamischen Kern, und der Hippocampus projiziert über den Fornix direkt zum präfrontalen Cortex. Dieser erhält also vom Hippocampus (über den Fornix) einen direkten Eingang und einen indirekten Eingang über den anterioren thalamischen Kern. Aggleton und Brown nennen das von Hippocampus, Fornix, Mammillarkörper und anteriorem thalamischen Kern gebildete System das »extended hippocampal system«.

Im Gegensatz dazu ist nach Meinung der Autoren das Gedächtnis für Bekanntheits- oder Vertrautheitsurteile (*familiarity judgement*) *nicht* auf den Hippocampus angewiesen, sondern auf den EPPC und seine Verbindungen zum mediodorsalen thalamischen Nucleus, der seinerseits zum präfrontalen (und orbitofrontalen) Cortex projiziert (Abb. 5.3 B). Der präfrontale Cortex wiederum hat reziproke Verbindungen mit dem EPPC. Der Haupteingang zu diesem System kommt vom temporalen Assoziationscortex über den perirhinalen Cortex, der parallel zum entorhinalen Cortex und zum mediodorsalen thalamischen Nucleus projiziert.

Die Autoren führen für ihre These eine Vielzahl von neuropsychologischen und tierexperimentellen Daten an. Das wichtigste Argument lautet, dass eine Zerstörung des Hippocampus, des Fornix oder des anterioren thalamischen Nucleus (allein oder in Kombination mit den Mammillarkörpern) selektiv das episodische Gedächtnis, nicht aber das Vertrautheitsgedächtnis beeinträchtigt. Patienten oder Versuchstiere (Makakenaffen) mit solchen Läsionen können entsprechend immer noch beurteilen, ob ihnen ein bestimmtes Objekt bereits gezeigt wurde oder nicht. Aggleton und Brown weisen darauf hin, dass bei den meisten Amnesie-Patienten das Hippocampus-zentrierte und das EPPC-zentrierte System zugleich zerstört sind und deshalb deren funktionelle Unterschiede bisher nicht genügend beachtet wurden.

Der präfrontale bzw. orbitofrontale Cortex ist nach Aggleton und Brown an beiden Gedächtnissystemen beteiligt, wird aber unterschiedlich angesteuert, und zwar zum einen über den mediodorsalen und zum anderen über den anterioren thalamischen Kern. Ob die Projektionen dieser Kerne in unterschiedlichen Bereichen des präfrontalen bzw. orbitofrontalen Cortex enden, wird von ihnen nicht diskutiert; aus anderen Untersuchungen ist aber bekannt, dass der mediodorsale thalamische Kern eher zum orbitofrontalen Cortex und der anteriore thalamische Kern eher zum präfrontalen Cortex projiziert. Der präfrontale und der orbitofrontale Cortex hätten demnach unterschiedliche Zugriffsmöglichkeiten zu beiden Systemen und könnten somit den Abruf der jeweiligen Inhalte erleichtern. Allerdings bemerken die amerikanischen Gedächtnisforscher Larry Squire und Barbara Knowlton (1999), dass der Frontalcortex nur am »Erinnern«, d. h. am episodischen und besonders autobiographischen Gedächtnis beteiligt ist, nicht aber am Abruf von Wissensdaten (für den dann wohl der Temporalcortex zuständig wäre). Nach einem von Tulving und Mitarbeitern entwickelten Modell ist der linke Frontalcortex für das Einspeichern, der rechte für das Auslesen von Gedächtnisinformation zuständig.

Die relativ strikte Trennung des episodischen Gedächtnisses und des Vertrautheitsgedächtnisses durch Aggleton und Brown wird von einer Reihe anderer führender Gedächtnisforscher kritisiert. Neben einer Reihe von neurologischen, neuropsychologischen und neuroanatomischen Einwänden weisen die Kritiker vor allem darauf hin, dass zumindest das episodische Gedächtnis immer das Vertrautheitsgedächtnis voraussetzt und von ihm gar nicht getrennt werden kann (umgekehrt schon eher). Das würde bedeuten, dass neben dem EPPC auch der mediodorsale thalamische Nucleus immer am episodischen Gedächtnis beteiligt ist. Auch taucht – so ein Argument des deutschen Neuropsychologen Markowitsch (1999) – der wichtige Einfluss des limbischen Systems, besonders der Amygdala, im Aggleton-Brown-Modell nicht auf. Die Amygdala projiziert genauso wie der EPPC zum mediodorsalen thalamischen Nucleus; Gefühle gehören sowohl zum episodischen als auch zum Vertrautheitsgedächtnis. Die Forschung der nächsten Jahre wird zeigen, ob und in welchem Maße die beiden deklarativen Gedächtnisarten anatomisch und funktional zu trennen sind.

Wie erwähnt, ist das implizite Gedächtnis *nicht* von EPPC und

Hippocampus abhängig. Der Erwerb von Fertigkeiten ebenso wie die Ausbildung von Gewohnheiten hängen vielmehr von der Unversehrtheit des Striatum (eventuell auch des lateralen Kleinhirns) ab. Entsprechend finden sich bei Parkinson-Patienten, die eine Störung in den Basalganglien aufweisen, Beeinträchtigungen des prozeduralen, nicht aber des deklarativen Gedächtnisses. Kategoriales Lernen, Priming und das Erlernen einer »verborgenen« Grammatik (vgl. Kapitel 7) werden beeinträchtigt durch Läsionen im hinteren Isocortex (temporo-okzipitaler Cortex). Klassische Konditionierung hängt, wenn sie ausschließlich motorische Reaktionen umfasst, vom Kleinhirn ab, bei emotionaler Konditionierung ist immer die Amygdala beteiligt (hiervon mehr in Kapitel 9 und 10). Nichtassoziatives Lernen, d. h. Gewöhnung (Habituation) und Sensitisierung beruhen auf einfachen Reflexbahnen des Nervensystems.

Die Zeitstruktur des Gedächtnisses

Bereits Ende des 19. Jahrhunderts unterschieden Forscher wie Fechner, Exner, Ebbinghaus und James auf der Basis von Selbstbeobachtungen ein *Kurzzeit-* und ein *Langzeitgedächtnis*. Müller und Pilzecker entwickelten um die Wende zum 20. Jahrhundert die Vorstellung von einer *Konsolidierungsphase*, die zwischen dem Kurzzeit- und dem Langzeitgedächtnis liegt. Die Hypothesen über die mögliche *Zeitstruktur* des Gedächtnisses fanden in den dreißiger und vierziger Jahren des 20. Jahrhunderts in Gedächtnismodellen von Lorente de Nó, Hilgard und Marquis und besonders Hebb eine Zusammenfassung. In ihnen wurde davon ausgegangen, dass es ein Kurzzeit- und ein Langzeitgedächtnis gibt, denen unterschiedliche *Speichermechanismen* zugrunde liegen. Hebb entwickelte 1949 die Anschauung, dass das Kurzzeitgedächtnis auf kreisenden Hirnströmen (»reverberating circuits«) beruht – eine Hypothese, die sich nicht bestätigte –, während das Langzeitgedächtnis durch strukturelle Änderungen der Nervennetze, z. B. durch Veränderungen an den Synapsen oder durch Entstehen neuer synaptischer Kontakte, gekennzeichnet sein sollte. Heute nimmt man an, dass Kurz- *und* Langzeitgedächtnis in der Tat auf derartigen synaptischen Veränderungen beruhen (allerdings mit unterschiedlichem Zeitverhalten), und dass es weitere Gedächtnisphasen gibt. Die bereits erwähnte

Unterscheidung in eine frühe und eine späte LTP könnte hierfür die zelluläre Grundlage bilden.

Es ist möglich, Kurzzeitspeicher und Langzeitspeicher experimentell voneinander zu trennen und gesondert zu beeinflussen. Eine Gehirnerschütterung kann zu einer retrograden Amnesie führen, bei der nur der Langzeitspeicher betroffen ist, während das Verabreichen von Stoffen, welche die neuronale Aktivität oder die Eiweißsynthese in Neurone blockieren, eine kombinierte retrograde *und* anterograde Amnesie verursachen kann. Eine ähnliche Wirkung kann der selektive Ausfall einer Gehirnregion als Folge einer Durchblutungsstörung oder eines Tumors haben. Die Zeitspanne des rückwirkenden Gedächtnisausfalls schwankt zwischen Sekunden und Jahren und hängt von der Art und Stärke der traumatischen Einwirkung ab. Bei schweren Verkehrsunfällen beispielsweise, bei denen das Gehirn mechanisch stark in Mitleidenschaft gezogen ist, kann eine retrograde Amnesie sich über Jahre oder Jahrzehnte zurück erstrecken. Wird aber die neuronale Aktivität des Gehirns im Tierexperiment nach einem Lernvorgang mit Elektroschocks kurzfristig und schwach blockiert, dann liegt die Spanne der retrograden Amnesie im Sekunden- und Minutenbereich. Daraus kann man schließen, dass neue Gedächtnisinhalte anfänglich in einer störbaren Form vorliegen und erst mit der Zeit in ein stabiles, langzeitiges Gedächtnis überführt werden (Menzel und Roth, 1996; Menzel, 2001; Markowitsch, 2002).

Die Ergebnisse von Experimenten, in denen bei Versuchstieren experimentell retrograde Amnesien erzeugt werden, sind mitunter schwer zu interpretieren. Erstens könnte der Eingriff zu einem *hemmenden Lernvorgang* führen, in dem er als ein Strafreiz dem gerade Gelernten entgegenwirkt. Zweitens könnte die Verhaltensmotivation durch die experimentelle Maßnahme drastisch verändert sein. So rufen Blocker der Eiweißsynthese bei den Versuchstieren starke Übelkeit hervor, die dann als aversiver Reiz wirken könnte. Tatsächlich wird beobachtet, dass Gedächtnisinhalte manchmal über längere Zeiträume wieder wirksam werden und dass bestimmte Substanzen wie Amphetamin und Strychnin den Amnesieeffekt teilweise kompensieren können. Die amnesieauslösende Behandlung hat in diesem Fall also das *Abrufvermögen* und nicht oder nur teilweise den *Einspeichervorgang* betroffen. Trotz dieser Schwierigkeiten ist der Schluss gerechtfertigt, dass eine Störung der neuronalen Erregung und des neuronalen Stoffwechsels selektiv frühe Gedächtnisformen beeinträchtigt, während späte Gedächtnisformen gegenüber solchen Einwirkungen resistent sind.

Aus einer Reihe von experimentellen Befunden schließt man, dass bei jedem Lernvorgang ein frühes, kurzzeitiges Gedächtnis in ein spätes, langzeitiges Gedächtnis überführt oder *konsolidiert* wird. Diese *Konsolidierungsphase* ist beim Menschen mit der mitunter auch bewussten Wiederholung des Lerninhalts (z. B. stilles Aufsagen einer neuen Telefonnummer) verbunden. Es kann aber auch sein, dass Inhalte parallel in ein kurzzeitiges und ein langzeitiges Gedächtnis eintreten, dass sich aber das kurzzeitige Gedächtnis schnell wieder entleert, während das langzeitige weiterarbeitet. Die verschiedenen Gedächtnisarten müssten also nicht notwendig nacheinander durchlaufen werden.

Die Befunde über die unterschiedlichen Formen des Gedächtnisses lassen sich folgendermaßen zusammenfassen: (1) Ein sensorischer Speicher, *sensorisches Gedächtnis* oder *Ultrakurzzeitgedächtnis* genannt, wird für einige Sekunden *reizspezifisch erregt*. Dies ermöglicht uns, etwas soeben Gesehenes oder Gehörtes unmittelbar wiederzugeben. In dieser Zeit findet auch die Assoziation mit anderen Reizen oder mit inneren Zuständen statt. (2) Das *Kurzzeitgedächtnis*, zum Teil identisch mit dem *Arbeitsgedächtnis*, ist durch seine *begrenzte Speicherkapazität* (beim Menschen z. B. sieben – oder fünf – plus/minus zwei einzelne Objekte, Zahlen oder Stimulationen) und seine *Störanfälligkeit* gegenüber neuen Ereignissen und traumatischen Einwirkungen gekennzeichnet. (3) Das *Langzeitgedächtnis* ist weitgehend unempfindlich gegen Störfaktoren und hat eine sehr große Speicherkapazität. Es ist wahrscheinlich, dass es mehrere Formen von Langzeitgedächtnis gibt.

Supergedächtnis

Die meisten von uns leiden an irgendeiner Begrenzung von Gedächtnisleistungen. Wer wünscht sich nicht ein besseres Gedächtnis! Tatsächlich bringt aber ein wirkliches »Supergedächtnis« keineswegs nur Vorteile, denn dies bedeutet keineswegs bloß, dass man sich an alles erinnern kann, wenn man nur will, sondern auch, dass man auch ganz unwichtige Dinge nicht vergessen kann. Ein Supergedächtnis vermag in aller Regel nicht oder nicht gut zwischen »wichtig« und »unwichtig« zu unterscheiden; für das Supergedächtnis ist nahezu alles »wichtig«, d. h. erinnerungswürdig.

Die Fähigkeit, sich an (nahezu) alles zu erinnern, was man jemals erlebt hat, entsteht meist durch zwanghaftes Einfügen von Gedächtnisinhalten in eidetische (d. h. bildgetreu erinnerte) Raumvorstellungen. Der russische Neurologe Alexander Lurija studierte 20 Jahre lang die schier unbegrenzte Gedächtnisfähigkeit des Moskauer Zeitungsreporters Schereschowskij (Lurija, 1968). Dieser konnte sich nahezu alles merken, gleichgültig ob es sich um Zahlenkolonnen, Wortlisten, lange Serien von sinnlosen Silben, mathematische Formeln (auch wenn sie absurd waren) oder Texte und Gedichte in fremder Sprache handelte. Selbst nach Jahren erinnerte sich Schereschowskij präzise und in allen Details an die Inhalte, auch wenn er nur wenige Minuten Zeit gehabt hatte, sie sich einzuprägen. Er selbst wurde durch Zufall auf seine einzigartige Fähigkeit aufmerksam, als ihm auffiel, dass sich seine Reporterkollegen Notizen über das Gesehene und Gehörte machten, was für ihn überflüssig war. Ein ähnliches Supergedächtnis ist von dem amerikanischen Restaurantbesitzer Jacques Scarella bekannt, der sich an alle Namen, Gesichter, Gespräche, Bestellungen usw. seiner Gäste über Jahre erinnerte.

Lurija fand bei Schereschowskij heraus, dass das Supergedächtnis mit einer zwanghaften Verknüpfung von Sinnesmodalitäten und bildhaften Vorstellungen auch von abstrakten Inhalten einhergeht. Schereschowskij sagte von sich: »Ich kann nicht vermeiden, Farben zu sehen, wenn ich eine Stimme höre«. Lurija beschreibt, was sein Patient erlebte, wenn er sich eine lange Wortliste durchlas: »Jedes Wort rief ein anschauliches Bild hervor. Und da die Liste lang war, brachte er die Bilder in eine geistige Abfolge. Meist ›verteilte‹ er sie entlang einer Wegstrecke oder Straße, die er sich vorstellte (...). Oft ging er vom Majakovskijplatz im Geist die Gorkijstraße entlang und ›verteilte‹ seine Bilder auf Häuser, Tore und Schaufenster (...). Um sich zu erinnern, ging er dann einfach vorwärts oder rückwärts denselben Weg noch einmal und fand das Bild des in der Wortliste enthaltenen Gegenstandes«.

Ein derartiges Vorgehen, nämlich das Platzieren von zu memorierenden Gegenständen in vorgestellten Räumlichkeiten, z. B. Gebäuden, die dem Individuum sehr vertraut sind, hat eine lange, auf antike Rhetoriker wie Cicero und Quintilian zurückreichende Tradition. In diesen »Palästen der Erinnerung« platzierte man, wenn man seine

Rede mit vielen Argumenten und Fakten spicken wollte, jedes Argument und jedes Faktum in einer bestimmten Ecke eines bestimmten Zimmers. Beim Abhalten der Rede durchschritt man im Geiste diesen Palast, betrachtete die Zimmer immer in einer bestimmten Reihenfolge und entsann sich dann der in den Zimmerecken »aufgestellten« Inhalte. Offenbar ist dieser Trick vielfach und unabhängig voneinander entdeckt worden.

Gedächtnis und alterndes Gehirn

Dass unser Gedächtnis mit dem Alter in seiner Leistungskraft nachlässt, scheint eine Binsenweisheit zu sein. Wie immer, sind die Verhältnisse aber komplizierter, wie ein kürzlich in der Zeitschrift Science erschienener Übersichtsartikel über eine Konferenz zum Thema »Neuroscience, Aging and Cognition« zeigt (Helmuth, 2002).

Generell zeigen psychologische Längsschnittuntersuchungen, dass es deutliche Unterschiede zwischen dem Gedächtnis für bereichsspezifisches Wissen (»Expertenwissen«) einerseits (das, was man »kristalline Intelligenz« nennt; s. nächstes Kapitel) und der Funktion des Arbeitsgedächtnisses beim Problemlösen (das, was man »allgemeine« oder »fluide Intelligenz« nennt) gibt. Ersteres nimmt bis ins hohe Alter kaum oder gar nicht ab und sinkt erst nach einem Alter von 80-85 Jahren rapide. Ein möglicher Abbau im frühen Alter wird offenbar dadurch kompensiert, dass unterschiedliche Zugangsmöglichkeiten zum Expertenwissen genutzt werden; d. h. das Wissen nimmt eventuell ab, wird aber gleichzeitig durch Routine besser verfügbar. Dies hat einen stabilisierenden Effekt.

Anders sieht es beim Arbeitsgedächtnis aus, von dem man annimmt, dass es eng mit der »allgemeinen« bzw. »fluiden Intelligenz« zusammenhängt. Seine Leistungsfähigkeit nimmt bereits nach dem 20. Lebensjahr ab. Allerdings wird dieser Abbau durch zwei Dinge etwas gemildert. Zum einen scheint es so zu sein, dass bei jungen Leuten das verbale Arbeitsgedächtnis überwiegend linkshemisphärisch, das räumliche Gedächtnis überwiegend rechtshemisphärisch angesiedelt ist. Bei älteren Leuten findet man hingegen, dass sie für beide Funktionen, also auch für die Sprache, eher beide Hemisphären benutzen. Zum anderen lässt sich die Leistungsfähigkeit des Arbeitsgedächtnisses in gewissen Grenzen durch Übung und den Gebrauch von Gedächtnishilfen (»Eselsbrücken«) verbessern. Und schließlich wird häufig auch das abnehmende Arbeitsgedächtnis durch Expertenwissen kompensiert (d. h. man kann nicht mehr so schnell denken, aber man weiß mehr). Es bleibt aber das Faktum, dass ältere Menschen zunehmend mit schnellem Problemlösen Schwierigkeiten haben.

Diese Fakten lassen sich gut mit Veränderungen im alternden Gehirn in Zusammenhang bringen. Beim Altern »hält sich« der Okzipitalcortex am besten, gefolgt vom Parietal- und Temporalcortex. Alle drei sind nach gegenwärtiger Vorstellung der Sitz des Expertenwissens. Der Frontalcortex als Sitz des Arbeitsgedächtnisses ist vom Altern hingegen am meisten betroffen. Zwischen 20 und 80 Jahren schrumpfen pro Dekade rund fünf Prozent des Volumens des Frontalcortex. Der Hippocampus als »Organisator« des deklarativen Gedächtnisses ist bis 45 Jahre stabil, dann schrumpft er um ca. sieben Prozent pro Dekade. Allgemein besteht eine gute Korrelation zwischen Gedächtnisleistungen und dem Volumen des Hippocampus und der umgebenden entorhinalen, parahippocampalen und perirhinalen Rinde.

6. Denken, Intelligenz, Kreativität

Denken gilt als die Krone menschlicher Fähigkeiten. Es ist in traditioneller Sicht identisch mit dem Besitz von Verstand und Vernunft und stellt damit dasjenige Merkmal dar, welches uns neben der Sprache am eindeutigsten von den Tieren unterscheidet. Tiere – so haben wir im ersten Kapitel im Zusammenhang mit dem Instinkt-Begriff gehört – denken nicht. Sie können zwar erstaunlich vernünftige Dinge tun, z. B. kunstfertige Nester bauen, nach dem Sonnenkompass fliegen und komplizierte Staaten bilden, aber sie tun dies aufgrund angeborenen Wissens und ohne Einsicht in ihr Handeln. Nur der Mensch besitzt ein »logistikón«, ein *Vernunftvermögen*, mithilfe dessen er von Denken und Überlegen geleitete Dinge tun kann.

Bei dieser traditionellen Sicht der Dinge ergibt sich jedoch das Problem, dass keineswegs alle Menschen vernünftig sind. Kleine Kinder gelten klassischerweise als »unvernünftig«; bestimmte Handlungen oder Äußerungen eines Erwachsenen bezeichnet man als kindlich oder gar kindisch. Auch gibt es Menschen, die man früher als »Idioten« bezeichnete. Dieses Wort kommt aus dem Griechischen und bedeutet »Privatmann«, d. h. einer, der sich von der Gesellschaft absondert und nur das tut, was ihn interessiert. Dies war aus klassisch-griechischer Sicht *höchst unvernünftig*, denn nur im griechischen Stadtstaat, der Polis, konnte man ganz Mensch sein. Schließlich kann auch jeder von uns unvernünftig sein, seinen Verstand verlieren und Dinge tun, die man bei besserem Nachdenken nicht tun würde.

Menschen sind also offensichtlich ganz unterschiedlich mit Verstandeskräften ausgestattet. Bei Kindern gibt es eine deutliche Entwicklung des Denkvermögens, und bei älteren Menschen kann es aufgrund von Schädigungen und Krankheiten oder aufgrund des Abbaus von Gehirnfunktionen zu einem Rückgang von Verstand und Vernunft kommen. Allerdings kann ein solcher Prozess bei verschiedenen Personen sehr unterschiedlich verlaufen, wobei Veranlagungen und das Ausmaß von Umweltstimulation (z. B. andauernde kognitive Betätigung oder deren Fehlen) hierbei Hand in Hand gehen.

So klar es ist, dass der Mensch ein »vernünftiges Wesen« (ein *Homo sapiens*) ist, so unklar ist es, was man darunter zu verstehen hat.

Menschen können schlau, intelligent, klug und weise sein, und all dies bezieht sich auf unterschiedliche Leistungen von Verstand und Vernunft. Ein schneller Problemlöser muss nicht unbedingt weise sein. Ebenso gibt es deutliche Unterschiede zwischen einem eher »akademischen« und einem praktischen Verstand. Ein großer Denker ist nicht notwendig auch ein kluger Praktiker. Nehmen wir noch dasjenige hinzu, was man emotionale bzw. soziale Vernunft bzw. Intelligenz genannt hat (Goleman, 1996, s. unten), d. h. die Fähigkeit, zwischenmenschliche Probleme zu verstehen und zu bewältigen, dann zeigt sich, welch komplexe Phänomene Verstand und Intelligenz sind.

Am ehesten erscheint der Begriff der Intelligenz für eine Erklärung von Verstandesfunktionen brauchbar. Einem intelligenten Menschen unterstellt man, dass er gut und schnell denken kann, wenn es um das Lösen von Problemen geht; eine gewisse Kreativität fordert man dabei wohl auch. Danach wäre ein intelligenter Mensch ein solcher, dem angesichts eines bestimmten theoretischen oder praktischen Problems und unter einem gewissen Zeitdruck Lösungen einfallen, auf die Durchschnittsmenschen nicht kommen. Der schulische und berufliche Erfolg hängt ziemlich direkt von einer solchen Art von Intelligenz ab. Entsprechend groß ist das Interesse, sie möglichst objektiv messen und vergleichen zu können, um etwa die Schul- und Berufsaussichten vorhersagen zu können.

Ergebnisse der Persönlichkeitspsychologie und Intelligenzforschung

In den heute gängigen Intelligenztests wie dem Amthauer-Test oder dem Hamburg-Wechsler-Test werden so genannte *primäre geistige Fähigkeiten* getestet (vgl. Amelang und Bartussek, 1997; Asendorpf, 1999). Zu diesen gehören (1) die Kenntnis von Wörtern und ihrer Bedeutung sowie deren angemessene Verwendung im Gespräch (*verbal comprehension*); (2) rasches Produzieren von Wörtern, die bestimmten Erfordernissen entsprechen (*word fluency*); (3) Geschwindigkeit und Präzision bei einfachen arithmetischen Aufgaben (*number*); (4) Bewältigung von Aufgaben, die räumliches Vorstellen und Orientieren sowie das Erkennen von Objekten unter anderem Blickwinkel erfordern (*space*); (5) Behalten paarweise gelernter Assoziationen (*associative memory*); (6) Geschwindigkeit beim Vergleich oder der Identifikation visueller Darstellungen (*perceptual speed*); und (7) schlussfolgerndes Denken im Sinne des Auffindens einer Ordnung in einer vorgegebenen Abfolge von Zahlen oder Symbolen und die Anwendung dieser Regel bei der Vorhersage des nächstfolgenden Elements (*inductive thinking, reasoning*). Diese letztere Komponente, d. h. Denken und Schlussfolgern, wird von vielen Autoren als besonders aussagekräftig für den Intelligenzgrad einer Person angesehen (vgl. Amelang und Bartussek, 1997). Es werden in den IQ-Tests generell sowohl sprachabhängige Fähigkeiten (»verbaler Teil« genannt) als auch sprachunabhängige Fähigkeiten (»Handlungsteil« genannt) getestet.

Bei der Entwicklung geeigneter Intelligenztests stellte sich schon bald die Frage, ob die getesteten Fähigkeiten voneinander unabhängig sind, oder ob sie nur Ausprägungen von etwas sind, das man »allgemeine Intelligenz« nennen kann. Spearman, einer der Begründer der modernen Intelligenzforschung, nahm an, Intelligenz bestünde aus zwei Faktoren, nämlich einem Faktor *g*, der für »generelle Intelligenz« steht, und einem zweiten Faktor *s*, der für den jeweiligen Test spezifisch ist (Spearman, 1904).

Diesem Zwei-Faktoren-Modell stehen unterschiedliche Mehrfaktoren-Modelle gegenüber. Ein bekanntes Modell diesen Typs stammt von Cattell, einem früheren Assistenten von Spearman. Dieses geht von mehreren Primärfaktoren von Intelligenz aus, die dann wieder in viele Sekundärfaktoren zerfallen (vgl. Cattell, 1963; Horn und Cattell, 1966). Die ersten beiden Primärfaktoren sind »fluid general intelligence« (deutsch »fluide« oder »flüssige Intelligenz«) und »crystallized general intelligence« (deutsch »kristallisierte« bzw. »kristalline Intelligenz«). Unter Ersterem verstand Cattell die Fähigkeit, neue Probleme und Situationen ohne die Hilfe früherer Erfahrung zu bewältigen, während es sich bei letzterem Faktor um das handelt, was man heute »bereichsspezifisches Wissen« oder »Expertenwissen« nennt (vgl. Stern, 2001).

Gardner (1983) geht von acht ganz unterschiedlichen Intelligenzen aus, nämlich einer sprachlichen, logisch-mathematischen, räumlichen, musikalischen, körperlich-kinästhetischen, interpersonalen, intrapersonalen und naturalistischen Intelligenz. Jeder dieser Intelligenzen entspricht nach Gardner ein bestimmtes Modul im Gehirn. Kritiker wie Asendorpf (1999) führen allerdings gegen dieses Modell an, dass es sich hier weniger um Intelligenzfaktoren, als um Fähigkeiten und Begabungen handelt.

Schließlich gibt es auch Kompromissmodelle (Carroll, 1993), in denen eine allgemeine Intelligenz an der Spitze einer Pyramide von verschiedenen Ebenen mit nach unten immer spezieller werdenden kognitiven Fähigkeiten angenommen wird. Amelang und Bartussek kommen in ihrem Lehrbuch zu der abschließenden Feststellung, dass »dem vorliegenden Material zufolge ... die Beibehaltung der Vorstellung von einem Generalfaktor sehr wohl gerechtfertigt« ist, allerdings mit der Einschränkung, es sei unklar, ob diese »generelle Intelligenz« etwas Reales, d. h. auch neurobiologisch Nachweisbares oder ein statistisches Konstrukt ist.

Umstritten ist weiterhin bis heute die Frage, ob es sich bei Intelligenz um relativ einfache informationsverarbeitende Prozesse handelt (z. B. im Wahrnehmungsbereich) oder um relativ komplexe Prozesse des Schlussfolgerns und Problemlösens. Intelligenz wird von Sternberg (1999) als ein Prozess der Bewältigung neuer bzw. neuartiger Aufgaben auf der Grundlage vorhandenen Wissens und Könnens bzw. als Automatisieren bereits erworbener Fähigkeiten verstanden.

Das Verhältnis zwischen »fluider« und »kristalliner« Intelligenz bzw. zwischen allgemeiner Intelligenz und bereichsspezifischem Wissen ist nach wie vor ein wichtiger Gegenstand der Intelligenzforschung, insbesondere die Frage, in welchem Maße sich das erste vom zweiten überhaupt scharf unterscheiden lässt. Die Berliner Intelligenzforscherin Elsbeth Stern (Stern, 2001) stellt zwar die Existenz einer allgemeinen Intelligenz nicht völlig in Frage, zumal die »fluide« Intelligenz bereits nach dem 20. Lebensjahr abnimmt, während die »kristalline« Intelligenz (das bereichsspezifische Wissen) kaum einen Altersabbau zeigt (s. voraufgehendes Kapitel, Abschnitt »Gedächtnis und alterndes Gehirn«), sie findet aber keinen deutlichen Einfluss einer allgemeinen Intelligenz auf die bereichsspezifischen Intelligenzleistungen. Vielmehr kann umgekehrt – so wurde von ihr gefunden – überdurchschnittliches bereichsspezifisches Wissen Defizite in der allgemeinen Intelligenz kompensieren.

Das Konstrukt der »allgemeinen Intelligenz« wird dadurch nach Stern in seiner Aussagekraft erheblich eingeschränkt, wenngleich nicht ganz überflüssig. Sie vermutet, dass (allgemein) intelligentere Personen möglicherweise ihr Wissen besser geordnet und so gespeichert haben, dass es flexibel einsetzbar ist. Allgemeine Intelligenz besteht wohl auch in der Fähigkeit, Wesentliches von Unwesentlichem zu unterscheiden und die Verarbeitungskapazität des Arbeitsgedächtnisses effizienter zu nutzen (dazu unten mehr).

Unterschiede im Intelligenzgrad können zudem als Unterschiede im Umgang mit sprachlichem, mathematischem und graphisch-visuellem Material verstanden werden (*Basiskompetenzen*). Es kann nach Stern sein, dass (generell) intelligente Menschen deshalb allgemein intelligenter wirken, weil sie aus genetischen oder erfahrungsbedingten Gründen in allen drei Gebieten leistungsfähiger sind, d. h. das Normalmaß übersteigen. »Allgemeine Intelligenz« hinge danach vom *Profil* der genannten drei Basiskompetenzen ab. Es bleibt also der zukünftigen Intelligenzforschung überlassen, zu prüfen, in welchem Maße es tatsächlich eine »allgemeine« Intelligenz gibt und in welchem Maße Intelligenz bereichsspezifisch ist. Wie zu zeigen sein wird, gibt es für eine Koexistenz beider klassischen Teile von Intelligenz neurobiologische Evidenzen.

Wichtig ist auch die gegenwärtig häufig vorgebrachte Kritik an einer zu starken Ausrichtung des Intelligenzbegriffs auf das, was bereits 1976 Ulric Neisser »akademische Intelligenz« genannt hat, nämlich verbales Geschick, Kopfrechnen, induktives und deduktives Denken. Sternberg (1999) geht hingegen von einer *Dreiheit* der Intelligenz aus, nämlich einer analytischen, einer kreativen und einer praktischen Intelligenz. Die analytische Intelligenz umfasst die in den herkömmlichen Intelligenztests gemessenen »akademischen« geistigen Fähigkeiten; kreative Intelligenz drückt sich in schöpferischem Tun, Erkunden, Entdecken, Erfinden, Vorstellen und Vermuten aus; praktische Intelligenz benötigt man für das Lösen alltäglicher beruflicher Probleme wie Konflikte im Betrieb meistern, die günstigsten Fahrtrouten feststellen oder praktische mathematische Probleme lösen.

Sternberg geht davon aus, dass diese drei Intelligenzen nicht (oder sogar leicht negativ) miteinander korreliert sind, d. h. ein analytisch Intelligenter muss keineswegs ein kreativer Intelligenter sein und dieser keineswegs ein praktisch Intelligenter. Eine besondere Art von Intelligenz mag die soziale Kompetenz sein, die die Fähigkeit zur sozialen Verantwortung, zur Zusammenarbeit und zur Einordnung in die Gruppe umfasst. In bestimmten afrikanischen und asiatischen Kulturen wird – so Sternberg – dies als die *eigentliche* Intelligenz angesehen. Intelligenz bedeutet demnach in unterschiedlichen Kulturen zum Teil etwas sehr Verschiedenes.

Aufsehen – und Kritik – hat der Begriff der »emotionalen Intelligenz« erlebt, wie er in journalistischer Weise durch Daniel Goleman vorgebracht wurde (Goleman, 1996). Hierunter versteht der Autor soziale Kompetenz und die Fähigkeit zur Beherrschung affektiver und emotionaler Zustände wie Ärger, Angst oder Niedergeschlagenheit. Es ist jedoch Asendorpf (1999) zuzustimmen, dass das Konzept der »emotionalen Intelligenz« erstens nichts mit dem herkömmlichen Intelligenzbegriff zu tun hat und zweitens über das, was die Persönlichkeitspsychologie bisher schon sagte (s. Kapitel 11), nicht hinausgeht.

Intelligenz und Gehirn

Beschränken wir uns im Zusammenhang mit der Frage nach den neuronalen Grundlagen von Intelligenz im Folgenden auf die klassisch-westeuropäische »analytische« Intelligenz, d. h. auf verbales Geschick, Rechnen, induktives und deduktives Denken sowie Lernen unter Zeitdruck. Was weiß man über den Zusammenhang zwischen einer derartigen Intelligenz und Gehirnstrukturen bzw. -prozessen?

Eine weit verbreitete Annahme lautet, eine Person sei umso intelligenter, je größer ihr Gehirn ist. Immerhin ist, wie wir im zweiten Kapitel gesehen haben, die Evolution unseres menschlichen Gehirns vor allem anderen durch eine enorme Größenzunahme charakterisiert. Sehen wir also, ob diese Annahme richtig ist.

Die *Gehirngröße* geistig normaler Menschen schwankt zwischen 1000 und 2000 Gramm bzw. Kubikzentimetern, mit einem Durchschnitt von 1370 Gramm bei Männern und 1216 Gramm bei Frauen. Die Korrelation zwischen Intelligenz, gemessen mit den üblichen Intelligenztests, und der Gehirngröße bzw. dem Gehirngewicht ist bestenfalls schwach, und zwar zwischen 0,2 und 0,3 (Wickett et al., 1994; Eliot, 2001); in einer Studie des amerikanischen Anthropologen Schoenemann und seiner Mitarbeiter (Schoenemann et al., 2000) zeigte sich keine Korrelation zwischen Gehirngröße und Intelligenz innerhalb des genannten Größenintervalls.

Generell bedeutet dies, dass es sehr intelligente Menschen mit einem Gehirn von 1000 Gramm gibt und weniger intelligente mit einem Gehirn von 2000 Gramm. Der in diesem Zusammenhang gern zitierte französische Schriftsteller und Nobelpreisträger Anatole France hatte ein sehr geringes Gehirngewicht von 1013 Gramm. Unterhalb eines Gehirngewichts von 1000 Gramm häufen sich Anzeichen deutlich verminderter Intelligenz, doch gibt es eine Reihe von genau dokumentierten Fällen, in denen Menschen mit normaler oder sogar überdurchschnittlicher Intelligenz Gehirngewichte unter 900 Gramm und in einem Fall sogar unter 700 Gramm hatten; eine von Wilder 1911 beschriebene überdurchschnittlich intelligente Person namens Daniel Lyon wies ein Gehirngewicht von 624 Gramm auf. Ähnlich kleine oder noch kleinere Gehirne entstehen durch operative Eingriffe (z. B. Entfernung einer Großhirnhemisphäre), bei denen mehr als ein Drittel des Gehirns entfernt wurde, was in einem untersuchten Fall eine Reduktion auf 823 Gramm bedeutete, ohne dass eine deutliche Beeinträchtigung der Intelligenz auftrat.

Wir haben gehört, dass allein der Besitz eines großen Gehirns wenig für die Intelligenz bringt. Dies wäre für unser menschliches Selbstverständnis auch nachteilig, denn es gibt Tiere mit Gehirnen, die sehr viel größer sind als die unseren. Welches könnten diese »anderen Faktoren« sein? Als Erstes denkt man an die *Neuronenzahl*, und zwar nach dem Motto: Je mehr Neuronen im Gehirn, desto intelligenter ist ein Mensch. Man könnte nun annehmen, dass große Gehirne bzw. Großhirnrinden »automatisch« viele Neuronen besitzen. Dies ist aber im Vergleich zwischen Menschen und anderen Tieren nicht der Fall: Wale und Delphine, von denen viele bedeutend größere Gehirne haben als der Mensch, nämlich bis zu sechsmal so große, haben nach Schätzungen von Harry Jerison und mir nur die Hälfte bis maximal zwei Drittel der Zahl cortikaler Neurone, die sich bei Menschen findet. Der im Kapitel 4 bereits genannte Grund hierfür ist, dass Wale und Delphine einen dünneren Cortex und eine viel geringere Packungsdichte cortikaler Neurone aufweisen als der Mensch.

Ebenso hat ein großes menschliches Gehirn nicht notwendig der Volumenzunahme entsprechend mehr Nervenzellen als ein kleineres. Es ist anzunehmen, dass die Packungsdichte zwischen individuellen Gehirnen stark schwankt. Es könnte also sein, dass eine Person mit einem Gehirn von 1100 Gramm genauso viele Neurone hat wie eine Person mit 1500 Gramm, oder sogar mehr als sie. Allerdings sind hierüber keine genauen Daten bekannt.

Zweitens könnte die Zahl der Synapsen für Intelligenz relevant sein. Die moderne Hirnforschung geht von der Grundannahme aus, dass alle Leistungen des menschlichen Gehirns Funktionen von Nervennetzen sind, bei denen wiederum die Art und Dichte der synaptischen Verknüpfung entscheidend ist. Soweit wir wissen, ist die Zahl der Synapsen pro Zelle im Cortex der Säugetiere und des Menschen relativ konstant; man geht davon aus, dass eine cortikale Nervenzelle über eine bis zehn Synapsen mit rund zehntausend anderen Nervenzellen verbunden ist. Bei rund fünfzig Milliarden an cortikalen Neuronen im menschlichen Gehirn bedeutet dies mindestens eine halbe Trillion cortikaler Synapsen. Über individuelle Unterschiede in der Zahl cortikaler Synapsen ist nichts bekannt, und deshalb können wir die Hypothese, dass Unterschiede in der Zahl der Synapsen für Unterschiede in der Intelligenz von Personen ausschlaggebend sind, bisher nicht überprüfen.

Eine grundlegende Voraussetzung für die Informationsverarbeitung im Gehirn ist möglicherweise die Leitungsgeschwindigkeit von Nervenfasern. Bahnen im Gehirn, z. B. von einer Hemisphäre zur anderen oder vom Hinterhauptscortex zum Stirnhirn, können durchaus gut zehn Zentimeter lang sein, und Unterschiede in der Leitungsgeschwindigkeit können die Schnelligkeit von Prozessen der Informationsverarbeitung entscheidend beeinflussen. Wie die Grazer Neurobiologen Neubauer und Freudenthaler (1994) feststellten, gibt es bei getesteten Personen bei Reaktionszeiten und nichtverbalen Tests in der Tat eine Korrelation von 0,4 zwischen Leitungsgeschwindigkeit und Intelligenz. Dies bedeutet, dass die Leitungsgeschwindigkeit für die getesteten Fähigkeiten von mittelgroßer Bedeutung ist.

Wir müssen daneben auch nach funktionellen Eigenschaften und Unterschieden zwischen individuellen Gehirnen schauen. Wie zu Beginn dieses Kapitel geschildert, ist Problemlösen ein Paradebeispiel sowohl für analytische wie für praktische Intelligenz im Sinne von Sternberg. Hierbei besteht die Aufgabe im Wesentlichen darin, sehr schnell den Kern des Problems zu identifizieren und dann aus verschiedenen Teilen des Gedächtnisses geeignetes Wissen bzw. geeignete Fertigkeiten aufzurufen und sie in kreativer Weise zusammenzusetzen.

Schlechte Problemlöser erkennen oft nicht, was ein Problem schwierig macht, und können ihre Strategien dem neuen Problem nicht gut anpassen. Der intelligente Mensch hingegen ist dadurch gekennzeichnet, dass er relativ schnell eine Lösung des anstehenden

Problems findet. Beim Problemlösen muss nicht nur relevante Information aktiviert, sondern auch irrelevante Information unterdrückt werden, und all dies geschieht meist unter Zeitdruck. Hiernach sollte sich das Gehirn eines intelligenten Menschen dadurch auszeichnen, dass das Abrufen relevanter Information (vor allem von »Expertenwissen«), das Unterdrücken irrelevanter Information sowie das anschließende Zusammenfügen der relevanten Information *möglichst schnell* und *mit möglichst geringem Aufwand* geschieht.

Sehen wir uns diesen Prozess im Gehirn einmal genauer an: Unser »Expertenwissen« ist über die gesamte Großhirnrinde verteilt und dabei nach seinem Inhalt sortiert: Gedächtnisinhalte visueller, auditorischer und taktiler Art sind in den entsprechenden sensorischen assoziativen Arealen gespeichert, Objektwissen im temporalen Cortex, Raumwissen, aber auch symbolisches, geometrisches und mathematisches Wissen im hinteren parietalen Cortex, sprachliches Wissen in den Sprachzentren, Handlungswissen im präfrontalen und parietalen Cortex. Beim Problemlösen sowie bei der Handlungsplanung werden – so wird angenommen – diese Wissensbruchstücke aus den genannten unterschiedlichen Gedächtnissen ausgelesen und im *Arbeitsgedächtnis* des dorsolateralen präfrontalen Cortex zusammengeführt.

Der präfrontale Cortex ist, wie mehrfach betont, derjenige Hirnteil, der eine vorhandene Situation im Hinblick auf ihre Bedeutung für unser Handeln bewertet und unter Berücksichtigung der eigenen Erfahrung und gegenwärtigen Motivationslage in Handlungsplanung und Handlungssteuerung umsetzt. Entsprechend sind Patienten mit Stirnhirnerkrankungen oft unfähig, in einer Situation und bei einem Problem Relevantes von Irrelevantem zu unterscheiden (vgl. Förstl, 2002). Auch haben sie starke Defizite in der für das Problemlösen wichtigen Fähigkeit, die Perspektive zu wechseln und nach alternativen Strategien zu suchen. Frontalhirn-Patienten verweilen oft hartnäckig bei einer Strategie und lassen sich durch ihr eigenes Versagen nicht beeindrucken. Eine weitere wichtige Fähigkeit zum Problemlösen ist induktives Schließen, d. h. das Vermögen, Vorkenntnisse auf neue Fragestellungen zu übertragen. Diese Fähigkeit ist bei Patienten mit präfrontalen Schädigungen ebenfalls gestört.

Dies deutet auf die besondere Rolle des Arbeitsgedächtnisses beim Problemlösen hin. Bei der Kapazität des Arbeitsgedächtnis gibt es allerdings individuelle Unterschiede und Übungseffekte. Umstritten ist auch, ob die bekannte Enge, Beschränkung und Langsamkeit des Arbeitsgedächtnisses aus seiner eigenen begrenzten *Verarbeitungs-kapazität* herrührt oder aus der zeitlich und/oder inhaltlich begrenzten Kapazität des *Zugriffs* und *Abrufens* von Informationen aus den Sinnes-, Gedächtnis- und Handlungssteuerungssystemen. Wie dem auch sei, aus beiden Eigenschaften des Arbeitsgedächtnisses können wir Voraussagen darüber machen, was wir im Gehirn intelligenter Menschen finden sollten, nämlich die Fähigkeit, die Vorteile des Arbeitsgedächtnisses, d. h. das kreative Zusammenfügen von Wissensfragmenten, stärker zu nutzen, und gleichzeitig die genannten deutlichen Begrenzungen des Arbeitsgedächtnisses möglichst zu umgehen.

Normalerweise meint man, intelligente Menschen würden ihr Gehirn mehr nutzen als weniger intelligente. Wir alle kennen die Reklame, auf der uns mitgeteilt wird, dass wir normalen Menschen unser Gehirn nur zu zehn Prozent gebrauchen, während wirklich Intelligente (dabei wird meist das Bild von Albert Einstein gezeigt) ihre Gehirnkapazitäten voll nutzen. Wir werden dann aufgerufen, entweder transzendentale Meditation zu betreiben oder sehr viel Geld für Intelligenz- und Kreativitäts-Trainingskurse zu bezahlen, um unsere Gehirnausnutzung in die Höhe zu treiben und Albert Einstein ähnlich zu werden.

Untersuchungen zeigen jedoch, dass Ungeübte und weniger Intelligente beim Lösen komplizierterer Probleme ihr Gehirn *mehr* beanspruchen als Geübte und Intelligentere. Die Erklärung hierfür ist relativ einfach: Kompliziertes Aufrufen und Zusammenfügen von Information aus den verschiedenen Zentren ist für das Gehirn stoffwechselphysiologisch teuer, geht langsam vor sich und ist hochgradig fehleranfällig. Es gilt also: Je weniger Aufwand, desto besser. Dies ist bei der Steuerung von Bewegungen genauso. Zu Beginn eines Bewegungstrainingsprogramms werden viele Muskeln in unökonomischer Weise aktiviert, es gibt einen erheblichen Reibungsverlust, und die Bewegungen wirken ungeschickt. Mit zunehmender Übung wird der muskuläre Ablauf glatter, die Muskeln werden besser und ökonomischer eingesetzt, die Bewegungen effektiver.

Die Ansicht, dass intelligente Personen ihr Gehirn oder zumindest ihre Hirnrinde ökonomischer nutzen als weniger intelligente, wurde vor einigen Jahren vom amerikanischen Neurobiologen Haier und seinen Mitarbeitern (Haier et al., 1992) durch PET-Untersuchungen untermauert. Wie in Kapitel 3 geschildert, wird bei der Positronen-Emissions-Tomographie die Tatsache ausgenutzt, dass bei erhöhter Beanspruchung neuronales Gewebe mehr Energie verbraucht, und das dabei entstehende Defizit wird durch einen erhöhten Glucose-Stoffwechsel ausgeglichen. Versuchspersonen unterschiedlichen Intelligenzgrades, gemessen mit Standard-Intelligenztests, mussten ein Computerspiel (»Tetris«) lösen, welches das räumliche Vorstellungsvermögen testet, während ihre Hirnaktivität gemessen wurde. Die Ergebnisse zeigten, dass intelligentere Versuchspersonen beim Lösen der Aufgabe eine größere Absenkung ihrer Hirnaktivität (gemessen über den Glucose-Stoffwechsel) zeigten als weniger intelligente. Die dabei besonders betroffenen Hirnareale waren der präfrontale Cortex und der anteriore und posteriore cinguläre Cortex. Im präfrontalen Cortex befindet sich, wie erwähnt, das Arbeitsgedächtnis; der anteriore cinguläre Cortex ist stets aktiv, wenn es um Aufmerksamkeit und Fehlerkontrolle geht.

Die zeitliche und inhaltliche Begrenztheit des Arbeitsgedächtnisses und die Begrenztheit des Aufmerksamkeitssystems scheinen danach Engpässe für Intelligenz zu sein. Wenn die Anzahl der simultan im Arbeitsgedächtnis durchführbaren Operationen begrenzt ist, dann sollte eine effektivere, d. h. schnellere Informationsverarbeitung von Vorteil sein, ebenso ein sparsamer Abruf von Gedächtnisinhalten. Intelligentere Menschen aktivieren nach der genannten Untersuchung ihr Gehirn weniger stark als weniger intelligente Menschen, um ein bestimmtes Problem (besser) zu lösen, indem sie den »Flaschenhals« des Arbeitsgedächtnisses in kürzerer Zeit durchlaufen. Anders ausgedrückt: Sie nutzen ihre *zerebralen Ressourcen* besser.

Diese Vermutung wird auch durch EEG-Untersuchungen von Neubauer und seinen Mitarbeitern bestätigt (Neubauer et al., 1995). Der IQ wurde hierbei mithilfe des so genannten Raven-Tests gemessen. Ausgenutzt wurde in diesen Studien die so genannte *ereignisbezogene Desynchronisation* des EEG im oberen Alphawellen-Bereich von zehn bis zwölf Hertz. Bei dieser Methode zeigt die Stärke der Alphawellen-Abnahme den Aktivierungsgrad des betreffenden Gehirngebiets an. Die räumliche Auflösung des EEG ist gegenüber dem PET und insbesondere gegenüber der funktionellen Kernspintomographie zwar schlecht, aber es hat eine hervorragende Zeitauflösung, und man kann deshalb die zeitlichen Vorgänge im Gehirn während des Lösens kognitiver Aufgaben gut nachvollziehen.

In den Studien von Neubauer und Mitarbeitern wurden die Versuchspersonen mithilfe eines Satz-Bild-Vergleichstests untersucht. Es zeigt sich bei Intelligenten und weniger Intelligenten gleichermaßen eine starke Aktivierung hinterer Gehirnanteile (gemessen über die Desynchronisation des oberen Alphawellen-Bereichs) und besonders des Parietallappens, was mit den aufgabenspezifischen Anforderungen des Tests (Sehen und Sprache) zusammenhängt. Deutliche *Unterschiede* zeigten sich dagegen in der Nutzung des präfrontalen Cortex. Bei weniger Intelligenten nahm die präfrontale Aktivierung im Laufe des Vergleichstests *zu*, bei den Intelligenteren hingegen *ab*. Letztere verlagern also die Hauptaktivierung schneller in die aufgabenrelevanten Gehirnareale, nämlich den parietalen und okzipitalen Cortex, während die weniger benötigten Areale, d. h. der präfrontale Cortex, heruntergefahren oder gar gehemmt werden. Insgesamt ergab sich bei diesen Untersuchungen eine relativ deutliche Korrelation von 0,5 bis 0,6 zwischen dieser Art von »neuronaler Effizienz« und der mithilfe des Raven-Tests gemessenen Intelligenz.

Die Untersuchungen von Haier und Neubauer deuten an, dass Intelligenz in beträchtlichem Maße davon abhängt, wie schnell bestimmte Hirngebiete aktiviert und darin enthaltene Informationen ausgelesen und zusammengesetzt werden können und wie schnell »problematische« Zonen wie das frontale Arbeitsgedächtnis in ihrer Aktivität heruntergefahren werden können. Allerdings darf nicht vergessen werden, dass Intelligenz nur dasjenige neu kombinieren kann, was in den Arealen des Wissens- und Fertigkeitsgedächtnisses bereits niedergelegt ist. Insofern kommt nicht nur den Fertigkeiten des Arbeitsgedächtnisses bzw. der Schnelligkeit des Vermeidens dieses Flaschenhalses große Bedeutung zu, sondern auch der Art und Weise, wie »Expertenwissen« in den hinteren Teilen des Assoziationscortex gespeichert ist und wie effektiv dieses Wissen abgerufen werden kann. Die eingangs genannten alternativen Hypothesen, dass nämlich Intelligenz entweder eine grundlegende Eigenschaft der Informationsverarbeitung im Gehirn ist (Spearmans *g*-Faktor) oder aus vielen separaten Fähigkeiten besteht, sind also im Lichte der Erkenntnisse der Hirnforschung nicht als Gegensatz zu sehen.

Intelligenztests an Patienten mit Hirnschädigungen ergeben ein uneinheitliches Bild (Kolb und Wishaw, 1996). Allgemein gilt, dass Läsionen im Frontal-, Parietal- und Temporallappen der linken

Großhirnhemisphäre solche Fähigkeiten beeinträchtigen, die im *Verbalteil* des IQ-Tests untersucht werden, während Läsionen in den entsprechenden Teilen der rechten Hemisphäre eher den *Handlungs-IQ* beeinträchtigen. Es ergaben sich bei den Patienten allerdings meist nur Differenzen von weniger als zehn Punkten zwischen verbalem IQ und Handlungs-IQ. Auch zeigten innerhalb der linken Hemisphäre Läsionen im Frontal-, Temporal- und Parietallappen keine deutlichen Unterschiede zueinander. Zu den deutlichsten Beeinträchtigungen des Handlungs-IQ kam es bei einer Schädigung des Parietallappens. Insgesamt sind die Folgen von Hirnverletzungen für den IQ weit weniger dramatisch als man erwarten könnte.

Dies könnte man wiederum als Hinweis darauf ansehen, dass es sich bei der Intelligenz eher um eine *globale Fähigkeit* des Gehirns bzw. der Großhirnrinde handelt. Man könnte diese Befunde aber auch dahingehend interpretieren, dass bei den verschiedenen Untertests der Intelligenztests immer noch Fähigkeiten untersucht werden, die an die Aktivität weit verteilter Cortexareale gebunden sind. Umschriebene Läsionen der Hirnrinde hätten demnach keine *dramatischen* Auswirkungen auf die Intelligenz, was auch beobachtet wird.

Kreativität und ihre möglichen neuronalen Grundlagen

Wer von uns möchte nicht kreativ sein, d. h. etwas Neues, Originelles, Aufsehen erregendes hervorbringen! Wie aber wird man kreativ? Kann man das überhaupt lernen – so wird häufig gefragt –, oder ist Kreativität angeboren?

Eine bekannte Definition lautet »Kreativität ist die Fähigkeit des Menschen, Denkergebnisse beliebiger Art hervorzubringen, die im Wesentlichen neu sind und demjenigen, der sie hervorgebracht hat, vorher unbekannt waren«. Das kreative Produkt »kann eine künstlerische, literarische oder wissenschaftliche Form annehmen oder durchführungstechnischer oder methodologischer Art sein« (Drevdahl, 1956, zitiert nach Amelang und Bartussek, 1997). Nach Meinung des seinerzeit einflussreichen Kreativitätsforschers J. P. Guilford ist Kreativität die Fähigkeit zu *divergentem* Denken, bei dem der Bereich möglicher Lösungen eines Problems oder einer Aufgabe nicht von vornherein feststeht (Guilford, 1950). Ist Letzteres aber der Fall, dann ist nach Guilford *konvergentes* Denken am Platze.

Man kann bekanntlich auf sehr unterschiedliche Art kreativ sein. Dennoch sollte man sich das Feld, auf dem man sich betätigen möchte, sorgfältig aussuchen. In umfangreichen Untersuchungen machten sich schon vor längerer Zeit der amerikanische Psychologe Lewis Terman (Autor des bekannten Stanford-Binet-Tests) und nach ihm andere amerikanische Psychologen daran, den Intelligenzquotienten und damit (wie man meinte) die Kreativität »bedeutender Personen« zu bestimmen. Sie kamen hierbei zu IQ-Werten von 180 oder gar darüber, die sie etwa bei Goethe, dem Naturforscher Francis Galton und dem Philosophen Blaise Pascal fanden, und einem eher niedrigen IQ von 125 bei berühmten Militärs. Im Durchschnitt erzielten Philosophen die höchsten IQs, gefolgt von Dichtern und Staatsmännern, Volks- und Betriebswissenschaftlern, Musikern (Mozart soll einen IQ von 155 gehabt haben), und das Schlusslicht bilden – wie erwähnt – die Militärs. Wie Amelang und Bartussek lakonisch feststellen, spiegeln diese IQ-Rangfolgen berühmter Männer wohl vor allem den Stellenwert verbaler Fähigkeiten in der Ausübung der jeweiligen Disziplin wider, und dieser ist im Gegensatz zur Philosophie und Poesie in der Kriegskunst wohl nicht sonderlich hoch (von Ausnahmen wie Napoleon und Clausewitz abgesehen).

Neben einer hohen sprachlichen Begabung geht es bei der Kreativität, wie sie in den Kreativitätstests (z. B. dem Guilford-Test) untersucht wird, vor allem um folgende Aspekte kreativen Denkens: (1) schnelles Erkennen des Problems; (2) rasches Hervorbringen unterschiedlicher Ideen, Symbole und Bilder; (3) Flexibilität des Denkens, Wechsel der Bezugssysteme und Finden von Alternativen; (4) Um- und Neuinterpretation gewohnter Dinge und Wege; (5) schnelles Erfassen der Realisierbarkeit allgemeiner Pläne und (6) seltene und unkonventionelle Gedankenführungen und Denkresultate (vgl. Asendorpf, 1999).

Aus dem bisher Gesagten wird klar, dass die Begriffe Kreativität und Intelligenz zwar keineswegs dasselbe bedeuten, aber doch systematisch zusammenhängen (Amelang und Bartussek, 1997). Entsprechende Untersuchungen zum Zusammenhang zwischen Kreativitätsskalen und IQ ergaben einen Korrelationskoeffizienten zwischen 0,4 und 0,5. Deutlicher ausgeprägt, und zwar mit einem Koeffizienten von über 0,5, ist die Korrelation zwischen Kreativität und dem Verbalteil von IQ-Tests. Die von Fachleuten favorisierte Interpretation lautet, dass hohe Intelligenz zwar nicht gleichbedeutend mit hoher Kreativität ist, dass aber hohe Kreativität eine überdurchschnittliche, insbesondere sprachliche Intelligenz voraussetzt. Vermutungen über den Zusammenhang zwischen Kreativität und Intelligenz gehen in die Richtung, dass Intelligenz eher etwas mit basalen Eigenschaften kognitiver Prozesse, Kreativität dagegen mehr mit komplexeren Eigenschaften dieser Prozesse zu tun hat.

In einer Einschätzung der Persönlichkeit kreativer Menschen stellte sich heraus, dass sie autonom sind, selbstgesteuert, emotional stabil und hoch leistungsmotiviert mit einer Vorliebe für Praxisdenken und kognitive Beschäftigung, von hoher allgemeiner Intelligenz und mit weit gestreuten Interessen. Auch dies deutet darauf hin, dass hohe Intelligenz eine wichtige Grundlage für Kreativität ist.

Welche neurobiologischen Grundlagen könnte Kreativität haben? Leider gibt es hierzu fast keine Untersuchungen, so dass wir auf Vermutungen angewiesen sind. Zunächst einmal können wir davon ausgehen, dass diejenigen Hirnprozesse, die bei der Intelligenz eine Rolle spielen, auch für die Kreativität wichtig sind. Dies stimmt mit der Tatsache überein, dass Kreativität am ehesten als Funktion des präfrontalen Cortex angesehen werden kann, denn Läsionen des präfrontalen Cortex führen zu Zuständen, die typisch unkreativ erscheinen. Zu den Folgen präfrontaler Läsionen gehört – wie geschildert – der Verlust divergenten Denkens, d. h. der Fähigkeit, auf neue Lösungen eines Problems zu kommen und sich Alternativen einfallen zu lassen, und eine Beeinträchtigung der Fähigkeiten zum Entwickeln neuer Strategien (vgl. Knight und Grabowecky, 2000; Förstl, 2002).

Die Vermutung liegt nahe, dass diese Starrheit bzw. mangelnde Plastizität des kognitiven und exekutiven Systems eine Folge mangelnder Plastizität der involvierten neuronalen Netzwerke ist. Die Plastizität neuronaler Netze hängt im Wesentlichen von der Eigenschaft synaptischer Kontakte ab. Ein Typ von Synapsen, der zweifellos eng mit neuronaler Plastizität und Lernen zu tun hat, ist die NMDA-Synapse, wenn auch zu bedenken ist, dass es Lernvorgänge gibt, die nicht NMDA-vermittelt sind (vgl. Kapitel 3 und 5).

Eine weitere wichtige Komponente ist der Effekt von Neuromodulatoren, d. h. von Dopamin, Serotonin, Acetylcholin und Noradrenalin, auf die synaptische Übertragung. Während nach derzeitiger Meinung Noradrenalin einen eher unspezifischen erregenden und Serotonin einen eher unspezifischen dämpfenden Effekt hat, greifen

Dopamin und Acetylcholin spezifischer in das synaptische Geschehen ein. Acetylcholin spielt über das basale Vorderhirn bei der Steuerung cortikaler Aufmerksamkeit vermutlich eine wichtige Rolle (Voytko, 1996; Givens und Sarter, 1997). Dopamin ist für den vorliegenden Zusammenhang besonders interessant, weil der präfrontale Cortex der Hirnrindenanteil ist, der den höchsten Dopaminspiegel aufweist. Dieser stammt aus den Afferenzen des mesolimbischen Systems zum präfrontalen Cortex (s. Kapitel 8).

Patienten, die unter Schizophrenie leiden, zeigen zwei ganz unterschiedliche Zustände ihrer Erkrankung, nämlich eine »produktive« Form, die durch *positive Symptome* wie Wahn, Halluzinationen, Witzelsucht und »Ideenflucht« gekennzeichnet ist, und eine zweite Form, die sich durch eine *negative Symptomatik* wie Gefühls- und Sprachamut und Perseveration auszeichnet (Falkai et al., 2000). Man könnte die erstere Form als übertriebene Kreativität ansehen: Der Patient springt in seinen Ideen und Assoziationen wahllos hin und her (kommt vom Hölzchen auf das Stöckchen, wie man in Norddeutschland sagt) und macht oberflächliche Späße (manchmal durchaus auch originelle! Mein Vater, Mediziner, berichtete von einem Patienten, der gefragt wurde: »Wissen Sie, wer Bismarck war?« Die Antwort lautete: »Ja, Bismarck-Hering!« Zweite Frage: »Und wer war Luther?« Antwort: »Kein Hering«).

Seit längerem wird diskutiert, dass die »produktive« Symptomatik vornehmlich auf einer Störung der Dopaminaktivität im präfrontalen Cortex beruht (die so genannte »Dopaminhypothese«; vgl. Byne et al., 1999; Falkai et al., 2000;). Antipsychotische Medikamente, so genannte Neuroleptika, wirken (wie in Kapitel 3 dargestellt) hemmend auf D_2-Dopaminrezeptoren im präfrontalen Cortex (allerdings wirken so genannte atypische Neuroleptika, z. B. Clozapin, *nicht* auf den D_2-Rezeptor, sondern auf den D_4-Rezeptor). Umgekehrt verstärken Dopamin-Agonisten wie Cocain, Amphetamin und L-Dopa psychotische Symptome. Nimmt ein schizophrener Patient z. B. ein Amphetamin ein, dann werden seine Krankheitssymptome verstärkt (Kolb und Wishaw, 1996).

Schizophrene zeigen charakterischerweise während der *negativen Phase* eine deutlich verringerte Aktivität des präfrontalen Cortex (eine so genannte *Hypofrontalität*), die mit einer verringerten Aktivität mesolimbischer dopaminerger Neurone einhergeht, von denen der präfrontale Cortex innerviert wird. Es gibt jedoch eine wechselseitige Regulation des Dopaminspiegels im präfrontalen Cortex und im mesolimbischen System. Eine Injektion von Dopamin in den präfrontalen Cortex führt zu einer Reduktion des Dopaminspiegels (wahrscheinlich wird dem mesolimbischen System dadurch gemeldet: »Es ist im präfrontalen Cortex Dopamin in Hülle und Fülle vorhanden, also bitte Produktion herunterfahren!«). Die produktive Phase könnte also mit einer erhöhten Aktivität mesolimbischer dopaminerger Neurone zusammenhängen. Insgesamt ist jedoch die Dopaminhypothese der Schizophrenie umstritten.

Auch der Neuromodulator Serotonin scheint eine Rolle zu spielen, und zwar aufgrund der Wechselwirkung zwischen Serotonin und Dopamin. Im mesolimbischen System hemmt Serotonin die Aktivität dopaminerger Neurone, die zur Substantia nigra projizieren, und es blockiert die Freisetzung von Dopamin im Striatum und Cortex. Dies könnte die allgemeine Entspannung und Aktivitätsreduktion erklären, zu der eine Steigerung von Serotonin führt. Serotoninblocker hemmen entsprechend diesen inhibitorischen Effekt von Serotonin und verbessern bei schizophrenen Patienten die *negative* Symptomatik (Byne et al., 1999).

Nach neuester Anschauung scheinen die Aminosäuren-Transmitter Glutamat und GABA bei der Erklärung der neurochemischen Grundlagen der Schizophrenie wichtiger zu sein als Dopamin und Serotonin, denn Zustände, die einer positiven wie negativen Symptomatik entsprechen, werden am ehesten hervorgerufen, wenn man Versuchspersonen den Glutamat-Rezeptor-Antagonisten Phencyclidin verabreicht, der NMDA-Rezeptoren und -kanäle blockiert. Festgestellt wurde, dass bei Schizophrenen die cortikale Glutamatausschüttung reduziert ist; ebenso ist die mit Glutamat eng verbundene GABAerge synaptische Signaltransmission deutlich verringert.

Hieraus ergibt sich die in Fachkreisen diskutierte Hypothese, dass bei Schizophrenen die von Glutamat und GABA abhängige synaptische Signalverarbeitung gestört ist (vgl. Byne et al., 1999). Dies soll vor allem im thalamo-cortikalen System der Fall sein. Wie bereits erwähnt, besteht eine enge Verbindung zwischen den zahlreichen Kernen des dorsalen Thalamus und entsprechenden cortikalen Arealen. Diese Kommunikation zwischen den thalamischen Kernen, die den wichtigsten sensorischen Input für den Isocortex darstellen, und den Cortexarealen wird durch einen besonderen thalamischen Kern, den Nucleus reticularis thalami, beeinflusst. Dieser Kern umhüllt schalenartig den gesamten lateralen Teil des Thalamus (vgl. Abb. 4.2 und 7.3). Er erhält Kollaterale sowohl von thalamo-cortikalen Bahnen als auch von cortico-thalamischen Bahnen und steht in rückläufiger Verbindung mit den genannten pallio-thalamischen und den trunco-thalamischen Kernen des dorsalen Thalamus, projiziert aber nicht selbst zum Cortex. Über GABAerge Fasern kontrolliert er die Aktivität der meisten Thalamuskerne.

Ein Fortfall dieser Hemmung würde einen Ausfall der Kontrolle thalamo-cortikaler Aktivität hervorrufen und damit eine *ungerichtete Erregung* des Cortex durch den Thalamus; die Filterfunktion des Nucleus reticularis thalami würde zusammenbrechen. Es käme dann zu einer starken Beeinträchtigung der Fähigkeit, Wichtiges von Unwichtigem zu unterscheiden, zu einem verstärkten Auftreten von »Gedankensprüngen« und damit zu einem Übermaß an Assoziativität; beides wird bei Schizophrenen in der produktiven Phase beobachtet. Umgekehrt würde eine Verstärkung der GABA-vermittelten hemmenden und filternden Funktion des Kerns zu einer kognitiven Verengung und Verarmung führen, da viele wichtige Informationen nicht weitervermittelt werden. Dies stimmt mit der negativen Symptomatik von Schizophrenen überein.

Kreativität ist eine Gratwanderung zwischen zu viel und zu wenig Assoziativität. Viele kreative Menschen sprudeln vor Ideen, und der Schritt zum »Spinner« ist oft klein, und häufig genug fällt es schwer, zwischen Hochkreativen und »Verrückten« zu unterscheiden. Umgekehrt gibt es einen gleitenden Übergang zwischen korrektem Vorgehen, Pingeligkeit und Ordnungsfanatismus. Viele Personen, die heute als sehr kreativ gelten, hatten Ideen oder taten Dinge, die von ihren Zeitgenossen als verrückt angesehen wurden; umgekehrt wurden Menschen berühmt, weil sie hartnäckig (»perseverierend«) Dinge weiterdachten oder vorantrieben, bei denen die meisten längst aufgegeben hätten.

Kreativität hat zweifellos mit den assoziativen Eigenschaften cortikaler Netzwerke, insbesondere solcher im präfrontalen Cortex zu tun, genauer mit einer Erhöhung oder Erniedrigung synaptischer Plastizität. Diese wird – wie geschildert – von einer ganzen Reihe von Neurotransmittern und Neuromodulatoren gesteuert, die sich in ihrer Wirkung teils verstärken, teils hemmen. Für das Gehirn besteht die Schwierigkeit offensichtlich darin, bei diesen Vorgängen das jeweils beste Maß an synaptischer Plastizität zu finden, und zwar besonders dann, wenn sich das Gehirn mit neuartigen Problemen konfrontiert sieht. Hier ist ein hohes Maß an Flexibilität gefordert, doch darf diese nicht zu einer »wilden« Assoziation führen, die eine Lösung verhindert.

Es ist zu erwarten, dass kreative Menschen günstigere Eigenschaften der beteiligten neuronalen Netzwerke aufweisen; wie diese aussehen, ist nicht bekannt. Zweifellos sind kreative Prozesse keine rein intracortikalen Vorgänge, sondern sind sehr stark von subcortikalen limbischen Vorgängen beeinflusst, und zwar mehr als bei einer reinen Intelligenzleistung. Hierfür spricht die Tatsache, dass das limbische System nicht nur die Ausschüttung von Neuromodulatoren im Cortex (und besonders im präfrontalen Cortex) kontrolliert, sondern auch die Aktivität des Nucleus reticularis thalami überwacht. Dies könnte erklären, warum Kreativität mehr als Intelligenz von der *Intuition* lebt. D. h. viele kreative Lösungen werden ganz offenbar unbewusst vorbereitet. Wie dies im Gehirn geschieht, bleibt noch zu erforschen.

7. Das Bewusste und das Unbewusste

Teil A: Bewusstsein

Einleitung

Über viele Jahrzehnte hinweg wurde in der Hirnforschung das Thema »Bewusstsein« sorgsam vermieden. Es galt als unwissenschaftlich oder geradezu als unschicklich, sich damit zu beschäftigen. Es war auch ganz unklar, wie man etwas begrifflich so Belastetes wie Bewusstsein neurobiologisch hätte untersuchen können, zumal aus traditionell philosophischer Sicht das Phänomen Bewusstsein *per definitionem* außerhalb des Geltungsbereichs der Naturwissenschaften fällt. Dies hat sich aus vielerlei Gründen, die zum großen Teil mit neuen und neuartigen Methoden (z. B. der funktionellen Bildgebung) zusammenhängen, radikal gewandelt. Inzwischen kann man die Tagungen und Zeitschriften- und Buchveröffentlichungen zu den »Neuronalen Grundlagen des Bewusstseins « kaum mehr verfolgen.

In diesem Kapitel will ich versuchen, einiges von den Erkenntnissen vorzutragen, die in den letzten Jahren in den Neurowissenschaften und der Psychologie zum Thema »Bewusstsein« gewonnen wurden. Natürlich kann dies nur exemplarisch sein. Besonders spannend ist die Frage, welche Neubewertung des altehrwürdigen philosophischen Geist-Gehirn-Problems sich hieraus ergibt. Dies soll in einem Exkurs behandelt werden.

Definitionsfragen

Die empirisch-experimentelle Bewusstseinsforschung droht schon am ersten Schritt zu scheitern, nämlich der Definition des Forschungsgegenstands. Nimmt man einen strengen erkenntniskritischen Standpunkt ein und definiert Bewusstsein als einen Zustand, der verlässlich nur demjenigen zugänglich ist, der diesen Zustand hat (d. h. aus der *Perspektive der ersten Person* bzw. der *Innenperspektive*), dann kann es keine empirisch-experimentelle Bewusstseinsforschung geben. Die empirisch-experimentellen Wissenschaften sind immer auf die Beobachtungen bzw. Messungen aus der *Perspektive der dritten Person* bzw. der *Außenperspektive* angewiesen.

Allerdings würden heute die meisten Bewusstseinsforscher bezweifeln, dass das Phänomen »Bewusstsein« ausschließlich von der Innenperspektive her definiert werden kann. Sie weisen darauf hin, dass die Tatsache, ob jemand bei Bewusstsein ist bzw. Bewusstsein von irgendetwas hat, sich in seinem Handeln (einschließlich des Sprechens) und in Aktivitätszuständen seines Gehirns widerspiegelt. Bestimmte Dinge – darauf wird hingewiesen – können wir Menschen nicht ohne bestimmte Bewusstseinszustände (z. B. Aufmerksamkeit) tun. Entsprechend treten deutliche Defizite im Wahrnehmen, Denken, Vorstellen, Erinnern und Handeln bei Patienten auf, die unter bestimmten Beeinträchtigungen ihrer Hirnfunktionen leiden. Auch können wir normalerweise davon ausgehen, dass eine Versuchsperson nicht lügt, wenn sie berichtet, sie habe jetzt die und die bewusste Wahrnehmung, Vorstellung oder Erinnerung. Wir tun also gut daran, unsere Definition von Bewusstsein sowohl nach Kriterien der Innenperspektive als auch der Außenperspektive auszurichten.

Bewusstsein ist – anders als viele Philosophen annehmen – kein einheitliches Phänomen, sondern tritt in ganz unterschiedlichen Zuständen auf, die einzig gemeinsam haben, dass sie von einem Individuum erlebt werden und von denen zumindest im Prinzip sprachlich berichtet werden kann. Hierzu gehören: (1) Wahrnehmung von Vorgängen in der Umwelt und im eigenen Körper; (2) mentale Zustände und Tätigkeiten wie Denken, Vorstellen und Erinnern; (3) Emotionen, Affekte, Bedürfniszustände; (4) Erleben der eigenen Identität und Kontinuität; (5) »Meinigkeit« des eigenen Körpers; (6) Autorschaft und Kontrolle der eigenen Handlungen und mentalen Akte; (7) Verortung des Selbst und des eigenen Körpers in Raum und Zeit; und (8) Realitätscharakter von Erlebtem und Unterscheidung zwischen Realität und Vorstellung. Zweifellos ist diese Aufzählung nicht vollständig, aber für den hier vorliegenden Zweck ausreichend.

Die Bewusstseinszustände 4 bis 8 bilden eine Art *Hintergrundbewusstsein*, vor dem die Bewusstseinszustände 1 bis 3 das stetig wechselnde *Aktualbewusstsein* konstituieren. Beide zusammen bilden den charakteristischen *Strom des Bewusstseins*, auf den William James (1890) eindrücklich hingewiesen hat und der nur im Tiefschlaf und bei Bewusstlosigkeit unterbrochen ist. Wie wir noch sehen werden, ist der Strom des Bewusstseins eng an das autobiographische Gedächtnis gekoppelt und bedarf des ständigen Anschubs durch die verschiedenen Teil-Bewusstseine.

Es gibt also nicht *das Bewusstsein schlechthin*, sondern eine Vielzahl von ganz verschiedenartigen Bewusstseinszuständen, die eben nur die beiden Merkmale gemeinsam haben, dass sie bewusst erlebt und sprachlich berichtet werden können. Diese Zustände werden, wie zu zeigen sein wird, entsprechend von unterschiedlichen, wenn auch überlappenden Teilsystemen des Gehirns hervorgebracht. Gemeinsam ist diesen wiederum, dass sie in die Aktivität der Großhirnrinde einmünden. Nur diese ist – aus Gründen, die uns noch beschäftigen werden – bewusstseinsfähig. Bewusstsein ist modular, d. h. in Bausteine gegliedert, organisiert. Dies zeigt sich besonders daran, dass bestimmte Bewusstseinszustände unabhängig von anderen ausfallen können. So gibt es Patienten, die deutliche Defizite im bewussten Erleben bestimmter Sinnesinhalte (z. B. im Erkennen visueller Objekte oder von Gesichtern) haben, während alle anderen bewussten Funktionen völlig unbeeinträchtigt sind. Andere Patienten wissen nicht, wer sie selbst sind oder wo sie sich befinden, haben also Störungen des Ich-Bewusstseins, aber ansonsten sind sie völlig normal. Wieder andere leugnen, dass bestimmte Körperteile zu ihnen gehören oder von ihnen bewegt werden, haben also eine Störung des Körperbewusstseins oder des Autorschaftsbewusstseins, ansonsten sind sie aber voll leistungsfähig.

Ob und inwieweit sich Bewusstseinszustände klar von unbewussten Zuständen abgrenzen lassen, war lange Zeit umstritten; inzwischen bejaht die Mehrzahl der Forscher eine mehr oder weniger deutliche Abgrenzung zwischen bewussten und unbewussten Zuständen, und zwar sowohl hinsichtlich der jeweiligen Funktionen dieser Zustände als auch der Beteiligung unterschiedlicher Hirnzentren. Selbstverständlich gibt es Übergänge zwischen bewussten und unbewussten Zuständen und Leistungen.

Hirnzentren, die an der Entstehung von Bewusstsein beteiligt sind

Man unterscheidet in Hinblick auf bewusstseinsrelevante Hirnzentren *unspezifische* und *spezifische* Systeme. Zu den Ersteren zählen Kerngebiete der retikulären Formation, die von grundlegender Bedeutung für Wachheit und Bewusstheit und für die Steuerung allgemeiner Aufmerksamkeit sind. Hierzu gehören die medianen

Raphe-Kerne, vor allem der serotonerge dorsale Raphe-Kern (*Nucleus dorsalis raphes*), die Kerne der *medialen Kerngruppe* und der *lateralen Kerngruppe*. Zu Letzteren gehören der cholinerge Nucleus tegmenti pedunculo-pontinus, die parabrachialen Kerne, der Nucleus subcoeruleus und der noradrenerge Locus coeruleus.

Die Kerne der medialen Kerngruppe bilden das *aufsteigende aktivierende System*. Sie erhalten ständig Meldungen von allen Sinnessystemen. Sobald sich hier irgendetwas auffällig verändert, erhöhen sie über die Erregung der intralaminären Kerne des Thalamus (s. unten) den generellen Aktivitätszustand der Großhirnrinde und damit unseren *Wachheitszustand*. Die mediane und die laterale Kerngruppe, speziell der dorsale Raphe-Kern (Abb. 7.1), der Nucleus tegmenti pedunculo-pontinus und der Locus coeruleus (Abb. 7.2), arbeiten spezifischer. Es wird angenommen, dass die erregenden Bahnen des Locus coeruleus über den Neuromodulator Noradrenalin den übrigen Teilen des Gehirns die Anwesenheit neuer bzw. auffallender Reize in der Umwelt melden und zur Aufrechterhaltung von extern gesteuerter *Wachsamkeit* für Reize beitragen (Robbins und Everitt, 1995), während der Nucleus tegmenti pedunculo-pontinus und das basale Vorderhirn (s. unten) über den Neuromodulator Acetylcholin über die *Bedeutsamkeit* von Reizen informieren. Die serotoninhaltigen Projektionen der Raphe-Kerne scheinen dagegen eher einen dämpfenden Einfluss auf die Zielgebiete, vor allem auf den Cortex zu haben und impulsive Handlungen zu verhindern. Die genannten Kerne der retikulären Formation sind die einzigen Strukturen im Gehirn, deren Zerstörung zur Bewusstlosigkeit führt.

Innerhalb des Thalamus bilden die laterale Kerngruppe, der mediale Kniehöcker und der laterale Kniehöcker die jeweiligen Umschaltstationen der aufsteigenden somatosensorischen, auditorischen und visuellen Bahnen und damit die Grundlage unserer bewussten Sinneswahrnehmungen (vgl. Abb. 4.2 und 7.3). In den somatosensorischen Kernen werden auch Afferenzen aus den Vestibulariskernen des verlängerten Marks, aus dem Kleinhirn, dem Pallidum und der Substantia nigra zur Großhirnrinde umgeschaltet. Zusammen mit den somatosensorischen Bahnen vermitteln diese Bahnen Informationen über die Lage und Bewegung unseres Körpers und seiner Teile und bilden damit die Grundlagen unseres Körperbewusstseins.

Das *Pulvinar* bildet die größte thalamische Kerngruppe und ist in

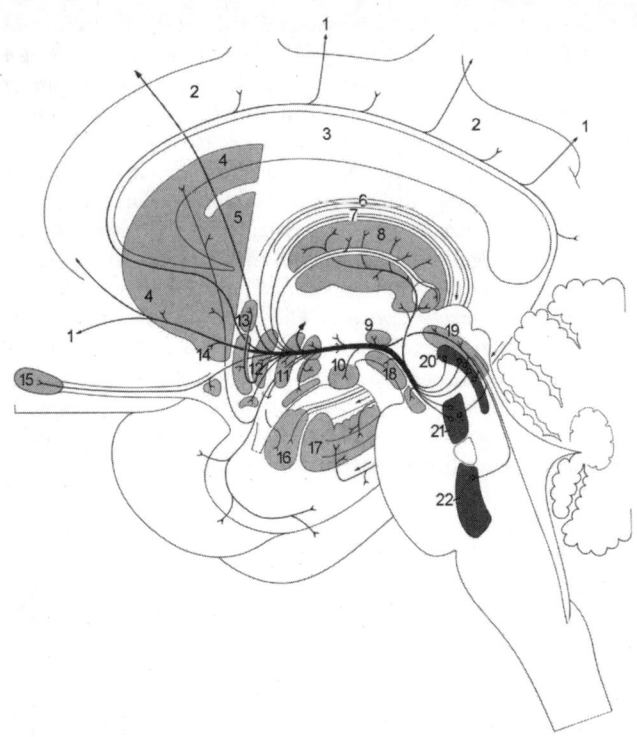

7.1 Aufsteigende serotonerge Projektionen der Raphe-Kerne (Nuclei raphes; dunkelgrau dargestellt); 1 Isocortex, 2 cingulärer Cortex, 3 Balken, 4 Ncl. caudatus, 5 Putamen, 6 Fornix, 7 Stria terminalis, 8 Thalamus, 9 Ventrales Tegmentales Areal, 10 Mammillarkörper, 11 Hypothalamus, 12 Ncl. praeopticus, 13 Septum, 14 Ncl. accumbens, 15 Bulbus olfactorius, 16 Amygdala, 17 Hippocampus, 18 Substantia nigra, 19 Zentrales Höhlengrau des Mittelhirns, 20 Ncl. raphes dorsalis, 21 Ncl. centralis superior, 22 Ncl. raphes magnus. (Nach Nieuwenhuys et al., 1991; verändert.)

räumlich geordneter Weise mit dem assoziativen Cortex verbunden (Abb. 4.2 und 7.3). Es spielt bei der visuellen und auditorischen Aufmerksamkeitssteuerung eine wichtige Rolle, hat aber auch mit Sprache und symbolischem Denken zu tun, ist also ein »hochkognitives« thalamisches Zentrum.

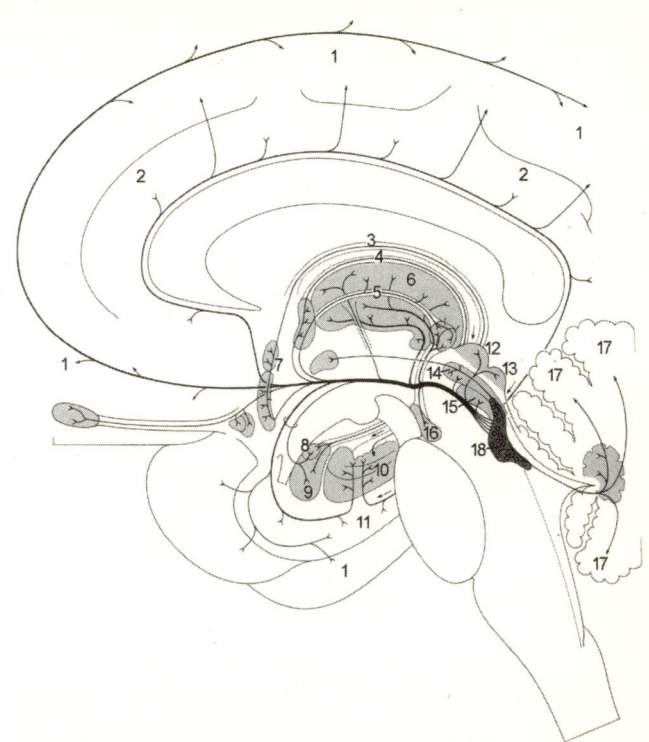

7.2 Aufsteigende noradrenerge Projektionen des Locus coeruleus-Komplex (dunkelgrau dargestellt); 1 Isocortex, 2 cingulärer Cortex, 3 Fornix, 4 Stria terminalis, 5 Stria medullaris thalami, 6 Thalamus, 7 Septum, 8 Ncl. centralis der Amygdala, 9 Ncl. basalis der Amygdala, 10 Hippocampus, 11 parahippocampaler Cortex, 12 Colliculus superior, 13 Colliculus inferior, 14 Zentrales Höhlengrau des Mittelhirns, 15 Ncl. raphes dorsalis, 16 Ncl. interpeduncularis, 17 Cerebellum, 18 Locus coeruleus. (Nach Nieuwenhuys et al., 1991; verändert.)

Die *intralaminären Kerne* und die *Mittellinien-Kerne* sind sowohl mit dem Striatum als auch mit dem Isocortex eng verbunden (Abb. 4.2 und 7.3). Sie haben wesentlichen Anteil an der Regulation von Wachheits-, Bewusstseins- und Aufmerksamkeitszuständen, und zwar aufgrund der Afferenzen von den retikulären Kernen und ihrer

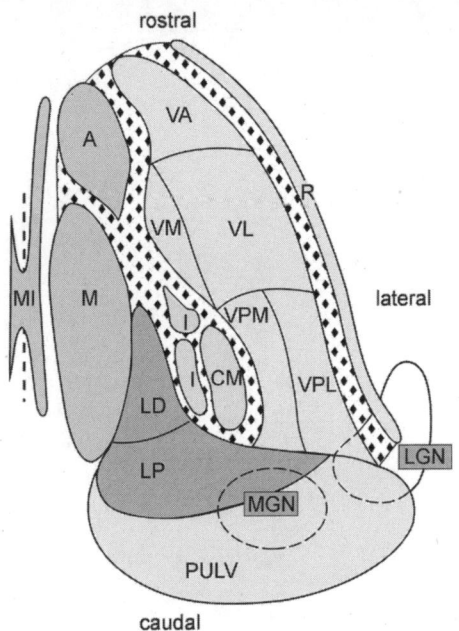

7.3 Schema der thalamischen Kerngebiete; in der Horizontalebene ausgebreitet. Die Mittellinie des Gehirns ist links gestrichelt angedeutet. Abkürzungen: A Anteriore Kerngruppe, CM Ncl. centromedianus, I Intralaminäre Kerne, LD Ncl. lateralis dorsalis, LGN Corpus geniculatum laterale, LP Ncl. lateralis posterior, M Ncl. medialis, MI Mittellinienkerne, MGN Corpus geniculatum mediale, R Ncl. reticularis, PULV Pulvinarkerne, VA Ncl. ventralis anterior, VL Ncl. ventralis lateralis, VM Ncl. ventralis medialis, VPL Ncl. ventralis posterior lateralis, VPM Ncl. ventralis posterior medialis. (Nach Nieuwenhuys et al., 1998; verändert).

Verbindungen zum präfrontalen und parietalen Cortex. Sie haben in diesem Zusammenhang über die Verbindungen zum frontalen Augenfeld mit aufmerksamkeitsgesteuerten Augenbewegungen zu tun. Eine bilaterale Zerstörung der intralaminären Kerne führt nicht, wie früher zuweilen berichtet, zur Bewusstlosigkeit, sondern zum Coma vigile bzw. zum akinetischen Mutismus. Hierbei sind die Patienten bei Bewusstsein, können oder wollen aber nicht auf Umweltreize reagieren. Die anterioren intralaminären Kerne scheinen über ihre

Verbindungen zu den Basalganglien bei der Herausbildung und Realisierung von Intentionen eine wichtige Funktion zu haben (Smythies, 1997).

Dem *Nucleus reticularis thalami* wird – wie bereits in Kapitel 5 erwähnt – eine zentrale Rolle beim Zustandekommen von Aufmerksamkeit und Bewusstsein zugeschrieben. Er soll zusammen mit dem Cortex eine Art »Aufmerksamkeitsscheinwerfer« bilden (Crick, 1994). Dieser Kern umhüllt schalenartig den gesamten lateralen Teil des Thalamus (Abb. 4.2 und 7.3). Er erhält Kollaterale sowohl von thalamo-cortikalen als auch von cortico-thalamischen Bahnen und steht in rückläufiger Verbindung mit den pallio-thalamischen und den trunco-thalamischen Kernen des dorsalen Thalamus, projiziert aber nicht selber zum Cortex. Über GABAerge, also hemmende Fasern kontrolliert er die Aktivität der meisten Thalamuskerne, insbesondere die der intralaminären Kerne, und scheint so in der Tat zur Kontrolle der auf- und absteigenden Bahnen zwischen Thalamus und Cortex und damit zur Kontrolle bewusster Zustände beizutragen. Er hat damit eine Art Schleusenfunktion für das Bewusstsein.

Eine für das Aufmerksamkeitsbewusstsein wichtige Struktur ist das basale Vorderhirn, das vom medialen Septum, vom Nucleus basalis Meynert, von der Substantia innominata, vom horizontalen Knie des Diagonalen Bandes von Broca und vom magnozellulären präoptischen Kern gebildet wird (Abb. **7.4**). Das basale Vorderhirn projiziert über cholinerge Bahnen zum Hippocampus und zu den assoziativen Hirnrindenanteilen, zur Amygdala und zum ventralen Tegmentum. Es wird daher als wichtige Schaltstelle zwischen dem übrigen limbischen System und dem Isocortex angesehen (Voytko, 1996; Givens und Sarter, 1997). Man nimmt an, dass seine Bahnen den Grad der Aktivierung neocorticaler Nervennetze durch sensorische Afferenzen und die Verarbeitung sensorischer Informationen im Kontext früherer Erfahrungen beeinflussen. Eine Zerstörung des basalen Vorderhirns führt nicht zu Bewusstlosigkeit, jedoch zu massiven Störungen von Aufmerksamkeit und Gedächtnis, wie dies z. B. bei der Alzheimerschen Altersdemenz der Fall ist.

Der *Hippocampus* ist – zusammen mit der umgebenden Rinde – der Organisator des bewusstseinsfähigen, deklarativen, insbesondere des episodischen Gedächtnisses. Er wurde bereits im fünften Kapitel ausführlich besprochen (vgl. Abb. 5.2). Wichtig im vorliegenden

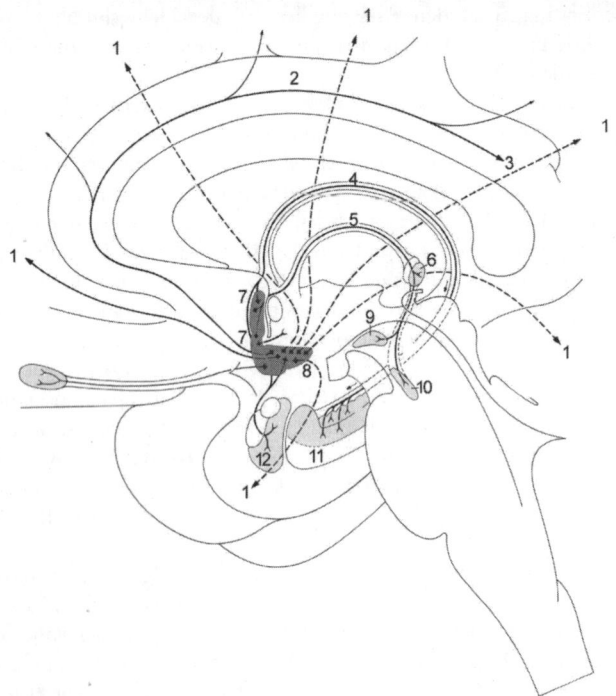

7.4 Efferente Verbindungen des cholinergen basalen Vorderhirns (dunkel-grau dargestellt); 1 Isocortex, 2 Cingulum, 3 cingulärer Cortex, 4 Fornix, 5 Stria medullaris thalami, 6 Ncl. habenulae, 7 cholinerge Kerne des diagonalen Bandes von Broca, 8 cholinerger Ncl. basalis Meynert, 9 Ventra-les Tegmentales Areal, 10 Ncl. interpeduncularis, 11 Hippocampus, 12 Ncl. basalis der Amygdala. (Nach Nieuwenhuys et al., 1991; verändert.)

Zusammenhang ist, dass wir ohne Hippocampus keine bewusst-seinsfähigen Inhalte unseres deklarativen Gedächtnisses einspeichern oder abrufen können – es sei denn, sie sind sehr stark konsolidiert und fallen uns ohne Nachdenken ein. Der Hippocampus scheint auch – in enger Zusammenarbeit mit dem emotionalen Gedächtnis – darüber Kontrolle auszuüben, was uns gerade an Ideen und Vorstellungen in den Sinn kommt. Zusammen mit dem anterioren Pol des Tempo-rallappens und dem orbitofrontalen Cortex bildet er die Grundlage des autobiographischen Gedächtnisses und damit unseres Selbst. Der Hippocampus ist damit neben dem Thalamus das *Tor zum Bewusstsein*.

Der anteriore *Gyrus cinguli* (vgl. Abb. 3.5) ist für das Bewusstsein von besonderer Bedeutung, weil er an der internen Steuerung von Aufmerksamkeit beteiligt ist. Er vermittelt über seine zentrale Stellung im limbischen System die typisch affektiv-emotionale Komponente bei Wahrnehmungsinhalten, z. B. bei der Schmerzwahrnehmung (s. Kapitel 10). Auch ist er zusammen mit dem präfrontalen und orbitofrontalen Cortex an der Fehlerüberwachung beteiligt (s. dazu auch Kapitel 8).

Wichtig für das Bewusstsein sind die *primären und sekundären sensorischen Areale* des Isocortex (vgl. Abb. 3.4 und 3.5), denn sie bilden die Grundlage unseres sensorischen Bewusstseins. Entsprechend bilden die *primären und sekundären motorischen Areale* des Cortex, zusammen mit dem somatosensorischen System, die Basis verschiedener körper- und handlungsbezogener Bewusstseinszustände. Auf die vieldiskutierte Frage, ob die Geschehnisse in den primären und sekundären sensorischen Arealen direkt bewusst sind, werde ich weiter unten ausführlicher eingehen.

Zu den körper- und handlungsbezogenen Bewusstseinszuständen gehören das Bewusstsein des eigenen Körpers, das Bewusstsein von dessen Identität bzw. Integrität und das Gefühl der Autorschaft der eigenen Handlungen. Um diese Bewusstseinszustände aufrechtzuerhalten, ist es für das Gehirn erstens wichtig festzustellen, dass der Körper etwas tut, was von cortikalen motorischen Arealen veranlasst wurde. Zweitens muss auch sensorisch rückgemeldet werden, *was* getan wurde, und schließlich muss festgestellt werden, ob *das Getane mit dem Befohlenen übereinstimmt*. Wird diese Rückkopplungsschleife unterbrochen, so tritt sehr schnell ein partieller oder vollständiger Zerfall unserer Körperidentität und des Gefühls ein, Herr der eigenen Handlungen zu sein. Wie dies geschieht, darauf gehe ich im Kapitel 14 genauer ein.

Aufmerksamkeit spielt im Zusammenhang mit dem Bewusstsein eine besondere Rolle. Zum einen ist Aufmerksamkeit der generelle Zugang zum Bewusstsein. Alles, worauf wir nicht unsere Aufmerksamkeit richten, ist uns nur schwach oder überhaupt nicht bewusst, auch wenn die entsprechenden Geschehnisse unsere Wahrnehmung, unsere Gefühle oder unser Handeln beeinflussen. Auch hängt die

Erinnerbarkeit von Sinneseindrücken stark von der Aufmerksamkeit ab, wie jeder von uns an sich selbst täglich feststellen kann. Wir fahren mit dem Auto durch die Gegend und nehmen die Geschehnisse um uns herum mehr oder weniger aufmerksamkeitslos wahr, während wir der Musik aus dem Radio lauschen, uns mit dem Beifahrer unterhalten oder intensiv über irgendetwas nachdenken. Sofern nicht in unserer Umgebung etwas sehr Auffallendes passiert, das dann unsere Aufmerksamkeit fesselt, sind wir unfähig, uns an das zu erinnern, was wir kurz zuvor gesehen haben, dasjenige eingeschlossen, auf das wir reagiert haben (z. B. beim Überholen eines Autos).

Zum anderen ist Aufmerksamkeit als *Konzentration* eine Steigerung konkreter Bewusstseinszustände, die mit erhöhten, räumlich, zeitlich und inhaltlich gleichermaßen eingeschränkten (»fokussierten«) Sinnesleistungen oder mentalen Zuständen einhergeht. Der *Fokus der Aufmerksamkeit* wird entweder durch physisch auffällige oder unerwartete äußere Ereignisse bestimmt (*externe Aufmerksamkeitssteuerung*), oder er ist innengeleitet durch Erwartungen oder willentliche Kontrolle (*interne Aufmerksamkeitssteuerung*). Jeder von uns kann folgende Tatsache an sich beobachten: Je mehr wir unsere Aufmerksamkeit auf ein einzelnes Geschehen richten, desto mehr schwinden andere Geschehnisse aus unserem Bewusstsein. So sind wir manchmal so sehr in ein Buch vertieft, dass wir selbst das Läuten des Telefons oder die Mitteilung »das Essen ist fertig« überhören. Dies ist die berühmte »Enge des Bewusstseins«, die allerdings stark variieren kann. Mit einem »flachen« Bewusstsein können wir viele Dinge gleichzeitig verfolgen, wenngleich nicht detailreich. Für die Wahrnehmung von Details brauchen wir hingegen ein »tieferes« Bewusstsein.

Es gibt spezifische Bewusstseinstrübungen und -veränderungen, die mit Schädigungen von Teilen der Großhirnrinde einhergehen und sensorische, kognitive, emotionale und motorische Zustände und Leistungen betreffen können (vgl. Kolb und Wishaw, 1996). Im Bereich des Sehens gibt es visuelle Agnosien, zu denen Blindsehen (englisch *blindsight*) gehört, d. h. der Verlust bewussten Sehens, vor allem nach Läsionen im Bereich des primären visuellen Cortex; hiervon wird weiter unten noch die Rede sein. Es gibt die *apperzeptive Agnosie* (der Verlust jeglicher Objekterkennung bei Erhalt visueller Grundfunktionen nach großflächigen Schädigungen des lateralen Okzipitallappens), die *Prosopagnosie* (der Verlust der Fähigkeit, Gesichter zu erkennen, und zwar nach Läsionen im Grenzbereich des rechten unteren Okzipital- und Temporallappens), die *Alexie* (eine Beeinträchtigung des Lesens bzw. Verlust der Lesefähigkeit nach Läsion des linken temporo-okzipitalen Cortex), die *visuell-räumliche Agnosie* (die Unfähigkeit, sich in vertrauter Umgebung zurechtzufinden, und zwar nach Verletzung vor allem der rechten okzipito-temporalen Region) sowie den Verlust visueller Vorstellungen nach Läsionen der linken parieto-okzipitalen Hemisphäre.

Weitere Einschränkungen des bewussten Erlebens sind die *taktile Agnosie* (die Störung der Objektwahrnehmung mithilfe des Tastsinns nach Verletzungen im oberen posterioren Parietallappen), die *Agraphie* (der Verlust der Schreibfähigkeit nach Verletzungen im linken unteren Parietallappen) und die *Acalculie* (der Verlust der Fähigkeit zu rechnen ebenfalls nach Läsionen im linken unteren Parietallappen), die *Apraxie* (der Verlust feingesteuerter Bewegungen nach Verletzung des linken unteren posterioren Parietallappens) und die *konstruktive Apraxie* (die Unfähigkeit, Objekte zusammenzusetzen, aufzubauen oder etwas zu zeichnen, und zwar nach Läsionen im posterioren Parietallappen).

Eine auffallende Bewusstseins- und Aufmerksamkeitsstörung ist der *Neglect* (meist einseitig als *Hemi-Neglect*), d. h. das Nichtbeachten von Geschehnissen in einer Hälfte der Erlebniswelt, z. T. einschließlich einer Hälfte des eigenen Körpers. Diese Störung tritt nach Läsionen des – meist rechten – posterioren Parietallappens auf. Verwandt hiermit ist die *Anosognosie*, d. h. das Leugnen oder Nichtgewahrwerden von Erkrankungen oder Defekten des eigenen Körpers; auch hier wird eine Schädigung des rechten posterioren Parietallappens angenommen.

Eine Zerstörung des inferotemporalen und medial-temporalen Cortex einschließlich der Hippocampus-Formation führt zu anterograder und retrograder Amnesie, d. h. zu zurückreichender und voranschreitender Beeinträchtigung des deklarativen Gedächtnisses, wie schon im fünften Kapitel geschildert. Defizite in der Fähigkeit zur *Bildung von Kategorien* treten nach Zerstörung des linken unteren Temporallappens, *affektive Persönlichkeitsveränderungen* treten vornehmlich nach Zerstörung des rechten unteren Temporallappens auf. Läsionen des präfrontalen Cortex im Bereich des Areals A44 führen zur *Broca-Aphasie*, d. h. zur der Beeinträchtigung sprachlicher Leistungen im Bereich von Grammatik und Syntax (s. Kapitel 12).

Läsionen im dorsolateralen präfrontalen Cortex (Areale A9, 46) führen zum Verlust des divergenten Denkens, der umweltgesteuerten Verhaltenskontrolle, des assoziativen Lernens und des Arbeitsgedächtnisses. Spontaneität des Verhaltens sowie soziales, ethisch-moralisches Verhalten und das Abschätzen der Risiken eigenen Verhaltens sind nach Läsionen des medial-frontalen und orbitofrontalen Cortex beeinträchtigt.

Die hier in aller Kürze aufgezählten Bewusstseinsbeeinträchtigungen nach Läsionen des Cortex unterstreichen den *modularen Charakter* von Bewusstsein: Praktisch alle Teile der assoziativen Großhirnrinde sind am Auftreten von Bewusstseinszuständen beteiligt, aber jeder Teil trägt in spezifischer Weise, und zwar abhängig von seinen sensorischen Eingängen und seinen Verbindungen mit subcortikalen limbischen Zentren, zu den unterschiedlichen Bewusstseinszuständen bei. Bei keiner Zerstörung irgendeines Teils der Großhirnrinde ist eine generelle Bewusstlosigkeit zu beobachten.

Notwendig für das Aufrechterhalten der allgemeinen Wachheit und Bewusstheit sind in jedem Fall die genannten Kerne der retikulären Formation (besonders der noradrenerge Locus coeruleus und die mediale Kerngruppe) und der Nucleus reticularis thalami. Die spezielleren Bewusstseinsformen benötigen die Aktivität des basalen Vorderhirns, das über seine cholinergen Afferenzen umgrenzte Teile der Großhirnrinde aktiviert, und den Hippocampus, der – wahrscheinlich – die Inhalte aufruft, die dort verarbeitet werden sollen. Beide Bereiche bilden zusammen das *septo-hippocampale System*, das bei der Aufmerksamkeitssteuerung von Gedächtnisleistungen eine wichtige Rolle spielt. Die emotionale Steuerung unserer Bewusstseinszustände erfolgt direkt durch die Amygdala und das mesolimbische System (als Orte des emotionalen Gedächtnisses) oder indirekt über den mediodorsalen thalamischen Nucleus. Affektzustände (Wut, große Erregung usw.) erleben wir durch die Einwirkung basaler limbischer Zentren wie Hypothalamus, zentrale Amygdala und Zentrales Höhlengrau. Davon wird ausführlich in den nächsten Kapiteln zu sprechen sein.

Wir sehen also, dass die Großhirnrinde zwar der Ort des Entstehens von Bewusstsein ist, jedoch keineswegs dessen alleiniger Produzent. Hierzu ist die Aktivität vieler sehr unterschiedlicher allocortikaler und subcortikaler Zentren notwendig.

Bisher wurde dargestellt, in welcher Weise Strukturen des Gehirns zum Entstehen der verschiedenen Bewusstseinszustände beitragen. Diese Erkenntnisse beruhen beim Menschen im Wesentlichen auf dem Studium der Folgen von Verletzungen und Schädigungen von Hirnregionen für perzeptive, kognitive, emotionale, exekutive und motorische Funktionen, wie dies in der Neurologie und Neuropsychologie geschieht. Über die zugrunde liegenden neuronalen Mechanismen können damit keine Aussagen gemacht werden. Hierzu sind Methoden nötig, welche die neuronale Aktivität von großen Netzwerken bis hinunter auf die Ebene einzelner Zellen oder gar von Zellbestandteilen, z. B. Synapsen, erfassen. Diese Methoden wurden am Ende des dritten Kapitels kurz dargestellt. Elektrophysiologische Ableitungen der Aktivität einzelner Zellen oder kleiner Zellverbände lassen sich, von Ausnahmen abgesehen, aus ethischen Gründen nur an Versuchstieren durchführen, von denen man mit einigem Recht annimmt, dass sie zumindest einige der Bewusstseinszustände besitzen, die wir Menschen haben, zum Beispiel visuelle Aufmerksamkeit.

Zu diesem Zweck konfrontiert man vornehmlich Makakenaffen mit kognitiven Aufgaben, zu deren Lösung menschliche Versuchspersonen notwendigerweise Aufmerksamkeit benötigen, z. B. festzustellen, wo und wann auf einem Bildschirm ein kleiner roter Punkt erscheint. Makakenaffen werden in einem mühsamen Prozess darauf trainiert, auf dieses Ereignis mit dem Betätigen eines Hebels zu antworten. Sie erhalten ein Startsignal und müssen dann hierfür aufmerksam den Bildschirm nach dem Auftauchen des Bildpunktes absuchen. Menschliche Versuchspersonen sind grundlegend nicht in der Lage, dies ohne »genaues Hinsehen«, d. h. erhöhte Aufmerksamkeit zu bewältigen, und es wäre völlig unsinnig anzunehmen, dass Affen dies ohne diesen Bewusstseinszustand schafften. Mithilfe fest implantierter (und damit schmerzfreier) Mikroelektroden lässt sich dann feststellen, in welcher Weise Neurone des Sehsystems durch den Zustand der Aufmerksamkeit beeinflusst werden. Dies lässt dann den Schluss zu, dass solche Vorgänge beim Menschen sehr ähnlich ablaufen. Inzwischen gibt es die Möglichkeit, unter denselben Versuchsbedingungen bei Makakenaffen und bei menschlichen Versuchspersonen funktionelle Kernspintomographie durchzuführen und sie dann mit den Ergebnissen der Einzel- und Wenigzellableitungen beim Makakenaffen zu vergleichen. Dies erhöht die Übertragbarkeit der Affenexperimente auf menschliche Verhältnisse natürlich sehr stark.

Mithilfe dieser Techniken lässt sich beim Affen wie beim Menschen nachweisen, dass bestimmte perzeptive, kognitive, emotionale, exekutive und motorische Leistungen mit neuronalen Aktivitätszuständen in definierten Zentren des Gehirns aufs Engste räumlich und zeitlich zusammenhängen. Dieser Nachweis ist so genau, wie es die genannten Verfahren technisch und methodisch zurzeit zulassen. Dabei stellt sich übereinstimmend heraus, dass bewusste Wahrnehmungsprozesse grundsätzlich an die Aktivität der Großhirnrinde gebunden sind. Dies gilt bei Wahrnehmungsprozessen für die primären und sekundären sensorischen und die assoziativen Areale. Dies bedeutet: Wenn ich einer Versuchsperson oder einem Affen zum Beispiel ein Objekt zeige, dann erhöht sich die neuronale Aktivität im primären und sekundären visuellen Cortex und in allen nachgeschalteten assoziativen visuellen Arealen. Diese Vorgänge sind bis auf die Einzelzellebene erfassbar, d. h. Zellen im primären visuellen Cortex reagieren mit einer Erhöhung ihrer Entladungsrate auf visuelle Details wie Kanten, Kontraste, einfache Bewegungen und Wellenlängenunterschiede.

Dieser Nachweis gelingt inzwischen aber auch bei komplexeren Wahrnehmungsinhalten. Neurone, die auf Gesichter mit einer Erhöhung ihrer Entladungsrate antworten, sind im Primatengehirn im unteren Schläfenlappen, im oberen temporalen Sulcus (STS), und zwar vorwiegend rechtshemisphärisch, und in der Amygdala lokalisiert. Man findet dabei sogar Neuronen, die bevorzugt auf einen bestimmten Aspekt, z. B. ein Gesicht im Profil oder in der Frontalansicht, oder auf einen bestimmten Gesichtsausdruck antworten. Aufsehen hat vor einigen Jahren in Fachkreisen die Entdeckung von Neuronen im sekundären visuellen Cortex (V2) des Makakenaffen erregt, die auf scheinbare, d. h. nur wahrnehmungsmäßig, aber nicht physikalisch vorhandene Kontrastkanten reagieren, wie sie bei der bekannten Kanizsa-Täuschung auftreten (Peterhans und von der Heydt, 1991). Inzwischen konnte in einer größeren Zahl von Experimenten gezeigt werden, dass subjektive Wahrnehmungsinhalte, die auf der konstruktiven Tätigkeit des Gehirns beruhen, etwa Kontrastverschärfung, optische Längen- und Größentäuschungen sowie Farbkonstanz, eine Entsprechung auf der Ebene der Aktivität einzelner Nervenzellen bzw. kleiner Zellverbände finden. Hierauf werde ich gleich noch weiter eingehen.

Dies ist auch bei noch komplexeren kognitiven Leistungen der Fall. So findet man im präfrontalen und hinteren parietalen Cortex Areale, die bei räumlicher und nichträumlicher Aufmerksamkeit aktiv sind. Entsprechend existieren hier Zellen, die dann stärker »feuern«, wenn der Makakenaffe sich auf einen bestimmten Gegenstand im Raum oder einen Vorgang »konzentriert« (Kastner et al., 1998). Aufsehen erregte vor einigen Jahren der Nachweis von Zellen im präfrontalen Cortex, die offensichtlich dem Arbeitsgedächtnis zugrunde liegen. Bei solchen Experimenten zum Arbeitsgedächtnis handelt es sich um so genannte verzögerte Vergleichsaufgaben. Hierbei muss sich ein Affe z. B. für einige Sekunden merken, unter welchem Gegenstand eine Belohnung versteckt bzw. nicht versteckt war (Fuster, 1973, 1995). Während dieser Zeit des »Merkens« sind in seinem Arbeitsgedächtnis zum Teil bis zu einer Minute so genannte »Verzögerungsneurone« aktiv. In ähnlich komplexe Aufgaben sind die vor kurzem entdeckten »Spiegel-Neurone« (*mirror neurons*) verwickelt, die beim Makakenaffen dann feuern, wenn der Affe eine bestimmte intentionale Bewegung eines anderen Affen oder des menschlichen Versuchsleiters beobachtet (Gallese und Goldman, 1998). Von diesen Neuronen wird im Kapitel 13 ausführlicher die Rede sein.

Einige Ableitungsexperimente an Makakenaffen deuten jedoch darauf hin, dass es auch andere neuronale Phänomene gibt, die mit Aufmerksamkeitszuständen verbunden sind. So berichten Fries und Mitarbeiter (Fries et al., 2002), dass bei visueller Aufmerksamkeit Neurone in Areal V4 die Gleichzeitigkeit (Synchronizität) ihrer Aktionspotential-Entladungen im so genannten Gamma-Band (d. h. im Frequenzbereich von 30-90 Hz) erhöhen und im Alpha-Band (Frequenzen zwischen 8-12 Hz) erniedrigen. Unklar ist allerdings, wie sich diese Resultate zu den oben genannten Befunden einer erhöhten Entladungsrate bei Aufmerksamkeit verhalten und was eine erhöhte Synchronisation im Gamma-Band bewirkt. Eine häufig diskutierte Möglichkeit ist die erhöhte Wirkung synchronisierter Neurone eines bestimmten Netzwerkes auf nachgeschaltete (z. B. limbische, exekutive oder motorische) Neuronen oder eine erhöhte Umstrukturierung des lokalen Netzwerkes im Zusammenhang mit Lernen und Gedächtnisbildung.

Beim Menschen sind, wie bereits erwähnt, derartige zelluläre Korrelationen von Bewusstseinszuständen nur in Einzelfällen nachweisbar, z. B. mithilfe von Einzelzellableitungen im Gehirn von Patienten, deren Schädel für Hirnoperationen ohnehin geöffnet werden mussten. Immerhin lässt sich mithilfe der funktionellen Kernspintomographie auch beim Menschen zeigen, dass zwischen hochkomplexen kognitiven und psychischen Zuständen und Aktivitäten der Großhirnrinde sowie subcortikaler Zentren eine sehr enge Beziehung besteht (vgl. Abb. 7.5). Besonders interessant sind Befunde, in denen man Versuchspersonen zwei Serien von Objekten (z. B. Gesichtern) oder Wörtern zeigte und die Versuchspersonen in der zweiten Serie spontan unterschiedliche Tasten drücken mussten, wenn sie der Überzeugung waren, ein Objekt oder ein Wort zuvor gesehen zu haben. Man konnte mithilfe des EEG, MEG oder fNMR Unterschiede in der Hirnaktivität feststellen, je nachdem ob die Versuchsperson ein Wiedererkennen entweder aufgrund einer »festen Überzeugung« oder aufgrund einer bloßen Vermutung signalisierte und unsicher war (vgl. Schacter und Curran, 2000). Der spezielle Hirnzustand war selbstverständlich unabhängig von der objektiven Richtigkeit ihrer Entscheidung.

Das Entstehen von Bewusstsein in der Großhirnrinde

Mit den geschilderten Methoden der Hirnforschung lässt sich nicht nur zeigen, *dass* Aktivitäten in der Großhirnrinde sehr eng mit Bewusstseinszuständen korreliert sind, sondern auch, wie der *zeitliche Verlauf* von Hirnprozessen aussieht, die zu solchen Bewusstseinsprozessen führen. Grundlegende Experimente hierzu führte schon in den siebziger Jahren des 20. Jahrhunderts der amerikanische Neurobiologe und Psychologe Benjamin Libet durch, der später für seine Untersuchungen zur Frage der Willensfreiheit berühmt wurde. Libet konnte zeigen, dass ein Sinnesreiz erst mit einer Verzögerung zwischen 300 Millisekunden bis zu einer Sekunde bewusst wird. Bewusstsein tritt zudem nur auf, wenn das Gehirn mindestens 100 Millisekunden lang aktiv ist; alles von kürzerer Dauer bleibt unbewusst. Ein starker Reiz (z. B. ein Lichtblitz) kann natürlich kürzer sein und trotzdem bewusst wahrgenommen werden, sofern er über seine schiere Stärke eine Hirnaktivität auslöst, die mindestens 100 Millisekunden andauert. Entsprechend erfolgen sehr schnelle Verhaltens-

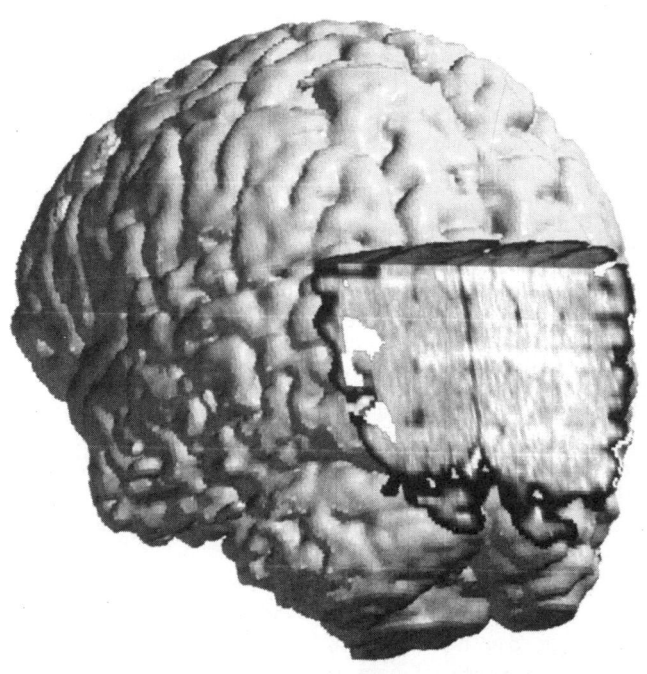

7.5 Registrierung »geistiger« Aktivität mithilfe der funktionellen Kernspintomographie (fNMR). Gezeigt ist die dreidimensionale Rekonstruktion des Gehirns einer Versuchsperson von schräg unten und hinten. Die Versuchsperson wurde aufgefordert, einen zentralen Fixationspunkt im Gesichtsfeld genau zu fixieren und gleichzeitig ihre »geistige« Aufmerksamkeit auf andere Geschehnisse im *rechten* Gesichtsfeld zu konzentrieren. In der kernspintomographischen Computerrekonstruktion zeigt sich dabei eine deutliche Aktivitätsänderung (*weiße Gebiete* in den computergraphisch erzeugten Schnittflächen) in der *linken* Gehirnhälfte im Übergangsbereich zwischen Schläfenlappen und Hinterhauptslappen. Den Kollegen H. J. Heinze, S.A. Hillyard und H. Scheich danke ich herzlich für die Überlassung der Aufnahme.

reaktionen (z. B. Reflexe) auf Signale zunächst unbewusst und werden erst anschließend bewusst, das Erleben des auslösenden Signals eingeschlossen. Interessanterweise »leugnet« – wie Libet nachwies – das Bewusstsein diese Verzögerungszeit, die zum Bewusstwerden nötig ist, und vermittelt uns sogar die Illusion, wir hätten das Signal *vor* der Reaktion bewusst erlebt (Libet, 1978; 1990).

Bekanntermaßen läuft bei der visuellen Wahrnehmung die Aktivität von der Retina über den lateralen Kniehöcker des Thalamus zum primären visuellen Cortex (V1/A17), von dort zum sekundären (V2/A18) und schließlich zu den assoziativen Zentren wie V4 und IT bzw. MT, MST und 7a. Lange Zeit war umstritten, ob und in welchem Maße primäre sensorische cortikale Areale bewusstseinsfähig sind (vgl. Crick und Koch, 1995). Es gab eine ganze Reihe von Hinweisen, dass diese Areale zwar notwendige Vorstufen für das Auftreten von Bewusstseinszuständen sind, selbst aber nicht von Bewusstsein begleitet sind. Dies trifft – so nahm man an – nur für die Aktivität assoziativer visueller Areale zu. Der wichtigste Hinweis hierfür war, dass eine Zerstörung assoziativer Areale bei gleichzeitigem Erhalt primärer sensorischer Areale das Entstehen von Bewusstseinszuständen verhindert, die spezifisch für das jeweils vorliegende Wahrnehmungssystem sind. So führt die Zerstörung des inferotemporalen Cortex und der Übergangszone zum okzipitalen Cortex zum Verlust der bewussten Wahrnehmung von Objekten, Gesichtern und Szenen. Ein zweiter Hinweis stammte aus dem Studium evozierter bzw. ereigniskorrelierter Potentiale während visueller Wahrnehmung, die zeigten, dass Bewusstsein nicht schon während der Aktivität des primären visuellen Cortex auftritt, die rund 70 Millisekunden nach Reizbeginn startet, sondern erst nach 150 bis 300 Millisekunden, d. h. erst nachdem assoziative Areale aktiv waren. Allerdings verstärkten sich in jüngerer Zeit Vermutungen, dass bei bewusster visueller Wahrnehmung der primäre visuelle Cortex doch eine Rolle spielen könnte.

Diese Frage wurde kürzlich durch Untersuchungen einer Forschergruppe unter Leitung des Magdeburger Neurowissenschaftlers Hans-Jochen Heinze und des kalifornischen Neurowissenschaftlers Steve Hillyard angegangen (Noesselt et al., 2002). In dieser Studie wurden Untersuchungen mithilfe des EEG, des MEG und der funktionellen Kernspintomographie kombiniert. Wie früher erwähnt, kann man mithilfe von EEG und MEG Hirnvorgänge im Millisekundenbereich erfassen, jedoch mit schlechter räumlicher Auflösung, während die funktionelle Kernspintomographie eine gute räumliche Auflösung ermöglicht, allerdings bei schlechter zeitlicher Auflösung. Mithilfe der kombinierten Techniken konnte der Verlauf der Aktivität der verschiedenen visuellen Areale vom primären über die sekundären zu den tertiären und hoch-assoziativen Arealen (V1, V2, V3, V4, IT; vgl. Kapitel 4) sowohl räumlich also auch zeitlich genau verfolgt werden.

Die Studie zeigte, dass bei Darbietung eines visuellen Reizes nach 60-90 Millisekunden der primäre visuelle Cortex aktiviert wurde, ohne dass dies mit Bewusstsein verbunden war. Dies war nach den bereits vorliegenden Erkenntnissen nicht überraschend. Überraschend hingegen war, dass eine bewusste Wahrnehmung des visuellen Inhalts auch nicht auftrat, wenn der assoziative visuelle Cortex aktiviert wurde, sondern erst, nachdem – sozusagen absteigend – der primäre visuelle Cortex noch einmal aktiviert wurde, und zwar nach 140-250 Millisekunden. Um dies zu verstehen, müssen wir uns daran erinnern, dass die verschiedenen visuellen cortikalen Areale untereinander nicht nur durch aufsteigende, sondern auch durch viele absteigende, also rückläufige (rekursive) Verbindungen verbunden sind.

Diese Befunde wurden in einem nachfolgenden Experiment von Neurobiologen der Universitäten Magdeburg und Bremen unter Beteiligung des Autors weiter untersucht (Haynes et al., 2003). Wir gingen dabei von einer visuellen Täuschung aus, bei der eine Fläche je nach dunkler oder heller Umgebung heller oder dunkler erscheint, als sie physikalisch ist. Dies nennt man *Simultankontrast*. Mithilfe einer Kombination von EEG und MEG wurde bei Versuchspersonen die Aktivität des visuellen Cortex registriert, und zwar einmal, wenn zwei Flächen mit unterschiedlicher Umgebung physikalisch gleich hell waren, aber als unterschiedlich hell empfunden wurden, und zum anderen, wenn die beiden Flächen in ihrer Helligkeit so eingestellt wurden, dass sie als gleich hell empfunden wurden, jedoch physikalisch unterschiedlich hell waren. Hiermit konnte festgestellt werden, welche visuellen Areale auf die physikalischen Unterschiede mit unterschiedlichen Antwortstärken reagierten und sich nicht »täuschen« ließen, und welche Areale entsprechend der subjektiven Empfindung antworteten, und gegebenenfalls, wann dies passierte.

Es zeigte sich, dass die neuronale Aktivität nicht nur in den assoziativen visuellen Arealen dem subjektiven Erleben entspricht, sondern dass dies auch für die Aktivität des primären visuellen Cortex zutrifft, allerdings nicht in seinen frühen Antworten um 80 bis 100 Millisekunden nach Reizbeginn, sondern in seinen späteren Antworten zwischen 150 und 300 Millisekunden, also unmittelbar bevor die Wahrnehmung bewusst wird. Diese späte Aktivität entspricht dem Moment, in dem der primäre visuelle Cortex durch Bahnen beeinflusst wird, die vom assoziativen Cortex zurück projizieren. Wir können also annehmen, dass die »späte« Übereinstimmung der Aktivität primärer visueller Areale durch die Aktivität assoziativer Areale induziert wird.

Wie können wir diese Befunde erklären? Hierzu müssen wir uns vergegenwärtigen, dass im primären (und sekundären) visuellen Cortex Einzelmerkmale eines Objektes wie Kontrast, Kantenorientierung, genaue Größe und Bewegungsrichtung verarbeitet werden, jedoch noch nicht die Gestalthaftigkeit und Identität des Objektes und seine Einbettung in einen größeren Zusammenhang. Dies geschieht erst in den assoziativen Arealen, wo ein Objekt als Gesicht, Hand, Glas usw. identifiziert wird. Allerdings sind die Neurone in den visuellen assoziativen Arealen nicht in der Lage, *Details* des Gesehenen zu verarbeiten, sondern das können nur die Neurone in den primären Arealen. Erst die Zusammenarbeit primärer, sekundärer und assoziativer Areale ergibt ein vollständiges, d. h. detailhaftes *und* gestalt- und sinnhaftes Bild des Gesehenen.

Aufgrund der genannten Untersuchungen können wir davon ausgehen, dass im ersten, noch unbewussten Schritt der cortikalen visuellen Verarbeitung im primären visuellen Cortex die genannten Einzelmerkmale von Objekten *vor*verarbeitet werden, dass dann in den assoziativen Arealen dieses »Material« nach Kriterien der Gestalt- und Sinnhaftigkeit analysiert wird, das Ergebnis dieser Analyse zum primären (bzw. sekundären) visuellen Cortex zurückgesandt wird und schließlich hierdurch die Einzelmerkmale endgültig gestalt- und sinnhaft zusammengefügt werden. Dies ergibt dann das genannte vollständige, bewusst erlebte Bild.

Was geschieht in der Großhirnrinde während des Bewusstwerdens?

Die Parallelität von neuronaler cortikaler Aktivität und bewussten Erlebniszuständen gibt uns noch keine genaue Auskunft darüber, was genau auf zellulärer oder gar subzellulärer Ebene im Cortex abläuft. Nach dem bisher Gesagten können wir davon ausgehen, dass Bewusstseinsprozesse an eine erhöhte Aktivität cortikaler Neurone gebunden sind. Tritt dies auf, so zeigen diese Neurone einen erhöhten

Stoffwechsel, d. h. sie verbrauchen vermehrt Sauerstoff und Glucose (Traubenzucker). Bekanntlich wird in allen lebenden Zellen zur Freisetzung von Energie Glucose unter Beteiligung von Sauerstoff (d. h. *aerob*) abgebaut, und diese Energie kann dann für alle erdenklichen anderen Prozesse benutzt werden (Glucose kann auch ohne Sauerstoff, d. h. *an-aerob*, abgebaut werden, aber die Energieausbeute ist dabei sehr gering). Bei der erhöhten Aktivität von Neuronen werden kurzfristig die vorhandenen Reserven aufgebraucht, und es wird an die Umgebung ein Signal ausgesandt, aufgrund dessen Sauerstoff und Glucose aus der Umgebung herangeschafft werden. Dies führt mit einer Verzögerung von rund vier Sekunden zu einer Erhöhung des lokalen Blutflusses, wodurch der lokale Sauerstoff- und Glucosemangel ausgeglichen oder sogar überkompensiert wird. Genau dieser Vorgang liegt den Messungen der Hirnaktivität mithilfe der funktionellen Kernspintomographie zugrunde (vgl. Kapitel 3 und Abb. 7.5).

Zur genaueren Beurteilung dieser Verhältnisse muss man Folgendes berücksichtigen. Unser Gehirn ist derjenige Teil des Körpers, der besonders viel Stoffwechselenergie benötigt, nämlich rund zehnmal mehr, als ihm vom Relativvolumen her zukäme; das Gehirn nimmt nämlich nur rund zwei Prozent unseres Körpervolumens ein. So verbraucht von den rund 250 Millilitern Sauerstoff, die ein ruhender Mensch pro Minute benötigt, das Gehirn allein 52 Milliliter, d. h. rund 20 Prozent (Creutzfeldt, 1983). Der Sauerstoff wird dabei für die Oxidation von Zucker (Glucose), d. h. die Zerlegung in Kohlendioxid und Wasser, eingesetzt, wobei der Gesamtglucose-Bedarf des Gehirns bei 80 Milligramm pro Minute liegt. Die Großhirnrinde wiederum ist dabei besonders anspruchsvoll, denn sie verbraucht achtmal mehr Sauerstoff und Glucose als anderes Gehirngewebe (Birbaumer und Schmidt, 1999a). Gleichzeitig hat der Cortex keinerlei nennenswerte Zucker- und Sauerstoffreserven; er lebt bei seinen Aktivitäten gewissermaßen von der Hand in den Mund. Hieraus folgt, dass die Großhirnrinde jede kurzfristige Erhöhung des Stoffwechsels an einer Stelle durch eine Erniedrigung an anderer Stelle ausgleichen muss. Aus dem Umstand, dass bewusste kognitive Leistungen stoffwechselintensiv sind, erklärt sich auch die Tatsache, dass wir bei niedrigem Blutzuckerspiegel oder bei Sauerstoffmangel Wahrnehmungs- und Konzentrationsschwierigkeiten haben und schließlich ohnmächtig werden.

Wir haben bereits früher gesehen, dass Bewusstseinszustände mit einer Erhöhung neuronaler Aktivität einhergehen, die sich vor allem in einem vermehrten Auftreten von Aktionspotentialen bei assoziativen cortikalen Nervenzellen (einem erhöhten »Feuern«) ausdrückt. Allerdings ist das Auftreten eines Aktionspotentials »kostenlos«, denn die damit verbundene Depolarisation der Zellmembran geschieht entlang dem Konzentrationsgefälle. Energetisch kostspielig ist hingegen das Wiederherstellen des Membranruhepotentials von ca. −70 Millivolt nach Auftreten einer Salve von Aktionspotentialen, und zwar durch die Arbeit der Natrium-Kalium-Ionenpumpe (s. Kapitel 3). Dieser Prozess verzehrt rund 50% des gesamten Hirnstoffwechsels (Magistretti, 1999). Teuer sind auch alle präsynaptischen und postsynaptischen intrazellulären Signalketten, die z. B. mit dem Öffnen metabotroper Ionenkanäle und dem Anschalten von Genexpression zu tun haben (vgl. Kapitel 3). Dasselbe gilt für die Wiederherstellung von Neurotransmittern in der Präsynapse, besonders der Aminosäuren Glutamat und GABA als den wichtigsten erregenden bzw. hemmenden Neurotransmittern in unserer Großhirnrinde (Magistretti et al., 1999). An dieser Wiederherstellung sind Astrocyten wesentlich beteiligt.

Energiezehrend sind ebenfalls alle Prozesse, die mit einer Veränderung der synaptischen Übertragungseigenschaften einhergehen, etwa die Erhöhung oder Verminderung der Ausschüttung von Neuromodulatoren (Dopamin, Serotonin, Acetylcholin, Noradrenalin), die Neubildung von Rezeptoren für Neurotransmitter und Neuromodulatoren bis hin zu anatomischen Veränderungen an Synapsen. Die Erhöhung oder Verminderung von Neuromodulatoren läuft in einem Zeitraum zwischen 100 Millisekunden und einigen Sekunden ab, während die Neubildung von Rezeptoren Minuten benötigt und anatomische Veränderungen Stunden bis Tage dauern. Die letzteren beiden Prozesse haben deshalb mit kurzfristigen Bewusstseinsprozessen im Sekundenbereich nichts zu tun, sondern mit der Konsolidierung von Gedächtnisinhalten und ihren Übergang ins Langzeitgedächtnis.

Aus all dem ersehen wir: *Bewusstsein unterliegt klar definierten physiologischen Bedingungen, die durch einen hohen Energie- und Stoffumsatz charakterisiert sind.* Bewusstsein ist ein makrophysikalischer Zustand; ohne ausreichende Versorgung des Gehirns mit Sauerstoff und Glucose gibt es kein Bewusstsein.

Unbeantwortet ist bisher die Frage, wofür all dieser teure Aufwand getrieben wird. Hierzu müssen wir uns vergegenwärtigen, wann und wozu überhaupt Bewusstsein benötigt wird. Die Antwort auf diese Fragen geben uns die Kognitionspsychologen: Bewusstsein ist nötig, wenn das Gehirn mit Sachverhalten konfrontiert wird, die (1) hinreichend neu sind, so dass das Gehirn hierfür nicht bereits eine Antwort parat hat, (2) hinreichend komplex sind, so dass das Gehirn sie nicht unbewusst bewältigen kann (s. Kapitel 7B) und (3) hinreichend wichtig sind, so dass sie nicht gleich »weggefiltert« werden und erst gar nicht ins Bewusstsein dringen. Dabei kann es sich um ein unbekanntes Gesicht, ein merkwürdiges Geräusch, einen noch unverstandenen Satz, eine bedrohliche soziale Situation, ein kniffliges Problem oder ein neues, kompliziertes Bewegungsmuster (z. B. Fahrradfahren-Lernen) handeln.

In all diesen Fällen ist die Großhirnrinde gezwungen, bekanntes Wissen oder bekannte Fertigkeiten in neuartiger Weise so zusammenzusetzen, dass die Aufgabe gelöst werden kann. Dies umfasst die Notwendigkeit zu erkennen, welche »Versatzstücke« ausgewählt werden und wie sie am besten zusammengesetzt werden müssen. In der Sprache der Neurobiologie heißt dies, dass neue cortikale Netzwerke angelegt werden müssen, indem vorhandene Teilnetzwerke neu zusammengefügt werden. Dieses Zusammenfügen geschieht im ersten Schritt nicht strukturell, sondern *funktional*, d. h. bestimmte Verbindungen werden vorübergehend verstärkt und andere abgeschwächt. Dies geschieht vor allem dadurch, dass über die bekannten Neuromodulatoren Dopamin, Serotonin, Noradrenalin und Acetylcholin (und andere schnell wirkende modulatorische Substanzen) die Effizienz der synaptischen Übertragung zwischen Neuronen kurzfristig, d. h. im Bereich von einigen hundert Millisekunden bis wenigen Sekunden, verändert wird.

Dies ist der Zeittakt des Wechsels der Bewusstseinsinhalte, d. h. von unterscheidbaren einzelnen Wahrnehmungszuständen, Gedanken und Vorstellungen, und zwar im Bereich von ein bis drei Sekunden (Pöppel, 1985). Die Tatsache, dass unser Bewusstsein in dieser Geschwindigkeit voranschreitet, wird also in seiner unteren Grenze von neurophysiologischen und neurochemischen Faktoren bestimmt: die genannten Umbauprozesse an der Synapse laufen eben nicht schneller ab. Hinzu kommen natürlich noch andere Faktoren wie die Schnelligkeit, mit der Gedächtnissysteme nach »Versatzstücken« durchsucht und in das Arbeitsgedächtnis eingeladen werden (s. Kapitel 6).

Das kurzfristige Zusammenschalten cortikaler Neurone könnte eine Grundlage für die Tatsache sein, dass nach Auskunft meines Bremer Kollegen Andreas Kreiter bei erhöhten Aufmerksamkeitszuständen im visuellen Cortex von Affen, z. B. im bewegungsspezifischen Areal MT, eine Gruppe von Neuronen eine erhöhte Oszillation im Gamma-Bereich (hier von ca. 40 Hz) zeigt. Dies könnte darauf hindeuten, dass sich diese Neurone kurzfristig zu einer funktionalen Einheit zusammenschließen. Nach Ansicht von Kreiter wird dieses »Zusammenbinden« durch eine kurzfristige Aktivierung von NMDA-Kanälen ermöglicht, was zu einer starken Erhöhung des intrazellulären Calcium-Spiegels führt. Die Kombination von Aktivitätssteigerung und oszillatorischem Zusammenbinden erhöht die Leistungsfähigkeit der betroffenen Netzwerke, was sich in einer gesteigerten Aufmerksamkeit und Erhöhung der Sehschärfe niederschlägt. Dies ist deshalb so interessant, weil NMDA-Kanäle – wie in Kapitel 3 berichtet – allgemein als Grundlage der Reorganisation synaptischer Verknüpfungen gelten und die mit diesen NMDA-vermittelten Prozessen stoffwechselphysiologisch teuer sind.

Gestützt wird die These, dass es sich bei Bewusstseinszuständen um schnelle Neuverknüpfungen cortikaler Netzwerke handelt, erstens durch den in Kapitel 3 genannten Befund, dass es sich bei den mit der funktionellen Bildgebung erfassten neuronalen Geschehnissen vornehmlich um synaptische Prozesse und nicht um das Generieren von Aktionspotentialen handelt. Zweitens gehen in dem Maße, wie sich die Neuartigkeit und Komplexität von kognitiven Inhalten verliert, wie Probleme bewältigt und neue Bewegungsmuster eingeübt werden, diese Aktivitäten deutlich zurück und sind schließlich mithilfe der funktionellen Kernspintomographie nicht mehr erfassbar. Die neugeschaffenen Netzwerke konsolidieren sich, synaptische Reorganisationen treten immer weniger auf. Schließlich kommt es zu einer deutlichen »Kompression« der Netzwerke. Wir erleben dies subjektiv in der Weise, dass zur Bewältigung bestimmter Probleme immer weniger Bewusstsein nötig ist, bis wir das Erforderliche schließlich »mit links« erledigen.

Wie wir gehört haben, sind Aktivitäten außerhalb der Großhirnrinde – so komplex sie auch sein mögen – nicht von Bewusstsein begleitet. Folgende Fragen drängen sich auf: Warum sind solche Prozesse von Bewusstsein begleitet, die im assoziativen Cortex stattfinden? Was ist an diesem Gehirnteil Besonderes? Warum sind zum Beispiel Vorgänge im Kleinhirn nicht bewusstseinsfähig, obwohl dieser Hirnteil mit etwa 30 Milliarden Neuronen eine außerordentlich hohe Zellzahl und eine hohe Verknüpfungsdichte aufweist (vgl. Kapitel 13)?

In seinen zellulären und architektonischen Eigenschaften zeigt der assoziative Cortex keine deutlichen Unterschiede gegenüber der übrigen Großhirnrinde; er weist die bereits besprochene typische Sechsschichtigkeit des Isocortex auf, die Dominanz der Pyramidenzellen (rund 80 Prozent aller cortikalen Zellen), den darauf beruhenden relativ gleichförmigen Aufbau und die schichtenspezifische Organisation der cortikalen Eingänge (zumeist vom Thalamus) und Ausgänge sowie der kurzen und langen intracortikalen Verbindungen. Jedoch ist der zelluläre Aufbau des assoziativen Cortex noch gleichförmiger als der des übrigen Cortex, was vor allem auf die Reduktion der kleinzelligen (»granulären«) Schicht IV zurückgeht (Creutzfeldt, 1983). Diese granuläre Schicht ist in den sensorischen Arealen besonders ausgeprägt, in denen die thalamischen Eingänge enden.

Wegen seines gleichförmigen Aufbaus und seiner hohen Verknüpfungsdichte erscheint der assoziative Cortex als ein idealer assoziativer Speicher – eine Idee, die Valentin Braitenberg, Almut Schüz und Günter Palm entwickelt haben (vgl. Braitenberg und Schüz, 1991). Hierfür spricht die Tatsache, dass die Inhalte unseres deklarativen Gedächtnisses im assoziativen Cortex abgelegt sind. Inwieweit Synapsen des assoziativen Cortex andere Eigenschaften aufweisen als die des übrigen Cortex, z. B. tatsächlich dynamischer bzw. plastischer sind, ist nicht ausreichend gesichert, aber wahrscheinlich.

Die frühere Annahme, der assoziative Cortex sei durch das Fehlen direkter thalamischer Eingänge charakterisiert, hat sich zwar als falsch erwiesen; dennoch ist es richtig, dass die assoziativen Areale den primären und sekundären sensorischen Arealen nachgeschaltet und in der Verarbeitungshierarchie »höher« angesiedelt sind. Visuelle Erregungen gehen bei Primaten immer zuerst zu den primären und sekundären visuellen Cortexarealen und von dort zu »höheren«

okzipitalen, parietalen und temporalen visuellen Cortexarealen sowie zu Arealen des präfrontalen Cortex, wobei es allerdings auch »schnelle« Verbindungen von den primären Arealen zu den »höchsten« Zentren unter Umgehung der dazwischen liegenden Areale gibt. Dem entspricht die Tatsache, dass die Neurone in den assoziativen Arealen durchweg komplexere Antworteigenschaften aufweisen als solche in den sensorischen Arealen. Häufig sind sie *multimodal*, d. h. sie reagieren auf mehr als eine Art sensorischen Inputs; ihre Funktion ist also als *hochintegrativ* anzusehen. Dieser Umstand bildet auch die Grundlage für begrifflich-abstrakte, symbolhafte Leistungen, wie sie für den assoziativen Cortex typisch sind. Gleichzeitig gibt es von allen »höheren« Zentren massive parallele Rückprojektionen zu den sekundären und primären Arealen. Diese spielen, wie bereits oben erwähnt wurde, bei komplexen Bewusstseinszuständen eine wichtige Rolle.

Der assoziative Cortex ist zugleich stärker als der übrige Cortex mit dem limbischen System verknüpft, das im nächsten Kapitel ausführlich dargestellt werden wird. Er steht deshalb stark unter dem Einfluss des dort angesiedelten *emotionalen Bewertungssystems*. Dies gilt vornehmlich für den unteren Temporallappen und den präfrontalen und orbitofrontalen Cortex – zwei Cortexregionen, die für Bewusstseinszustände unabdingbar sind. Hier konzentriert sich auch der Einfluss der neuromodulatorischen Systeme (d. h. der Dopamin-, Serotonin-, Acetylcholin- und Noradrenalin-vermittelnden Afferenzen), der in den primären und sekundären sensorischen und motorischen Arealen vergleichsweise gering ist. Man kann sogar sagen, dass Bewusstsein im Wesentlichen dort entsteht, wo sich cortikales und limbisches System und damit Kognition und Emotion wechselseitig durchdringen. Zumindest gilt dies für komplexe Bewusstseinsformen wie Ich-Empfindung und autobiographisches Gedächtnis. Dies wird durch die Tatsache unterstrichen, dass die späte Ontogenese dieser Bewusstseinsformen gut mit dem späten Ausreifen des präfrontalen und insbesondere des orbitofrontalen Cortex übereinstimmt. Hiervon wird in Kapitel 11 ausführlicher die Rede sein.

Schließlich ist bemerkenswert, dass der Cortex der Säuger, anders als das dorsale Telencephalon (*Pallium*) der anderen Wirbeltiere, primäre motorische Areale besitzt. Bei Amphibien, Reptilien und Vögeln gibt es keine cortikalen bzw. pallialen motorischen Zentren, sondern Pallium und Cortex schicken verhaltensrelevante Informationen zu den subcorticalen prämotorischen und motorischen Zentren, z. B. zu den Basalkernen, zum Colliculus superior und zum Nucleus ruber im Mittelhirn, zur Brücke und zum Kleinhirn, die ihrerseits die motorischen Zentren im verlängerten Mark und Rückenmark steuern (Nieuwenhuys et al., 1998). Vorteile des Vorhandenseins *cortikaler* motorischer Zentren liegen in dem stark vergrößerten Platzangebot für mehr Neuronen und Synapsen, der erhöhten corticalen Plastizität sowie der Nähe zur corticalen Sensorik einerseits und zu Zentren der Handlungsplanung andererseits.

Bei den Säugern, insbesondere bei Primaten, projizieren bei Willkürhandlungen die subcorticalen Zentren, vor allem die Basalganglien, zum motorischen und prämotorischen Cortex *zurück*, der seinerseits unter dem Einfluss des parietalen und präfrontalen Cortex steht. Bevor der motorische Cortex Willkürhandlungen startet, werden diese Schleifen zwischen corticalen und subcorticalen Zentren in vielfältiger Weise durchlaufen (s. Kapitel 13 und 14). Der assoziative Cortex erhält in dieser Weise stets Rückmeldungen über die subcorticale Verhaltensvorbereitung und -durchführung, insbesondere was die Aktivität limbisch-motorischer Zentren betrifft (Basalkerne, Amygdala, mesolimbisches System). Dies ist offenbar notwendig, um die Integration von Wahrnehmung und Handlung als Basis komplexer Handlungsplanung zu ermöglichen. Diese Rückprojektionen fehlen bei anderen Wirbeltieren (Nieuwenhuys et al., 1998).

Es bleibt die Frage, warum das Kleinhirn nicht bewusstseinsfähig ist. Das Kleinhirn weist nämlich ähnlich wie der Isocortex eine hohe – wenn nicht gar noch höhere – Gleichförmigkeit in seinem zellulären Aufbau auf, und es ist ebenfalls Konvergenzort unterschiedlichster Informationen aus vielen Bereichen des Gehirns. Ebenso zeigt es eine hohe synaptische Plastizität, ist also in ähnlichem Sinne wie der Cortex dazu geeignet, ein assoziativer Speicher zu sein. Seine Funktion im Bereich der Motorik ist wohlbekannt, ebenso seine Beteiligung an kognitiven Leistungen, z. B. Sprache und Aufmerksamkeit, und zwar in der Regel in Bezug auf die zeitliche Reihenfolge von Ereignissen und Aktionen. Hiervon wird in Kapitel 13 noch ausführlicher die Rede sein. Dennoch ist alles, was im Kleinhirn abläuft, unserem Bewusstsein unzugänglich. Was das Kleinhirn wesentlich vom Isocortex unterscheidet, ist das Fehlen der unmittelbaren Nachbarschaft ausgedehnter primärer und sekundärer sensorischer Areale und insbesondere einer engen Verwobenheit mit dem limbischen System und damit des *Durchdringens von Emotion und Kognition*. Man könnte auf der Grundlage unserer heutigen – vielleicht mangelhaften – Kenntnis vom Kleinhirn als einem »emotionslosen« motorisch-kognitiven System sprechen.

Was den assoziativen Cortex zum »Sitz« des Bewusstseins macht, sind zusammengefasst folgende Eigenschaften: (1) eine Konvergenz der unterschiedlichen sensorischen Informationen (mit Ausnahme des Geruchssystems); (2) eine hohe Gleichförmigkeit im zellulären Aufbau; (3) eine hohe synaptische Verknüpfungsdichte und Plastizität, die ihn zum idealen assoziativen Speicher und zum Sitz des deklarativen Gedächtnisses macht; (4) ein massiver Einfluss des limbischen Systems und damit von Emotion, Motivation und Bewertung; (5) eine Rückkopplung zwischen assoziativem Cortex und subcortikalen motorischen Zentren im Rahmen der Planung und Steuerung von Willkürhandlungen.

Hieraus resultiert die Fähigkeit des assoziativen Cortex, aufgrund vieler verschiedener sensorischer Einflüsse und unter Kontrolle des limbischen Systems eine schnelle synaptische Umverknüpfung seiner Netzwerke zu leisten. Der assoziative Cortex »bezahlt« diese besonderen Fähigkeiten mit einer besonders hohen Anfälligkeit für Sauerstoff- und Glucosemangel. Schon ein kurzer Ausfall der Sauerstoffzufuhr und eine Unterzuckerung führen zu schweren Beeinträchtigungen kognitiver Funktionen und bereits nach wenigen Minuten zum Hirnrindentod; demgegenüber sind subcortikale Zentren »robuster« gegen Stoffwechseldefizite.

Eine bereits erwähnte Eigenschaft des Cortex soll zum Schluss dieses Abschnitts noch einmal beleuchtet werden, nämlich das starke Überwiegen intracortikaler Verknüpfungen gegenüber den ein- und auslaufenden Bahnen (Schüz, 2000; Hofman, 2000). Sehr großzügig geschätzt dürfte die Zahl afferenter und efferenter Fasern maximal 100 Millionen betragen (d. h. 10 hoch 8). Bei rund 50 Milliarden (5 mal 10 hoch 10) cortikalen Neuronen dürfte die Zahl der intracortikalen Verknüpfungen bei mindestens fünfhundert Billionen (fünfmal 10 hoch 14) liegen (vgl. Kapitel 4), also um sechseinhalb bis sieben Größenordnungen höher als die Zahl der Afferenzen und Efferenzen. Auf eine afferente oder efferente Faser kommen also rund fünf Millionen intracortikale Fasern. Außerdem ist die Kapazität der Informationsverarbeitung im Gehirn nicht einfach von der Zahl von

Fasern bzw. Synapsen bestimmt, sondern vornehmlich von deren Kombinationsmöglichkeiten. Die Kombinationsmöglichkeiten von fünfhundert Billionen Fasern bzw. Synapsen ist praktisch unendlich groß.

Nehmen wir einmal an, superintelligente und uns daher hoffnungslos überlegene außerirdische Wesen mit Gehirnen, die von den unseren radikal verschieden sind, würden auf die Erde kommen und unser Gehirn und seine Leistungen genau untersuchen. Natürlich haben sie keinen direkten Begriff von unserem Denken und Fühlen, so, wie dies uns gegenüber einer Stubenfliege geht. Diese Superwesen würden nach eingehendem Studium des menschlichen Cortex zu dem Schluss kommen, dass sich dieses System aufgrund seiner hochgradigen Binnenverdrahtung im Wesentlichen mit sich selbst beschäftigt. Reize bzw. Informationen dringen – so wird von ihnen festgestellt – zwar von außen in das System hinein und Erregungen verlassen es, aber dieser Effekt ist verschwindend klein gegenüber dem internen Geschehen. Die außerirdischen Hirnforscher werden daraus ein hohes Maß an *Selbststeuerung* (Autonomie) ableiten. Sie werden vorhersagen können, dass sich in diesem Cortex eine eigene Vorstellungswelt aufbauen wird, die für den externen Beobachter mit den Geschehnissen außerhalb des Cortex irgendwie lose zusammenhängt. Für die Elemente innerhalb der cortikalen Vorstellungswelt wird diese Welt jedoch die Einzige sein, die existiert. Während für den Beobachter alle cortikalen Erlebnisse *virtuell* sind, werden die Binnenelemente, d. h. die Zustände des Cortex, diese virtuellen Vorgänge und damit sich selber für die Wahrnehmungen *realer* Dinge bzw. für die Verursachung *realer* Bewegungen halten.

Teil B: Das Unbewusste

Mehr noch als das Bewusstsein hat das Unbewusste lange Zeit – und zum Teil bis in die Gegenwart – in den kognitiven Neurowissenschaften eine stiefmütterliche Behandlung erfahren. Das ist nicht schwer zu erklären. So philosophisch vorbelastet und für die empirischen Wissenschaften abschreckend das Phänomen Bewusstsein auch war und ist, so kann es doch keinen Zweifel daran geben, dass die so genannten höheren kognitiven Leistungen bewusstseinsbegleitet sind und dass – wie wir noch genauer erfahren werden – diese

Bewusstseinskomponente unerlässlich für sie ist. Bewusstseinsprozesse haben außerdem den großen Vorteil, dass sie *sprachlich berichtbar* sind. Introspektion wurde in behavioristischer Manier in der Psychologie zwar lange verteufelt, ist jedoch inzwischen wieder zu Ehren gekommen, weil sie eine unverzichtbare Quelle an Erkenntnissen für die kognitiven Neurowissenschaften darstellt, wenn man zugleich objektive Messverfahren anwendet. So kann man eine Versuchsperson befragen, was sie bei der Darstellung eines emotional stark eingefärbten Bildes (z. B. einer abschreckenden Kriegsszene) gesehen und gefühlt hat, und gleichzeitig die Veränderung ihres EEG, ihres Hautwiderstandes, ihres Blutdruckes und ihrer Gesichtsmuskulatur registrieren.

Auf diese Weise sind sprachliche Äußerungen zumindest teilweise auf ihren Wahrheitsgehalt hin überprüfbar. So kann man einen gefühlskalten Menschen (einen so genannten Soziopathen) entlarven, bei dem vegetative Reaktionen gegenüber emotional »anrührenden« Reizsituationen nicht oder nicht in der Höhe wie bei normalen Personen auftreten.

Unbewusste Vorgänge sind per definitionem sprachlich nicht berichtbar. Sie laufen meist schnell ab, und ihre Konsequenzen sind bei weitem nicht so auffällig wie die von bewussten Vorgängen; häufig sind sie nur statistisch nachweisbar. Deshalb können sie leicht übersehen oder gar in ihrer Existenz geleugnet werden. Für William James und seine Zeitgenossen war Psychologie mehr oder weniger identisch mit der Analyse von *bewusstem* Denken, und auch in ihrer Nachfolge wurde bis in die sechziger Jahre des 20. Jahrhunderts die Existenz unbewusster Wahrnehmung vielfach abgestritten. Dies gilt auch für fast alle Philosophen, die sich mit dieser Materie beschäftigten. Inzwischen liegt jedoch eine große Zahl von Untersuchungen zur unbewussten (impliziten) Wahrnehmung und zum impliziten Lernen vor. Diese Vorgänge einwandfrei nachzuweisen und genau zu analysieren, erfordert jedoch einen erheblichen methodischen Aufwand, und ein Gutteil der seinerzeit von Eriksen (1960) vorgebrachten methodischen Einwände, die für lange Jahre die Untersuchungen unbewusster Wahrnehmungen und impliziten Lernens behinderten, war durchaus berechtigt.

Schließlich hat der Begriff des »Unbewussten« für Vertreter der kognitiven Neurowissenschaften einen anrüchigen Beigeschmack, weil er untrennbar mit dem Namen Sigmund Freuds und der

Psychoanalyse verbunden ist. Die Psychoanalyse gilt in Kreisen der Neurobiologie und Kognitionspsychologie nach wie vor als *das* Beispiel unwissenschaftlicher Erklärung des Unbewussten. Freuds große Leistung besteht jedoch nicht eigentlich in der »Entdeckung des Unbewussten«, sondern in dessen systematischer Thematisierung. Darauf bin ich im ersten Kapitel dieses Buches bereits eingegangen.

Phänomenologie des Unbewussten

Vor dem Hintergrund der in diesem Kapitel gegebenen Beschreibung von Bewusstseinszuständen umfasst aus Sicht der Hirnforschung und der experimentellen Psychologie das Unbewusste folgende Inhalte: (1) Vorgänge in Gehirnregionen außerhalb der assoziativen Großhirnrinde; (2) vorbewusste Inhalte von Wahrnehmungsvorgängen; (3) unterschwellige (subliminale) Wahrnehmungen; (4) Wahrnehmungsinhalte außerhalb des Fokus unserer Aufmerksamkeit; (5) alle perzeptiven, kognitiven und emotionalen Prozesse, die im Gehirn des Fötus, des Säuglings und des Kleinkindes vor Ausreifung des assoziativen Cortex ablaufen; (6) konsolidierte Inhalte des prozeduralen Gedächtnisses; (7) Inhalte des deklarativen Gedächtnisses, die ins Unbewusste abgesunken sind (»vergessen« wurden) und unter günstigen Bedingungen wieder bewusst gemacht (»erinnert«) werden können; (8) »verdrängte« Gedächtnisinhalte des autobiographischen Gedächtnisses. Im Folgenden werde ich diese Zustände des Unbewussten der Reihe nach besprechen.

Wie zuvor ausführlich dargestellt, sind nur diejenigen Vorgänge bewusst, die mit einer Aktivität des assoziativen Cortex verbunden sind. Dies bedeutet umgekehrt: Vorgänge im Hirnstamm, im Kleinhirn, im Thalamus oder in den subcorticalen Zentren des Endhirns sind unserem bewussten Erleben völlig entzogen, gleichgültig wie wichtig sie sind und wie stark sie auf Prozesse in der assoziativen Großhirnrinde einwirken. Dasselbe gilt auch für die primären und sekundären sensorischen und motorischen Areale der Großhirnrinde, die – nach allem, was wir wissen – ebenfalls nicht bewusstseinsfähig sind. Schließlich wird von einer Reihe von Autoren auch ein Teil der Vorgänge im posterioren parietalen Cortex als nicht bewusstseinsfähig angesehen (darauf werde ich im Zusammenhang mit dem »Blindsehen« noch gesondert eingehen). Übereinstimmung über die Bewusstseinsfähigkeit besteht nur hinsichtlich des Schläfenlappens (mit Ausnahme der Hörrinde) und des Stirnlappens mit Ausnahme des motorischen und dorsolateralen prämotorischen Areals. Ich habe bereits weiter oben ausführlicher darüber spekuliert, warum Bewusstsein an die Aktivität des assoziativen Cortex gebunden ist und warum Vorgänge in einer Struktur wie dem Kleinhirn, die dem Cortex stark ähnelt, offensichtlich nicht bewusst sind.

Entsprechend sind für uns alle Vorgänge unbewusst, die im Gehirn stattfinden, während und solange die assoziative Großhirnrinde nicht aktiv ist. Dies ist bei Bewusstlosigkeit (*Koma*) der Fall, beispielsweise dann, wenn die im vorigen Kapitel genannten wachheits- und bewusstheitssteuernden Zentren der retikulären Formation vorübergehend oder dauernd geschädigt sind, etwa durch Hirnstammverletzung, eine starke mechanische Einwirkung bei einem Unfall oder eine Vergiftung. Wie bereits erwähnt, muss die Großhirnrinde durch das aufsteigende aktivierende System der medialen retikulären Formation kontinuierlich erregt und somit wachgehalten werden. Wird dieses System verletzt, dann fallen wir in Bewusstlosigkeit.

Experimentelle Untersuchungen des Unbewussten

Vorbewusste Wahrnehmung bezeichnet im Allgemeinen den Status von Wahrnehmungsinhalten während ihrer Verarbeitung auf Ebenen unterhalb der assoziativen Großhirnrinde. Im Falle eines visuellen Reizes gilt dies für die Netzhaut, den lateralen Kniehöcker im Thalamus und (sofern Augen- und Handbewegungen involviert sind) den Colliculus superior sowie die primären und sekundären visuellen Areale des Cortex. Visuelle Erregung erreicht den Cortex bereits nach ca. 60 Millisekunden, und nach 100 Millisekunden hat, wie die negative N100- bzw. N1-Welle bei der Registrierung evozierter Potentiale zeigt, in der Großhirnrinde eine erste, *unbewusste Bewertung der Wichtigkeit* des Reizes stattgefunden (die N100- bzw. N1-Welle ist umso größer, je wichtiger der unbewusst wahrgenommene Reiz für das Gehirn ist).

Bewusstsein tritt – wie in Kapitel 7A erwähnt – meist erst nach 300 Millisekunden auf, bei komplexen oder sehr bedeutungshaften Reizen sogar erst nach einer Sekunde oder noch später. Häufig fällt es mit der positiven P300- bzw. P3-Welle des evozierten Potentials zusammen, die mit Neuigkeit, Abweichung und Bedeutungsgehalt in

Verbindung gebracht wird (vgl. Roth, 1996). Diese Welle tritt umso später auf, je bedeutungshafter, komplexer und unerwarteter ein Reiz ist. Wichtig ist, dass zu dem Zeitpunkt, an dem ein Reiz bewusst wird, bereits eine komplexe Verarbeitung stattgefunden hat, von der wir nichts merken. Wir nehmen nur das »Endprodukt« dieser Verarbeitung wahr.

Nicht jeder Reiz führt nach 300 bis 1000 Millisekunden zu einer bewussten Wahrnehmung. Er kann zu schwach sein (ein ganz leiser Ton unterhalb der Hörschwelle, die Bewegung des kleinen Uhrzeigers unterhalb der Schwelle unserer Bewegungswahrnehmung). Er kann zu kurz dargeboten worden sein; Wahrnehmungspsychologen haben herausgefunden, dass ein visueller Reiz, der nur für 50 Millisekunden oder noch kürzer präsentiert wird, nicht bewusst wahrgenommen wird, aber durchaus einen deutlichen Effekt auf meine spätere Wahrnehmung oder mein Verhalten haben kann (wie wir noch sehen werden). Hingegen wird ein Reiz von 150 Millisekunden Dauer bereits bewusst wahrgenommen. Ein Reiz kann durch einen nachfolgenden Reiz verdeckt (»maskiert«) und damit aus dem Bewusstsein verdrängt werden (auch davon werden wir noch hören), oder er wird nicht bewusst wahrgenommen, weil er außerhalb des Fokus der Aufmerksamkeit lag. Mit einer solchen *unterschwelligen* (subliminalen) Wahrnehmung und ihrer Bedeutung für Lernen, Gedächtnis, Emotionen und Verhaltenssteuerung beschäftigen sich Psychologen seit einer Reihe von Jahren intensiv, nachdem lange Zeit geleugnet wurde, dass eine solche unbewusste Wahrnehmung überhaupt existiert.

Unterschwellige Wahrnehmung und ihre Effekte lassen sich mit ganz unterschiedlichen Versuchsanordnungen untersuchen (vgl. Schacter, 1996; Schacter und Curran, 2000; Merikle und Daneman, 2000). Schon vor über hundert Jahren wurde gezeigt, dass Buchstaben oder Zahlen, die so schwach dargeboten wurden, dass sie in ihrer Bedeutung nicht mehr bewusst erfahrbar waren, dennoch das spätere Wiedererkennen dieser Reize deutlich unterstützten, obwohl den Versuchspersonen nicht klar war, was vor sich ging. Einen solchen Vorgang nennt man englisch »priming«, was hier so viel bedeuten soll wie »Vorbereiten« oder »Bahnen«, und zwar mithilfe eines Hinweisreizes. Das Wort »Priming« hat sich auch in der deutschsprachigen Fachliteratur durchgesetzt.

Ein solches Priming wurde in jüngerer Zeit erstmals ausführlicher durch die beiden Psychologen Warrington und Weiskrantz (1974) an

Patienten untersucht, die an schweren Gedächtnisstörungen litten. Warrington und Weiskrantz konnten an dem bereits genannten Patienten H. M. zeigen, dass dieser sich an etwas, das er an einem Tag mühsam gelernt hatte, einen Tag später nicht mehr bewusst erinnern konnte. Bei automatisierten Erkennungsleistungen, bei denen man so schnell wie möglich zwischen bekannt und unbekannt unterscheiden muss, hatte jedoch das scheinbar völlig Vergessene einen deutlich fördernden Effekt; ebenso ging das Wiedererlernen des Materials, das dem Patienten völlig neu erschien, wesentlich schneller voran als beim wirklich erstmaligen Lernen. Diese Aufsehen erregenden Versuche deuteten bereits stark darauf hin, dass es mindestens zwei Gedächtnisse gibt, nämlich eines für bewusst und eines für unbewusst erworbene und gespeicherte Inhalte. Heute würden wir, wie im 5. Kapitel berichtet, von explizitem und implizitem Gedächtnis sprechen.

Inzwischen wird die Frage nach dem Effekt unbewusster Wahrnehmung intensiv untersucht, und zwar parallel an Gesunden und an Patienten mit Hirnstörungen. Letzteres geschieht natürlich unter anderem deshalb, weil man hofft herauszufinden, ob beim bewussten und beim unbewussten Wahrnehmen und Erinnern unterschiedliche Hirnzentren beteiligt sind, und wenn ja, welche. Hierbei kommen sowohl experimentalpsychologische Methoden zum Einsatz als auch Methoden der funktionellen Bildgebung wie PET und fNMR.

Bei einer Versuchsanordnung zum Priming, wie sie etwa der Braunschweiger Psychologe Dirk Vorberg anwendet, handelt es sich um so genannte *Metakontrast-Experimente* (Vorberg et al., 2002). Hierbei wird ein bestimmter Reiz, z. B. ein Pfeil, der in eine bestimmte Richtung zeigt, kurzzeitig (z. B. für 30-40 Millisekunden) dargeboten. In einem kurzen zeitlichen Abstand von 14 bis 70 Millisekunden wird nun am selben Ort ein zweiter Reiz für 150 Millisekunden dargeboten. Dieser »maskiert« den ersten Reiz in dem Sinn, dass dieser aus dem Bewusstsein verdrängt wird. Werden die Versuchspersonen befragt, ob sie den ersten Reiz gesehen haben, so verneinen sie dies. Wenn sie aber nachdrücklich aufgefordert werden, zu raten, in welche Richtung der nicht bewusst wahrgenommene Reiz zeigt (*forced choice*-Reaktion genannt), so geben sie überzufällig häufig die korrekte Ausrichtung an. Sie haben also den Pfeil und seine Richtung erkannt, ohne dies zu wissen.

Man kann dieses Experiment auch völlig ohne sprachliche Äußerungen durchführen, indem man den Versuchspersonen einen nach links oder rechts weisenden Pfeil darbietet und sie auffordert, so schnell wie möglich eine linke oder rechte Taste zu drücken. Man bietet dann zuerst einen maskierten Hinweisreiz, d. h. einen nicht bewusst wahrnehmbaren, nach links oder rechts weisenden Pfeil, bevor der zu beantwortende Pfeilreiz sichtbar erscheint. Hierbei zeigt sich, dass die Reaktionszeiten bei richtiger Wahl immer dann signifikant kürzer sind als ohne maskierten Hinweisreiz, wenn der »unsichtbare« Hinweisreiz in die gleiche Richtung weist wie der für sie sichtbare Reiz, und signifikant länger, wenn er in die entgegengesetzte Richtung zeigt. Den Versuchspersonen ist dies alles nicht bewusst, und ohne Aufklärung über die Existenz und Wirkung des maskierten Hinweisreizes würden sie sich über die Ergebnisse sehr wundern.

Andere gängige Experimente arbeiten mit Wortergänzungsaufgaben, bei denen bestimmte Wörter maskiert dargeboten werden. Anschließend wird die Versuchsperson aufgefordert, einen Wortstamm oder fehlende Buchstaben in Wörtern mit Lücken zu ergänzen. Zum Beispiel kann man der Versuchsperson unbewusstmaskiert das Wort »Schub« zeigen und sie anschließend auffordern, den Wortstamm »Schu...« mit dem ersten Wort zu ergänzen, das ihnen in den Sinn kommt. Dies könnten die Wörter Schuhe, Schule, Schuld, Schutzmann oder was auch immer sein, aber die Versuchspersonen wählen bevorzugt das Wort »Schub«, obwohl »Schule« oder »Schuhe« näher gelegen hätten. Oder man zeigt maskiert das Wort »Seil« und bittet dann die Versuchspersonen, das unvollständige Wort »S...l« zu ergänzen. Wie wir uns denken können, ergänzen die meisten Versuchspersonen aufgrund der Wirkung des maskierten Hinweisreizes zu »Seil« und nicht etwa zu »Siel«, »Saal« oder »Stil«.

Ebenso wurden Untersuchungen über die Wirkung von maskierten Hinweisreizen auf das schnelle Wiedererkennen von Gesichtern, Gegenständen und Wörtern durchgeführt, wobei die Versuchspersonen aufgefordert wurden, möglichst rasch zwischen »bekannt« und »unbekannt« zu unterscheiden. Hierbei stellte sich heraus, dass unsere Fähigkeit, Gesichter wiederzuerkennen, ans Unglaubliche grenzt (wenn man bedenkt, wie wichtig Gesichtererkennung für das biologische und soziale Überleben ist, wundert man sich allerdings nicht mehr so sehr).

Eine besondere Form unterschwelliger Wahrnehmung ist das bereits weiter oben erwähnte »Blindsehen«, das vor rund 25 Jahren von Weiskrantz entdeckt und seither intensiv untersucht wurde (L. Weiskrantz, 1986), vor allem von der deutschen Neuropsychologin Petra Störig (vgl. Cowey und Störig, 1991). Blindsehen besteht darin, dass Personen in Teilen des Gesichtsfeldes oder ganz generell Dinge nicht visuell wahrnehmen können und sich wie Blinde verhalten. Fordert man sie auf, auf einen Gegenstand vor ihnen zu zeigen, dann weigern sie sich, dies zu tun, weil sie ja gar keinen Gegenstand sehen. Fordert man sie aber nachdrücklich auf, dorthin zu weisen, wo ein Gegenstand sein könnte, den sie nicht sehen, so zeigen sie meist korrekt auf den Gegenstand. Sie empfinden dies als Zeigen »ins Leere«. Ähnlich verhält es sich mit dem Benennen der Farbe, Größe, Gestalt, Orientierung und anderer relativ einfacher Merkmale von Gegenständen, die von ihnen ebenso wenig bewusst wahrgenommen und entsprechend »erraten« werden. Das einzige, was sie bewusst wahrzunehmen scheinen, sind heftige Bewegungen. Es wird aber auch berichtet, dass »Blindsehende« mit zunehmender Übung mehr und mehr zu einer fragmentierten bewussten Wahrnehmung gelangen.

Die Fachleute sind sich überwiegend einig, dass »Blindsehen« auf eine Zerstörung der primären Sehrinde zurückzuführen ist, nicht jedoch auf eine Beeinträchtigung nachgeschalteter, »höherer« visueller Areale, wie man meinen könnte. Beeinträchtigung dieser »höheren« Zentren führt zu den zu Beginn des Kapitels genannten Agnosien, nicht jedoch zum generellen Verlust bewussten Sehens. Es wird, wie bereits erwähnt, angenommen, dass bewusstes Sehen, das in den »höheren« assoziativen visuellen Arealen (z. B. im unteren Temporallappen) stattfindet, den Eingang vom primären visuellen Areal *und* die Rückkopplung mit diesem Areal benötigt.

Die unbewussten Sehleistungen der Patienten werden von Fachleuten dahingehend erklärt, dass cortikales Sehen über einen visuellen Pfad, der vom lateralen Kniehöcker oder vom Colliculus superior aus in okzipito-parietalen visuellen Arealen endet und den zerstörten primären visuellen Cortex umgeht, noch möglich ist (Cowey und Störig, 1991). Dies würde erklären, weshalb stärkere Objektbewegungen noch wahrgenommen werden können, denn Areale in diesen Cortexbereichen (z. B. MT und MST) sind bewegungsempfindlich. Es würde aber gleichzeitig bedeuten, dass – abgesehen von starken Reizen – der parietale Cortex nicht bewusstseinsfähig ist. Dies hieße, dass wir alle körper- und raumbezogenen Empfindungen und auch alle anderen kognitiven Leistungen, die der assoziative parietale Cortex vollbringt, nicht direkt bewusst wahrnehmen könnten, sondern höchstens über dessen Projektionen zum dorsalen präfrontalen Cortex.

Dies erscheint aber unwahrscheinlich, insbesondere auch deshalb, weil im posterioren parietalen Cortex das »hintere« Aufmerksamkeitszentrum angesiedelt wird; nichts ist stärker mit Bewusstsein verbunden als Aufmerksamkeit. Vernünftiger ist es anzunehmen, dass aufgrund der Zerstörung der primären Sehrinde das zielgerichtete Sehen subcortikal stattfindet, z. B. auf der Ebene des Colliculus superior, und dass nur bei sehr starken Bewegungsreizen dessen Projektionen den parietalen Cortex hinreichend – wenngleich detailarm – aktivieren, um diese Reize bewusst zu machen.

Dem »Blindsehen« sehr ähnliche Effekte treten bei Patienten auf, die an anderen Störungen bewussten Sehens leiden wie z. B. der Unfähigkeit, Gesichter zu erkennen, *Prosopagnosie* genannt (Kolb und Wishaw, 1996). Wenn man einem Patienten mit einer solchen Krankheit ein ihm von früher bekanntes Gesicht zeigt, das er nach seiner Erkrankung nicht identifizieren kann, ist er dennoch in der Lage, in einer Wahlsituation den zu dem Gesicht passenden Namen auszuwählen, obwohl er dies als »Raten« empfindet. Ähnliche Effekte treten bei Patienten mit einem »Hemineglect« auf (s. Kapitel 7A). Vorgänge in der für den Patienten »nicht existierenden« Hälfte des Gesichtsfeldes haben einen deutlichen Effekt bei Reaktionszeiten und Wiedererkennungsleistungen in Bezug auf Ereignisse in der bewusst wahrgenommenen Hälfte. Schließlich können emotional eingefärbte kurzzeitig bzw. maskiert dargebotene Hinweisreize, z. B. fröhliche oder traurige Gesichter bzw. entsprechende Wörter, unsere Stimmungslage deutlich positiv oder negativ beeinflussen, ohne dass wir den Grund dafür kennen.

Wir sind auch in hohem Maße in der Lage, Ordnungszusammenhänge in Geschehnissen zu erkennen und danach zu handeln, ohne dass wir uns dessen bewusst sind. Wenn man einer Versuchsperson eine komplexe Abfolge von Elementen, z. B. bestimmte Buchstabenfolgen, wiederholt darbietet und sie dann »raten« lässt, welche von zwei Buchstabenfolgen bereits vorgekommen ist, dann wählt sie signifikant häufiger die richtige Folge, ohne zu wissen, warum. Entsprechende Ergebnisse lieferten Untersuchungen, die der Psychologe Reber (1967) mithilfe einer so genannten »künstlichen Syntax«

entwickelte. Hierbei wird einer Versuchsperson ein scheinbar unstrukturiertes Material geboten, das verborgene Regelmäßigkeiten in der zeitlichen Reihenfolge von Symbolen enthält. Die Versuchsperson muss nun entscheiden, ob eine bestimmte Sequenz von Symbolen regelhaft ist oder nicht. Den Versuchspersonen gelingt dies zumeist, ohne dass sie wissen, warum sie dies können.

Subliminale Wahrnehmungen haben einen deutlichen Einfluss auf unser Verhalten, insbesondere wenn es sich um emotionales oder handlungsrelevantes »Priming« handelt. Diese Effekte treten aber nur bei einfachen Reizmerkmalen auf und betreffen Handlungen, die mehr oder weniger automatisiert sind bzw. schnell ablaufen müssen und deshalb keinen besonderen Aufwand an Bewusstsein und Aufmerksamkeit verlangen. Uns allen geläufig ist die Geschichte, dass eine im Kino subliminal dargebotene Coca-Cola-Flasche die Zuschauer veranlasst, in der Pause hinauszurennen und Coca-Cola zu trinken. Leider ist diese Geschichte – so wurde mir von Experten versichert – nur ein gelungener Werbegag. Dabei ist das subliminal Gezeigte (die Coca-Cola-Flasche) durchaus als Hinweisreiz geeignet, aber nur für eine einfache Wahlaufgabe, z. B. eine spontane Wahl zwischen Pepsi-Cola und Coca-Cola, nicht aber für das Starten einer so komplexen Handlungskette wie das Aufstehen, Hinausgehen, Bestellen und Geld zücken. Auch könnte die subliminale Wahrnehmung das bereits vorhandene Bedürfnis verstärken, etwas zu trinken, nicht aber den Wunsch, ein bestimmtes Produkt wie Coca-Cola zu trinken. Das mag für viele, die sich der Werbungsindustrie ausgeliefert fühlen, tröstlich klingen. Wenn Werbung unser komplexes Kaufverhalten beeinflussen will, muss sie das schon über das Bewusstsein und zudem über vielfache Wiederholung tun.

Sehr eindrucksvoll ist die Tatsache, dass wir in aller Regel Dinge völlig übersehen, die außerhalb des »Scheinwerfers« unserer Aufmerksamkeit liegen. Jedem von uns ist die Tatsache geläufig, dass wir Dinge nicht wahrnehmen, die »vor unserer Nase liegen«, wenn wir sie dort nicht erwarten bzw. wenn wir woanders nach ihnen suchen. Ebenso sind wir blind für Dinge, die nicht mit unserem »Suchbild« übereinstimmen. Schließlich »versinkt die ganze Welt« um uns herum, wenn wir uns sehr stark auf eine einzige Sache konzentrieren, z. B. uns in ein Buch oder ein Musikstück vertiefen. Ein besonders eindrucksvolles Beispiel für dieses Ausblenden nicht-attendierter Objekte und Geschehnisse aus unserem Bewusstsein ist der von dem amerikanischen Psychologen Daniel Simons hergestellte Film, der auf ältere Befunde, u. a. solche des amerikanischen Psychologen Eric Neisser, zurückgreift.

Dieser Film zeigt eine weißgekleidete und eine schwarzgekleidete Gruppe von Ballspielern, die sich jeweils untereinander einen Ball zuwerfen. Die Aufgabe des Beobachters besteht darin, mitzuzählen, wie viele Male eine der beiden Mannschaften (z. B. die weiße) sich den Ball unter Bodenberührung zuwirft. Dies erfordert einige Aufmerksamkeit. Nach dem Ende des Films fragt der Versuchsleiter zuerst, wie viele Male die weißgekleidete Gruppe sich den Ball mit Bodenberührung zugeworfen hat. Nachdem eine mehr oder weniger richtige Zahl genannt wurde, fragt der Versuchsleiter, ob dem Beobachter irgendetwas Besonderes aufgefallen sei. Dies wird nach einem nochmaligen Bericht dessen, was man gesehen hat, verneint.

Nun wird der Film noch einmal gezeigt mit der Aufforderung, sich diesmal nicht auf die Zahl der Würfe mit Bodenberührung zu konzentrieren, sondern die Szene unbefangen zu betrachten. Nun sieht man zum eigenen großen Erstaunen, dass mitten durch die Spielermenge eine als Gorilla verkleidete Person marschiert, stehen bleibt, sich dem Zuschauer zuwendet und dann die Szene verlässt. Konsterniert fragt man sich, wie man so etwas Auffälliges überhaupt übersehen konnte! Die Antwort lautet: Die Zählaufgabe wirkt als starker Distraktor, als »Ablenker«, im Hinblick auf das Geschehen außerhalb des Fokus der Aufmerksamkeit, d. h. den auftauchenden »Gorilla«. Es gibt in der Tat zahllose Beispiele dafür, dass etwas an sich Unübersehbares übersehen wird, wenn die beteiligten Personen mit ihren Gedanken woanders sind. Dies zeigt, wie stark Aufmerksamkeit und Bewusstsein miteinander verbunden sind.

Die Frage ist, ob und in welchem Maße Dinge, die wir in dieser Weise nicht-attendiert wahrnehmen, unser Verhalten dennoch beeinflussen. Untersuchungen in dieser Richtung liefern im Prinzip dieselben Ergebnisse wie diejenigen zur subliminalen Wahrnehmung, d. h. das Übersehene wirkt auf unsere spätere Wahrnehmung und unser späteres Verhalten ein, vorausgesetzt es handelt sich beim Übersehenen um relativ einfache Wahrnehmungsinhalte und um relativ einfache Aufgaben, die anschließend zu lösen sind.

Eine unbewusste Wahrnehmung ganz besonderer Art hat jeder von uns erfahren, und zwar in seinem ersten Lebensabschnitt, der von den allerersten Aktivitäten der Sinnesorgane bis zur Herausbildung eines bewusst empfindenden und erinnernden Ich etwa ab dem vierten Lebensjahr reicht. Die Tatsache der relativen Unreife des bewusstseinsfähigen cortico-hippocampalen Systems bei der Geburt und in den ersten Lebensjahren stimmt damit überein, dass sich das autobiographische Bewusstsein und damit die Erinnerung an Geschehnisse, die mit uns selbst zu tun haben, nicht vor dem vierten Lebensjahr ausbilden (s. Kapitel 11). Dies würde die von Sigmund Freud so genannte *infantile Amnesie* erklären, die darin besteht, dass wir uns an Geschehnisse, die vor Beginn unseres vierten Lebensjahres passiert sind, nicht erinnern können. Gegenteilige Behauptungen gehen wohl auf das »Aneignen« von Erzählungen enger Familienangehöriger zurück.

Das soeben Gesagte bedeutet nicht, dass Neugeborene oder Kleinkinder vor dem vierten Lebensjahr kein Bewusstsein hätten; jedenfalls zeigen sie Zeichen von Aufmerksamkeit und kurzfristigen Erinnerungen, die ohne *Aktualbewusstsein* nicht denkbar sind. Diese scheinen aber nicht in das Langzeitgedächtnis einzugehen oder zumindest nicht so, dass sie später bewusst abgerufen werden können. Grund hierfür ist offenbar, dass das cortico-hippocampale System sowie der fronto-temporale Cortex, die beide für das autobiographische Gedächtnis zuständig sind, noch nicht genügend ausgereift sind, um den *Strom des Ich-Bewusstseins* zu konstituieren, der für unsere bewusste psychische Existenz unabdingbar ist. Ausgereift sind hingegen all diejenigen unbewusst arbeitenden subcortikalen Zentren, die dem emotionalen, limbischen Gedächtnis zugrunde liegen, d. h. vor allem Amygdala und mesolimbisches System. Das in dieser Zeit Erlebte prägt sich tief in das emotionale Gedächtnis ein und formt dasjenige, was man Persönlichkeit und Charakter nennt. Davon wird in Kapitel 11 noch ausführlicher die Rede sein.

Teil C: Bewusstsein und das Unbewusste – zwei unterschiedliche funktionale Systeme

Man hat lange geglaubt, dass es sich bei den Formen des Bewusstseins und des Unbewussten nur um unterschiedliche Zustände desselben Hirnsystems handelt; die Formen des Unbewussten wären dann einfach niedrige Aktivitätszustände dieses Systems. Selbstverständlich ist es so, dass der Zustand der Bewusstheit, etwa in Form von

Aufmerksamkeit und Konzentration oder von sinnlichem Erleben, durchaus unterschiedliche Intensitäten annehmen kann, von der schwellennahen Wahrnehmung bis zum stärksten Erleben, und ebenso unterscheidet man unterschiedliche Stufen der Bewusstlosigkeit, des *Koma*. Dennoch spricht vieles dafür, dass das Bewusste und das Unbewusste sowohl hirnanatomisch als auch funktional unterschiedene Systeme sind.

Das wichtigste Argument kennen wir bereits: Nur der Cortex ist bewusstseinsfähig; damit etwas überhaupt bewusst werden kann, muss es mit einer cortikalen Aktivität verbunden sein. Alle anderen Zentren und Teile des Gehirns sind nicht bewusstseinsfähig, so kompliziert sie auch aufgebaut sind und wie komplex die von ihnen vollbrachten Leistungen auch sind. Ich habe Vermutungen darüber angestellt, warum vor allem der assoziative Cortex der »Sitz des Bewusstseins« ist – bei Zuarbeit der primären sensorischen Cortexareale. Dabei ist zu berücksichtigen, dass der Cortex keineswegs der Produzent von Bewusstsein ist, sondern »nur« das geeignete Substrat. Ohne die Einwirkung der neuromodulatorischen Systeme, der limbischen Zentren und insbesondere der Hippocampus-Formation, die ihrerseits unbewusst arbeiten, könnte im Cortex kein Bewusstsein entstehen.

Die Idee, dass es sich beim Bewusstsein und beim Unbewussten um *funktional* unterschiedliche Systeme handelt, geht auf ausgedehnte Untersuchungen seit den sechziger Jahren des 20. Jahrhunderts zurück, die – wie im 5. Kapitel dargestellt – von dem Gegensatzpaar »deklarativ« versus »prozedural« bzw. »explizit« versus »implizit« ausgehen. Andere Begriffspaare sind »elaboriert« bzw. »kontrolliert« versus »automatisiert«. All dies bedeutet, dass das unbewusste System bestimmte Dinge wie Lernen und Erinnern, Wahrnehmung, Gefühle und Handlungssteuerung *in anderer Weise* tut als das Bewusstseinssystem (Graf und Schacter, 1985; Schacter, 1996; Goschke, 1997).

Automatisierte bzw. *implizite* Prozesse sind (1) unabhängig von der Begrenzung kognitiver Ressourcen; (2) ihre willentliche Kontrolle ist schwach oder nicht vorhanden; (3) Aufmerksamkeit und Bewusstsein sind nicht notwendig oder stören bei ihnen sogar; (4) sie laufen schnell und mühelos ab; (5) sie sind meist unimodal; (6) ihre Fehleranfälligkeit ist gering; (7) sie verbessern sich durch Übung, sind allerdings gleichzeitig schwer veränderbar, wenn sie erst einmal eingeübt bzw. konsolidiert sind; (8) sie sind in ihren Details sprachlich nicht berichtbar.

Die Informationsverarbeitung dieser unbewusst ablaufenden Prozesse wird überwiegend als »flach« angesehen, d. h. diese Prozesse orientieren sich an einfachen bzw. hervorstechenden Merkmalen und verarbeiten einfache Bedeutungen. Ihnen liegt – so wird meist angenommen – eine überwiegend *parallele* Informationsverarbeitung zugrunde. Als Orte dieser Prozesse werden der unimodale sensorische und der primäre motorische Cortex, die Brücke, das Cerebellum sowie die subcortikalen limbischen (Amygdala, mesolimbisches System) und motorischen Zentren (Basalganglien) angenommen.

Kontrollierte bzw. *explizite* Prozesse hingegen hängen (1) stark von der Bereitstellung kognitiver Ressourcen ab (ein gutes Beispiel hierfür ist die notorische Begrenztheit des Arbeitsgedächtnisses); (2) sie benötigen Aufmerksamkeit und Bewusstsein; (3) sie laufen langsam ab, d. h. im Bereich von Sekunden bis Minuten, und sind häufig mühevoll; (4) sie benötigen einen intensiven Zugriff auf das Langzeitgedächtnis; (5) sie sind sehr störanfällig; (6) sie zeigen nur geringe Übungseffekte; sie sind jedoch (7) schnell veränderbar und (8) sprachlich berichtbar. Allgemein zeigen sie eine »tiefe«, d. h. multimodale, auf die Verarbeitung komplexer und bedeutungshafter Inhalte ausgerichtete Informationsverarbeitung. Sie beruhen nach Auffassung der meisten Autoren auf *serieller* Informationsverarbeitung, die in den assoziativen Cortexarealen in enger Zusammenarbeit mit der Hippocampus-Formation und der umgebenden Rinde, dem basalen Vorderhirn und anderen subcortikalen Zentren stattfindet.

Eine Zwischenform der Informationsverarbeitung scheint die »passive«, d. h. nicht von besonderer Aufmerksamkeit begleitete bewusste Wahrnehmung zu sein, die weitgehend erinnerungslos bleibt. Hier fallen Dinge *mühelos* auf, die von ihren sensorischen Merkmalen her hervorstechen (starker Kontrast, schnelle Bewegung, auffallende Gestalt, lautes Geräusch). Dies ist offenbar die wichtigste Grundlage des auch ohne höhere Konzentration stattfindenden »Monitoring« unserer Umwelt durch unser Gehirn.

Die oben genannten spezielleren, von Aufmerksamkeit begleiteten Bewusstseinszustände treten in all den Fällen auf, in denen sich das kognitiv-emotionale System mit Geschehnissen und Problemen konfrontiert sieht, die zum einen (aus welchen Gründen auch immer) hinreichend *wichtig* und zum anderen hinreichend *neu* sind. Dies setzt ein un- bzw. vorbewusst arbeitendes System voraus, welches alles, was unser Gehirn wahrnimmt, nach den Kriterien *wichtig* versus *unwichtig* sowie *bekannt* versus *unbekannt* klassifiziert. Dies geschieht durch einen sehr schnellen Zugriff auf die verschiedenen Gedächtnisarten. Sachverhalte, die unbewusst als *unwichtig* eingestuft wurden, treten entweder überhaupt nicht oder nur sehr oberflächlich in unser Bewusstsein, gleichgültig ob sie bekannt oder unbekannt sind. Sachverhalte hingegen, die als *wichtig* und *bereits bekannt* klassifiziert wurden, führen zur Aktivierung von Verarbeitungsinstanzen, die sich bereits früher mit ihnen befasst hatten. Entsprechend erleben wir derart eingestufte Wahrnehmungen als »mühelos«, falls sie überhaupt bewusst werden, und führen bestimmte Handlungen automatisch und unbewusst aus oder höchstens mit begleitendem Bewusstsein ohne Wissen um die Details.

Nur wenn ein Geschehnis oder eine Aufgabe als *neu* und *wichtig* eingestuft wurde, z. B. im Zusammenhang mit dem Erfassen neuartiger Sachverhalte, neuer Bedeutungen von Objekten, Geschehnissen, Sätzen, dem Erlernen neuer motorischer Fertigkeiten, dem Vorstellen und Erinnern neuer, komplexer Inhalte, dem Aussprechen neuer komplizierter Sätze, dem Ausführen neuer Bewegungen, dem Lösen schwieriger Probleme, einer verwickelten Handlungsplanung, dem aktiven Erinnern von Wissensfakten, dann wird das langsam arbeitende Bewusstseins- und Aufmerksamkeitssystem eingeschaltet, und wir erleben die vollbrachten bewussten Leistungen als »Mühe« und »Arbeit«. Dies ist umso mehr der Fall, je ungewohnter das Geschehen oder die Aufgabe ist. *Geistige Arbeit ist eben auch Arbeit und verbraucht entsprechend viel Stoffwechselenergie.* In dem Maße, in dem die Leistungen wiederholt werden, sich einüben und schließlich mehr oder weniger automatisiert und damit müheloser werden, schwindet auch der Aufwand an Bewusstsein und Aufmerksamkeit, bis schließlich – wenn überhaupt – nur ein begleitendes Bewusstsein übrigbleibt.

Das explizite, deklarative Bewusstseinssystem ist im Lichte dieser Theorie ein *besonderes Werkzeug des Gehirns*. Dieses Werkzeug wird vom Gehirn eingesetzt, wenn es um neuartige kognitiv oder motorisch schwierige und bedeutungshafte Probleme geht, die zu lösen sind. Aus vielerlei strukturellen und funktionalen Gründen sind die subcorticalen Zentren nicht in der Lage, dies zu leisten; wahrscheinlich haben sie keine hinreichend hohe synaptische Plastizität; sie können multimodale Eingänge nicht gut integrieren, vielleicht liegt es auch an der mangelnden Speicherkapazität. Der Cortex kann dies alles; seine Speicherfähigkeit ist schier unbegrenzt.

Der Cortex, insbesondere der assoziative, hat aber auch entscheidende Nachteile, wie wir gehört haben. Er ist langsam und fehleranfällig (wie viele kreative Systeme) und er ist energetisch-stoffwechselphysiologisch sehr teuer. Es gilt: Je automatisierter eine Funktion abläuft, desto schneller, verlässlicher, effektiver und billiger für das Gehirn. Daher ist es nicht verwunderlich, dass das Gehirn immer danach trachtet, Dinge aus der assoziativen Großhirnrinde auszulagern. *Bewusstsein ist für das Gehirn ein Zustand, der tunlichst zu vermeiden und nur im Notfall einzusetzen ist.* Wir Menschen leben jedoch in einer Umwelt, besonders einer sozialen Umgebung, die uns ständig neue, wichtige und komplizierte Probleme stellt, so dass es ratsam ist, das Bewusstsein mehr oder weniger durchgehend »eingeschaltet« zu lassen, auch wenn dies energetisch kostspielig ist. Der damit erkaufte Vorteil, nämlich eine sofortige Handlungsbereitschaft, wiegt diese Kosten ganz offensichtlich auf.

Exkurs 1: Das Geist-Gehirn-Problem: Gelöst? Lösbar? Unlösbar?

Vor einigen Jahren erhielt mein leider zu früh verstorbener Kollege und Freund Ernst Florey (Konstanz) innerhalb weniger Monate Briefe von drei bekannten deutschen Hirnforschern mit philosophischen Neigungen. Der erste Brief enthielt sinngemäß die Mitteilung »Sehr geehrter Herr Kollege Florey, ich darf Ihnen mitteilen, dass das Geist-Gehirn-Problem gelöst ist, und zwar durch mich!« Im zweiten Brief hieß es: »Nach reiflichem Überlegen komme ich zu dem Schluss, dass das Geist-Gehirn-Problem bzw. das des Bewusstseins aus naturwissenschaftlicher Sicht lösbar ist, wenngleich die Lösung noch lange wird auf sich warten lassen«. Der dritte Brief stellte kurz und knapp fest »Lieber Ernst, es bleibt dabei: das Geist-Gehirn-Problem ist naturwissenschaftlich prinzipiell unlösbar!«

Diesem Widerstreit der Meinungen entspricht auch der gegenwärtige Diskussionsstand in dem, was man »Philosophie des Geistes« oder »Neurophilosophie« nennt. Einen sehr guten Überblick hierzu findet man im Buch »Grundprobleme der Philosophie des Geistes« von Michael Pauen (Pauen, 2001). Einige führende Philosophen und Neurotheoretiker wie Patricia und Paul Churchland sowie Francis Crick halten dieses Problem zumindest im Prinzip für gelöst (Patricia Churchland, 1986; Paul Churchland, 1985, 1997; Crick, 1994). Im Sinne eines *eliminativen Materialismus* sehen diese Autoren die Möglichkeit, die ganze »alltagspsychologische« Redeweise von geistigen (»mentalistischen«) Zuständen wie Wünsche, Absichten und Überzeugungen zu beseitigen, da diese sich auf etwas bezieht, was es gar nicht gibt. Wir glauben an ihre Existenz nur deshalb, weil wir gewohnt sind, hierüber alltagssprachlich zu reden. Diese Redeweise kann aber dank des großen Fortschritts der Neurowissenschaften demnächst durch eine exaktere neurobiologische ersetzt werden. Statt unzulässig von Wünschen, Absichten und Überzeugungen zu reden, sprechen wir korrekt vom Feuern bestimmter neuronaler Netzwerke im präfrontalen bzw. parietalen Cortex sowie in bestimmten limbischen Zentren.

Der eliminative Materialismus ist die stärkste Form des *neurobio-*

logischen Reduktionismus, d. h. des Glaubens, man könne alles Mentale bzw. Psychische vollständig auf physische bzw. neurobiologische Geschehnisse reduzieren. Wir müssen hier allerdings unterscheiden zwischen einem *ontologischen* Reduktionismus, der meint, das Mentale/Psychische sei von seinem Wesen her »nichts anderes als« neurobiologische Geschehnisse, und einem *nomologischen* Reduktionismus, der annimmt, dass die *Gesetze* des Mentalen bzw. Psychischen vollständig auf die *Gesetze* der Physiologie, Chemie und Physik zurückgeführt werden können. Die Churchlands vertreten einen ontologischen Reduktionismus, der natürlich einen nomologischen Reduktionismus einschließt. Umgekehrt ist dies nicht zwingend der Fall, d. h. man kann ein nomologischer Reduktionist sein, ohne einen ontologischen Reduktionismus zu vertreten.

Gegen einen ontologischen Reduktionismus spricht, dass es in den Neurowissenschaften bisher nicht gelingt, die Eigenschaften des Mentalen bzw. Psychischen aus den Eigenschaften neuronaler Ereignisse *logisch zwingend* abzuleiten. Mentale bzw. psychische Eigenschaften sind – so scheint es – nicht reduzierbar auf neuronale Ereignisse. Wenn ich als Neurowissenschaftler bestimmten Aktivitäten der Großhirnrinde bestimmte Bewusstseinszustände zuordne, dann kann ich dies nur deshalb tun, weil ich Zustände des Denkens, Vorstellens, Erinnerns, Wünschens, Hoffens, der Furcht, des Schmerzes usw. unabhängig von Kenntnissen der Neurowissenschaften aus dem direkten Erleben heraus und bestätigt durch Berichte anderer Personen kenne. Das gilt auch dann, wenn ich akzeptiere, dass viele dieser psychischen Zustände nicht nur mit innerem Erleben, sondern auch mit bestimmten Verhaltensweisen verbunden sind (z. B. bei Schmerz und Furcht). Dass sich jemand *vor Schmerzen* krümmt, kann ich nur wissen, wenn ich selbst weiß, was Schmerzen sind bzw. andere, die Schmerzen kennen, mir davon berichtet haben. Ohne diese Vorerfahrung aus dem Selbsterleben oder den Berichten anderer wären mir bestimmte Hirnaktivitäten, von denen man feststellt, dass sie mit Schmerzzuständen zu tun haben (vgl. Kapitel 10, zweiter Teil), völlig rätselhaft. Entsprechend käme ich als Neurobiologe niemals darauf, dass die Großhirnrinde mit Denken, das limbische System mit Gefühlen und der Hippocampus mit Lernen und Gedächtnis zu tun haben.

Erst *nachdem* ich eine verlässliche Korrelation zwischen mentalen bzw. psychischen Zuständen einerseits und neurobiologischen Ereignissen andererseits festgestellt habe, kann ich, sofern ich dies für sinnvoll halte, statt »er empfindet jetzt große Lust« sagen: »in seinem limbischen System werden gerade endogene Opiate ausgeschüttet«. Letzteres wäre allerdings kaum ausreichend, denn zu Lust oder Furcht empfinden oder irgendwelche anderen Gefühle haben gehört ein komplexes neuronales Geschehen, das man nicht in einen kurzen sprachlichen Ausdruck fassen kann (vgl. Kapitel 10). Man wird dieses Übersetzen in neuronale Begrifflichkeiten also nur vornehmen, wenn dies wissenschaftlich erforderlich ist, aber keineswegs innerhalb unserer Alltagssprache. Aber auch im Rahmen wissenschaftlicher Erklärungen bleibt die neurobiologische Beschreibung nur dadurch sinnvoll, dass sie sich auf ein mentales bzw. psychisches Erleben bezieht, das als solches nicht reduziert werden kann.

Die zum neurobiologischen Reduktionismus diametral entgegengesetzte Position ist der *Dualismus*, der in seiner modernen, auf den französischen Philosophen René Descartes (1596-1650) zurückgehenden Form annimmt, dass das Geistige (Bewusste, Mentale, Psychische) und das Physische (Materielle) unterschiedliche Wesenheiten (Substanzen) darstellen. Zum Physischen gehört klassischerweise auch unser Körper einschließlich unseres Gehirns. Eine Wurzel des Leib-Seele- bzw. Geist-Gehirn-Dualismus ist die Tatsache, dass geistige Zustände wie Denken, Vorstellen, Erinnern und Wollen von uns als *völlig verschieden* von den Dingen in unserer Welt *erlebt* werden. Geistige Zustände scheinen keinen Ort zu haben, keinen Raum einzunehmen, nichts zu wiegen, und ihre zeitlichen Eigenschaften sind höchst merkwürdig. Manchmal kriechen unsere inneren Ereignisse dahin, etwa wenn wir auf etwas dringend warten, dann wieder rasen sie voran, wenn wir etwas Spannendes erleben. Dass sie irgendwie mit dem Gehirn zusammenhängen, wissen wir nicht aus eigenem Erleben, sondern aufgrund der Befunde von Hirnforschern. Allerdings scheinen körpergebundene Zustände wie Schmerz und Gefühle eine eigenartige Zwischenstellung zwischen »Leib« und »Seele« einzunehmen.

Hauptproblem eines jeden Dualismus ist die Frage, wie geistige Ereignisse, als *nicht-physische* Wesenheiten, mit physischen Ereignissen wechselwirken können. Dass sie dies tun, daran scheint kein Zweifel möglich. Ich will jetzt nach der Kaffeetasse greifen, und mein Wille treibt Arm und Hand an, er ist also die *Ursache* der Bewegung. Umgekehrt verletze ich mir den Finger, indem ich mich an einer scharfen Klinge schneide, und diese Verletzung führt zu einem Schmerz. Die Verletzung ist entsprechend die *Ursache* für den Schmerz. Wie aber kann dies überhaupt möglich sein? Die physische Welt ist nach unserer Kenntnis kausal abgeschlossen, d. h. Veränderungen in der physischen Welt können nur aufgrund einer Wechselwirkung im Rahmen von Gesetzmäßigkeiten geschehen, wie sie die Physik beschreibt. Danach kann es gar keine Einwirkung nichtphysischer Ereignisse auf physisches Geschehen geben, denn das würde die Abgeschlossenheit und völlige Determiniertheit der physischen Welt verletzen. Trotz intensiver Erforschung des Gehirns hat man auch keinerlei Hinweis darauf gefunden, dass es so etwas wie eine »rein geistige« (oder »mentale«) Verursachung gibt. Jeder Willensakt, jede sonstige geistige Tätigkeit ist untrennbar an physiologische Vorgänge gebunden, die ihrerseits bekannten chemischen und physikalischen Gesetzmäßigkeiten gehorchen.

Um dieses Dilemma zu beheben, wurden in jüngerer Vergangenheit von dualistisch ausgerichteten Neurowissenschaftlern wie John Eccles und Benjamin Libet immer wieder Konzepte vorgelegt, wie ein vom Gehirn unabhängiger, *autonomer* Geist auf nicht-physische Weise auf das physische Gehirn einwirken könne, ohne die physikalischen Gesetze zu verletzen. Beliebt ist dabei die Vorstellung, dass es »mentale Felder« gibt, die parallel zu den elektrischen und magnetischen Feldern existieren sollen, die mit dem EEG bzw. dem MEG erfasst werden. Diese Vorstellung wurde bereits in der ersten Hälfte des 20. Jahrhunderts von dem Gestaltpsychologen Wolfgang Köhler vertreten, der sich damals in den Augen der Neurobiologen abgrundtief lächerlich machte, und damit war das Thema für lange Zeit vom Tisch. Heute wissen wir, dass die Gegenargumente (besonders die des Verhaltens- und Neurobiologen Karl Lashley) nicht sehr gut waren, und so kommt mit zunehmender Verfeinerung des EEG und des MEG diese Theorie wieder auf.

Vor einigen Jahren entwickelte John Eccles im Anschluss an Überlegungen des Darmstädter Physikers Beck die Anschauung, der Geist könne auf »quantenphysikalische« Art die Wahrscheinlichkeit beeinflussen, mit der an cortikalen Synapsen Transmitter freigesetzt werden, und dies könne ohne Verletzung der physikalischen Erhaltungssätze geschehen (Eccles, 1994). In ähnlicher Weise geht Benjamin Libet davon aus, dass »bewusste mentale Felder« auf neuronale Aktivitäten einwirken und diese zu einer einheitlichen

Erfahrung bündeln können – also eine dualistische Lösung des »Bindungsproblems« (Libet, 1994; vgl. Pauen, 2001). Kürzlich hat der amerikanische Molekulargenetiker Johnjoy McFadden eine ähnliche Theorie vorgelegt, innerhalb deren er vermutet, dass Geist und Bewusstsein so etwas wie ein elektromagnetisches Feld sind. Dieses Feld ist nach McFadden zwar sehr schwach, aber es wirkt auf cortikale Neuronen, deren Aktivität sich knapp unterhalb ihrer Feuerschwelle befindet, so ein, dass sie mit geringstem Aufwand über diese Feuerschwelle gehoben werden. So beeinflusst das Bewusstsein die Hirnaktivität.

Solchen Ansätzen liegt der fatale Denkfehler zugrunde, dass man die Einwirkung des immateriellen Geistes nur quantenhaft winzig machen müsse, dann würde er die physikalischen Erhaltungssätze nicht mehr verletzen, wenn er mit dem Gehirn interagiert. Aber auch empirisch ist McFaddens Ansatz nicht haltbar. Die Frage, ob und inwieweit quantenphysikalische Prozesse bei komplexeren neuronalen Vorgängen und insbesondere bei Bewusstseinsprozessen irgendeine Rolle spielen, kann zurzeit nicht beantwortet werden (vgl. dazu Woolf und Hameroff, 2001), erscheint mir aber sehr unwahrscheinlich. Ich werde in Kapitel 15 bei der Debatte um die Willensfreiheit hierauf zurückkommen. Eines ist klar: Damit im Rahmen bewusstseinsbegleiteter Zustände elektrische und magnetische Felder sich ändern und durch EEG und MEG erfassbar werden, müssen Millionen cortikaler Neurone sich deutlich in ihrer Aktivität erhöhen und synchronisieren, und beides führt zu einem erheblichen Anstieg des Sauerstoff- und Zuckerstoffwechsels, wie man leicht mit der funktionellen Kernspintomographie zeigen kann. Bewusstsein ist unabweisbar ein *makrophysikalischer* Prozess, sonst wäre es mit den gängigen neurobiologischen Registriermethoden gar nicht erfassbar. Sollten mikrophysikalische Ereignisse an Synapsen und Membranen eine Rolle spielen, so würden sie sich auf der Ebene bewusstseinsbegleiteter Zustände völlig ausmitteln.

Eine radikale Lösung des Dilemmas der »mentalen Verursachung« physischer Prozesse wurde in der Vergangenheit vor allem in Form des *psychophysischen Parallelismus* geliefert, der davon ausgeht, dass es zwischen dem Mentalen bzw. Psychischen und dem Physischen gar keine Wechselwirkung gibt; wenn wir so etwas erleben, dann kann dies nur eine Illusion sein. Hauptvertreter eines solchen Standpunktes war der Philosoph Gottfried Wilhelm Leibniz (1646-1716) mit seiner

Lehre von der *prästabilierten* (von Gott zu Beginn allen Geschehens) eingerichteten *Harmonie* zwischen Psychischem und Physischem. Ein solcher Standpunkt ist aber – abgesehen von seinen religiösen Implikationen – nur im Rahmen eines objektiven Idealismus sinnvoll, für den das Materielle sowieso nur ein besonderer Zustand des Geistigen ist.

In modernen Zeiten bietet sich als eine scheinbar befriedigende Lösung des Problems der mentalen Verursachung der *Epiphänomenalismus* an, der in seiner ursprünglichen Form von Darwins Mitstreiter Thomas Huxley (1825-1895) vertreten wurde (Huxley, 1874). Hiernach sind mentale Ereignisse zwar keine physischen neuronalen Zustände, sie treten aber immer zusammen mit bestimmten neuronalen Zuständen auf bzw. werden von diesen hervorgebracht. Sie wirken jedoch *nicht* auf die neuronalen Zustände zurück, haben also keinerlei kausale Wirkung. Das bedeutet, dass sie wirkungslose, wenngleich zwangsläufig entstehende Nebenprodukte, *Epiphänomene*, des neuronalen Geschehens sind. Kausal wirksam im Gehirn sind dagegen nur die neuronalen Ereignisse. Wenn ich also gerade den Willen habe, nach der Kaffeetasse vor mir zu greifen, dann vollzieht sich parallel zu diesem Willen ein bestimmtes neuronales Geschehen in meinem prämotorischen und motorischen Cortex, und nur dieses neuronale Geschehen wirkt kausal auf meinen Bewegungsapparat ein. Die Tatsache, dass ich den Willen dabei *bewusst empfinde*, ist ein wirkungsloses Beiprodukt. Somit wird durch meinen immateriellen Willen die kausale Geschlossenheit der Welt nicht verletzt.

Thomas Huxley hat seinerzeit geglaubt, dass Bewusstsein ein Zustand ist, der nur *symbolhaft* das neuronale Geschehen repräsentiert. Wenn man aber wie Huxley ansonsten von der Darwinschen Idee der evolutionären Bewährung aller Strukturen und Funktionen ausgeht, dann kann sich nichts längerfristig ausgebildet haben, das keinerlei Funktion ausübt. Selbst wenn es irgendwie zufällig entstanden wäre, dann würde es als funktionslose Entität spontan variieren, aber schließlich wieder zerfallen. Ein klassisches Beispiel hierfür ist der Blutfarbstoff Hämoglobin. Dieses komplizierte Biomolekül besteht aus der funktionell wichtigen Häm-Gruppe, die den Sauerstoff bindet, und dem hierfür weitgehend bedeutungslosen Globin-Anteil, der in seiner Aminosäuresequenz derart stochastisch variiert, dass man ihn als »molekulare« Uhr bei der Bestimmung der Geschwindigkeit evolutionärer Ereignisse benutzt hat. Es ist also nicht gut vorstellbar, dass Bewusstsein einerseits ein stabiles evolutionäres Produkt darstellt, andererseits aber völlig funktionslos ist. Allerdings wird ein Epiphänomenalist einwenden können, dass wir die An- und Abwesenheit von Bewusstsein bei anderen gar nicht merken würden, da es ja keine Wirkungen auf das Verhalten hinterlässt. Es kann also aufgrund rein philosophischer Überlegungen sein, dass ich der letzte Mensch bin, der ein Bewusstsein hat (dies weiß ich sicher, denn ich erlebe es ja in mir), dass aber alle anderen Menschen ihr Bewusstsein verloren oder ein ganz anderes Bewusstsein haben als ich – ich merke nur nichts davon.

Abgesehen davon, dass dies einigermaßen unwahrscheinlich ist, ist die Grundannahme, neuronale Prozesse brächten Bewusstsein hervor, ohne dass Bewusstsein auf irgendeine Weise zurückwirkt, mit dem herrschenden physikalischen Weltbild unvereinbar. Alle Wirkung ist Wechselwirkung, es kann nicht eine Wirkung nur in eine Richtung geben. Das könnte nur dann möglich sein, wenn Bewusstsein ein nicht-physischer Zustand ist, der eben keine Rückwirkung auf physische Ereignisse hat. Dann sind wir aber wieder beim Dilemma des klassischen Dualismus angelangt, der nicht erklären kann, wie physische neuronale Zustände etwas hervorbringen können, das von ihnen *wesensverschieden* ist. Diejenigen neuronalen Prozesse, die Bewusstsein hervorbringen, müssten zumindest teilweise nicht-physische Eigenschaften haben, um dies zustande zu bringen. Damit ist aber das Problem des Entstehens nicht-physischer Eigenschaften aus physischen nur um eine Ebene verschoben. Es ist leicht erkennbar, dass der Epiphänomenalismus auf eigentümliche Weise zwischen einem nicht-interaktiven Dualismus und einem eliminativen Materialismus schwankt.

Wir geraten bei unserem Weg aus dem Dualismus-Dilemma in immer merkwürdigere Gegenden, die von Wesen wie Zombies, Menschen mit invertierten Farbspektren und Farbwahrnehmungs-Experten ohne Farbwahrnehmungen bevölkert werden. In diesem Bereich findet auch die in der gegenwärtigen Philosophie des Geistes heftig geführte Diskussion um den Status des *phänomenalen Bewusstseins* statt (vgl. Pauen, 2001; Pauen und Stephan, 2002).

Unter phänomenalem Bewusstsein versteht man das Erleben eines bewusst gegebenen Inhaltes, etwa einer Farbempfindung, eines Gefühls oder von Schmerz. Das von den einschlägigen Philosophen gesehene Dilemma des phänomenalen Bewusstseins besteht in folgendem Umstand. In der physischen Natur kann ich mithilfe des physikalischen, chemischen oder physiologisch-biologischen Wissens bestimmte komplexe Eigenschaften auf einfachere zurückführen, so die elektrische Leitfähigkeit von Stoffen, das Gefrieren und Verdampfen von Wasser bei bestimmten Temperaturen, die Sauerstoffbindungsfähigkeit des Hämoglobin, das Entstehen von Aktionspotentialen in der Nervenzellmembran. Dies ist der Prototyp einer naturwissenschaftlichen Erklärung. Bei dieser Erklärung können wir aus der Beobachtung der niederstufigen Geschehnisse und aus den damit verbundenen Gesetzen (z. B. dem Aufbau der Nervenzellmembran, der Ionenverteilung auf der Innen- und der Außenseite der Membran, der Anwesenheit von Ionenkanälen und deren Öffnungseigenschaften und den daraus resultierenden Ladungsverhältnissen usw.) das komplexe Geschehen nachvollziehen und schließlich präzise oder mit einer bestimmten Wahrscheinlichkeit voraussagen.

Bei phänomenalen Bewusstseinszuständen – so das Argument einiger Philosophen – ist dies völlig anders. Man kann beliebig viel über die neuronalen Grundlagen der Farbwahrnehmung, der Gefühle und des Schmerzes wissen, daraus folgt nicht zwingend »wie es ist, einen grünen Fleck zu sehen«, traurig zu sein oder Schmerzen zu haben. Ich zeige meiner Versuchsperson eine Karte mit einem grünen Fleck, und sie wird mir sagen »ich sehe einen grünen Fleck auf der Karte!« Kann ich sicher sein, dass er bzw. sie das Grün so sieht wie ich? Dass die Person überhaupt eine Farbe sieht? Dass sie überhaupt bewusste Zustände hat?

Letztere Frage ist die weitestgehende und führt uns zu den »Zombies«, d. h. bewusstlosen Wesen, die sich ansonsten genauso verhalten wie Wesen mit Bewusstsein. Keiner der Philosophen, die solche »absent qualia«-Argumente vorbringen, glaubt (hoffentlich) daran, dass es wirklich solche Wesen gibt, aber es geht um die Frage, ob sie *logisch möglich* sind. Der amerikanische Philosoph David Chalmers (Chalmers, 1996) bejaht diese Frage und stellt in diesem Zusammenhang fest, dass aus dem Ablaufen bestimmter neuronaler Prozesse in der Großhirnrinde vielleicht faktisch, aber nicht *logisch zwingend* bewusste Erlebnisprozesse folgen. Eine solche logische Zwangsläufigkeit ist aber für Chalmers ein unabdingbares Merkmal naturwissenschaftlicher Erklärung. Daraus folgt für Chalmers (logisch), dass Bewusstsein nicht (oder nicht vollständig) naturwissenschaftlich erklärbar ist.

Wenden wir uns nun Fred und Mary zu – zwei Geschöpfen des Philosophen Frank Jackson (Jackson, 1982). Fred hat aus bestimmten Gründen eine Besonderheit seiner subjektiven Farbempfindung. Vereinfacht ausgedrückt sieht er die Farbe Rot, wo andere grün sehen, und umgekehrt (er hat ein »invertiertes Farbspektrum«). Er sagt aber »grün«, wenn wir grün und er rot sieht, und er drückt auch auf den Knopf, wenn er dies bei grün tun muss. Seine Farbanomalie hat also keinerlei funktionelle Folgen. Die Kernaussage Jacksons ist dieselbe wie die von Chalmers, nämlich dass aus der Perspektive des Beobachters, in der neuronale Ereignisse, sprachliche Äußerungen und Verhaltensweisen gegeben sind, phänomenales Bewusstsein nicht verlässlich erfassbar und erklärlich ist. Jede naturwissenschaftliche Erklärung phänomenalen Bewusstseins muss deshalb *unvollständig* sein.

Mary schließlich ist eine hervorragende Neurophysiologin und weltweit führende Farbwahrnehmungsexpertin, ist aber selbst farbenblind. Sie kann aufgrund ihrer Fachkenntnisse genau vorhersagen, wie Menschen in Farbwahrnehmungsexperimenten reagieren, aber sie wird letztlich nicht vollständig wissen, wie es ist, Farben zu sehen. Die eigentliche Tatsache an der Farbwahrnehmung, nämlich sinnliches Erleben von Farben, ist ihr verschlossen. Auch aus diesem Gedankenexperiment folgt die soeben genannte Tatsache der »unvollständigen Erklärung«.

Man muss aber nicht Zombies oder Menschen mit Farbwahrnehmungsstörungen bemühen, um zu diesem Schluss zu kommen. Es genügt – so das Argument des amerikanischen Philosophen Joseph Levine (Levine 2003) – die Tatsache, dass zwischen der noch so vollständigen neurobiologischen Erklärung phänomenaler Bewusstseinszustände und dem direkten Erleben solcher Zustände eine »unüberbrückbare Erklärungslücke« klafft. Es erscheint Levine völlig unklar, wie man aus neurobiologischen Untersuchungen überhaupt auf phänomenales Erleben schließen kann.

All diese Argumente werfen für die neurobiologisch-kognitionswissenschaftliche Bewusstseinsforschung zwei fundamentale Fragen auf: Erstens, wo diese Forschung denn überhaupt in der Beantwortung der Frage steht, wie eng neuronale Prozesse und Bewusstseinszustände zusammenhängen; und zweitens: ob die genannten Argumente von Chalmers, Jackson, Levine und anderen »Fundamental-Skeptikern« stichhaltig sind.

Wie eng hängen also geistig-bewusste und neuronale Prozesse zusammen? Die Antwort lautet: Dieser Zusammenhang fällt ganz unterschiedlich aus, je nachdem welche Hirnleistungen und Hirnregionen wir betrachten. Schauen wir zum Beispiel auf die Aktivität in der Netzhaut oder in thalamischen visuellen Kernen, dann erkennen wir nur grobe Zusammenhänge. Schauen wir uns die primären oder sekundären visuellen Areale an, dann zeigen sich teils sehr gute, teils schwache Übereinstimmungen. Wir können aber in den assoziativen Hirnarealen feststellen, dass dort bestimmte Aktivitäten genau unserem bewussten Erleben entsprechen, ob es sich nun um Problemlösen, das Verstehen eines Satzes oder das »Hereinfallen« auf optische Täuschungen handelt (s. voriges Kapitel, Teil A). Man kann nicht nur feststellen, wann jemand still zu sich spricht, sich unhörbar Musik vorspielt, im Kopf rechnet, sondern auch, ob er dabei addiert oder subtrahiert (Dehaene, 2000). Dasselbe gilt für das Erleben von emotionalen Zuständen wie Schmerz, Furcht und Erwartung. Es gelingt, Unterschiede in der Hirnaktivität festzustellen, wenn jemand »echte« Schmerzen hat oder sich Schmerzen nur einbildet (die genauso weh tun können!), oder wenn jemand felsenfest überzeugt davon ist, etwas schon gesehen zu haben, oder unsicher ist.

Hinzu kommt, dass man das »Entstehen von Bewusstsein im Gehirn« inzwischen gut verfolgen kann. So kann man mithilfe der Kombination verschiedenster Methoden (z. B. EEG und fNMR) zum Beispiel bei der visuellen Wahrnehmung die Erregungen von der Retina über den lateralen Kniehöcker in die primäre Sehrinde verfolgen und von da aus in die assoziativen visuellen Areale und zurück zur primären Sehrinde, bis – nach gegenwärtiger Auffassung – die Sehinhalte bewusst werden (s. voriges Kapitel). Man kann auch alle hieran beteiligten retikulären und limbischen Zentren in ihrer Aktivität erfassen und so ziemlich genau den Moment bestimmen, wann eine visuelle Wahrnehmung welchen Inhalts ins Bewusstsein tritt. Man könnte sogar, wenn man sehr schnell wäre, voraussagen, wann bei einer Wahlentscheidung eine Versuchsperson einen Fehler macht, ehe diese sich dessen selbst bewusst ist, da der »Irrtum« im EEG früher sichtbar ist (wenn auch nur im Bereich von Bruchteilen einer Sekunde). Und schließlich könnte man in derselben Weise mithilfe des Erfassens des so genannten lateralisierten Bereitschaftspotentials vorhersagen, was eine Person demnächst (in ca. einer Sekunde) *tun will* (vgl. Kapitel 15).

Dies ist weit mehr, als man früher je für möglich gehalten hat, und beruht auf der Tatsache, dass dem Auftauchen von Bewusstseinszuständen ganz bestimmte unbewusste Prozesse voraufgehen. Es handelt sich dabei um einen Vorgang, der zumindest im Prinzip allen Erfordernissen einer naturwissenschaftlichen Erklärung genügt. Ich kann also in der Tat unter günstigen Bedingungen vorhersagen, wann meine Person »ich sehe jetzt einen grünen Fleck« sagt. Habe ich damit die »fundamentale Erklärungslücke« geschlossen?

»Nein!« sagte Joseph Levine emphatisch auf einer Konferenz über phänomenales Bewusstsein im Hanse-Wissenschaftskolleg: Das *Entscheidende* am phänomenalen Bewusstsein, »wie es ist, einen grünen Fleck zu sehen« hast du damit immer noch nicht erklärt, und du wirst das auch niemals erklären können (dieses brüske Statement führte bei der Konferenz zu heftigen Auseinandersetzungen unter den anwesenden Neurophilosophen). Befassen wir uns also noch einmal mit dem Erklärungslücken-Argument.

Man kann zuerst darauf hinweisen, dass die Feststellung, subjektives Erleben sei das Entscheidende am Bewusstsein, unzulässig ist; mindestens ebenso wichtig ist die Tatsache, dass es einen großen Unterschied in den *kognitiven Leistungen* und im *Verhalten* macht, ob etwas bewusst oder unbewusst wahrgenommen wird. So sind wir nicht in der Lage, die komplexe Bedeutung eines Satzes oder eines Geschehens zu erfassen, wenn wir uns nicht bewusst darauf konzentrieren, und ebenso wenig können wir komplizierte Bewegungsabläufe erlernen, wenn wir nicht »bei der Sache« sind. Diese Bedeutung von Bewusstsein für unsere geistigen Leistungen und unser Verhalten lässt sich exakt empirisch erfassen, und deshalb kann man auch feststellen, ob z. B. jemand aufmerksam ist oder nicht.

Es ist auch ziemlich leicht, bei einer Versuchsperson Anomalien in der subjektiven Farbempfindung festzustellen, z. B. eine eventuelle Vertauschung der Rot- und Grünempfindung. Kritiker haben darauf hingewiesen, dass unser Farbspektrum systematisch angeordnet ist; so befindet sich Rot am langwelligen Ende des Spektrums, Grün hingegen in der Mitte. Ebenso sind die Nachbarfarben unterschiedlich, bei Rot ist dies Gelb, bei Grün auf der langwelligen Seite Gelb und auf der kurzwelligen Blau, während Rot und Grün Gegenfarben sind. Auch ist die Differenzierungsfähigkeit im langwelligen Bereich größer als im kurzwelligen, und die emotionale Tönung der Farben ist unterschiedlich. All dies verrät uns schnell, ob da etwas nicht stimmt.

Schließlich kann man mit derartigen Tests feststellen, ob bzw. inwieweit Tiere dieselben oder andere Farbempfindungen haben, da unterschiedliche Farbwahrnehmungen unterschiedliche Verhaltensreaktionen nach sich ziehen. So kann man z. B. überprüfen, ob Tiere farbenblind sind oder bi-, tri- oder gar tetrachromatisch Farben sehen (d. h. neben den drei Grundfarben Rot, Grün und Blau auch ultraviolettes Licht sehen können oder nicht).

Diesen Gegenargumenten kann man sich nur dann entziehen, wenn man wie Jackson annimmt, dass Fred zwar Grün sieht, wenn wir Rot sehen, dass bei ihm aber Grün dieselben neuronalen Korrelate und Verhaltenskonsequenzen hat wie bei uns Rot. Dieser Standpunkt wird aber mit einem eindeutigen Dualismus erkauft, denn Jackson muss ja annehmen, dass es zwischen neuronalen Zuständen (und entsprechend Verhaltensreaktionen) einerseits und subjektiven Empfindungen andererseits keinen eindeutigen Zusammenhang gibt. Dem widersprechen aber alle bisherigen empirischen Erkenntnisse. Dasselbe gilt für das Zombie-Argument: Ich kann mir zwar Zombies *vorstellen*, aber alle bisherigen Erkenntnisse über den Unterschied zwischen kognitiven Leistungen und Verhaltensweisen einmal mit und einmal ohne Bewusstsein sprechen dagegen.

Letztlich geht es darum, welchen logischen Stellenwert der Begriff »vorstellbar« überhaupt hat, auf das sich u. a. Chalmers stützt. Ich kann mir eckige Planetenbahnen oder ein Perpetuum mobile *vorstellen*, aber sie sind nicht *widerspruchsfrei* vorstellbar, sofern ich bei meinen Vorstellungen von der Gültigkeit fundamentaler physikalischer Gesetzmäßigkeiten ausgehe (was man tun sollte!). Entsprechend ist es auf dem Boden der Naturwissenschaften nicht widerspruchsfrei vorstellbar, dass neuronale Prozesse Bewusstseinszustände hervorbringen, ohne dass diese eine Wirkung auf neuronale Prozesse haben, also reine Epiphänomene sind. Die Forderung von Widerspruchsfreiheit ist an ein System von Grundannahmen gebunden, und für den Bereich nicht-physischer Zustände gibt es solche Grundannahmen nicht. Entsprechend kann man sich hier vorstellen, was man will – es hat freilich keine Relevanz.

Bleibt Levines Argument der »fundamentalen Erklärungslücke«. Dieses Argument besteht ja auch dann weiter, wenn man ansonsten (wie die meisten Philosophen des Geistes) überzeugt davon ist, dass Zustände phänomenalen Bewusstseins physische Zustände sind. Solche Zustände haben eben das Eigentümliche, dass sie aus der

Dritten-Person-Perspektive nicht erfassbar sind. Indes kann man hier als Neurobiologe noch weitergehen und erklären, *warum* im menschlichen Gehirn ein Zustand des Selbsterlebens entsteht, der die Eigenschaften hat, nicht von außen erfahrbar zu sein. Dazu muss man sich den in Kapitel 7, Teil A bereits behandelten Umstand vergegenwärtigen, dass im Cortex als »Sitz des Bewusstseins« die interne Erregungsverarbeitung in ihrem Umfang dasjenige um das Vieltausendfache übersteigt, was an Erregungen in ihn hineindringt und von ihm abgegeben wird. Studiert man die strukturelle und funktionelle Organisation des Cortex, so wird klar, dass ein solches System notwendigerweise hochkomplexe Zustände von »Selbstbeschreibung« entwickelt, die wir dann als Bewusstsein, Wünsche, Meinungen, Ich-Zustände usw. empfinden und die *per se* nicht aus der Beobachterperspektive erfahrbar sind.

Man kann auch mit empirischen Methoden die *Binnenstrukturen* dieser internen mentalen Zustände untersuchen. Es zeigt sich dabei, dass die Abfolgen unserer Wahrnehmungen, Gedanken, Vorstellungen, Erinnerungen und Gefühle keineswegs regel- und gesetzlos sind, sondern hochgeordnet, wenngleich sehr komplex. Die hier herrschenden Gesetze sind freilich von anderer Art als diejenigen, die in der Festkörperphysik oder der Biochemie herrschen, ohne dass sie die physikalischen Grundgesetze verletzen. Man kann deshalb von einer *partiellen Eigengesetzlichkeit* von Geist und Bewusstsein ausgehen, ohne auf den Gedanken der Einheitlichkeit der Natur zu verzichten. Dies trifft genauso für viele andere Bereiche physikalischer Phänomene zu. Geist fügt sich in die Natur ein, er sprengt sie nicht.

Was also sind denn aus naturwissenschaftlicher Sicht Geist und Bewusstsein? Man kann sie ohne Widerspruch als *physische* Zustände auffassen. Um dies tun zu können, genügt es nachzuweisen, (1) dass sie mit anderen physischen Zuständen wechselwirken, (2) dass dies im Rahmen der bestehenden Gesetze der Physik geschieht und (3) dass nirgendwo Phänomene auftauchen, die diesen Gesetzen eklatant widersprechen. Hiermit ist der Umstand voll verträglich, dass Geist und Bewusstsein eine Menge Eigentümlichkeiten aufweisen, die andere physische Zustände und Vorgänge nicht haben. Solche »Eigengesetzlichkeiten« finden sich in allen Bereichen der Physik, der Chemie und insbesondere der Biologie. Es wird dementsprechend eine große Aufgabe der Naturwissenschaften sein, eine »Physik (Chemie und Physiologie) des Geistes« zu formulieren.

Man kann zu Beginn eines solchen Unterfangens Überlegungen anstellen, welchem Bereich der Physik denn die *Physik des Geistes* anzusiedeln sei. Dabei ist die Tatsache wichtig, dass nach gegenwärtigem Wissen Geist und Bewusstsein nur in hochkomplexen chemisch-biologischen Systemen vorkommen, die an einen starken Durchsatz von Energie und Materie gebunden sind. Solche Systeme sind dafür bekannt, dass sie schnell veränderte hochgeordnete Zustände mit völlig überraschenden (»emergenten«) Eigenschaften hervorbringen. Geist und Bewusstsein zeigen dabei auch Eigenschaften, die an Eigenschaften elektromagnetischer Felder erinnern. Ob diese »Feldeigenschaften« aber primäre Phänomene oder Messartefakte sind, ist noch ganz unklar.

Es sollte auch nicht stören, dass man viele Eigentümlichkeiten von Geist und Bewusstsein noch nicht erklären kann; auch das ist innerhalb der Naturwissenschaften nichts Ungewöhnliches. Vor hundertfünfzig Jahren hat man das Phänomen »Leben« als etwas angesehen, das sich einer naturwissenschaftlichen Erklärung völlig entzieht. Dies sieht heute kein ernsthaft Denkender mehr so. Dennoch wird kein Biologe oder Physiologe behaupten, man könne Leben bereits *vollständig* naturwissenschaftlich erklären. Wahrscheinlich werden wir uns entsprechend daran gewöhnen, dass die Eigentümlichkeit phänomenaler Bewusstseinszustände bleibt, nur von dem, der sie hat, erlebt zu werden. Es wird genügen zu wissen, wie und wann diese Zustände im Gehirn entstehen, nach welchen Gesetzmäßigkeiten sie ablaufen und welche Funktion sie haben.

Das wichtigste Argument gegen die »Erklärungslücke« ist jedoch eines, das ich in meinem Buch »Das Gehirn und seine Wirklichkeit« bereits vorgebracht habe. Die Mehrzahl der »Philosophen des Geistes« beachtet das erkenntnistheoretische Faktum nicht, dass unsere gesamte Erlebniswelt das Konstrukt eines Gehirns ist. Wenn ich mich als Philosoph oder als Neurowissenschaftler mit dem Verhältnis von Geist und Gehirn befasse, dann tue ich dies in Bezug auf Geist und Gehirn als Zustände in dieser Erlebniswelt. Dasjenige Gehirn, das mir erlebnismäßig zugänglich ist (ich habe es das »wirkliche« Gehirn genannt) ist entsprechend nicht diejenige Entität, die Geist hervorbringt, vielmehr ist es, als *Erlebniszustand*, selbst ein Konstrukt. Den Geist hervorbringen tut nur das bewusstseinsunabhängige, »reale« Gehirn (so nehmen wir zumindest an). Das aber kommt in meiner Erlebniswelt bekanntlich nicht vor!

Wie in Kapitel 11 ausführlicher zu erläutern sein wird, entsteht die Erlebniswelt ganz allmählich während der Ontogenese des Kindes, und es entsteht damit die fundamentale Unterscheidung zwischen Welt, Körper (einschließlich Gehirn) und Geist. Unser Gehirn setzt bei der Konstitution dieser dreigeteilten Erlebniswelt alles daran, die Unterschiede zwischen Welt, Körper und Geist so scharf wie möglich zu machen, denn das Kind und später der Erwachsene sollen diese drei Bereiche auf keinen Fall verwechseln. Kurz: *Körper und Geist dürfen gar nicht ähnlich oder zusammenhängend erlebt werden!* Der philosophisch so sehr in den Vordergrund gerückte erlebnismäßige Unterschied zwischen Körper/Gehirn und Geist ist selbst ein Konstrukt des Gehirns und entsprechend erlebnismäßig nicht übersteigbar. Wenn der Philosoph nun argumentiert, man könne sich die Einheit von Gehirn und Geist (oder Geist als Funktionszustand des Gehirns) niemals *vorstellen*, dann sagt er die volle Wahrheit, denn unser Gehirn will genau dieses verhindern.

Geist wird vom *realen* Gehirn hervorgebracht, nicht vom *wirklichen* Gehirn. Dieser Vorgang kann von uns aber nur gedacht und erschlossen, nicht aber erlebnismäßig vollzogen werden, und daher erscheint das Entstehen von Geist im Gehirn als unvorstellbar. Allerdings ist dies bei Supraleitung und schwarzen Löchern nicht anders und keineswegs eine Eigentümlichkeit des Geist-Gehirn-Problems.

8. Das limbisch-emotionale Gehirn

Der Begriff des limbischen Systems hat sich inhaltlich mit der Zeit stark verändert. Der französische Neuroanatom und Neurologe Paul Broca bezeichnete 1878 medial-temporale Hirnrindenanteile, nämlich den Gyrus cinguli und den Gyrus parahippocampalis, als »großen limbischen Lappen«, der sich wie ein Saum (lat. *limbus*) um subcorticale telencephale Zentren herumzieht. Erweitert wurde das Konzept des limbischen Systems durch die amerikanischen Neurologen James Papez in den dreißiger und Paul MacLean seit den vierziger Jahren, die subcorticale und diencephale Gebiete mit einschlossen. Der Neurobiologe Walle Nauta (1958) ergänzte in den fünfziger Jahren des vorigen Jahrhunderts das System um Bereiche des Mittelhirns, der niederländische Neuroanatom Rudolf Nieuwenhuys (Nieuwenhuys, 1985, 1991) schloss schließlich Kerne bzw. Bereiche der Brücke und der Medulla oblongata mit ein.

Vor einigen Jahren hat der amerikanische Neurobiologe Joseph LeDoux ausführlich Kritik am Begriff des limbischen Systems geübt, und zwar mit dem Argument, es handele sich hierbei um ein anatomisch und funktional sehr heterogenes Gebilde, das sich von anderen funktionalen Systemen des Gehirns nicht eindeutig abgrenzen lasse (LeDoux, 1998). Viele andere Autoren behalten jedoch den Begriff »limbisches System« und »limbische Funktionen« bei. »Limbisch« nenne ich im Folgenden diejenigen Strukturen, die mit emotional-affektiven Zuständen in Verbindung mit Vorstellungen, Gedächtnisleistungen, Bewertung, Auswahl und Steuerung von Handlungen zu tun haben, und zwar unabhängig davon, ob diese Leistungen und Zustände bewusst oder unbewusst ablaufen.

Zum limbischen System im engeren Sinne gehören (1) Kerngebiete im Mittelhirn, nämlich das Ventrale Tegmentale Areal sowie das Zentrale Höhlengrau; (2) Kerngebiete im Zwischenhirn, nämlich das ventrale Pallidum, die Mammillarkörper, die Habenula, anteriore, mediale, intralaminäre Kerne und Mittellinienkerne des Thalamus und der Hypothalamus einschließlich der präoptischen Region; (3) Gebiete im Endhirn, nämlich der orbitofrontale, cinguläre, entorhinale, perirhinale, parahippocampale und insuläre Cortex, Amygdala, mediales Septum und ventrales Striatum/Nucleus accumbens (Abb. 8.1).

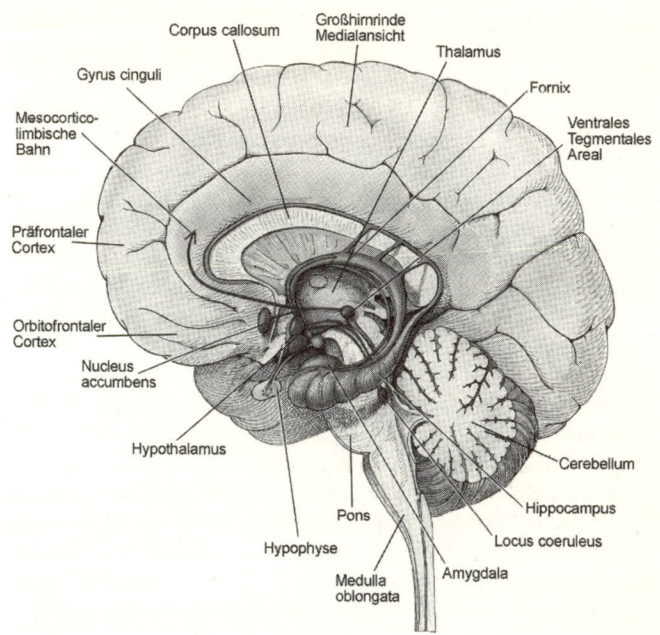

8.1 Medianansicht des menschlichen Gehirns mit den wichtigsten limbischen Zentren. Diese Zentren sind Orte der Entstehung von Affekten, von positiven (Nucleus accumbens, Ventrales Tegmentales Areal), und negativen Gefühlen (Amygdala), der Gedächtnisorganisation (Hippocampus), der Aufmerksamkeits- und Bewusstseinssteuerung (basales Vorderhirn, Locus coeruleus, Thalamus) und der Kontrolle vegetativer Funktionen (Hypothalamus). (Nach Spektrum/Scientific American, 1994; verändert.)

Manche Neuroanatomen wie Nieuwenhuys und Akert (Akert, 1994) zählen auch die Hippocampus-Formation sowie neuromodulatorische Kerngebiete der retikulären Formation, des Mittelhirntegmentum und des basalen Vorderhirns zum limbischen System. Diese Gebiete stehen in enger Verbindung mit den soeben genannten limbischen Strukturen, sind aber überwiegend mit kognitiven Funktionen im Zusammenhang mit Gedächtnis, Aufmerksamkeit und Bewusstseinszuständen befasst und wurden deshalb bereits in Kapitel 7 besprochen. Eine enge Beziehung hat das limbische System zum vegetativen Nervensystem; dieses bildet sozusagen die Basis unserer

257

körperbezogenen affektiven und emotionalen Zustände und soll deshalb ebenfalls an dieser Stelle behandelt werden.

Das vegetative Nervensystem

Das vegetative Nervensystem, auch autonomes oder viszerales Nervensystem genannt, innerviert die Eingeweide, die glatte Muskulatur des Körpers und die so genannten exokrinen Drüsen (Zenker und Neuhuber, 1994). Es stellt die Ruheaktivität unseres Organismus sicher und erhält mit Ausnahme der Atmungsaktivität den künstlich beatmeten und mit Nahrungsstoffen versorgten Körper auch im Falle des Hirntodes am Leben. Es ist zugleich die Grundlage der charakteristischen »Körperlichkeit« der Emotionen, denn alle starken Veränderungen in dieser Ruheaktivität führen zu Alarmsituationen, die wir als starke körperliche Gefühle erleben. Das vegetative Nervensystem besteht aus Nervenzellknoten, *Ganglien* genannt, und damit verbundenen viszeralen Nervengeflechten, *Plexus* (im Plural mit langem »u«) genannt, die sich in der Brust-, Bauch- und Beckengegend befinden. Das Sonnengeflecht (der *Solarplexus*) in der Magengegend ist eines dieser Nervengeflechte und vermittelt das berühmte »Magendrücken« bei Furcht- und Angstzuständen.

Das vegetative Nervensystem arbeitet in gewissem Maße eigenständig (*autonom*), es wird jedoch über das sympathische und parasympathische System vom Zentralnervensystem beeinflusst und wirkt hierauf zurück. Das *sympathische Nervensystem* wird von Zentren in der Brust- und Lendengegend des Rückenmarks (*thorakolumbales System*) innerviert. Cholinerge (d. h. Acetylcholin enthaltende) Fasern ziehen von dort zum so genannten Grenzstrang, einer Neuronenkette, die parallel zur Wirbelsäule verläuft. Ein Teil der Fasern wird im Grenzstrang auf postganglionäre Neuronen umgeschaltet, ein anderer Teil zieht zu Ganglien in der Nähe der Zielorgane. Die Übertragung der Erregung auf diese Zielorgane, insbesondere auf die glatte Muskulatur der Gefäße, der Eingeweide, der Ausscheidungsorgane, der Lunge und der Haare sowie auf das Herz und die Mehrzahl der Drüsen erfolgt durch den Neuromodulator Adrenalin.

Das *parasympathische Nervensystem* nimmt seinen Ausgang einerseits von Gehirnzellen im Nucleus vagus und im Nucleus solitarius

(*Vagus-Solitarius-Komplex*) sowie im Nucleus ambiguus, deren cholinerge Fasern das Gehirn zusammen mit dem 3., 7., 9. und 10. Hirnnerven verlassen. Zum anderen stammen parasympathische Fasern von Rückenmarkzellen in der Kreuzbeingegend (*cranio-sacrales System*). Beide Sorten von Fasern ziehen zu Neuronen, die sich in der Nähe der Zielorgane oder in ihnen befinden. Nach der dortigen Umschaltung ist die Überträgersubstanz wiederum Acetylcholin (im Gegensatz zu Adrenalin beim sympathischen System).

Mit Ausnahme der Nieren und Nebennieren werden die Eingeweideorgane *gleichzeitig* vom Sympathicus und vom Parasympathicus innerviert. Diese Innervation wirkt meist entgegengesetzt: Der Herzschlag wird durch den Sympathicus erhöht, durch den Parasympathicus verlangsamt; die Pupille wird durch den Sympathicus erweitert, durch den Parasympathicus verengt; die Blase wird durch den Parasympathicus über eine Erschlaffung des Blasenschließmuskels entleert, während der Sympathicus den Blasenschließmuskel kontrahiert; die Bewegung (Peristaltik) des Darms wird durch Parasympathicus erhöht, durch den Sympathicus erniedrigt. Ganz allgemein gesprochen *aktiviert* der Sympathicus unseren Bewegungsapparat, während der Parasympathicus ihn *beruhigt* und in Notsituationen von »Ballast« befreit. Zu Letzterem gehört das »sich vor Angst in die Hose machen«.

Das vegetative Nervensystem ist aufs Engste mit dem Gehirn verbunden, vor allem mit dem Hypothalamus und dem Zentralkern der Amygdala, und zwar über Umschaltstellen im Rückenmark bzw. Hirnstamm. Hierdurch kann – in Grenzen – eine zerebrale Kontrolle vegetativer Funktionen wie Kreislauf und Atmung, Nahrungsaufnahme, Verdauungsvorgänge, Fortpflanzung, Flucht, Verteidigung und Angriff erfolgen.

Das limbische System im engeren Sinne

Die folgende Darstellung des limbischen Systems beruht auf den Lehrbüchern, Lehrbuchartikeln und Monographien von Nieuwenhuys (1985), Nieuwenhuys et al. (1991), Akert (1994), Panksepp (1998) und Birbaumer und Schmidt (1999). Spezielle Literatur ist im Text zitiert.

Die Basis der affektiv-emotionalen Zustände innerhalb des Gehirns bilden die vier großen neuromodulatorischen Systeme, die durch die bereits dargestellten Substanzen Acetylcholin, Dopamin, Serotonin und Noradrenalin gekennzeichnet sind. Zwei dieser Systeme, das noradrenerge und das serotonerge System, sowie Teile des cholinergen Systems gehören zur Formatio reticularis und wurden bereits in Kapitel 7 besprochen, nämlich im Zusammenhang mit dem Locus coeruleus und dem dorsalen Raphe-Kern. Cholinerge Zellgruppen finden sich im pedunculo-pontinen tegmentalen Kern und im basalen Vorderhirn, das ebenfalls bereits erwähnt wurde. Dopaminerge Zellgruppen gibt es im mesolimbischen System, von dem gleich noch die Rede sein wird.

Zum limbischen System im engeren Sinne gehört das *Zentrale Höhlengrau* (englisch *periaqueductal gray*). Es umschließt als graue Substanz den das Mittelhirn durchziehenden Aquädukt (d. h. den Verbindungskanal zwischen drittem und viertem Hirnventrikel; vgl. Abb. 7.1 und 7.2). Diese kompakte Zellsammlung erhält Eingänge von den prämotorischen cortikalen Arealen A6 und A8 (vgl. Kapitel 13), vom anterioren cingulären und insulären Cortex, von der basolateralen und zentralen Amygdala, vom medialen präoptischen, ventromedialen und lateralen Hypothalamus, von der Substantia nigra und von allen Zentren des Mittelhirns und des Verlängerten Marks, die mit vegetativen Funktionen zu tun haben. Das Zentrale Höhlengrau projiziert zu diesen letzteren Gebieten zurück, insbesondere zu den vegetativen Zentren sowie zum präfrontalen Cortex, zu den limbischen Thalamuskernen, zum Septum, zum Nucleus accumbens, zur zentralen Amygdala und zum Ventralen Tegmentalen Areal.

Neben dem Hypothalamus und der zentralen Amygdala – und ihnen nachgeschaltet – ist das Zentrale Höhlengrau das wichtigste Zentrum für *angeborene affektive Zustände und Verhaltensweisen*. Es kann unabhängig von höheren affektiv-emotionalen Zentren wie der basolateralen Amygdala, dem Hippocampus oder der Großhirnrinde arbeiten, wird aber meist von diesen beeinflusst. Es kontrolliert Sexualverhalten, Aggression, Verteidigung und Beutefang/Nahrungsaufnahme. Eine wichtige Rolle spielt es auch bei der unbewussten Schmerzreaktion und bei affektiv-emotionalen Vokalisationen (Schmerzschreie, Stöhnen, Klagen usw.).

Das Zentrale Höhlengrau ist anatomisch-funktional in Längssäulen gegliedert (Panksepp, 1998). Elektrische Stimulation unterschiedlicher Säulen löst bei Versuchstieren unterschiedliche Verhaltensweisen aus. Stimulation des vorderen Teils der lateralen Säule führt zu Aggression, Stimulation des mittleren Teils löst Verteidigungsreaktionen aus und Stimulation des caudalen Teils der lateralen Säule Flucht. Elektrische Reizung des ventrolateralen Teils führt zu Gleichgültigkeit gegenüber schädlichen oder bedrohlichen Reizen oder zu Erstarren (»freezing«), während Stimulation des ventralen Teils Beutefangreaktionen auslöst.

Der *Hypothalamus* (Abb. 3.2 und 8.2) ist das wichtigste Kontrollzentrum des Gehirns für biologische Grundfunktionen wie Nahrungs- und Flüssigkeitsaufnahme, Sexualverhalten, Schlaf-, Wach- und Aktivitätszustände (so genannte Biorhythmen), Temperatur- und Kreislaufregulation, Angriffs- und Verteidigungsverhalten und für die damit verbundenen Trieb- und Affektzustände. Er ist auf zwei unterschiedliche Weisen aktiv, und zwar zum einen *humoral* über die Ausschüttung von Hormonen in die Blutgefäße der Hypophyse (Abb. 8.1), und zum anderen *neuronal*, indem Neurone des Hypothalamus über ihre Fortsätze elektrische Erregung zu limbischen und vegetativen Zentren senden.

Anatomisch besteht der Hypothalamus aus einer Vielzahl von Kernen und Zonen, die klassischerweise in drei Längszonen eingeteilt werden, und zwar eine periventrikuläre (d. h. am dritten Hirnventrikel gelegene), eine mediale und eine laterale Zone, und von rostral nach caudal in vier Querzonen, nämlich eine präoptische, eine anteriore, eine intermediär-tuberale und eine posterior-subthalamische Zone. An den Hypothalamus schließt sich nach ventral-caudal die Hirnanhangsdrüse (*Hypophyse*) an, die aus dem Vorderlappen (*Adenohypophyse*) und dem Hinterlappen (*Neurohypophyse*) besteht. Von den zahlreichen Kernen und Kerngebieten des Hypothalamus können hier nur die für uns wichtigsten besprochen werden.

Der rostral gelegene *Nucleus praeopticus medialis* und der *Nucleus anterior hypothalami* haben mit dem Wärmehaushalt und der Durstregulation zu tun. Sie sind zudem reich an Zellen, die auf das in den Keimdrüsen produzierte männliche Sexualhormon Testosteron ansprechen. Entsprechend sind sie an der Steuerung des männlichen Sexual- und Aggressionsverhaltens beteiligt. Sie enthalten auch Zellen, die das Neuropeptid Arginin-Vasopressin produzieren. Arginin-Vasopressin reguliert den Wasserhaushalt und den Blutdruck, wirkt aber wie Testosteron ebenfalls wut- und aggressionsfördernd. Dies ist

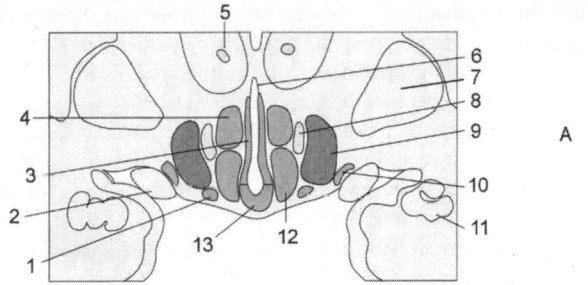

A

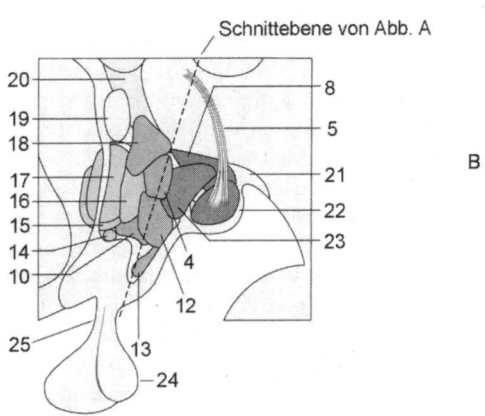

Schnittebene von Abb. A

B

8.2 Schematische Darstellung der wichtigsten Kerne (Nuclei, sing. Nucleus, Ncl.) des Hypothalamus in Queransicht (A) und Längsansicht (B). 1 Lateraler tuberaler Ncl., 2 Optischer Trakt, 3 Periventrikulärer Ncl., 4 Dorsomedialer hypothalamischer Ncl., 5 Mammillo-thalamischer Trakt, 6 Dritter Ventrikel, 7 Globus pallidus, 8 Fornix, 9 Laterale hypothalamische Zone, 10 Supraoptischer Ncl., 11 Amygdala, 12 Ventromedialer hypothalamischer Ncl., 13 Ncl. arcuatus, 14 Suprachiasmatischer Ncl., 15 Lateraler präoptischer Ncl., 16 Anteriorer hypothalamischer Nucleus, 17 Medialer präoptischer Ncl., 18 Paraventrikularer Ncl., 19 Anteriore Kommissur, 20 Fornixsäule, 21 Ventrales Tegmentales Areal, 22 Mammillarkörper, 23 Posteriorer hypothalamischer Ncl., 24 Hypophyse, 25 Infundibulum (Nach Kandel et al., 1996; verändert.)

262

eine wesentliche Grundlage der für das männliche Geschlecht charakteristischen Kopplung von Sexualität und Aggressivität (vgl. Kapitel 10, Teil 5).

Der Nucleus praeopticus medialis ist bei Männern stärker ausgebildet als bei Frauen – einer der wenigen auffälligen anatomischen Unterschiede zwischen den beiden Geschlechtern im menschlichen Gehirn. Elektrische Stimulation dieses Kerns ruft Wut und Aggression hervor, aber auch Panikattacken, Trauer, das Gefühl von Verlassenheit und entsprechende affektive Lautäußerungen. Beide Kerne unterhalten Verbindungen mit der medialen Amygdala, dem Subiculum des Hippocampus, dem lateralen Septum, den limbischen Cortexarealen, dem mesolimbischen System, dem Zentralen Höhlengrau sowie Kernen der retikulären Formation und des unteren Hirnstamms, die vegetative Funktionen ausüben. Neurone dieses Kerns projizieren zum Hypophysenstiel (*Infundibulum*) und setzen dort über ihre Faserendigungen Hormone in den Portal-Blutkreislauf des Hypophysenvorderlappens frei.

Der *Nucleus suprachiasmaticus* spielt eine wichtige Rolle bei der Kontrolle biologischer Rhythmen. Er produziert rhythmische Signale, dient gleichzeitig als Übermittler externer rhythmusgebender Signale (z. B. des Tageslichts) und spielt eine Hauptrolle beim unangenehmen »jet lag« bei Transozeanflügen. Eingänge erhält dieser Kern vom Auge (daher die Beeinflussung durch das Tageslicht), von den Raphe-Kernen und vom Subiculum des Hippocampus. Enge Verbindungen bestehen auch mit dem Septum und den medialen Thalamus-Kernen.

Der *Nucleus paraventricularis pars magnocellularis* und der *Nucleus supraopticus* enthalten große Zellen, die zum Hypophysenhinterlappen ziehen, wo sie (ebenso wie Neurone des Nucleus praeopticus medialis und des Nucleus anterior hypothalami) die Ausschüttung von Arginin-Vasopressin und Oxytocin ins Blut bewirken. Oxytocin reguliert das Auftreten von Wehen und den Milchfluss und befördert allgemein weibliches Fürsorgeverhalten. Es wird entsprechend als »Bindungshormon« angesehen (vgl. Kapitel 10, Teil 7).

Der *Nucleus arcuatus* und der *Nucleus paraventricularis pars parvocellularis* schicken Fasern einerseits zu den vegetativen Zentren des Hirnstamms, die dort eine Vielzahl von Neuromodulatoren, Neuropeptiden und Neurohormonen wie Arginin-Vasopressin, Oxytocin, Thyreotropin, Corticotropin, Enkephalin, Somatostatin, Substanz-P und Dopamin freisetzen. Entsprechend vielfältig sind die Funktionen im Zusammenhang mit Kreislaufregulation, Nahrungsaufnahme und Schmerzempfindung. Zum anderen senden beide Kerne (ebenso wie der Nucleus praeopticus medialis und andere mediale hypothalamische Kerne) Fasern zum Infundibulum der Hypophyse, wo Freisetzungs-Stoffe (*releasing factors* bzw. *releasing hormones*) ausgeschüttet werden. Hierzu gehören unter anderem der Corticotropin-Releasing-Faktor (CRF), das Thyreotropin-Releasing-Hormon (TRH) und das Luteinisierende Hormon Releasing-Hormon (LHRH). Diese Freisetzungs-Stoffe wandern über ein spezielles Blutgefäßsystem von der Eminentia mediana zum Hypophysenvorderlappen. Dort bewirken sie die Ausschüttung von Hormonen, die ihrerseits wichtige Körperdrüsen steuern, wie das Adrenocorticotrope Hormon (ACTH), das auf die Nebennierenrinden einwirkt, das Thyreoidea-Stimulierende Hormon (TSH), das auf die Schilddrüse einwirkt, das Luteinisierende Hormon (LH) und das Follikelstimulierende Hormon (FSH), die beide auf die weiblichen Keimdrüsen wirken.

Der *Nucleus ventromedialis* steuert das weibliche Sexualverhalten, und zwar im Gegensatz zum bereits erwähnten Nucleus praeopticus medialis, der das männliche Sexualverhalten steuert und durch Testosteron beeinflusst wird. In diesem Kern wird die Bereitschaft zu sexueller Aktivität durch das weibliche Sexualhormon Östrogen induziert, das ebenso wie das Testosteron aus dem Blut aufgenommen wird. Die Abnahme der Kopulationsbereitschaft wird anscheinend über anhaltend erhöhte Progesteronmengen und die Einwirkung von Oxytocin vermittelt. Der Nucleus ventromedialis ist zusammen mit dem lateralen Hypothalamus (s. folgenden Absatz) auch an der Nahrungsaufnahme beteiligt. Eine Zerstörung dieses Kerns führt bei Versuchstieren zur Fresssucht (Hyperphagie), wogegen sich Läsionen des lateralen Hypothalamus in Appetitlosigkeit (Aphagie) äußern. Werden diese Gebiete elektrisch stimuliert, so sind die Effekte entgegengesetzt. Der ventromediale Kern hat rückläufige Verbindungen mit der Amygdala, dem Hippocampus und dem Septum und projiziert zum limbischen dorsomedialen thalamischen Kern sowie zum Zentralen Höhlengrau.

Der *laterale Hypothalamus* ist durch ein vom Hippocampus kommendes Faserbündel, den Fornix, von der soeben besprochenen medialen hypothalamischen Zone getrennt. Er ist mit der Aufnahme und Verarbeitung von Nahrung, mit Schmerzempfindung und dem allgemeinen Wachheits- und Aktivitätszustand befasst. Elektrische Stimulation ruft ausgeprägtes Neugierde- und Erkundungsverhalten hervor. Er ist eng mit dem Ventralen Tegmentalen Areal und dem Nucleus accumbens verbunden und bildet mit ihnen zusammen das mesolimbische Systems (s. unten). Eingänge erhält der laterale Hypothalamus vor allem vom präfrontalen Cortex; er ist reziprok verschaltet mit der Amygdala, dem Septum, den limbischen medialen Thalamuskernen, dem Ventralen Tegmentalen Areal, dem Zentralen Höhlengrau sowie mit allen Kernen und Gebieten im Tegmentum, in der Medulla oblongata und im Rückenmark, die mit vegetativen Funktionen zu tun haben. Efferenzen aus der lateralen hypothalamischen Zone ziehen außerdem zur gesamten Großhirnrinde.

Die Mammillarkörper (*Corpora mammillaria*) befinden sich am hinteren Ende des Hypothalamus (Abb. 8.2). Afferenzen erhalten sie vom Hippocampus über den Fornix und stehen wie der laterale Hypothalamus in reziproker Verbindung mit dem Ventralen Tegmentalen Areal und dem anterioren Thalamuskern (s. nächsten Absatz). Sie projizieren zum anterioren thalamischen Kern zurück, der seinerseits über den Fornix zum Hippocampus und zum präfrontalen Cortex projiziert. Zusammen mit dem Hippocampus und dem anterioren thalamischen Kern bilden sie den (scheinbar) in sich geschlossenen »Papez«-Kreis, so genannt nach dem amerikanischen Neurologen James Papez (1937). Man hielt diesen Papez-Kreis lange Zeit fälschlich für die Zentralstruktur des limbischen Systems. Die Mammillarkörper spielen bei Gedächtnisleistungen eine Rolle, wovon wir im Kapitel 5 bereits hörten.

Zu den *limbischen thalamischen Kernen* gehören die anterioren und medialen Kerne, die intralaminären Kerne und die Mittellinienkerne (Abb. 3.3, 4.2 und 7.3). Der Hauptkern der *anterioren* Kerngruppe ist der anteriore thalamische Kern (Nucleus anterior thalami). Dieser Kern ist eine wichtige Umschaltstation zwischen vegetativen Zentren, der Hippocampusformation, dem Gyrus cinguli und dem präfrontalen Cortex. Er erhält vom Nucleus caudatus des Striatum und vom Hippocampus über den Fornix einen direkten sowie über die Mammillarkörper einen indirekten Eingang und projiziert – wie bereits erwähnt – einerseits zurück zum Hippocampus und andererseits zum temporalen und präfrontalen Cortex. Er spielt ebenso wie die Mammillarkörper bei Gedächtnisfunktionen eine wichtige Rolle.

Der wichtigste Kern der *medialen* Kerngruppe ist der mediodorsale Kern (Abb. 3.3, 4.2 und 7.3). Dieser gliedert sich in einen medialen großzelligen (magnozellulären) und einen lateralen kleinzelligen (parvozellulären) Anteil. Der magnozelluläre Teil erhält Afferenzen aus der Amygdala, dem perirhinalen und entorhinalen Cortex und dem Temporallappen und projiziert zurück zum perirhinalen Cortex sowie zum präfrontalen, orbitofrontalen und anterioren cingulären Cortex. Er hat als wichtige Umschaltstation zwischen Cortex und subcorticalen Zentren vorwiegend limbische und gedächtnisbezogene Funktionen. Der parvozelluläre Teil erhält Afferenzen vom Colliculus superior, von der Substantia nigra und vom Gleichgewichtssystem (Vestibularis-Komplex) und projiziert zum dorsolateralen präfrontalen Cortex sowie zum frontalen Augenfeld. Er hat vorwiegend motorisch-exekutive Funktionen, vor allem im Zusammenhang mit Augenbewegungen.

Zu den trunko-thalamischen Kernen gehören die *intralaminären Kerne* sowie die *Mittellinien-Kerne* (Abb. 4.2 und 7.3). Die intralaminären Kerne stehen in enger Beziehung zu den Basalkernen und haben mit der Steuerung von Willkürhandlungen zu tun (s. Kapitel 13 und 14). Die anterioren intralaminären Kerne projizieren zum dorsolateralen präfrontalen Cortex und zum posterioren parietalen Cortex und spielen bei der Herausbildung und Realisierung von Intentionen eine wichtige Rolle. Die posterioren intralaminären Kerne projizieren zu den motorischen und prämotorischen Arealen des frontalen Cortex (u. a. zum frontalen Augenfeld) und zum vorderen (somatosensorischen) Parietallappen. Sie sind auch an der Schmerzwahrnehmung beteiligt und projizieren in diesem Zusammenhang zum somatosensorischen Cortex, zum insulären Cortex und zur basolateralen Amygdala (s. unten und Kapitel 10). Die Mittellinien-Kerne projizieren vornehmlich zum orbitofrontalen Cortex, zur Amygdala und zum Hippocampus und haben limbische Funktionen.

Wir haben im Thalamus also eine Parallelkonstruktion von emotionalen, gedächtnisbezogenen und exekutiv-motorischen Funktionen vor uns, bei denen der anteriore und der mediodorsale thalamische Kern die wichtigsten Konvergenzknoten für die drei genannten Funktionen sind.

Das *mesolimbische System* ist zusammen mit der basolateralen Amygdala das wichtigste subcorticale Zentrum für emotionale Kon-

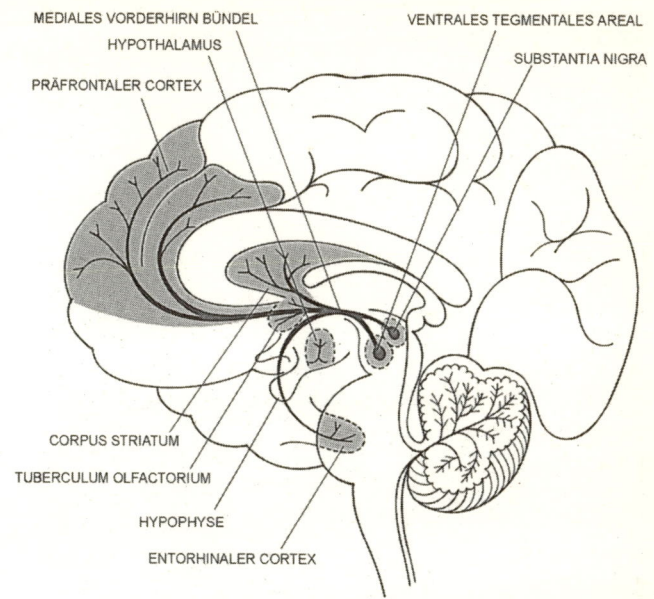

MEDIALES VORDERHIRN BÜNDEL
HYPOTHALAMUS
PRÄFRONTALER CORTEX
VENTRALES TEGMENTALES AREAL
SUBSTANTIA NIGRA
CORPUS STRIATUM
TUBERCULUM OLFACTORIUM
HYPOPHYSE
ENTORHINALER CORTEX

8.3 Schematische Darstellung der wichtigsten Teile des dopaminergen mesocorticalen und des mesolimbischen Systems. Weitere Erklärungen im Text. (Nach Scientific American, 1979; verändert.)

ditionierung (Abb. 8.3). Es ist ein Komplex von Zellgruppen bestehend aus dem Ventralen Tegmentalen Areal, dem lateralen Hypothalamus (s. oben), dem Nucleus accumbens und angrenzenden ventralen Teilen des Striatum (Putamen und Caudatum) und des Pallidum. Nach dem »extended amygdala«-Konzept von Alheid und Heimer (Alheid et al., 1995) werden auch Anteile der Amygdala hinzugezählt, nämlich der Zentralkern und die basolaterale Amygdala.

Das *Ventrale Tegmentale Areal* ist eine Zellgruppe im Mittelhirntegmentum, die nach vorn in den lateralen Hypothalamus übergeht. Es enthält die A10 genannte dopaminerge Zellgruppe. Afferenzen erhält das Ventrale Tegmentale Areal vom anterioren cingulären Cortex, vom lateralen Septum sowie vom anterioren und medialen Hypothalamus. Dopaminerge Efferenzen sendet es über die *meso-*

267

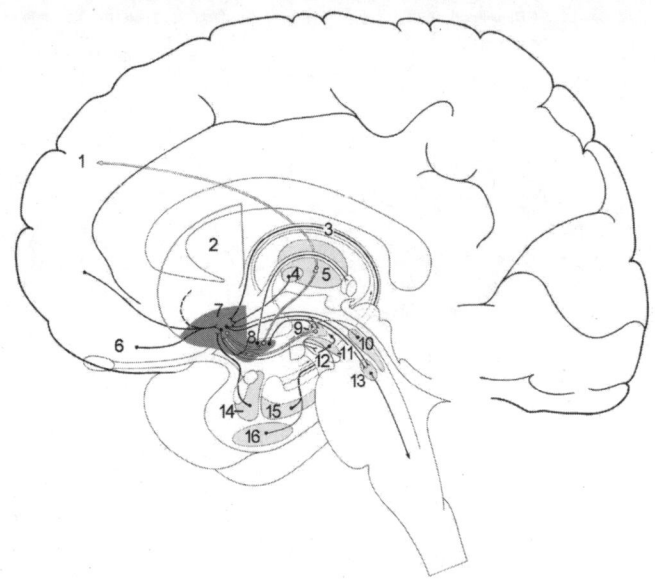

8.4 Hauptverbindungen des ventralen Striatum und Pallidum (dunkelgrau dargestellt); 1 präfrontaler Cortex, 2 dorsales Striatum, 3 Fornix, 4 Mittellinienkerne, 5 Mediale thalamische Kerne, 6 orbitofrontaler Cortex, 7 ventrales Striatum, 8 ventrales Pallidum, 9 Ventrales Tegmentales Areal, 10 Ncl. raphes dorsalis, 11 Substantia nigra, pars compacta, 12 Substantia nigra, pars reticulata, 13 tegmentaler pedunculopontiner Kern, 14 Ncl. basalis der Amygdala, 15 Subiculum des Hippocampus, 16 entorhinaler und perirhinaler Cortex. (Nach Nieuwenhuys et al., 1991; verändert.)

limbische Bahn innerhalb des medialen Vorderhirnbündels zum Bulbus olfactorius, zum lateralen Septum, zum olfaktorischen Tuberkel, zur zentralen und basalen Amygdala und zum Nucleus accumbens. Parallel hierzu verläuft die ebenfalls dopaminerge *mesocortikale* Bahn zum orbitofrontalen, anterioren cingulären und entorhinalen Cortex und zur Riechrinde (dem so genannten präpiriformen und piriformen Cortex).

Der *Nucleus accumbens* (»anliegender Kern«) ist eine Zellansammlung, die dem Septum und dem vorderen ventralen Teil des Striatum (genauer dem »Kopf« des Nucleus caudatus) anliegt und mit diesem strukturell und funktional zusammenhängt (Abb. 8.4, 8.5). Die Be-

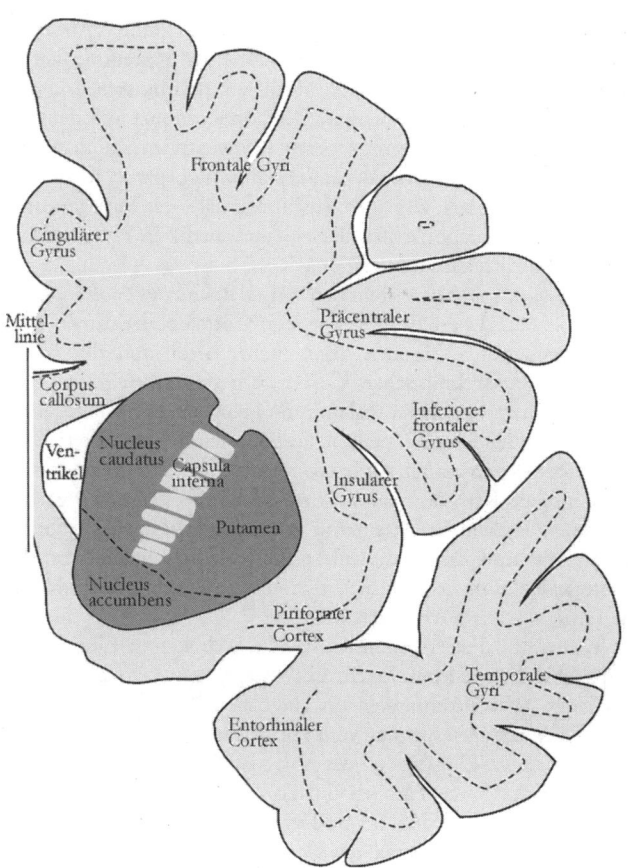

8.5 Querschnitt durch eine Endhirnhemisphäre auf Höhe des Striatum (Nucleus caudatus und Putamen) und des Nucleus accumbens (ventrales Striatum). (Nach Mai et al., 1997; verändert.)

zeichnungen *Nucleus accumbens* und *ventrales Striatum* werden deshalb oft synonym gebraucht. Der Nucleus accumbens wird in eine Kernregion und eine Schalenregion eingeteilt. Die Schalenregion erhält dopaminerge Afferenzen aus der Substantia nigra pars compacta, die Kernregion dopaminerge Afferenzen vom Ventralen Tegmentalen Areal. Weiterhin erhält der Nucleus accumbens Afferenzen aus der basalen Amygdala, den thalamischen Mittellinienkernen, dem orbitofrontalen, cingulären, insulären, perirhinalen und entorhinalen Cortex, dem Subiculum des Hippocampus und dem dorsalen Raphe-Kern. Efferenzen gehen zum ventralen Pallidum, zum Ventralen Tegmentalen Areal, zur Substantia nigra pars compacta, zur zentralen Amygdala, zum Nucleus interstitialis der Stria terminalis (BNST), zum präoptischen Nucleus und medialen Hypothalamus und zum Zentralen Höhlengrau.

Das *ventrale Pallidum* stellt den ventralen Teil des *Globus pallidus* dar (Abb. 8.4). Es erhält Eingänge vom ventralen Striatum/Nucleus accumbens, vom Ventralen Tegmentalen Areal, von der basalen Amygdala, vom limbischen Cortex, von den Mittellinienkernen des Thalamus, vom Hypothalamus und von der retikulären Formation einschließlich des pedunculo-pontinen tegmentalen Kerns. Efferenzen gehen zurück zur basalen Amygdala, zum mediodorsalen thalamischen Kern und von dort zum orbitofrontalen Cortex, zum Ventralen Tegmentalen Areal und von dort aus weiter zum Nucleus accumbens und zum pedunculo-pontinen tegmentalen Kern. Das ventrale Pallidum ist eine wichtige »Relaisstation« des limbischen Systems, wie wir noch hören werden.

Insgesamt hat das mesolimbische System drei große Eingänge mit unterschiedlichen Funktionen, und zwar einen *cortikal-limbischen* Eingang vom orbitofrontalen und cingulären Cortex, einen *kognitiv-gedächtnisbezogenen* Eingang vom Hippocampus und einen *subcortikal-emotionalen* Eingang von der Amygdala. Es besitzt entsprechend drei große Ausgänge, nämlich einen *cortikal-limbischen* vom ventralen Pallidum über den mediodorsalen thalamischen Kern zum orbitofrontalen und cingulären Cortex, einen *motivational-motorischen* vom ventralen Striatum/Nucleus accumbens zur Substantia nigra und von dort zum dorsalen Striatum und einen *affektiv-vegetativen*, ebenfalls vom ventralen Striatum/Nucleus accumbens zum pedunculo-pontinen tegmentalen Kern und zur retikulären Formation. Das mesolimbische System dominiert bei der Registrierung und Verarbeitung von Belohnungsereignissen und stellt offenbar das zerebrale Belohnungssystem dar. Hierüber wird in Kapitel 10 ausführlicher zu reden sein.

Die *Amygdala* (Corpus amygdaloideum, »Mandelkern«) (Abb. 8.6 und 8.7) nimmt nach übereinstimmender Auffassung neben Hypo-

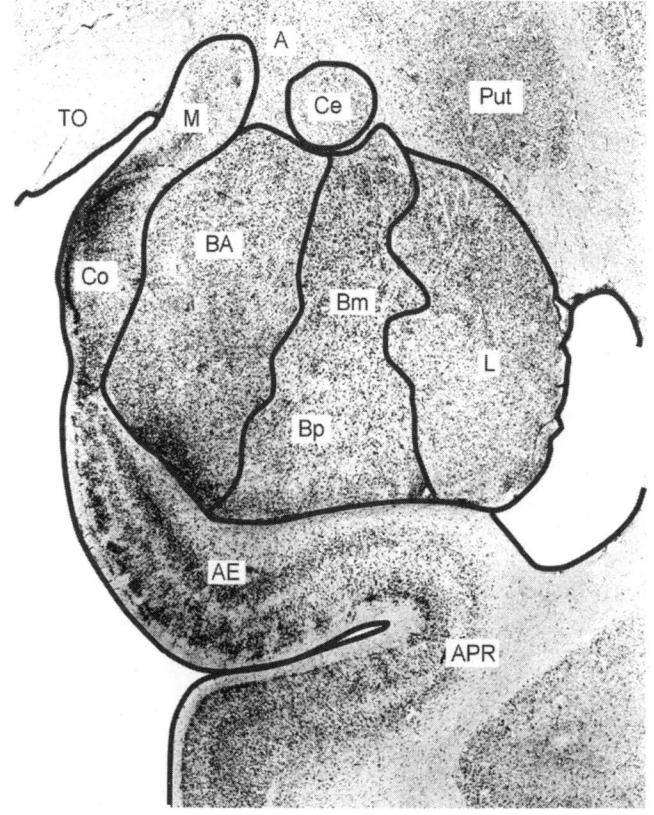

8.6 Querschnitt durch die Amygdala und die umgebende medial-tempo-
rale Hirnrinde. Links ist medial (Mittellinie des Gehirns), rechts ist lateral.
Abkürzungen: A Area amygdaloidea anterior; AE Area entorhinalis; APR
Area perirhinalis; BA Nucleus basalis anterior; Bm Nucleus basalis ma-
gnocellularis; Bp Nucleus basalis parvocellularis; Ce Nucleus centralis; Co
Nucleus corticalis; L Nucleus lateralis; M Nucleus medialis, Put Putamen;
TO Tractus opticus. (Nach Benninghoff, 1994; verändert.)

thalamus und mesolimbischem System die zentrale Rolle bei der
Entstehung und Steuerung von Emotionen ein. Allerdings ist seit
ihrer Erstbeschreibung durch Burdach zu Beginn des 19. Jahrhunderts

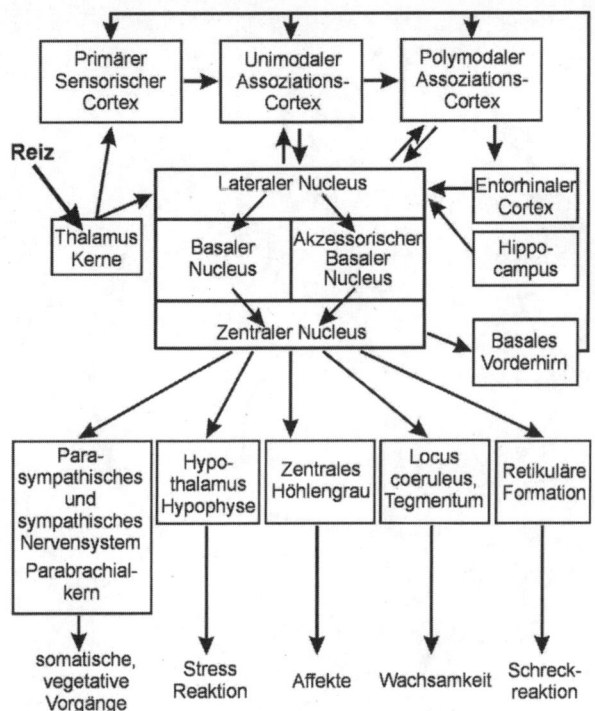

8.7 Die wichtigsten Ein- und Ausgänge der lateralen, basalen, akzessorisch-basalen und zentralen Amygdala. Erläuterungen im Text. (Nach LeDoux, 2000; verändert.)

die Frage umstritten, was anatomisch zur Amygdala gehört; ebenso umstritten ist ihre genaue Funktion.

Swanson und Petrovitch (1998) unterscheiden in einem Übersichtsartikel innerhalb der Amygdala vier Komplexe (vgl. auch Alheid et al., 1995; Aggleton 1992, 2000; Emery und Amaral, 2000; Pitkänen, 2000). Der *erste Komplex* besteht aus dem medialen, posteromedialen cortikalen und posterioren Kerngebiet. Dieser Komplex erhält seinen Haupteingang aus dem akzessorischen olfaktorischen (vomeronasalen) System, das mit der Verarbeitung von Pheromonen (s. unten) zu tun hat, und wird häufig »vomeronasale Amygdala« genannt. Der *zweite Komplex* umfasst die cortikalen Kerne, den basomedialen Kern und den hinteren Teil des basolateralen Kerns. Dieser Komplex erhält den stärksten Eingang vom primären olfaktorischen System (dem Geruchssystem im umgangssprachlichen Sinn) und wird deshalb häufig »olfaktorische Amygdala« genannt. Die Hauptausgänge dieser beiden Komplexe gehen zum einen zum medialen und lateralen Hypothalamus, der – wie oben dargestellt – für angeborenes Sexual-, Nahrungsaufnahme- und Verteidigungsverhalten sowie für mütterliches Fürsorgeverhalten zuständig ist. Andere Ausgänge ziehen zum olfaktorischen, präfrontalen, insulären und hippocampalen Cortex (von Letzterem erhält dieser Komplex auch Eingänge), zum Nucleus accumbens und schließlich zum medialen Teil des mediodorsalen thalamischen Nucleus. Dieser projiziert ebenfalls zum orbitofrontalen und insulären Cortex.

Beide Komplexe sind über eine direkte und eine indirekte Bahn mit dem limbischen Cortex und dem Hypothalamus verbunden und beeinflussen beide entsprechend. Geruch und Geschmack sind bekanntlich stärker an Emotionen gebunden als andere Sinnesempfindungen und werden in erheblichem Maße unbewusst verarbeitet. Dies gilt insbesondere für die Pheromone, d. h. chemische Geruchs-Botenstoffe zur innerartlichen Kommunikation, die über Körperdrüsen ausgesandt werden. Der Zustand des »jemanden nicht riechen Könnens« beruht im Wesentlichen auf der Wirkung solcher Pheromone ebenso wie der Zustand der spontanen Zuneigung oder des spontanen Sich-Verliebens (vgl. Kapitel 10, Teil 7). Eng mit dieser Funktion verbunden sind isocortikale Bereiche, nämlich der orbitofrontale Cortex, und allocortikale Bereiche, nämlich der insuläre und hippocampale Cortex, die alle auch Geschmacksinformationen vermitteln. Bekanntlich sind unsere Geschmacksempfindungen ganz wesentlich von gleichzeitigen Geruchsempfindungen bestimmt.

Der *dritte Komplex* umfasst den zentralen Kern und wird von Swanson und Petrovitch als Teil des Striatum angesehen, das wiederum zu den Basalganglien gehört (s. Kapitel 13). Dieser Komplex erhält wie der erste und zweite Komplex Eingänge vom primären und akzessorischen olfaktorischen System, außerdem vom orbitofrontalen, cingulären und insulären Cortex, vom dopaminergen mesolimbischen System und von Zentren des vegetativen Nervensystems einschließlich des parabrachialen Kerns. Hierüber werden Geschmacksempfindungen, Informationen über Vorgänge in unseren Eingeweiden und Schmerzempfindungen vermittelt. Der zentrale

Kern ist der wichtigste Ausgangskern der Amygdala und projiziert hauptsächlich zu den vegetativen Zentren des Hirnstamms und der retikulären Formation, zum Hypothalamus, zur Substantia nigra, zum Zentralen Höhlengrau, zum mesolimbischen System, zum basalen Vorderhirn und zu den limbischen cortikalen Regionen, aus denen er Eingänge erhält. Der zentrale Kern ist eine wichtige Station für die Stressreaktion (vgl. Kapitel 10, Teil A).

Der *vierte Komplex* der Amygdala (und bei Primaten volumenmäßig der größte) umfasst den vorderen Teil des basolateralen Kerns, den lateralen, akzessorischen basalen und den paralaminaren Kern. Dieser Komplex wird als Abkömmling des ventromedialen Teils des Schläfenlappens und Stirnlappens angesehen und entsprechend dem frontotemporalen cortikalen System zugerechnet. Der laterale Kern bildet die sensorische Eingangsstation der Amygdala. Hier treffen über thalamische Umschaltkerne subcortikale visuelle, auditorische und somatosensorische Informationen ein, ebenso Eingänge aus dem orbitofrontalen, parietalen, dem vorderen inferotemporalen Cortex, dem oberen temporalen Sulcus (STS) des Temporallappens, dem anterioren cingulären, insulären, olfaktorischen und hippocampalen Cortex; mit anderen Worten: aus allen hochintegrativen Teilen der Großhirnrinde. Die basolaterale Amygdala projiziert dorthin zurück. Dabei gilt, dass die Amygdala einen stärkeren Einfluss auf diese Hirngebiete ausübt als umgekehrt (Emery und Amaral, 2000).

Die basolaterale Amygdala ist »Endstation« des so genannten »ventralen Pfades«, der über die visuellen cortikalen Areale V1 und V2 im Hinterhauptslappen und das Areal TE im unteren Temporallappen verläuft und sich mit dem Erkennen und Interpretieren komplexer visueller Objekte, vor allem Gesichter, befasst. Dies geschieht vornehmlich im rechten Temporallappen. Entsprechend findet man in der Amygdala erhöhte Aktivitäten beim Darbieten von Gesichtern mit starkem emotionalem Gehalt (vgl. Kapitel 10). Die basale Amygdala projiziert zu den letztgenannten Arealen zurück, so dass sich ein stark rückgekoppeltes System zum *Erkennen emotionsgeladener Szenen und Gegenstände* ergibt. Nur wenige oder keine Afferenzen scheint der vierte Komplex vom präfrontalen Cortex zu erhalten, der hierdurch und im Gegensatz zum orbitofrontalen Cortex seine überwiegend kognitiv-exekutive und *nicht-limbische* Natur unterstreicht. Über die massiven Projektionen zum basalen Vorderhirn, dessen cholinerge Fasern den gesamten assoziativen (und

Teile des nichtassoziativen) Isocortex modulatorisch versorgen, kann die Amygdala neben dem direkten einen starken indirekten, aufmerksamkeitsabhängigen Einfluss auf die Großhirnrinde ausüben.

Die Verschaltung innerhalb der amygdalären Kerne und Kerngebiete wurde inzwischen genauer untersucht (vgl. Pitkänen et al., 1997; Emery und Amaral, 2000). Der laterale Kern, der den Großteil der cortikalen und subcortikalen sensorischen Afferenzen erhält, projiziert seinerseits zum basalen, akzessorischen basalen und paralaminaren Nucleus sowie zum periamygdalären Cortex. Der basale Kern wiederum projiziert zum akzessorischen basalen, medialen und zentralen Kern, der akzessorische basale Kern projiziert zum medialen und zentralen Kern sowie zum periamygdalären Cortex. Kürzlich wurde berichtet, dass die basolaterale Kerngruppe einen eigenen Ausgang besitzt, der mit aktivem Vermeidungsverhalten zu tun hat (Amorapanth et al., 2000). Der zentrale Kern ist nichtsdestoweniger als der wesentliche Ausgangskern des Amygdala-Komplexes anzusehen, wenn es um schnelle Reaktionen gegenüber bekannten bedrohlichen bzw. schädigenden Reizen oder Situationen geht. Der Informationsfluss innerhalb der Amygdala scheint also überwiegend unidirektional von verschiedenen afferenten Kernen zum zentralen Kern als Ausgangsstation zu verlaufen.

Neurochemisch ist die Amygdala ebenfalls sehr komplex. Sie zeigt eine hohe Konzentration an den schnellen Transmittern *Glutamat* und *GABA*; im lateralen und basalen Kerngebiet findet sich eine hohe Dichte von GABA-Rezeptoren für Benzodiazepine (d. h. für angstmindernde Stoffe wie Valium). Weiterhin weist die Amygdala eine mittlere bis hohe Konzentration von *Noradrenalin* auf, die vornehmlich von Afferenzen aus dem Locus coeruleus herrührt und bei der Stressreaktion eine wichtige Rolle spielt (vgl. Kapitel 10). Die Konzentration von *Serotonin* in der Amygdala ist mittelhoch bis hoch und stammt von Fasern aus dem dorsalen und zum Teil aus dem medialen Raphe-Kern. Sehr hoch ist die Konzentration des Neuromodulators *Acetylcholin*, und zwar über Afferenzen aus dem basalen Vorderhirn (genauer aus dem Nucleus basalis Meynert), mit dem die Amygdala eng verbunden ist. Die Konzentration des *Neuropeptid Y* ist ebenfalls hoch, die der *Opioide* hingegen relativ niedrig (im charakteristischen Gegensatz zum mesolimbischen System). Schließlich finden sich in der zentralen Amygdala Zellen, die ähnlich dem Hypothalamus den *Corticotropin-Releasing-Faktor* (CRF) produzieren und Fasern zu entsprechenden Zellen im Hypothalamus schicken und wie dieser mit Stress-vermittelten vegetativen Reaktionen zu tun haben.

Zum Amygdala-Komplex im weiteren Sinne (»extended amygdala«; Alheid et al., 1995) werden von einer Reihe von Autoren weitere limbische Strukturen gezählt, vor allem die sublentikuläre erweiterte Amygdala (SLE), die Substantia innominata und der Nucleus interstitialis der Stria terminalis (englisch »bed nucleus of the stria terminalis«, abgekürzt BNST), die zusammen eine Verbindungsstruktur zwischen medialen und zentralen Amygdala und dem medialen basalen Vorderhirn (mediales Septum, Nucleus des diagonalen Bandes von Broca) bilden. Der wichtigste Teil dieser »erweiterten Amygdala« ist der BNST, der eng mit der zentralen Amygdala zusammenhängt, mit ihr über das Faserbündel der Stria terminalis verbunden ist und praktisch dieselben Ausgänge wie diese besitzt, d. h. zum Hypothalamus und den anderen vegetativen Zentren, welche die affektiv-emotionalen Reaktionen steuert (u. a. Zentrales Höhlengrau, Ventrales Tegmentum, parabrachialer Kern, Nucleus ambiguus, Vagus-Kern).

Trotz intensiver Erforschung in den letzten Jahren besteht über die genaue Funktion der Amygdala keine volle Übereinstimmung. Dies mag zum Teil von Unterschieden bei den jeweiligen Versuchsobjekten (Ratte, Makakenaffe, Mensch) sowie von Schwierigkeiten bei der präzisen Setzung experimenteller Läsionen bzw. der genauen Abgrenzung von Hirnverletzungen und Hirnerkrankungen beim Menschen herrühren. Unbestritten ist aber seit den Pionierarbeiten von Brown und Schäfer gegen Ende des 19. Jahrhunderts sowie von Klüver und Bucy in den dreißiger Jahren des 20. Jahrhunderts (Klüver und Bucy, 1937, 1939) die Annahme, dass die Amygdala mit der Steuerung von Stresszuständen und elementaren Affektzuständen, mit Sexualität und Nahrungsaufnahme zu tun hat, und zwar in enger Zusammenarbeit mit Hypothalamus und Zentralem Höhlengrau. Dies gilt hauptsächlich für die medialen, olfaktorisch dominierten Kerne und den Zentralkern, der als das oberste Kontrollzentrum dieser Zustände angesehen werden kann.

Unbestritten ist auch die Beteiligung der Amygdala an erlernten, durch Erfahrung modifizierten Emotionen und an emotionalen Komponenten erlernten Wissens und Verhaltens, und zwar in enger Zusammenarbeit mit isocortikalen Arealen und dem Hippocampus. So vertreten Autoren wie Cahill und McGaugh (Cahill und

McGaugh, 1998; McGaugh et al., 2000) die Meinung, dass der basolaterale Komplex eine allgemeine Funktion bei der Konsolidierung von Inhalten des Langzeitgedächtnisses ausübt, indem er eine stressinduzierte bzw. emotionale Komponente hinzufügt, welche die Konsolidierung dieser Inhalte fördert. Eine solche Wirkung auf das Langzeitgedächtnis hat die Amygdala laut Cahill und McGaugh aber nur während des Einspeicherns bzw. der *Konsolidierung*, nicht beim Aufbewahren und Abruf der Information aus dem Gedächtnis. Dem widersprechen Befunde von Dolan, die zeigen, dass beim Menschen die *rechte* Amygdala für das Einspeichern emotional relevanter Inhalte, die *linke* für den Abruf solcher Information nötig ist (Dolan, 2000). Die Mehrzahl der Autoren geht davon aus, dass die Amygdala – neben einer Reihe anderer Funktionen – in besonderem Maße das Zentrum für konditionierte Furcht ist (s. Kapitel 10, Teil C). Ob dies auch für Angstzustände zutrifft oder ob hierfür eher der BNST (s. oben) zuständig ist, wird gegenwärtig intensiv diskutiert (s. Kapitel 10, Teil D).

Die Amygdala ist – wie erwähnt – wesentlich am Erkennen des affektiven und emotionalen Gehalts von Gesichtern beteiligt (Adolphs et al., 1998; Adolphs und Tranel, 2000). Inwieweit hierbei der rechten und linken Amygdala unterschiedliche Funktionen zukommen, ist umstritten. Canli und Mitarbeiter (Canli et al., 2002) berichteten, dass bei allen von ihnen untersuchten Personen die linke wie die rechte Amygdala auf *drohende* Gesichter reagierte; andere Autoren wie Hariri und Mitarbeiter (Hariri et al., 2002, 2003) fanden eine stärkere Aktivität der rechten Amygdala auf drohende Gesichter. Dolan (2000) hingegen berichtet, dies sei für die linke Amygdala der Fall. Interessanterweise fanden aber Canli und Mitarbeiter, dass bei Personen, die eine erhöhte positive Grundstimmung zeigen, eine erhöhte Reaktion der linken Amygdala auf *freundliche* Gesichter erfolgt. Eine Bevorzugung positiver Reize wird von vielen Autoren in der linken Hemisphäre und damit verbundenen subcortikalen Zentren gefunden. Im Zusammenhang mit diesen Funktionen ist die Amygdala auch am Abschätzen der Glaubwürdigkeit bzw. Unglaubwürdigkeit von Gesichtern beteiligt (Adolphs et al., 1998; Winston et al., 2002). Bei unglaubwürdig wirkenden Gesichtern ist danach die Amygdala bilateral aktiviert, der insuläre Cortex (der mit der Amygdala eng verbunden ist) rechtsseitig.

Der *insuläre Cortex (Insula)*, kurz auch »Insel« genannt, gehört zusammen mit dem cingulären Cortex (s. unten) und dem den Hippocampus umgebenden entorhinalen, perirhinalen und parahippocampalen Cortex (s. Kapitel 5) zu den allocortikalen, d. h. nicht sechsschichtigen Anteilen der Großhirnrinde im weiteren Sinne. Er befindet sich tief eingesenkt zwischen dem Frontal-, Temporal- und Parietallappen und ist von außen nicht sichtbar. Die Erforschung seiner Funktionen wurde lange vernachlässigt, und erst in den letzten Jahren hat er, zusammen mit dem Interesse für limbische Funktionen, mehr Aufmerksamkeit auf sich gezogen. Die Insel erhält Eingänge von den somatosensorischen thalamischen Kernen und vom primären und sekundären somatosensorischen Cortex und von den »limbischen« thalamischen Mittellinienkernen und ist insbesondere mit der Amygdala verbunden. Amygdala, Insel und Gyrus cinguli (s. folgende Absätze) spielen zusammen bei der Schmerzwahrnehmung eine wichtige Rolle, wie ausführlich in Kapitel 10 im Teil 2 dargestellt. Relativ neu ist die Bedeutung der Insel bei der emotionalen Gesichtererkennung, und zwar ebenfalls in enger Zusammenarbeit mit der Amygdala (s. oben) und dem Gyrus cinguli. Bei negativen emotionalen Gesichtsausdrücken ist offenbar vornehmlich die rechte Insel aktiviert (Dolan, 2000; Adolphs und Tranel, 2000).

Der *Gyrus cinguli* liegt auf der Innenfläche des Gehirns. Er ist ein Teil des medialen frontalen Cortex und erstreckt sich »gürtelförmig« (cingulär) oberhalb des Balkens (vgl. Abb. 3.5). Er besteht aus einem vorderen Teil, dem *Gyrus cinguli anterior* (Brodmann-Areal A24, meist abgekürzt ACC), und einem hinteren Anteil, dem *Gyrus cinguli posterior* (A23). Neuerdings wird auch das Brodmann-Areal A32, das zwischen Areal 24 und den prä- und orbitofrontalen Arealen A9, 10 und 12 liegt, zum ACC hinzugerechnet. Beide Teile stehen in enger rückläufiger Verbindung zum präfrontalen und entorhinalen Cortex sowie zum Septum, zu den limbischen Thalamuskernen, zum Colliculus superior, zum Zentralen Höhlengrau und zur Formatio reticularis.

Der hintere Teil des cingulären Cortex hat, soweit bekannt, keine limbischen Funktionen, sondern ist eher sensorisch und kognitiv dominiert. Er erhält Eingänge vom somatosensorischen, auditorischen und visuellen Assoziationscortex sowie von visuellen Thalamuskernen (d. h. dem lateralen Kniehöcker und dem Pulvinar). Er hat mit Augenbewegungen und visueller Aufmerksamkeit zu tun.

Der vordere Teil (ACC) ist hingegen ein wichtiges limbisches

Integrationszentrum. Er steht in enger rückläufiger Verbindung zum präfrontalen, orbitofrontalen und entorhinalen Cortex sowie zum Hippocampus, zur Amygdala, zum Septum, zu den limbischen Thalamuskernen, zum Zentralen Höhlengrau und zur Formatio reticularis. Seine Ausgänge führen außerdem zum motorischen und prämotorischen Cortex, zu den Basalganglien, zum Colliculus superior und über die Brücke zum Kleinhirn. Anders als der präfrontale und orbitofrontale Cortex hat er damit einen direkten Zugriff zu den motorischen Zentren. Er ist in diesem Zusammenhang ein wichtiger Teil der so genannten ventralen Schleife, die in Kapitel 14 ausführlich beschrieben wird.

Ähnlich wie beim insulären und orbitofrontalen Cortex wurde die Funktion des ACC lange Zeit vernachlässigt, denn man betrachtete ihn in der Nachfolge von Broca und MacLean als »primitiven« Cortexanteil. Allerdings hat seit wenigen Jahren eine geradezu stürmische Erforschung des ACC bei Primaten einschließlich des Menschen eingesetzt, die zu der Erkenntnis geführt haben, dass der ACC eines der wichtigsten limbischen und verhaltenssteuernden Zentren ist.

Seit längerem ist die Rolle des anterioren cingulären Cortex bei der Schmerzwahrnehmung bekannt; hierbei steht er in enger Beziehung zu anderen Schmerzzentren, nämlich dem somatosensorischen Cortex, dem insulären Cortex, den medialen Thalamuskernen und dem Zentralen Höhlengrau (Bromm und Desmedt, 1995; Price, 2000). Der ACC fügt dem sensorischen Schmerzreiz, der als solcher nicht »weh tut«, die unangenehme, eigentlich schmerzhafte und daher emotional belastende Komponente hinzu. Nach Zerstörung der cingulären Rinde vergessen Versuchstiere die zuvor gelernten schmerzbedingten Abwehr- und Vermeidungsreaktionen. Hierauf werde ich ausführlicher in Kapitel 10, Teil 2, eingehen.

Seit einigen Jahren ist auch die Rolle des ACC bei der *Fehlererkennung* und *Fehlerkorrektur* bekannt (Carter et al., 1998; Gehring und Knight, 2000). Hier lässt sich mithilfe der Registrierung ereigniskorrelierter Potentiale eine negative Welle, »error-related negativity (ERN)« ableiten, die dann auftritt, wenn eine Versuchsperson in einer Wahlaufgabe mit schnellen Reaktionen einen Fehler macht. Diese ERN beginnt bereits nach rund 100 Millisekunden, d. h. bevor den Versuchspersonen der Fehler überhaupt bewusst wurde.

Mit der bloßen Fehlererkennung und Fehlerkorrektur scheint die

Rolle des ACC aber nicht erschöpft zu sein. In einer kürzlich veröffentlichten Untersuchung von Gehring und Willoughby (Gehring und Willoughby, 2002) stellte sich heraus, dass der menschliche ACC an einer komplexeren, längerfristigen Einschätzung von Gewinn und Verlust beteiligt ist. Bei diesen Experimenten mussten die Versuchspersonen um Geld spielen, während ereigniskorrelierte Potentiale von ihren Gehirnen registriert wurden. Die VPs mussten durch Versuch und Irrtum herausbekommen, welches langfristig die beste, d. h. Verlust-minimierende und Gewinn-maximierende Strategie war. Dabei kam es auch darauf an festzustellen, dass ein kleiner Verlust dann ein Gewinn ist, wenn dadurch ein großer Verlust vermieden wird, und dass ein kleiner Gewinn schlechter ist als ein großer. »Verlust« war also nicht automatisch ein »Fehler« und »Gewinn« nicht automatisch das »Richtige«.

Die Autoren konnten über den ACC eine neue Art von ereigniskorrelierten Potentialen ableiten, die sie »medial-frontal negativity – MFN« nennen und die nicht mit der abstrakten »falsch – richtig«-Beurteilung, sondern mit der Einschätzung des eigenen Verhaltens hinsichtlich längerfristiger Gewinnsteigerung und Verlustminimierung und der entsprechenden *emotionalen Erwartungshaltung* und *Risikoeinschätzung* korrelierte. Dabei war die MFN größer bei Verlusten als bei Gewinnen. Wichtig war, dass die MFN ähnlich wie die oben erwähnte »error-related negativity« bereits nach 100 Millisekunden sichtbar wird. Dies bedeutet, dass das limbische System über die Aktivität des ACC (unter Beteiligung des präfrontalen und insbesondere orbitofrontalen Cortex – siehe unten) in sehr kurzer Zeit und *völlig unbewusst* relativ komplexe Risiko- und Belohnungseinschätzungen vornehmen und in Handlung umsetzen kann. Die Bedeutung dieses Befundes für die Frage nach den Entscheidungsstrukturen in unserem Gehirn wird uns noch beschäftigen.

Die Annahme, dass es sich beim ACC um ein Hirnzentrum handelt, das mit komplexer Belohnungs- und Bestrafungswahrnehmung und damit Risikoeinschätzung zu tun hat, wird auch durch neue Experimente von Shidara und Richmond (2002) an Makakenaffen unterstützt, bei denen von Neuronen im ACC abgeleitet wurde. Die Versuchstiere mussten Farbunterscheidungsaufgaben unterschiedlichen Schweregrades bewältigen lernen, wofür sie am Ende belohnt wurden (bei Nichterfolg bestand die »Strafe« einfach in der Nichtbelohnung und dem Beginn eines neuen Durchgangs). Während des Lernvorgangs wurden die Affen durch visuelle Signale über den Lernfortschritt informiert; dies bewirkte, dass die Fehlerrate umso schneller sank, je näher der Moment der Belohnung kam. In dieser Aufgabe ging es für die Versuchstiere im Wesentlichen darum, längerfristige Belohnungserwartungen zu entwickeln.

Die Autoren fanden im ACC zahlreiche Neuronen, deren Aktivität deutlich mit dem Verlauf des Experiments korrelierte. Zwei Drittel davon hatten mit der Farbunterscheidung, der Manipulation der Tasten bzw. Hebel und der Belohnung selbst zu tun, während ein Drittel positiv oder negativ mit der sich entwickelnden Belohnungserwartung zusammenhing, d. h. ein Teil dieser Neurone feuerte umso stärker und ein anderer Teil umso schwächer, je näher die erwartete Belohnung kam. Einige stoppten kurz vor der Belohnung, während andere über die Belohnung hinaus feuerten. Es zeigte sich also, dass Teile der Neuronen-Population unterschiedliche Aspekte der Gesamtaufgabe codierten.

In limbischen Zentren, die dem ACC und dem orbitofrontalen Cortex vorgeschaltet sind, wie dem ventralen Striatum und Nucleus accumbens, dem Ventralen Tegmentalen Areal und dem ventralen Pallidum (s. oben), finden sich ebenfalls Neurone, die spezifisch auf Belohnung reagieren bzw. mit der Belohnungserwartung zu tun haben (vgl. Kapitel 10, Teil 6). Der Unterschied der Neurone des ACC zu diesen Zentren besteht offenbar in der *Längerfristigkeit* der Belohnungserwartung.

Der ACC ist zusammen mit der Insel und dem PFC auch an der Kontrolle des Abrufs sprachlicher Gedächtnisinhalte beteiligt, insbesondere wenn es darum geht, Gedächtnisinhalte mit ähnlichen und damit semantisch interferierenden Bedeutungen zu unterscheiden. Dies bedeutet, dass ein Inhalt abgerufen und der Abruf eines ähnlichen aktiv unterdrückt wird. In einer kürzlichen fNMR-Studie, in der es um einen Vergleich von Listen von Wörtern derselben oder unterschiedlichen Bedeutungskategorien ging, konnten Magdeburger und Bremer Kollegen (Herrmann et al., 2001) zeigen, dass beim Abruf von Wörtern mit interferierender Bedeutung (verglichen mit dem Abruf nichtinterferierender Bedeutungen) die Reaktionszeiten der Versuchspersonen länger waren und dies mit einer erhöhten Aktivität im rechten ACC, in der rechten vorderen Insel und im linken dorsolateralen PFC einher ging.

Diese Ergebnisse bestätigen frühere Anschauungen, dass der ventrolaterale präfrontale Cortex und das anteriore mediale System bestehend aus OFC, ACC und vorderem insulären Cortex stets aktiv sind, wenn es um die Überwachung sprachlicher wie nichtsprachlicher bedeutsamer Ereignisse und das Erkennen sich widersprechender Informationen und schließlich die Selektion entsprechender Aktionen geht. Hierbei spielt die Unterdrückung unangebrachter Aktionen eine besondere Rolle. Der dorsolaterale PFC stellt dafür offenbar das Arbeitsgedächtnis zur Verfügung, wobei aber davon auszugehen ist, dass auch die anterioren medialen Cortexanteile am Arbeitsgedächtnis beteiligt sind. Interessanterweise findet sich bei Kontroll- und Hemm-Prozessen, die mit dem Gedächtnisabruf zu tun haben, oft auch eine deutliche Aktivierung des ebenfalls medial direkt über dem ACC gelegenen prae-SMA (Petit et al., 1998), von dem in Kapitel 13 bis 15 noch ausführlich die Rede sein wird, weil es mit intern veranlassten Willkürhandlungen zu tun hat.

Der *orbitofrontale Cortex* ist der einzige isocorticale Anteil des limbischen Systems. Er ist der über den Augenhöhlen (Orbita) liegende Teil des Stirnhirns (Abb. 3.4 und 3.5). Er steht in enger Verbindung mit dem unmittelbar benachbarten anterioren Gyrus cinguli, dem großzelligen (magnozellulären) Anteil des mediodorsalen thalamischen Nucleus, dem Hippocampus (und zwar entweder direkt oder indirekt über den anterioren thalamischen Kern bzw. den entorhinalen und parahippocampalen Cortex), der Amygdala (direkt oder über den mediodorsalen thalamischen Kern), dem Ventralen Tegmentalen Areal (dopaminerger Input), dem Locus coeruleus (noradrenerger Input) und dem dorsalen Raphe-Kern (serotonerger Input).

Im Gegensatz zum dorso- und ventrolateralen präfrontalen Cortex und in enger Zusammenarbeit mit dem ACC befasst sich der orbitofrontale Cortex vornehmlich mit den *emotionalen* und *motivationalen* Aspekten der Verhaltensplanung, insbesondere mit der Frage, ob diejenigen Handlungen, die erwogen und geplant sind, *positive oder negative Konsequenzen* nach sich ziehen werden. Hierzu ist eine enge Interaktion mit subcorticalen limbischen Zentren einerseits und dem medial-temporalen und diencephalen Gedächtnissystem andererseits notwendig (s. hierzu Kapitel 5).

Bei Patienten führen Läsionen im orbitofrontalen Cortex zum Verlust der Impulskontrolle, der Fähigkeit, den sozial-kommunikativen Kontext, z. B. die Bedeutung von Szenendarstellungen oder die

Mimik von Gesichtern, zu erfassen. Ganz allgemein werden diese Patienten als gefühlskalt bis rücksichtslos eingestuft; sie gelten entsprechend als »Soziopathen«. In seinem Buch »Descartes' Irrtum« beschreibt Antonio Damasio (1994) dramatische Verhaltensänderungen bei Menschen, die Verletzungen im orbitofrontalen Cortex erlitten hatten. Am bekanntesten geworden ist der Fall des Ingenieurs Phineas Gage, der aufgrund einer Verletzung des orbitofrontalen Cortex von einem verantwortungsvollen, zurückhaltenden Menschen zu einem Individuum wurde, das sich rücksichtslos gegen sich selbst und andere verhielt.

In einer vielbeachteten Studie, die auch die oben genannten Untersuchungen von Gehring und Willoughby inspirierte, verglich die Arbeitsgruppe um Damasio (Bechara et al., 1997) das Verhalten von gesunden Versuchspersonen und von Patienten mit Läsionen im orbitofrontalen Cortex bei einem Kartenspiel, in dem man schnelle Gewinne bei sehr hohem Risiko und geringere Gewinne bei kleinem Risiko machen konnte. Erstere Strategie führte aufgrund unerwartet auftretender hoher »Strafen« letztendlich zum Verlust des gesamten Einsatzes, die letztere Strategie schließlich zu zusätzlichem Gewinn. Die gesunden Versuchspersonen stellten nach den ersten größeren Verlusten ihr Verhalten auf die Strategie der Risikominimierung um; interessanterweise deutete sich die Erkenntnis des zu hohen Risikos bei der ersten Strategie nach einigen Verlusten in einer deutlichen Veränderung des Hautwiderstandes an, *bevor* die Versuchspersonen zu dieser Erkenntnis kamen. Bei manchen Versuchspersonen trat eine bewusste Erkenntnis der von ihnen angewandten besseren Strategie überhaupt nicht auf; ihr richtiges Verhalten wurde rein unbewusst gesteuert. Hingegen zeigten die Patienten mit Schädigungen im orbitofrontalen Cortex nach den ersten Verlusten keine Veränderung des Hautwiderstandes. Sie blieben auch bei der hochriskanten Strategie und verloren entsprechend ihren gesamten Einsatz. Einige von ihnen waren sogar in der Lage, ihr hochriskantes Verhalten korrekt zu beschreiben, behielten dennoch die einmal eingeschlagene Strategie bei. Dies weist bei diesen Patienten auf eine deutliche Entkopplung (Dissoziation) zwischen Erkennen von Fehlverhalten und entsprechender Verhaltensänderung hin. Die negativen Konsequenzen ihres Verhaltens lassen die Patienten buchstäblich »kalt«.

In einer kürzlich veröffentlichten Studie verglich die Damasio-Gruppe (Anderson et al., 1999) die Folgen einer Verletzung des orbitofrontalen Cortex in früher Jugend und im Erwachsenenalter. Bei Erwachsenen hielten sich die Folgen der Verletzung in tragbaren Grenzen, d. h. sie zeigten zwar eine erhöhte Risikobereitschaft und eine geringere Fähigkeit, aus Fehlern zu lernen, jedoch kein extrem »asoziales« Verhalten. Sie konnten auch durchaus über auftretende Risiken und ihr unangepasstes Verhalten berichten. Die beiden Patienten mit Schädigungen des orbitofrontalen Cortex in frühester Jugend zeigten dagegen schwer asoziales Verhalten, d. h. sie waren unerziehbar und unbelehrbar. Sie hatten bei ihrem Verhalten auch keinerlei Gewissensbisse und kannten keinerlei Einsicht in ihr Verhalten. Die Tatsache, dass sie in »normaler« Umgebung aufwuchsen, blieb ohne positive Auswirkungen auf ihr Verhalten.

Im Fall der Schädigung des orbitofrontalen Cortex im *Erwachsenenalter* besteht nach Auffassung der Autoren die Schwierigkeit in der Umsetzung von Erfahrungen in ein sozial angepasstes Verhalten, über das diese Patienten in Grenzen verfügen. Im Fall der Schädigung des orbitofrontalen Cortex in früher Jugend wird dagegen das Sammeln solcher Erfahrungen völlig verhindert; es gibt also keine unbewussten (impliziten) »moralischen Anweisungen«, worauf sie in Entscheidungssituationen zurückgreifen könnten. Der orbitofrontale Cortex lässt sich also durchaus als Sitz der »höchsten moralischen Instanz« eines Individuums ansehen, insbesondere wenn man bedenkt, dass seine Funktion vor allem darin besteht, subcortikale affektiv-emotionale Zentren zu *hemmen*. Er ist also eher ein Warner denn ein Antreiber. Man könnte ihn deshalb auch als Sitz des »Gewissens« bzw. des »Über-Ich« im Sinne Freuds ansehen (vgl. Kapitel 1). Hierauf werde ich im Exkurs 3 noch genauer eingehen.

9. Gefühle

Ein Leben ohne Gefühle können wir uns nicht vorstellen, auch wenn wir uns manchmal die Gefühle fortwünschen, wenn wir nämlich unter ihnen leiden, etwa bei Zuständen von Furcht, Angst, Trauer, Enttäuschung, Neid, Missgunst, Hass und Eifersucht. Aber auch positive Gefühle wie Verliebtsein, Freude, Lust und Neugierde können etwas Beunruhigendes, ja Beängstigendes haben, wenn sie uns beherrschen. Gefühle »ergreifen«, »packen«, »schütteln« uns. Nicht umsonst haben die antiken Philosophen und Schriftsteller diesen Aspekt der Gefühle dadurch zum Ausdruck gebracht, dass sie im Griechischen von »pathos« und im Lateinischen von »passio« redeten, also von dem, worunter man *leidet*. Im Deutschen sprechen wir ebenso von *Leiden*schaften, wenn es um Handlungen oder Handlungsabsichten geht, die von nur schwer oder gar nicht zu zügelnden Gefühlszuständen getrieben werden.

Das moderne Wort »Emotionen«, abgeleitet von lateinisch »emotio«, klingt etwas neutraler, betont von seiner lateinischen Wurzel »movere« (bewegen) her aber ebenfalls den Aspekt des Bewegt- und Ergriffenseins. Im Lateinischen existiert daneben der Begriff »affectus« bzw. »affectio«, das seine Wurzel im Verb »afficere« (»anmachen«, »anrühren«) hat und eigentlich dasselbe wie »emotio« bedeutet, nämlich von etwas ergriffen sein. In der modernen Psychologie werden die Begriffe »Emotion« und »Affekt« sowohl im Deutschen wie im Englischen (*emotion, affect*) häufig synonym gebraucht, teilweise überlappend mit »Leidenschaft« (*passion*). Letzteres meint aber eher die *starken* Gefühle.

Das deutsche Wort »Gefühl« kommt im 17. Jahrhundert auf und meint ursprünglich den ganz allgemeinen Aspekt des *Sich Anfühlens* und *Erlebens*. Es entspricht (z. B. bei David Hume) dem englisch-französischen Begriff »sentiment«. Man begriff Gefühle als eine Art Wahrnehmung, benachbart den Sinneswahrnehmungen, dem Vorstellen, Erinnern und Denken. Der Erlebenscharakter ist bei Gefühlen allerdings stärker als bei der Wahrnehmung und den kognitiven Zuständen; wir können in der Regel zwischen Gefühlen und den anderen Erlebniszuständen gut unterscheiden. Eine Wahrnehmung kann nämlich ganz neutral sein; dies gilt auch für eine Vorstellung, eine Erinnerung oder einen Gedanken. Wahrnehmungen sind meist detailreich und wechseln schnell; Gedanken, Vorstellungen und Erinnerungen dagegen sind oft wenig detailreich, haben aber einen konkreten, *benennbaren* Inhalt. Gefühle dagegen sind typischerweise gegenstandsarm und unpräzise. Sie kommen für uns zu Wahrnehmungen, Vorstellungen und Gedanken deutlich spürbar *hinzu*. Dieselbe Wahrnehmung oder Vorstellung und derselbe Gedanke rufen manchmal völlig unterschiedliche Gefühle in uns hervor. Besonders intensiv ist die Verbindung zwischen Erinnerung und Gefühlen.

Charakteristisch für Gefühle ist auch, dass sie mit deutlichen *körperlichen* Empfindungen einhergehen und dass sie unser Verhalten beeinflussen. Das Herz hüpft vor Freude, der Angstschweiß steht uns auf der Stirn, unsere Knie schlottern, wir lassen traurig die Schultern hängen, sind kreidebleich vor Schreck, hochrot vor Zorn, bekommen vor Neugierde Stielaugen und werden grün (oder gelb) vor Neid. Die körperlichen Reaktionen müssen aber nicht immer so dramatisch sein. Beim Gedanken an die morgige Prüfung oder an ein unangenehmes Gespräch mit den Vorgesetzten verspüren wir ein flaues Gefühl in der Magengegend, die Nervosität vor einem Vortrag lässt uns nervös an der Krawatte nesteln, leichte Ratlosigkeit an den Nägel kauen, eine erregte Diskussion begleiten wir mit deutlicher Gestik. Wenn ein Mensch sich dagegen sehr ruhig verhält, so gehen wir davon aus, dass das, was gerade passiert, ihn emotional nicht sehr bewegt, ihn »kalt« lässt. Es gehört langes Training dazu, sich trotz innerer Erregung äußerlich ganz ruhig zu geben.

Diese Zuordnung von Gefühlen zu bestimmten körperlichen Zuständen und Reaktionen ist weitgehend angeboren. Der körperliche Ausdruck der Freude, der Furcht, der Wut, der Trauer, der Enttäuschung, des Interesses, der Unterwerfung (sich Kleinmachen), aber auch des Flirtens (z. B. über den Augengruß) ist – soweit bekannt – überall auf der Welt derselbe und wird auch spontan zwischen Kulturen verstanden (Eibl-Eibesfeldt, 1987). Diese Emotionen gehen bei allen Menschen mit messbaren physiologischen Zuständen einher, von denen noch die Rede sein wird; sie sind also in gewissem Maße objektivierbar. Ein Mensch, dessen Hautwiderstand und Adrenalinspiegel sich beim Anblick eines bestimmten Objektes oder einer bestimmten Szene nicht deutlich ändert, verspürt auch keine Furcht. Das Umgekehrte gilt übrigens nicht zwingend, denn die genannten physiologischen Vorgänge können durchaus auftreten, ohne dass die Person Furcht empfindet. Nichtsdestoweniger wird ihr Verhalten nachweislich durch diese *unbewusste Furcht* beeinflusst.

Selbstverständlich gibt es über den Kern angeborener emotionsbezogener körperlicher Reaktionen hinaus viele individuell und insbesondere sozial vermittelte Reaktionen und Verhaltensweisen. So kann Aggressivität sich zum einen in drohenden Augen und Zähnezeigen ausdrücken, aber auch hinter einem »honigsüßen Lächeln« verbergen; es gibt über das universelle Handwinken hinaus unendlich viele Begrüßungsgesten und Zeichen der Hochachtung und der Unterwerfung.

Gefühle sind trotz dieser klaren Körperlichkeit schwer zu fassen und zu beschreiben, und auch darin liegt, neben ihrer »Bewegungskraft«, etwas Beängstigendes. Diesen Umstand haben große Philosophen wie Leibniz und Kant besonders herausgestrichen. Für Leibniz sind Gefühle undeutlich und haben »an sich selbst etwas Schädliches«. Durch sie werden wir »verdunkelt und unvollkommen«. Gefühle haben für den großen Philosophen keinen oder nur einen geringen Erkenntniswert, sie sind recht eigentlich *unsittlich*. Gut, dass es die Vernunft (*intellectus*) gibt, die uns klar und deutlich sagt, was Sache ist und was wir tun müssen!

Die Betonung des *Sinnlichen*, des Erlebnishaften im Gefühl zieht sich besonders durch die Philosophie des 18. Jahrhunderts; entsprechend wird das Gefühl als positiv angesehen, man denke an den Kult der »Empfindsamkeit« bei Shaftesbury, Mendelssohn, Sulzer und dem jungen Goethe des Sturm und Drang. Für Kant sind Gefühle vorwiegend ästhetische Empfindungen, »subjektive Urteile«, und zwar in Form der Lust am Schönen (»Wohlgefallen«) und der Unlust am Hässlichen« (»Missfallen«). Kant stellt sie der »objektiven« Verstandesoperation gegenüber. Für Gefühle im Sinne der Leidenschaften (der *Passionen*) hat Kant nur Verachtung. Wie bei den antiken stoischen Philosophen, bei Spinoza und vielen anderen Philosophen der Neuzeit ist es für Kant vorrangiges Ziel des sittlichen Menschen, die Leidenschaften zu bekämpfen, denn sie trüben unser ethisches Urteil und verleiten uns zu schlechtem Tun. Für ihn und die Stoiker ist nichts verloren, wenn leidenschaftliche Gefühle völlig verschwinden.

Der antike Philosoph Platon zeigt ebenfalls keine besondere Wertschätzung der Gefühle. In einer für die gesamte antike und mittelalterliche Philosophie bedeutsamen Weise unterscheidet er in seinem

Dialog »Timaios« drei Seelenvermögen, von denen die beiden ersten sterblich sind und das dritte unsterblich ist, nämlich die *Begierden*, die er im Unterleib (!) ansiedelt, den *Willen* bzw. *Mut*, der im Brustkorb, genauer im Herzen sitzt, und die *Vernunft*, die im Gehirn lokalisiert ist. Mut (»Mannheit«) im Brustkorb ist der ehrliebende Teil der sterblichen Seele und dem Kopf und Gehirn benachbart, »damit er, der Vernunft gehorsam, gemeinschaftlich mit ihr gewaltsam das Geschlecht der Begierden im Zaum halte, wenn es in keiner Weise freiwillig dem von der Burg aus ergangenen Gebote und der Vernunft gehorchen wolle«. Die Lust nennt Platon bezeichnenderweise »des Schlechten stärkster Köder«. Das Zwerchfell hat die Aufgabe, den Bereich des Mutes von dem der niederen Begierden zu trennen, genauso wie Kopf und Verstand durch das Genick vom Brustkorb und dadurch vom Mut getrennt sind, damit sich die drei Seelenvermögen nicht zu sehr vermischen. Diese Lehre von den drei Seelenvermögen taucht in moderner Form bei MacLean und seinem Konzept des »dreieinigen Gehirns« (triune brain) wieder auf, von dem gleich noch die Rede sein wird.

Der andere große antike Philosoph Aristoteles ist hier moderater; er plädiert für die Zügelung starker Leidenschaften bis zu einem Grad, an dem sie dem Verstand und der Vernunft dienen können. Er sieht eine wichtige Funktion der »Leidenschaften« (wir würden hier eher Emotionen sagen) auch darin, dass sie zu positiven Gewohnheiten werden. Die Vernunft – so Aristoteles – muss danach trachten, solche positiven Gewohnheiten zu entwickeln.

Sigmund Freud war von allen modernen Denkern sicherlich derjenige, der die Gefühle am meisten ernst genommen hat. Bei ihm geht es insbesondere um diejenigen Gefühle, die wir nicht bewusst erleben, die uns dennoch beherrschen. Das Unbewusste ist für Freud der Ort der wilden Triebe, der verbotenen Wünsche, einer »psychischen Urbevölkerung«, die den Instinkten der Tiere vergleichbar ist, wie es in seinem Aufsatz »Das Unbewusste« von 1915 heißt. Die bewussten Gefühle sind lediglich die gereinigte Version ihrer unbewussten Vorbilder. Mit seiner späteren Maxime, »Es« (d. h. die unbewussten Triebe und Gefühle) »muss Ich (d. h. vernünftiges, der Realität angepasstes Handeln) werden«, zeigt Freud, dass er ein zumindest sehr ambivalentes Verhältnis zu den Gefühlen hatte und mit seiner Behandlungsmethode dem Ich zur Vorherrschaft über das Es zu verhelfen suchte.

Emotionale Zustände waren bis vor wenigen Jahren kein vorrangiger Gegenstand der Neurowissenschaften. Ein wichtiger Grund hierfür liegt darin, dass man Gefühle zusammen mit Instinkten und Reflexen in Zentren des Hirnstammes (d. h. Mittelhirn, Brücke und Verlängertes Mark) ansiedelte, den man etwas abwertend als »stammesgeschichtlich alte« Region ansah (so als hätte es Wirbeltiere gegeben, deren Gehirn nur aus dem Hirnstamm bestand, was natürlich Unsinn ist). Was die Primaten einschließlich des Menschen dagegen auszeichne, sei die den Hirnstamm überwölbende Großhirnrinde, der Neocortex. Hier lokalisierte man (und tut dies auch heute noch) die so genannten »höchsten Hirnleistungen«, die entsprechend kognitiver und nicht emotionaler Natur sind.

Verhängnisvoll wirkte sich in diesem Zusammenhang auch die populär gewordene Lehre Paul MacLeans von den »drei Gehirnen« im menschlichen Gehirn aus (MacLean, 1947, 1952, 1990). Das erste dieser »Gehirne im Gehirn« ist nach MacLean ein »stammesgeschichtlich altes Reptiliengehirn«, bestehend aus Mittelhirn und Verlängertem Mark, welches die lebenserhaltenden, vegetativen Funktionen, aber auch die »niederen« Instinkte und Affekte beherbergt. Das zweite ist ein »frühes Säugergehirn«, das er als den Sitz von Emotionen ansieht und das mehr oder weniger identisch ist mit dem subcortikal-limbischen Gehirn (als dessen Zentrum MacLean irrtümlich den Hippocampus annimmt). Das dritte ist das »entwickelte Säugergehirn« mit dem Neocortex als Sitz von Vernunft, Verstand und Logik. Die Kernaussage dieses Konzeptes lautet, es gebe zwischen dem limbischen System und dem Neocortex nur wenige Verbindungen, und dies erkläre, weshalb es uns schwer fällt, unsere Affekte und Gefühle rational zu kontrollieren.

Diese Vorstellung MacLeans von drei voneinander weitgehend unabhängig arbeitenden Gehirnen ist falsch und ebenso die Idee einer stammesgeschichtlichen Abfolge der Entstehung solcher Gehirnteile. Alle Wirbeltiere besitzen neben einem Hirnstamm ein in den Grundzügen identisches limbisches System im Mittelhirn, Zwischenhirn und ventralen Endhirn. Außerdem besitzen alle Wirbeltiere ein dorsales Telencephalon, das dem Cortex der Säuger entweder direkt homolog ist oder funktional entspricht. Unterschiede bestehen in der Größe, dem anatomischen Aufbau und der Vielfalt der Funktionen des dorsalen Telencephalon (Nieuwenhuys et al., 1998; Roth und Wullimann, 1996, 2001). Auch sind die Verbindungen zwischen dem vegetativen, dem limbischen und dem cortikalen Subsystem sehr eng, wie wir im voraufgegangenen Kapitel gehört haben.

Diese unbefriedigende Situation bei der Erforschung der Emotionen änderte sich grundlegend erst Ende der achtziger und im Laufe der neunziger Jahre des 20. Jahrhunderts, und zwar vor allem durch Arbeiten der amerikanischen Neurobiologen Joseph LeDoux und Antonio Damasio und ihrer Mitarbeiter. LeDoux und mit ihm viele andere Forscher begannen detailliert das limbische System der Ratte, besonders die Amygdala (im Zusammenhang mit Furchtkonditionierung) und das mesolimbische System (vor allem hinsichtlich der Wirkung von Drogen und der Suchtentstehung), zu erforschen. In den letzten Jahren wurde darüber hinaus eine große Anzahl von Untersuchungen an Makakenaffen zur Anatomie und Funktion des Stirnhirns (des präfrontalen Cortex) durchgeführt.

Hanna und Antonio Damasio und ihren Mitarbeitern gebührt das Verdienst, mithilfe einer Kombination neuropsychologischer und neurobiologischer Methoden einschließlich der funktionellen Bildgebung das Interesse auf Störungen des limbischen Systems bei menschlichen Patienten, insbesondere bei Läsionen des Stirnlappens und der Amygdala und deren dramatische Auswirkungen auf das Verhalten der Patienten gelenkt zu haben. Hierbei stellte sich – wie bereits erwähnt – heraus, dass mit dem Verlust dieser Zentren die Patienten nicht nur gefühllos wurden. Vielmehr begannen sie, sich in Hinblick auf sich selbst und auf ihre soziale Umwelt in unvernünftiger Weise zu verhalten, zum Beispiel bekannte Gefahren nicht mehr zu meiden, hohe Risiken einzugehen, sich rücksichtslos zu betragen und ganz allgemein unfähig zu sein, aus den Konsequenzen des eigenen Verhaltens zu lernen. Zur Rede gestellt waren diese Patienten teilweise in der Lage, mit vernünftigen Worten ihr Fehlverhalten zu beschreiben, sie handelten jedoch nicht dementsprechend. Diesen Personen fehlte also nicht die *Einsicht*, sondern das Vermögen, diese Einsicht *in die Tat* umzusetzen. Dasjenige, was seit mehr als zwei Jahrtausenden viele Philosophen von ihren Mitmenschen gefordert hatten, nämlich die Vernunft walten zu lassen und die Gefühle zu unterdrücken, endete bei diesen Patienten ironischerweise in unvernünftigem Verhalten.

Die große *biologische* Bedeutung der Leidenschaften, Triebe, Affekte und Gefühle war seit dem Altertum bekannt. Zum einen sind diese Zustände im Bereich überlebenswichtiger Funktionen mit *körperlich-vegetativen* Zuständen verbunden, zum Beispiel bei Bedrohungszuständen mit erhöhter Reaktionsbereitschaft (Schreckhaftigkeit), Schwitzen, Herzklopfen, Kurzatmigkeit, erhöhtem Blutdruck, der Tendenz zur Flucht oder Abwehr, und sie haben hier eine Signalwirkung. Als *Triebe* und *Instinkte* sind sie dazu da, das Überleben des Einzelnen, der Gruppe und der Art zu sichern. Hierzu gehören der Nahrungstrieb, das Bedürfnis nach Schlaf, Wärme und Schutz, nach sozialem Kontakt, Verteidigung, Flucht, Angriff, Sexualität und vieles mehr.

Emotionen greifen in die bewusste Verhaltensplanung und Verhaltenssteuerung ein, indem sie bei der Handlungsauswahl mitwirken und bestimmte Verhaltensweisen befördern. Hierbei spricht man von *Motivation*. Als *Wille* »energetisieren« sie die einen Handlungen bei ihrer Ausführung und unterdrücken als *Furcht* oder *Abneigung* andere. Sie steuern unsere Gedanken, Vorstellungen und insbesondere unsere Erinnerungen.

Emotionen sind – wie schon die Alten feststellten – angesichts der genannten Funktionen in aller Regel bewusst oder unbewusst mit Vorstellung von etwas *Erstrebenswertem* bzw. etwas zu *Vermeidendem* verbunden. Der große mittelalterliche Philosoph und Theologe Thomas von Aquin definierte Emotionen als »etwas, das die Seele antreibt« in Richtung auf etwas Gutes oder Schlechtes. Ohne emotionale Impulse keine Aktionen!

Dennoch ist eine sinnvolle Definition des Begriffs »Emotion« nicht einfach, auch nicht innerhalb der modernen psychologischen und neurobiologischen Forschung. Man findet in der einschlägigen Literatur eine große Zahl höchst unterschiedlicher Definitionen und inhaltlicher Beschreibungen. Diese reichen von der in den Sozial- und Kulturwissenschaften weithin vertretenen Auffassung, dass Emotionen nichts anderes seien als soziale Konstrukte und Konventionen im Dienste der Kommunikation, bis hin zu der von William James (1884) vertretenen streng »reduktionistischen« Auffassung, Emotionen seien nichts Eigenständiges, sondern nur der bewusste Nachklang unbewusster physiologischer (d. h. vegetativer) Reaktionen.

Im vorliegenden Zusammenhang will ich mich auf diejenigen Theorien beschränken, die einen – wie auch immer im Einzelnen gearteten – Zusammenhang zwischen emotionalen Zuständen und physiologischen, insbesondere hirnphysiologischen Zuständen unterstellen (eine für Psychologen weitgehende Einschränkung). Aber selbst zwischen physiologisch orientierten Emotionsforschern bestehen durchaus Meinungsverschiedenheiten über das Wesen und die Grundfunktion von Emotionen, über die Zahl klar abgrenzbarer emotionaler Zustände und das Verhältnis zwischen emotionalen und kognitiven Zuständen.

Was sind Emotionen, und wie viele gibt es davon?

Unbestreitbar ist die Existenz von Erlebniszuständen, die zusammen mit *biologischen Grundbedürfnissen* und ihrer Befriedigung bzw. ihrem Entzug auftreten, z. B. im Zusammenhang mit Nahrungs- und Flüssigkeitsaufnahme (empfunden als Hunger und Durst), Wachen und Schlafen (Müdigkeit), Wärmehaushalt (Frieren, Schwitzen), Fortpflanzung (Sexualtrieb), Angriffs- und Verteidigungsverhalten (Aggression, Wut), Verletzungen (Schmerz) und Sozialverhalten (Fürsorge, Geborgenheit, Verlassenheitsgefühl). Solche *elementaren Affektzustände* (der amerikanische Neurobiologe Panksepp nennt sie »reflexive Affekte«) müssen nicht erlernt werden, sondern sind angeborenermaßen vorhanden und – soweit untersucht – allen Säugetieren gemeinsam (Panksepp, 1998). Sie sind bei ihnen mit typischen Verhaltensweisen (häufig einschließlich charakteristischer Lautäußerungen) und typischen physiologischen Zuständen (meist des vegetativen Nervensystems) verbunden. Die hierfür zuständigen Hirnzentren lassen sich relativ gut identifizieren. Die Tatsache, dass diese elementaren Affektzustände zur Grundausrüstung der Säugetiere einschließlich des Menschen gehören, schließt ihre Veränderbarkeit durch Erfahrung (Lernen, Instruktion) in engen Grenzen nicht aus; die Mehrzahl von ihnen ist allerdings nicht völlig unterdrückbar.

Einig sind sich die meisten physiologisch orientierten Autoren darin, dass Affekte/Emotionen ebenso wie kognitive Leistungen sowohl unbewusst als auch von Bewusstsein begleitet auftreten können. Ebenso sind sie sich – im Gegensatz zu William James – über die *kausale* Rolle bewusster Emotionen einig (d. h. Emotionen sind kein reines *Epiphänomen*). Sie schreiben dabei in der Regel bewussten und unbewussten Emotionen unterschiedliche Funktionen zu, wie dies auch im Hinblick auf bewusste (explizite, elaborierte) und unbewusste (implizite, automatisierte) Kognition geschieht (s. Kapitel 7).

Die meisten einschlägigen Autoren (z. B. Ciompi, Ekman, Pank-sepp, Tomkins) schließen zumindest einige der genannten elemen-taren Affektzustände in den Begriff der Emotionen ein, z. B. Ag-gression, Wut, Fürsorge-, Geborgenheits- und Verlassenheitsgefühl und sexuelle Lust, während sie andere wie Hunger, Durst, Müdigkeit, Frieren und Schwitzen in aller Regel nicht als Emotionen oder Affekte ansehen. Andere Autoren (z. B. Clore und Ortony, Öhman, Rolls) beschränken Emotionen auf diejenigen Zustände, die wie Furcht, Freude, Glück, Verachtung, Ekel, Neugierde, Hoffnung, Enttäu-schung und Erwartung durch positive oder negative *Erfahrungen* in stärkerem Maße veränderbar sind. Für diese Autoren stellen Emo-tionen eine nicht-kognitive, jedoch erfahrungsabhängige Form der Bewertung (*appraisal*) lebens- und überlebensrelevanter Ereignisse (besonders solcher im sozialen Bereich) dar. Dies schließt ihrer Meinung nach die meisten elementaren affektiven Zustände aus.

Umstritten ist auch die Frage, ob es beim Menschen (und eventuell bei Tieren) eine Grundausstattung mit einer gewissen Zahl *unabhän-gig voneinander existierender* Affekte bzw. Emotionen gibt, oder ob sich alle Affekte/Emotionen auf nur *eine Grundpolarität* – meist zwischen »positiv/erstrebenswert« und »negativ/zu vermeiden« – zurückführen und sich entlang dieser Achse nur in ihrer Intensität und »Einfärbung« unterscheiden lassen. Der Psychologe Paul Ekman (Ekman, 1999a) geht von insgesamt 15 »grundlegenden Emotionen« (*basic emotions*) aus, nämlich Glück/Vergnügen (*happiness/amusement*), Ärger (*anger*), Verachtung (*contempt*), Zufriedenheit (*contentment*), Ekel (*disgust*), Verlegenheit (*embarrassment*), Aufgeregtheit (*excitement*), Furcht (*fear*), Schuldgefühl (*guilt*), Stolz auf Erreichtes (*pride in achieve-ment*), Erleichterung (*relief*), Trauer/Kummer (*sadness/distress*), Be-friedigung/Zufriedenheit (*satisfaction*), Sinneslust (*sensory pleasure*) und Scham (*shame*). Trauer (*grief*), Eifersucht (*jealousy*), schwärme-rische Liebe (*romantic love*) und elterliche Liebe (*parental love*) sind für Ekman eher längerfristige affektive Zustände oder Stimmungen und daher nicht unbedingt als Emotionen anzusehen.

Zumindest die 15 genannten Emotionen sind für Ekman bei allen Menschen durch eine einzigartige Kombination von äußerlichen und innerlichen körperlichen Merkmalen charakterisiert, z. B. durch einen typischen Gesichtsausdruck, eine typische Lautäußerung (Schmerz-, Trauer-, Freudelaute usw.) und einen charakteristischen Zustand des autonomen Nervensystems. Sie stellen für ihn deshalb *emotionale Universalien* dar. Ekman führte hierzu ausgedehnte interkulturelle Untersuchungen durch, in denen er nachwies (oder nachgewiesen zu haben glaubte), dass zumindest sechs emotionale Zustände, nämlich Glück, Überraschung, Furcht, Verachtung, Trauer und Ärger durch unterschiedene Gesichtsausdrücke und Lautäußerungen charakterisiert sind, die von der großen Mehrheit aller Menschen in 21 Völkern der Erde spontan richtig gedeutet wurden. Ähnliches scheint seiner Meinung nach für Verachtung und Verlegenheit zu gelten. Interessanterweise fand er – ebenso wie eine Reihe anderer Autoren – heraus, dass Furcht und Überraschung noch am ehesten (wenn auch vergleichsweise selten) miteinander verwechselt werden. Diese Befunde wurden durch andere Autoren teils bestätigt (s. Ekman, 1999b), teils eingeschränkt (s. Cacioppo et al., 2000).

Der Neurobiologe Jaak Panksepp (1998) geht ebenfalls davon aus, dass es deutlich abgrenzbare *affektiv-emotionale Grundzustände* gibt, die durch unterschiedliche neuronale »Schaltkreise« im Gehirn charakterisiert und deshalb als universell anzusehen sind. Er kommt aber zu einer anderen Einteilung als Ekman. Er unterscheidet sechs *basale emotionale Systeme*, nämlich Streben/Erwartung (*seeking/expectancy*), Wut/Ärger (*rage/anger*), Wollust/Sexualität (*lust/sexuality*), Fürsorge/Pflege (*care/nurturance*), Panik/Trennung (*panic/separation*), und Spiel/Freude (*play/joy*).

Eine polare Auffassung von Emotionen vertritt demgegenüber der britische Neurophysiologe Edmund Rolls (1999). Für ihn sind Emotionen Zustände, die *durch Belohnung und Bestrafung hervorgerufen und verändert* werden. Belohnung ist für ihn das, was ein Tier (oder Mensch) anstrebt, und Bestrafung etwas, das ein Tier (oder Mensch) zu vermeiden versucht. Diese Definition ist natürlich zirkulär, wenn man mit Rolls unterstellt, dass Tiere und Menschen eine Belohnung anstreben und eine Bestrafung zu vermeiden versuchen. Rolls geht von einer zweifachen Polarität emotionaler Zustände aus, die durch positive Verstärker und deren Fortfall oder Beendigung einerseits und negative Verstärker und deren Fortfall oder Beendigung andererseits konstituiert wird. Entlang der Achsen eines solchen »emotionalen Koordinatensystems« lassen sich Emotionen unterschiedlicher Intensität auftragen. Vom Nullpunkt des Koordinatenkreuzes aus finden sich dann auf der positiven Y-Achse mit zunehmender Intensität Wohlbefinden, Hochstimmung und Ekstase, auf der negativen Y-Achse Besorgnis, Furcht und Entsetzen. Auf der positiven X-Achse (d. h. Fortfall oder die Beendigung eines negativen Verstärkers) findet sich Erleichterung, auf der negativen X-Achse (d. h. Fortfall oder die Beendigung eines positiven Verstärkers) Frustration/Traurigkeit, Ärger/Trauer und Wut.

Einige Kritiker lehnen Rolls' Beschränkung von Emotionen auf Zustände der Belohnung und Bestrafung ab und verweisen darauf, dass es emotionale Zustände wie Trauer gibt, die sich nicht über Belohnung oder Bestrafung definieren lassen. Die inhärente Zirkularität der Definition von Rolls lässt sich im übrigen nur vermeiden, wenn man annimmt, dass Belohnungen mit der Erhaltung oder Steigerung lebens- und überlebenserhaltender Zustände verbunden ist und Bestrafung mit der Bedrohung oder Schädigung solcher Zustände. Derartige Zustände bilden die Basis der emotionalen Zustände in dem eingeschränkten Sinn, den Rolls ihnen gibt.

Von einer Polarität von Affekten und Emotionen in »positiv« und »negativ« bzw. Annäherung und Vermeidung geht auch eine Reihe anderer Autoren aus, z. B. der amerikanische Forscher Davidson (1999) und der schwedische Forscher Öhman (1999). Eine solche Auffassung wird unterstützt durch eine Auswertung von 23 Studien zur Korrelation von Emotionen mit Reaktionen des vegetativen Nervensystems (Herzschlagrate, Fingertemperatur, Hautwiderstand, Muskelanspannung usw.) während induzierter oder vorgestellter Emotionen (z. B. Ärger, Furcht, Trauer, Freude, Überraschung und Ekel), die Cacioppo und Mitarbeiter durchführten (vgl. Cacioppo et al., 2000). Die Autoren kamen zu dem Schluss, dass die Korrelationen zwischen Emotionen und physiologischen Reaktionen selbst bei einer eingeschränkten Anzahl von Emotionen nicht signifikant sind und große Überlappungen aufweisen. Die Unterschiede werden allerdings umso klarer, je stärker die Emotionen sind. Am deutlichsten zeigen sich Korrelationen, wenn nur positive oder nur negative Emotionen (bzw. die entsprechenden Gesichtsausdrücke) mit vegetativen Reaktionen verglichen werden.

Richard Davidson ordnet der polaren Organisation der Emotionen zwei »basale emotionale Schaltkreise« im Gehirn zu, nämlich ein »Annäherungssystem« (*approach system*), das Verhalten hin zu erstrebenswerten Ereignissen und Objekten fördert, und ein »Rückzugssystem« (*withdrawal system*), das zur Vermeidung negativer Ereignisse und Objekte führt. Davidson kombiniert so die Ansätze von Panksepp und Rolls.

Eine wiederum ganz andere Klassifikation von Emotionen präsentieren Ortony, Clore und Collins (vgl. Clore und Ortony, 2000), der auch Öhman und andere Forscher folgen. Emotionen unterscheiden sich nach Ortony, Clore und Collins von Affekten dadurch, dass sie eine Bewertung von Zielen (*goals*), Erwartungen/Normen (*standards*) und Einstellungen (*attitudes*) einschließen, was bei Affekten und Stimmungen nicht der Fall ist. Entsprechend sind Emotionen stets *intentional*, d. h. auf ein Ziel ausgerichtet. Eine Bewertung hinsichtlich der *Ziele* betrifft die Wünschbarkeit der Konsequenzen von Ereignissen, eine Bewertung hinsichtlich der *Erwartungen* die Wünschbarkeit von Handlungen (und nicht von Ereignissen), und eine Bewertung hinsichtlich der *Einstellungen* die Wünschbarkeit von Objekten (und nicht von Ereignissen oder Handlungen). Aufgrund weiterer Unterscheidungen (bei Zielen z. B. im Hinblick auf die Konsequenzen vergangener oder zukünftiger Ereignisse, bei Erwartungen hinsichtlich eigener oder fremder Erwartungen usw.) gelangen Ortony und Clore zu einer längeren Liste von Emotionstypen, die Freude, Trauer, Hoffnung, Furcht, Schadenfreude, Vorfreude, Groll, Mitleid, Stolz, Scham, Bewunderung, Tadel, Liebe, Hass und Verachtung umfasst.

Während viele Autoren Affekte und Emotionen einerseits und kognitive Leistungen andererseits als voneinander unabhängige, wenn auch miteinander interagierende psychische Zustände ansehen, sind Clore und Ortony entschiedene Verfechter einer *kognitiven Theorie der Emotionen*, wie sie auch vom Schweizer Psychologen Scherer vertreten wird (Scherer, 1999). Emotionen sind für sie Bewertungszustände (*appraisals*) und haben immer eine kognitive Komponente, im Gegensatz zu den Affekten. Sie beziehen sich, gleichgültig ob bewusst oder unbewusst, immer auf das Erfassen der *Bedeutung* einer Situation oder eines Gegenstandes.

Eine solche rein kognitive Definition von Emotionen ist jedoch unbefriedigend. Emotionen und Affekten ist gemeinsam, dass sie in einer Weise unsere Befindlichkeit und unser Verhalten beeinflussen, die sich meist deutlich von Wahrnehmungsakten und kognitiven Zuständen unterscheidet. Man kann einen kognitiven Akt, etwa das Erkennen eines Gegenstandes als Gesicht, durchaus als Interpretation von Wahrnehmungsinhalten ansehen, doch handelt es sich dabei nicht um eine Bewertung hinsichtlich unserer Befindlichkeit und unseres künftigen Verhaltens. Im Gegenteil: Aus rein kognitiven

Akten folgt direkt *keine* Änderung der körperlichen Befindlichkeit (etwa gemessen an vegetativen Reaktionen) oder des Verhaltens, sondern nur dann, wenn sie mit affektiven und emotionalen Zuständen zusammentreffen, wenn etwa ein Gesicht als furchterregend oder liebevoll interpretiert wird, oder wenn Emotionen als *Motivation* uns zu bestimmtem Handeln antreiben. Aufgrund der hier vorgetragenen neurobiologischen Befunde ist es also berechtigt, zwischen kognitiven und affektiv-emotionalen bzw. motivationalen Zuständen zu unterscheiden. Auch wenn beide Klassen von Zuständen meist gemeinsam auftreten, gibt es durchaus rein kognitive und rein affektiv-emotionale Zustände.

Eine scharfe Unterscheidung zwischen Affekten, Emotionen und Stimmungen ist hingegen nicht möglich. Affekte (Wut, Ärger usw.) sind meist impulsiv und reaktiv, Emotionen (Freude, Furcht, Enttäuschung usw.) milder in ihrer Intensität und deutlicher von Lernen und Erfahrung beeinflusst, Stimmungen (Zufriedenheit, Trauer, Angst usw.) halten in der Regel länger an. Es gibt aber viele Übergänge zwischen diesen Klassen von Zuständen.

Emotion und Bewusstsein

Warum werden uns Emotionen bewusst? Diese Frage ist natürlich verbunden mit dem allgemeineren Problem, warum uns überhaupt irgendetwas bewusst wird. Wie im 7. Kapitel bereits erwähnt, lautet die Antwort des *Epiphänomenalismus*, Bewusstsein sei ein überflüssiges Beiwerk von Hirnprozessen, die auch ohne diesen Zustand dieselben Funktionen erfüllen würden. Die andere Extremposition lautet, dass unbewusste Wahrnehmung und Handlungssteuerung – falls es sie überhaupt gibt – gegenüber der bewussten Wahrnehmung und Handlungssteuerung nur einen geringen Stellenwert besitzen.

Im siebten Kapitel habe ich davon gesprochen, dass Bewusstsein ein besonderer Zustand der Informationsverarbeitung ist, der vom Gehirn eingesetzt wird, wenn es sich mit komplexen Problemen konfrontiert sieht, für die es noch keine fertigen Lösungen besitzt. Neue, wichtige und komplexe Probleme erfordern zu Beginn unsere ganze Aufmerksamkeit; dann jedoch, wenn wir sie zunehmend besser bewältigen, wird unser Problemlösungsverhalten von Aufmerksamkeit und Bewusstsein zunehmend unabhängiger. Schließlich tun wir etwas, auf das wir uns zu Anfang sehr konzentrieren mussten, »mit der linken Hand«, d. h. ohne groß darüber nachzudenken.

Für emotionale Zustände gilt dasselbe wie für kognitive Leistungen: Neuartige emotionale Zustände werden intensiv erlebt, wenn auch in charakteristisch anderer Weise als kognitive Zustände, nämlich als diffus und detailarm, und sie rufen in cortikalen und subcortikalen limbischen Netzwerken starke Aktivität hervor. Je häufiger sie sich wiederholen, desto geringer ist die Intensität des Erlebens; parallel hierzu geht auch die neuronale Aktivierung zurück. Wir scheinen gegenüber Ereignissen, die uns früher positiv oder negativ erregt haben, abzustumpfen (was die bekannten Vor- und Nachteile hat). Allerdings müssen wir dabei berücksichtigen, dass emotionale Zustände des limbischen Systems keineswegs immer bewusst wahrgenommen werden, nämlich dann nicht, wenn sie zu keiner hinreichenden Aktivierung cortikaler Areale führen. Sie können dennoch – als Komponenten des Unbewussten – wirksam sein, ohne dass dies bis in unser Bewusstsein dringt.

Es liegt eine Reihe von Untersuchungen zur Wirkung unbewusst wahrgenommener Reize und Reizsituationen auf das limbisch-emotionale System vor (Übersicht bei Öhman, 1999). Untersucht wurden zum Beispiel Versuchspersonen, die eine starke Furcht vor Schlangen hatten, jedoch nicht vor Spinnen oder anderen belebten oder unbelebten Objekten. Bei ihnen führte eine maskierte, d. h. nicht bewusst wahrgenommene Darbietung von Schlangenbildern zu starken vegetativen Furchtreaktionen (Veränderung des Hautwiderstandes, des Herzschlages, des Blutdrucks usw.). Dies war bei der unbewusst-maskierten Darbietung von Spinnenbildern und anderen für sie nicht furchterregenden Bildern nicht der Fall. Ähnliche Resultate ergaben Versuche, in denen Personen mithilfe eines milden Elektroschocks auf ein bestimmtes Objekt (Spinnen, Schlangen) furchtkonditioniert wurden; auch diese Personen zeigten bei maskierter Darbietung dieses Objekts unbewusste vegetative Reaktionen. Dies gelang jedoch nicht mit positiv besetzten Objekten (Blumen, Pilze); deren Wirkung auf das vegetative Nervensystem konnte durch den Maskierungsreiz ausgelöscht werden. Ebenso erkannten Versuchspersonen, die auf Spinnen und Schlangen als furchterregende Objekte konditioniert worden waren, in einer visuellen Suchaufgabe solche Objekte schneller, wenn diese in neutrale oder positive Objekte (Blumen oder Pilze) eingebettet waren, als umgekehrt. Dies zeigt, dass im Bereich unbewusster Wahrnehmung das *Erkennen bedrohlicher Reize* Priorität vor dem Erkennen neutraler oder positiver Reize hat. Öhman spricht in diesem Zusammenhang von einer *automatisierten Sensibilität für Bedrohungen*. Ich werde darauf im zehnten Kapitel (vierter und fünfter Teil) noch einmal zurückkommen.

Das Verhältnis von Emotion und Bewusstsein wurde intensiv diskutiert, seit die beiden Psychologen W. James und C. G. Lange unabhängig voneinander die Vorstellung entwickelten, Emotionen seien die *Folge* vegetativer Reaktionen auf ein erregendes Ereignis und nicht deren *Ursache*. Nach dieser bekannten James-Lange-Theorie löst die vorbewusste Wahrnehmung (etwa eines herannahenden Raubtieres) über die limbischen Zentren und die ihnen nachgeschalteten hormonalen, sympathischen, parasympathischen und motorischen Zentren in uns die bekannten vegetativen Reaktionen aus, d. h. eine Erhöhung der Herz- und Atemfrequenz, Furchtzittern, Angstschweiß, Haarssträuben, Flucht, Verteidigung oder Erstarren. Erst kurze Zeit später, wenn wir schon längst auf der Flucht sind, erleben wir über die Rückmeldungen zur Großhirnrinde das Ganze als Furcht. Die von W. B. Cannon um die Jahrhundertwende entwickelte und später von P. Bard weiter ausgeführte Alternativerklärung (die Cannon-Bard-Theorie) behauptet dagegen, dass die Wahrnehmung der bedrohlichen Situation *parallel* die vegetativen Reaktionen und die bewussten Emotionen hervorruft. Emotionen und die vegetativ-autonomen Reaktionen treten danach *unabhängig voneinander* auf und beeinflussen sich nicht gegenseitig.

Beide Theorien enthalten zutreffende und unzutreffende Aspekte der Beziehung zwischen automatisierten Furchtreaktionen und bewusst erlebter Furcht. Die James-Lange-Theorie erklärt, warum wir häufig fortrennen oder Abwehrbewegungen machen, bevor uns die Bedrohung überhaupt bewusst wird. Sie kann aber nicht erklären, warum wir auch ohne motorische Reaktionen Emotionen haben können. So kann man sich nach entsprechendem Training äußerlich völlig unbeeindruckt geben und dennoch innerlich erregt sein. Sie beantwortet auch nicht die Frage, warum die bedrohliche Situation überhaupt noch bewusst wahrgenommen wird, nachdem wir bereits reagiert haben, denn das erscheint völlig überflüssig. Die Cannon-Bard-Theorie wiederum lässt außer Acht, dass bewusste Emotionen – selbst wenn sie häufig später einsetzen als die unbewusst ausgelösten vegetativen und motorischen Reaktionen – einen fördernden Effekt auf derartige Reaktionen haben können, indem sich zum Beispiel unsere Flucht- oder Verteidigungstendenz weiter verstärkt oder indem uns erst dann das »Herz im Halse schlägt«, nachdem uns bewusst wurde, in welcher Gefahr wir *wirklich* schweben oder schwebten.

Auf der Grundlage unserer Kenntnis über die Verknüpfung der subcortikalen limbischen Zentren mit der bewusstseinsfähigen Hirnrinde einerseits und den vegetativen Zentren andererseits ist es nicht schwer, im Anschluss an Vorstellungen von Joseph LeDoux (1998) ein korrekteres Konzept über die Rolle bewusster Emotionen zu entwickeln. Dieses Konzept sieht folgendermaßen aus: Ein positiv oder negativ erregendes Ereignis wird zuerst subcortikal-vorbewusst verarbeitet, und zwar bei einer visuellen Wahrnehmung durch die Retina, den lateralen Kniehöcker des Thalamus und den Colliculus superior des Mittelhirns (um die wichtigsten subcortikalen visuellen Zentren zu nennen). Vom Thalamus und vom Colliculus superior aus laufen unterschiedliche Aspekte des Seheindrucks zu limbischen Zentren, z. B. zur basolateralen Amygdala, und von dort aus unbewusst zu den vegetativen Zentren, wo sie – falls nötig – die notwendigen Reaktionen auslösen.

Gleichzeitig laufen die Erregungen vom lateralen Kniehöcker zur primären Sehrinde und von dort zu temporalen und parietalen visuellen Cortexarealen sowie in einem Umweg vom Colliculus superior aus über das Pulvinar des Thalamus ebenfalls zu parietalen visuellen Arealen. Im Cortex verbinden sich diese neutralen visuellen Erregungen mit deklarativen Gedächtnisinhalten, die durch den Hippocampus und die ihn umgebende entorhinale, perirhinale und parahippocampale Rinde aktiviert wurden. Aufgrund der Tätigkeit des basalen Vorderhirns werden sie mit erhöhter Aufmerksamkeit versehen, und schließlich werden sie – vermittelt durch die Aktivität von Amygdala und mesolimbischem System und über deren Projektionen in den Cortex – mit Inhalten des emotionalen Gedächtnisses verknüpft.

Aufgrund der komplexen Interaktion vieler cortikaler und subcortikaler Zentren entsteht dann in den entsprechenden assoziativen visuellen Arealen die bewusste, inhaltsreiche Emotion. Derartige bewusst-cortikale Zustände sind anschließend in der Lage (gelegentlich auch nicht), die weiteren Verhaltensweisen zu verstärken oder abzuschwächen, indem cortikale, z. B. präfrontale Areale auf die limbischen Zentren einwirken.

Unbewusste und bewusste emotionale und verhaltensrelevante Zustände treten also zwar zeitversetzt auf (die unbewusste zuerst, dann die bewusste), sie sind aber *beide* kausal wirksam, wenn auch in unterschiedlicher Weise. Unbewusste Wahrnehmungen und die durch sie ausgelösten emotionalen und vegetativen Reaktionen besitzen einen geringeren Detailreichtum und eine geringe Flexibilität; ihre Informationsverarbeitung ist »flach«. Gefahrensituationen werden vom unbewussten Gehirn in aller Regel nur schematisch erkannt (z. B. als drohender dunkler Schatten, als etwas Schlangenhaftes) und relativ stereotyp beantwortet (z. B. mit Erstarren oder Flucht). Bewusste Wahrnehmung dagegen ist meist detailreich und bewusste Handlungssteuerung flexibel. Durch das bewusste Erleben einer Gefahrensituation sind wir in aller Regel in der Lage, genauer zu erkennen, »was wirklich Sache ist«, und uns situationsadäquat zu verhalten. Wir erkennen zum Beispiel, dass es sich bei der Schlange um eine Ringelnatter und nicht um eine Kreuzotter handelt. Es macht daher einen deutlichen Unterschied, ob man eine Gefahr bewusst oder unbewusst wahrnimmt bzw. ob man bewusst oder unbewusst eine entsprechende Vermeidungshandlung ausführt.

Neben der genaueren Analyse einer Situation durch die bewusste Wahrnehmung und neben einer flexibleren Verhaltenssteuerung hat das Bewusstwerden von Gefühlen noch eine andere Funktion, nämlich das *Ermöglichen einer längerfristigen Handlungsplanung*, insbesondere in Hinblick auf unsere soziale Umwelt. Werden Emotionen nicht bewusst erlebt, dann können sie zwar unmittelbare motorische und vegetative Reaktionen hervorrufen, aber nicht in die komplexe cortikale Informationsverarbeitung eingreifen. Dieses Wirksamwerden schließt natürlich Erlebnisse (etwa traumatischer Art) ein, die irgendwann einmal bewusst erlebt wurden, jedoch – aus welchen Gründen auch immer – ins Unbewusste »abgesunken« sind.

Emotion und Gedächtnis

Die meisten von uns wissen aus eigener Erfahrung, dass Gefühle einen starken Einfluss auf unsere Gedächtnisleistungen haben. Wenn wir ein Buch mit Hochgenuss verschlungen oder einem Vortrag mit Enthusiasmus gelauscht haben, dann werden wir uns noch lange Zeit später an viele Details des Gelesenen oder Gehörten erinnern können. An einen langweiligen Schmöker oder eine wissenschaftliche Tagung, auf der nicht viel passierte, werden wir uns kurze Zeit später kaum mehr entsinnen, ebenso wenig wie an einen Urlaub in X oder Y, der weder besonders schön noch besonders enttäuschend war. Passiert während des Urlaubs aber etwas sehr Aufregendes, z. B. ein romantisches Liebeserlebnis oder ein Autounfall, dann werden wir uns noch lange an viele Details und die Folgen dieses Ereignisses erinnern können.

Der Zusammenhang zwischen Emotion und Gedächtnis wurde in der Psychologie während der letzten drei Jahrzehnte in Teilaspekten ausführlich untersucht (Übersicht bei Goschke, 1996a,b; Ellis und Moore, 1999; Parrot und Spackman, 2000). Hierbei geht es vor allem um die generelle Auswirkung von Emotionen bzw. Stimmungen auf den Erwerb, die Konsolidierung und den Abruf von Gedächtnisinhalten, also etwa um die Frage, ob die Gefühlslage, in der man sich beim Lernen von irgendwelchen Inhalten gerade befindet, einen Einfluss auf den Lernerfolg hat, und zwar abhängig oder unabhängig von der Art der Inhalte. Auch wird gefragt, ob es hilft, sich beim Erinnern an irgendwelche Dinge in dieselbe Stimmung hineinzuversetzen, die man beim Lernen dieser Dinge hatte.

Diese Untersuchungen laufen in etwa folgendermaßen ab. In einem ersten Versuchsansatz werden Versuchspersonen in eine bestimmte positive oder negative Stimmung versetzt (bzw. sie werden aufgefordert, sich in eine solche Stimmung zu versetzen), dann wird an sich neutrales Material (z. B. bildliche Darstellungen, Wörter usw.) geboten. Anschließend wird in bestimmten Zeitabständen überprüft, inwieweit sich der Erinnerungserfolg erhöht oder erniedrigt, je nachdem ob beim Abruf dieselbe Stimmung vorliegt wie beim Erwerb oder nicht (dies nennt man im Englischen *mood-congruent recall*). In einem zweiten Versuchsansatz wird Material geboten, das selbst emotional eingetönt ist, z. B. furchterregende oder abstoßende bildliche Darstellungen, und es wird untersucht, ob sich die Behaltensleistung gegenüber diesem Material signifikant von derjenigen gegenüber emotional neutralem Material unterscheidet, wenn die Stimmung beim Erwerb oder beim Erinnern mit der emotionalen Tönung des Materials übereinstimmt oder nicht (*mood-dependent learning* bzw. *recall*).

Die Resultate solcher Untersuchungen unterstützen die Alltagserfahrung, dass Dinge umso besser erinnert werden, je deutlicher sie von emotionalen Zuständen begleitet waren. Dies trifft für das Erlernen sinnloser Silben genauso zu wie für Wortlisten, Bildergeschichten und persönliche Erinnerungen. Allerdings sind einige nicht-triviale Einschränkungen zu machen: Erstens dürfen die emotionalen Zustände nicht zu stark sein, sonst behindern sie möglicherweise den Erinnerungserfolg. Das bedeutet, dass emotional überwältigende Erlebnisse unsere Gedächtnisleistungen eher trüben als befördern (das ist etwas überraschend).

Zweitens gilt der verstärkende Effekt von Emotionen nur für einen mittel- und langfristigen Abruf (d. h. ab einer Verzögerung von zwei Minuten); sehr kurzfristig, d. h. bei einem Abruf innerhalb von zwei Minuten, können emotionale Begleiterscheinungen hemmend wirken. Drittens werden – auch dies ist kontraintuitiv – *positive* Inhalte im Durchschnitt besser erinnert als *negative*; bei Angst- und Depressionszuständen tritt oft eine Erinnerungsblockade auf, von der noch die Rede sein wird. Viertens wirken emotionale Zustände sich eher auf episodisch-autobiographische Gedächtnisinhalte aus als auf Faktenwissen. Fünftens scheinen sich Emotionen bei komplexen Szenen in erster Linie auf die *Kerninhalte* von Geschehnissen förderlich auszuwirken und weniger auf nebensächliche Details. Allerdings wird berichtet, dass auch unwesentliche Teile sich zusammen mit wesentlichen in das Gedächtnis »einbrennen« (s. weiter unten zu »Blitzlicht-Erinnerung«). Einige Autoren finden keinen Zusammenhang zwischen der Behaltensleistung und der Verarbeitungstiefe hinsichtlich ihres Bedeutungsgehalts. Das ist überraschend, denn man könnte meinen, dass man etwa bei der Lektüre eines Sachbuchs oder dem Anhören eines Vortrags die vermittelten Inhalte umso besser behält, je mehr man sie geistig durchdrungen hat. Andere Autoren glauben hingegen, einen solchen Zusammenhang gefunden zu haben.

Bei nur schwach positiver oder negativer Stimmung bzw. emotionaler Tönung der Inhalte tritt – so haben Forscher herausgefunden – gelegentlich eine Stimmungs-*Inkongruenz* auf, d. h. bei positiver Stimmung werden negative Inhalte besser erinnert oder abgerufen und umgekehrt. Die Gedächtnisforscher Parrot und Spackman (2000) entwickeln in diesem Zusammenhang die Vorstellung, dass eine solche Stimmungs-Inkongruenz dazu beitragen könnte, unangemessene stark positive oder negative Stimmungen »herauf- oder herunterzuregulieren« und damit ein realistischeres Bild von sich und der Umwelt zu erreichen.

In der gedächtnispsychologischen Forschung hat das so genannte »Blitzlicht-Gedächtnis« (englisch »flashbulb memory«) besondere Beachtung gefunden, zum Beispiel im Zusammenhang mit spektakulären Ereignissen (etwa der Ermordung des amerikanischen Präsidenten Kennedys, dem Attentat auf den amerikanischen Präsidenten Reagan, der Challenger-Explosion usw.) (Brown und Kulik, 1977; Pillemer, 1984; Bohannon, 1988; vgl. auch Schacter, 1996). Befragte Personen waren z. B. in der Lage anzugeben, was sie gerade aßen, als ihre Mutter in die Küche kam, um von der Ermordung Kennedys zu berichten. Ähnliche Dinge kann wohl jeder von uns aus seinem Leben berichten (»Ich weiß noch ganz genau, was mein Vater sagte, als ... passierte«). Man könnte meinen, dass sich im Zusammenhang mit sehr aufregenden punktuellen Erlebnissen Dinge photographisch in unser Gedächtnis einbrennen.

Überraschend ist, dass auch die emotional geladenen Inhalte des »Blitzlicht-Gedächtnisses« dem zeitbedingten Zerfall bzw. der Abänderung unterliegen, allerdings weit weniger als Inhalte, die nicht oder nur in geringem Maße von Emotionen begleitet waren. Dabei ist wiederum das Kerngeschehen am geringsten von Zerfall und Abänderung betroffen, während Nebensächlichkeiten schnell verblassen oder inkorrekt erinnert werden. Die Personen tendieren dazu, diese verblassenden Gedächtnisinhalte mit erdichtetem Geschehen, *Konfabulationen* genannt, aufzufüllen. Dies geschieht in aller Regel völlig unbewusst, und die subjektive Gewissheit, dass die Dinge sich tatsächlich so und nicht anders abgespielt haben, ist bei den beteiligten Personen gerade im Falle von Blitzlichtgedächtnis-Inhalten sehr hoch. Diesen für die Beteiligten peinlichen Umstand nennt man »falsche Erinnerungen« (»false memories«; Schacter, 1996; Schacter und Curran, 2000).

Subjektive Gewissheit ist also nicht unbedingt ein guter Indikator dafür, dass bestimmte Erinnerungen auch wahr sind. Es gilt als erwiesen, dass Menschen sich bewusst oder unbewusst zu ihrer Verteidigung Dinge so lange und so detailliert zurechtlegen, bis sie felsenfest davon überzeugt sind, dass diese wirklich so und nicht anders passierten. Entsprechend kann das häufige Hören von aufregenden Berichten anderer dazu führen, dass man sich diese aneignet und später fest glaubt, man habe die nur gehörten Geschehnisse selbst erlebt. Dies wird auch von Kindern von KZ-Insassen berichtet, die immer wieder den Berichten ihrer Eltern gelauscht haben, bis sie sich nicht mehr gegen den Eindruck wehren konnten, sie hätten die berichteten Dinge selbst erlebt. Daraus können wir auch folgern, dass zwei Leute, die vor Gericht und unter Eid über ein bestimmtes Geschehen völlig entgegengesetzte Dinge aussagen, nicht unbedingt lügen, d. h. *wissentlich* die Unwahrheit sagen. Ihr Gedächtnissystem kann ihnen – aus welchen tiefliegenden Gründen auch immer – einen Streich spielen.

Intensiv untersucht wurde der Zusammenhang von Emotionen und Gedächtnis bei so genannten posttraumatischen Belastungsstörungen (PTBS; engl. *posttraumatic stress disorder, PTSD*), die etwa auf furchtbare Kriegserlebnisse, Katastrophensituationen oder sexuellen Missbrauch in früher Kindheit zurückgehen (vgl. Comer, 1995). Patienten mit PTBS zeigen in ihrem späteren Leben nicht nur schwere psychische Störungen und eine verstärkte Selbstmordneigung, sondern sie erleben auch plötzlich einsetzende Erinnerungs-szenen oder Bilder von hohem Realitätsgehalt (*Intrusionen*, »flash-backs«). Hiervon wird in Kapitel 10 noch mehr die Rede sein.

Auch hier zeigt sich, dass der Wahrheitsgehalt solcher »Rück-blenden« keineswegs so hoch ist, wie üblicherweise (und von den Patienten selbst) angenommen, sondern dass die Inhalte sich mit der Zeit mehr und mehr auf ein reales Kernerlebnis beschränken und zunehmend von Konfabulationen überlagert werden. Auch kommt es vor, dass völlig realistische »Rückblenden« von Szenen auftreten, die sich nachher als nie stattgefunden herausstellen (Comer, 1995; Schacter, 1996). Allgemein gilt, dass starker emotionaler Stress (s. Kapitel 10, erster Teil) zur Ausbildung falscher lebhafter Erinnerungs-bilder (»false memories«, s. oben) führen kann (Loftus und Pickerell, 1995; Loftus, 2000).

Über solche und verwandte Phänomene wurde in den letzten Jahren in den Medien im Zusammenhang mit Verdächtigungen von Eltern, Verwandten, Lehrern und anderen Aufsichtspersonen, mit den ihnen anvertrauten Kindern sexuellen Missbrauch getrieben zu haben, häufig berichtet. Auch hier stellte sich heraus, dass die betroffenen Kinder nicht immer die Wahrheit sagten, sondern dass sie entweder das wiedergaben, was die Erwachsenen hören wollten, oder dass sie sich bestimmte Berichte, die man ihnen vorformulierte, unbewusst als eigenes Erleben aneigneten. Dies bedeutet, dass Berichte von Kindern über sexuellen Missbrauch, mit oder ohne starke Einwirkung von Erwachsenen, weder automatisch für korrekt noch automatisch für inkorrekt gehalten werden dürfen.

Das Gedächtnis stellt ein hochdynamisches System dar, dessen vorrangige Aufgabe es ist, unser Verhalten zu steuern und Verhaltensplanung zu ermöglichen. Hierzu gehört nicht immer und unbedingt, alle Details eines Geschehens präzise wiedergeben zu können. Hinzu kommt, dass eine Gedächtnisleistung ein *aktiver und zugleich unbewusster Prozess* ist, d. h. Gedächtnisinhalte bleiben selten relativ unverändert, sondern werden mehr oder weniger stark vom Gehirn »umgeschrieben« aufgrund von Vorgängen, die unserem Bewusstsein verborgen bleiben (vgl. Schacter, 1996). So ist die Zuordnung von »neutralen« Inhalten des episodisch-deklarativen Gedächtnisses und des emotionalen Gedächtnisses keineswegs immer präzise. Zum einen können sich im Laufe der Zeit beide Komponenten voneinander lösen, und es bleibt dann nur noch eine dunkle Erinnerung an etwas Schönes oder Furchtbares, oder Erinnerungen werden emotional »umbesetzt«, d. h. eine eigentlich schwierige oder schöne Zeit wird im Rückblick als schöner oder schwieriger gesehen, als sie in Wirklichkeit war.

Diese Tatsache wirft ein neues Licht auf die lange Zeit rätselhaften »Rückblenden«, die Penfield und Roberts bei Hirnoperationen an Epilepsiepatienten durch direkte elektrische Reizung der freigelegten Hirnrinde auslösen konnten (Penfield und Roberts, 1959). Diese Patienten konnten sich in scheinbar großer Detailgenauigkeit an zum Teil triviale Ereignisse aus ihrem Leben erinnern, Sätze nachsprechen und Melodien mitsingen, die sie sozusagen aus ihrem früheren Leben hörten. Spätere Untersuchungen schränkten die Aussagen über den Realitätsgehalt solcher elektrophysiologisch induzierten Rückblenden allerdings ein (vgl. Kolb und Wishaw, 1996). Bedeutsam ist, dass solche Rückblenden nur bei Epilepsiepatienten auslösbar waren, deren Großhirnrinde sich in einem besonders erregbaren Zustand befand, und auch nur bei Stimulation des unteren Schläfenlappens, d. h. in unmittelbarer Nähe der Amygdala und des Hippocampus.

Hiermit stimmt überein, dass direkte elektrische Stimulation der Amygdala zu traumartigen Erlebnissen führt, die den von Penfield und Roberts beschriebenen sehr ähneln, und ebenso zu dem deutlichen Gefühl, etwas schon erlebt zu haben (das bekannte *Déjà vu-Phänomen*; vgl. hierzu Kolb und Wishaw, 1996). Es kann also durchaus sein, dass eine starke elektrische Reizung von Amygdala und Hippocampus Erlebnisbruchstücke aus dem deklarativen Gedächtnis mit der *subjektiven Gewissheit* verbindet, dies so und nicht anders erlebt zu haben.

Neben diesen Fällen, in denen starke Emotionen das Einspeichern von Gedächtnisinhalten befördern, wird auch der gegenteilige Effekt diskutiert, dass nämlich starke Emotionen bzw. Stress zum Auslöschen von Gedächtnisinhalten, zu *emotional bedingten* oder *dissoziativen Amnesien* führen (vgl. Comer, 1995). Dieser Vorgang spielt in der Psychoanalyse unter dem Stichwort »Verdrängung« eine wichtige Rolle. Auch hier sind in aller Regel Inhalte des episodischen Gedächtnisses betroffen, während Inhalte des Wissensgedächtnisses weitgehend unbeeinträchtigt bleiben. Die Amnesie kann sich auf ein bestimmtes Ereignis oder eine ganze Lebensperiode beziehen und sich sogar bis in die Gegenwart hinein erstrecken. Viele klinische Berichte belegen, dass schwerwiegende traumatische Erlebnisse zu dissoziativen Amnesien führen können (Schacter und Kihlstrom, 1989; Schacter, 1996). Die Resultate experimenteller Untersuchungen zu diesem Thema sind allerdings widersprüchlich (vgl. Goschke, 1996a, b).

Kürzlich beschrieben der Bielefelder Neuropsychologe Hans Markowitsch und seine Mitarbeiter eine Reihe von Fällen, in denen es aufgrund von Stress-Situationen zu einem »mnestischen Blockadesyndrom« kam. Derartige Blockaden betrafen bei den geschilderten Fällen erwartungsgemäß vor allem das autobiographische Gedächtnis. Dabei konnten die betroffenen Zeitbereiche stark variieren; in einem Fall war das gesamte autobiographische Altgedächtnis betroffen, in einem anderen die späte Kindheit, in einem weiteren Fall die letzten sechs Jahre. Bei allen Personen traten zusätzlich auch anhaltende Neugedächtnisstörungen auf (d. h. eine anterograde Amnesie). In einigen Fällen gelang es, Veränderungen im Hirnstoffwechsel mithilfe der Positronen-Emissions-Tomographie nachzuweisen (Markowitsch et al., 1998), wobei eindeutige Anzeichen für eine hirnorganische Schädigung fehlten. Die Autoren nehmen an, dass es aufgrund einer übermäßigen Stressreaktion zu Beeinträchtigungen neuronaler Funktionen kommt, und zwar vor allem im vorderen und medialen Temporallappen einschließlich der Hippocampus-Formation und der Amygdala. Hier wird, wie bereits erwähnt, der Sitz des autobiographischen Gedächtnisses vermutet. Von stressbedingten

Hirnveränderungen wird im nächsten Kapitel noch ausführlicher die Rede sein.

Die neurobiologischen Grundlagen, die den genannten fördernden und hemmenden Einflüssen von Emotionen auf Gedächtnisleistungen (vor allem auf das episodische Gedächtnis) zugrunde liegen, sind bisher nur ansatzweise bekannt. Wie geschildert, nimmt man an, dass die Inhalte des deklarativen Gedächtnisses im Isocortex durch die Veränderung der synaptischen Kopplung in dortigen Netzwerken bzw. durch das unterschiedliche Zusammenschalten, Vergrößern und Verkleinern bereits vorhandener Netzwerke niedergelegt und konsolidiert werden. Man geht dabei mehrheitlich davon aus, dass der Hippocampus die gedächtnisbezogenen isocortikalen Vorgänge der synaptischen Plastizität überwiegend nach kognitiven Aspekten steuert, z. B. was das Erkennen von Objekten und Vorgängen und ihr räumliches und zeitliches Zusammentreffen mit anderen Objekten und Vorgängen betrifft. Die emotionalen und motivationalen Komponenten hingegen werden über die neuromodulatorischen Systeme vermittelt, nämlich über das cholinerge basale Vorderhirn (*gerichtete Aufmerksamkeit*), das dopaminerge mesolimbisch-mesocortikale System (*Neuigkeit, Interesse, Belohnung*), das serotonerge Raphe-System (*Beruhigung, Dämpfung*) und das noradrenerge Locus-coeruleus-System (*unspezifische Aufmerksamkeit und Erregung*).

Die Amygdala spielt hierbei eine zentrale Rolle, denn sie beeinflusst das basale Vorderhirn und steuert dadurch indirekt die cholinerge Modulation isocortikaler Netzwerke. Daneben steuert sie den Locus coeruleus und damit das noradrenerge Aktivierungssystem sowie das mesolimbische dopaminerge System. Schließlich übt sie einen massiven Einfluss auf den Hippocampus aus. Insofern ist die Amygdala in der Lage, die Funktion des Hippocampus zu kontrollieren. Paré und seinen Mitarbeiter (Paré et al., 2002) beschrieben kürzlich bei der Interaktion zwischen Amygdala und Hippocampus das Auftreten von Oszillationen im Theta-Bereich (ca. im Bereich von 4 Hz). Diese sollen bei der Konsolidierung emotionaler Gedächtnisinhalte, z. B. beim Erkennen des emotionalen Gehalts von Gesichtern, eine wichtige Rolle spielen.

Entsprechend wird angenommen, dass beim episodischen Gedächtnis Hippocampus und limbische Zentren (Amygdala, mesolimbisches System) arbeitsteilig zusammenwirken, indem der Hippocampus die *Details* des Erinnerten, die Amygdala und das mesolimbische System die *Emotionen* hinzuliefern. Vor einigen Jahren berichteten Damasio und seine Kollegen von Versuchen mit Patienten, bei denen beidseitig entweder die Amygdala oder der Hippocampus fehlte (Bechara et al., 1995). Beide Patientengruppen wurden einer Furchtkonditionierung unterzogen, und zwar mithilfe eines plötzlich ertönenden lauten Nebelhorns. Die Patienten mit einer bilateralen Schädigung der *Amygdala* konnten genau angeben, welcher sensorische Stimulus mit einem Schreckreiz gepaart worden war, zeigten aber keine vegetative Angstreaktion (gemessen über die Erniedrigung des Hautwiderstands). Sie entwickelten also keine Angst- oder Schreckempfindungen und nahmen die Ereignisse »emotionslos« hin. Umgekehrt hatten Patienten mit bilateraler Schädigung des *Hippocampus* keine bewusste Information über die Paarung von sensorischem Reiz und Schreckreiz, zeigten aber eine deutliche vegetative Furchtreaktion. Während also ihr emotionales Gedächtnis funktioniert, versagt ihr deklaratives Gedächtnis, was nach der Hippocampus-Läsion auch zu erwarten war (d. h. sie zeigten eine anterograde Amnesie). Die Patienten mit Amygdala und ohne Hippocampus erlebten demnach Furcht und Schrecken, ohne zu wissen, warum. Diese Befunde unterstützen die Annahme einer »arbeitsteiligen« Funktion von Hippocampus und Amygdala.

Elektrische Stimulation der Amygdala während emotional eingefärbter Situationen verstärkt entsprechend die Konsolidierung von deklarativen Gedächtnisinhalten, während Verletzungen der Amygdala sowie der Stria terminalis (dem Fasertrakt zum Hypothalamus) diese Konsolidierung beeinträchtigen oder gar blockieren. Nach Meinung von Cahill und McGaugh (1998) ist die basolaterale Amygdala entscheidend für die Konsolidierung von Gedächtnisinhalten durch Emotionen. Die Aktivität der basolateralen Amygdala ist bei emotionaler Konditionierung hoch und geht zurück, sobald sich das konditionierte Verhalten eingeschliffen hat. Die basolaterale Amygdala projiziert vorwiegend zum Hippocampus und zu der ihn umgebenden Rinde sowie zum orbitofrontalen Cortex, also zu jenen beiden Zentren, die für unbewusstes und bewusstes inhaltsreiches emotionales Erleben und Erinnern zuständig sind.

10. Starke Gefühle

In diesem Kapitel will ich mich auf der Grundlage dessen, was in den vorausgegangenen Kapiteln über das limbische System gesagt wurde, mit »starken« Gefühlszuständen beschäftigen, d. h. mit solchen, die unser Verhalten in besonderem Maße bestimmen. Dabei geht es um Stress, Schmerz, Furcht, Angst und Depression, Aggressivität und Gewalt, Wohlbefinden sowie Verliebtsein und Liebe. Es soll danach gefragt werden, was in unserem Gehirn vor sich geht, wenn wir diese Zustände haben und in welchem Maße wir sie beherrschen können oder ihnen schutzlos ausgeliefert sind.

Erster Teil: Stress

Wir modernen Menschen sind notorisch Stress-geplagt, und wir wünschen uns häufig nichts sehnlicher als ein »Stress-freies« Leben. Aus physiologischer Sicht wäre dies nicht unbedingt optimal, denn Stress ist, in Maßen erfahren, durchaus förderlich oder gar notwendig.

Stress ist ein Zustand, der durch erhöhte Anforderungen an das motorische und kognitive System hervorgerufen und entsprechend emotional erlebt wird. Dieses Stresskonzept geht im Wesentlichen auf Hans Selye zurück (Selye, 1936, 1946). Das Grundprinzip der Stressantwort unseres Organismus besteht in besonderen Maßnahmen, die das Gehirn trifft, um die zusätzliche Belastung zu bewältigen. Diese sind vor allem eine Erhöhung des Blutdrucks, des Herzschlags, der Atemfrequenz, des Muskeltonus und des Blutzuckerspiegels, sowie eine Mobilisierung von Fettreserven. Wir kommen ins Schwitzen, unser Puls steigt, unser Herz klopft, wir werden kurzatmig, unsere Muskeln spannen sich an, unsere Reaktionsbereitschaft wird erhöht, die Sinne werden geschärft, und die Aufmerksamkeit wird erhöht. Bei starkem Stress kommt es zur Schreckhaftigkeit und zur Einengung des Denkens und des Verhaltensrepertoires bis hin zu völligem Erstarren. Die Wirkung von Stress folgt einer umgekehrten U-Funktion, d. h. zu wenig Stress im Leben ist ebenso schädlich wie zu viel; leichter Stress – empfunden als positive Herausforderung – ist lern- und leistungsfördernd.

Psychischer Stress – und nur dieser interessiert hier – ruft zwei unterschiedliche physiologische Antworten in unserem Nervensystem und Körper hervor (Abb. 10.1). Die *erste* Reaktion besteht darin, dass die belastende Situation vom Gehirn erkannt wird und dies zu einer Aktivierung stressrelevanter subcortikaler und cortikaler Zentren führt. In aller Regel geht die Aktivierung der *subcortikalen* Zentren, vor allem der Amygdala und des Hypothalamus, der Aktivierung *cortikaler* Zentren *voraus*. Die Amygdala aktiviert in einer Art Eilmeldung über den Hypothalamus oder andere Umschaltstationen vegetative Zentren, vornehmlich den Locus coeruleus. Dort wird Noradrenalin produziert, das auf Cortex, Amygdala, Hippocampus und Hypothalamus einwirkt und die Aufmerksamkeit und Verhaltensbereitschaft erhöht.

Parallel zur Tätigkeit des Locus coeruleus wird über den Hypothalamus und die vegetativen Umschaltstellen des Hirnstamms und Rückenmarks das sympathische Nervensystem aktiviert, und es kommt im Nebennierenmark zur Ausschüttung von Adrenalin und Noradrenalin in die Blutbahn. Beide Stoffe erreichen das Gehirn, verstärken die oben geschilderten Stress-Symptome und steigern die Verhaltensbereitschaft. Zugleich kommt es bei stärkerem Stress über die Aktivität des Parasympathicus zu den bekannten Auswirkungen auf die Darm- und Blasentätigkeit (»sich vor Aufregung in die Hose machen«).

Die *zweite*, wenige Minuten später einsetzende Stressreaktion verläuft ebenfalls über die Amygdala und den Hypothalamus, die Hypophyse und die Nebennierenrinde (*Hypothalamo-Hypophysen-Nebennierenrinden-Achse, HHNA*); sie wird über den Corticotropin-Releasing-Faktor CRF (im Deutschen auch Corticotropin-Releasing-Hormon, CRH, genannt) vermittelt (s. Kapitel 3). CRF-positive Zellen und Fasern finden sich, wie bereits erwähnt, im zentralen Kern der Amygdala sowie im Nucleus arcuatus und im Nucleus paraventricularis parvocellularis des Hypothalamus. Diese Zellen werden über die Ausschüttung von Noradrenalin durch den Locus coeruleus bzw. von Adrenalin und Noradrenalin durch das Nebennierenmark aktiviert. Sie schütten ihrerseits über ihre Fortsätze in der Eminentia mediana des Hypophysenstiels CRF aus. Dieses gelangt dann über das Pfortadersystem zum Hypophysenvorderlappen, wo es die Ausschüttung des Hormons ACTH (Adrenocorticotropes Hormon) in die Blutbahn veranlasst. ACTH wandert zur Nebennieren-

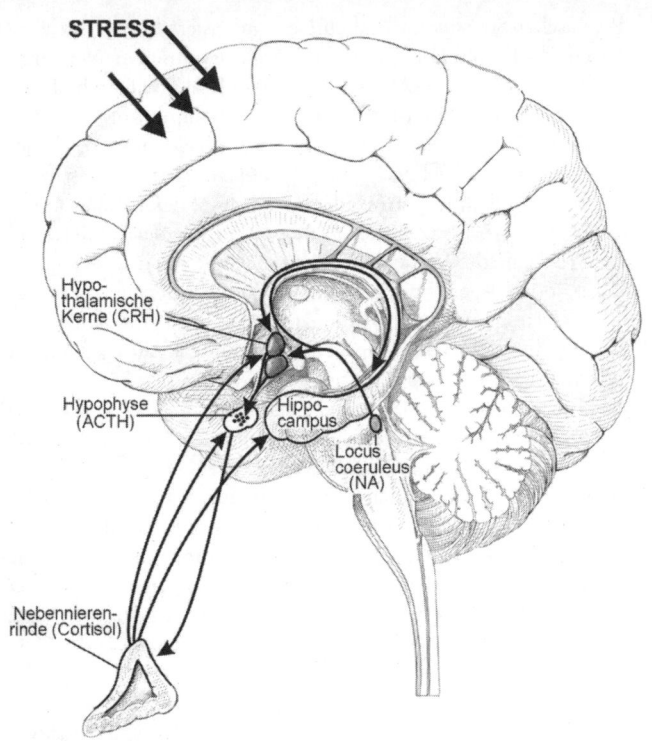

10.1 Interaktionsschema der an Stress-Reaktionen beteiligten Strukturen. Die Wahrnehmung von Stress löst über die Amygdala und den Hypothalamus die Ausschüttung von Noradrenalin (NA) durch Zellen des Locus coeruleus aus (erste Stressreaktion). Gleichzeitig kommt es über die Aktivierung des sympathischen Nervensystems zur Ausschüttung von Adrenalin im Nebennierenmark (nicht gezeigt). Hierdurch wird die allgemeine Verhaltensbereitschaft erhöht. In der zweiten Stressreaktion wird durch den Hypothalamus das Corticotropin-Releasing-Hormon (CRH/CRF) ausgeschüttet, das zur Hypophyse gelangt und dort die Ausschüttung des Adrenocorticotropen Hormons ACTH bewirkt. Dieses gelangt über die Blutbahn zur Nebennierenrinde, die ihrerseits Glucocorticoide, vor allem Cortisol, in die Blutbahn abgibt. Cortisol erhöht die Leistungsbereitschaft des Körpers, wirkt aber längerfristig und in erhöhten Dosen schädigend. Der Hippocampus wirkt regulierend auf die Cortisolproduktion ein. (Nach Spektrum/Scientific American, 1994; verändert.)

rinde und löst dort die Ausschüttung von Corticosteroid-Hormonen, so genannten Glucocorticoiden, aus. CRF kann aber auch direkt auf Hirnstrukturen, z. B. den Hippocampus einwirken.

Glucocorticoide sind Stoffe, die dafür sorgen, dass dem Körper Glucose (d. h. Zucker) als »Energie« zur Verfügung gestellt wird (Birbaumer und Schmidt, 1999). Das bekannteste Glucocorticoid ist *Cortisol.* Cortisol mobilisiert über eine Erhöhung des Glucose- und Fettsäurespiegels im Blut unseren Stoffwechsel und versetzt den Körper damit in die Lage, erhöhte Leistungen zu vollbringen. Es wirkt bekanntlich auch entzündungshemmend und unterdrückt allergische Reaktionen; in hohen Dosen verursacht es eine drastische Unterdrückung des lymphatischen Systems, was zu einer gefährlichen Schwächung der Immunabwehr des Körpers führt. Auf diese Weise macht Stress krankheitsanfällig. Über entsprechende Rezeptoren wirkt es auf das Gehirn ein und erhöht dort die Erregbarkeit, gleichzeitig wirkt es hemmend auf die Freisetzung von CRF im Hypothalamus und von ACTH im Hypophysenvorderlappen. Es liegt hier also eine negative Rückkopplung zwischen Cortisol einerseits und CRF und ACTH andererseits vor, die verhindern soll, dass bei einer Stressreaktion zuviel CRF und ACTH und damit Cortisol erzeugt wird.

Im Gehirn führt ein mittlerer Cortisolspiegel zu einer verstärkten Produktion *neurotropher,* d. h. den Zustand von Nervenzellen befördernder Faktoren, außerdem zu einer Erhöhung der Zahl von Gliazellen (Astrocyten). Dies schafft bessere Arbeitsbedingungen für Neuronen und führt zu einer gesteigerten neuronalen Plastizität. Im Anschluss daran kommt es zu einer Verlängerung der Dendriten von Nervenzellen und zu einer Erhöhung der Zahl ihrer Synapsen (Hüther, 1996). Dies ist der Grund, warum bei den meisten Menschen ein gewisses Maß an Stress durchaus leistungsfördernd ist und sich positiv auf Lern- und Gedächtnisleistungen auswirkt.

Wird der Stress stärker, so setzt das Gehirn Anti-Stress-Maßnahmen in Gang. Verbunden mit der erhöhten Freisetzung von CRF und Noradrenalin ist nämlich eine Erhöhung der Produktion des endogenen Opiats β-Endorphin, die mit einer deutlichen Minderung der Schmerzempfindung einhergeht (Julien, 1997). Wie in Kapitel 3 erwähnt, wird durch Spaltung des Proopiomelanocortins neben ACTH auch ß-Endorphin freigesetzt. Eine allgemeine Anti-Stress-Wirkung hat auch das Neuropeptid Y (NPY). NPY stimuliert die Nahrungsaufnahme, moduliert den circadianen Rhythmus und reguliert die Ausschüttung verschiedener Hypothalamus-Hormone einschließlich CRF. Eine Injektion von NPY in den zentralen Kern der Amygdala führt zu einer Verringerung motorischer Unruhe, wirkt stress-vermindernd und angsthemmend und hat hierin eine große Ähnlichkeit mit den angstmindernden Benzodiazepinen (z. B. *Librium* und *Valium*). Schließlich werden auch neurotrophe Faktoren wie BDNF (*brain-derived neurotrophic factor*) ausgeschüttet, die unabdingbar sind für das Überleben und die Funktionalität von Neuronen. Entsprechend unterscheidet man bei der Stressreaktion eine initiale Phase, die durch die Ausschüttung von CRF und einen Anstieg von Stress gekennzeichnet ist, und eine späte Phase, die mit einer Ausschüttung von NPY und endogenen Opiaten und einer Abnahme der Stressbelastung verbunden ist.

Die Stress-Symptome verschwinden, wenn das Problem bewältigt wurde, wenn etwa eine unangenehme Prüfungssituation überstanden oder eine Gefahr vorüber ist (z. B. die Bedrohung durch einen bissigen Hund). Körper und Psyche kehren dann mit einiger Verzögerung zum Normalzustand zurück. Hierbei spielt der Hippocampus eine wichtige Rolle. Die Bindung von Cortisol an Rezeptoren im Hippocampus führt nämlich dazu, dass der Hippocampus hemmend auf CRF-produzierende Zellen im Hypothalamus einwirkt, wodurch über verringertes ACTH über die Nebennierenrinde im Endeffekt weniger Corticosteroide ausgeschüttet werden (Birbaumer und Schmidt, 1999). Es kommt schließlich auch zu einer Einwirkung cortikaler (besonders prä- und orbitofrontaler) Zustände auf die stressbezogene Aktivität limbischer Zentren, z. B. aufgrund der Einsicht, dass »alles nicht so schlimm« ist.

Einer solchen dämpfenden Wirkung cortikaler Zentren wirkt nach Ansicht von LeDoux (1998) und anderen Neurobiologen die Amygdala *entgegen*. Die Amygdala ist in ihrer Aktivität in Stress-Situationen stark erhöht, wie bildgebende Verfahren zeigen (Drevets et al., 1999), und tendiert nach LeDoux dazu, den Zustand der Anspannung aufrechtzuerhalten. Im Normalfall ergibt sich also in gewissem Sinne ein Kampf zwischen eher beruhigenden kognitiven Aspekten (»Vernunft und Einsicht«), vermittelt durch den Hippocampus und den Cortex, und eher emotionalen Aspekten (»Aufregung«), vermittelt durch die Amygdala. Diesen Kampf erleben wir subjektiv als Konflikt zwischen »Aufregung« und »Ruhe bewahren!«

Bedrohlich wird es, wenn *psychischer Dauerstress* herrscht und die

Belastungen sich *subjektiv* als nicht bewältigbar darstellen. Wir wachen nachts auf und fragen uns, wie wir das alles schaffen sollen! Die kontinuierliche psychische Belastung führt dazu, dass die negative, d. h. dämpfende Rückkopplung zwischen Cortisol und CRF-ACTH-Ausschüttung zusammenbricht. In diesem Fall kommt es zu einer dauerhaften Schädigung des Nervensystems. Fortgesetzter Stress führt nämlich zur Schrumpfung von Pyramidenzellen im Hippocampus und deren Dendriten (McEwen, 1999) und – als offenbare Folge davon – zu einer Verschlechterung von Lern- und Gedächtnisleistungen und damit unter anderem zur stressbedingten Vergesslichkeit (was unsere Leistungsfähigkeit weiter senkt). Allgemein kommt es zu einer Hemmung der noradrenergen Signalübertragung, bei Männern auch zu einer Absenkung des Testosteron-Spiegels (»Sex macht auch keinen Spaß mehr!«), zu einer Reduktion neurotropher Faktoren und damit zu einer Verhinderung von neuronalem Wachstum.

Das Fatale aus Sicht des Bewusstseins ist der Umstand, dass die Amygdala durch Dauerstress offenbar nicht beeinträchtigt ist; ihr geht es bei Dauerstress besonders gut – so wird jedenfalls behauptet. Ein stressbedingtes Versagen des präfrontalen Cortex und des Hippocampus kann – so argumentiert z. B. LeDoux – dazu führen, dass die Amygdala gegenüber den Einsprüchen des Hippocampus und des präfrontalen Cortex freie Bahn erhält. Die Folge davon wäre, dass negative Lerninhalte verstärkt und zunehmend resistent gegen Löschung werden und dass möglicherweise zurückgedrängte konditionierte Ängste wieder ausbrechen.

Eine besondere Form von Stress-Folgen ist die bereits erwähnte posttraumatische Belastungsstörung (PTBS), die durch eine schreckliche Lebenserfahrung ausgelöst wird, etwa eine Naturkatastrophe, eine Gewalttat, Folter, Kriegserlebnisse und Vergewaltigung (Comer, 1995; Ehlert et al., 1999). Allerdings entwickelt nur ein Viertel der von solchen Ereignissen Betroffenen eine chronische PTBS; innerhalb dieser Gruppe sind Frauen doppelt so häufig vertreten wie Männer. Ungefähr ein weiteres Viertel der betroffenen Personen zeigt kaum merkliche Folgesymptome, rund die Hälfte weist Symptome auf, die über vier bis sechs Monate anhalten (Ulrich Sachsse, persönliche Mitteilung).

Nahezu alle PTBS-Patienten entwickeln weitere psychiatrische Störungen, z. B. Drogenabhängigkeit oder Depressionen, es erhöht sich die Neigung zum Selbstmord. PTBS-Patienten haben *Intrusionen*, d. h. wiederkehrende und stark belastende Erinnerungen und Träume, Flashback-Erlebnisse, psychische und physiologische Stressanzeichen bei Konfrontation mit Hinweisreizen, Gedanken- und Gefühlsvermeidung sowie Aktivitäts- und Situationsvermeidung in Hinblick auf das Trauma; sie weisen Entfremdungsgefühle, Übererregbarkeit, Ein- oder Durchschlafstörungen, Wutausbrücke, Konzentrationsschwierigkeiten und verstärkte Schreckhaftigkeit auf.

Bei der Ausbildung einer PTBS kommt den Hormonen der Hypothalamus-Hypophysen-Nebennierenrinden-Achse, dem adrenerg-noradrenergen System sowie dem endogenen Opiatsystem ein besonderes Gewicht zu. Bei PTBS-Patienten mit unterschiedlichen Traumatisierungsursachen (Kriegserfahrung, sexueller Missbrauch in der Kindheit) stellte man im Vergleich zu Gesunden und anderen psychiatrischen Patienten einen *erhöhten* CRF-Spiegel in der Zerebrospinalflüssigkeit fest und zugleich eine *reduzierte* Cortisol-Freisetzung nach Stimulation durch CRF. Letzteres könnte ein Effekt der anfänglich starken CRF-Freisetzung sein; alternativ wird eine bereits vor Auftreten des Traumas bestehende Fehlfunktion des Stress-Systems angenommen (vgl. Ehlert et al., 1999). Ebenso wird vermehrt Noradrenalin freigesetzt, was offenbar die verstärkte Schreckhaftigkeit bewirkt. Jedoch wird bei den Patienten eine starke Reduktion der α_2-adrenergen Rezeptoren festgestellt. Dies könnte entsprechend eine negativ-rückgekoppelte Folge der anfänglich starken Produktion von Noradrenalin sein, aber auch eine Prädisposition darstellen. Insgesamt zeigt sich, dass bei PTBS-Patienten das normale »Stress-Management« tiefgreifend gestört ist. Hierauf werde ich weiter unten im Zusammenhang mit depressiven Störungen zurückkommen.

PET-Untersuchungen bei PTBS-Patienten während der Präsentation trauma-relevanten Materials oder imaginierter traumatischer Ereignisse zeigen eine rechtsseitige Aktivierung im Gyrus cinguli und in der Amygdala bei gleichzeitiger linksseitig verringerter Aktivität im frontalen Cortex, besonders in der Gegend des Broca-Areals (Shin et al., 1997). Untersuchungen mithilfe von EEG und ereigniskorrelierten Potentialen bei visuellen und auditorischen Aufgaben zeigten bei PTBS-Patienten eine verzögerte N2- und eine reduzierte P3-Amplitude. Dies wird als neurophysiologischer Indikator der Schwierigkeit der Patienten gedeutet, zwischen relevanten und irrelevanten Reizen zu unterscheiden (Ehlert et al., 1999).

Insgesamt muss man davon ausgehen, dass der Grad, mit dem unterschiedliche Individuen Stress längerfristig störungsfrei verarbeiten können, von zahlreichen Faktoren abhängt. Zum einen müssen genetische Faktoren verantwortlich gemacht werden, aber auch in früheren Lebensabschnitten aufgetretene psychiatrische Erkrankungen. Besonders wichtig scheint der früh erlernte Umgang mit Stress (»Stresserfahrung«) zu sein (Ehlert et al., 1999). Seit langem ist bekannt, dass Stress und Frustrationen dann besser ertragen werden, wenn sie *erwartet* wurden und man sich auf sie einstellen konnte. Dasselbe gilt, wenn das damit verbundene Geschehen irgendeinen »Sinn« oder gar eine positive Funktion hat (und sei es auch nur die Überzeugung, dass es sich um göttliche Prüfung handelt). Von Menschen verursachte traumatische Ereignisse, insbesondere solche, die als irrational erscheinen, wirken sich schlimmer aus als Naturkatastrophen, die man eher als »Schicksal« akzeptiert. Am schlimmsten wirken traumatische Ereignisse, wenn sie mit Handlungen von Familienangehörigen oder Freunden verbunden sind (z. B. Vergewaltigung durch familiär nahe stehende Personen).

Zweiter Teil: Schmerz

Schmerz ist einer der wichtigsten Erlebniszustände. Schmerzen zeigen uns unter anderem an, dass irgendetwas mit bzw. in unserem Körper nicht richtig funktioniert oder geschädigt ist. Dieser Zusammenhang zwischen körperlichen Schädigungen und Fehlfunktionen einerseits und Schmerzempfindungen andererseits ist jedoch nur die halbe Wahrheit. So gibt es Patienten mit schweren Schmerzzuständen ohne jede erkennbare körperliche Schädigung, und umgekehrt gibt es Patienten mit schweren körperlichen Schädigungen, die keinerlei Schmerzempfindungen haben. Schmerzempfindungen sind überdies von Faktoren wie Furcht, Vorerfahrung und genetischer Disposition abhängig.

Generell sind *Nozizeption* und *Schmerzempfindung* zu unterscheiden. Unter Nozizeption versteht man die Aufnahme, Weiterleitung und zentralnervöse Verarbeitung von körperlich schädigenden Signalen (Birbaumer und Schmidt, 1999 a, b). Sie beruhen auf der Reizung von Schmerz-Sinnesrezeptoren, *Nozizeptoren* genannt, die sich in nahezu allen Körperteilen finden. Lange Zeit war umstritten, ob es überhaupt Sinnesrezeptoren für körperliche Schädigungen gibt; elektronenmikroskopische Untersuchungen ergaben, dass es sich bei den Schmerzrezeptoren um extrem dünne Nervenendigungen handelt. Der häufigste Typ dieser Endigungen ist *polymodal*, d. h. erregbar durch ganz unterschiedliche Arten von Reizen, und reagiert entsprechend auf intensive mechanische Reize wie Druck und Quetschungen, thermische Reize wie Hitze und Kälte und chemische Reize wie Verätzung und Vergiftung. Andere Nozizeptoren sind unimodal, d. h. sie antworten jeweils nur auf einen dieser Reize. Druck, Dehnungen und Quetschungen, Hitze- und Kältereize sowie schädigende chemische Substanzen führen zur Öffnung von Ionenkanälen, durch die Natrium und Calcium ins Zellinnere einströmen und die Zelle erregen.

Die Nozizeptoren tragen Membranrezeptoren für bestimmte Stoffe, die im geschädigten oder erkrankten Gewebe freigesetzt werden. Hierzu gehören das Bradykinin und die Prostaglandine, die den Entzündungsschmerz und eine Überempfindlichkeit der betroffenen Regionen verursachen, sowie die Neuromodulatoren Serotonin und Acetylcholin und der »second messenger« Adenosin-Triphosphat (ATP). Ebenso gibt es Rezeptoren für Opioide, für Somatostatin und Galanin, die zu einer Erregungsminderung und damit zu einer Schmerzdämpfung führen. Innerhalb der gereizten Zelle werden Neuropeptide produziert, vor allem das *Calcitonin generelated Peptid* (CGRP) und *Substance P* (SP). Diese bewirken im benachbarten Gewebe eine Gefäßerweiterung und den Austritt von Blutplasma, was zur bekannten Rötung und Schwellung geschädigten Gewebes führt. Dies ist einerseits schmerzhaft, dient aber wohl auch dem Fortschwemmen von schädigenden Stoffen. Ebenso kommt es nach der Schädigung zu einer NMDA- und Calciumvermittelten Expression von *Immediate Early Genes* (IEGs).

Die Nozizeptoren sind in ihrer Reaktionsweise extrem plastisch, und dies erklärt bereits einen guten Teil der Variabilität von Schmerzwahrnehmungen. Während es im gesunden Gewebe eine ganze Reihe von Nozizeptoren gibt, die auf eine normale Reizung gar nicht ansprechen, werden im entzündeten Gewebe über die erwähnte Ausschüttung von Prostaglandinen alle Nozizeptoren sensibilisiert, und zwar auch die zuvor nicht aktiven. Dies trägt zur gesteigerten Schmerzempfindlichkeit bei Gewebeentzündungen bei. Das bekannte Schmerzmittel Azetylsalizylsäure (»Aspirin«) hemmt vor allem die

Produktion der Prostaglandine. Ebenso kann die Einwirkung von endogenen Opiaten zu einer Minderung der Aktivität der Nozizeptoren führen. Dies geschieht dadurch, dass die bereits erwähnte Expression von Immediate Early Genes nach Schädigung unterbunden bzw. heruntergefahren wird. Überdies steht die periphere Nozizeption unter starker Kontrolle von Zentren im Zentralnervensystem, von der noch die Rede sein wird.

Die Erregungszustände der peripheren Nozizeptoren werden durch zwei Typen von Fasern (so genannten Schmerzfasern) weitergeleitet. Zum einen handelt es sich um so genannte Aδ-Fasern, die von thermischen oder mechanischen Reizen aktiviert werden. Diese Fasern sind myelinisiert und haben eine relativ schnelle Leitungsgeschwindigkeit von 5-30 m/s. Sie vermitteln einen scharfen, stechenden Schmerz. Zum anderen handelt es sich um so genannte *C-Fasern*, die polymodal sind, d. h. von einer Vielzahl von mechanischen, thermischen oder chemischen Reizen aktiviert werden (sie spielen in der Philosophie des Geistes eine bedeutende, wenngleich obskure Rolle). Diese Fasern sind unmyelinisiert und haben entsprechend eine relativ geringe Leitungsgeschwindigkeit von 0,5-2 m/s. Sie vermitteln einen länger anhaltenden, komplexen Schmerz. Beide Fasersysteme arbeiten normalerweise parallel, und deshalb empfindet man bei genauer Analyse nacheinander zwei Schmerzen, nämlich einen ersten kurzen und stechenden und einen zweiten, länger andauernden und komplex-dumpfen Schmerz (Bromm und Desmedt, 1995). Beide Fasersysteme enden im so genannten Hinterhorn des Rückenmarks in unterschiedlichen Schichten (Aδ-Fasern in Schicht IV und V, C-Fasern in Schicht I und II).

Diese Umschaltstellen der Fasersysteme im Rückenmark sind wichtige Angriffsstellen für die Schmerzregulation. So wirken serotonerge Neuronen im Zentralen Höhlengrau (PAG), das von den aufsteigenden Schmerzbahnen (s. nächsten Absatz) stimuliert wird, auf das Hinterhorn schmerzlindernd ein. Entsprechend führt eine Stimulation des PAG zur Reduktion der Schmerzwahrnehmung. Zusätzlich beeinflussen noradrenerge Neurone des Locus coeruleus und Neurone des Ncl. paragigantocellularis das Einzugsgebiet der afferenten Fasern. Diese absteigenden Fasersysteme blockieren den Ausgang der Umschaltneurone in Lamina I und V und interagieren mit endogenen Opiat-Systemen, die ebenfalls schmerzlindernd wirken (Zubieta et al., 2001).

Vom Rückenmark aus nehmen im Primatengehirn insgesamt fünf aufsteigende Fasertrakte ihren Ausgang, die alle mit Schmerzwahrnehmung zu tun haben und im Rückenmark zur Gegenseite kreuzen. Der erste ist der so genannte *spino-thalamische Trakt* (auch anterolaterales System genannt). Seine Fasern ziehen zum Thalamus, wo sie im zentralen und ventralen postero-lateralen Kern enden. Vorn dort aus ziehen Fasern in den primären somatosensorischen und den assoziativen parietalen Cortex. Dieses System vermittelt die Information über den *Ort* und das rein *sensorische Erleben* des schädigenden Reizes (»da tut was weh!«). Der zweite ist der *spinoretikuläre Trakt*, der teils zur Formatio reticularis, teils zur Brücke und teils zum Thalamus zieht. Von Letzterem zieht eine Projektion zur zentralen lateralen Kerngruppe und zu den intralaminären Kernen. Fasern von der zentralen lateralen Kerngruppe ziehen zum somatosensorischen Cortex, Fasern von den intralaminären Kernen zu den Basalganglien. Dieses zweite Fasersystem vermittelt neben der bewussten Schmerzwahrnehmung über die Formatio reticularis einen allgemeinen »Weckreiz« (Schmerzen machen wach!) und nehmen über die Basalganglien Einfluss auf die unbewusste Handlungssteuerung (vgl. Kapitel 13).

Der dritte ist der *spino-mesencephale Trakt*. Seine Fasern ziehen zum Colliculus superior, zum Locus coeruleus und zu den Parabrachialkernen des Mittelhirns, zum Zentralen Höhlengrau und zur Amygdala. Dieser Trakt trägt zur *affektiv-emotionalen* Tönung des Schmerzes bei (»diese Schmerzen tun gemein weh!«). Der vierte ist der *cervico-thalamische Trakt*, der zusammen mit dem medialen Lemniscus zum Thalamus projiziert, wo er in den ventromedialen und ventrolateralen Kernen endet. Der fünfte Trakt schließlich ist der *spino-hypothalamische Trakt*, der – wie der Name sagt – zum Hypothalamus zieht und dort *schmerzbezogene vegetative Reaktionen* auslöst, insbesondere im Zusammenhang mit Schmerz als Stress.

Die anatomischen und entsprechenden funktionellen Unterschiede dieser fünf Systeme sind die Grundlage dafür, dass Nozizeption und Schmerzempfindung zusammengenommen einen komplizierten Prozess darstellen, der entsprechend viele Komponenten enthält. Hierzu gehören (1) *vor- und unbewusste Nozizeption* (vegetativ-autonome und motorisch-reflektorische Reaktionen); (2) *Bewusste Schmerzwahrnehmung* (welcher Schmerz tritt wo wie stark auf?) (3) *Kognitive Evaluation* (unter welchen Bedingungen und in welchem Kontext tritt Schmerz auf?) (4) *Emotionale Evaluation* (unangenehmer, quälender Schmerz) (5) *Exekutive Evaluation* (was soll ich aktuell tun, um den Schmerz zu beenden?) (6) *Prospektive Evaluation* (wann ist Schmerz wieder zu erwarten, und was soll ich dagegen tun?).

Die unter (3) genannte *kognitive Komponente* wird durch das cortico-hippocampale System vermittelt, welches dem episodischen Gedächtnis einschließlich des »Herkunftsgedächtnisses« (source memory) zugrunde liegt. Es registriert, wann welche Arten von Schmerz unter welchen Bedingungen und in welchem Kontext aufgetreten sind. Patienten ohne Hippocampus sind noch in der Lage, Schmerzempfindungen zu haben, sie wissen aber nicht mehr, woher diese stammen.

Die unter (4) genannte *emotionale Komponente* wird vor allem durch die Amygdala vermittelt, die teils angeborene Anteile enthält (verarbeitet durch die zentrale Amygdala), teils erlernte Anteile (verarbeitet durch die basolaterale Amygdala) sowie durch Teile des insulären und des posterioren parietalen Cortex. Der insuläre Cortex erhält Eingänge von den genannten nozizeptiven Bahnen über den ventromedialen posterioren thalamischen Kern sowie vom somatosensorischen (SII) und postero-parietalen Cortex und projiziert seinerseits zur Amygdala und zum anterioren cingulären Cortex. Letzterer trägt ebenfalls zur emotionalen Einfärbung bei, daneben auch zur exekutiven und prospektiven Komponente. Patienten ohne Amygdala nehmen negative Geschehnisse nicht mehr als bedrohlich wahr, und dies gilt auch für Schmerz. Dasselbe trifft bei Läsionen der Insel und des anterioren cingulären Cortex zu. Patienten berichten zwar, dass sie Schmerzen haben, aber sie empfinden sie nicht als unangenehm, wie schon vor mehreren Jahrzehnten Schilder und Stengel (1928) berichteten. Diese Patienten leiden unter *Schmerz-Asymbolie*. PET-Untersuchungen von Rainville und Mitarbeitern. (Rainville et al., 1997) zeigen, dass das Unangenehme des Schmerzes über Hypnose verändert werden kann, und zwar unabhängig von der sensorischen Schmerzempfindung.

Die unter (5) genannte *exekutive* Komponente wird durch den anterioren cingulären Cortex und den präfrontalen Cortex vermittelt. Beide Hirnzentren erhalten massive Eingänge von nahezu allen limbischen Strukturen ebenso wie vom cortico-hippocampalen deklarativen Gedächtnis. Hier fügen sich die emotionalen und die deklarativepisodischen Aspekte (vor allem der Kontext) des Schmerzerlebens zusammen und werden vornehmlich im Zusammenhang mit der Frage verarbeitet, *was angesichts interner oder externer Geschehnisse zu tun ist.* Diese exekutiven Systeme projizieren ihrerseits zu nahezu allen limbischen Zentren und sind zumindest teilweise in der Lage, die Aktivität dieser Zentren und damit die bewusste Schmerzempfindung zu modulieren, z. B. im Zusammenhang mit aktivem »Nichtbeachten« des Schmerzes, das man über autogenes Training lernen kann. Patienten mit Störungen und Läsionen im anterioren cingulären und präfrontalen Cortex sind in der Lage, über das Quälende des Schmerzes zu berichten, sie unternehmen aber nichts dagegen und gehen zum Beispiel nicht zum Arzt.

Die *prospektive Komponente* des Schmerzes wird ebenfalls vom ACC, vom PFC und von Teilen der Insel und des Cerebellum vermittelt. Schmerzerwartung ist nicht nur höchst wichtig für unsere Verhaltenssteuerung und -planung, sondern sie trägt auch zur Ausbildung von chronischem Schmerz bei. Untersuchungen von Ploghaus und Mitarbeitern mithilfe von fNMR (Ploghaus et al., 1999) unterstreichen, dass Schmerzempfindung und Schmerzerwartung mit Aktivität in unterschiedliche Regionen dieser Hirngebiete verbunden ist: Mit »bloßer« Schmerzempfindung ist der posteriore ACC, mit Schmerz*erwartung* dagegen der anteriore ACC und der OFC befasst, Entsprechendes gilt für die mittlere vs. anteriore Insel und das anteriore bilaterale Cerebellum vs. das posteriore ipsilaterale Cerebellum.

Chronischer Schmerz ist einer der wichtigsten Kostenfaktoren in unserem Gesundheitssystem. Nach Birbaumer und Schmidt (1999) machen chronische Schmerzpatienten nur 10% aller Klinikpatienten aus, verursachen aber 65% aller Behandlungskosten. Sie klagen vornehmlich über Kopf-, Gesichts- und Rückenschmerzen und dies, ohne dass bei vielfachen Untersuchungen eine organische Ursache gefunden wurde. Diese Tatsache kann zum einen dadurch erklärt werden, dass durch einmal erlebte (und längst vergessene) intensive Schmerzerfahrungen zuvor inaktive Nozizeptoren erregt werden, die dann langanhaltend aktiv bleiben. Es kommt dadurch zu einer generell erhöhten Schmerzempfindlichkeit. Dies kann nach neuesten Ergebnissen schon auf der Ebene von Rückenmarksegmenten geschehen (Ikeda et al., 2003). Bei dem berühmten Phänomen des Phantomschmerzes (amputierte Gliedmaßen schmerzen unerträglich) nimmt man u. a. an, dass es aufgrund einer übermäßigen Reizung vor und während der Amputation zu einer Sensibilisierung der entsprechenden Hirnrindenareale kommt.

Weiterhin kann sich die intensive Schmerzerfahrung im ganzen Zentralnervensystem ausbreiten, dort überall zu Absenkungen der Schmerzempfindungsschwelle führen und somit Schmerzzustände erzeugen, die dann unabhängig von ursprünglichen Schmerzursachen existieren. Es bildet sich ein intensives »Schmerzgedächtnis« aus; dies gilt vor allem für Spannungskopfschmerzen, Rücken- und Gelenkschmerzen. Die hierdurch verursachte Immobilität, die intensive psychische Beschäftigung mit dem Schmerz, die Bemitleidung durch die Umgebung und das ergebnislose Wandern von Arzt zu Arzt tragen zur *Chronifizierung* und *Verselbständigung* des Schmerzes bei. Der Schmerz wird zunehmend zum eigentlichen Lebensinhalt des Patienten. Er befindet sich in einem Teufelskreis, in dem er einerseits von einem Schmerz geheilt werden will, der »somatisch« gar nicht mehr existiert, und den andererseits seine Psyche als sinnhaften Zustand benötigt.

Die geschilderte Vielfalt des Schmerzes ist ein gutes Beispiel dafür, dass ein Phänomen, das in der Philosophie durchweg als »einfachste Gegebenheit« (als ein »Quale«) angesehen wird, tatsächlich ein hochkomplexes Gebilde ist, das – wie fast alles im Gehirn – durch ein parallel-konvergent-divergentes Verarbeitungssystem hervorgebracht wird.

Dritter Teil: Furcht

Furcht ist ein elementarer emotionaler Zustand. Furcht warnt uns – berechtigt oder unberechtigt – vor Personen, Objekten, Geschehnissen, Zuständen und Handlungen und ruft zu deren Vermeidung auf. Geringe Furcht wird als Stress erlebt und äußert sich in erhöhter Aufmerksamkeit, Unruhe, erhöhter Reaktionsbereitschaft, Schwitzen, Herzklopfen, erhöhtem Blutdruck, trockenem Mund usw. (s. vorigen Abschnitt). Erhöhte Furcht hingegen führt zu Fluchtdrang, zu Vermeidungs- und Abwehrverhalten, sehr große Furcht zu »blindem« Angriff oder zu kopfloser Flucht.

Furcht ist eine emotionale Abwehrreaktion gegenüber *konkreten Ereignissen* und unterscheidet sich dadurch – so die Auffassung vieler

Fachleute – von Angst, die als diffuse negative Emotion gesehen wird (dazu im nächsten Abschnitt mehr). Manche Ereignisse lösen mehr oder weniger automatisch Furcht und entsprechende vegetative und Verhaltensreaktionen aus. Hierzu gehören alle starken, überraschenden Sinnesreize, z. B. ein greller Lichtblitz, ein lauter Knall, jäh auftauchende oder schnell sich annähernde Objekte, eine plötzliche Verdunkelung, tiefe Dunkelheit, ein gähnender Abgrund. Auch komplexere Reize und Reizsituationen wie der Anblick eines drohenden Raubtiergebisses, von Schlangen, von »ekligen« Kriechtieren (insbesondere ihre Anwesenheit auf unserem Körper), ein drohendes Gesicht oder eine drohende Stimme lösen bei den meisten von uns stereotype Furcht- und Schreckreaktionen aus. Diese werden vom medialen Hypothalamus, vom Zentralen Höhlengrau und von der zentralen Amygdala vermittelt. Diese Gehirnregionen beeinflussen – wie geschildert – die vegetativen und motorischen Zentren, die mit der Auslösung von angeborenen Furcht- und Schreckreaktionen befasst sind. Das Furchtsystem und das Stress-System arbeiten hierbei eng miteinander zusammen.

Eine Beteiligung des Hypothalamus und des Zentralen Höhlengrau an angeborenen Furchtreaktionen zeigten bereits die bekannten Hirnreizungsexperimente von W. R. Hess (1954, 1957) an Katzen sowie von E. von Holst und U. von Saint Paul (1957, 1960) an Hühnern, die in den fünfziger und sechziger Jahren des 20. Jahrhunderts durchgeführt wurden. Hierbei konnten je nach Reizintensität die unterschiedlichsten Furchtreaktionen von Angriff und Erstarren bis zu panischer Flucht »auf Knopfdruck« ausgelöst werden. Erste Hinweise auf eine Beteiligung der Amygdala an Furchtreaktionen ergaben bereits Läsionsexperimente durch Brown und Schäfer, die 1888 durchgeführt wurden und deutlich machten, dass die beidseitige Entfernung des Temporallappens (einschließlich des vorderen medialen Temporallappens, zu dem die Amygdala gehört) wilde und angriffslustige Affen in lammfromme Geschöpfe verwandelt.

In den dreißiger Jahren des 20. Jahrhunderts wiesen Klüver und Bucy nach, dass eine Entfernung des Temporallappens (einschließlich der Amygdala) extreme Zahmheit und Gefühllosigkeit sowie eine visuelle Agnosie und ein gesteigertes Fress- und Sexualverhalten hervorrufen, was später unter der Bezeichnung »Klüver-Bucy-Syndrom« bekannt wurde (Klüver und Bucy, 1937, 1939). Entsprechend operierte Ratten, Katzen oder Affen zeigten vor drohenden Objekten oder Geschehnissen keinerlei Angstreaktionen mehr; Katzen liefen nicht mehr vor Hunden fort, Ratten nicht mehr vor Katzen usw.. Weiskrantz konnte später nachweisen, dass für operativ hervorgerufene Furchtlosigkeit nur ein einziges Hirngebiet relevant ist, nämlich die Amygdala (Weiskrantz, 1956). Die von Klüver und Bucy festgestellte visuelle Agnosie geht wohl auf die Verletzung des unteren Temporallappens, Fresssucht und Hypersexualität vermutlich auf unbeabsichtigte Verletzungen des medialen und lateralen Hypothalamus zurück.

Wie beim Stress wirken auch furchtauslösende Situationen parallel über cortikale und subcortikale Bahnen auf die limbischen Zentren. Dabei arbeiten die subcortikalen Bahnen von den Sinnesorganen über die thalamischen Umschaltkerne (medialer und lateraler Kniehöcker, laterale Kerngruppe) zur Amygdala, zum Hypothalamus und Zentralen Höhlengrau sehr viel schneller als die Bahn, die von den thalamischen Kernen zu den Cortexgebieten und von dort zu den limbischen Zentren verläuft. Die subcortikalen Bahnen setzen in der zentralen Amygdala, im Hypothalamus und im Zentralen Höhlengrau die angeborene Furcht- und Schreckreaktion in Gang und melden gleichzeitig die Bedrohung sofort zu den bewusstseinsfähigen Cortexarealen zurück, vor allem zum Temporallappen und zum präfrontalen Cortex (s. voriges Kapitel).

Neben dieser unkonditionierten, »angeborenen« Furcht gibt es die konditionierte, d. h. erlernte Furcht. Sie entwickelt sich in ihren Grundzügen gemäß der klassischen oder Pawlowschen Konditionierung, die zum Typ des assoziativen Lernens gehört (s. Kapitel 1): Ein an sich neutraler, d. h. bisher nicht furchtauslösender Reiz, *bedingter* oder *konditionierter Reiz* genannt, tritt plötzlich regelmäßig oder hinreichend häufig zusammen mit einem »automatisch« furchterregenden Reiz auf, der als *unbedingter* oder *unkonditionierter* Reiz bezeichnet wird. Das Gehirn *assoziiert* dann die negative emotionale Qualität des unbedingten Reizes mit dem bedingten Reiz, so dass dieser die Eigenschaft erwirbt, selbst Furcht zu erregen. Wenn z. B. einem Ton regelmäßig ein Elektroschock folgt, der von sich aus zu einer Furcht- und Schreckreaktion führt, dann löst schon nach wenigen Durchläufen der Ton allein diese Reaktion aus. Das Tier oder der Mensch ist nunmehr auf den Ton *furchtkonditioniert.* Der vorher neutrale Ton wird für das Gehirn zum Warnsignal, zum *Voraussager* des unangenehmen Ereignisses. Wir können uns leicht

vorstellen, dass solche klassische Konditionierung, die meist unbewusst oder nur oberflächlich bewusst abläuft, zu den wichtigsten
Lernvorgängen in unserem Leben gehört, denn sie ermöglicht es uns,
furchterregenden oder schädlichen Dingen rechtzeitig aus dem Weg
zu gehen oder Maßnahmen zu treffen, die diese schädlichen Dinge
unterbinden, ohne dass wir konkret daran denken müssen.

Situationen, die sehr häufig mit unangenehmen Zuständen gepaart wurden und so zu *Voraussagern* für diese Zustände wurden,
können ihrerseits die Funktion eines unbedingten Reizes übernehmen und einen weiteren neutralen Reiz negativ »einfärben«, der mit
ihnen gepaart auftritt. So war das Geschehen in der Schule für viele
von uns mit unangenehmen Erlebnissen verbunden, und der Anblick
bestimmter Lehrer rief in uns bereits Furchtreaktionen hervor ebenso
wie der Anblick des Klassenzimmers als Ort unserer Demütigungen
(ein Beispiel für räumliches Kontextlernen). Dies alles kann sich dann
auf den bloßen Anblick unseres Schulgebäudes (an sich ein völlig
neutraler Reiz) oder gar auf das bloße Erwähnen des Namens unserer
Schule übertragen. Entsprechend machen wir einen großen Bogen
um unsere frühere Schule.

Derartige Ketten von Furchtkonditionierung müssen, wie gesagt,
keineswegs immer bewusst ablaufen. Allen von uns ist bekannt, dass
wir häufig »intuitiv« bestimmte Personen, Dinge und Situationen
meiden, ohne dass wir genau angeben könnten, warum wir dies tun.
Wir geben häufig Gründe an, die mit einer Furchtkonditionierung
nichts zu tun haben. Kurz vor dem Ausführen einer negativ besetzten
Tätigkeit (z. B. müssen wir einem Mitarbeiter eine unangenehme
Mitteilung machen) fällt uns ein, dass wir einen ganz wichtigen
Telefonanruf zu erledigen haben, und dabei »vergessen« wir das, was
wir eigentlich tun sollten. Bei Menschen und Tieren lässt sich jedoch
über das Verhalten oder unbewusst ablaufende vegetative Reaktionen
wie die Veränderung des Hautwiderstandes, des Blutdruckes und der
Herzfrequenz feststellen, ob eine Furchtkonditionierung vorliegt.
Die Beteiligten müssen davon nicht unbedingt etwas wissen.

Für konditionierte Furcht ist nach Meinung der Mehrzahl der
Fachleute ausschließlich die Amygdala verantwortlich. Joseph Le-
Doux und seine Mitarbeiter sowie zahlreiche andere Wissenschaftler
haben in den letzten Jahren an Ratten ausgedehnte Untersuchungen
zur Furchtkonditionierung durchgeführt, vor allem mit Hilfe der
furchtpotenzierten Schreckreaktion (*fear-potentiated startle response*; vgl.

Aggleton, 1992, 1993, 2000; Fendt und Fanselow, 1999; Koch, 1999; LeDoux, 2000). Grundlage dieser Furchtkonditionierung ist die angeborene Schreckreaktion (*startle*) von Ratten auf ein kurzes lautes Geräusch (Abb. 10.2). Hierdurch werden über das Spiralganglion im Innenohr Neurone in der so genannten cochleären Wurzel erregt, die monosynaptisch auf den in der Brücke angesiedelten Nucleus reticularis pontis caudalis (PnC) schalten. Der PnC projiziert seinerseits monosynaptisch auf diejenigen Motorsegmente des Rückenmarks, die die an der Schreckreaktion beteiligten Muskeln aktivieren (Davis, 1998). Diese Schreckreaktions-Bahn beinhaltet also nur drei Synapsen; entsprechend hat bei Ratten von allen Reaktionen die Schreckreaktion mit 8 Millisekunden die kürzeste Latenz.

Diese angeborene Schreckreaktion kann nun durch klassische Konditionierung verändert werden (Abb. 10.3). Hierbei wird z. B. ein Lichtreiz mit einem leichten Schmerzreiz gepaart, z. B. mit einem Elektroschock über das Gitter, auf dem das Tier steht. Der von den Füßen wahrgenommene *Schmerzreiz* wird, wie zuvor geschildert, vom Rückenmark auf parallelen Bahnen über limbische thalamische Kerne und unter Beteiligung des insulären Cortex zur basolateralen Amygdala geleitet und von dort zur zentralen Amygdala. Daneben gibt es auch direkt über die parabrachialen Kerne eine Weiterleitung des Schmerzreizes zum Zentralkern. Der Zentralkern projiziert über die ventrale amygdalofugale Bahn zum PnC. Dieses Bahnsystem vermittelt die körperliche Reaktion auf den Schmerzreiz, vor allem das Zusammenzucken.

Der *Lichtreiz* wird von der Retina über den dorsalen lateralen Kniehöcker zur Sehrinde sowie parallel dazu über den lateralen posterioren (und suprageniculären) thalamischen Kern zur Sehrinde, zum temporalen und zum perirhinalen Cortex (in der Nähe des Hippocampus) und von dort zur basolateralen Amygdala geleitet. Eine kürzere Bahn unter Umgehung des Cortex verläuft offenbar von der Retina über den posterioren intralaminären Kern zur basolateralen Amygdala. Dort trifft der Lichtreiz auf den Schmerzreiz und erhält durch die Verknüpfung mit ihm eine negative Bedeutung. Wenn nun das laute Geräusch, das angeborenermaßen die Schreckreaktion hervorruft, mit dem negativ konditionierten Lichtreiz gepaart wird, dann kommt es zu einer deutlich erhöhten, d. h. *potenzierten* Schreckreaktion (Koch, 1999; Shi und Davis, 1999). Durch diese experimentelle Anordnung kann man nun die Ein-

A Training: Paarung von Licht und elektrischem Reiz

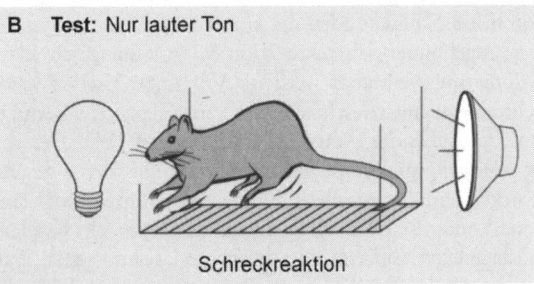

B Test: Nur lauter Ton

Schreckreaktion

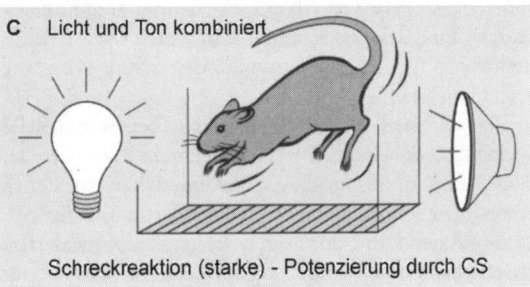

C Licht und Ton kombiniert

Schreckreaktion (starke) - Potenzierung durch CS

10.2 Furchtpotenzierte Schreckreaktion (*fear-potentiated startle*) bei Ratten.
A: Die Ratte erhält über ein Gitter einen leichten elektrischen Schlag, sobald
ein Licht leuchtet. Sie wird dadurch auf das Licht *negativ klassisch konditio-
niert*, so dass sie schon erschrickt, wenn nur das Licht aufleuchtet. B: Die
Ratte erschrickt angeborenermaßen beim Auftreten eines lauten Tons. C:
Diese angeborene Schreckreaktion wird durch den konditionierten Reiz, das
Licht, deutlich verstärkt (*potenziert*). (Aus Birbaumer und Schmidt, 1999,
verändert.)

wirkung von Erfahrung (aufgrund der Konditionierung) auf eine angeborene Reaktion in quantitativer Weise untersuchen.

So ist es möglich nachzuweisen, dass die Amygdala tatsächlich mit der Furchtkonditionierung zu tun hat, denn sowohl eine Läsion der gesamten Amygdala als auch die des Zentralkerns oder der ventralen amygdalofugalen Bahn beseitigt alle Anzeichen konditionierter Furcht. Die Furchtkonditionierung wird aber auch durch die alleinige Zerstörung des basolateralen Kerns der Amygdala unterbunden. Die basolaterale Amygdala erhält – wie erwähnt – Eingänge vom Hippocampus, über die Details über den *Kontext* der Furchtkonditionierung vermittelt werden, z. B. die Apparatur, in der die Konditionierung stattfand, das Klassenzimmer, in dem wir gedemütigt wurden. Positive Erlebnisse, die erwiesenermaßen die Potenzierung der Schreckreaktion dämpfen oder unterbinden, kommen aus dem mesolimbischen System (Ventrales Tegmentales Areal, Nucleus accumbens, ventrales Pallidum) und werden über den pedunculopontinen tegmentalen Kern weitergeleitet, der über cholinerge Bahnen seinerseits auf den NcP einwirkt (vgl. Birbaumer und Schmidt, 1999).

Über die zugrunde liegenden neuronalen Mechanismen gibt es inzwischen einige Vorstellungen. Langzeitpotenzierung tritt in der lateralen bzw. basolateralen Amygdala bei Reizpaarungen auf, die der Furchtkonditionierung entsprechen. Dies konnte in Experimenten an der Amygdala von Ratten sowie an Amygdala-Hirnschnitten (»slices«) nachgewiesen werden (Maren und Fanselow, 1995; Fendt und Fanselow, 1999). Dabei wird das Gehirn einem soeben getöteten Tier entnommen und in Höhe der Amygdala in feine Scheiben geschnitten. Diese Hirnschnitte kann man dann in einer geeigneten Nährlösung für einige Stunden am Leben erhalten. Ein Hirnschnitt ist experimentell weitaus besser zugänglich als das Gehirn im intakten Tier, aber man kann ihn nicht mehr auf natürliche Weise reizen. Eine solche natürliche Reizung ersetzt man durch elektrische Reizung von Eingängen, die normalerweise Sinnesreize oder andere Informationen heranführen, z. B. visuelle oder auditorische Informationen vom Thalamus und gedächtnisbezogene Informationen vom Hippocampus.

Wenn man nun diese beiden Eingänge in die basolaterale Amygdala gleichzeitig elektrisch reizt, dann kann man eine spezifische Langzeitpotenzierung von dort lokalisierten Neuronen hervorrufen. Diese ist NMDA-vermittelt und kann entsprechend durch NMDA-

Antagonisten blockiert werden. Nach J. Fendt (persönliche Mitteilung) spielen hier jedoch auch metabotrope Glutamat-Rezeptoren eine wichtige Rolle (vgl. Kapitel 3). Derartig konditionierte Neuronen-Netzwerke in der basolateralen Amygdala projizieren, wie erwähnt, zur zentralen Amygdala, in der die konditionierte Furchtreaktion mit der angeborenen Furchtreaktion verknüpft wird. Diese Verknüpfung scheint nicht durch NMDA-Rezeptoren, sondern über AMPA-Rezeptoren vermittelt zu sein (Fendt und Fanselow, 1999). Die zentrale Amygdala löst dann die mit Furcht verbundenen Verhaltensreaktionen und vegetativen Reaktionen aus, einschließlich der Freisetzung des Corticotropin-Releasing-Faktors (CRF) und des Cortisols (bei Ratten des Corticosteron). Gleichzeitig werden über das Zentrale Höhlengrau endogene Opiate, NPY und andere Stoffe ausgeschüttet, die schmerz- und furchtlindernd wirken.

Für Joseph LeDoux (vgl. LeDoux 1998, 2000) und Michael Fanselow (persönliche Mitteilung) ist das Besondere an der amygdalären Furchtkonditionierung, dass sie einerseits relativ schnell erfolgt und andererseits kein oder ein nur langsames Vergessen kennt, und zwar im Gegensatz zum relativ »vergesslichen« deklarativen Lern- und Gedächtnissystem von Cortex und Hippocampus. Dieses System, vor allem der präfrontale und orbitofrontale Cortex, ist zwar in der Lage, innerhalb gewisser Grenzen die *Auswirkungen* der Tätigkeit der Amygdala auf unser Gefühls- und Handlungssystem zu kontrollieren, nicht aber die Furchtcodierung in der Amygdala selbst. Die erfahrungsbedingte Überwindung von Furcht auf dem Weg über das Bewusstseinssystem, also die Einsicht, dass etwas »nicht so schlimm ist wie es aussieht«, tilgt nach LeDoux und Fanselow *nicht* die Verankerung der Furcht in Netzwerken der Amygdala. Durch die positiven Erfahrungen werden im Cortex Netzwerkverknüpfungen angelegt, die in der Lage sind, die Wirkung der negativen amygdalären Netzwerke abzuschwächen, indem sie – sozusagen unter Umgehung der Amygdala – auf die der Amygdala nachgeordneten furchtkontrollierenden Zentren (z. B. das Zentrale Höhlengrau) zugreifen.

Diese »verstandesgeleitete« (oder durch Therapie erzeugte) Umgehung der Amygdala bricht in dem Augenblick zusammen, wo durch eine erneute Furchtkonditionierung die furchtmindernde bewusste Erfahrung wieder zunichte gemacht wird. So können wir eine sehr blamable Prüfungssituation durch viele erfolgreich bestandene Prüfungen für uns vorübergehend vergessen machen, eine einzige erneut unangenehm verlaufende Prüfungssituation kann aber die überwunden geglaubten Prüfungsängste wieder hervorbrechen lassen, so als ob wir nie eine Prüfung erfolgreich bestanden hätten. Ähnlich ist es mit Spinnenangst: Wir können durch Selbstüberzeugung oder durch Verhaltenstherapie dazu kommen, eine solche Spinnenangst zu überwinden und Spinnen als durchaus interessante Tiere anzusehen. Krabbelt aber einmal völlig unvorhergesehen eine Spinne über unsere Hand oder gar über unser Gesicht, so kann unter Umständen – anders als bei Menschen ohne *Arachnophobie* – die Spinnenfurcht wieder in voller Stärke auftreten, so als ob nie eine Therapie stattgefunden hätte.

Ob diese Auffassung von LeDoux tatsächlich zutrifft, auf welchen Mechanismen sie beruhen könnte, und welche möglichen Auswirkungen sie auf gängige psychotherapeutische und psychoanalytische Konzepte hat, muss vorerst offen bleiben. Es könnte auch sein, dass die Hemmung von Furcht in der Amygdala selbst stattfindet, wie dies Schauz und Koch (2000) bei Ratten nachgewiesen haben. Das würde bedeuten, dass in der Amygdala der Furcht entgegenwirkende Netzwerke angelegt werden.

In diesem Zusammenhang ist eine jüngst erschienene Arbeit von Hariri und Mitarbeitern wichtig (Hariri et al., 2003). Die Autoren konnten mithilfe funktionaler Kernspintomographie auf der einen Seite bestätigen, dass der Anblick bedrohlicher und furchterregender Bilder aus der von Peter Lang entworfenen Standardserie zu einer beidseitigen Aktivierung der Amygdala führt. In dem Maße jedoch, in dem sich bei den Versuchspersonen die Furchtreaktion und entsprechend die Aktivität der Amygdala und der vegetativen Reaktion abschwächte, erhöhte sich die Aktivität des rechten orbitofrontalen und cingulären Cortex. Dies ist wichtig, weil angenommen wird, dass der orbitofrontale eine hemmende Wirkung auf die Amygdala ausübt und dem cingulären Cortex eine generelle Kontrollfunktion zukommt. Die Befunde könnten also dahingehend gedeutet werden, dass die Abschwächung der Furchtreaktion und der damit verbundenen (und durch die zentrale Amygdala gesteuerten) vegetativen Reaktionen auf eine zunehmende hemmende Kontrolle durch den orbitofrontalen und cingulären Cortex zurückgehen.

Die Autoren beobachteten auch eine Korrelation der Aktivität der linken Amygdala und des linkshemisphärischen Broca-Sprachzentrums. Die Autoren interpretieren diesen Befund dahingehend, dass sich hier eine sprachlich vermittelte Bewältigung der Furchtreaktion ausdrückt. Diese Deutung wäre dann überzeugender, wenn klar wäre, dass die linke Amygdala eher positive und die rechte eher negative Ereignisse verarbeitet, aber gerade dies haben die Autoren weder in dieser noch in ihrer früheren Studie (Hariri et al., 2002) gefunden (s. auch Kapitel 8, die Abschnitte zur Amygdala). Ich werde auf dieses Thema noch im Exkurs 2 »Neurobiologie und Psychoanalyse« zurückkommen.

Vierter Teil: Angst und Depression

In der Alltagssprache werden Furcht und Angst häufig synonym gebraucht. Eine Reihe von Fachleuten (Neurobiologen, Psychologen, Psychiater) geht jedoch davon aus, dass Furcht und Angst unterschiedliche emotionale Zustände sind, und schlagen vor, den Terminus *Furcht* für aversive Gefühle gegenüber *konkreten* Objekten und Situationen als Gefahrenquelle zu gebrauchen (s. vorhergehenden Abschnitt). *Angst* besteht hingegen aus einem generellen Gefühl der Besorgnis und Bedrohung, das mit exzessiver Besorgtheit und »Über-Wachsamkeit« (*Hypervigilanz*) einhergeht. Angstpatienten haben – so die Anschauung der Fachleute – ein übertriebenes Sicherheitsbedürfnis, das gar nicht befriedigt werden kann. Sie vermuten überall Unheil und suchen aktiv die Umgebung nach Anzeichen für dieses Unheil ab. Während Furcht sich steigert, je näher zeitlich und räumlich die Gefahrenquelle ist, steigert sich umgekehrt bei Angst das Bedrohungs- und Verunsicherungsgefühl, je länger Anzeichen für die Gefahr ausbleiben. Es herrscht dann eine beunruhigende, »trügerische Stille«, bevor die »große Katastrophe« hereinbricht.

Zu den Angstzuständen gehören nach Comer Panikattacken, verschiedene Arten von Phobien, Zwangsstörungen, posttraumatische Belastungsstörungen, generalisierte Angststörungen und Depressionen (Comer, 1995). Andere Autoren sehen hingegen Phobien als besondere Furcht- und nicht Angstzustände an. Insgesamt gibt es offenbar einen gleitenden Übergang zwischen Furcht- und Angstzuständen. Einige Autoren wie LeDoux (1998) verstehen unter Angst eine verallgemeinerte und gegenstandslos gewordene Furcht. Generalisierte, lang anhaltende Angststörungen treten nach LeDoux dann auf, wenn das Furchtsystem sich aufgrund starker psychischer Belastungen von konkreten Details und Anlässen ablöst, die der Amygdala normalerweise vom Isocortex und dem Hippocampus geliefert werden. Der Hippocampus ist jedoch durch anhaltenden Stress so stark geschädigt, dass er dieser Aufgabe sowie seiner stressdämpfenden Funktion nicht mehr nachkommen kann, wie dies im Zusammenhang mit Stress und mit Furcht geschildert wurde.

Andere Autoren wie Jaak Panksepp (1998) unterscheiden Furcht und Angst als je eigenständige negative emotionale Zustände. Panksepp weist darauf hin, dass Angst, Panikattacken, Trauer und Verlassenheitsgefühl durch Stimulation einer Region ausgelöst werden, die von der präoptischen Region und dem Interstitialkern der Stria terminalis über den dorsomedialen Thalamus bis in die Nähe des Zentralen Höhlengrau reicht. Furcht hingegen wird durch elektrische Stimulation der lateralen und zentralen Amygdala, des medialen Hypothalamus und des Zentralen Höhlengrau ausgelöst und ist anatomisch und verhaltensbiologisch eng verwandt mit Verteidigungsverhalten. Das Neuropeptid Cholecystokinin löst Panikattacken aus, aber keine Furcht. Dies unterstreicht nach Ansicht von Panksepp die Annahme, dass Angst und Furcht jeweils unterschiedliche neurobiologische Mechanismen zugrunde liegen.

Eine Unterscheidung zwischen Furcht und Angst trifft auch Michael Davis (Walker und Davis, 1997; Davis, 1998), jedoch aufgrund anderer experimenteller Evidenzen. Walker und Davis stellten bei Ratten fest, dass eine Steigerung der Schreckreaktion auf einen lauten Ton hin auch dadurch erreicht werden kann, dass man die Versuchstiere vor dem lauten Ton einem grellen Licht aussetzt, vor dem Ratten angeborenermaßen Angst haben, ähnlich wie die meisten Menschen vor plötzlicher tiefer Dunkelheit. Dieser Steigerungseffekt von grellem Licht auf die Schreckreaktion (»*light-enhanced startle*«) ist nach Davis ebenfalls erfahrungsunabhängig. Denselben erfahrungsunabhängigen Effekt kann man auch dadurch erreichen, dass man den Versuchstieren CRF verabreicht, was die Tiere ebenfalls *generell ängstlicher* macht und zur Folge hat, dass sie durch den lauten Ton noch mehr erschreckt werden.

Davis und seine Mitarbeiter fanden, dass der fördernde Effekt von grellem Licht bzw. von Injektion von CRF auf die Schreckreaktion nicht durch eine Blockade von Glutamat- (NMDA-)Rezeptoren in der basolateralen und zentralen Amygdala oder eine Zerstörung dieser beiden Regionen unterbunden werden konnte, während CRF-Injektion zur vollständigen Unterdrückung der furchtpotenzierten Schreckreaktion (fear-potentiated startle, s. oben) führte. Hingegen führte die Zerstörung des Nucleus interstitialis der Stria terminalis (BNST) zu einem Ausfall des light-enhanced startle. Dasselbe passiert bei einer Injektion von CRF, während die Furchtkonditionierung unbeeinträchtigt bleibt. Davis schließt hieraus, dass erlernte Furcht durch die Amygdala vermittelt wird, Angst hingegen (unter anderem) durch den BNST. Wie in Kapitel 8 geschildert, projiziert der BNST in paralleler Weise zu denselben vegetativen Zentren des Mittelhirns, der Brücke und des verlängerten Marks, die mit Furcht- und Angstreaktionen zu tun haben. Hierzu gehören das Zentrale Höhlengrau, der parabrachiale Kern, der Nucleus ambiguus, der Vagus-Kern und vor allem der Nucleus reticularis pontis caudalis (PnC).

Allerdings ist hierbei zu beachten, dass der Zentralkern der Amygdala und der BNST aufs Engste über die Stria terminalis und die Substantia innominata zusammenhängen und es schwer ist, beide Zentren experimentell auseinander zu halten. Neuroanatomisch wird der BNST zum basalen Vorderhirn (einschließlich der Septumkerne) gezählt, das zusammen mit dem Hippocampus wesentlichen Anteil an der Steuerung von Aufmerksamkeit hat. Wie geschildert zeichnen sich Angstpatienten durch eine erhöhte Wachsamkeit gegenüber potentiellen Gefahrenquellen aus. Dies spricht für eine besondere Rolle des BNST bei Angstzuständen. Wichtig scheint hierbei zu sein, dass die »Bevorzugung« negativer Ereignisse durch Angstpatienten völlig unbewusst abläuft. Spinnenphobiker zum Beispiel schauen in einer komplexen Darstellung schnurstracks auf die für »Normale« schwer entdeckbaren Spinnen. Werden die Patienten aber zuvor aufgefordert, bewusst nach den Spinnen zu suchen, dann zeigt sich in ihren Augenbewegungen kein signifikanter Unterschied zu Kontrollpersonen (persönliche Mitteilung von Prof. Miltner, Jena).

Es handelt sich demnach um eine präattentive, d. h. vorbewusste Verarbeitung furchterregender Reize, die bei Phobikern beschleunigt abläuft, während die bewusste Verarbeitung offenbar unbeeinträchtigt ist. Diese präattentive Verarbeitung betrifft nach derzeitiger Kenntnis Aktivitäten in der Amygdala, der Insel, im anterioren cingulären Cortex und im präfrontalen Cortex – also alles Zentren, die bekannt dafür sind, dass sie mit der Verarbeitung aufmerksamkeits-fordernder bzw. emotionaler Reize zu tun haben. Veränderungen in der Wahrnehmung furchterregender Reize bei Phobikern im Vergleich zu Nicht-Phobikern drücken sich auch in anderen unbewussten Reaktionen aus, die gut registrierbar sind. Bei Nicht-Phobikern führt die Wahrnehmung furchterregender Reize über das parasympathische System zu einer Senkung des Herzschlags (nicht zu einer Erhöhung, wie man meinen könnte!), während bei Phobikern der Herzschlag erhöht ist. Bei der Messung ereigniskorrelierter Potentiale (s. Kapitel 3) findet sich bei Nicht-Phobikern beim Anblick furchterregender Objekte nur eine leichte Veränderung der N100, die eine frühe Aufmerksamkeitsreaktion des Gehirns signalisiert, und der P300, die mit dem Grad der Unerwartetheit, der Abweichung vom Bekannten und dem Bedeutungsgehalt eines Geschehens korreliert. Bei Phobikern hingegen ergibt sich beim Anblick des entsprechenden furchtbesetzten Objekts im Bereich der N100 eine viel stärkere Negativierung und im Bereich der P300 eine Verdopplung der Amplitude. Dies erfolgt auch, wenn das furchtbesetzte Objekt völlig unbewusst-maskiert dargeboten wurde.

Interessant sind auch die Befunde nach erfolgreicher Verhaltenstherapie des Phobikers (Prof. Miltner, Jena, persönl. Mitteilung). Es zeigt sich, dass beim Anblick des furchtbesetzten Objekts die vegetativen Reaktionen wie Herzschlag und Hautwiderstand nicht mehr erhöht sind, im ereigniskorrelierten EEG die P300 aber nach wie vor eine viel stärkere Amplitude aufweist. Zugleich ist im fNMR die Aktivität des prä- und orbitofrontalen Cortex und des anterioren cingulären Cortex stark erhöht, was darauf hindeuten könnte, dass diese Zentren erfolgreich eine Hemmung subcorticaler limbischer Zentren, z. B. der Amygdala, aufgebaut haben.

Depression wird von vielen Autoren von Angst unterschieden. Angst wird wie geschildert als ein Gefühl genereller Bedrohung und Verunsicherung verstanden, Depression hingegen als eine länger anhaltende extreme Niedergeschlagenheit und Apathie, die mit dem Verlust des Interesses oder der Freude an nahezu allen Tätigkeiten des Alltagslebens einhergeht, mit ausgeprägter Traurigkeit und Verzweiflung, mit »Schwarz-Sehen«, einem Gefühl der Hilflosigkeit, mit Selbstvorwürfen und Schuldgefühlen. Depressionen enden in 15 Prozent der Fälle mit Selbstmord (Comer, 1995). Trizyklische Antidepressiva, von denen gleich noch die Rede sein wird, haben keine Auswirkung auf allgemeine Angstzustände. Posttraumatische Belastungsstörungen (s. oben) wiederum können mit antiepileptischen Mitteln (z. B. Carbamazepin) behandelt werden, die aber gegen die für Depression charakteristischen Trauer- und Verlassenheitsgefühle unwirksam sind (Panksepp, 1998).

Während einige Autoren in Angst und Depression tiefgreifende affektive Störungen sehen, gehen andere Autoren wie Mogg und Bradley (1999) sowie Healy und Williams (1999) von kognitiven Störungen aus. Ihrer Meinung nach – und dies ist konsistent mit dem weiter oben Gesagten – beruht Angst auf einer *unbewusst* ablaufenden bevorzugten Wahrnehmung furchterregender Reize. Angstpatienten richten durchaus ihre Aufmerksamkeit auf Umweltereignisse, allerdings ist diese Aufmerksamkeit einseitig auf deren *negative* Aspekte ausgerichtet. Depressive Patienten hingegen zeichnen sich durch ein generelles Desinteresse an der Umwelt (*Apathie*) aus. Sobald aber negative Ereignisse von ihnen beachtet werden, können sie sich nur schlecht von ihnen lösen. Insbesondere haben sie einen starken Hang zum Abruf negativer *Erinnerungen* und »kauen« auf diesen »herum«.

Healy und Williams (1999) greifen in ihrem Ansatz auf ein von Williams entwickeltes Modell des autobiographischen Gedächtnisses zurück. Das autobiographische Gedächtnis besteht danach aus drei hierarchisch organisierten Schichten, nämlich einer Schicht, die lange Lebensperioden betrifft, einer darunter liegenden Schicht, die generelle neutrale, positive und negative Ereignisse betrifft, und einer untersten Schicht, die konkrete Ereignisse betrifft. Bei psychisch gesunden Personen erfolgt nach Ansicht der Autoren ein ebenenweiser Zugriff bis zur untersten, detaillierten Ebene. Depressive Patienten bleiben hingegen auf der mittleren, generellen Bewertungsebene stecken (ähnlich wie Kinder bis zum dritten bis vierten Lebensjahr, bei denen noch kein autobiographisches Detailgedächtnis ausgebildet ist). Depressive Personen generalisieren entsprechend ihre negativen Erfahrungen in meist (aus Sicht Nichtdepressiver) unangemessener Weise (»immer ...«, »nie ...«). Dies geht nach Meinung der Autoren mit einer Blockade des Zugriffs auf Detailwissen einher.

Angst und depressive Zustände wurden schon früh mit einer tiefgreifenden Störung neurochemischer Vorgänge in Verbindung gebracht. Erste angstmindernde Psychopharmaka wurden Ende der vierziger Jahre des 20. Jahrhunderts entdeckt. In den fünfziger Jahren kam die Entdeckung der *Benzodiazepine* hinzu (z. B. *Valium* und *Librium*). Diese Mittel erhöhen vor allem in der Amygdala die Wirksamkeit des hemmenden Transmitters GABA, und zwar über die Beeinflussung des $GABA_A$-Rezeptors, der den Chlorid-Kanal öffnet. Der $GABA_A$-Kanal hat drei Bindungsstellen, eine für GABA, eine für Barbiturate, und eine für Benzodiazepine. Benzodiazepine unterdrücken jedoch weder Panikattacken noch Verlassenheitsgefühle.

Eine andere Wirkung haben die so genannten trizyklischen Antidepressiva (z. B. *Imipramin, Desipramin* und *Fluoxetin*). Diese beeinflussen die Synthese und den Abbau von Monoaminen, d. h. von Tyrosin, aus dem Dopamin und Noradrenalin gebildet werden, und von Tryptophan, aus dem Serotonin gebildet wird (s. Kapitel 3). Imipramin blockiert die Noradrenalin- und Serotonin-Wiederaufnahme und verlängert dadurch deren Wirkung im synaptischen Spalt, Desipramin blockiert selektiv die Noradrenalin-Wiederaufnahme und Fluoxetin selektiv die von Serotonin. Aufgrund dieser Wirkungen wurde in den sechziger Jahren die Monoamin-Hypothese bei der Erklärung und Behandlung von Depression entwickelt, d. h. die Annahme, dass Depression auf einem Mangel an Serotonin und Noradrenalin beruht. Nach dieser Hypothese beruht die Wirkung trizyklischer Antidepressiva darauf, dass sie den Monoamin-Spiegel im synaptischen Spalt erhöhen (vgl. Duman, 1999). Gestützt wird diese These dadurch, dass bei Versuchstieren, die einem Dauerstress, z. B. in Form starker sozialer Isolation, der Serotonin-Spiegel stark erniedrigt ist. Ein erniedrigter Serotonin-Spiegel wird auch bei depressiven Menschen festgestellt, allerdings nicht in dem signifikanten Ausmaß wie bei Ratten und Makakenaffen (Heinz, 2000). Man muss hierbei allerdings bedenken, dass nicht der Serotonin-Spiegel selbst, sondern der Spiegel des Abbauprodukts 5-HIAA (5-Hydroxyindolessigsäure) im Blut bzw. im Kleinhirn gemessen wird, und dass der quantitative Zusammenhang zwischen Serotonin und 5-HIAA nicht ganz geklärt ist.

Der klassischen Monoamin-Hypothese stehen neben erheblichen methodischen Problemen (s. unten) jedoch folgende Tatsachen entgegen: erstens löst bei nichtdepressiven Personen eine Verringerung des Serotonin- oder Noradrenalinspiegels keine depressiven Zustände aus; zweitens erleiden unter Psychopharmakabehandlung stehende depressive Patienten einen Rückfall, wenn sie mit Mitteln behandelt werden, die entweder nur die Wiederaufnahme von Serotonin oder nur von Noradrenalin (aber nicht von beidem) blockieren und damit die Wirksamkeit des Stoffes erhöhen. Schließlich – und am wichtigsten – steigt nach dem Einsatz von Antidepressiva der Spiegel von Serotonin und Noradrenalin innerhalb von Tagen an, die Wirkung der Therapie stellt sich aber erst nach Wochen ein. Dies bedeutet, dass Depression nicht vollständig durch eine simple Erniedrigung des Serotonin- und Noradrenalinspiegels erklärt werden kann, obwohl an der *Beteiligung* von Serotonin und Noradrenalin kein Zweifel besteht (Duman, 1999).

Alternative Theorien der Wirkung trizyklischer Antidepressiva gehen deshalb von komplizierteren Störungen des Monoamin-Haushaltes aus. So wurden in den vergangenen zwei Jahrzehnten Hypothesen entwickelt, die annehmen, dass eine Therapie mit trizyklischen Antidepressiva auf die so genannten Autorezeptoren von Serotonin und Noradrenalin einwirken, die prä- und postsynaptisch vorhanden sind und Rückkopplungselemente darstellen (vgl. Kapitel 3). D. h. sie »messen« den gegenwärtigen Spiegel von neuroaktiven Substanzen und geben Signale ab, die bei einer Absenkung des Spiegels die Produktion erhöhen und umgekehrt. Im Fall von Depression handelt es sich bei Noradrenalin um den $ß_1$-Rezeptor, bei Serotonin um den 5-HT_{1A}-Rezeptor. In der Tat stellte man fest, dass eine fortdauernde Gabe von Antidepressiva die Wirkung der genannten Autorezeptoren vermindert; entsprechend sollte die Ursache von Depression in einer unnatürlichen Empfindlichkeit der Autorezeptoren liegen (d. h. sie signalisieren »Es ist zuviel Serotonin bzw. Noradrenalin da!«). Gegen diese Hypothese spricht jedoch, dass eine selektive Blockade der genannten Rezeptoren keinen therapeutischen Effekt hat und überdies die durch die Behandlung mit Antidepressiva hervorgerufene Verringerung der Empfindlichkeit der Rezeptoren viel schneller erfolgt als der Therapieeffekt.

Neue Modellvorstellungen, wie sie von Duman (1999) vorgestellt werden, gehen davon aus, dass Depression auf eine gestörte Interaktion zwischen angstmindernden Zentren des Gehirns wie Cortex und Hippocampus und angstfördernden Zentren wie Amygdala und Hypothalamus zurückgeht. Wie im ersten Abschnitt dieses Kapitels berichtet, übt der Hippocampus einen mäßigenden Effekt auf die Stress-Achse aus, indem er die Ausschüttung von CRF verringert. Das Gehirn schüttet gleichzeitig Anti-Stress-Substanzen wie NPY und neurotrophe Faktoren wie BDNF (brain-derived neurotrophic factor; s. oben) aus, die den Hippocampus »schützen«. Dauernder Stress führt – wie wir gehört haben – zur Schädigung hippocampaler Zellen, die an der Stressregulation beteiligt sind, und die Angst- und Furchtzentren Amygdala und Hypothalamus haben dann »freie Bahn«.

Duman geht davon aus, dass Serotonin und Noradrenalin an einer Wirkungskette beteiligt sind, die zur Produktion von BDNF führen. Diese Wirkungskette verläuft von metabotropen 5-HT- und Noradrenalin-Rezeptoren zu einer intrazellulären Erhöhung des cAMP-Spiegels, was über weitere Zwischenschritte zu einer Erhöhung von CREB (*cAMP response element binding protein*), eines so genannten Transkriptionsfaktors, führt (vgl. Kapitel 5). Die Erhöhung der Aktivität von CREB erhöht ihrerseits die Produktion von BNDF, das dann im Hippocampus (und anderswo) seine Anti-Stress-Wirkung entfalten kann. Bei depressiven Personen ist dieser wichtige Schritt bei der Bewältigung von Stress gestört. Die Therapie mithilfe von trizyklischen Antidepressiva steigert über die Erhöhung des Serotonin- und Noradrenalin-Spiegels die Produktion neurotropher Faktoren wie BNDF und macht die Schädigungen hippocampaler Neurone wieder rückgängig. Dies dauert seine Zeit, und das könnte die Verzögerung des Therapieeffektes nach Beginn der Verabreichung der Antidepressiva erklären. Die Monoamine Serotonin und Noradrenalin wären zwar ursächlich, aber nur als Teil einer komplexen Wirkkette, an der Entstehung und Behandlung von Depression beteiligt.

Ob dies das letzte Wort über die neuropharmakologischen Grundlagen der Depression und ihrer Therapie ist, bleibt abzuwarten (vgl. Charney und Bremner, 1999). Das hat unter anderem mit den Schwierigkeiten zu tun, den aktuellen Serotonin- und Dopamin-Spiegel zu messen. In neuester Zeit mehren sich Befunde, die eine signifikante *Erhöhung* sowohl des so genannten 5-HT (d. h. Serotonin-)Transporters als auch des Dopamin-Transporters bei depressiven Patienten messen (Heinz, 1999; Krause et al., 2000). Der 5-HT- bzw. Dopamin-Transporter ist eine Substanz, die dafür sorgt, dass Serotonin und Dopamin schnell aus dem synaptischen Spalt entfernt und daher in ihrer Wirkung herabgesetzt werden. Das würde die Befunde einer *Erniedrigung* des extrazellulären Serotonin bestätigen, da dieses ja vom Transporter unnatürlich schnell wieder in die Zelle zurückgeschafft wird. Wir werden im nächsten Abschnitt noch hören, dass ein stark erhöhter Spiegel des Serotonin- und Dopamin-Transporters auch beim Aufmerksamkeitsdefizit-Hyperaktivitäts-Syndrom (ADHS) gefunden wird, was für den lange vermuteten Zusammenhang von Angst und Depressivität einerseits und Aggressivität andererseits von Bedeutung ist.

Wichtig für uns ist, dass sich die genannten Hypothesen trotz ihrer Verschiedenheit gut in die Vorstellungen über das Entstehen und die Bewältigung bzw. Nichtbewältigung von Stress, Furcht, Angst und Depression einfügen. Diese gehen dahin, dass das Wechselspiel zwischen drei unterschiedlichen Bewertungsprozessen gestört ist, nämlich erstens der Aufmerksamkeit, zweitens der Analyse der Sachlage und drittens der emotionalen Bewertung. Ersteres System ist durch das im präfrontalen und parietalen Cortex angesiedelte Aufmerksamkeitssystem repräsentiert, das zweite durch Hippocampus, temporalen und präfrontalen Cortex und das dritte durch den limbischen Cortex (orbitofrontaler und anteriorer cingulärer Cortex) und die subcorticalen limbischen Zentren, vor allem die Amygdala, wobei die corticalen und subcorticalen limbischen Zentren zum Teil ein antagonistisches Verhältnis zueinander haben.

Diese Annahme wird auch durch Daten aus der Bildgebung unterstützt. Bei der Depression scheint es eine ausgeprägte Hemisphären-Asymmetrie zu geben (Davidson, 1999). Depressive Patienten zeigen im EEG und in der funktionellen Bildgebung eine erhöhte Aktivität im rechten orbitofrontalen und cingulären Cortex und eine verminderte linkshemisphärische Aktivität. Eine höhere rechtsseitige präfrontale Aktivierung geht einher mit einem höheren Cortisolspiegel, eine höhere Aktivierung des linksseitigen präfrontalen Cortex mit einem niedrigeren Cortisolspiegel. Amygdala und Hypothalamus sind in jedem Fall bilateral oder zumindest rechtsseitig stark erhöht (Drevets et al., 1999).

Dies könnte dahingehend gedeutet werden, dass bei depressiven Patienten das rechtshemisphärische »emotionale Gehirn« stark aktiviert ist, während das linkshemisphärische »kognitive« Gehirn in seiner normalen Aktivität vermindert ist. Dies gilt nach Drevets et al. (1999) auch für den präfrontalen Cortex, der sowohl die Aufmerksamkeit steuert als auch zusammen mit anderen kognitiven Arealen wie Temporallappen und Hippocampus die »Sachlage« analysiert. Beides, nämlich Aufmerksamkeit gegenüber der Umwelt wie auch eine »neutrale« Beurteilung der Sachlage, ist – wie oben berichtet – bei depressiven Personen gestört.

Fünfter Teil: Aggression und Gewalt

Kaum eine affektive Verhaltensweise wurde und wird hinsichtlich ihrer Wurzeln und ihrer Beherrschbarkeit so heftig diskutiert wie Aggression bzw. Aggressivität. Hier reichen die Urteile von »völlig« oder zumindest »weitgehend angeboren« bis hin zu »völlig gesellschaftlich bedingt«. Entsprechend variieren die Ratschläge hinsichtlich der Frage, wie man mit menschlicher Aggression bzw. Aggressivität umgehen sollte. Die einen Autoren empfehlen Maßnahmen wie Sport, Begeisterung und Liebe, welche die biologisch unausweichliche »Aggressionsenergie« in unschädliche Bahnen umkanalisieren sollen, die anderen geben den Rat, alle Quellen möglicher Frustration zu beiseitigen (gemäß der Frustrations-Aggressions-Hypothese; Dollard et al., 1939), und wieder andere rufen zur radikalen Abschaffung moderner gesellschaftlicher Verhältnisse auf, weil diese den von Natur aus friedliebenden Menschen zum Bluthund machen. Berichte über die Taten angeblich untherapierbarer Triebtäter, ein ebenso angebliches Zunehmen von Rücksichtslosigkeit männlicher (meist jugendlicher) Verkehrsteilnehmer und vor allem über Gräueltaten bei den kriegerischen Auseinandersetzungen überall auf der Welt sind geeignet, diese Diskussion weiter anzuheizen.

Aggressivität und Aggression bzw. Gewalt sind keineswegs auf den Menschen beschränkt, sondern stellen ein vielfältiges biologisch-psychologisches Phänomen im gesamten Tierreich dar. In komplexeren Formen sind sie vor allem bei Säugetieren zu finden. Hierzu gehören (1) *reaktive* Aggression als Verteidigung der körperlichen Unversehrtheit und des »Besitzes« (Futter, Revier, Fortpflanzungspartner, Nachkommen usw.), (2) Kampf um Ressourcen (Futter, Revier/Brutstätten, Fortpflanzungspartner) und (3) Kampf um die soziale Stellung und Bedeutung (Hierarchie, Dominanz, Macht). Aggression zum Lustgewinn und explizit geplante Aggression (Kriegszüge) sind hingegen außer beim Menschen nur bei Schimpansen eindeutig nachgewiesen (vgl. Paul, 1999; Wrangham und Peterson, 2001). Ob es auch bei Tieren die unter Menschen offensichtlich verbreitete instrumentelle Aggression gibt, d. h. die Erfahrung, dass sich bestimmte Ziele am besten mithilfe aggressiven Verhaltens durchsetzen lassen, ist unbewiesen, aber wahrscheinlich.

Beutefangverhalten ist trotz äußerlicher Ähnlichkeiten keine Aggression im eigentlichen Sinn. Es ist nicht mit den sonst für Aggressivität charakteristischen negativen Affekt- und Emotionszuständen verbunden, sondern eher mit positiven, dopamin-vermittelten Zuständen. Automatisierte Beutefanghandlungen werden bei Katzen durch Stimulation des dorsolateralen Hypothalamus und der ventralen Kolumne des Zentralen Höhlengrau ausgelöst und können durch Dopamin-Antagonisten blockiert werden (Panksepp, 1998).

Im Folgenden soll nicht zwischen Aggression und Gewalt unterschieden werden mit Ausnahme der Tatsache, dass ich Aggression auf tierisches wie menschliches Verhalten beziehe, Gewalt nur auf menschliches Verhalten.

Aggression, Gehirn und Geschlechtsunterschiede

Im Gehirn von Säugetieren, besonders von Ratten, Mäusen und Affen, und im menschlichen Gehirn konnten Zentren identifiziert werden, die am Entstehen und an der Kontrolle verschiedener Formen von Aggressivität und Aggression beteiligt sind. In vielen dieser Zentren kann Aggression auch durch Hirnstimulation hervorgerufen werden (vgl. Siegel et al., 1999). Hierzu gehören: (1) anteriorer und medialer Hypothalamus einschließlich des medialen präoptischen Kerns sowie laterales Septum, dorsolaterales Zentrales Höhlengrau (PAG): hier geht es vor allem um reaktiv-impulsive, geschlechtsbezogene sowie durch Stress hervorgerufene Aggressivität; (2) Amygdala und Nucleus interstitialis der Stria terminalis: Hier findet das Erkennen und die Evaluation bedrohlicher Situation und die schnelle, unbewusste Entscheidung über Flucht oder Kampf statt; (3) caudales PAG: hier wird mütterliches Verteidigungsverhalten ausgelöst; (4) Raphe-Kern: dieser Serotonin-ausschüttende Kern wirkt aggressionshemmend; (5) Locus coeruleus: dieser Noradrenalin-ausschüttende Kern ist Teil des Stress-Systems und wirkt unspezifisch aggressionsfördernd, (6) Nucleus accumbens und Ventrales Tegmentales Areal: dieses dopaminerge System wirkt ebenfalls unspezifisch aggressionsfördernd; (7) insulärer Cortex: dieser Cortexanteil ist an der Schmerzempfindung beteiligt und wirkt hierüber aggressionsfördernd bzw. -hemmend; (8) cingulärer, präfrontaler und orbitofrontaler Cortex: diese Zentren sind an der cortikalen Kontrolle aggressiven Verhaltens, insbesondere an der Kontrolle impulsiver Aggressivität, an instrumenteller Aggression und an der bewussten Bewertung aggressiven Verhaltens beteiligt.

Bei kaum einer menschlichen Verhaltensweise scheinen die Unterschiede zwischen den Geschlechtern so deutlich zu sein wie bei Aggressivität und Gewalt. Die Kriminalstatistiken zeigen übereinstimmend, dass Gewaltdelikte überwiegend von männlichen Jugendlichen und Erwachsenen begangen werden. Nach Angaben des »Statistischen Jahrbuchs 1999 für die Bundesrepublik Deutschland« waren unter den im Jahre 1997 wegen Gewaltdelikten Verurteilten 658 943 Männer und 121 587 Frauen. Noch dramatischer ist der Unterschied bei schweren Gewaltdelikten: Wegen Mordes und Totschlags wurden im Jahre 1997 734 Männer und 70 Frauen verurteilt, wegen gefährlicher und schwerer Körperverletzung 16 338 Männer und 1255 Frauen, wegen Vergewaltigung 1002 Männer und 7 Frauen und wegen sexuellen Missbrauchs von Kindern 2179 Männer und 28 Frauen. Diese Zahlen besagen *nicht* unbedingt, dass Frauen generell friedliebender sind, sondern nur, dass sie weniger häufig diejenigen Gewalttaten begehen, die strafrechtlich verfolgt werden. Dabei handelt es sich im Wesentlichen um körperliche Gewalt. Kriminologen und Kriminalpsychologen weisen darauf hin, dass Männer Tötungsdelikte eher im starken Affekt begehen, Frauen Tötungen hingegen eher planen – was immer dies über die Unterschiede zwischen Mann und Frau aussagt. Allerdings sind Tötungsdelikte bei Frauen generell wesentlich seltener als bei Männern, mit Ausnahme der Tötung der eigenen Kinder oder des Partners.

Dass die Dominanz des männlichen Geschlechts bei körperlicher Gewalt nicht geleugnet werden kann, zeigt ein Blick in das Tierreich. Physiologisch gesehen ist der Zusammenhang zwischen dem männlichen Sexualhormon *Testosteron* und männlicher Aggressivität (Kommentkampf, Imponiergehabe und Territorialverhalten) deutlich (Linnoila und Charney, 1999). Testosteron stimuliert neben seinen Wirkungen auf das Sexualverhalten auch die Eiweißsynthese und ist wesentlich am Bartwuchs und an der Bildung der typisch männlichen Muskelmasse beteiligt (die bekannten und im Sport verbotenen Anabolika sind Androgen-Abkömmlinge). Testosteron steigert beim Menschen und bei anderen Säugern (Ratten, Mäuse, Affen) die männliche Aggressivität; eine Entfernung der Keimdrüsen senkt sie. Bei kastrierten männlichen Ratten ruft die Injektion von Testosteron erneut Aggressivität hervor, bei Weibchen hingegen führt eine experimentelle Erhöhung ihres Testosteron-Spiegels zu verstärkter Sexualität, nicht jedoch zu Aggressivität. Die zyklisch auftretenden Revier- und Paarungskämpfe vieler männlicher Säuger sind mit einer Erhöhung des Testosteron-Spiegels korreliert und treten entsprechend bei nicht geschlechtsreifen Tieren nicht auf. Jedoch zeigen solche Tiere nach Injektion von Testosteron ein für ältere Tiere typisches agonistisches Verhalten (Birbaumer und Schmidt, 1999).

Die aggressionsfördernde Wirkung von Testosteron stellt sich bei den Versuchstieren jedoch nicht automatisch ein, sondern das Nervensystem muss hierauf »geprägt« sein. D. h. im Gehirn, vor allem im Hypothalamus, müssen Testosteronrezeptoren ausgebildet werden. Testosteron wirkt nur dann aggressionsfördernd, wenn der Organismus in einer bestimmten sensiblen Frühphase des Organismus unter Testosteron-Einfluss stand. Werden Mäuse sofort nach der Geburt kastriert, so zeigen sie im erwachsenen Zustand auch nach Testosteron-Injektion keine Aggressivität. Man nimmt an, dass bei normaler Entwicklung durch Hormone der mütterlichen Hypophyse die Keimdrüsen des Embryos vorübergehend zur Produktion von Testosteron angeregt werden, und dass so eine Sensibilisierung für die spätere Testosteronwirkung im erwachsenen Zustand erfolgt. Dies scheint zumindest eine der Grundlagen für das stark unterschiedliche Aggressionsverhalten bei beiden Geschlechtern zu sein.

Der deutliche tierexperimentelle Zusammenhang zwischen Geschlecht, Testosteronspiegel und Aggressivität ist beim Menschen nicht so klar gegeben. Mehrere Studien fanden bei gewalttätigen Straftätern einen doppelt so hohen Testosteronspiegel wie bei nicht-aggressiven Straftätern (vgl. Volavka, 1995). Bei »normalen« männlichen Personen war in einer Reihe von Studien die Korrelation zwischen Aggressivität und Testosteron nur leicht signifikant. Die Befunde für Frauen sind widersprüchlich; während eine Reihe früherer Studien keine signifikante Beziehung fanden, werden in neuen Studien durchaus signifikante Ergebnisse berichtet (vgl. von der Pahlen et al., 2002). Insgesamt wird das Gesamtbild wohl dadurch verfälscht, dass es weitaus mehr Arbeiten mit Untersuchungen an männlichen Versuchspersonen hinsichtlich der Beziehung von Testosteron und Aggression gibt als an weiblichen. Hinzu kommen Schwierigkeiten, den Testosteronspiegel direkt zu messen, sowie Probleme beim Erfassen menschlicher Aggressivität. Dies umfasst so unterschiedliche Dinge wie Selbsteinschätzung, Fremdeinschätzung sowie Verhaltensbeobachtungen unter natürlichen und experimentellen Bedingungen, so dass abweichende Befunde nicht überraschen sollten.

Ein deutlicher geschlechtsspezifischer Effekt von Testosteron ist bei »agonistischem« Verhalten im weiteren Sinne (Wettkampf in Form von Sport oder Schach spielen) zu beobachten (Mazur und Booth, 1998). Hier steigt bei Männern zu Beginn des Wettkampfes der Testosteronspiegel deutlich an und bleibt beim Gewinner nach Ende des Kampfes für einige Zeit erhöht, während er beim Verlierer deutlich absinkt. Bei Frauen tritt dieser Effekt nicht auf.

Einen deutlichen *negativen* Zusammenhang gibt es zwischen menschlicher und tierischer Aggressivität und dem *Serotoninspiegel* bzw. dessen bereits erwähntem Abbauprodukt 5-HIAA (5-Hydroxyindolessigsäure), und zwar in dem Sinne, dass erhöhte Gewalttätigkeit bzw. Neigung zu Gewalt mit einem signifikant erniedrigten Serotonin- bzw. 5-HIAA-Spiegel einher geht. Hier ist vor allem der 5-HT_{1A}- und 5-HT_{1B}-Rezeptor betroffen. Inzwischen liegen für den so genannten 5-HT-Transporter korrelative Befunde vor, und zwar umgekehrt zu 5-HIAA: je höher die Gewaltbereitschaft, desto höher der Transporter-Spiegel (Panksepp, 1998; Highley und Linnoila, 1999; Nelson und Chiavegatto, 2001). Eine neue Studie mithilfe von PET zeigt ebenfalls eine negative Korrelation zwischen dem Bindungspotential des 5-HT_{1A}-Rezeptors in verschiedenen Gehirnbereichen und der über Fragebogen erhobenen Aggression (Parsey et al., 2002). Diese Studie liefert ähnliche Werte für Männer und Frauen, wenngleich sich Männer insgesamt als aggressiver darstellten.

Wie der Serotoninhaushalt und die Neigung zu Gewalt ursächlich zusammen hängen, ist allerdings nicht genau bekannt. Es scheint, dass eine Erhöhung der Aggressivität nicht direkt durch einen Serotoninmangel vermittelt wird, sondern indirekt über die Abwesenheit der normalerweise durch Serotonin verursachten Gefühlslage. Ein normaler bis erhöhter Serotoninspiegel führt nämlich zu Ausgeglichenheit, ruhiger Gelassenheit, zur Zufriedenheit mit den Dingen »so wie sie sind«, ein niedriger Serotoninspiegel dagegen erzeugt ein Gefühl allgemeiner Bedrohung, Unsicherheit und erhöhte Ängstlichkeit. Entsprechend wird angenommen, dass ein niedriger Serotoninspiegel über diesen Gefühlszustand *sekundär* aggressiv macht, da man sich allgemein bedroht fühlt. In diesem Zusammenhang ist der Befund bemerkenswert, dass Selbstmörder, und zwar insbesondere solche, die zu gewalttätigen Mitteln griffen, oft einen erniedrigten 5-HIAA-Spiegel im Vergleich zu psychiatrischen Kontroll-personen aufweisen.

Eine aktuelle Meta-Analyse bestätigt den Zusammenhang zwischen niedrigem Serotoninspiegel und antisozialem Verhalten, und zwar unabhängig von der Art des Verbrechens und der psychiatrischen Probleme. Dieser Effekt war bei Straftätern mit einem Alter unter 30 Jahren besonders ausgeprägt; das Geschlecht hatte hier keinen signifikanten Einfluss (Moore et al., 2002)

Bei nichtmenschlichen Primaten führt *soziale Isolation* allgemein zu einer Erniedrigung des Serotoninspiegels. Rhesusaffen, die gleich nach ihrer Geburt von ihren Müttern getrennt wurden, wiesen einen deutlich erniedrigten Serotoninspiegel und zugleich eine erhöhte Ängstlichkeit und Verunsicherung sowie eine verringerte Frustrationstoleranz auf (Highley und Linnoila, 1999). Beides kann als eine wichtige Ursache für spätere Aggressivität angenommen werden. Allerdings scheint es auch eine genetisch bedingte verminderte affektiv-emotionale Erregbarkeit und Angstbereitschaft zu geben, die mit einer primären verminderten Erregbarkeit des serotonergen Systems einher geht. Hierauf werde ich noch im Zusammenhang mit ADHS eingehen. Aggressivität könnte demnach mindestens zwei Ursachen haben, die beide mit einem niedrigen Serotoninspiegel verbunden sind, nämlich erstens ein primäres affektiv-emotionales Defizit, das zu einer generellen Fehleinschätzung von Umweltereignissen führt, und zweitens ein Gefühl der Bedrohtheit und Unsicherheit als Folge frühkindlicher sozialer Isolation (vgl. Heinz, 2000).

Neben einem niedrigen Serotoninspiegel spielt eine Erhöhung des Spiegels von Adrenalin und Noradrenalin sowie der Neuropeptide Arginin-Vasopressin und Substanz-P bei Aggressivität und Wutzuständen ebenfalls eine fördernde Rolle. Kastration führt bei Ratten gleichzeitig zu verminderter Sexualität und Aggressivität (s. oben) und zu einer stark verminderten Produktion von Arginin-Vasopressin. Eine Erhöhung des Arginin-Vasopressin-Spiegels führt unmittelbar zu erhöhter Aggressivität und Territorialität, während Arginin-Vasopressin-Antagonisten dieses Verhalten vermindern. Arginin-Vasopressin scheint also insbesondere die männliche Aggressivität beim Paarungskampf und bei der Revierverteidigung zu fördern. Aggressionsmindernd wirken neben Arginin-Vasopressin-Antagonisten das Neuropeptid Oxytocin, das für das Stillen und mütterliche Fürsorge nötig ist, das »Still-Hormon« Prolactin, die Geschlechtshormone

Östrogen und Progesteron sowie hirneigene Opiate und der Transmitter GABA. Untersuchungen mit menschlichen Versuchspersonen unterstützen diese tierexperimentellen Befunde: Bei Patienten mit Persönlichkeitsstörungen zeigte sich für Männer ein stärkerer Zusammenhang zwischen dem Arginin-Vasopressin-Spiegel und Aggression als für Frauen (Coccaro et al., 1998).

Aus der tierexperimentellen und der klinischen Forschung ist bekannt, dass Depression, Ängstlichkeit und Feindlichkeit, leichte Erregbarkeit und geringe Affektregulation mit Aggressivität einhergehen (tierexperimentell s. Kudryavtseva et al., 2002). Als Ursachen hierfür werden beim Menschen unter anderem Defizite in der Impulskontrolle, durch den orbitofrontalen Cortex, Amygdala und Hippocampus, vermutet. Verletzungen des OFC führen zum »Frontalhirnsyndrom«, d. h. zu erhöhter Impulsivität, geringer Beachtung der Konsequenzen eigenen Verhaltens, Verlust sozialen Verhaltens, Ablenkbarkeit, Verflachung, Labilität, Aggressivität, Verlust symbolischen Denkens und Handelns. Am höchsten werden aggressive Verhaltensweisen bei Patienten mit Hirnschädigungen und negativen frühkindlichen Einflüssen (sexueller Missbrauch, Misshandlungen, Erfahrung mit familiärer Gewalt) festgestellt.

Bildgebende Untersuchungen (PET) zeigen bei erhöhter Aggressivität frontale und temporale Defizite (Raine et al., 1997, 1998, 2000). Mörder z. B. zeigten eine deutlich geringere Aktivierung im Frontallappen und im oberen parietalen Cortex. Dies war insbesondere linkshemisphärisch der Fall (Raine et al., 1998). Dies wird als Verlust der Kontrolle emotional-impulsiver Aggression durch die »rationale« linke Hemisphäre gedeutet. Die Autoren fanden bei Personen mit antisozialen Persönlichkeitsstörungen eine Reduktion der grauen Substanz des präfrontalen Cortex um 11 Prozent. Besonders deutlich ist der Zusammenhang zwischen Hyperaktivitäts-Aufmerksamkeitsdefizit-Syndrom und aggressiver Delinquenz, von dem im folgenden Abschnitt die Rede sein wird.

ADHS und Gewalt

In den letzten Jahren ist im Zusammenhang mit der Frage nach den psychobiologischen Grundlagen gewalttätigen Verhaltens die *Aufmerksamkeitsdefizit-Hyperaktivitätsstörung* (ADHS) zunehmend in den Fokus der Aufmerksamkeit gerückt. ADHS tritt vornehmlich bei Jugendlichen im Grundschulalter auf und betrifft dort 2 bis 6 Prozent der Kinder, vor allem männlichen Geschlechts. Die Störung hat eine komplexe Natur (man spricht deshalb von einem »Syndrom«) und umfasst drei große Bereiche (Krause et al., 2000; Laucht, 2001; A. Rothenberger, pers. Mitteilung). Der erste Bereich betrifft eine *mangelnde Aufmerksamkeit.* Die Kinder scheinen im Unterricht nicht »bei der Sache« zu sein, beachten bei dem Erledigen von Aufgaben Einzelheiten nicht und machen viele Flüchtigkeitsfehler. Sie haben Schwierigkeiten, sich länger auf eine einzige Sache zu konzentrieren und bringen angefangene Dinge häufig nicht zu Ende. Sie versuchen deshalb alles zu vermeiden, was Aufmerksamkeit, Geduld und Ausdauer erfordert, und zwar vor allem bei Anforderungen, die an sie gestellt werden, weniger bei Anforderungen in freien Spielsituationen (Trautmann-Villalba et al., 2001). Der zweite Bereich betrifft die *motorische Unruhe.* Die Kinder können nicht stillsitzen, zappeln herum, laufen ständig umher und zeigen auch sonst übertriebene und unpassende motorische Aktivitäten. Es kommt auch zur Ausbildung von »Tics«, d. h. auffälligen motorischen Stereotypien. Der dritte Bereich betrifft eine *fehlende Impulskontrolle.* Kinder reden häufig und lange, warten Antworten nicht ab und unterbrechen häufig die anderen und haben generell große Schwierigkeiten zu warten, bis sie an der Reihe sind. Versprochene Belohnungen wollen sie sofort haben, sonst werden sie ausfallend.

ADHS zeigt sich bereits in früher Kindheit, in der Regel weit vor dem siebten Lebensjahr. Es scheint in gewissen Formen bereits bei den Säuglingen vorhanden zu sein, die man »Schreibabies« nennt (Bates et al., 1991; Cierpka, 1999). Diese Säuglinge schreien exzessiv, sind nicht oder nur schwer zu beruhigen, haben massive Schlaf-, Durchschlaf-, Ess- und Verdauungsstörungen und zeigen schwere Defizite in ihrem Verhalten gegenüber den Eltern, insbesondere der Mutter. Sie erwidern nicht deren liebevolle Zuneigung, d. h. blicken sie nicht an und lächeln nicht zurück (Esser et al., 1996). Schreibabies und ADHS-Kinder stellen deshalb besondere Anforderungen an das Erziehungsverhalten und die pädagogische Kompetenz ihrer Eltern und Erzieher.

ADHS hat im späteren Leben einen komplexen Verlauf, der aber unter anderem auch durch eine Wechselwirkung der besonderen Bedürfnisse der Kinder und sozialen Faktoren wie Familie, Schule und Peer Group zustande kommt. In aller Regel nimmt die Hyperaktivität mit Erreichen des Erwachsenenalters deutlich ab; darin folgen die ADHS-Kinder dem generellen Entwicklungstrend (je älter man wird, desto mehr kommt man »zur Ruhe«); die Defizite in der Aufmerksamkeitssteuerung und die Tics dauern aber länger an. Allgemein sind ADHS-Kinder hinsichtlich ihrer weiteren Entwicklung hoch gefährdet. Sie haben massive Lernschwierigkeiten und führen in 30-40% der Fälle ihre Schulausbildung nicht zu Ende; ein Drittel von ihnen sind chronische »Schulvermeider« (d. h. Schulschwänzer). Sie empfinden wenig Freude am Leben, ein Viertel wird depressiv, ein Drittel neigt zu Substanzmissbrauch, ein Fünftel weist später schwere Persönlichkeitsstörungen auf.

In unserem Zusammenhang besonders wichtig ist die Tatsache, dass fast die Hälfte der ADHS-Kinder (genauer 45%) ein antisoziales Verhalten ausbildet und im männlichen Geschlecht zu übertriebener Gewalt neigt. Bei dieser Aussage ist allerdings Folgendes zu beachten: Nicht alle ADHS-Kinder werden Gewalttäter, aber die meisten schweren Gewalttäter (also solche, die wegen Gewaltdelikten vielfach straffällig wurden) zeigen sehr früh in ihrem Leben ADHS-artige Symptome, d. h. ihre Eltern, Lehrer und Mitschüler berichten von einer Neigung zum Prügeln und Schikanieren ihrer Umwelt. Dies bedeutet, dass ein erheblicher, wenn nicht gar der größte Teil der Gewalttäter eine krankhafte Veranlagung zur Aggression hat.

Über die Ursachen von ADHS wird seit einigen Jahren intensiv geforscht, insbesondere natürlich in Hinblick auf die Frage, in welchem Maße diese Erkrankung genetisch bedingt ist oder durch schädigende Umwelteinflüsse hervorgerufen wurde. Dies ist verständlich, denn viele Eltern von ADHS-Kindern fragen sich verzweifelt, was sie wohl falsch gemacht haben. Hinsichtlich dieser Frage ist sich die Forschung im Wesentlichen einig: ADHS beruht danach zu einem erheblichen Teil auf genetisch bedingten Störungen sowie auf anderen Faktoren wie vorgeburtlichen (z. B. aufgrund Alkohol-, Nikotin- und Drogenmissbrauchs der Mutter) und geburtlichen Schädigungen. Neben diesen »schicksalhaften« Faktoren gibt es aber auch einen deutlichen Zusammenhang mit mütterlichem Fehlverhalten (Trautmann-Villalba et al., 2001), das entweder seinerseits genetisch bedingt ist oder eine hilflose Reaktion auf das schwierige Verhalten des Kindes darstellt.

Was funktioniert nun bei den ADHS-Kindern nicht, die zugleich stark gefährdet sind, zu Gewalttätern zu werden? Diese Frage ist bisher trotz intensiver Forschung nicht eindeutig zu beantworten, es zeigt sich jedoch ein Muster von Defiziten in bestimmten Hirnstrukturen und -funktionen. Rein hirnanatomisch zeigt sich in vielen Untersuchungen mithilfe der Computertomographie und strukturellen Kernspintomographie bei ADHS-Kindern ein generell um ca. 4 Prozent verringertes Hirnvolumen, das rechtsseitig sogar bis 8 Prozent betragen kann. Das Kleinhirn ist um ca. 12 Prozent kleiner, die Basalganglien um 6 Prozent, ebenso das rechte Frontalhirn (Krause et al., 2000). Diese Untersuchungen weisen in dieselbe Richtung wie solche mit der funktionellen Bildgebung (PET und fNMR) und die neuropharmakologischen Untersuchungen, nämlich dass vor allem zwei miteinander eng verkoppelte funktionale Systeme betroffen sind, nämlich das vordere Aufmerksamkeitssystem des präfrontalen Cortex und das aus Frontalhirn, Basalganglien und Kleinhirn bestehende exekutive System.

Die *funktionelle* Bildgebung zeigt bei ADHS-Patienten überwiegend übereinstimmend eine Unterfunktion des präfrontalen Cortex, der Basalganglien und des Kleinhirns und damit Störungen im Bereich des Systems, das für Handlungsplanung und Impulskontrolle zuständig ist (Krause et al., 2000). Wie noch in Kapitel 13 und 14 genauer erläutert werden wird, ist es Aufgabe des Zusammenspiels von präfrontalem Cortex, prä- und supplementärmotorischem Cortex (die ebenfalls Teile des Stirnhirns sind) und Basalganglien (vornehmlich des Striatum und des Nucleus caudatus), bestimmte Handlungen »zuzulassen« und alle anderen zu hemmen und dabei natürlich das generelle Niveau der motorischen Aktivität (einschließlich des Sprechens) zu regulieren. Defizite in diesem »exekutiven« System können sich daher in starker motorischer Unruhe äußern, wie sie für ADHS-Kinder typisch ist. Aufgabe dieses Systems ist es aber auch, eine Handlungskette voranzutreiben und sie dabei von alternativen Handlungstendenzen abzuschirmen (»bei der Sache bleiben«).

Neuropharmakologisch wird bei ADHS-Patienten eine Störung des serotonergen, noradrenergen und dopaminergen Systems festgestellt (Krause et al., 2000). Die Befunde zur Störung des noradrenergen Systems sind uneinheitlich; ein deutlich erniedrigter Spiegel von 5-HIAA findet sich allerdings nur bei Kindern mit schwerer ausgeprägtem ADHS. Deutlicher zeigt sich eine Erhöhung des 5HT-Transporters. Über die Störung des serotonergen Systems ergibt sich der bereits erwähnte Zusammenhang von ADHS und Depression, Angststörungen und aggressivem Verhalten. Die deutlichsten Befunde liegen zum dopaminergen System vor. Bei ADHS-Patienten finden sich generell Auffälligkeiten beim Dopamintransporter-Gen sowie beim D_2- und D_4-Dopaminrezeptor-Gen. Es wird angenommen, dass dadurch das komplexe Zusammenwirken zwischen dem präfrontalen Cortex und dem mesolimbischen System sowie dem Pulvinar und dem Cerebellum bei Belohnungserwartung und motivationaler Aufmerksamkeitssteuerung einerseits und zwischen PFC und den Basalganglien bei der Impulskontrolle gestört wird. Dies würde die bei ADHS beobachteten Aufmerksamkeitsstörungen, die fehlende Impulskontrolle und die starke motorische Unruhe erklären.

Entwicklungs- und sozialpsychologische Erkenntnisse

Innerhalb des jugendlichen Gewaltverhaltens lassen sich nach Meinung vieler Entwicklungs- und Sozialpsychologen im Anschluss an ein Konzept von T. E. Moffitt mindestens zwei, wahrscheinlich drei Gruppen unterscheiden (Übersicht bei Laucht, 2001). Die erste Gruppe (die »early starters«) bilden überwiegend männliche Jugendliche, die schon sehr früh, d. h. bereits in den ersten Lebensjahren, durch Hyperaktivität, fehlende Impulskontrolle, »Aufsässigkeit« und kognitive Defizite auffällig werden und dieses antisoziale Verhalten in das Erwachsenenalter fortsetzen, und sich dabei weitgehend unbeeinflusst von erzieherischen Maßnahmen zeigen. Diese Personen machen 5-10 Prozent der männlichen Kinder bzw. Jugendlichen aus. Man geht davon aus, dass sie mehr oder weniger identisch mit den soeben beschriebenen ADHS-Kindern sind.

Der zweiten Gruppe gehören ebenfalls überwiegend männliche Jugendliche an, die im Gegensatz zur ersten Gruppe in früher Kindheit mehr oder weniger unauffällig sind, aber mit Beginn der Adoleszenz (12-18 Jahre) ein »aufsässiges« Verhalten zeigen, häufig verbunden mit Gelegenheitsdelinquenz (v. a. Diebstählen) und Gewaltakten. Dieses Verhalten ist aber episodenhaft und schwächt sich zum Erwachsenenalter deutlich ab. Es ist bei ca. 25 Prozent der männlichen Jugendlichen zu beobachten (den bekannten »jungen Wilden«). Dies ist wohl als eine extreme Ausprägung eines normalen Entwicklungsganges männlicher Individuen anzusehen und entspringt den üblichen pubertären Schwierigkeiten der Selbstfindung, Realitätseinschätzung und Realitätsanpassung. Dieses Verhalten ist deutlich durch psychosoziale Faktoren bestimmt wie Imitation von Vorbildern, innere Unsicherheit und starkes Neugier- und Explorationsverhalten, aber auch einem kulturspezifischen Rollenverhalten. Daneben scheint es eine dritte Gruppe von Jugendlichen zu geben, bei denen ein sozial auffälliges Verhalten relativ früh beginnt, sich jedoch zum Erwachsenenalter ebenfalls abschwächt (Laucht, 2001).

Die Unterscheidung in diese zwei (oder drei) Gruppen könnte erklären, warum eine Minderheit unter den Rechtsbrechern die Mehrzahl aller Straftaten und vor allem die Mehrzahl aller Gewaltdelikte verübt. Nach einer retrospektiven Längsschnitt-Studie begingen 7,5 Prozent der untersuchten Personen 61 Prozent aller Rechtsbrüche, 61 Prozent der Tötungen, 75 Prozent der Vergewaltigungen, 73 Prozent der Raubüberfälle und 65 Prozent der schweren Körperverletzungen (Schneider, 2000, S. 89). Es gibt also eindeutig einen »harten Kern« von antisozialen Persönlichkeiten

Der Bremer Entwicklungspsychologe Petermann und seine Kollegen (Kusch und Petermann, 1997; Petermann et al., 2000) gehen in Studien zur Entwicklung aggressiven Verhaltens von einer weitgehenden Festlegung der kindlichen Persönlichkeit in den ersten fünf Lebensjahren aus. Zu den Faktoren, welche die Entwicklung des Kindes günstig beeinflussen, gehören ein umgängliches Temperament, ein gutes Problemlösungsverhalten, ein positives Selbstwertgefühl, eine emotional sichere Bindung zu einer Bezugsperson (vornehmlich zur Mutter), ein anregendes Erziehungsklima, eine gute soziale Unterstützung durch die Familie und ein positiver Kontakt zu Gleichaltrigen (vgl. auch Asendorpf, 1999). In dieser Weise ergibt sich sehr früh eine *selbststabilisierende Sequenz* von positiven Schritten, die von einem anlagebedingten oder um die Geburt herum geprägten günstigen Temperament des Kleinkindes ihren Ausgang nimmt und die Eltern-Kind-Beziehung erfreulich gestaltet. Dies wiederum hat gute Schulleistungen zur Folge, welche die Selbstachtung des Kindes erhöhen und schließlich zu einer eher harmonischen, unaggressiven Persönlichkeit führen.

Ein Fehlen solcher »Schutzfaktoren« hingegen führt sehr schnell zu schweren Konflikten mit der Umwelt, die auf die sich entwickelnde Persönlichkeit *negativ-destabilisierend* zurückwirken. Mangelnde Verhaltenssicherheit gegenüber den Eltern und Konflikte mit ihnen führen zu Schulversagen und zur Ablehnung durch Lehrer und Gleichaltrige, was in Form einer *Abwärtsspirale* in einem immer geringer werdenden Selbstwertgefühl endet. Dies kehrt sich, wie im voraufgegangenen Kapitel bereits erwähnt, häufig in aggressives Verhalten um, insbesondere im Zusammenhang mit Bandenbildung (Asendorpf, 1999). Solch aggressives Verhalten ist dann unter anderem eine Folge frühkindlicher Frustrationserlebnisse.

Empathie, Angst und Gewalt

Die neuere neuropsychologische Forschung hat herausgefunden, dass viele Personen, die zu Gewalttaten neigen, neben einer unsicheren Persönlichkeit und einer mangelnden Impulskontrolle auffällige Defizite in der Fähigkeit aufweisen, die Gefühle ihrer Mitmenschen richtig einzuschätzen, wie sie durch die Mimik, Gestik, die emotionale Tönung der Stimme und die sonstige »Körpersprache« vermittelt werden. Wenn man diesen Personen affektiv getönte Bilder zeigt und sie auffordert, den Bildern bestimmte Begriffe für basale Emotionen wie Freude, Trauer, Ärger/Wut, Furcht/Angst und Ekel zuzuordnen, so kommt es häufig zu Fehlzuweisungen, und zwar vor allem bei negativen Emotionen. Diese »soziopathischen« Menschen haben eine Art Blindheit für negative Gefühle im Gesicht der anderen, insbesondere für Furcht und Angst. Als Folge hiervon fühlen sie sich durch ein Verhalten der Mitmenschen bedroht, das normale Personen für neutral oder gar freundlich empfinden, und sie haben nach eigenen Aussagen das Gefühl, sich wehren zu müssen (»der wollte mir was tun, und da musste ich mich doch wehren!«). Als besonders bedrohlich wird dabei das Fixiert-Werden durch andere empfunden, das bereits bei normalen Personen durchaus eine ambivalente, d. h. entweder einschüchternde oder aggressionssteigernde Wirkung hat. Gewalttätige Personen berichten häufig »der guckte mich so komisch an, da musste ich zuhauen!«.

Bei jugendlichen, aber auch älteren Gewalttätern erleben wir demnach zwei Komponenten, nämlich zum einen eine fehlende Kontrolle der eigenen Gefühle, die sich in starken emotionalen Gegensätzen wie massiven Selbstwertproblemen und grandioser Selbstübersteigerung und in impulsivem Verhalten niederschlägt, in Überwältigt-Werden durch die eigenen Gefühle, und zum anderen eine Unfähigkeit, die Gefühle der Mitmenschen richtig einzuschätzen, also eine fehlende Empathie. Tiefe Ängstlichkeit und Unsicherheit und das sich daraus ergebende Gefühl allgemeiner Bedrohtheit schlägt – insbesondere bei männlichen Personen – in (reaktive) Aggressivität um.

Zu den Merkmalen des Soziopathen gehören generell fehlende Empathie, ein hoher Grad an Emotionslosigkeit (Menschen, die zum Beispiel nichts empfinden, wenn ihnen Bilder von Gefolterten gezeigt werden), die Unfähigkeit, Schuld zu empfinden, eine übersteigerte Selbsteinschätzung und oberflächlicher Charme (DSM-IV 1998, S. 730 f.). Frühkindliche Traumatisierung, insbesondere auch frühkindlicher sexueller Missbrauch, wird bei der antisozialen Persönlichkeitsstörung als Ursache angenommen. Man muss aber davon ausgehen, dass genetisch bedingte Defizite oder vorgeburtliche Schädigungen des intrazerebralen Beruhigungs- und Belohnungssystems und des später ausreifenden Empathie-Systems mindestens ebenso häufig Ursachen sind. Man kann durchaus annehmen, dass bei schweren Gewalttätern eine genetische oder vorgeburtliche Prädisposition oder Vulnerabilität vorliegt, die durch frühkindliche Traumatisierung verstärkt wird und vehement zum Ausbruch kommt.

Gewalterziehung bei den Eipo

Die Annahme von Lorenz, dass wir Menschen (und andere Säugetiere) mit einer schicksalhaften Aggressivität ausgestattet sind, wird durch die Tatsache widerlegt, dass Menschen in aller Regel zu kriegerischem Gruppenverhalten »erzogen« werden müssen. Dies demonstrieren nicht nur die erniedrigenden Maßnahmen, denen junge Männer sich in modernen Gesellschaften unterziehen müssen, um »gute Soldaten« zu werden (ein eindrucksvolles Beispiel hierfür wird in Stanley Kubriks Film »Full Metal Jacket« gezeigt), sondern auch das Beispiel der Erziehung zum Krieg bei den Eipo, einem Stamm im Bergland von West-Neuguinea, den der deutsche Anthropologe Wulf Schiefenhövel intensiv untersucht hat. Hierbei offenbart sich eine bemerkenswerte Diskrepanz zwischen äußerst friedlicher früher Kindheit und späterer »Sozialisation« zu kriegerischem Verhalten. Bei den Eipo ist nach Schiefenhövel die frühe Kindheit durch ein Höchstmaß an Eingehen auf die kindlichen Bedürfnisse gekennzeichnet. Die kleinen Kinder werden ständig bemuttert und umsorgt und erst mit drei Jahren abgestillt; entsprechend niedrig ist angesichts der Lebensweise fern aller Segnungen moderner Medizin die Kindersterblichkeit in den ersten Lebensjahren.

Nach dem Abstillen werden die kleinen Jungen in Spielgruppen aufgenommen, in denen all das geübt wird, was man später von einem Mann an kriegerischem Verhalten erwartet einschließlich des Ertragens von Schmerz und Belastungen. Väter und Mütter beobachten das zum Teil durchaus zu ernsthaften Verletzungen führende »Spiel« ihrer Kinder und feuern diese gelegentlich an. In gleichem Maße, wie die Jungen auf den Krieg vorbereitet werden, werden die Mädchen zu »fraulichem« Verhalten angeleitet wie dem Versorgen der Familie mit Nahrungsmitteln, Brennholz und Wasser. Aggressivität wird im Erwachsenenalter von beiden Geschlechtern – so Schiefenhövel – »vergleichsweise ungehemmt« ausgelebt, mit Ausnahme von physischer Gewalt gegen Kinder. Die Chance, bei aggressiven Auseinandersetzungen innerhalb der Gruppe wie auch zwischen Stämmen getötet zu werden, ist im Vergleich zu den Geschehnissen im kriegerischen Mitteleuropa des 20. Jahrhunderts schwindelerregend hoch.

Gleichzeitig wird bei den Frauen ein deutlicher Unterschied zwischen Aggressivität innerhalb der Gruppe und gegenüber anderen Gruppen oder Stämmen gemacht. Innerhalb der Gruppe übernahmen Frauen typischerweise die Rolle von Streitschlichterinnen (obwohl der Streit der Männer häufig um Frauen ging); bei kriegerischen Auseinandersetzungen hingegen trieben die Frauen die Männer an, und zwar aus einer geschützten Position heraus.

Die Untersuchungen von Schiefenhövel bei den Eipo zeigen, dass bei diesem »primitiven« Stamm wie auch bei vielen anderen Völkern weder allein ein unausrottbarer angeborener Aggressionstrieb noch allein eine frustrierende frühe Sozialisation der Kinder für späteres kriegerisches Verhalten verantwortlich gemacht werden kann, sondern im Wesentlichen die bewusste Erziehung zu Aggressivität, die als geeignetes gesellschaftliches Mittel zur Erlangung von individuellen oder gemeinschaftlichen Zielen (Landbesitz und andere Ressourcen) angesehen wird.

Sechster Teil: Wohlbefinden, Lust, Glück

Das Verhalten von Tieren und Menschen wird im Wesentlichen dadurch bestimmt, dass solche Handlungen ausgeführt werden, die eine Belohnung nach sich ziehen oder diese zumindest in Aussicht stellen. Poetischer ausgedrückt ist dies das allgemeine Streben nach Glück. Auch wenn es natürlich sehr verschiedene Arten von Belohnung gibt, so müssen letztlich alle, und zwar auch die »hochgeistigen Genüsse« (z. B. eine besonders schöne Einspielung der »Kunst der Fuge« von Bach) mit einem Gefühlszustand gekoppelt sein, der als befriedigend, beglückend oder lustvoll empfunden wird. Auch die *Beendigung* eines bedrohlichen, Unlust erzeugenden und schmerzhaften Zustandes, z. B. einer Strafe, wird als positiv empfunden und wirkt belohnend, wie seit langem in der Lernforschung bekannt ist.

Seit den Aufsehen erregenden Versuchen von Olds in den fünfziger Jahren des vorigen Jahrhunderts ist bekannt, dass Selbststimulation bestimmter subcorticaler Zentren, die später als mesolimbisches System identifiziert wurden, mithilfe von Reizelektroden bei Ratten und Menschen zu stark lustbetonten Zuständen führt (Olds, 1958). Als optimal hat sich bei der Ratte die Stimulation des absteigenden medialen Vorderhirnbündels und des lateralen Hypothalamus erwiesen. Nach Panksepp (1998) führt auch die Stimulation des medialen Septums zum Erlebnis starker Lust, insbesondere zu starker sexueller Lust, die Erregung des lateralen Hypothalamus hingegen zum Gefühl, dass etwas Aufregendes vor sich geht. Die Stimulation des mesolimbischen Systems geht einher mit der Ausschüttung von Dopamin und endogenen Opiaten. Blockierung von Dopaminrezeptoren durch Neuroleptika führt zu *anhedonischem* Verhalten, d. h. zum Desinteresse an normalerweise Freude und Lust erzeugenden Ereignissen.

Die Befriedigung elementarer Bedürfnisse wie Hunger und Durst, Wärme- und Schlafbedürfnis und Sexualität verstärkt die Aktivität dopaminerger Neurone im mesolimbischen System; die Rückkehr zum körperlich-physiologischen Gleichgewicht wird von uns als lustvoll empfunden. Neurone im medialen und lateralen Hypothalamus feuern bei der Aufnahme schmackhafter Nahrung wie auch beim Anblick dieser Nahrung, sofern der Organismus sich in einem Hungerzustand befindet. Neurone des lateralen Hypothalamus projizieren u. a. zum insulären, präfrontalen und orbitofrontalen Cortex. Dort finden sich ebenfalls Neurone, die auf den Geruch, den Geschmack und den Anblick von schmackhafter Nahrung reagieren und durch den Hungerzustand moduliert werden (Rolls, 1999). Die Insel und insbesondere der orbitofrontale Cortex sind, zusammen mit dem Hypothalamus und dem mesolimbischen System, an der Registrierung der Attraktivität und des Belohnungscharakters von Nahrung beteiligt. Hiermit stimmt überein, dass das mesolimbische System auch den Wirkort für anregende, Lust und Euphorie erzeugende Substanzen darstellt. Diese Substanzen und Drogen – so verschieden sie ihrer chemischen Natur nach sind – wirken alle letztendlich auf die Freisetzung von Neuromodulatoren, insbesondere von Dopamin, im mesolimbischen System ein (vgl. Julien, 1997; Birbaumer und Schmidt, 1999). Dies soll an einigen der bekanntesten Drogen erläutert werden.

Coffein ist ein milder positiver Verstärker, der indirekt, und zwar über Adenosin-Rezeptoren, auf das dopaminerge mesolimbische System einwirkt. Adenosin (ein Purin) dämpft die Freisetzung von Dopamin und anderen Neuromodulatoren. Coffein setzt über Blockierung von Adenosin-Rezeptoren diese dämpfende Wirkung des Adenosin herab und führt insbesondere im Ventralen Tegmentalen Areal zu einer Erhöhung der Aktivität dopaminerger Neurone.

Nicotin führt über den nicotinischen Acetylcholin-Rezeptor zu einer erhöhten Freisetzung von Adrenalin in den Nebennieren und damit zu einer Steigerung der Aufmerksamkeit und Merkfähigkeit und darüber hinaus zu einer allgemeinen körperlichen und psychischen Aktivierung. Gleichzeitig wirkt es im mesolimbischen System stimulierend auf dopaminerge Neuronen im Ventralen Tegmentalen Areal und ruft hierüber sowie über eine erhöhte Freisetzung von Serotonin eine belohnend-euphorisierende Wirkung hervor. In höheren Dosen blockiert es die nicotinischen Acetylcholin-Rezeptoren und führt zur Dominanz sedativer Effekte, d. h. zu muskulärer Entspannung, zu Angstreduktion und Wohlbefinden (wahrscheinlich wiederum über eine höhere Ausschüttung von Serotonin).

Alkohol hat – wie hinlänglich bekannt – in niedrigen Dosen eine anregende, euphorisierende bis enthemmende, in höheren Dosen eine stark dämpfende Wirkung. Alkohol wirkt stimulierend auf dopaminerge Neuronen im Ventralen Tegmentalen Areal bzw. hemmt über $GABA_A$-Rezeptoren Interneuronen, die ihrerseits im

Ventralen Tegmentalen Areal und im Nucleus accumbens hemmend auf spontanaktive dopaminerge Neuronen wirken. Durch ihre Enthemmung können diese spontanaktiven dopaminergen Neurone vermehrt Dopamin ausschütten. Gleichzeitig hemmt Alkohol die Freisetzung von Acetylcholin und beeinträchtigt dadurch die Aufmerksamkeit. Schließlich hemmt Alkohol innerhalb der Glutamatvermittelten Erregungsübertragung den NMDA-Rezeptor und -Kanal und trägt hierdurch zusätzlich zur Verminderung der Lernfähigkeit bei. Das Gefährliche an höheren Dosen von Alkohol besteht also in einer Kombination einer Enthemmung und des damit verbundenen euphorischen Zustands einerseits und einer Einschränkung der Aufmerksamkeit und kognitiven Leistungen andererseits; hinzu kommt noch die Verlangsamung motorischer Reaktionen über die Beeinflussung des Kleinhirns.

Das Rauschgift *Cocain* führt eine sofortige und intensive Euphorie herbei und besitzt damit eine ausgeprägte Verstärkereigenschaft, die zu Drogenabhängigkeit führt. Cocain intensiviert in Zellen des mesolimbischen Systems die synaptische Wirkung von Noradrenalin, Serotonin und vor allem von Dopamin. Es hemmt die präsynaptische Wiederaufnahme von Dopamin und verlängert dadurch dessen Wirkung (Julien, 1997). *Opiate*, d. h. Opium und seine Abkömmlinge Morphium und Heroin, wirken über die Opioid-Rezeptoren, insbesondere den μ-Rezeptor, auf das mesolimbische System ein. Diese Rezeptoren befinden sich u. a. auf GABAergen Interneuronen des Ventralen Tegmentalen Areals, die ihrerseits die zum Nucleus accumbens projizierenden dopaminergen Neuronen hemmen. Wie bei Alkohol werden durch die Einwirkung von Opiaten diese hemmenden Interneurone ihrerseits gehemmt, und dopaminerge Neurone können in den Zielstrukturen Dopamin freisetzen.

Halluzinogene oder *»psychedelische« Drogen* wie LSD (Lysergsäurediäthylamid), Psilocybin, Mescalin, »Ecstasy« und andere »Designer-Drogen« wirken trotz ihrer chemischen Unterschiede alle auf Acetylcholin, Dopamin und insbesondere Serotonin (5-HT) ein. Die halluzinatorische Wirkung dieser Stoffe geht wohl überwiegend auf die Einwirkung auf den 5-HT_2-Rezeptor zurück. Aufgrund der Verstärkung der Serotonin-Ausschüttung kommt es offenbar zu einer starken Veränderung der Wahrnehmung und Überbewertung einlaufender sensorischer Reize.

Die im Zusammenhang mit Drogenwirkung wichtige Frage nach

der Entstehung von Drogenabhängigkeit bzw. Suchtentstehung und ihrer möglichen Behandlung bzw. Bekämpfung wird seit einigen Jahren neuropharmakologisch und verhaltensbiologisch intensiv erforscht, ohne dass bereits allgemeine Mechanismen sichtbar geworden wären. Unterschiedliche Drogen haben offenbar auch einen unterschiedlichen Verlauf der Suchtentstehung (vgl. Julien, 1997; Koob und Le Moal, 1997). Wichtig in diesem Zusammenhang ist die Tatsache, dass die genannten Drogen keineswegs bei allen Menschen und in allen Fällen zu Abhängigkeit führen. Zum einen gibt es offenbar genetische Prädispositionen für Drogensucht (z. B. bei Alkohol), zum anderen bildet sich eine Sucht in der Regel am ehesten dann aus, wenn eine Droge in einem stark negativen emotionalen Zustand (»sich hundeelend fühlen«) genommen und deren Wirkung dann als stark positive Veränderung des negativen Gefühlszustandes empfunden wird (Wolffgramm, 1995; Schmidt, 1997). Drogen wirken aufgrund ihrer spezifischen neuropharmakologischen Eigenschaften offenbar stärker belohnend als natürliche Belohnungsstoffe und -situationen; auch haben sie den »verführerischen« Charakter einer *unverdienten Belohnung*.

Drogenabhängigkeit entsteht offenbar dadurch, dass der Körper und die Psyche nach einiger Zeit der Drogeneinnahme die Zufuhr der Droge benötigen, um ihren Normalzustand aufrechtzuerhalten. Ein Entzug führt zu schwerwiegenden körperlichen und psychischen Beeinträchtigungen (*Abstinenzsyndrom*). Die Droge verliert schnell einen Großteil ihrer positiven Wirkung (*Toleranzentstehung*) und wird dann in immer größeren Dosen eingenommen, und zwar vornehmlich, um die schmerzhaften Entzugsphänomene zu bekämpfen; das vorübergehende Verschwinden dieser Entzugsphänomene wird allerdings vom limbischen System als starke Belohnung empfunden. Aufgrund der massiven neuropharmakologischen Wirkung der Drogen auf Rezeptoren und intrazelluläre Signalketten kommt es dann zu einer schwerwiegenden »Sollwertverstellung« im limbischen Bewertungssystem (zu den molekularen und zellulären Grundlagen der Suchtentstehung vgl. Nestler und Aghajanian, 1997).

An der zentralen Rolle des mesolimbischen und mesocortikalen Systems für die Erzeugung und Aufrechterhaltung lustvoller, »glücklicher« und daher als Belohnung wirkender Gefühlszustände besteht also kein Zweifel, ebenso wenig daran, dass dem Neuromodulator Dopamin hierbei eine herausragende Rolle zukommt. Wie wir gesehen haben, ist nicht nur die Befriedigung elementarer körperlicher Bedürfnisse, sondern auch die Wirkung Lust erzeugender und euphorisierender Substanzen direkt oder indirekt an die Aktivität dopaminerger Neurone im mesolimbischen System gebunden. Allerdings sind dabei viele Details noch ungeklärt. Während man bis vor kurzem Dopamin kurzweg als *den* Belohnungsstoff des Gehirns betrachtete, wächst die Einsicht, dass Dopamin einerseits eine deutlich beschränktere und andererseits eine wesentlich allgemeinere Rolle spielt.

So scheint nach neuen Erkenntnissen eine Erhöhung des Dopaminspiegels nur für die Sucht*entstehung*, nicht aber für die Aufrechterhaltung der Sucht notwendig zu sein. Mein Bremer Kollege Michael Koch und seine Mitarbeiter konnten zeigen, dass Dopamin-Antagonisten, die in den Nucleus accumbens von Ratten injiziert wurden, zwar das *aktive Belohnungsverhalten* in einer Skinner-Box, nicht aber die Futteraufnahme, die Bevorzugung von leckerem Futter und auch nicht die passive Abschwächung der potenzierten Schreckreaktion (s. oben) durch Belohnung beeinträchtigen (Koch et al., 2000). Bei Lust erzeugender intrakranialer Stimulation des mesolimbischen dopaminergen Systems wird die Ausschüttung von Dopamin sogar vermindert. Dopamin scheint nach Meinung einer Reihe von Autoren (vgl. Spanagel und Weiss, 1999; Rolls, 1999) eher als Signal für die *Assoziation* von Belohnung und bestimmten Ereignissen denn als Belohnungsstoff selbst zu fungieren. Letztere Funktion kommt offenbar eher den hirneigenen Opiaten zu, deren vornehmlicher Wirkort – wie geschildert – ebenfalls das mesolimbische System ist (vgl. hierzu auch Heinz, 2000), die aber auch in der Großhirnrinde vorkommen; auch Serotonin ist möglicherweise hierin involviert. An der Verstärkerwirkung des Dopamin scheinen sowohl D_1- als auch D_2-Rezeptoren beteiligt zu sein; es konnte gezeigt werden, dass beim Belohnungslernen D_1- und D_2-Rezeptoren gleichzeitig aktiv sein müssen, während bei der Ausbildung einer so genannten Platzpräferenz beim räumlichen Lernen der Ratte nur D_1-Rezeptoren wichtig waren.

Wie W. Schultz und seine Mitarbeiter mithilfe neurophysiologischer Experimente am Makakenaffen nachwiesen, feuern dopaminerge Neurone im Nucleus accumbens und im Striatum bei Belohnung durch Trinken und Essen (eine Übersicht findet sich in Schultz, 1998). Dies könnte bedeuten, dass die Nucleus accumbens-Aktivität tatsächlich ein *Belohnungssignal* darstellt. Andere Neurone sind einige Sekunden vor dem erwarteten Auftreten der Belohnung aktiv, scheinen also die *Belohnungs-Erwartung* zu repräsentieren. Die Aktivität vieler Dopamin-Neurone in der Substantia nigra und im Ventralen Tegmentalen Areal hängt von der *Belohnungsvorhersagbarkeit* ab. Dopamin-Neurone feuern stärker, wenn das Ereignis besser war, als erwartet; ihre Aktivität ist dagegen unverändert, wenn das Ereignis den Erwartungen entspricht, und verringert sich, wenn die Belohnung geringer als erwartet ausfällt. Nach Meinung von Schultz und Mitarbeitern signalisieren Dopamin-Neurone dabei eine Abweichung in der Belohnungserwartung. Kürzlich wurden von Tremblay und Schultz (1999) auch im orbitofrontalen Cortex von Makakenaffen Neurone gefunden, die beim Anblick von belohnungsankündigenden Reizen, während der Belohnungserwartung und bei der Belohnung selbst verstärkt feuern. Der orbitofrontale Cortex erhält – wie dargestellt – sowohl vom mesolimbischen System über die mesocortikale Bahn (d. h. das mediale Vorderhirnbündel) als auch von der Amygdala massive Einflüsse.

Dopamin scheint also bei der Erzeugung lustbetonter und beglückender Zustände unterschiedliche Rollen zu spielen. Es agiert als eine Substanz, die in den verschiedenen verhaltensrelevanten Zentren des Gehirns Verhaltensweisen befördert, die in irgendeiner Weise eine Belohnung versprechen, sei diese körperlicher, emotionaler oder kognitiver Art. Dies betrifft Erkundungsverhalten und die damit zusammenhängende Befriedigung von Neugier, die Suche nach Nahrung, Wärme und Schutz, nach einem Sexualpartner, nach Kommunikation, aber auch nach »geistigen Genüssen« verschiedenster Art. Bei Beginn dieses *appetitiven*, belohnungssuchenden Verhaltens ist die Ausschüttung von Dopamin stets hoch. Sie geht zurück, wenn der Zustand einer Befriedigung erreicht ist (Panksepp, 1998; Rolls, 1999). Umgekehrt geht ein Mangel an Dopamin mit Antriebs- und Interesselosigkeit einher, so als habe man keine Bedürfnisse mehr. Dopamin vermittelt in dieser Hinsicht die *Erwartung von Belohnung und Lust*. Es erhält hiermit durchaus den Charakter eines »Triebes«, und es wäre reizvoll, vor diesem Hintergrund das ethologische Triebkonzept neu zu durchdenken (vgl. Lorenz, 1965).

Einige Autoren schreiben neben dem mesolimbischen System auch der Amygdala eine wichtige Rolle bei der positiven Konditionierung und dem Appetenzverhalten zu (Aggleton, 1993; Robbins und Everitt, 1995; Rolls, 1999). Hierbei soll, entsprechend dem »extended amygdala-Konzept« (s. Kapitel 8), die Interaktion der basolateralen Amygdala mit dem ventralen Striatum von besonderer Bedeutung sein. Nach Rolls ist die Amygdala zusammen mit dem ihr eng verbundenen orbitofrontalen Cortex ein wichtiges Zentrum für die Verknüpfung zwischen Reizen und primären Verstärkern, d. h. der Befriedigung elementarer Bedürfnisse. Allerdings geht nach Auffassung von Rolls die Konditionierung in der Amygdala langsamer vor sich als im orbitofrontalen Cortex; dieser wäre demnach der Ort *schneller Anpassung* von Verhaltensweisen an Verstärkungssituationen. Eine Störung der Amygdala führt ähnlich wie eine Störung des orbitofrontalen Cortex zu Defiziten bei der Assoziation von Reizen und Belohnung bzw. Bestrafung. Der Eingang hierzu kommt laut Rolls aus assoziativen Arealen des Cortex, nicht von primären Belohnungsarealen wie den Mittellinienkernen, dem Hypothalamus, dem Nucleus tractus solitarii und olfaktorischen Zentren.

Die Amygdala ist nach Rolls und anderen Autoren also ganz allgemein für die *emotionale Bewertung von Ereignissen* zuständig; Neurone der Amygdala werden danach nicht nur durch aversive Ereignisse, sondern auch durch belohnte Ereignisse moduliert. Rolls vermutet, dass die einzelnen Kerne der Amygdala in unterschiedliche Formen von Verstärkungslernen involviert sind; so antworten Gesichter-spezifische amygdaläre Neurone nicht nur auf emotional erregende oder gar Furcht erregende Gesichter, sondern allgemein auf *neue* Gesichter. Ähnliches ist nach Rolls bei Neuronen im orbitofrontalen Cortex der Fall. Seiner Meinung nach sind die Befunde von LeDoux und seinen Mitarbeitern zur Rolle der Amygdala bei der spezifischen Furchtkonditionierung von Ratten (s. oben) nicht auf Affen übertragbar. Jedoch kann bei aller Kritik an LeDoux an der zentralen Bedeutung der Amygdala für die Furchtkonditionierung auch beim Menschen kein Zweifel bestehen.

Das dopaminerge System spielt auch im präfrontalen Cortex eine wichtige Rolle. Wie in Kapitel 4 geschildert, ist der präfrontale Cortex Sitz des Arbeitsgedächtnisses; dort sind bestimmte Neurone bei verzögerten Vergleichsaufgaben aktiv, z. B. wenn ein Affe entscheiden muss, ob ein kurzzeitig gesehener, aber wieder verschwundener Gegenstand mit einem nach einer kurzen Verzögerung auftauchenden Gegenstand identisch ist oder nicht. Die Aktivität solcher »Halte-Neurone« hängt von einem bestimmten Aktivitätszustand dopaminerger Afferenzen ab. Exzessive Stimulation ebenso wie starke Blockade von dopaminergen D_1-Afferenzen blockiert die Effektivität des Arbeitsgedächtnisses, während eine leichte Blockierung sie erhöht. Umgekehrt führt eine optimale Stimulation der dopaminergen D_2-Afferenzen zu einer Steigerung des Arbeitsgedächtnisses, eine Blockade der D_2-Afferenzen blockiert es. Es liegt also eine gewisse antagonistische Wirkung der dopaminergen D_1- und D_2-Afferenzen auf das Arbeitsgedächtnis des präfrontalen Cortex vor.

Man kann sich die Zusammenarbeit zwischen mesolimbischem und präfrontalem System beim dopaminvermittelten Belohnungslernen so vorstellen, dass das Ventrale Tegmentale Areal und der Nucleus accumbens über das Dopaminsignal direkt verhaltensaktivierend wirken, während das dopaminerge System des präfrontalen Cortex genauere Informationen über die *Art der Belohnung* und ihre *räumlich-zeitlichen Merkmale* vermittelt (»wann und wo habe ich welche Belohnung erhalten bzw. wann und wo kann ich welche Belohnung erwarten?«) (vgl. dazu Heinz, 2000). Ähnlich wie bei der Furchtkonditionierung besteht hier also eine Aufgabenverteilung zwischen subcortikalen Zentren, welche die eigentliche Verhaltensaktivierung vornehmen, und cortikalen Arealen, vor allem dem präfrontalen Cortex, die in Zusammenarbeit mit dem Hippocampus die nötigen Details zum Geschehen liefern. Hierbei muss auch die wichtige Rolle des präfrontalen und orbitofrontalen Cortex als *Hemmungsinstanz* gegenüber affektiven und konditionierten subcortikalen Antrieben berücksichtigt werden. Hemmung und selektive Enthemmung benötigen allerdings das erwähnte Detailwissen, das nur das deklarative, cortico-hippocampale System vermitteln kann.

Eine Frage, die viele Menschen bei ihrem Streben nach Lust und Glück beschäftigt (und auch zum letzten Teil dieses langen Kapitels überleitet), ist die nach den Gründen für die notorische *Flüchtigkeit von Glücksgefühlen. Dabei gilt: je intensiver das momentane Glücksgefühl, desto schneller klingt es, von bemerkenswerten Ausnahmen abgesehen, ab. Ebenso gilt: Dinge, die uns beim ersten Auftreten eines Ereignisses sehr glücklich gemacht haben, verlieren schnell ihre hohe Attraktivität. Wie kommt das?*

Wie wir soeben gehört haben, ist das rauschhafte Glücksgefühl mit der starken Ausschüttung von endogenen Opiaten verbunden, die über die mesocorticolimbischen Projektionen des Ventralen Tegmentalen Areals in die Großhirnrinde gelangen, wo sie an entsprechenden Rezeptoren (vor allem μ-Rezeptoren) andocken. Diese Rezeptoren werden offenbar schnell weniger empfindlich, wie man aus der Wirkung von Drogen weiß (s. oben), und entsprechend schnell lässt der Glücksrausch nach. Das ist wohl ein ziemlich unspezifischer Effekt, denn ein weiteres sehr glückhaftes Ereignis ganz anderen Inhalts kann ein kurz zuvor erlebtes Glücksgefühl nicht mehr wesentlich steigern oder auch nur erneut zur selben Höhe bringen. Man hat sich offenbar erst einmal »ausgefreut«, und bei manchen Personen tritt nach starken Glücksmomenten sogar ein Gefühl der Leere und der Niedergeschlagenheit auf, das als pharmakologisch-psychisches Kontrastphänomen verstanden werden kann.

Natürlich ist ein Glücksgefühl auch an eher kognitive Bedingungen gebunden, vor allem an die Überzeugung, dieses Glück – auch wenn es unerwartet kam – irgendwie *verdient* zu haben. Dies ist nicht überraschend, denn der hirneigene Belohnungsmechanismus soll ja tatsächliche Leistungen verstärken. Dass Drogeneinnahme so etwas wie eine *unverdiente* Belohnung ist, könne die schnelle Abnahme ihrer Wirkung erklären (s. oben). Aber auch bei »verdienten« Belohnungen verliert sich mit der Zeit die beglückende Wirkung des Erfolges. Dieses bedauerliche Geschehen kann man nur verhindern, wenn man in der Lage ist, den Erfolg oder die beglückenden Ereignisse in ihrer Wirkung zu steigern. Bekanntlich ist dies nur in Grenzen möglich. Die *Jagd nach dem Glück* hat wahrscheinlich eine sehr simple neuropharmakologische Basis.

Gefühle der Furcht und Bedrohung halten in aller Regel länger an als Glücksgefühle. Man könnte darüber spekulieren, dass es für das biologische Überleben wichtiger ist, Furcht vor konkreten Gefahren zu haben, als Glücksgefühle zu empfinden. Es kann aber auch an den neuropharmakologischen Unterschieden der beteiligten Substanzen liegen – oder an beidem; Genaues ist nicht bekannt. Die Amygdala als Zentrum für Furchtkonditionierung scheint nicht oder nur schwer zu »vergessen« (s. Exkurs 3); ob und inwieweit dies für das mesolimbische System zutrifft, ist nicht bekannt.

Die bemerkenswerteste Tatsache sei zum Schluss dieses Teils angemerkt, dass nämlich das *andauernde* Glücks- und Zufriedenheitsgefühl weitgehend unabhängig von den Lebensumständen auftritt, wie mehrere große Untersuchungen der letzten Jahre, u. a. des Allensbacher Instituts, gezeigt haben. Trotz dramatischer Verbesserung der Lebensverhältnisse in unserem Land während der letzten fünfzig Jahre ist die Prozentzahl von Menschen, die sich selbst als »glücklich« bezeichnen, mit knapp 30% konstant geblieben. Anstatt der Umstände scheinen Glück und Zufriedenheit von unserem »Naturell« abzuhängen, und ein entsprechendes Naturell prägt sich sehr früh aus, häufig schon in den ersten Lebensjahren (mehr dazu in Kapitel 11). Dies erklärt, dass ein Mensch, der im Überfluss lebt, unglücklich, und ein Mensch, der sich sein Brot hart erarbeiten muss und auch sonst nicht von Schicksalsschlägen verschont bleibt, durchaus mit seinem Leben zufrieden sein kann. Selbstverständlich gibt es eine »untere« Begrenzung in Form völliger Verarmung, Verlust geliebter Personen, schwerer Krankheit und großer Schmerzen usw., aber auch hier zeigt sich, dass bestimmte Menschen heiteren Mutes so etwas »wegstecken« können. Kurz gesagt: Geld und Erfolg machen nicht notwendigerweise glücklich, aber wenn man das richtige Naturell besitzt, dann tun sie es doch.

Siebter Teil: Sexualität, Verliebtsein und Liebe

Welches Gefühl verleiht mehr Glück und Lebensfreude als Verliebtsein und wird doch gleichzeitig als ein Zustand »vorübergehenden Irreseins« erlebt! Deshalb darf dieser Zustand in der Behandlung »starker Gefühle« nicht fehlen. Gleichzeitig fürchten sich viele Menschen davor, dass insbesondere dieser geheimnisvolle Zustand durch die Neurowissenschaft enträtselt werden könnte. Immerhin lohnt es sich auch hier, ein naturwissenschaftlich-nüchternes Auge walten zu lassen. Ob dies uns bei unserem privaten Gefühls-Management direkt helfen wird, ist eine andere Frage.

Verliebtsein und Liebe dienen, biologisch gesehen, der Sexualität und damit der Fortpflanzung, wenngleich Sexualität und Fortpflanzung sich beim modernen Menschen z. T. weit voneinander entfernt haben. Ebenso ist der Zusammenhang zwischen Liebe und Sexualität zwar eng, aber nicht zwingend, am ehesten noch der zwischen Verliebtsein und Sexualität. Innerhalb der Säugetiere sind Sexualität und Paarungsverhalten bei Männern und Frauen bzw. Männchen und Weibchen sehr unterschiedlich organisiert, allerdings fällt dies bei den verschiedenen Menschenaffen auch noch verschieden aus. Gorillamännchen besitzen einen Harem, bei Orang-Utans paaren sich die Männchen, wann immer sie auf Weibchen treffen (oft ist hier Paarung gleichbedeutend mit Vergewaltigung), und bei Schimpansen findet sich Promiskuität in größerem oder geringerem Ausmaß, da ein einzelnes Männchen nicht in der Lage ist, eine Gruppe von Weibchen gegen Konkurrenten zu verteidigen. Auch bei Schimpansen und im charakteristischen Gegensatz zu den Bonobos geht es bei der Paarung von Seiten des Männchens nicht selten handgreiflich zu, wenn die Auserwählte nicht sofort willig ist.

Grundlegend für die Geschlechtsunterschiede bei Sexualität und Partnerverhalten ist die Tatsache, dass Fortpflanzung für Männer/ Männchen und für Frauen/Weibchen sehr unterschiedliche Konsequenzen hat. Bei Männern/Männchen ist das Sexualverhalten im zeugungsfähigen Alter praktisch nur von der Zahl paarungsbereiter Weibchen beschränkt, und die materielle Investition ist sehr gering. Für die Frauen/Weibchen bedeuten demgegenüber Schwangerschaft, Geburt und nachgeburtliche Brutfürsorge meist eine große körperliche Belastung und Behinderung und damit eine große Investition. Danach sollten Männer/Männchen darauf aus sein, sich mit möglichst vielen geeigneten Partnerinnen zu paaren, und gleichzeitig darauf achten, dass diese Partnerinnen sich nicht zur selben Zeit mit anderen Männchen paaren. Dies resultiert meist in Revierverteidigung und Kampf gegen Konkurrenten. Weibchen dagegen sollten ihre Wahl sehr sorgfältig unter den Stärksten und Gesündesten treffen, die »gute Gene« versprechen und einen gewissen Schutz gegen inner- und außerartliche Feinde.

Wie sieht es bei uns Menschen aus? Wie in Kapitel 2 erwähnt, stellte George Peter Murdock fest, dass bei 83 Prozent der von ihm untersuchten menschlichen Gesellschaften Polygynie, also Vielweiberei, herrschte. In 16 Prozent der Gesellschaften war Monogamie die vorherrschende Form des Zusammenlebens der Geschlechter. In den meisten Gesellschaften, die Monogamie propagieren, wird außerehelicher Sexualkontakt verheirateten Männern offiziell oder stillschweigend zugestanden, jedoch nicht verheirateten Frauen. Polyandrie kommt nur bei 0,5 Prozent der Gesellschaften vor; hier handelt es sich meist um die Verheiratung einer Frau mit mehreren Brüdern.

Die Rituale der *Partnerwahl* unterscheiden sich – so scheint es zumindest – zwischen den menschlichen Kulturen und Gruppen sehr stark und haben sich bei uns historisch erheblich verändert. Nach den Untersuchungen, die David Buss in den Jahren von 1984 bis 1989 an mehr als 10 000 Menschen aus 33 Ländern und 37 Kulturkreisen durchführte, sieht dies allerdings etwas anders aus (Buss, 1989). In diesen Untersuchungen wurden unverheiratete Männer und Frauen im Alter zwischen 20 und 25 Jahren gefragt, wie wichtig ihnen bei einem zukünftigen Ehepartner bzw. einer Ehepartnerin Merkmale wie Einkommen, Ehrgeiz, Aussehen, sexuelle Unberührtheit und Alter seien.

Buss fand, dass in allen untersuchten Kulturen die Frauen mehr Wert auf erhöhte Einkommenschancen der Männer legten als umgekehrt. Es zeigte sich auch, dass Frauen, die selbst über Macht und Einfluss verfügen, Männer bevorzugen, die noch mehr davon haben als sie: Reiche Frauen heiraten in der Regel keine armen Schlucker. Zugleich legen in nahezu allen Ländern die Frauen mehr Wert auf den Ehrgeiz des Mannes als umgekehrt. Was ästhetische Kriterien betrifft, so ist für Männer in allen Kulturen gutes Aussehen der Frauen viel wichtiger als umgekehrt für Frauen das der Männer. Fehlen oder Vorhandensein sexueller Erfahrung ist in fast allen westlichen Ländern »kein Thema«; in vielen asiatischen und afrikanischen Ländern hingegen ist sexuelle Unerfahrenheit der Frauen vor der Ehe sehr wichtig. Immerhin legten in 32 von 33 Ländern die Männer mehr Wert auf die Jungfräulichkeit der späteren Ehefrauen als umgekehrt die Frauen auf sexuelle Enthaltsamkeit der Männer vor der Ehe.

Man kann aufgrund dieser Befunde feststellen, dass Partnerwahlkriterien beim Menschen keineswegs nur von kulturellen Zufälligkeiten oder gesellschaftlichen Normen abhängen, sondern in hohem Maße ein biologisches Erbe darstellen. Männer und Frauen haben dezidierte Wünsche, wenn es um längerfristige Partnerschaften geht, nur sehen diese Wünsche bei Männern und Frauen in vielerlei Hinsicht sehr verschieden aus: Frauen geht es um die Sicherung der Nachkommenschaft, in die sie in Form einer langen und meist beschwerlichen Schwangerschaft und Kinderaufzucht sehr viel mehr investieren als die Männer. Entsprechend suchen überall auf der Welt junge Frauen im Durchschnitt etwas ältere und eher ehrgeizige Männer mit guten Berufs- und Einkommensaussichten. Gelegentliche »Seitensprünge« werden stillschweigend oder notgedrungen toleriert, wobei man als Frau zusieht, dass man nicht gar zu kurz kommt.

Nach Andreas Paul (Paul, 1999) bestätigt sich bei Männern die soziobiologische These, nach der Männer solche Frauen bevorzugen sollten, mit denen sie möglichst viele Kinder zeugen können. Jugend ist das wichtigste Attribut, Schönheit hingegen nur insofern, als sie Gesundheit anzeigt, z. B. über eine reine, faltenlose Haut, glänzende Haare, ebenmäßige Züge usw. (das aber mag gerade der Kern von »Schönheit« sein). Auch kleine Unregelmäßigkeiten im Aussehen (etwa körperliche Asymmetrien) werden nach dieser Auffassung unbewusst als Indikatoren für weniger »gute Gene« angesehen.

Ob diese soziobiologischen Annahmen die menschliche Partnerwahl hinreichend zu erklären vermögen, sei dahingestellt. Offensichtlich werden derartige Grundtendenzen von vielerlei kulturbedingten Faktoren überlagert. Andererseits gehen in diesem Bereich wie wohl kaum woanders unbewusst gesteuertes Verhalten einerseits und bewusstes Erleben und insbesondere sprachliche Rechtfertigung andererseits häufig dramatisch auseinander.

Neurobiologische Grundlagen der Sexualität

Sexualität und Paarungsverhalten werden im menschlichen Gehirn vorrangig vom Hypothalamus gesteuert, allerdings bei Mann und Frau von unterschiedlichen hypothalamischen Kernen. Beim Mann ist der dominante, für Sexualität zuständige Teil der mediale präoptische Kern, während es bei der Frau der ventromediale hypothalamische Kern ist. Der *Nucleus praeopticus medialis* wie auch der *Nucleus anterior hypothalami* enthalten beim Mann viele Testosteron-empfindliche Zellen, die das männliche Sexual- und Aggressionsverhalten steuern, darüber hinaus auch Zellen, die Arginin-Vasopressin produzieren. Arginin-Vasopressin wirkt wie Testosteron wut- und aggressionsfördernd (s. dieses Kapitel, fünfter Teil). Der Nucleus praeopticus medialis ist wie erwähnt bei Männern stärker ausgebildet als bei Frauen.

Der *Nucleus ventromedialis* steuert hingegen das weibliche Sexualverhalten. In diesem Kern wird die Bereitschaft zu sexueller Aktivität durch das weibliche Sexualhormon Östrogen induziert, das aus dem Blut aufgenommen wird. Die Abnahme der Kopulationsbereitschaft wird anscheinend über anhaltend erhöhte Mengen von dem anderen weiblichen Sexualhormon Progesteron und durch die Einwirkung von Oxytocin vermittelt. Der *Nucleus paraventricularis pars magnocellularis* und der *Nucleus supraopticus* des Hypothalamus enthalten große Zellen, die die Ausschüttung von Arginin-Vasopressin und

Oxytocin ins Blut bewirken. Oxytocin reguliert das Auftreten von Wehen und den Milchfluss und befördert allgemein weibliches Fürsorgeverhalten und wird entsprechend als »Bindungshormon« angesehen. Oxytocin bestimmt beim Mann den Orgasmus, bei der Frau die Werbephase (Flirten) und die Kopulation. Oxytocin wirkt bei der Frau allerdings nur, wenn ihr Organismus durch Östrogen »vorbereitet« ist. Sexuelle Lust ist auch gebunden an das Luteinisierende-Hormon-Ausschüttungshormon (LHRH), das bei Weibchen die Kopulationsbereitschaft erhöht. Sexuelle Lust als bewusste Empfindung ist vornehmlich an die Ausschüttung von endogenen Opiaten gebunden.

Innerhalb der Säugetiere zeichnen sich Männchen durch eine mehr oder weniger kontinuierliche Kopulationsbereitschaft aus, bei nichtmenschlichen Weibchen hingegen schwankt die Kopulationsbereitschaft zusammen mit dem Östrus. Dieser besteht in einem langsam ansteigenden Spiegel von Östrogen, gefolgt von einem schnellen Anstieg von Progesteron. Gleichzeitig nimmt die für viele Weibchen typische Aggressivität gegenüber den Männchen ab. Das »Problem« der menschlichen Frau – oder besser des menschlichen Mannes – besteht darin, dass sich im Gegensatz zu vielen Säugetierweibchen ihre Paarungsbereitschaft nicht in klaren körperlichen Anzeichen äußert, z. B. in Brunstschwielen, im Einnehmen einer typischen Kopulationsstellung und in der Produktion von Geruchsstoffen, die eindeutig die Bereitschaft signalisieren. Eher geht es um indirekte Anzeichen wie vermehrtes Zeigen nackter Haut kurz vor dem Eisprung (was man bei weiblichen Discobesucherinnen festgestellt haben will), »freizügigeres« Verhalten und ein leicht veränderter Körpergeruch, insbesondere Achselschweißgeruch, der allerdings von Männern meist nur unbewusst wahrgenommen wird. Ansonsten muss der interessierte Mann durch Versuch und Irrtum, schöne Worte, Geschenke und Beharrlichkeit herausfinden, »ob sie will«. Ob die in vielen Kulturen der Welt von der umworbenen Frau zur Schau getragene Sprödigkeit etwas mit dem Austesten der Beharrlichkeit und Stärke des Bewerbers zu tun hat, wie man es bei vielen nichtmenschlichen Weibchen findet, sei dahingestellt.

Verliebtheit wird in vielen Kulturen als Krankheit angesehen. Dieser Zustand hat in der Tat mit der Stressreaktion vieles gemein, nämlich Schlaflosigkeit, Unruhe, Schweißausbrüche, trockener Mund, Hände- und Kniezittern, Eintrübung der Gedanken und Konzentrationsschwäche. Verliebtheit wird weitgehend von unbewusst wirkenden Reizen bestimmt, wozu Achselschweiß als Pheromon, die emotionale Tönung der Stimme, das Aussehen, die Körperhaltung, Augen und Blick gehören. Wesentlich an der Verarbeitung dieser Reize beteiligt ist die mediale Amygdala. Dort sitzen Pheromon- ebenso wie Sexualstoffrezeptoren, und zwar in enger Nachbarschaft zu Stressreaktions-Rezeptoren. Es ist deshalb kein Zufall, dass Verliebtsein »krankhafte« Züge trägt.

In einer im Jahre 2000 veröffentlichten Studie registrierten die Neurowissenschaftler Bartels und Zeki mithilfe der funktionellen Kernspintomographie die Hirnaktivität von 17 Personen, die sich selbst als »madly and truly in love« bezeichneten. Die Forscher spürten ihre Versuchspersonen mithilfe eines Werbeplakates auf, mit dem sie auf dem Campus des University College London warben. Während der Kernspin-Messung wurden den Teilnehmern und Teilnehmerinnen die Bilder von ihren Partnerinnen oder Partnern gezeigt. Danach wurden ihnen Bilder von Freunden oder Freundinnen gezeigt, die dasselbe Geschlecht wie ihre Partner hatten.

Bartels und Zeki berichten, dass in dieser Anordnung vier Hirnregionen besonders aktiv wurden, wenn Bilder der Geliebten gezeigt wurden. Hierzu gehörte der mediale insuläre Cortex, der mit der Verarbeitung »positiver Gefühle« in Zusammenhang gebracht wird, und der vordere cinguläre Cortex, von dem bekannt ist, dass er mit Aufmerksamkeit zu tun hat und auf euphorisierende Drogen anspricht. Weiterhin war das mesolimbische System besonders stark aktiv, das – wie wir bereits gehört haben – mit dem Gefühl der Belohnung oder der Belohnungserwartung zu tun hat. Dagegen war der rechte präfrontale Cortex in seiner Aktivität verringert. Dies ist vor allem deshalb interessant, weil der rechte präfrontale Cortex gegenüber dem linken präferentiell negative Dinge verarbeitet und bei depressiven Patienten verstärkt aktiv ist. Dies mag erklären, warum Verliebtheit als bestes Mittel gegen Niedergeschlagenheit gilt.

In seinem Artikel »What is love, medically speaking« entwickelt

Seeley (1999) ein Zwei-Stufen-Modell für den Verlauf von Liebesbeziehungen. Das Geschehen beginnt in diesem Modell mit einer Phase des »Betörens« und geht dann (sofern es dazu kommt) in eine Phase der »Bindung« (»attachment phase«) über. Die »Betörungsphase« ist durch ein erhöhtes Lebensgefühl (»im siebten Himmel schweben«), intensive Hinwendung zu einer Person und Sehnsucht gekennzeichnet. Neurochemisch gesehen sieht Seeley Oxytocin hierbei als zentralen Wirkstoff an. Wie berichtet, gilt Oxytocin seit längerem als »Bindungshormon«. Es aktiviert Zell-Oberflächen-Proteine im Nucleus accumbens, was die Freisetzung von Dopamin und endogenen Opiaten zur Folge hat.

Die Beschwingung und Betörung, die sich bei Liebenden einstellen, werden nach Seeley durch Phenylethylamin (PEA) bewirkt, einer körpereigenen Amphetamin-ähnlichen Substanz. PEA wird in den Gehirnen verliebter Personen ausgeschüttet, wenn sie sich tief in die Augen schauen (Kellerman, 1989), aber auch im Gehirn eines Bungee-Springers im freien Fall (Sacks, 1990), führt also zu einem rauschähnlichen Zustand. Andere Autoren wie Fisher (2001) heben dagegen die Bedeutung der Neuromodulatoren Noradrenalin, Dopamin und Serotonin für den Zustand der Verliebtheit hervor, wobei es auf einen hohen Noradrenalin- und Dopaminspiegel und einen niedrigen Serotoninspiegel ankommt. Dies bewirke – so die Autoren – die typische Konzentration des Verliebten auf eine einzige Person, die große Beschwingtheit der Gefühle, die wahnhafte Übersteigerung der Eigenschaften der geliebten Person und die große Unruhe.

Besonders charakteristisch für den Zustand der Verliebtheit ist das, was man wissenschaftlich-trocken »Kontextkonditionierung« nennt, aber auch wie bei Furcht und Angst als »Gefühls-Diffusion« bezeichnen kann. Das Hochgefühl, das mit dem Verliebtsein einher geht, breitet sich aus und überträgt sich auf die Umgebung: Alles sieht schöner aus, die Welt wird optimistischer (durch die berühmte rosarote Brille) gesehen. Die heftige Zuneigung zur geliebten Person überträgt sich auf Dinge, die mit ihr zu tun haben, auch wenn diese an sich völlig neutral sind: Das Haus und die Straße, in der sie/er wohnt. Man ist überwältigt von Erinnerungen beim erneuten Anblick der Parkbank, auf der man mit ihm/ihr saß, dem Restaurant, in dem man zu Abend aß und so fort. Dies ist bei Furchtkonditionierung und Angstentstehung nicht anders. Es fällt später, auch wenn die Verliebtheit längst geschwunden ist, schwer, durch die Straße, an der Bank und am Restaurant vorbeizugehen, ohne ein gewisses schmerzhaftes oder wehmütiges Gefühl zu empfinden, das relativ inhaltsleer sein kann (man erinnere sich an das Beispiel weiter oben mit unserer Schule).

Leider – oder zum Glück – ist die Phase der Verliebtheit zeitlich begrenzt. Nach Basar und Mitarbeitern (Basar et al., 2003) dauert die Phase des Verliebtseins gewöhnlich drei bis zwölf Monate. Die biologische Deutung hierfür ist für die Autorin ziemlich nahe liegend: Es erscheint ökonomisch nicht sinnvoll, die für das Erobern eines Partners nötigen Energien für eine längere Zeit aufrechtzuerhalten, da z. B. für menschliche Frauen eine Schwangerschaft nur einmal im Jahr möglich ist. Sobald sich eine gewisse Gewöhnung in der Beziehung einstellt, werden der Noradrenalin-, Dopamin- und PEA-Spiegel bzw. die Empfindlichkeit der entsprechenden Rezeptoren heruntergeregelt. Vielleicht ist es auch genau umgekehrt: Das Herunterregeln führt zu einer Entdramatisierung der Gefühle. Basar und Mitarbeiter vermuten, dass gegen dieses bedauerliche neurochemische Geschehen die berühmte Wochenendbeziehung am besten hilft, da die Gewöhnung durch periodische räumliche und zeitliche Trennungen vermindert werden kann.

Jedoch ergibt sich, wenn die betörende Wirkung des PEA und damit das Gefühl des Verliebtseins abnehmen sollten, für die Liebenden die Chance, in die nächste Phase der Beziehung einzutreten, nämlich diejenige der tieferen Bindung. Diese ist offenbar – wie bereits gehört – vornehmlich mit der Ausschüttung des Neuropeptids Oxytocin verbunden, das nicht umsonst »Bindungshormon« genannt wird und beim Entstehen der Eltern-Kind-Beziehung eine große Rolle spielt. Zweifellos hat die Liebe zwischen zwei Erwachsenen viel mit der Liebe zwischen Eltern und Kindern gemeinsam. Selbstverständlich kommen hierbei viele andere emotionale und kognitive Komponenten hinzu, und ob es für die Hirnforschung mit der Aufklärung der neurobiologischen Grundlagen von Liebe so »einfach« ist wie mit Verliebtsein (wo auch noch nicht das letzte Wort gesprochen ist), sei dahingestellt.

Schlussbetrachtung:
Das komplizierte Verhältnis von Verstand und Gefühlen

Wie in den voraufgegangenen Kapiteln dargestellt, sind affektiv-emotionale Zustände Leistungen des limbischen Systems. Dieses System ist deutlich *hierarchisch* strukturiert (Abb. 10.3). Es umfasst auf *unterster Ebene* Zentren für elementare, d. h. lernunabhängige affektive Zustände (Wut, Furcht, Lust, reaktive Aggression bzw. Verteidigung, Flucht usw.). Sie rufen in uns die bekannten vegetativen Reaktionen und die damit verbundenen emotionalen Zustände hervor. Zu diesen Zentren gehört der mediale Hypothalamus, das Zentrale Höhlengrau, der Zentralkern der Amygdala und Teile des mesolimbischen Systems, die alle in engem Zusammenhang mit dem vegetativen Nervensystem stehen.

Diese Ebene ist nur schwer bewusst zu steuern, und die in ihr ablaufenden Prozesse stellen zu einem guten Teil das dar, was wir *Persönlichkeit* nennen. Die einen Menschen bleiben auch in schwierigen Situationen ruhig und gelassen und nehmen Probleme generell nicht so ernst. Andere sind ständig besorgt, rechnen immer mit dem Schlimmsten und entdecken überall Gefahren. Wieder andere sind schnell erregt, beruhigen sich aber schnell wieder, und so fort. Diese Grundzüge der Persönlichkeit entstehen sehr früh und sind als Temperament sicherlich zum erheblichen Teil angeboren; viele Eltern sind davon überzeugt, dass ihre Kinder sie seit der Geburt zeigten (»unser Kind war schon immer ruhig und fröhlich«). Hierauf werde ich im folgenden Kapitel noch ausführlicher eingehen.

Eine *mittlere Ebene* der – nicht notwendig bewussten – emotionalen Konditionierung wird konstituiert durch die basolaterale Amygdala, das mesolimbische System (ventrales Striatum/Nucleus accumbens, lateraler Hypothalamus, Ventrales Tegmentales Areal), das ventrale Pallidum sowie limbische thalamische Kerne (anteriore, mediale, intralaminäre und Mittellinien-Kerne). Diese limbischen Zentren sind der unteren Ebene vorgeschaltet und können ihre Aktivität in Grenzen *erfahrungsabhängig* kontrollieren. Sie beginnen diese Arbeit bereits im Mutterleib, also weit vor dem Einsetzen des bewussten Denkens. Sie bewerten alles, was der Körper tut, nach den positiven und negativen Konsequenzen dieses Tuns und speichern die Resultate dieser Bewertung im unbewussten emotionalen Erfahrungsgedächtnis ab.

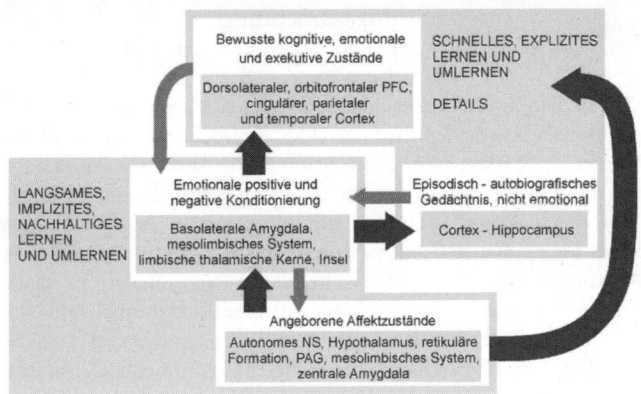

10.3 Schema des Wechselspiels zwischen limbischem System und cortico-hippocampalem System. Die unterste Ebene des limbischen Systems bilden Zentren, die angeborene Affektzustände steuern. Darüber befindet sich die Ebene der limbischen Zentren, die an der positiven und negativen emotionalen Konditionierung beteiligt sind. Hierbei handelt es sich um ein meist unbewusstes (implizites) und zugleich nachhaltiges Lernen und Umlernen. Die cortico-hippocampale Ebene umfasst bewusstseinsfähige kognitive, emotionale und exekutive Zentren sowie Zentren für das explizite (episodisch-autobiographische) Gedächtnis. Hier vollzieht sich ein detailreiches, schnelles Lernen und Umlernen. Die Dicke der Pfeile symbolisiert die Stärke der Einwirkung.

Ihre größte Bedeutung erlangt diese mittlere Konditionierungsebene in den ersten Tagen, Wochen und Monaten nach der Geburt, wenn für das Neugeborene alles neu und wichtig ist und entsprechend intensiv empfunden und bewertet wird. Dieses auf positiver und negativer Konditionierung beruhende emotionale Gedächtnis lernt (wie das implizite Gedächtnis allgemein) relativ langsam, aber sehr nachdrücklich. Ob es überhaupt umlernen kann, ist eine offene Frage, falls ja, so tut es dies nur sehr allmählich.

Die *oberste, bewusstseinsfähige Ebene* des limbischen Systems wird durch den orbitofrontalen und benachbarten cingulären Cortex und Teile des temporalen Cortex (inferiorer Temporalcortex und anteriorer temporaler Pol) repräsentiert. Hier finden die Bewertungen von Objekten und Geschehnissen statt, die auf bewusster, detaillierter, meist multimodaler Wahrnehmung und auf autobiographischen Gedächtnisinhalten beruhen, durch Erziehung stark beeinflusst werden und in der Regel in gesellschaftliche Normen und Moralvorstellungen einmünden. Ein Übergangsbereich zwischen der zweiten und dieser dritten Ebene des limbischen Systems wird durch allocortikale Gebiete wie den insulären und cingulären Cortex gebildet. Diese oberste Ebene wird massiv durch die untere und mittlere Ebene der emotionalen Konditionierung beeinflusst, übt ihrerseits aber einen geringeren Einfluss auf jene aus.

Ein konstitutionell oder aufgrund frühkindlicher Konditionierung ängstlicher Mensch kann sich nur wenig damit beruhigen, dass er sich sagt, von der anstehenden Prüfung hänge »eigentlich« gar nichts ab; angstfrei wird er durch diese Erkenntnis bestimmt nicht. Auch ein erfolgreicher Verlauf von Prüfungen wird ihn entweder überhaupt nicht oder nur ganz langsam von seiner Prüfungsangst befreien. Viele Schauspieler legen ihre Bühnenangst ihr Leben lang nicht ab, und ähnlich geht es Professoren mit ihren Vorlesungen oder Vorträgen. Dies spricht dafür, dass eine bewusste Kontrolle »von oben nach unten« (top-down) auf dieser Ebene nur beschränkt wirksam ist. Diese charakteristische Langsamkeit emotionalen Umlernens ähnelt sehr stark dem impliziten, subcortikal vermittelten Lernen etwa von Fahrradfahren und Klavierspielen. Deshalb müssen wir davon ausgehen, dass emotionales Lernen, selbst wenn es bewusst erfahren oder gar induziert wird, in seinen wesentlichen Teilen *subcortikal-implizit* abläuft.

Generell können wir also sagen, dass die Wirkungen von unten nach oben stärker sind als die in umgekehrter Richtung. Wir kommen also aufgrund der hier ausgebreiteten Kenntnis über die neuronalen Grundlagen affektiver Zustände zu der jedem Menschenkenner vertrauten Einsicht, dass Gefühle den Verstand eher beherrschen als der Verstand die Gefühle. Das ist auch gut so, denn unsere konditionierten Gefühle sind ja nichts anderes als *konzentrierte Lebenserfahrung*. Menschen, die scheinbar rein verstandesmäßig und unemotional reagieren, sind in Wirklichkeit psychisch kranke Menschen. Patienten ohne orbitofrontalen Cortex und Amygdala sind trotz »richtiger« Einsicht gar nicht in der Lage, dieser Einsicht zu folgen. Ohne Gefühle und Motive, die uns antreiben, sind wir rein passive Wesen, wie großartig unser Verstand auch arbeiten mag.

Es wäre allerdings völlig verfehlt, die Bedeutung der dritten Ebene, d. h. die des Verstandes und der Einsicht, bei der Verhaltenssteuerung zu unterschätzen. Wie in Kapitel 7 über die Beziehung zwischen Bewusstsein und Unbewusstem festgestellt, erlebt das Bewusstsein seinen großen Auftritt dann, wenn sich das Gehirn mit Problemen konfrontiert sieht, für die das Gedächtnis noch keine Vorgaben machen kann, wenn es z. B. um die Frage geht, wie wir uns in einer interessanten, aber uns noch unbekannten Umgebung verhalten sollen. Hierbei erleben wir häufig einen gewissen Widerstreit zwischen Nervosität und Neugier. In einer solchen Situation muss uns dann neben den Versatzstücken vergangener Erfahrungen das Nachdenken über möglicherweise eintretende Ereignisse und Verhaltensweisen helfen. Ebenso wichtig ist der Verstand, wenn es um *langfristige Planungen* geht, in denen viele verschiedene Gesichtspunkte und Erfahrungen miteinander kombiniert werden müssen. Dies zu leisten gehört nicht zu den Stärken des emotionalen Gedächtnisses, und dazu benötigt das Gehirn die dritte Ebene der Verhaltenssteuerung.

Insgesamt können wir jetzt nachvollziehen, wie das Gehirn als ein *Bewertungssystem* im Dienste der Verhaltenssteuerung (von der in den letzten Kapiteln dieses Buches die Rede sein wird) arbeitet. Zur Bewertung gehört das affektiv-emotionale, relativ detailarme Erfassen der gegenwärtigen Situation und der Vergleich mit dem emotionalen Gedächtnis. Dies wird begleitet vom mehr oder weniger unemotionalen detaillierten Erfassen der Sachlage mithilfe des cortico-hippocampalen Systems, das in ein »rationales« Abwägen der Sachlage und insbesondere der sich daraus ergebenden Konsequenzen einmündet. Diese cortikale Aktivität kann die subcortikalen Einschätzungen und Antriebe entweder unterstützen (»Jawohl, Flucht ist in dieser Gefahrenlage die beste Reaktion!«, »Greif zu, denn das verspricht eine Belohnung!«) oder ihnen widersprechen (»Bekämpfe deine Fluchttendenzen und wehre dich auf intelligente Weise!«, »Tu dies nicht, denn es hat schlimme Konsequenzen!«). Der orbitofrontale Cortex scheint dabei vornehmlich eine *hemmende* Wirkung auf die Amygdala auszuüben. Wer letztlich bei einem Konflikt gewinnt, ist unklar; allerdings gilt: Je größer die Bedeutung des anstehenden Problems und der zu erwartenden Konsequenzen, desto wahrscheinlicher wird das emotionale System gewinnen.

Beiden Systemen zugeordnet ist das Aufmerksamkeitssystem, das unseren Blick unbewusst oder bewusst auf dasjenige lenkt, was für das Gehirn auffallend und wichtig erscheint. Diese Aufmerksamkeitssteuerung ist ein wichtiger Teil des Bewertungssystems, denn was wir nicht mit dem »Scheinwerfer« der Aufmerksamkeit erfassen, kann uns auch nicht stark bewegen. Optimisten – so zeigt die Forschung – finden keineswegs alles höchst positiv, was überhaupt passiert, sondern sie wenden ihre Aufmerksamkeit bevorzugt dem Positiven zu und beschäftigen sich damit ausdauernd. Ängstliche Menschen hingegen werden, wie wir gehört haben, magisch von den negativen Dingen in ihrer Umwelt angezogen. Beide haben also buchstäblich eine andere *Sichtweise* der Welt und der eigenen Existenz. Depressive Personen unterscheiden sich von beiden nach Auffassung der Experten darin, dass sie generell kein Interesse an der Umwelt haben; ihr Aufmerksamkeitssystem ist grundlegend blockiert. Werden sie aber mit negativen Dingen konfrontiert, so können sie sich nicht davon lösen und »kauen auf ihnen herum«.

Der normale Umgang mit der Welt und mit uns selbst beruht also auf einer sehr komplizierten Balance zwischen Aufmerksamkeit, subcorticaler und corticaler emotionaler Bewertung und bewusst-corticaler Analyse der Sachlage. Schon die Beeinträchtigung eines dieser Systeme führt zu massiven Störungen unserer Persönlichkeit. Die genannten neuropharmakologischen Prozesse sind dabei die aus chemischen *Signalen* bestehenden *Botschaften*, die zwischen den Systemen ausgetauscht werden, und nicht die eigentlichen Ursachen. Das bedeutet allerdings auch, dass diese Art von Kommunikation innerhalb des gesamten Bewertungssystems nicht nur dadurch gestört wird, dass Teilsysteme ausfallen (aufgrund genetischer Defekte, frühkindlicher Schädigung, Dauerstress oder Verletzungen), sondern auch dadurch, dass die Kommunikationssignale nicht zur Verfügung stehen.

In diesem Zusammenhang werden Signal und Botschaft leicht verwechselt, und es kommt zu den Formulierungen wie »Depression ist nichts anderes als ein Mangel an Serotonin«. Wir sollten nunmehr in der Lage sein zu verstehen, warum eine solche Formulierung nicht nur faktisch, sondern auch von ihrer Grundaussage her falsch ist.

11. Die Bildung des Ich und der Persönlichkeit

Das abendländische Denken ist mehr als dasjenige anderer Kulturkreise mit dem Begriff des Ich verbunden. In einem großen Traditionsstrang, der von der antiken Philosophie über Augustinus, Thomas von Aquin, Descartes, Locke, Berkeley, Leibniz, Kant und Fichte bis in die Gegenwart reicht, wird das Ich mit vernünftigem Denken, Selbstreflexion und Seele gleichgesetzt (Herring und Schönpflug 1976). Das Ich ist danach der Mittelpunkt und Träger aller geistigen, emotionalen und willentlichen Akte, es ist das im Auf und Ab des Lebens überdauernde Wesen der Person, seine *Substanz*.

Die neuzeitliche Kritik an dieser *substanzialistischen* Auffassung des Ich geht auf den schottischen Philosophen David Hume (1711-1776) zurück, der feststellte, dass Seele und Ich keine erfahrbaren Gegenstände sind und deshalb keine Substanz bzw. Existenz haben können. Empfindungen, Begriffe, Gefühle sind nach Hume nur Inhalte von Vorstellungen, deren Objekte wahrgenommen und im Denken verknüpft sind, die jedoch kein zugrunde liegendes Subjekt besitzen. Immanuel Kant (1724-1804) schließlich unterschied in einer Art Kompromiss zwischen der von ihm vertretenen idealistischen Philosophie und derjenigen Humes das *empirische* Ich als Gegenstand des inneren Sinnes (also das, was wir intuitiv als Ich wahrnehmen) vom *transzendentalen* Ich, welches die erkenntnis- und gegenstandskonstituierende Einheit des Bewusstseins – der *Apperzeption*, wie Kant sie nennt – darstellt. Diese letztere Form des Ich ist für Kant Grund und oberstes Prinzip des Denkens überhaupt.

In der Psychologie des 19. und 20. Jahrhunderts spielte die Frage eine große Rolle, ob es ein Ich als einheitliches psychologisches Faktum überhaupt gibt und ob es auf irgendetwas zurückführbar sei. Allgemein wurde und wird angenommen, dass das Ich etwas *Abgeleitetes* ist, nicht etwas primär Gegebenes wie bei den früheren Philosophen. Als Träger des Ich werden von unterschiedlichen Psychologen und Philosophen Vorstellungen, Empfindungen und der Körper angesehen. Ebenso gab und gibt es radikale Kritiker wie den Psychiater und Philosophen Theodor Ziehen (der Lehrer meines Lehrers Bernhard Rensch), die wie Hume ein einheitliches Ich als Täuschung ansehen. In eine wiederum ganz andere Richtung gehen die Ich-Konzepte der Psychoanalyse. Wie in Kapitel 1 dargestellt, entsteht für Freud das Ich aus dem Es durch ständige Anpassung des Individuums an die Umwelt. Das Ich ist die vermittelnde Instanz zwischen den Forderungen des Es einerseits und der Außenwelt und des Über-Ich andererseits. Es vertritt das Realitätsprinzip und übt dadurch eine Kontrollfunktion gegenüber den Trieben aus.

Trotz aller Kritik aus den Reihen der Philosophie, Psychologie und Psychoanalyse ist unser abendländisches Menschenbild und damit unser Gesellschafts- und Rechtssystem nach wie vor durch zwei Grundannahmen geprägt, die lauten: (1) Das Ich als Subjekt geistiger und emotionaler Zustände ist der Kern menschlichen Wesens und der Träger der Menschenwürde; (2) das Ich ist der Verursacher des Handelns (mit Ausnahme von Reflexen und Affekthandlungen). Mit diesen beiden Auffassungen möchte ich mich im Folgenden aus Sicht der Hirnforschung, der Neuropsychologie und der Entwicklungspsychologie (insbesondere der Kleinkindforschung) befassen.

Kleine Phänomenologie des Ich

Ich und Bewusstsein hängen phänomenal und funktional eng miteinander zusammen, sind aber nicht identisch. Auf die verschiedenen Bewusstseinszustände bin ich ausführlich in Kapitel 7, Teil A eingegangen. Es gibt Bewusstseinszustände wie allgemeine Wachheit (Vigilanz), die nicht mit einem deutlichen Ich-Gefühl verbunden sind. Durch Meditation, Drogen oder im Zustand heftiger Verliebtheit kann man eine Ich-Entgrenzung erreichen; diese kann aber auch als psychotischer Zustand, nämlich als »ozeanische Entgrenzung« und Allmachtsgefühl auftreten. Umgekehrt ist es vernünftig, von unbewussten Ich-Zuständen auszugehen, wie Freud dies tut. Ich und Bewusstsein entwickeln sich aber weitgehend parallel und verbinden sich meist aufs Engste.

Nach neuester Erkenntnis aus der Neurologie und Neuropsychologie stellt, wie David Hume richtig vermutete, das Ich ein *Bündel unterschiedlicher Zustände* dar. Diese sind unter anderem (1) das *Körper-Ich*, d. h. das Gefühl, das dasjenige, in dem ich »stecke« und das ich tatsächlich oder scheinbar beherrsche, *mein* Körper ist; (2) das *Verortungs-Ich*, d. h. das Bewusstsein, dass ich mich gerade an *diesem* Ort und nicht woanders oder sogar gleichzeitig an zwei Orten befinde; (3) das *perspektivische Ich*, d. h. der Eindruck, dass ich den Mittelpunkt der von mir erfahrenen Welt bilde; (4) das *Ich als Erlebnis-Subjekt*, d. h. das Gefühl, *ich* habe diese Wahrnehmungen, Ideen, Gefühle, und nicht etwa ein anderer; (5) das *Autorschafts-* und *Kontroll-Ich*, d. h. das Gefühl, dass ich Verursacher und Kontrolleur meiner Gedanken und Handlungen bin; (6) das *autobiographische Ich*, d. h. die Überzeugung, dass ich derjenige bin, der ich gestern war, und dass ich eine *Kontinuität* in meinen verschiedenen Empfindungen erlebe (hierbei spielt das Reden über mich selbst eine wichtige Rolle); (7) das *selbst-reflexive Ich*, d. h. die Möglichkeit des Nachdenkens über mich selbst (auch hier spielt die Sprache eine wichtige Rolle); und schließlich (8) das *ethische Ich* oder *Gewissen*, also das Gefühl, es gebe eine Instanz in mir, die mir sagt oder befiehlt, was ich zu tun und zu lassen habe.

Man unterscheidet diese verschiedenen Ich- und Bewusstseinszustände vor allem deshalb, weil sie bei Hirnerkrankungen bzw. nach Hirnverletzungen unabhängig voneinander beeinträchtigt sein können. Neurologen wie Alexander Lurija und Oliver Sacks haben dies in ihren Werken anschaulich beschrieben (Lurija, 1991; Sacks, 1987). So gibt es Patienten, die ein normales Ich-Bewusstsein besitzen, aber nicht wissen, *wer* sie sind; andere behaupten, an zwei Orten gleichzeitig zu sein. Andere wiederum erklären, der sie umgebende Körper sei nicht ihr Körper bzw. ihr Arm sei nicht ihr eigener Arm. Auch kann eine Leugnung der Autorenschaft eigener Ideen und Handlungen auftreten, und zwar sowohl aufgrund neurologischer als auch psychiatrischer Erkrankungen (»ich werde gedacht« usw.).

Die oben genannten Ich-Zustände lassen sich – ähnlich wie die unterschiedlichen Bewusstseinszustände – unterschiedlichen, wenngleich überlappenden Netzwerken cortikaler und subcortikaler Zentren zuordnen, wobei bei bewussten Ich-Zuständen natürlich die cortikalen Zentren eine besondere Rolle spielen (vgl. Kolb und Wishaw, 1993). Körper-Ich und Verortungs-Ich haben wesentlich mit Aktivität im hinteren bzw. unteren Parietallappen zu tun. Das Ich als Subjekt perzeptiver und kognitiver Leistungen und Zustände ist eine Funktion von Arealen im Parietallappen und im Temporallappen, und zwar im Zusammenwirken mit Hippocampus und umgebender Rinde. Das perspektivische Ich hat wesentlich zu tun mit der Tätigkeit des rechten unteren Temporallappens. Das Ich als Subjekt von Emotionen ist gebunden an Aktivitäten im orbitofrontalen Cortex und im rechten unteren Temporallappen, und zwar im Zusammenwirken mit der Amygdala und anderen limbischen Zentren. Das Autorschafts- und Zurechnungs-Ich hat zu tun mit Aktivitäten im präfrontalen, orbitofrontalen und cingulären Cortex und im supplementär-motorischen Areal (dazu mehr in den Kapiteln 13 bis 15). Das autobiographische Ich entsteht aufgrund von Aktivität im Pol des Temporallappens und im orbitofrontalen Cortex. Das reflexive Ich ist wahrscheinlich eine Funktion des präfrontalen Cortex, und das ethische Ich, das *Gewissen*, ist gebunden an Funktionen des orbitofrontalen Cortex. Allgemein gilt, dass emotionale Ich-Komponenten eher rechtshemisphärisch, kognitive und sprachvermittelte Komponenten eher linkshemisphärisch angesiedelt sind.

Wir erleben diese vielen »Ich-Zustände« in aller Regel als ein einheitliches Ich. Gleichzeitig empfinden wir uns aber als ein fluktuierendes Etwas, als ein Auf und Ab verschiedenster Selbstempfindungen, in denen von Minute zu Minute das Körperliche, das Perzeptive, das Emotionale oder das Kognitive dominiert. Dies bedeutet, dass die aufgrund der Tätigkeit unterschiedlicher cortikaler und subcortikaler Areale und Zentren entstehenden Ich-Zustände sich aktuell in verschiedener Weise zusammenbinden und den *Strom der Ich-Empfindung* konstituieren.

Wie dieses Zusammenbinden zustande kommt, ist ebenso rätselhaft wie bei dem sehr verwandten und viel diskutierten Problem des Zusammenbindens der verschiedenen Bewusstseinsinhalte. Dies mag dadurch geschehen, dass Inhalte aus unterschiedlichen Hirnrealen in das präfrontale Arbeitsgedächtnis »hineingeladen« und dort zu einer vorübergehenden lokalen Netzwerkeinheit zusammengefügt werden; dies würde die relative Langsamkeit des Stroms unserer Bewusstseinsinhalte und Ich-Empfindungen erklären. Es könnte aber auch sein, dass diese Inhalte nicht wirklich örtlich vereinigt werden, sondern über langreichweitige Synchronisationen ein »virtuelles cortikales Netz« bilden. Ob es allerdings überhaupt in der Großhirnrinde langreichweitige Synchronisationen (z. B. zwischen präfrontalem und parietalem Cortex) gibt, ist unter Fachleuten umstritten; manche von ihnen nehmen derartige Synchronisationen nur für Vorgänge innerhalb kleiner Areale an. Wahrscheinlich spielt es für unseren globalen Ich- und Bewusstseinszustand auch keine Rolle, ob Erregungszustände im Gehirn wirklich örtlich vereinigt oder räumlich weit verteilt und nur funktionell zusammengeschaltet sind.

Die Entwicklung des Ich

Der Entwicklungspsychologie und insbesondere der Säuglingsforschung der letzten Jahre ist es gelungen, die wesentlichen Etappen der Entwicklung des Ich bis hin zur bewussten, selbstreflexiven Instanz herauszuarbeiten. Die erste Etappe dieser Entwicklung vollzieht sich im Mutterleib, vor allem während der letzten Wochen vor der Geburt. Die Sinnesorgane und primären Sinneszentren des Gehirns sind zu dieser Zeit bereits aufnahmefähig; ebenfalls hat das limbische System als zentrales Bewertungssystem des Gehirns seine Arbeit aufgenommen. Gleichzeitig stehen Körper und Gehirn des Fötus über den Blutkreislauf noch in engster Verbindung mit Körper und Gehirn der Mutter, und mütterliche Botenstoffe beeinflussen das sich entwickelnde fötale Gehirn. Hierüber gelangen auch Informationen über emotional-affektive Zustände der Mutter in das Gehirn des Fötus. Ob solche Informationen gerichtet oder ungerichtet auf das sich entwickelnde Gehirn einwirken, ist unklar, doch kann es keinen Zweifel daran geben, dass diese Einwirkungen nachhaltig sind. Bekannt ist, dass das ungeborene Kind bereits im Uterus die Stimme seiner Mutter erlernt, insbesondere deren emotionale Tönung. Auch die Geschehnisse bei der Geburt, insbesondere den damit verbundenen Stress und die entsprechenden Hormonausschüttungen, können wir in ihrer Bedeutung für das Gehirn des Ungeborenen schwerlich überschätzen (vgl. Eliot, 2001).

Folgende Phasen der nachgeburtlichen Ich-Entwicklung werden unterschieden (ich folge hier in wesentlichen Zügen einer Darstellung von Sabina Pauen, 2000): (1) Die primäre Unterscheidung von Ich und Nicht-Ich über den Körper und die Entwicklung einer körperlichen Perspektive; (2) die Entwicklung des Bewusstseins der Autorschaft der eigenen Handlungen; (3) die Entwicklung des Selbst in der Kommunikation und die Ausbildung intentionaler Zustände; (4) die Entwicklung des sprachlich-sozialen Ich und (5) die geistige Entwicklung. Hierzu nun im Einzelnen:

Den Beginn der Ich-Entwicklung beim Kleinkind stellt die Unterscheidung des eigenen Körpers von der belebten und unbelebten Umwelt (körperliches Ich vs. Nicht-Ich) dar. Wahrnehmungen von körpereigenen Zuständen werden anders erfahren als Wahrnehmungen von Dingen und Geschehnissen außerhalb des Körpers. Wenn wir mit unserer Hand einen Gegenstand ergreifen und die Hand gleichzeitig ansehen, dann gibt es eine Parallelität zwischen den Motorkommandos der Großhirnrinde, den somatosensorischen Rückmeldungen der Erregungszustände der Haut, der Muskeln, Sehnen und Gelenke (*Propriozeption*) und der visuellen Wahrnehmung, die beim bloßen Anblick eines externen Gegenstandes nicht auftritt. Ganz eindeutig wird der Unterschied zwischen Körper und Nicht-Körper, wenn wir – was der Säugling ja ständig tut – uns selbst berühren; dann haben wir nämlich eine zweifache Parallelität zwischen Motorkommandos und Propriozeption, was beim Ergreifen eines Gegenstandes nicht der Fall ist.

Während in den ersten Wochen nach der Geburt für den Säugling Gesichter von Menschen und von Tieren gleichermaßen interessant sind, kommt es mit drei Monaten zu einer deutlichen Bevorzugung menschlicher Gesichter (Pascalis et al., 2002). In diesem Zusammenhang vollzieht sich auch die Unterscheidung des eigenen Gesichts von fremden Gesichtern. Ab dem fünften Monat unterscheiden Kinder eigene und fremde Gliedmaßen. Der eigene Körper wird in seiner Wahrnehmungsperspektive erlebt; er spielt bei Verdeckungen und Drehungen eine besondere Rolle als »Mittelpunkt der Welt«. Hieraus ergibt sich ein primäres, *egozentrisches* Weltbild.

Die zweite der oben genannten Entwicklungsphasen besteht in der Wahrnehmung der eigenen Handlungen als Auswahl aus einer Vielfalt von Möglichkeiten. Die Entwicklung zielgerichteter, d. h. *intentionaler* Handlungen beginnt ab drei bis vier Monaten. Dies schließt zum Beispiel das Abschätzen der eigenen Reichweite, das Erkunden der Umgebung und die (wahrscheinlich erst rudimentär bewusste) Wahrnehmung der eigenen Handlungspläne ein (Rochat, 1989).

Eine weitere frühe Phase betrifft die Wahrnehmung des Selbst in der Kommunikation. Bereits wenige Stunden nach der Geburt kann es beim Säugling zu Imitationen einfacher Handlungen anderer Personen kommen, etwa des Zunge-Herausstreckens; dies verliert sich allerdings schnell (Meltzoff, 1985; Meltzoff und Gopnik, 1993; Meltzoff und Moore, 1992; Tomasello, 2002). Es kommt auch zum erstmaligen Fixieren der mütterlichen Augen. Mit zwei bis drei Monaten treten unterschiedliche Lächelreaktionen gegenüber Personen und gegenüber unbelebten Objekten auf (die Unterscheidung zwischen »belebt« und »unbelebt« ist dem Kind wahrscheinlich angeboren). Das Lächeln wird auch als Vorhandensein konkreter

Kommunikationserwartungen wenige Wochen nach der Geburt gedeutet (Trevarthen, 1993).

Mit drei bis vier Monaten zeigt das Kind erstmals situationsgebundene Verhaltenserwartungen, und es folgt der Blickrichtung der Bezugsperson. Es unterscheidet menschlich-intentionale Bewegungen, zum Beispiel Zeigen und Greifen, von künstlichen Bewegungen. Es beginnt, sich und anderen Personen Wahrnehmungen, Gedanken, Intentionen zuzuschreiben. Auf dieser Basis bildet sich während einer Periode zwischen 9 und 12 Monaten (der »Neunmonatsrevolution«, wie Tomasello sie nennt) die Fähigkeit aus, das, was ein anderer denkt, bei den eigenen Plänen und Absichten in Rechnung zu stellen und andere Menschen als intentionale Akteure zu verstehen. Es entsteht das, was man inzwischen allgemein »Theory of Mind« nennt (Povinelli, 1995).

Nach Auffassung von Michael Tomasello (2002) findet sich diese Fähigkeit ausschließlich beim Menschen. Primaten (und nur sie) haben nach Povinelli zwar ein Verständnis für die sozialen Beziehungen zwischen Dritten (z. B. komplexere Verwandtschaftsverhältnisse), aber sie begreifen ihre soziale Umwelt nicht in intentionalen Begriffen. Nach beiden Autoren lernen selbst Schimpansen letztlich nur, wie sie sich verhalten müssen, um von den Menschen, bei denen sie aufwachsen, belohnt zu werden; Einsicht in das, was andere denken und wollen, fehlt ihnen. Tomasello hat sich jedoch kürzlich aufgrund eigener neuer Experimente wieder davon distanziert (Tomasello et al., 2003; vgl. dagegen Povinelli und Volk, 2003). Unumstritten ist, dass die Fähigkeit zur »Theory of Mind« sich beim Menschen sehr früh und sehr schnell entwickelt und ein Ausmaß annimmt, das die wahrscheinlich bei anderen Primaten durchaus vorhandenen Vorstufen weit übertrifft.

Besonders aussagekräftig für die Ich-Entwicklung ist der Zeitpunkt, ab wann sich Kinder im Spiegel erkennen können. Diese Fähigkeit ist auf Menschen, Schimpansen und möglicherweise Delphine beschränkt (vgl. Roth, 2000). Nach Butterworth (1992) entwickelt sich diese Fähigkeit beim Menschenkind in folgender Weise: (1) Bevorzugung des Anblicks fremder Personen gegenüber dem eigenen Anblick (0 bis 3 Monate); (2) Erkennen des Zusammenhangs zwischen Eigenbewegung und der Wahrnehmung beim Betrachten der eigenen Person (3 bis 8 Monate); (3) das Bewusstsein, dass die eigene Person auch außerhalb der unmittelbaren Spiegelwahrnehmung eine dauerhafte Existenz hat (8 bis 12 Monate); (4) die Unterscheidung zwischen dem Anblick der eigenen Person und dem anderer Personen aufgrund charakteristischer Merkmale der äußeren Erscheinung (12 bis 15 Monate); (5) Bestehen des »Rouge-Tests«: Dem Kleinkind wird, für es unbemerkt, ein roter Klecks auf die Nase aufgetragen, und es wird überprüft, ob das Kind dem Spiegelbild oder sich selbst den Klecks abzuwischen versucht. Ein Kleinkind tut Letzteres zwischen 15 und 24 Monaten, im Mittel um 18 Monate.

Die vierte Phase, oder besser der vierte Strang der Ich-Entwicklung, umfasst die Entstehung des sprachlichen Ich (hier folge ich einer Übersicht von H. Grimm, 1995): Die mütterliche Stimme wird bereits im Mutterleib erlernt (s. oben). Schon drei Tage nach der Geburt zeigen Neugeborene bei entsprechenden Tests eine Präferenz für die mütterliche Stimme, und zwar für das verfremdete Klangbild, das diese Stimme für den Fötus hat. Während der ersten zwei Monate nach der Geburt entwickelt sich die Fähigkeit zum Erfassen der *Prosodie*, d. h. der Sprachmelodie, etwa im Zusammenhang mit der so genannten Ammensprache. Zwischen dem vierten und sechsten Monat werden erste Vokale produziert; es wird bereits gut zwischen eigenen und fremden Sprachlauten unterschieden. Die erste Nachahmung mütterlicher Intonationsweisen tritt im Alter von sechs Monaten auf, gelegentlich eher. Ab dem neunten Monat werden erste Konsonanten gebildet, dann setzt das Lall-Stadium mit Zwei-Silben-Lauten (dada, mama usw.) ein. Zwischen dem 10. und 12. Monat geschieht die Einengung der Sprachlaute auf die Laute der Muttersprache (Cheour et al., 1998). Zwischen dem 8. und dem 20. Monat (im Durchschnitt im Alter von 12 Monaten) werden erste Wörter gebildet. Ab dem 18. Monat treten erste Objektbezeichnungen auf, ab dem dreißigsten Monat kommen Verben und andere Wörter (Hilfsverben, Präpositionen usw.) hinzu.

Mit 18 Monaten ist die 50-Wörter-Marke erreicht, ab dann beschleunigt sich die Sprachentwicklung. Zwischen dem 18. und 25. Monat beginnt das Kleinkind Wörter zu kombinieren und Zwei-Wort-Sätze zu bilden. Zwischen dem 22. und dem 24. Monat verfügt das Kind über ca. 200 Wörter, und jeden Tag kommen durchschnittlich neun Wörter hinzu. Diese Phase ist durch starkes Eigenlernen und eine schnelle Zuordnung von Wörtern und Bedeutungen charakterisiert, was meist aufgrund von Versuch und Irrtum geschieht. Mit zwei Jahren besteht die Sprache der Kleinkinder aus

Zwei- bis Drei-Wortsätzen in einem »telegraphischen« Stil, jedoch in korrekter Reihenfolge; dies wird als Anzeichen für eine bereits vorhandene Grund-Syntax gedeutet.

Gegen Ende des zweiten Lebensjahres kommt es zur Formulierung der Wörter »ich«, »mein« usw. (was nicht bedeutet, dass die Kinder bereits genau wissen, was damit gemeint ist!). Im dritten Jahr beginnen Kleinkinder Singular und Plural zu gebrauchen und stellen die berühmten Fragen: »Was ist das?« bzw. »Warum ist ...?«. Mit zweieinhalb Jahren werden Sätze mit mehreren Phrasen gebildet; dies ist der eigentliche Beginn einer syntaktischen Sprache. Mit vier bis fünf Jahren werden die hauptsächlichen Satzkonstruktionen der Muttersprache beherrscht. Mit acht Jahren ist ein explizites Sprachwissen vorhanden; Kinder korrigieren sich in ihrer Sprache und begründen ihre Fehler.

Zweifellos spielt die Ausbildung einer syntaktischen Sprache für die Ich-Entwicklung eine entscheidende Rolle. Mithilfe der Sprache können Wörter wie »ich«, »mein« in Kombination mit Zuständen und Handlungen zu Zentren von Erlebnis- und Gedächtnisassoziationen und damit so etwas wie überdauernde Objekte werden. Vergangenheit und Zukunft werden dadurch ebenfalls sprachlich vermittelbar.

Die geistige Entwicklung des Kindes beginnt nach neuesten Befunden viel eher als zuvor im Anschluss an Piaget angenommen. Die Übertragung von Sinneserfahrungen von einer Modalität in die andere und die Kategorisierung des Wahrgenommenen tritt bereits ab der 4. Woche auf, bald gefolgt vom Verständnis für einfache Addition und Subtraktion. Mit drei Monaten ist der Säugling fähig, zwischen möglichen und unmöglichen physikalischen Erscheinungen zu unterscheiden (z. B. dass losgelassene Gegenstände zu Boden fallen und nicht etwa aufsteigen). Ab dem zweiten Monat bildet sich ein Arbeitsgedächtnis aus, das allerdings noch wenig leistungsfähig ist und nur eine Spanne von drei Sekunden umfasst. Dies steigert sich dann ab neun Monaten auf neun Sekunden. Zusammen mit der bereits erwähnten »Neunmonatsrevolution« entsteht ein erstes echtes Begreifen der Welt und das Nachvollziehen von Motivation und Aufmerksamkeit anderer. Vergleichsweise spät, nämlich erst mit vier bis fünf Jahren, entwickelt sich eine verlässliche Unterscheidung zwischen Schein und Wirklichkeit – damit wird die »Traumwelt« des Kleinkindes verlassen. Ab dem sechsten Lebensjahr zeigen Kinder die ersten »Vernunftleistungen« und die ersten deutlichen Anzeichen einer willentlichen Kontrolle ihres Verhaltens.

Die Entwicklung des menschlichen Gehirns

Bei der folgenden Darstellung folge ich im Wesentlichen den Darstellungen von G. Rager (1993), R. O'Rahilly und F. Müller (1999) sowie P. Melchers und G. Lehmkuhl (2000). Das menschliche Gehirn entwickelt sich wie alle Wirbeltiergehirne aus einem Neuralrohr, dessen Hohlraum später die vier Hirnventrikel bilden. Nervenzellen und Gliazellen entstehen durch Zellteilung an der Wand des Neuralrohres, der *Proliferationszone*, und wandern dann zu ihrem Bestimmungsort. Die Bildung von Nervenzellen, die *Neurogenese*, ist enorm hoch und beträgt während der gesamten Schwangerschaft im Durchschnitt 250 000 Neurone pro Minute, mit einem Maximum von 500 000 pro Minute. Während die Zellteilung zum größeren Teil in der 20. Schwangerschaftswoche abgeschlossen ist, dauert die Zellwanderung noch weit über die Geburt hinaus. Der Prozess der Zellteilung und Zellwanderung ist für die einzelnen Hirnregionen und -zentren unterschiedlich. Axone können von den Nervenzellen bereits während der Wanderung gebildet werden, Dendriten bilden sich hingegen in der Regel erst aus, nachdem die Zellen ihren Zielort erreicht haben.

Das Entstehen und Wachstum von Dendriten ist eine wesentliche Voraussetzung für die Bildung von Synapsen. Diese beginnt ungefähr ab dem fünften Schwangerschaftsmonat, steigt aber zusammen mit der Ausbildung von Dendriten erst *nach* der Geburt massiv an, verläuft dabei jedoch unterschiedlich in verschiedenen Teilen des Gehirns. In der visuellen Großhirnrinde findet eine Verdopplung der Synapsendichte zwischen dem zweiten und vierten Monat nach der Geburt statt, die Maximalzahl wird mit etwa einem Jahr erreicht. Anschließend reduziert sich die Zahl der Synapsen wieder, und das erwachsene Niveau wird mit ungefähr elf Jahren erreicht. Im Frontalcortex wird die maximale Synapsendichte ebenfalls mit einem Jahr erreicht, allerdings ist dabei die Zahl der Synapsen doppelt so hoch wie im visuellen Cortex; die Synapsenreduktion beginnt hier erst mit fünf bis sieben Jahren und kommt erst im Alter von 15 bis 16 Jahren zu einem gewissen Stillstand.

Es werden also im menschlichen Gehirn (wie übrigens in den meisten untersuchten Gehirnen anderer Tierarten) anfänglich mehr, zum Teil sehr viel mehr Synapsen ausgebildet, als später vorhanden sind. Überproduktion von Synapsen mit anschließender drastischer Reduktion ist ein universelles Mittel, um im Gehirn ein Höchstmaß an geregelter Verknüpfung zu erreichen. Man nimmt an, dass es unter den Milliarden und Abermilliarden von Synapsen lokal zu einem regelrechten Wettkampf kommt, der im Wesentlichen um Nähr- und Wachstumsstoffe (so genannte *trophische Faktoren*) geführt wird, aber auch um ein Mindestmaß an neuronaler Erregung. Erhält eine Synapse zu wenig von beidem, dann stirbt sie ab. Dies führt dazu, dass zuerst diffuse, d. h. unspezifische synaptische Verknüpfungen angelegt werden, die anschließend über den Konkurrenzkampf zwischen Synapsen selektiv und adaptiv reduziert und dadurch effizienter gemacht werden. Bei der Versorgung mit hinreichender neuronaler Erregung spielen sowohl intern generierte als auch aus der Umwelt stammende Reize eine große Rolle. Für eine eingehende Darstellung dieser entwicklungsneurobiologischen Vorgänge, die unter anderem mithilfe von mathematischen Entwicklungsmodellen und Computersimulationen intensiv untersucht wurden, sei auf die genannten neurowissenschaftlichen Lehrbücher verwiesen.

Neben der Überproduktion und anschließenden Reduktion von Synapsen ist auch die *Myelinisierung der Nervenfasern* für das Ausreifen der Hirnfunktionen bedeutsam. Beim Prozess der Myelinisierung bildet sich um ein Axon eine so genannte Myelinscheide aus, die im peripheren Nervensystem von einer Schwannzelle, im Zentralnervensystem von einem Oligodendrozyten (beides sind Arten von Gliazellen) gebildet wird. Wie in Kapitel 3 dargestellt, ermöglicht eine Myelinisierung eine deutlich (z. T. hundertfach) schnellere Fortleitung von Aktionspotentialen über die Axone (saltatorische Erregungsleitung), als es bei »marklosen«, d. h. unmyelinisierten Fasern der Fall ist. Ohne eine massive Myelinisierung im Gehirn würden die Prozesse der Erregungsverarbeitung sehr viel langsamer ablaufen, insbesondere würde dies die Großhirnrinde mit ihren Billionen an axonalen Verbindungen stark beeinträchtigen und viele komplexe kognitive Leistungen unmöglich machen. Deshalb ist der Prozess der Myelinisierung der Großhirnrinde eine wichtige Komponente in der Entwicklung höherer kognitiver Leistungen.

Die Myelinisierung von Axonen im Gehirn beginnt nach Abschluss der Zellwanderung und findet erst mit Erreichen des Erwachsenenalters allmählich ihr Ende. Wie der Neuroanatom Paul Flechsig bereits vor über hundert Jahren feststellte, gibt es einen deutlichen Gradienten der Myelinisierung. Vor der Geburt werden die Axone von Zellen im Rückenmark und Verlängerten Mark myelinisiert, unmittelbar nach der Geburt die Axone von Zellen im Mittel- und Kleinhirn. Im ersten und zweiten Jahr folgen Axone im Thalamus und in limbischen Zentren des Endhirns und in den Basalganglien und dann solche in den primären sensorischen und motorischen Arealen der Großhirnrinde. Dann werden die sekundären sensorischen und motorischen Areale myelinisiert. Noch später erfolgt die Myelinisierung in den assoziativen Arealen. Hier sind es der präfrontale und insbesondere der orbitofrontale Cortex, deren Fasern zuletzt myelinisiert werden; dies kann sich bis zum 20. Lebensjahr hinziehen.

Mit dem Dendritenwachstum, dem Synapsentod und der Myelinisierung einher geht die Feinverdrahtung cortikaler Areale, d. h. die genaue Verknüpfung zwischen Projektionsneuronen und Interneuronen, sowie die Entwicklung der neurochemischen Spezifizität der Neurone, d. h. die Ausstattung mit bestimmten Neurotransmittern, Neuromodulatoren und Neuropeptiden. Im Allgemeinen gilt: motorische Bahnen entstehen vor den sensorischen und diese vor den assoziativen; limbische Zentren entstehen vor den kognitiven; Projektionsneurone entstehen vor den Interneuronen; exzitatorische Neurone entstehen vor inhibitorischen Neuronen. Bei der cortikalen Feinverdrahtung, die teils intern-selbstorganisierend, teils extern über Sinnesreize und Erfahrung gesteuert wird (vgl. Singer, 1995), spielen die Neuromodulatoren Dopamin und Noradrenalin eine wichtige Rolle, insbesondere was die Ausreifung des präfrontalen und orbitofrontalen Cortex angeht. Störungen in diesen katecholamin-vermittelten Reifungsprozessen können in Kombination mit bestimmten Lebensumständen und einer vorhandenen »Vulnerabilität« zu massiven kognitiven und psychischen Fehlentwicklungen führen, wie dies zum Beispiel bei der Schizophrenie angenommen wird.

Was die Reifung der wichtigsten Hirnzentren betrifft, so beginnen sich Hypothalamus, Amygdala und Mammillarkörper sowie die sie verbindenden Trakte sehr früh auszubilden, nämlich um die fünfte und sechste Schwangerschaftswoche, gefolgt von Nucleus accumbens, Septum und den wichtigsten limbischen Verbindungswegen in der sechsten und siebten Woche. Bereits im dritten Schwangerschaftsmonat können die verschiedenen amygdalären Kerne unterschieden werden. Die Basalganglien beginnen mit ihrer Entwicklung in der siebten und achten Woche ebenso wie die tiefen Kleinhirnkerne sowie Teile des Vestibulo- und Spinocerebellum und Teile des Allocortex (z. B. die Insel). Über den Prozess der Feinverdrahtung innerhalb dieser Zentren ist allerdings noch wenig bekannt; man kann davon ausgehen, dass er sehr früh einsetzt. Zumindest sind die wichtigsten limbischen Zentren und Verbindungstrakte schon weit vor der Geburt vorhanden.

Bedeutsam ist die Entwicklung des Hippocampus als Organisator des deklarativen Gedächtnisses, das wiederum eine wichtige Grundlage für die Ausbildung des autobiographischen Ich bildet. Der noch unreife Hippocampus beginnt sich im zweiten Drittel der Embryonalentwicklung in charakteristischer »seepferdchenartiger« Weise einzukrümmen, und die Verknüpfungen zwischen den drei Hippocampus-Teilen (Ammonshorn, Subiculum, Gyrus dentatus) sowie mit dem entorhinalen Cortex bilden sich ab der 20. Woche aus. Die ersten Verknüpfungen der Hippocampus-Formation mit dem Isocortex treten nicht vor der 22. Woche auf.

Die eigentliche Ausbildung des Isocortex mit seinen Windungen und Furchen, die Anzeichen vermehrter Zellbildung sind, beginnt in nennenswertem Maße in der 14. bis 17. Woche im Bereich des Gyrus cinguli und im Hinterhauptscortex sowie im angrenzenden Parietallappen. Dann folgen in der 18. bis 21. Woche die Zentralfurche und die obere Temporalfurche, gefolgt von weiteren Furchen und Windungen im Parietal-, Temporal- und Okzipitallappen. In der 26. bis 29. Woche kommen frontale und orbitale Furchen und Windungen hinzu. Den Abschluss bildet zwischen der 30. und 37. Woche, also kurz vor der Geburt, die Ausbildung sekundärer temporaler, frontaler und orbitaler Furchen und Windungen.

Das Gehirn des Neugeborenen besitzt alle Furchen und Windungen des ausgereiften Gehirns. Es wiegt zwischen 300 und 400 Gramm und enthält bereits die endgültige Zahl von Neuronen (bzw. sogar wesentlich mehr, denn es sterben nachgeburtlich Zellen ab), die allerdings noch relativ unreif sind. Die anschließende Massenzunahme des Gehirns auf durchschnittlich 1300 bis 1400 Gramm geht vornehmlich auf das Längenwachstum der Dendriten und die Myelinisierung der Axone sowie auf die Zunahme an Gliazellen und

Blutgefäßen zurück. Die »Verdrahtung« des Isocortex findet also im Wesentlichen erst nach der Geburt statt.

Innerhalb der Sinnesorgane entwickelt sich der Gleichgewichtssinn am frühesten; er ist bis zum Ende des 5. Schwangerschaftsmonats ausgebildet, gefolgt vom Geruchs- und Geschmackssinn. Es wurde vor einigen Jahren nachgewiesen, dass das Ungeborene den Geschmack und den Geruch des Körpers, insbesondere der Haut, des Schweißes und der Tränen der Mutter über das Fruchtwasser erlernt. Das Wiedererkennen vermittelt dem Neugeborenen das Gefühl der Geborgenheit und ist eine der Grundlagen der intensiven Bindung zwischen Säugling und Mutter. Der Gesichtssinn entwickelt sich ebenfalls vorgeburtlich. Ab dem 5. Monat bilden sich die ersten visuellen Synapsen, ein starkes Wachstum findet zwischen der 14. und 28. Schwangerschaftswoche statt. Allerdings liegt der Höhepunkt dieser Entwicklung im ersten nachgeburtlichen Lebensjahr (s. unten). Wie das Sehen findet auch das Hören bereits vor der Geburt statt, allerdings geschieht dies offenbar subcortikal, denn der thalamische mediale Kniehöcker und der auditorische Cortex entwickeln sich erst in den ersten zwei Jahren nach der Geburt.

Die Grobmotorik ist zusammen mit dem Gleichgewichtssinn weit vor der Geburt vorhanden, ebenso spezifischere Arm- und Handbewegungen, zum Beispiel das Daumenlutschen. Zielgerichtetes Greifen tritt ab dem 4. nachgeburtlichen Monat auf, die Feinmotorik (der so genannte »Pinzettengriff«) zwischen dem achten und elften Monat, das Loslassen des ergriffenen Gegenstands ab dem 13. Monat. Das Laufenlernen vollzieht sich zum Ende des ersten Jahres, und zwar dann, wenn die motorischen Rindenfelder für Beinbewegungen ausgereift sind. Dieses relativ späte Ausreifen erklärt sich dadurch, dass die Myelinisierung und Feinverdrahtung dieser Rindenfelder vom Kopf zum Fuß voranschreitet.

Ab der zweiten Hälfte des ersten Lebensjahres werden die Bereiche des Frontallappens langsam funktionsfähig. Es erhöht sich deutlich die Zahl der Synapsen, und dies geht beim Säugling mit differenzierteren Wahrnehmungen und Gefühlen ab dem 10. Monat einher. Mit zweieinhalb Jahren findet ein weiterer Reifesprung des präfrontalen Cortex hinsichtlich des dendritischen Längenwachstums und der synaptischen Feinverknüpfung statt, insbesondere was den präfrontalen Cortex und das Broca-Areal betrifft. Dies wird als Grundlage für die Ausbildung des reflexiven Denkens und anderer höherer kognitiver Leistungen, der syntaktisch-grammatikalischen Sprache (s. unten) und des Ich-Bewusstseins angesehen. Es ist sicher kein Zufall, dass zu eben dieser Zeit, d. h. in einem Alter zwischen zwei und drei Jahren, diejenige Entwicklung einsetzt, in der das menschliche Kind deutlich seine nichtmenschlichen Altersgenossen hinter sich lässt.

Wie bereits oben erwähnt, beginnt die *Entwicklung der Sprache* mit dem Erfassen der affektiven und emotionalen Tönung der Sprache und der Sprachmelodie. Dies geschieht bereits vor der Geburt in der rechten Hemisphäre, die auch in den ersten Monaten nach der Geburt dominiert; erst dann beginnt die linke Hemisphäre mit der temporalen Region, d. h. mit dem späteren Wernicke-Areal, aktiv zu werden. Das dem Broca-Areal gegenüberliegende rechtsfrontale Areal ist in seiner neuronalen Feinstruktur (z. B. der Dendritenlänge) bis zum 12. Monat voraus. Zwischen dem 12. und 15. Monat nimmt die Dendritenlänge linkshemisphärisch schneller zu, und zwischen dem 24. und 36. Monat entwickeln sich rechte wie linke frontale Areale gleich schnell. Zwischen drei und sechs Jahren hingegen dominiert das linke frontale Areal, d. h. das Broca-Areal. Dies stimmt mit der dann stattfindenden Entwicklung einer syntaktischen Sprache gut überein.

Zusammengefasst sehen wir, dass das limbische System und das subcortikale System der Verhaltenssteuerung (d. h. die Basalganglien) sich embryonal sehr früh und weit vor dem hippocampo-cortikalen System ausbilden, nämlich bereits ab der fünften Embryonalwoche. Das cortikale System als Träger des bewussten Ich reift hingegen erst nach der Geburt aus, und dieser Reifungsprozess ist erst mit dem Ende der Pubertät abgeschlossen. Es ergibt sich damit eine beeindruckende Parallelität zwischen der motorischen, perzeptiven, emotionalen und kognitiven Entwicklung des Säuglings, des Kindes und Jugendlichen auf der einen und der Entwicklung ihrer Gehirne auf der anderen Seite.

Die Repräsentation der Erste-Person- und der Dritte-Person-Perspektive im Gehirn

Wie erwähnt, ist es eine der hervorstechendsten Eigenschaften des Menschen, sich in die Wahrnehmungs-, Denk- und Gefühlswelt seiner Mitmenschen hineinversetzen zu können. Hiermit ist ein dramatischer Perspektivwechsel verbunden, der auch in unterschiedlichen Hirnaktivitäten seinen Niederschlag finden sollte. Dies wurde kürzlich vom Düsseldorf-Jülicher Neurowissenschaftler Kai Vogeley und seinen Kollegen mithilfe der funktionellen Kernspintomographie untersucht (Vogeley et al., 2001; vgl. auch Vogeley und Newen, 2003). Dabei ging es um Unterschiede zwischen der Selbstperspektive und der Dritte-Person-Perspektive, d. h. der Fähigkeit, den Standpunkt anderer Menschen einzunehmen. Es war und ist unter Fachkollegen umstritten, ob und in welcher Weise diese zwei Fähigkeiten dieselben oder unterschiedliche Hirnmechanismen beanspruchen.

In den Versuchen von Vogeley und Kollegen mussten acht männliche Versuchspersonen, die sich in einem 1.5-Tesla-Kernspingerät befanden, unterschiedliche Geschichten lesen, bei denen sie entweder die Ich-Perspektive oder die Fremdperspektive (oder beides) einnehmen mussten. Die Brauchbarkeit dieser Geschichten wurde in Vorversuchen getestet. Gemessen wurden wie bei der funktionellen Kernspintomographie üblich die lokalen Erhöhungen der Aktivität von Arealen der Großhirnrinde.

Die erste Geschichte zur »Selbstperspektive« lautete: Sie sind zu einer Wochenendreise nach London gefahren und haben sich mehrere Museums- und Parkbesuche vorgenommen. Morgens, als Sie losgehen, ist der Himmel blau und die Sonne scheint, so dass Sie nicht an Regen denken. Als Sie mitten in einem größeren Park sind, ziehen sich aber schnell die Wolken zusammen und es fängt an, ganz fürchterlich zu regnen. Sie haben Ihren Regenschirm vergessen. Frage: Was denken Sie?

Die zweite Geschichte zur »Fremdperspektive« lautete: Ein Räuber, der soeben ein Geschäft ausgeraubt hat, flüchtet. Als er nach Hause rennt, sieht ein Polizist, wie er einen Handschuh verliert. Er weiß nicht, dass der Mann ein Räuber ist, er will ihm nur sagen, dass er einen Handschuh verloren habe. Aber als der Polizist zu dem Räuber ruft: »Halt, warten Sie!«, dreht sich der Räuber herum und ergibt sich.

Er nimmt die Arme nach oben und gibt zu, dass er den Ladendiebstahl begangen hat. Frage: Warum tut der Räuber das? Die Autoren fanden, dass beim Einnehmen der »Selbstperspektive« vor allem eine erhöhte Aktivität im Bereich des rechten temporo-parietalen Cortex, also im Übergangsbereich zwischen Schläfen- und Scheitellappen auftrat. Demgegenüber war beim Einnehmen der »Fremdperspektive« eine erhöhte Aktivität im rechten medialen Stirnhirn, d. h. im cingulären Cortex, und im vorderen oberen Rand des linken Schläfenlappens (temporaler Pol) festzustellen.

Die Autoren testeten auch die Hirnaktivität von Versuchspersonen, während diese eine künstliche menschliche Figur (ein »Avatar«) in einem Raum betrachteten, vor der und hinter der eine Kugel angeordnet war. Die Frage war »Wie viele Kugeln sieht er (der Avatar)? Und wie viele Kugeln sehen Sie?«. Im ersten Fall musste sich die Versuchsperson in die Perspektive des Avatar hineinversetzen; festgestellt wurde eine erhöhte Aktivität im Bereich des oberen rechten parietalen Cortex, im zweiten Fall dagegen eine erhöhte Aktivität im medialen präfrontalen bzw. cingulären Cortex.

Die Tatsache, dass beim Einnehmen einer egozentrischen Perspektive das rechte tempora-parietale Übergangsfeld aktiv ist, steht in Übereinstimmung mit der aus neuropsychologischen Untersuchungen bekannten Tatsache, dass in dieser Cortexregion unser Körperschema, die Einordnung dieses Körpers in den Raum und das gesamte egozentrische Erleben beheimatet sind. Läsionen in diesem Bereich lösen den bekannten Neglect aus, d. h. das Ignorieren einer Körperhälfte oder einer Hälfte des Gesichtsfeldes. Die besondere Aktivierung des rechten anterioren Gyrus cinguli hingegen stimmt mit neuropsychologischen Befunden überein, die zeigen, dass diese Region mit der Überwachung der Bedeutung von externen Geschehnissen befasst ist. Patienten mit Störungen in diesem Bereich sind unfähig, die Bedeutung verbaler oder nichtverbaler Kommunikation, also Gestik und Mimik, von Metaphern und doppelsinnigen Ausdrücken zu verstehen, also von all dem, was man unbedingt braucht, um sich in andere hineinzuversetzen.

Mögen diese Untersuchungen noch vorläufig sein, so zeigen sie erstens, dass es mit den modernen Methoden der Neurowissenschaften möglich ist, zumindest einen Teil der Mechanismen zu erfassen, die so komplizierten Leistungen wie Selbstperspektive und Fremdperspektive zugrunde liegen, aber auch, dass das Einnehmen von Selbstperspektive und Fremdperspektive zumindest zum Teil durch unterschiedliche Hirnmechanismen konstituiert wird.

Die Funktionen des Ich

Über die Funktion des Ich ist in den vergangenen Jahren insbesondere von philosophischer Seite viel geschrieben worden (vgl. Metzinger, 1999, sowie den von Newen und Vogeley, 2000, herausgegebenen Sammelband »Selbst und Gehirn«). Während traditionell das Ich als oberste Kontrollinstanz von Denken, Planen und Handeln angesehen wurde (obwohl es dagegen immer schon skeptische Stimmen gab), sieht man heute die Sache realistischer und erkennt, dass das Ich nicht der große Steuermann ist, für den es sich selbst hält. Zu häufig erfahren wir, dass unsere Wünsche, Gedanken und Pläne in Richtungen gehen, die wir nicht beabsichtigten, dass wir Dinge tun, die wir nicht bzw. nicht so gewollt haben, und dass uns Gefühle überwältigen. Aber auch bei Gedanken und Absichten, die wir uns selbst zuschreiben, gelingt es experimentell nachzuweisen, dass sie in aller Regel auf »Einflüsterungen« des Unbewussten zurückgehen, wie wir im 7. Kapitel gesehen haben.

Andererseits wäre es sträflich, das Ich als bloßes Epiphänomen anzusehen, als ein wirkungsloses Nebenprodukt unbewusster Hirnprozesse, die allein das Sagen haben. Dagegen spricht u. a. die Tatsache, dass Patienten mit schweren Ich-Störungen zugleich massive Verhaltensstörungen aufweisen (vgl. Comer, 1995). Es wäre merkwürdig, wenn sich das Gehirn die oben beschriebenen Mühen bei der Entwicklung des Ich macht, wenn diese völlig nutzlos wären.

Welche Funktion könnte das Ich haben? Die Mehrzahl der Überlegungen (s. Metzinger, 1999) geht in die Richtung, dass es sich beim Ich um das Zentrum einer *virtuellen Welt* handelt, die wir als unsere *Erlebniswelt* erfahren, als *Wirklichkeit*, wie ich sie genannt habe (Roth, 1996). Diese erlebte Welt wird von unserem Gehirn in mühevoller Arbeit über viele Jahre hindurch konstruiert und besteht aus den Wahrnehmungen, Gedanken, Vorstellungen, Erinnerungen, Gefühlen, Wünschen und Plänen, die unser Gehirn hat. Innerhalb dieser Welt bildet sich in der oben geschilderten Weise langsam ein Ich aus, das sich zunehmend als vermeintliches Zentrum der Wirklichkeit erfährt, indem es den Eindruck entwickelt, es »habe« Wahrnehmungen (d. h. dass Wahrnehmungen auf es bezogen sind), es sei Autor der eigenen Gedanken und Vorstellungen, es rufe aktiv die Erinnerungen auf, es bewege den Arm, die Lippen, es besitze diesen bestimmten Körper, und so fort.

Selbstverständlich ist dies eine Illusion, denn Wahrnehmungen, Gefühle, Intentionen und motorische Akte entstehen innerhalb der Individualentwicklung lange bevor das Ich entsteht. Dieses übernimmt – einmal entstanden – auch nicht die tatsächliche Kontrolle über diese Zustände. Welche Funktionen erfüllt es stattdessen?

Eine erste Funktion erfüllt es als *Zuschreibungs-Ich*: Das Gehirn entwickelt eine von Bewusstsein begleitete Instanz, über die es zu einer cortikalen *Erlebniseinheit* wird, und damit kommt es zur Ausbildung von *Identität*. Dieser Prozess ist stark an die Ausbildung eines autobiographischen Gedächtnisses gebunden. Offenbar ist es von großem Vorteil, in die vom Gehirn konstruierte Wirklichkeit eine Instanz hineinzusetzen, die von sich meint, die unterschiedlichen Wahrnehmungen, Gedanken, Vorstellungen, Erinnerungen und Gefühle seien *ihre* Zustände. Dies dürfte die verlässliche Unterscheidung der eigenen mentalen Zustände von denen anderer und damit die Ausbildung einer »Theory of Mind« überhaupt erst ermöglichen.

Die zweite Funktion besteht im *Handlungs-Ich* bzw. im *Willens-Ich*. In ähnlicher Weise wie zuvor geht es um die Schaffung einer virtuellen Instanz, die sich selbst Intentionen, Absichten und Handlungsfähigkeit zuschreibt. Nur so erscheint es möglich, den Willen auf eine Handlungsabsicht zu »fokussieren« (vgl. dazu Kapitel 14 und 15). Eine bewusste Repräsentation all der vielen Untersysteme und Unter-Untersysteme, die an der Kontrolle und dem letztendlichen Auslösen einer Handlung beteiligt sind, würde eine effektive Handlungssteuerung schwierig oder gar unmöglich machen.

Eine dritte Funktion besteht im *Interpretations-* und *Legitimations-Ich*. Das bewusste, sprachliche Ich hat die Aufgabe, die eigenen Handlungen vor sich selbst und insbesondere auch vor der sozialen Umwelt zu einer plausiblen Einheit zusammenzufügen und zu rechtfertigen, und zwar unabhängig davon, ob die gelieferten Erklärungen auch den Tatsachen entsprechen. Hierüber wird ausführlich im nächsten Kapitel die Rede sein.

Zu den Eigentümlichkeiten dieses Ich gehört es, dass es die Existenz seines Produzenten, des Gehirns, hartnäckig leugnet. Wie Benjamin Libet bereits in den siebziger Jahren des vorigen Jahrhunderts zeigte, existiert für dieses bewusste Ich das Gehirn nicht und damit auch nicht die Zeit, die ein Sinnesreiz benötigt, um von der sensorischen Peripherie zu den assoziativen Arealen der Großhirnrinde zu gelangen, wo er bewusst wird; dieser Vorgang dauert bis zu einer Sekunde (Libet, 1978, 1990). Weil unser bewusstes Ich diesen Vorgang leugnet, haben wir den Eindruck, wir nähmen die Welt direkt mit unseren Sinnesorganen wahr. So liegt die Sehwelt *erlebnismäßig* direkt vor unseren Augen; von der Tatsache, dass diese Welt als bewusstes Erlebnis im Okzipital-, Parietal- und Temporallappen entsteht, haben wir keine unmittelbare Kenntnis. Ebenso scheinen Worte und Melodien direkt zu uns zu dringen; die komplizierte Vermittlung auditorischer Information durch das Innenohr und die vielen Verarbeitungszentren im Verlängerten Mark, Mittelhirn, Zwischenhirn und Endhirn ist uns unzugänglich. Unsere Tastempfindungen erleben wir an der Fingerspitze und nicht im somatosensorischen Cortex. Das Wahrnehmungs-Ich begegnet erlebnismäßig direkt der wahrgenommenen Welt, was keinerlei besondere Schwierigkeit darstellt, da es sich hierbei um eine Begegnung von zwei Konstrukten in der *Wirklichkeit*, nicht in der *Realität* handelt (vgl. hierzu Roth, 1996).

In derselben Weise wirkt der Wille erlebnismäßig direkt auf die Motorik ein; er treibt – so kommt es mir zumindest vor – *unmittelbar* meine Hand, meinen Arm, meine Lippen an. Von den komplizierten Prozessen in der Großhirnrinde, den Basalganglien, dem Hirnstamm und Rückenmark, die ablaufen müssen, damit eine Willkürbewegung stattfinden kann, weiß ich nur aufgrund wissenschaftlicher Untersuchungen (hiervon mehr in Kapitel 14 und 15).

Das Entscheidende hierbei ist – um es noch einmal zu betonen –, dass wir diesen virtuellen Akteur nicht als Epiphänomen ansehen dürfen. Ohne die Möglichkeit zu virtueller Wahrnehmung und zu virtuellem Handeln könnte das Gehirn nicht diejenigen komplexen Leistungen vollbringen, die es vollbringt. Die Wirklichkeit und ihr Ich sind Konstruktionen, welche das Gehirn in die Lage versetzen, komplexe Informationen zu verarbeiten, neue, unbekannte Situationen zu meistern und langfristige Handlungsplanung zu betreiben. Wir sehen dies an der oben geschilderten Entwicklung des Kindes: Das Kleinkind verfügt über bestimmte Formen des Bewusstseins, z. B. ein Wahrnehmungsbewusstsein, Aufmerksamkeit, ein Emotionsbewusstsein – Bewusstseinsformen, die sich auch bei anderen

Primaten oder anderen Säugetieren finden (Roth, 2000). Aber erst die Entwicklung eines selbstbewussten Ich macht den Menschen zu einem hochflexiblen Akteur.

Die Ausbildung der Persönlichkeit

Erkenntnisse der Persönlichkeitspsychologie

Unter Persönlichkeit versteht man in der Psychologie wie auch im Alltag eine Kombination von Merkmalen des Temperaments, des Gefühlslebens, des Intellekts und der Art, sich zu artikulieren, zu kommunizieren und sich zu bewegen, hinsichtlich derer sich eine Person von einer anderen unterscheidet (vgl. dazu Amelang und Bartussek, 1997; Asendorpf, 1999). Hierzu gehören insbesondere die *Gewohnheiten* dieser Person. Die Kenntnis solcher Gewohnheiten und typischer Verhaltensweisen ist unerlässlich für das gesellschaftliche Zusammenleben, denn sie steuert unsere Erwartungshaltung gegenüber den Mitmenschen und trägt damit zu unserer eigenen Denk-, Gefühls- und Verhaltensstabilität bei. Es ist schwer, sich das Funktionieren einer Gesellschaft vorzustellen, in der sich alle Personen ständig veränderten und damit unberechenbar für ihre Mitmenschen wären.

In der empirisch orientierten Persönlichkeitspsychologie gab es jahrzehntelang einen Streit darüber, mit welchen Begriffen man eine Persönlichkeit am besten beschreiben, d. h. in wie viele »Grundfaktoren« man sie unterteilen solle. Seit Beginn der neunziger Jahre des 20. Jahrhunderts scheint sich – so jedenfalls die Beurteilung von Amelang und Bartussek – eine Konvergenz verschiedener Persönlichkeitsmodelle zu ergeben hin zur Anerkennung von fünf Grundfaktoren, den *big five*, die eine Persönlichkeit festlegen. Diese gehen auf den deutsch-englischen Psychologen Hans Eysenck zurück und sind (1) Extraversion, (2) Verträglichkeit, (3) Gewissenhaftigkeit, (4) Neurotizismus und (5) Offenheit für Erfahrungen.

Amelang und Bartussek präsentieren in ihrem Werk eine Liste von charakterisierenden Merkmalen zur jeweils positiven und negativen Ausprägung jedes der fünf genannten Faktoren.

Der Faktor »Extraversion« umfasst in seiner positiven Ausprägung die Attribute *gesprächig, bestimmt, aktiv, energisch, offen, dominant, enthusiastisch, sozial, abenteuerlustig* und in seiner negativen Ausprägung die Attribute *still, reserviert, scheu* und *zurückgezogen*.

Der Faktor »Verträglichkeit« enthält in seiner positiven Ausprägung die Attribute *mitfühlend, nett, bewundernd, herzlich, weichherzig, warm, großzügig, vertrauensvoll, hilfsbereit, nachsichtig, freundlich, kooperativ, feinfühlig* und in seiner negativen Ausprägung die Attribute *kalt, unfreundlich, streitsüchtig, hartherzig, grausam, undankbar, knickrig*.

Der Faktor »Gewissenhaftigkeit« beinhaltet die positiven Eigenschaften *organisiert, sorgfältig, planend, effektiv, verantwortlich, zuverlässig, genau, praktisch, vorsichtig, überlegt, gewissenhaft* und die negativen Eigenschaften *sorglos, unordentlich, leichtsinnig, unverantwortlich, unzuverlässig* und *vergesslich*.

Der Faktor »Neurotizismus« umfasst als »positive« (d. h. bestätigende) Eigenschaften *gespannt, ängstlich nervös, launisch, besorgt, empfindlich, reizbar, furchtsam, selbst bemitleidend, unstabil, mutlos, verzagt, emotional* und als »negative« Eigenschaften *stabil, ruhig, zufrieden*.

Der Faktor »Offenheit« schließlich umfasst als positive Eigenschaften *breit interessiert, einfallsreich, phantasievoll, intelligent, originell, wissbegierig, intellektuell, künstlerisch, gescheit, erfinderisch, geistreich, weise* und als negative Eigenschaften *gewöhnlich, einseitig interessiert, einfach, ohne Tiefgang, unintelligent*.

Umstritten ist in der Fachwelt, ob es genau fünf Faktoren und ausgerechnet die hier genannten *big five* sind, die eine brauchbare Persönlichkeitsbeschreibung liefern; jedoch geht die Mehrheit von einer gewissen Plausibilität der *big five* aus. Interessant ist hingegen, dass viele Autoren durchaus die Notwendigkeit einer biologischen Fundierung der Persönlichkeitstheorie sehen. Amelang und Bartussek stellen fest, dass sich bei einer Reihe von Persönlichkeitsmerkmalen »Individuen in ihren biologisch determinierten Reaktionen unterscheiden, und dass diese Unterschiede Auswirkungen auf das soziale Verhalten haben. Ein volles Verständnis von Persönlichkeitsunterschieden wird ohne Rückgriff auf biopsychologische Konzepte nicht möglich sein«. Und weiter konstatieren sie, dass »die Suche nach den biologischen Ursachen der Persönlichkeit weiterhin von größter Bedeutung ist. Eine Persönlichkeitspsychologie, die interindividuelle Differenzen nicht nur beschreiben, sondern auch erklären will, muss auch an der biologischen Basis des Verhaltens ansetzen«.

Inwieweit die Persönlichkeit eines Menschen angeboren oder durch Umwelteinflüsse bestimmt ist, wird seit dem Altertum heftig diskutiert. Es ist müßig, die Geschichte dieser »Anlage-Umwelt-Debatte« im Detail nachzeichnen zu wollen. In der Biologie und den Verhaltenswissenschaften gehen die Anschauungen zu diesem Thema zum Teil diametral auseinander, wie ich im ersten Kapitel dieses Buches dargestellt habe. Während der amerikanische Behaviorismus von einer völligen Umweltabhängigkeit aller kognitiven und emotionalen Eigenschaften und des Verhaltens von Tieren und Menschen ausgeht, sehen etwa Lorenz und seine Anhänger sowie die Vertreter der Soziobiologie und der Verhaltensökologie menschliches Verhalten als weitgehend genetisch determiniert an. Freud nimmt eine bedeutsame Zwischenstellung ein, indem er zwar ebenfalls von einer weitgehenden Determiniertheit individuellen Denkens, Fühlens und Handelns ausgeht, gleichzeitig jedoch unterschiedliche Ursachen dieser Determiniertheit annimmt. Für ihn sind einige Determinanten individuellen Verhaltens phylogenetischer bzw. individualgenetischer Natur und damit angeboren, andere resultieren aus frühkindlichen Prägungsprozessen, wieder andere aus prägenden pubertären Erlebnissen. Bei Freud gibt es also einen zunehmenden Prozess der Determinierung der Persönlichkeit von den Genen über die frühe nachgeburtliche Periode bis zum frühen Jugendalter.

Aus heutiger biologischer Sicht müssen wir ebenfalls von mehreren Faktoren ausgehen, welche die Persönlichkeit eines Individuums formen. Der erste Faktor sind zweifellos die Gene, die das Individuum von seinen Eltern ererbt hat. Welches Gewicht dieser Faktor für unsere Frage aber tatsächlich hat, ist nach wie vor unklar. Nachdem das menschliche Genom nunmehr sequenziert ist, ist das Erstaunen darüber groß, dass der Mensch überraschend wenig Gene besitzt. Genannt wird zurzeit eine Zahl von rund 30 000. Nun beginnt das große Rätselraten, was diese Zahl eigentlich bedeutet. Bis heute weiß nämlich kein Genetiker und kein Entwicklungsbiologe genau, was ein Gen oder eine Gruppe von Genen etwa für die Leistungen des Gehirns bedeuten, insbesondere im Hinblick auf komplexe kognitive und emotionale Eigenschaften des Individuums.

In der Vergangenheit hat sich gezeigt, dass selbst die einfachen anatomischen und physiologischen Eigenschaften des menschlichen Gehirns, die wir mit einigem Recht als weitgehend *umweltunabhängig* ansehen dürfen, größtenteils auf einer sehr komplizierten

Wechselwirkung zwischen vielen Genen und einer großen Zahl so genannter *epigenetischer* Prozesse beruhen, bei denen es während der Entwicklung des Gehirns zu komplizierten Wechselwirkungen zwischen unterschiedlichen Typen von Nervengewebe kommt. Über die genetisch-epigenetische Determination des Gehirns auf komplexerer Ebene ist außerordentlich wenig bekannt.

Als einen zweiten wichtigen Faktor müssen wir Umwelteinflüsse annehmen, die auf das Gehirn des Embryos und Fötus mehr oder weniger unspezifisch bzw. zufällig einwirken. Hierzu gehören diejenigen Einflüsse, die der Fötus über seinen Körper und seine bereits funktionierenden Sinnesorgane aufnimmt, weiterhin alle Stoffe (z. B. Sauerstoff- und Nährstoffversorgung, gegebenenfalls Nikotin, Alkohol und andere Drogen), die ihren Weg über den gemeinsamen Blutkreislauf mit der Mutter nehmen, sofern diese die Blut-Hirnschranke des Ungeborenen überwinden können, aber auch mechanische Beeinträchtigungen bei Unfällen oder Gewalttaten gegenüber der Schwangeren. Schließlich gehören auch die physiologischen und mechanischen Einwirkungen des Geburtsvorgangs hierzu, die offenbar sehr stark sind.

Ein dritter und wahrscheinlich besonders wichtiger Faktor sind die Erlebnisse des Neugeborenen in den ersten Stunden, Tagen, Wochen und Monaten nach der Geburt, vor allem die »Urerfahrung« der Wärme, des Geruchs, des Anblicks und der Stimme der Mutter, des Hautkontakts mit ihr und die Versorgung mit Nahrung durch sie. Hierüber habe ich bereits im Zusammenhang mit der Entwicklung des Ich gesprochen. Alles deutet darauf hin, dass stärkere Störungen dieser ersten Erlebnisse massive negative Konsequenzen für die weitere psychische Entwicklung des Kindes haben.

Die Bedeutung dieser drei Faktoren für die Entwicklung der Persönlichkeit ist qualitativ unbezweifelbar, quantitativ jedoch schwer abzuschätzen und zumindest beim Menschen aus ethischen Gründen experimentell kaum direkt zu überprüfen. Ein seit langem in der Psychologie beschrittener Weg ist deshalb der Vergleich kognitiver und emotionaler Eigenschaften von eineiigen Zwillingen, die kurze Zeit nach ihrer Geburt getrennt wurden und in verschiedenen Familien bzw. Umwelten aufwuchsen. Eineiige Zwillinge haben bekanntlich dieselben Gene, und die Grundidee ist, dass man über die Übereinstimmungen und Unterschiede zwischen ihnen den Grad der genetischen Determiniertheit bzw. der Umweltabhängigkeit bestimmter Merkmale, z. B. Intelligenz, bestimmter Begabungen und Persönlichkeitszüge abschätzen kann. Dies geschieht über eine Korrelationsanalyse als statistisches Maß für den Zusammenhang zweier Größen. Dabei bedeutet ein Korrelationskoeffizient von 0, dass die untersuchten Größen nichts miteinander zu tun haben, ein Wert von 1 völlige Übereinstimmung und einer von −1 eine »Antikorrelation« (d. h. zwei Größen verhalten sich genau entgegengesetzt). Nach gängiger Auffassung in der Statistik deutet ein Korrelationskoeffizient um 0,2 einen schwachen, einer um 0,8 einen starken Zusammenhang an. Man kann diese Daten dann mit Forschungsergebnissen an zweieiigen Zwillingen (die genetisch gesehen Geschwister sind), an »normalen« Geschwistern und an genetisch mit den Eltern nicht verwandten adoptierten Kindern vergleichen. Besonders Letzteres sollte den Grad des Einflusses elterlicher Erziehung enthüllen.

Die Zahl getrennt aufgewachsener eineiiger Zwillinge ist selbstverständlich sehr klein; Amelang und Bartussek nennen eine Zahl von 117 Paaren, an denen zwischen 1937 und 1990 vertrauenswürdige Untersuchungen der genannten Art angestellt wurden; hinzu kommen alle erdenklichen methodischen und auswertetechnischen Probleme. Umso überraschender ist die hohe Übereinstimmung, die z. B. hinsichtlich des Intelligenz-Quotienten zwischen getrennt aufgewachsenen eineiigen Zwillingen gefunden wurde (zur Definition von Intelligenz s. Kapitel 6). Es ergab sich nämlich ein Korrelationskoeffizient zwischen 0,67 und 0,78. Dies bedeutet, dass Intelligenz von der Art, wie sie in den gängigen Intelligenztests gemessen wird (s. Kapitel 6), zwischen eineiigen Zwillingen, die getrennt aufwuchsen, zwar nicht völlig gleich ist, aber doch deutlich miteinander korreliert. Bei gemeinsam aufgewachsenen eineiigen Zwillingen ist der Korrelationskoeffizient übrigens keineswegs 1, sondern 0,86 (Eliot, 2001), d. h. die individuelle Entwicklung läuft auch bei identischen Genen und in mehr oder weniger identischer Umwelt nicht in exakt derselben Weise ab.

Eine wichtige Frage in diesem Zusammenhang ist die nach der individuellen Stabilität von Intelligenz, d. h. danach, ob und inwieweit sich die Intelligenz im Laufe des individuellen Lebens ändert. Konkret beinhaltet dies die Frage, in welchem Maße man aus den Ergebnissen eines gerade durchgeführten Intelligenztests die Resultate eines Tests in einem Abstand von einem Jahr, von 10 oder 20

Jahren vorhersagen kann. Auch hierüber glaubt man abschätzen zu können, in welchem Maße eine Grundintelligenz durch günstige oder ungünstige Umweltbedingungen beeinflusst wird.

Bei derartigen Untersuchungen stellt sich heraus, dass die Vorhersagbarkeit des Intelligenzquotienten mit fortschreitendem Alter generell zunimmt, dass sich bei einem Individuum Intelligenz also »stabilisiert« (vgl. Amelang und Bartussek, 1997). So beträgt der Korrelationskoeffizient zwischen der Intelligenz im 4. und im 14. Lebensjahr 0,65 und ist damit schon überraschend hoch. Die Korrelation zwischen der Intelligenz im 14. und im 29. Lebensjahr beträgt trotz des viel längeren Zeitraums 0,85, ist also sehr hoch (selbstverständlich sind Korrelationskoeffizienten umso höher, je kürzer der zeitliche Abstand der Tests ist). Nach Aussage einiger Autoren korreliert die Intelligenz im Alter von sechs Jahren mit der im Alter von 40 Jahren mit einem Koeffizienten von 0,6. Dies ist ein erstaunlich hoher Wert und bedeutet, dass man aufgrund der Kenntnis der Intelligenz eines Sechsjährigen dessen Intelligenz im Alter von 40 Jahren mit guter Annäherung vorhersagen kann.

Natürlich besagt dies keineswegs zwingend, dass Intelligenz weitgehend angeboren ist und einfach mit zunehmendem Alter ausreift, wie dies für viele rein körperliche Eigenschaften gilt. Wenngleich bei Intelligenz ein hoher Anteil genetischer Determination plus früher Prägung angenommen werden muss, so ergibt sich eine *Selbststabilisierung* von Intelligenz auch durch den kumulativen Erwerb von Wissen und Fertigkeiten, und zwar in Umwelten, die mit zunehmendem Alter immer konstanter werden. Menschen werden in der Regel keineswegs von wahllos wechselnden sozialen Faktoren bestimmt, sondern wachsen meist in einem bestimmten Elternhaus auf, das für das Kind und den Jugendlichen eine relativ stabile Umwelt bietet, und auch die spätere Umwelt ist in vielen Fällen von Faktoren bestimmt, die bereits im Elternhaus dominierten. Dies erklärt das berühmte »IQ-Paradox«: Je älter Menschen werden, desto mehr bestimmen seine Gene die Umgebung, in der er lebt.

Insgesamt gehen viele Persönlichkeitspsychologen von einer Umweltabhängigkeit der Intelligenz aus, die bei 15 bis 20 IQ-Punkten liegt (Amelang und Bartussek, 1997; Eliot, 2001). Dies scheint niederschmetternd wenig zu sein, ist es aber beim zweiten Hinsehen gar nicht. Da die Durchschnittsintelligenz definitionsgemäß bei 100 liegt, bedeutet dies zumindest rein theoretisch zum Beispiel, dass eine

Person bei maximaler Förderung eine durchschnittlich intelligente Person werden kann, bei minimaler intellektueller Förderung im Erwachsenenalter einen IQ um 85 aufweist, bei dem ein Mensch schon dümmlich wirkt. Umgekehrt kann ein »genetisch« durchschnittlich begabter Mensch bei optimaler Förderung einen IQ von 115 erreichen, der am oberen Rand normaler Intelligenz liegt (dieser Wert entspricht dem deutschen Abiturientendurchschnitt). Dies bedeutet nichts anderes, als dass relativ geringe Abweichungen vom Mittelwert bereits deutlich wahrnehmbare Unterschiede in der Intelligenz ergeben. Auch ist zu berücksichtigen, dass Personen mit einem IQ von 60 (und nicht etwa von 0) als »schwachsinnig« gelten. Innerhalb unserer menschlichen Intelligenz gibt es zahlreiche Einzelfertigkeiten, über die auch ein »schwachsinniger« Mensch verfügt und in denen er allen anderen Tieren weit überlegen ist.

Intelligenz ist freilich nur *ein* Persönlichkeitsmerkmal, wenn auch ein sehr wichtiges, wie wir im Kapitel 6 gehört haben. Wie sieht es im Rahmen der Frage nach »Anlage oder Umwelt« bei Persönlichkeitsmerkmalen aus, wie sie in den *big five* enthalten sind? Bei den *big five* ergeben sich aus entsprechenden Untersuchungen an getrennt aufgewachsenen eineiigen Zwillingen Korrelationskoeffizienten, die niedriger sind als beim Intelligenzquotienten, aber immer noch um 0,5 liegen, also eine mittelstarke Korrelation aufweisen. Wir müssen aufgrund dieser Forschungsergebnisse folglich davon ausgehen, dass auch ein erheblicher Teil unserer Persönlichkeitsmerkmale sich unabhängig von der Umwelt ausbildet.

Eine weitere Möglichkeit, den Einfluss der Umwelt auf Intelligenz und die *big five* abzuschätzen, besteht in der Untersuchung der Korrelation zwischen genetisch *nichtverwandten* adoptierten Kindern und ihren Adoptiveltern im Vergleich zur Korrelation zwischen Eltern und ihren leiblichen Kindern, die von ihnen zur Adoption freigegeben und also *nicht* von ihnen erzogen wurden. Im ersteren Fall ergibt sich hinsichtlich des Intelligenzquotienten eine sehr schwache Korrelation zwischen 0,09 und 0,15; im zweiten Fall eine mittelstarke Korrelation von 0,4 (vgl. Amelang und Bartussek, 1997). Dies würde bedeuten, dass die Erziehung von Kindern durch (genetisch nicht verwandte) Adoptiveltern einen sehr schwachen Effekt auf den IQ hat, während die genetischen Grundlagen sich gegenüber unterschiedlichen Erziehungen zumindest teilweise durchsetzen.

In Kapitel 6 habe ich neben der Intelligenz auch die *Kreativität* als

Persönlichkeitsmerkmal behandelt. Auch hier ergibt sich die Frage, ob und inwieweit Kreativität angeboren ist. Langzeitstudien ergeben ein ähnliches Bild wie bei der Intelligenz, nämlich dass sich kreatives Potential mit zunehmendem Lebensalter deutlich stabilisiert. Dies deutet darauf hin, dass die Grundlagen von Kreativität teils ange-boren sind, teils sehr früh gelegt werden. Allerdings scheint bei der Entwicklung von Kreativität das Verhalten der Eltern, z. B. ein nichtautoritäres Elternhaus bzw. ein durch Unabhängigkeit gekenn-zeichnetes Eltern-Kind-Verhältnis, besonders förderlich zu sein.

Zusammengenommen bedeuten diese Untersuchungsergebnisse, dass die unterschiedlichen Umwelten, in denen die früh getrennten eineiigen Zwillinge aufwuchsen, bei weitem nicht den Einfluss haben, den der Behaviorismus annahm und den man ihnen in der Pädagogik der siebziger und achtziger Jahre des 20. Jahrhunderts gern zuschrieb. Wären Intelligenz und Persönlichkeit hochgradig umwelt-abhängig, so müsste zwischen Adoptiveltern und Adoptivkindern eine weitaus höhere Korrelation, zwischen leiblichen Eltern und den von ihnen getrennt aufgewachsenen leiblichen Kindern, ebenso wie zwischen getrennt aufgewachsenen eineiigen Zwillingen eine weitaus geringere Korrelation zu messen sein, als sich dies in den Unter-suchungen herausstellte.

Derartige Untersuchungen scheinen also eine ausgeprägte geneti-sche Komponente hinsichtlich Intelligenz und Persönlichkeit und einen vergleichsweise geringen Einfluss des Milieus zu belegen. Ist dies wirklich so? *Nicht notwendig*, muss die Antwort lauten. In die Übereinstimmung zwischen eineiigen Zwillingen geht die genetische Identität und deren Auswirkung auf Gehirn, Intelligenz und Persön-lichkeit ein (über deren tatsächliches Zustandekommen wir nichts wissen), ebenso aber alle mehr oder weniger identischen Einflüsse auf die Zwillinge während der Schwangerschaft, der Geburt und der frühen nachgeburtlichen Entwicklung. Eineiige Zwillinge besitzen nicht nur ein identisches Genom, sondern sind in der vielleicht entscheidenden Phase ihres Lebens, nämlich der Zeit unmittelbar vor, während und unmittelbar nach der Geburt sehr ähnlichen Umwelteinflüssen ausgesetzt.

Das Ausmaß dieser vor, während und nach der Geburt stattfin-denden Einflüsse lässt sich abschätzen, wenn man eineiige Zwillinge mit zweieiigen vergleicht, die zwar mehr oder weniger in derselben Weise diesen Einflüssen ausgesetzt waren, jedoch Genome besitzen, die denjenigen von Geschwistern entsprechen, die zu unterschiedlichen Zeiten geboren wurden. Wie zu erwarten, liegt der Korrelationskoeffizient der IQs zweieiiger Zwillinge zwischen dem von eineiigen Zwillingen und »normalen« Geschwistern.

Die Bedeutung der ersten drei Jahre

»Mit drei Jahren ist der Mensch schon fertig« – so hieß es in einem Artikel vom 26. September 2000 in der Frankfurter Allgemeinen Zeitung, in dem über eine Langzeituntersuchung zur Persönlichkeitsentwicklung an über 1000 neuseeländischen Kindern und Jugendlichen zwischen dem 3. und 21. Lebensjahr berichtet wurde. Das Fazit des Autors dieser Untersuchungen, des Londoner Persönlichkeitspsychologen Avshalom Caspi, lautete »Die Persönlichkeit bleibt von der Kindheit bis ins Erwachsenenalter konstant«. Er und seine Mitarbeiter fanden, dass die grundlegenden Charakterzüge (etwa die oben genannten *big five*) sich nicht oder nicht nennenswert ändern. Kinder, die in frühem Alter als »unangepasst« und »unsozial« eingestuft waren, wiesen ein hohes Risiko auf, später in große soziale Schwierigkeiten zu geraten bzw. kriminell zu werden, während die früh Beliebten auch später die »Angenehmen« und »gut Angepassten« waren. Wie wir in Kapitel 10 beim Stichwort ADHS gehört haben, haben Kinder, die in früher Jugend unter dieser Störung leiden, ein sehr hohes Risiko, später zu sozial auffälligen Menschen, Berufsversagern und Gewalttätern zu werden.

Über die Bedeutung der ersten Lebensjahre für die Entwicklung der Persönlichkeit ist viel gestritten worden. Während manche Psychologen und Pädagogen die große Bedeutung, die diesem ersten Lebensabschnitt üblicherweise beigemessen wird, als Märchen abtun und von einer gleichmäßigen lebenslangen Verformbarkeit des Menschen ausgehen, gehen viele Experten davon aus, dass die ersten drei bis fünf Jahre prägend für das spätere Leben einer Person sind. Man spricht hierbei von »sensiblen Perioden« oder von »Prägungsperioden«, also von Zeitabschnitten in der Entwicklung, in denen das Individuum aufgrund genetisch gesteuerter Prozesse besonders empfänglich (»sensibel«) ist für bestimmte Umweltreize, die sich dann in das Zentralnervensystem »einprägen« wie ein Stempel in den Siegellack.

Aus dem Tierreich sind solche Prägungsperioden vielfach bekannt, besonders im Bereich der akustischen Kommunikation und beim Sexualverhalten von Vögeln. Konrad Lorenz hat diesen Typ genetisch stark geförderten Lernens zwar nicht entdeckt, aber doch intensiv untersucht (vgl. Lorenz, 1965). So werden Gänse- und Entenküken bereits im Ei auf die Stimme und kurz nach dem Schlüpfen auf das Aussehen ihrer Mutter oder ein anderes bewegtes Objekt geprägt (wer kennt nicht das berühmte Photo des schwimmenden Konrad Lorenz, wie er von jungen Graugänsen verfolgt wird, die auf ihn geprägt sind!).

Viele Vögel entwickeln den artspezifischen Gesang erst, wenn sie in einer bestimmten frühen Entwicklungsphase diesen Gesang gehört haben. Es gibt freilich auch Vögel, die ihren Gesang völlig angeborenermaßen beherrschen, andere, die sich selbst beim Singen gehört haben müssen, und solche – so genannte »Spötter« – die gar keinen arteigenen Gesang kennen, sondern sich an den Gesang anderer Vögel »anlehnen«. Auch werden viele Vögel in ihrer frühen Jugend auf das Aussehen bzw. Verhalten des späteren Sexualpartners geprägt. Lorenz war wie viele Biologen der damaligen Zeit der Ansicht, dass solche Prägungsperioden feste Zeitfenster besitzen; heute weiß man, dass die meisten von ihnen allmählich auslaufen. Dies bedeutet, dass es eine *optimale Periode* gibt und der Erfolg der Prägung unter ansonsten gleich bleibenden Bedingungen langsam abnimmt.

Auch beim Menschen werden solche Prägungsprozesse angenommen, z. B. bei der Sprachentwicklung (hierauf werde ich im folgenden Kapitel noch zurückkommen). Auch wird vermutet, dass Mutter und Neugeborenes aufeinander geprägt werden. Schließlich meinen viele Experten, dass auch in Bezug auf die sexuellen Präferenzen eines Menschen neben genetischen Faktoren intra-uterine und frühkindliche Prägungsvorgänge eine wichtige Rolle spielen. Der Umfang und die Stärke solcher Prozesse ist beim Menschen weitgehend unbekannt, experimentell schwer zu untersuchen und entsprechend umstritten. Die Mehrzahl der Fachleute, die von der Existenz solcher Prägungsprozesse beim Fötus, Säugling und Kleinkind ausgehen, weist aber gleichzeitig darauf hin, dass es ebenso wie bei Tieren für unterschiedliche Merkmale und Fähigkeiten unterschiedlich lang andauernde kritische Perioden geben kann.

Fachleute gehen davon aus, dass *traumatische Ereignisse* kurz vor, während und nach der Geburt wie etwa Gewalteinwirkung, eine schwierige Zangengeburt sowie eine schwere Erkrankung, Drogen-einnahme bzw. massiver Alkohol- und Nikotinmissbrauch der Mutter gegen Ende der Schwangerschaft eine hohe Korrelation mit späterem selbstschädigenden Verhalten einschließlich eines erhöhten Selbstmordrisikos des Individuums zeigen. Dasselbe scheint für die Stressreaktionen und das Schmerzempfinden im Erwachsenenalter zuzutreffen. Beide Zustände sind deutlich erhöht, wenn die Umstände um die Geburt herum für das Neugeborene stark belastend bzw. schmerzvoll waren (vgl. Anand und Scalzo, 2000).

Wie bereits im Zusammenhang mit dem ADHS-Syndrom und Aggressivität erwähnt, werden viele Verhaltensstörungen im Jugend- und Erwachsenenalter auf genetisch bedingte, vorgeburtliche oder frühkindliche Störungen neuromodulatorischer Systeme, vornehmlich des Serotonin-, Dopamin- und Noradrenalin-Systems zurückgeführt. Der deutlichste Zusammenhang ergibt sich sowohl tier- als auch humanexperimentell zwischen einem niedrigen Serotonin-Spiegel und erhöhter Ängstlichkeit und Depression. Ersteres führt zumindest im männlichen Geschlecht häufig zu einer »reaktiven«, d. h. auf einem starken Bedrohtheitsgefühl beruhenden Aggressivität (vgl. Kapitel 10). Versuche an Makakenaffen zeigten, dass beides, nämlich eine erhöhte Ängstlichkeit und eine erhöhte Aggressivität, durch eine Trennung der Tiere von ihren Müttern kurz nach der Geburt hervorgerufen wurde (s. Heinz, 1999). Es scheint so zu sein, dass vornehmlich in solchen Tieren, die derartige traumatische Erfahrungen gemacht haben, ein niedriger Serotoninspiegel zu erhöhter Ängstlichkeit und reaktiver Aggressivität führt. Dies würde auch erklären, dass ein niedriger Serotoninspiegel nicht automatisch die genannten Folgen hat, sondern nur bei den Tieren, die frühkindlich traumatisiert wurden oder eine genetische Vulnerabilität aufweisen.

Eine besondere Bedeutung für die Entwicklung kognitiver und emotionaler Fähigkeiten und insgesamt der Persönlichkeit eines Menschen wird seit langem der frühen Mutter-Kind-Beziehung zugeschrieben. Diese Annahme ist für Nager und nichtmenschliche Primaten durch zahlreiche Untersuchungen erhärtet. In einer Studie mit Ratten konnten Liu et al. (2002) nachweisen, dass die Intensität mütterlichen Fürsorgeverhaltens die Ausreifung des Hippocampus entscheidend beeinflusst.

Die Autoren teilten Rattenmütter in zwei Gruppen ein, die entweder ein hohes oder ein niedriges mütterliches Fürsorgeverhalten (intensives Säugen, Lecken der Jungen usw.) zeigten. Die »umsorgten« Rattenjungen zeigten im Vergleich zu den »vernachlässigten« Artgenossen im Hippocampus eine signifikant erhöhte Expression von Genen, die bestimmte Komponenten des NMDA-Rezeptors kodieren, eine entsprechende Erhöhung der Expression von BDNF (brain-derived neurotrophic factors, d.h. neuronale Schutz- und Entwicklungsförderfaktoren) und eine erhöhte cholinerge Innervation des Hippocampus durch das septale System. Wie dargestellt, ist der Hippocampus bei Nagern unerlässlich für räumliches Gedächtnis, bei Menschen allgemein für das episodische Gedächtnis (vgl. Kapitel 5). Die Expression von BNDF fördert die Hippocampus-Entwicklung, insbesondere die Ausbildung von NMDA-Synapsen, die für die hippocampalen Funktionen wichtig sind, und schützt ihn vor den negativen Einwirkungen von Stress (vgl. Kapitel 10, Teil 1), und die cholinerge Projektion des Septum bzw. des basalen Vorderhirns ist wichtig für die Aufmerksamkeitssteuerung und Gedächtnisbildung. Grund für diese günstige Entwicklung ist wohl vor allem die taktile Stimulation der Jungen durch das Lecken, das wahrscheinlich starke positiv emotionale Zustände hervorruft. Entsprechendes ist für die taktilen Zärtlichkeiten der menschlichen Mutter gegenüber dem Baby anzunehmen. Vernachlässigte Rattenjungen zeigten dagegen eine Erniedrigung im Wachstumshormon-Spiegel und eine starke Erhöhung des Spiegels an Stress-Faktoren (Glucocorticoide, beim Menschen Cortisol, vgl. Kapitel 10, Teil 1), die ihrerseits die Expression von BDNF reduzieren.

Entsprechende Untersuchungen liegen für menschliche Mütter und Kinder nicht vor. Die tierexperimentellen Befunde unterstützen aber die Einsichten, wie sie von Bowlby und anderen Entwicklungspsychologen seit Ende der sechziger Jahre des 20. Jahrhunderts im Rahmen so genannter »Bindungs-Studien« untersucht wurde. Dabei wird angenommen, dass das Neugeborene *aktiv* eine ausreichende Stimulation durch die Stimme, das Gesicht und den Geruch durch die Mutter herbeizuführen sucht, weil diese Stimulation für das Ausreifen seines Gehirns notwendig ist. Das Kleinkind wehrt entsprechend alles entschieden ab, was es von seiner Bindungsperson trennen könnte, und verfällt in heftiges Geschrei und »Klammern«. Dieses Klammerverhalten wird vom Kleinkind selektiv durch ein Erkundungsverhalten unterbrochen, in dem es sich vorübergehend von der Mutter trennt, um dann wieder bei ihr Schutz und Geborgenheit zu suchen. Eine länger anhaltende Trennung von der Mutter in den ersten Monaten nach der Geburt ist in den Augen der Bindungsforscher daher als eine »Großkatastrophe« für die weitere psychische Entwicklung des Kindes anzusehen. Aus anfänglicher Wut über die Trennung entwickelt sich Angst und hieraus schließlich Trauer und Verzweiflung. Dies wird von den Bindungsforschern als die Grundlage der meisten Ich- und Persönlichkeitsstörungen angesehen (vgl. Comer, 1995).

Das Regensburger Entwicklungspsychologen-Ehepaar Karin und Klaus Grossmann geht ebenfalls davon aus, dass der Säugling und das Kleinkind in der frühen Mutterbindung die für die spätere Persönlichkeit notwendig Balance zwischen Schutzbedürfnis und Geborgenheit (»sichere Bindung«) einerseits und dem Erkunden der Umwelt, des Neuen und Fremden andererseits erlernen. In diesem Vorgang bildet sich das Grundgerüst eines sicheren emotionalen Umgangs mit der Welt aus (Grossmann und Grossmann, 2002; Grossmann et al., 2002).

In Längsschnittuntersuchungen über einen Zeitraum von 20 Jahren stellten die Grossmanns fest, dass sich die Bindungsfähigkeit und Sicherheit in der Partnerbeziehung des Erwachsenen aus dem Bindungsverhalten derselben Person im Alter von ein bis zwei Jahren mit hoher Wahrscheinlichkeit voraussagen lässt. Die Erklärung hierfür ist, dass die frühkindlichen Erfahrungen in der Mutter-Kind-Beziehung emotional prägend dafür sind, wie Jugendliche und später Erwachsene mit sich und anderen umgehen, welches Zutrauen sie zu sich und den eigenen Kräften haben, und in welchem Maße sich ihre Fähigkeit entwickelt, die Gefühle und Motive der Anderen einzuschätzen und im eigenen Verhalten zu berücksichtigen. Die Grossmanns fanden heraus, dass die Mutter im ersten Lebensjahr, der Vater im zweiten Lebensjahr den größten Einfluss ausübt. Der Vater tut dies vornehmlich im Spiel und in der spielerischen Herausforderung.

Eine länger anhaltende Trennung des Säuglings und Kleinkindes von der Mutter wirkt sich in der Tat direkt negativ auf die Hirnentwicklung aus. Anand und Scalzo (2000) berichten, dass eine starke frühe Schmerzerfahrung bzw. eine frühe Trennung von der Mutter eine erhöhte Stressreaktion mit den im vorigen Kapitel geschilderten Folgen auslöst.

Zusammenfassung

Die Frage, inwieweit Persönlichkeitsmerkmale des Menschen angeboren oder erworben bzw. durch Erziehung veränderbar sind, lässt sich aufgrund der hier genannten Forschungsergebnisse mit aller Vorsicht so beantworten: Im strengen Sinne genetisch determiniert scheint die Persönlichkeit zu 40 bis 50 Prozent zu sein; ca. 30 bis 40 Prozent gehen auf das Konto von Prägungs- und Erlebnisprozessen im Alter zwischen 0 und 5 Jahren. Nur zu etwa 20 bis 30 Prozent scheint die Persönlichkeitsstruktur durch spätere Erlebnisse und durch elterliche und schulische Erziehung beeinflusst zu werden. Allgemein scheint zu gelten, dass eine Person in ihrer Persönlichkeit eher »ausreift«, als dass sie sich aufgrund von Umwelterfahrungen *in ihrem Kern* ändert, und dass sie sich eher die Umwelt sucht (bzw. einrichtet), die zu ihr emotional passt, als dass sie sich an eine Umwelt anpasst.

Letzteres ist der Schluss, der aus jüngeren Längsschnittuntersuchungen des Berliner Persönlichkeitspsychologen Asendorpf und seiner Mitarbeiter (vgl. Asendorpf und Wilpers, 1999; Neyer und Asendorpf, 2001) zu ziehen ist. Hier wurden unter anderem junge Menschen vor und nach dem Übergang von der Schule zur Universität auf Veränderungen in ihrer Persönlichkeit, d. h. ihren »big five« untersucht. Wenn man traditionellerweise annimmt, dass die Persönlichkeit des Menschen in hohem Maße von den aktuellen Umwelteinflüssen geformt wird, dann konnte man erwarten, dass ein derart wichtiger Schritt im Leben eines jungen Erwachsenen zu stärkeren Veränderungen in der Persönlichkeit der untersuchten Individuen führt. Dies war aber nicht der Fall; die zum Teil stark veränderten Lebensbedingungen (neues berufliches Umfeld, neuer Freundeskreis, neue Liebesbeziehungen, Heirat, Nachwuchs) hatten keinen merklichen Einfluss auf die Persönlichkeit. Dies wurde auch durch eine nachfolgende Längsschnittstudie an Erwachsenen in einem etwas höheren Alter (Schnitt 28,6 Jahre) bestätigt.

Asendorpfs Einsicht daraus ist, dass sich Persönlichkeit in früher Kindheit in den Grundzügen stabilisiert und zunehmend immun gegen Umwelteinflüsse wird. Ältere Jugendliche und Erwachsene suchen sich eher diejenigen Umwelten und Lebensbedingungen, die zu ihnen passen, anstatt sich der Umwelt aktiv anzupassen. So sucht sich ein ängstlicher Mensch eine Umwelt, die seiner Ängstlichkeit entgegenkommt oder ihm zumindest nicht schadet, während ein extrovertierter Mensch andere Menschen anzieht oder sie aktiv aufsucht.

12. Sprache und Verstehen

Menschliche Sprache und ihre Einzigartigkeit

Neben dem Besitz von Bewusstsein und der Fähigkeit zum logischen Denken gilt der Besitz der Sprache traditionell als dasjenige Merkmal, das den Menschen am deutlichsten von allen (anderen) Tieren unterscheidet. Viele Philosophen, Anthropologen und Psychologen haben zwischen Bewusstsein, logischem Denken und Sprache einen engen Zusammenhang gesehen. »Ohne Sprache kein Bewusstsein und kein Denken« heißt es von Herder und Humboldt über Whorf und Wittgenstein bis hin zur Gegenwart; »die Grenzen unserer Sprache sind die Grenzen unseres Denkens«. Für die Mehrheit der Psychologen sind kognitive Leistungen im Wesentlichen Denkvorgänge in Form von Sätzen, genauer von Propositionen (vgl. Anderson, 1996). Diese sind die kleinsten Aussageeinheiten, die wahr oder falsch sein können, z. B. »die Kaffeetasse steht auf dem Tisch«; »Abraham Lincoln war Präsident der Vereinigten Staaten«. All dies spiegelt die nahezu selbstverständliche Gleichsetzung von Sprache, Denken und Bewusstsein wider.

Erst kürzlich hat der englische Biologe und Psychologe Ian MacPhail diese Anschauung erneut vertreten. In seinem 1998 erschienenen Buch »The Evolution of Consciousness« argumentiert er, nur Menschen hätten Bewusstsein, weil allein sie Sprache besäßen. Alle Tiere, aber auch alle kleinen Kinder vor dem Erwerb der Sprache, seien ohne Bewusstsein, und zwar unabhängig davon, wie komplex ihre Verhaltensweisen und kognitiven Leistungen seien. MacPhail hält die bisher vorgetragenen Beweise für die Annahme, dass einige Tiere und kleine Kinder zumindest einige der Bewusstseinszustände aufweisen, die man auch beim sprechenden Menschen findet, für nicht überzeugend und argumentiert, alle diese Leistungen könnten viel einfacher durch unbewusstes assoziatives Lernen erklärt werden. Für MacPhail vollzog sich im Prozess der Menschwerdung ein »großer Sprung« zwischen den nichtmenschlichen Großaffen und dem sprachbegabten modernen *Homo sapiens*. Dieser große Sprung besteht für ihn in einer fundamentalen Reorganisation des cortico-hippocampalen Systems zugunsten von Sprache und Bewusstsein. Entsprechend sind der Besitz einer echten syntaktischen Sprache und der Besitz von Bewusstsein zwei Seiten einer Medaille; die eine kann nicht ohne die andere existieren.

Ich halte MacPhails Standpunkt für nicht überzeugend. Erstens gibt es keinerlei Hinweis für eine fundamentale Reorganisation des cortico-hippocampalen Systems während der menschlichen Evolution. Zweitens zeigen einige Tiere, z. B. Schimpansen, Leistungen, die wir Menschen niemals ohne Aufmerksamkeitsbewusstsein bewältigen können, etwa einen komplizierten Werkzeuggebrauch oder das Bewältigen einer schwierigen Labyrinthaufgabe (ausführlicher dazu Roth, 2000). Drittens sprechen – wie ich im vorhergehenden Kapitel gezeigt habe – neuere Erkenntnisse der Säuglings- und Kleinkindforschung eindeutig zugunsten des Vorhandenseins zumindest einiger Formen von Bewusstsein im vorsprachlichen Alter, zum Beispiel Erlebnisbewusstsein und intentionales Bewusstsein.

Die Frage, ob zumindest manche Tiere ein Kommunikationssystem besitzen, das der menschlichen Sprache gleicht oder ihr nahe kommt, ist in den vergangenen dreißig Jahren ausgiebig und zum Teil kontrovers diskutiert worden. Einigkeit herrscht inzwischen darüber, dass viele Säugetiere, z. B. Präriehunde und Kleinaffen, relativ komplexe Systeme zur intraspezifischen lautlichen Kommunikation besitzen, die keineswegs nur – wie man früher annahm – die jeweilige emotionale Befindlichkeit (Erregung, Freude, Aggression, Furcht, Schmerz, Trauer usw.) des vokalisierenden Tieres anzeigen, sondern auch Informationen über Objekte, z. B. herannahende Feinde und ihre wichtigsten Merkmale wie Größe, Geschlecht und Gefährlichkeit, über Verwandtschaftsbeziehungen und sogar über nichtvorhandene Objekte übermitteln, etwa zum Zweck der Täuschung (Ghazanfar und Hauser, 1999). Viele solcher Rufe müssen vom jungen Affen gelernt werden, und es gibt – ebenso wie bei Singvögeln – Dialekte (vgl. Zimmermann et al., 1995).

Aufsehen erregten seinerzeit Versuche, Gorillas und Schimpansen namens Washoe, Sarah und Koko die menschliche Sprache beizubringen, während man sie in einer menschlichen Familie, z. T. zusammen mit menschlichen Kindern aufzog. Schnell wurde klar, dass die Vokalisationsmöglichkeiten der Menschenaffen aufgrund der Konstruktion ihres Kehlkopfes und Mundraumes denen des Menschen zumindest hinsichtlich menschlicher Sprachlaute weit unterlegen sind; der Gebrauch der Taubstummensprache, künstlicher Symbole oder einer Computertastatur anstelle der Vokalsprache zeigte aber, dass Menschenaffen durchaus in der Lage sind, mehrere hundert Wörter der menschlichen Sprache zu lernen und sinnvoll zu verwenden.

Die meisten Fachleute sind sich jedoch einig, dass trotz größter Mühe und eines jahrelangen Trainings nicht nur der Wortschatz begrenzt ist, den ein Gorilla oder Schimpanse lernen kann, sondern insbesondere die Länge und Struktur von Sätzen. Nach Auskunft von Gardner et al. (1989) sind Schimpansen in der Lage, bekannte Wörter zu neuen Wörtern zusammenzufügen. Ob Affen aber auch Unterschiede in der Satzstellung der Wörter als Unterschiede in der Bedeutung des Satzes begreifen und damit über eine rudimentäre Syntax verfügen, ist umstritten. Nicht umstritten ist, dass große Affen auch bei intensivstem Training nicht über die sprachlichen Leistungen eines zweieinhalb- bis dreijährigen Kindes hinausgehen, d. h. über das Stadium von Zwei- bis Drei-Wort-Sätzen (Savage-Rumbaugh, 1984).

Zur Erklärung für dieses Defizit wird im Allgemeinen auf das Fehlen von »Sprachzentren« im Gehirn nichtmenschlicher Primaten hingewiesen. Wir Menschen besitzen zwei Sprachzentren. Das erste ist das in der Regel im oberen linken Temporallappen angesiedelte Wernicke-Sprachzentrum (ungefähr Brodmann-Areal A22, vgl. Abb. 3.4), das zweite das meist im linken Frontallappen vor dem motorischen Mund-, Lippen- und Zungenareal lokalisierte Broca-Sprachzentrum (Areale A44 und 45, vgl. Abb. 3.4). Patienten mit einer Läsion im Wernicke-Sprachzentrum, also mit einer *Wernicke-Aphasie*, haben einen normalen Sprachfluss, ihre Sätze bestehen jedoch meist aus Wiederholungen und sind weitgehend sinnleer. Ganz offensichtlich gelingt es den Patienten nicht, einen Zusammenhang zwischen sinnvollen Gedanken und sinnvollen Sätzen herzustellen; ihre Sprachproduktion läuft im »Leerlauf« (Dronkers et al., 2000).

Anders sieht es bei einer Beeinträchtigung des Broca-Areals aus. Patienten mit einer *Broca-Aphasie* sprechen langsam und mühsam, d. h. in einem charakteristischen »Telegrammstil«. Anstatt »ich habe es furchtbar eilig und benötige dringend ein Taxi, um meinen Zug noch zu erwischen« stoßen sie »eilig, Taxi, Bahnhof, Zug« hervor. Diese Patienten sind auch nicht in der Lage, den Sinn eines Satzes zu erfassen, der sich aus einer komplexeren Grammatik und Syntax ergibt. So können Broca-Patienten den Satz »Der Junge aß den Apfel« verstehen, nicht aber den Satz »Der Apfel wurde von dem Jungen gegessen« (vgl. Dronkers et al., 2000).

Das Wernicke-Areal wird heute als dasjenige Sprachareal angesehen, das den Zugriff auf das »Bedeutungs-Lexikon« für Wörter und
Sätze sowie *nicht-zeitgebundene* Aspekte der Grammatik kontrolliert.
Entsprechend haben Wernicke-Patienten Schwierigkeiten, den Sinn
von Wörtern und Sätzen zu erfassen, können aber syntaktisch
korrekte Sätze formulieren. Das Broca-Areal hingegen regelt die
komplizierten Zugriffs- und Integrationsprozesse, die bei der Syntax,
also den Merkmalen des *zeitabhängigen* Satzbaus, nötig sind. Entsprechend haben Broca-Patienten Schwierigkeiten, Sprachbedeutung
zu erfassen, die aus der Syntax eines Satzes resultiert, und sie können
keine komplexeren syntaktischen Satzkonstruktionen produzieren.
Das Verstehen und Produzieren menschlicher Sprache zeichnet sich
durch eine hochautomatisierte und daher bewusstseins-unabhängige
Anwendung vieler hundert syntaktischer Regeln aus, und Broca-
Patienten können diese Regeln nicht mehr anwenden (vgl. Friederici
und Hahne, 2001).

Unklar ist, ob beide Sprachzentren echte evolutive Neuerwerbun-
gen des Menschen darstellen. Alle bisher untersuchten Säugetierarten
besitzen ein Zentrum für intraspezifische Kommunikation, das sich
im Temporallappen (und zwar meist links) befindet und wahrscheinlich mit dem menschlichen Wernicke-Zentrum homolog ist. Es wird
berichtet, dass bei Affen die Zerstörung dieses Areals die intraspezifische Kommunikation beeinträchtigt (Heffner und Heffner,
1995). Überdies wird argumentiert, dass der hintere Teil des menschlichen Broca-Zentrums, d. h. Areal A44, und das ventrale prämotorische Areal von Makakenaffen homolog sind (Preuss, 1995, 2000).
Ebenso wie der hintere Teil des Broca-Areals kontrolliert das ventrale
prämotorische Areal Muskeln des Gesichts und des Mundes. Was also
innerhalb der Evolution des menschlichen Gehirns wirklich neu
hinzugekommen zu sein scheint, ist demnach nur der *vordere* Teil
des Broca-Areals (Areal A45). Dieser evolutive Schritt könnte darin
bestanden haben, dass das vorhandene Sprachvermögen mit gesteigerten Funktionen des präfrontalen Cortex zusammengefügt wurde,
insbesondere hinsichtlich des Umgangs mit komplizierten Zeitfol-
gen, wie sie nichtsprachlich für eine komplexe Handlungsplanung
notwendig sind.

Über die neuronalen Grundlagen, die dem Sprachverstehen zugrunde liegen, ist in den vergangenen zwei Jahrzehnten sehr viel
mithilfe des EEG bzw. des ereigniskorrelierten Potentials (EKP) und

neuerdings mithilfe des PET und des fNMR geforscht worden (Übersicht bei Brown et al., 2000; Friederici und Hahne, 2001). Dieser Wissensstand kann hier nicht wiedergegeben werden, wichtig für uns ist nur der ungefähre Verlauf des Prozesses des Sprachverstehens.

Dieser Prozess beginnt auf der Ebene des Cortex rund eine zehntel Sekunde (hundert Millisekunden) nach Eintreffen der Sprachsignale im Innenohr, und zwar mit einer *rein auditorischen* Analyse der Sprachlaute, die symmetrisch im vorderen Teil des linken wie des rechten oberen Temporallappens, d. h. den primären auditorischen cortikalen Arealen, stattfindet. Daran schließt sich eine *phonologische* Analyse der Sprachlaute an, bei der nur der hintere Teil des *linken* oberen Temporallappens beteiligt ist; dieses Areal reagiert zum Beispiel nicht auf einfache Töne. Die phonologische Verarbeitung setzt sich dann in einer genaueren Analyse der *Abfolge der Sprachlaute* im oberen Bereich des hinteren Teils des Broca-Zentrums (d. h. von A44) fort, gefolgt von einer Analyse der *Wortstellung*; diese findet im unteren Bereich von A44 und in A45 statt. Areal 45 wie auch das präfrontale Areal A47 sind aktiv, wenn es schließlich um *übergreifende syntaktisch-semantische Zusammenhänge* geht. Es ergibt sich also die Abfolge einer beidseitigen auditorischen (beim Lesen visuellen) Signalanalyse und – bei den meisten Personen – einer rein linkshemisphärischen Analyse der Phoneme, der Semantik und der Syntax und schließlich der Gesamtbedeutung der Sätze.

Bei der Registrierung des ereigniskorrelierten Potentials beim Wortverstehen tritt etwa hundert Millisekunden nach Eintreffen der Sprachlaute eine Aktivierung des Broca-Areals auf, die mit einer hochautomatisierten initialen Phrasenstrukturbildung in Verbindung gebracht wird, gefolgt von einer Aktivierung im Wernicke-Bereich zwischen 350 und 500 Millisekunden. Nach ungefähr 400 Millisekunden tritt die von Kutas und Hillyard als *N400* bezeichnete negative Welle auf, die mit *lexikalisch-semantischen Integrationsprozessen* zu tun hat. Ihre Amplitude ist besonders groß, wenn eine Wortfolge auftritt, die semantisch widersinnig ist (z. B. »Der Hund bellte den Postboten *vorbei*«). Die N400 wird gefolgt von einer positiven Welle, der so genannten *P600*, die sich auf den komplexen Satzbau bezieht und besonders groß ist, wenn dieser einen überraschenden Verlauf nimmt, aufgrund dessen der Sinn des Satzes revidiert werden muss (Brown et al., 2000).

Wir sehen also, dass Sprachverstehen ein hochkomplizierter Prozess ist, der rein auditorische bzw. visuelle, phonologische, grammatische, syntaktische und semantische und nicht zu vergessen affektiv-emotionale Komponenten einschließt. Es ist daher kein Wunder, dass sich beim Kind der Spracherwerb über viele Jahre hinzieht (s. Kapitel 11).

Nichtsprachliche Kommunikation

Wir dürfen jedoch nicht vergessen, dass die sprachliche Kommunikation, gleichgültig ob als Vokalsprache oder als geschriebene Sprache, keineswegs die einzige Art menschlicher Kommunikation darstellt. Unserem Bewusstsein fast völlig verschlossen ist die Kommunikation über Geruchssignale, *Pheromone* genannt. Diese Art von Kommunikation spielt bei vielen Säugetieren eine große Rolle, und es ist ein Irrtum zu glauben, dies sei bei uns Menschen nicht der Fall. Wie in Kapitel 6 erwähnt, sind das akzessorische olfaktorische System und die corticomedialen Kerne der Amygdala mit der Verarbeitung von Pheromonen, z. B. von Angstschweiß und Achselschweiß, aber auch von Gerüchen, die mit dem Sexualverhalten zu tun haben, befasst. Diese »sozialen Gerüche« haben, anders als die anderen Sinnesreize, keine thalamo-corticale Repräsentation, sondern beeinflussen direkt das limbische System und hierüber nur indirekt das corticale System. Deshalb haben wir auch kaum bewusste Kenntnis von ihnen und neigen dazu, ihre Wirkung zu unterschätzen.

Ein anderes wichtiges Kommunikationssystem ist das der Gestik und Mimik. Mimik wird überwiegend rechtshemisphärisch im superioren temporalen Sulcus (STS) und im okzipitalen Gyrus fusiformis verarbeitet, in dem sich die bekannten »Gesichterneurone« befinden. Dem Gesichtsausdruck kommt bei der Kommunikation eine hohe Bedeutung zu, die wir ähnlich wie die Pheromone meist deshalb unterschätzen, weil wir diese Signale zum einen bei unserem Kommunikationspartner kaum oder gar nicht bewusst wahrnehmen, und weil wir uns zum anderen unserer eigenen Mimik in der Regel nicht gewahr sind. Es gibt inzwischen Hinweise dafür, dass das Gefühl, ob wir unserem Kommunikationspartner trauen dürfen oder nicht, mimisch-unbewusst vermittelt wird. Untersuchungen der Saarbrücker Psychologen Benecke und Krause zeigen, dass die

Mimiken, die Psychotherapeut und Patient zu Beginn einer Therapie zeigen, ausschlaggebend für deren Erfolg sind (Benecke et al., 2000). Es ist nach Benecke und Krause z. B. schlecht für die Therapie, wenn beide Mimiken in ihrer emotionalen Ausrichtung übereinstimmen!

Für die Einschätzung der Glaubwürdigkeit von Gesichtern ist nach Befunden einer Reihe von Autoren vor allem die Amygdala zuständig (Adolphs et al., 1998; Winston et al., 2002). Bei unglaubwürdig wirkenden Gesichtern wird die Amygdala bilateral aktiviert, der insuläre Cortex (der mit der Amygdala eng verbunden ist) rechtsseitig. Die Amygdala ist – wie erwähnt – wesentlich am Erkennen des affektiven und emotionalen Gehalts von Gesichtern beteiligt; inwieweit hierbei der rechten und linken Amygdala unterschiedliche Funktionen zukommen, ist umstritten. Canli und Mitarbeiter (Canli et al., 2002) berichteten, dass bei allen von ihnen untersuchten Personen die linke wie die rechte Amygdala auf *drohende* Gesichter reagierte; andere Autoren wie Hariri und Mitarbeiter (Hariri et al., 2002) fanden hingegen eine stärkere Aktivität der rechten Amygdala auf drohende Gesichter. Interessanterweise fanden aber Canli und Mitarbeiter, dass bei Personen, die eine erhöhte positive Grundstimmung zeigen, eine erhöhte Reaktion der linken Amygdala auf *freundliche* Gesichter auftritt. Eine Bevorzugung positiver Reize wird von vielen Autoren in der linken Hemisphäre und damit verbundenen subcorticalen Zentren gefunden.

Gestik wird – sofern es sich um einfache Gebärden handelt – ebenfalls rechtshemisphärisch oder beidseitig verarbeitet (vgl. hierzu Goldin-Meadow, 1999). Gestik kann den sprachlichen Ausdruck unterstützen, sich von ihm völlig lösen, d. h. einen ganz anderen Inhalt wiedergeben, sie aber auch karikieren, z. B. das Gegenteil dessen andeuten, was gesagt wird. Anders sieht es aus, wenn Gestik als elaborierte syntaktische *Zeichensprache*, d. h. als »Taubstummensprache« auftritt. Wie die Gruppe um Ursula Bellugi zeigen konnte, werden für Verstehen und Produktion von Zeichensprache linkshemisphärisch das Wernicke- und das Broca-Sprachzentrum benutzt, und Läsionen in beiden Zentren führen bei Taubstummen zu Defiziten, die denen beim Sprachverstehen und bei der Sprachproduktion entsprechen (Klima und Bellugi, 1979; Bellugi und Studdert-Kennedy, 1980).

Über die Schwierigkeiten, andere zu verstehen

Kommunikation zwischen Menschen wird üblicherweise als *Informationsaustausch* bezeichnet, und Sprache ist nach unserem Verständnis das wichtigste *Informationsmedium*. Uns wird jeden Tag mitgeteilt, dass wir nunmehr in einer »Informationsgesellschaft« leben, in welcher der Zugang zu Informationen mindestens ebenso wichtig ist wie der zu Kapital. Dabei ist klar, dass das Wort »Information« im Sinne von »Bedeutung« gebraucht wird. Im sprachlichen Umgang mit meinen Mitmenschen will ich *Bedeutungen* vermitteln, z. B. darüber, was ich denke, fühle, plane und von den anderen erwarte; Zugang zu Information bedeutet entsprechend Zugang zu bedeutungshaften Zuständen, nämlich zu Wissen und Erkenntnis.

Wie ich in meinem Buch »Das Gehirn und seine Wirklichkeit« erläutert habe (Roth, 1996), ist dies allerdings ein unzulässiger Gebrauch des Begriffs »Information«, zumindest wenn man von der durch Claude Shannon und Warren Weaver begründeten Theorie der Information ausgeht (Shannon und Weaver, 1949). *Träger* von Information ist in dieser Theorie ein physikalisches Ereignis, ein »Signal« oder »Zeichen«, sei dies eine Null oder Eins, ein Piepton, ein Punkt oder Strich. Es gilt, dass ein solches Ereignis überhaupt keine *feste Bedeutung* hat; eine Bedeutung erhält ein Ereignis als Signal oder Zeichen dadurch, dass zwischen Sender und Empfänger Verabredungen über ein Zeichenrepertoire, über bestimmte Codes, Kanäle und über die Zuordnung von Zeichen und Bedeutungen bestehen. Existieren solche Verabredungen nicht oder sind sie nicht verbindlich (was in der menschlichen Kommunikation meist der Fall ist), so hängt die Bedeutung eines Ereignisses als Zeichen *ausschließlich vom Empfänger* ab, d. h. von den Bedingungen, die im Empfänger zu dem Zeitpunkt herrschen, an dem das Zeichen eintrifft.

Überall dort, wo im Tierreich effektive intraspezifische olfaktorische, visuelle, gestische oder auditorische Kommunikation betrieben wird, liegt entweder über Vererbung oder über einen frühontogenetischen Prägungsvorgang eine *feste Verabredung* im genannten Sinne vor. Die Mehrzahl der Vögel weiß angeborenermaßen oder geprägtermaßen, was ein Gesangslaut bedeutet (einige Vogelarten müssen allerdings zumindest einige Teile ihres Gesangs und dessen Bedeutung erlernen, und einige wenige haben gar kein arteigenes Repertoire). Der Mensch hingegen verfügt in seiner Kommunikation offenbar nur über wenig angeborenes Wissen. Hierzu gehören affektive Lautäußerungen des Schmerzes, der Freude, der Lust, der Aggression, der Furcht und Trauer und auch einige wenige Gebärden oder Gesichtsausdrücke, die universell verstanden werden (s. Kapitel 9). Ansonsten muss der Mensch in früher Kindheit lernen, welche Laute und welche Wörter und Sätze welche Bedeutung haben.

Das Erfassen von Wortbedeutungen geschieht also durch eine Zuordnung von intern bereits vorhandenen semantischen Zuständen und einer Folge von Sprachlauten. Dies geschieht in unserem Nervensystem auf eine sehr komplizierte und meist unbewusst verlaufende Weise. Treffen die Laute an mein Innenohr und erregen dann meinen primären auditorischen Cortex, so wird als erstes festgestellt, ob es sich bei den einlaufenden Lauten um menschliche Sprache handelt; dies geschieht aufgrund angeborener Fertigkeiten unseres Gehirns. Dann wird linkshemisphärisch festgestellt, um *welche* Sprache es sich handelt. Anschließend werden die Sprachlaute zu Silben gruppiert und diese zu Wörtern, denen in aller Regel aus dem Sprachgedächtnis mehr oder weniger automatisch bestimmte Bedeutungen zugewiesen werden.

Wenn wir ein uns geläufiges Wort wie »Bank« hören, wird gleichzeitig eine bestimmte Bedeutung aufgerufen, und zwar meist zusammen mit einer bildlichen Vorstellung. Wörter werden dann zu Sätzen zusammengefügt, und bei einfachen Sätzen wie »Setz dich bitte auf diese Bank!« ergibt sich deren Bedeutung wiederum mehr oder weniger automatisch. Bei komplizierteren oder mehrdeutigen Sätzen, deren Sinn sich erst aus dem Zusammenhang ergibt, dauert die Bedeutungszuweisung länger. Wenn ich zum Beispiel sage: »Ich gehe jetzt zu meiner Bank«, dann kann dieser Satz ganz verschiedene Bedeutungen haben, je nachdem, ob ich ein Schüler im Klassenraum bin, ein Spaziergänger im Park oder ein Geschäftsmann auf dem Weg zu einem Geldinstitut. Der wirkliche Sinn ergibt sich erst durch den *Kontext*, und dieser muss von unserem Gehirn *aktuell* erschlossen werden.

Schalllaute, die vom Gehirn als Sprachlaute identifiziert wurden, und Schriftzeichen, die unser Sehsystem als Buchstaben erkannt hat, werden als Wörter oder Sätze im Sprachgedächtnis auf ihre mögliche Bedeutung überprüft, und es wird diejenige Bedeutung aufgerufen, die *im gegebenen Kontext die geläufigste und damit wahrscheinlichste* ist. In dem Maße, in dem bei jedem Menschen das Sprachgedächtnis verschieden ist, d. h. für bestimmte Worte und Sätze unterschiedliche Kontexte enthält, haben diese Worte und Sätze unterschiedliche Bedeutung.

Das Sprachgedächtnis entwickelt sich zusammen mit der Sprache. Der Spracherwerb ist entsprechend eingebettet in eine vorsprachliche Kommunikation mit der unmittelbaren menschlichen Umwelt, meist der Mutter (vgl. Mehler und Christophe, 2000). Kinder lernen die Bedeutung von Wörtern kontextabhängig, d. h. indem sie diese Bedeutung nach dem Prinzip von Versuch und Irrtum aus dem Handlungs- und Kommunikationserfolg ableiten. Dies geschieht bei Kleinkindern schnell und nahezu mühelos; es scheint im menschlichen Gehirn einen ganz spezifischen Apparat für das Erlernen der Muttersprache und von Wortbedeutungen zu geben, im deutlichen Gegensatz zum Erlernen von Zweitsprachen.

Es gibt bei uns Menschen also – abgesehen von wenigen angeborenen Lautäußerungen, Mimik- und Gestik-Signalen – keine »genetisch garantierte« Bedeutung von Wörtern und Sätzen, sondern jedes Gehirn muss die sprachliche ebenso wie die nichtsprachliche Bedeutung von Kommunikationssignalen individuell konstruieren. *So viele Gehirne, so viele Bedeutungswelten!* Wie aber ist dann erklärlich, dass wir dennoch häufig das Gefühl haben, wir betrieben eine erfolgreiche Kommunikation?

Die Antwort lautet: Kommunikation ist in dem Maße möglich, in dem in zwei oder mehr Gehirnen bestimmten Kommunikationssignalen bestimmte interne Bedeutungszustände zugeordnet werden. Kommunikation ist daher zu verstehen als *wechselseitige bzw. parallele Konstruktion von Bedeutung* zwischen zwei oder mehr Partnern. Verstehen funktioniert also in dem Maße, in dem in den Gehirnen der Partner dieselben oder ähnliche Erfahrungskontexte, *konsensuelle Bereiche* – wie sie Humberto Maturana (1982) genannt hat – existieren oder aktuell konstruiert werden, was meist unbewusst geschieht. In diese konsensuellen Bereiche hinein geraten die ausgetauschten Kommunikationssignale und erhalten dann dieselben oder zumindest sehr ähnliche Bedeutungen.

Der *erste,* grundlegende konsensuelle Bereich ist dadurch vorgegeben, dass wir Menschen sind und nicht nur menschliche Sprachlaute, sondern auch viele Aspekte der Mimik, der Gestik, des sprachlichen Duktus bis hin zu Handlungen und Gebräuchen anderer Menschen *intuitiv* verstehen, während wir uns selbst bei unseren nächsten Verwandten, den Affen, hinsichtlich deren Mimik, Vokalisation und Gestik fundamental irren können. Der *zweite* konsensuelle Bereich wird dadurch konstituiert, dass wir in eine bestimmte Gesellschaft hineingeboren wurden und bestimmte Denk-, Sprach- und Verhaltensschemata sich tief in uns hineingegraben haben, ohne dass wir uns bewusst Rechenschaft darüber abgeben. Der *dritte* konsensuelle Bereich wird geschaffen durch die gemeinsame Erziehung, das Aufwachsen in einer bestimmten sozialen Umgebung, eine gemeinsame Ausbildung in Schule und Beruf. Der *vierte* Bereich schließlich entsteht dadurch, dass wir aufbauend auf den drei anderen Bereichen mehr oder weniger identische individuelle Erfahrungen machen. Dies allerdings ist sehr selten.

In einem Land mit einer uns völlig unverständlichen Sprache, in das wir – aus welchen Gründen auch immer – hineingeraten sind, werden wir uns vielleicht notdürftig über dasjenige verständigen können, was unser Überleben sichert, aber alle andere Verständigung ergibt sich langsam über Monate und Jahre in mühsamen Abfolgen von kommunikativem Versuch und Irrtum. Befinden wir uns in einem Land, mit dessen Bewohnern wir uns zwar sprachlich verständigen können, dessen Lebensgewohnheiten aber radikal von den unseren verschieden sind, wird es ebenfalls nicht viel mehr an Kommunikation geben. Selbst wenn wir uns im eigenen Land befinden, uns aber in Gesellschaftskreisen bewegen, die uns fremd sind (wenn wir als Städter zum ersten Mal in einer rein bäuerlichen Umgebung sind, als Wissenschaftler zum ersten Mal in einer Gesellschaft von Industriearbeitern), werden wir sofort erleben, dass der Gebrauch derselben Sprache über ein gewisses Mindestmaß der Verständigung hinaus keine Kommunikation gewährleistet. Wörter und Sätze haben hier häufig einen anderen *Bedeutungshintergrund*. Dies erleben wir in peinlicher Weise, wenn wir die speziellen, oft subtilen Bedeutungen bestimmter Wörter und Redewendungen nicht kennen, die in solchen »Kreisen« geläufig sind.

Das Ausmaß der Kommunikation beruht auf dem Ausmaß gemeinsamer Lebenserfahrung. Hier gilt nicht nur: Wenn zwei dasselbe tun, ist es nicht dasselbe, sondern auch: *Wenn zwei dasselbe erleben, ist es überhaupt nicht dasselbe.* Der Grund hierfür liegt auf der Hand: Wenn es – wie im vorigen Kapitel dargelegt – zutrifft, dass unsere Persönlichkeit sich früh formt, und zwar aufgrund genetischer Vorgaben und stark prägender früher Erlebnisse, dann kommt es hierdurch sehr bald zu einem höchst individuellen Verlauf unserer »Lebensbahn«, in der ein bestimmter Schritt in der Ausformung unserer Persönlichkeit unterschiedliche Reaktionen der Umwelt auslöst. Diese wirken auf uns zurück, wir tun wieder etwas und so fort. Natürlich gibt es dabei Anlässe zur Modifikation unseres Verhaltens, meist aber wirkt unser Umgang mit der Umwelt *selbststabilisierend*. Auf diese Weise entwickeln Personen ihre ganz eigene Weltsicht und Lebensführung, die bei unterschiedlichen Personen sehr unterschiedlich sein kann, selbst wenn sie in ähnlichen Umgebungen leben.

Eine gemeinsame Sprache *täuscht* uns allerdings dabei; sie überdeckt meist die tiefgreifenden Unterschiede in der privaten Lebenserfahrung. In der Erklärung unseres eigenen Handelns gebrauchen wir diejenigen Formulierungen, von denen wir meinen, dass unsere Umwelt sie in aller Regel als Handlungserklärungen akzeptiert; ob und in welchem Maße dies auch wirklich so ist, können wir niemals abschließend feststellen. Die gesellschaftlich vermittelte Sprache gaukelt uns vor, es gäbe eine überindividuelle Argumentationsebene, eine universelle Logik der Kommunikation. Diese gibt es vielleicht dort, wo es um abstraktes Wissen, nicht aber dort, wo es um individuelle Lebenserfahrung und individuelles Handeln geht.

Wir werden mit dieser Tatsache nur deshalb nicht ständig konfrontiert, weil wir unseren Anspruch an erfolgreiche Kommunikation, an *Verstehen* variabel halten. Mit dem Fahrkartenverkäufer ist Verstehen leicht hergestellt, mit dem Kollegen, Vorgesetzten oder Mitarbeiter ist das schon schwieriger, weil hier in aller Regel bewusst und erst recht unbewusst unterschiedliche Lebenserfahrungen und Zielvorstellungen vorliegen, und am schwierigsten ist es mit dem Lebenspartner, mit dem es am leichtesten sein sollte. Hier sind unsere Erwartungen an Verstehen in der Regel am höchsten. Die vielbedauerte Tatsache, dass Lebenspartner sich letztlich fremd sind, ist eine natürliche Konsequenz aus der anderen Tatsache, dass Menschen sehr früh in ihren persönlichen Grundstrukturen festgelegt sind, und dass jahrzehntelanges Sprechen und Umgehen miteinander daran in aller Regel wenig ändern. Wir wünschen uns sehr, es gäbe mit dem geliebten Menschen ein »vollkommenes Verstehen«. Sofern Menschen autonome, d. h. weitgehend innengeleitete Wesen sind, kann dies aber nicht der Fall sein.

Der lebenskundige Mensch wird als Ehepartner, Pädagoge, Vorgesetzter oder Politiker deshalb von dem Grundsatz ausgehen, dass das, was er sagt, aller Wahrscheinlichkeit nach in Anderen eine *andere Bedeutung als die von ihm intendierte* erzeugt. Das eine ist, was *ich meine*, wenn ich etwas sage; ein anderes ist, was das Gehirn meines Kommunikationspartners an Bedeutungen erzeugt, wenn die Sprachlaute an sein Ohr dringen. Hiervon habe ich keine umfassende Kenntnis, und ich kann hierauf auch keinen direkten Einfluss nehmen. Erschwerend kommt hinzu, dass auch der Kommunikationspartner in aller Regel keine genaue Kenntnis von dem in seinen eigenen Gedächtnissen vorhandenen Bedeutungskontexten besitzt, weil diese unbewusst abgelegt sind.

Was ich tun kann, ist durch weiteres Reden und Handeln wie mit einer Sonde und nach Versuch und Irrtum versuchen herauszubekommen, wie der Bedeutungskontext des Anderen aussehen könnte, und mich dann darauf einrichten. In aller Regel wird der gute Menschenkenner die Möglichkeiten der Einsichtsvermittlung gering einschätzen. Falls man nicht schon zuvor »auf der gleichen Wellenlänge« liegt, d. h. bereits weithin überlappende konsensuelle Bereiche hat, dann ist der eindringliche Appell an die Einsicht ebenso verfehlt wie die lautstarke Aufforderung: »Nimm endlich Vernunft an!«, denn hier könnte zurückgefragt werden: »Welche Vernunft? Deine oder meine?«

Dies ist der Grund dafür, dass es häufig nicht gelingt, eigene Einsichten zu vermitteln, denn diese sind weithin private Einsichten, auch wenn jeder sie für sonnenklar und allgemeingültig hält. Wenn ich meine Argumente vorbringe, so reiße ich sie aus dem in mir herrschenden Kontext heraus, in dem sie *Sinn machen*, und sie dringen bei meinem Gesprächspartner in einen wahrscheinlich ganz anderen Kontext, in dem sie keinen oder einen ganz anderen Sinn ergeben. Unsere Umgangssprache hat hierfür viele Bilder: »Irgend etwas fällt beim anderen nicht auf fruchtbaren Boden«, »bringt nichts zum Klingen«. In der Tat muss man sich diesen Vorgang als eine Art *Resonanz* vorstellen, wie eine Glasscheibe, die bei einem bestimmten Ton zu klirren beginnt, bei anderen Tönen nicht. Dass aber bestimmte Teile unseres bewussten und unbewussten Seelenlebens vorübergehend in Resonanz geraten, ist eher ein Glücksfall. *Missverstehen ist das Normale, Verstehen die Ausnahme.*

Über die Schwierigkeiten, sich selbst zu verstehen

»Verstehe dich selbst!« – so lautet die antike Aufforderung, und ebenso heißt es: »Selbsterkenntnis ist der erste Schritt zur Besserung!«. Die Lebenserfahrung sagt uns allerdings, dass eine solche Selbsterkenntnis in aller Regel erst in einigem räumlichen und zeitlichen Abstand und damit in einem ganz anderen *Kontext* möglich ist, und auch dann mögen wir über die Frage grübeln: »Was hat mich damals getrieben?«

Viel einfacher sind die Grenzen der Selbsterkenntnis bei den Mitmenschen zu entdecken. Nehmen wir an, wir sind gut mit einem Paar befreundet, das gerade dabei ist, sich nach vielen Jahren des Zusammenlebens zu trennen. Der eine Partner taucht bei uns auf und klagt uns sein jahrelanges Leiden. Obwohl wir beide Personen gut zu kennen glaubten, erfahren wir erst jetzt, welches Martyrium dieser arme Mensch im Zusammenleben mit seinem rücksichtslosen Partner (von dessen negativem Charakter wir keine Ahnung hatten) durchlitten hat, und der Wunsch nach Beendigung der Partnerschaft erscheint völlig konsequent. Nach einiger Zeit treffen wir den anderen Partner, und auch diese Person schildert uns ihren Leidensweg in einer Weise, die in sich völlig stimmig ist und uns zu vorbehaltloser Parteinahme veranlassen würde, hätten wir nicht zuvor den ersten Partner gehört, der uns ebenfalls eine in sich völlig stimmige Geschichte erzählte.

Beide Personen berichten in der Regel über dieselben Vorkommnisse, aus denen das gemeinsam verbrachte Leben bestand, nur weichen die Darstellungen der Details und ihre Interpretationen voneinander ab und sind in wesentlichen Teilen miteinander unvereinbar. Solche Begebenheiten zeigen, dass es sehr schwer ist, die Determinanten des eigenen Fühlens, Denkens und Handelns hinreichend zu erkennen, und dies ist selbst dann der Fall, wenn Wut und Enttäuschung verraucht und frühere Missetaten vergeben und vergessen sind. Das »gelassenere« Bild, das wir dann von der früheren Lebenssituation haben, ist nicht unbedingt das richtigere, sondern es ist das Bild, mit dem wir jetzt – und hoffentlich auf Dauer – gut leben können.

Um die Frage zu beantworten, warum dies so ist, müssen wir uns noch einmal vergegenwärtigen, dass diejenigen Hirnzentren, die unsere Denk- und Gefühlswelt und schließlich unser Handeln in

seinen Grundzügen bestimmen, außerhalb der assoziativen Großhirnrinde liegen und deshalb dem bewussten Erleben nicht direkt
zugänglich sind. Die Anteile unserer Persönlichkeit, die sich vor dem
dritten und vierten Lebensjahr ausformten, sind uns aufgrund der
»infantilen Amnesie« *grundsätzlich* unzugänglich, ebenso all diejenigen Dinge, die uns beeinflussen, ohne dass wir etwas davon
merken. Hierzu gehören die subliminalen Wahrnehmungen, die
»Einflüsterungen« des limbischen Systems und schließlich die vielen
Dinge, die wir einmal bewusst erlebt haben, die zwar ins unbewusste
Gedächtnis abgesunken, aber dennoch in uns wirksam sind.

Aufgrund seiner besonderen Konstruktion kann der assoziative
Cortex als bewusstseinsschaffendes System die *von außen* eindringenden Einflüsse (und hierzu gehört alles, was nicht vom Cortex
selbst kommt) nicht von den selbstgenerierten Zuständen unterscheiden. Die plötzlich auftauchenden Wünsche, Absichten und
Vorstellungen werden empfunden als unsere *eigenen* Wünsche, Absichten und Vorstellungen; unser Ich schreibt sie sich selbst zu, denn
woher sollten sie sonst kommen! Jedoch ist nicht dadurch alles sofort
stimmig; da gibt es störende Vorstellungen, unbillige Absichten,
quälende Wünsche. Unser Ich hat aber in seinem Reich für Plausibilität zu sorgen, und deshalb werden Störungen korrigiert, indem
Vorstellungen, Absichten und Wünsche so lange verändert und
verbogen werden, bis sie ein rundes Bild ergeben – ein Bild, das
uns ein subjektiv befriedigendes Handeln ermöglicht. Hierzu gehört
selbstverständlich auch, dass die Folgen unserer Handlungen in
ähnlich passend-machender Weise bewertet werden.

Dieses Passend-Machen ist im Erwachsenenalter im Wesentlichen
sprachlich bedingt, denn unser bewusstes Ich ist im Gegensatz zum
unbewussten Ich ein *weitgehend sprachlich vermitteltes Wesen*. Unsere
Selbstbeschreibung resultiert allerdings nicht direkt aus dem, wie die
anderen uns beschreiben, sondern eher aus der Art, wie wir diese
Beschreibung wahrnehmen. Wir erfahren ständig Beschreibungen
durch andere und müssen diese genauso interpretieren wie alle
anderen Kommunikationssignale. So fragen die meisten von uns
sich ständig, was eine Person in unserer Umgebung mit dieser und
jener Bemerkung über uns gemeint haben könnte. Mit dem Bild, wie
die anderen uns wahrzunehmen scheinen, setzen wir uns auseinander.

Wir verhalten uns dabei in aller Regel so, dass Konflikte mit
unserem Ich und dem Konstrukt des gesellschaftlichen Abbildes

unseres Ich minimiert werden. Dies mag durch radikale Anpassung oder durch radikale Verweigerung oder durch eine Mischung von beidem geschehen. In jedem Fall aber ist dieses Geschehen weitgehend abgekoppelt von den Mechanismen, die unser Verhalten *tatsächlich bestimmen*. Unser bewusstes Ich ist – so der amerikanische Neurobiologe Michael Gazzaniga – »die letzte Instanz, die erfährt, was in uns wirklich los ist«. Es gleicht einem Regierungssprecher, der Dinge interpretieren und legitimieren muss, deren wahre Gründe und Hintergründe er gar nicht kennt.

Besonders deutlich wird dieser Zusammenhang bei den von Michael Gazzaniga und seinen Kollegen untersuchten Split-Brain-Patienten, bei denen über die normale Distanz der sprachlich-linken Großhirnhemisphäre zur rechten, nichtsprachlich-emotionalen hinaus eine buchstäbliche Trennung beider Hemisphären vorliegt, und zwar aufgrund einer chirurgischen Durchtrennung oder eines angeborenen Fehlens des Balkens (*Corpus callosum*), der normalerweise mit 300 Millionen Fasern die beiden Großhirnhemisphären miteinander verbindet (vgl. Gazzaniga, 1995, Baynes und Gazzaniga, 2000). Mit entsprechenden Versuchsanordnungen kann man bei diesen Patienten erreichen, dass jede Hemisphäre unterschiedliche Informationen erhält, indem zum Beispiel in der ganz linken (nur der rechten Hemisphäre zugänglichen) Gesichtshälfte oder in der ganz rechten (nur der linken Hemisphäre zugänglichen) Gesichtshälfte verschiedene Wörter oder Gegenstände kurzzeitig dargeboten werden. Beide Reize werden jeweils von einer Hemisphäre wahrgenommen, aber nur die linke kann darüber reden, weil nur sie Zugriff zu den dort lokalisierten Sprachzentren besitzt.

Man kann auf diese Weise über die rechte oder linke Hemisphäre der jeweils gegenüberliegenden Hand unterschiedliche Befehle geben. In einem typischen Experiment wurde der linken Hemisphäre ein Hahnenfuß gezeigt, und die rechte Hand musste (von der linken Hemisphäre angeleitet) dazu ein passendes Bild, nämlich einen Hahnenkopf, auswählen, was sie auch tat. Gleichzeitig wurde der rechten Hemisphäre eine Schneelandschaft gezeigt, und diese Hemisphäre sollte nun über die linke Hand ein dazu passendes Gerät auswählen. Die linke Hand zeigt, von der rechten Hemisphäre geleitet, korrekt auf eine Schneeschaufel. Die linke Hemisphäre beobachtet nun die Aktion der linken Hand und nimmt sie auch somatosensorisch-propriozeptiv wahr. Da sie aber keinen Zugang zur rechten Hemisphäre hat, kennt sie den Sinn dieser Aktion nicht. Sie leidet jedoch – wie alle unsere linken Hemisphären – unter einem »Interpretationszwang« unseres Handelns und erklärt nun, sie habe mit der linken Hand die Schaufel ausgewählt, um damit einen Hühnerstall auszumisten; sie »konfabuliert« (Gazzaniga und Le-Doux, 1978).

Hinsichtlich der Möglichkeiten, unser eigenes Handeln zu verstehen, sind wir nicht weit von diesem Split-Brain-Patienten entfernt. Wir werden massiv von unserem Unbewussten beeinflusst, ohne genau zu wissen, was dabei mit uns passiert; wir verstehen die Sprache des Unbewussten nicht. Da wir aber all unser Fühlen, Denken und Handeln vor uns selbst und insbesondere auch vor den anderen sprachlich-logisch rechtfertigen müssen, erfinden wir ständig Geschichten. Wir glauben auch in aller Regel an sie und versuchen unsere Mitmenschen von ihnen zu überzeugen.

Durch diesen Zwang zur sprachlichen Legitimation vor sich und den Mitmenschen lässt sich die radikale Verbiegung und Uminterpretation bis hin zum krassen Leugnen des Offensichtlichen im Handeln erklären, die Menschen jeweils bei den anderen beobachten. Dies ist meist kein böser Wille, sondern resultiert aus der schlichten Tatsache, dass unsere bewusste, weitgehend sprachlich vermittelte Existenz nicht eine einfache Fortsetzung des Unbewussten ist, sondern eine andere Art von Existenz, nämlich eine soziale.

Exkurs 2: Neurobiologie und Psychoanalyse.
Oder: Hatte Freud Recht?

Wie in Kapitel 1 dargestellt, verfasste im Jahre 1895 der damals vierzigjährige Sigmund Freud eine umfangreiche Schrift mit dem Titel »Entwurf einer Psychologie«. Freud wollte mit dieser Schrift eine Theorie des »seelischen Apparates« auf der Grundlage der soeben etablierten Neuronentheorie entwickeln. Diese Schrift wurde nie veröffentlicht, sie erschien erst postum (1950).

Warum Freud seinen »Entwurf einer Psychologie« nicht veröffentlichte, darüber habe ich keine genauen Auskünfte gefunden. Ich vermute, dass er die Vergeblichkeit seines Tuns einsah, mithilfe des damaligen Wissens über das Gehirn das Psychische erklären zu wollen. Er wandte sich in der Folgezeit enttäuscht von der Neurobiologie ab und äußerte sich später an vielen Stellen skeptisch bis ablehnend über die Möglichkeiten, das Psychische neurobiologisch zu erklären. In seinem Aufsatz »Das Unbewusste« aus dem Jahre 1915 schreibt er zur Beziehung des seelischen Apparates zur Anatomie:

»Wir wissen, daß solche Beziehungen im Gröbsten existieren. Es ist ein unerschütterliches Resultat der Forschung, daß die seelische Tätigkeit an die Funktion des Gehirns gebunden ist wie an kein anderes Organ. Ein Stück weiter – es ist nicht bekannt, wie weit – führt die Entdeckung von der Ungleichwertigkeit der Gehirnteile und deren Sonderbeziehung zu bestimmten Körperteilen und geistigen Tätigkeiten. Aber alle Versuche, von da aus eine Lokalisation der seelischen Vorgänge zu erraten, alle Bemühungen, die Vorstellungen in Nervenzellen aufgespeichert zu denken und die Erregungen auf Nervenfasern wandern zu lassen, sind gründlich gescheitert. Dasselbe Schicksal würde einer Lehre bevorstehen, die etwa den anatomischen Ort des Systems *Bw*, der bewußten Seelentätigkeit, in der Hirnrinde erkennen und die unbewußten Vorgänge in die subkortikalen Hirnpartien versetzen wollte. Es klafft hier eine Lücke, deren Ausfüllung derzeit nicht möglich ist, auch nicht zu den Aufgaben der Psychologie gehört. Unsere psychische Topik hat vorläufig nichts mit der Anatomie zu tun; sie bezieht sich auf Regionen des seelischen Apparats, wo immer sie im Körper gelegen sein mögen, und nicht auf anatomische Örtlichkeiten.«

Die Frage nach einer neurobiologischen Grundlegung der Psychoanalyse hat Freud sein Leben lang geplagt, und er hat stets zwischen krasser Ablehnung der Neurobiologie und der Hoffnung, die Situation könne sich doch ändern, geschwankt. In seiner Schrift »Jenseits des Lustprinzips« von 1920 äußerte er die Ansicht, die Mängel in der von ihm entworfenen Lehre würden wahrscheinlich verschwinden, wenn es gelänge, die psychologischen Begriffe durch physiologische oder chemische zu ersetzen. Die große Enttäuschung darüber, dass die Hirnforschung seinerzeit wenig oder gar nichts zur Aufklärung des Psychischen beitragen konnte, war bei Freud jedoch überall zu spüren.

Dieser Standpunkt ist verständlich, denn bis zu Freuds Tod im Jahre 1939 gab es in der Hirnforschung nahezu nichts, was einen Ansatzpunkt zu einer konvergenten Entwicklung von Hirnforschung und Psychotherapie bzw. Psychoanalyse hätte liefern können. Man muss dabei bedenken, dass die Mikroelektroden-Technik, mithilfe derer man die Aktivität einzelner Neurone registrieren kann, sich erst im Laufe der fünfziger Jahre des 20. Jahrhunderts entwickelte. In den siebziger und achtziger Jahren kam die Immuncytochemie hinzu, die überhaupt erst die neurochemische und neuropharmakologische Vielfalt des Gehirns enthüllte. Intrazelluläre Ableitungen und die Patch-Clamp-Technik revolutionierten unser Verständnis von den Prozessen, die bei Erregung und Hemmung an der Membran einer Nervenzelle stattfinden. In den neunziger Jahren des vergangenen Jahrhunderts kamen die bildgebenden Verfahren hinzu, die erstmals die genauere Lokalisierung der Aktivitäten des gesamten menschlichen Gehirns bei ungeöffnetem Schädel ermöglichten, insbesondere von Aktivitäten im limbischen System. Durch Kombination all dieser Methoden begann erst vor rund einem Jahrzehnt die genauere Erforschung der neuronalen Grundlagen dessen, was Freud »psychischen Apparat« genannt hat.

Die empirisch-experimentelle Psychologie hat, zum großen Teil bis heute, die Lehre Freuds weitgehend abgelehnt oder ignoriert, vor allem unter dem Einfluss des deutsch-britischen Psychologen Hans Eysenck. Die Neurobiologie wiederum hat bis vor kurzem die Psychoanalyse als Kuriosum angesehen, als eine rein geisteswissenschaftliche Wucherung, abgefasst in Begriffen, die einer naturwissenschaftlichen Überprüfung überhaupt nicht zugänglich sind. Dabei ist zu bedenken, dass Termini wie »Bewusstsein«, »das Unbewusste« oder »Psychotrauma« in der Hirnforschung bis vor ca. 15 Jahren

Wörter waren, die ein gestandener Forscher besser nicht in den Mund nahm.

Ein Umdenken setzte durch einen Artikel ein, den der Neurobiologe und spätere Nobelpreisträger für Physiologie und Medizin Eric R. Kandel im Jahre 1999 unter dem Titel »Biology and the future of psychoanalysis: A new intellectual framework for psychiatry revisited« veröffentlichte (Kandel, 1999). In diesem Artikel wiederholte Kandel den Vorwurf Hans Eysencks, dass es sich bei der Psychoanalyse trotz gegenteiliger Beteuerung vieler »Freudianer« nicht um eine wissenschaftliche Lehre handle, insbesondere weil die Psychoanalyse es nicht verstanden habe, objektive Methoden zur Überprüfung der eigenen Aussagen und der therapeutischen Methoden zu entwickeln. Dennoch sah Kandel eine große Zukunft in dem Bemühen, die durch Vereinigung von Neurobiologie und Kognitionspsychologie geschaffenen »Kognitiven Neurowissenschaften« auf die weitere Erforschung des Psychischen auszurichten – also auf das, was Manfred Cierpka und ich Psycho-Neurowissenschaften« nennen. Diese Erforschung ist – wie im vorliegenden Buch dargelegt – in vollem Gange, und ähnlich erfolgreich entwickelt sich das gemeinsame Bemühen von Neurowissenschaftlern, Psychologen, Psychiatern und Psychotherapeuten, ein gemeinsames Verständnis des Psychischen zu entwickeln.

Inzwischen kann niemand mehr ernsthaft daran zweifeln, dass nicht nur kognitive, sondern auch affektiv-emotionale Zustände einerseits und Hirnprozesse andererseits aufs Engste zusammenhängen. Beeinträchtigungen und Verletzungen des assoziativen Cortex im Bereich des Frontallappens führen zu tiefgreifenden Ich-Störungen, Störungen im rechten Parietallappen zur Beeinträchtigung des Körper-Ich, der Verortung des Selbst im Raum, zu Egozentrismus und Verlust der Fähigkeit, die Perspektive zu wechseln. Störungen im rechten unteren und medialen Temporallappen führen zu Pedanterie in Sprache und Handeln, zu Egozentrik und verstärkter Aggressivität. Verletzung des anterioren Pols des Temporallappens zum Verlust des autobiographischen Gedächtnis, Beeinträchtigungen im Bereich des dorsalen präfrontalen Cortex zum Verlust divergierenden Denkens, zur Unfähigkeit zur Entwicklung alternativer Strategien und spontanen Handelns, zu unflexiblem Handeln und zur Fehleinschätzung der Bedeutung externer Ereignisse. Beeinträchtigung im Bereich des orbitofrontalen Cortex schließlich führen zu erhöhter Risikobereitschaft, verringerter Fehler- und Impulskontrolle und allgemein zu »asozialem« Verhalten, d. h. zur Verletzung von gesellschaftlichen und ethisch-moralischen Regeln, also zu Störungen im Bereich des »Über-Ich« im Sinne Freuds.

Ebenso sind die Folgen von Verletzungen oder Erkrankungen subcortikaler limbischer Zentren bekannt: Eine beidseitige Verletzung oder Erkrankung der Amygdala führt zur Unfähigkeit, die Bedeutung negativer, insbesondere furcht- und angsterregender Ereignisse zu lernen bzw. zu erkennen. Störungen des mesolimbischen Systems führen zur Unfähigkeit, Freude und Lust zu erleben, sowie zu völliger Antriebslosigkeit. Störungen im Bereich des Hypothalamus, der präoptischen Region und des Zentralen Höhlengraus schließlich führen zu tiefgreifenden und oft gegensätzlichen Störungen grundlegender Affekte wie Hyperaggressivität oder extreme Unterwürfigkeit, zu Appetitlosigkeit oder Esssucht, zu Hypersexualität oder völligem Desinteresse am Geschlechtsleben, je nachdem welche der antagonistisch wirkenden Teilzentren beeinträchtigt sind.

Schließlich haben die Neurowissenschaften zusammen mit der Psychiatrie und der Entwicklungspsychologie begonnen, die Folgen frühkindlicher traumatischer Ereignisse wie Störungen der Mutter-Kind-Beziehung, des sexuellen Missbrauchs und anderer stark belastender Geschehnisse auf neuronaler Ebene nachzuweisen, wie in diesem Buch geschildert. All dies erfüllt schon jetzt die Anforderungen, die Freud in dem oben angeführten Zitat nannte, nämlich eine »Lokalisation der seelischen Vorgänge« zu erreichen und »den anatomischen Ort des Systems *Bw* [Bewusstseins], der bewußten Seelentätigkeit, in der Hirnrinde [zu] erkennen und die unbewußten Vorgänge in die subkortikalen Hirnpartien [zu] versetzen...«.

Es ist also höchste Zeit, sich die Frage zu stellen, ob und inwieweit die in diesem Buch präsentierten Einsichten der Neuro- und Kognitionswissenschaften im Einklang mit den Grundannahmen der Freudschen Lehre stehen. Dabei ist natürlich klar, dass man unterscheiden muss zwischen dem, was Freud als Grundlage seiner *Theorie* ansah, und dem, was heute die Basis psychoanalytischer *Therapie* bildet.

Auf der Grundlage des im ersten Kapitel zu Freud Gesagten kann man in starker Vereinfachung die Grundaussagen Freuds zum »psychischen Apparat«, folgendermaßen zusammenfassen: (1) Das Unbewusste kontrolliert das Bewusstsein stärker als umgekehrt; (2) das Unbewusste entsteht ontogenetisch lange vor dem Bewusstsein; es legt sehr früh die Grundstrukturen des Psychischen und des bewussten Erlebens fest; (3) Unbewusste oder unbewusst gewordene psychische Konflikte, insbesondere solche, die in früher Kindheit stattfanden, äußern sich in »verkleideter« Weise auf der Ebene der Bewusstseinszustände in Form von Träumen, Fehlleistungen, Neurosen und Psychosen; (4) das bewusste Ich hat keine oder nur geringe Einsicht in die unbewussten Determinanten des Erlebens und Handelns, es kann sich nicht selbst therapieren. Hieraus resultiert die Notwendigkeit einer Psychotherapie.

An der Richtigkeit der erstgenannten Grundaussage Freuds kann kein Zweifel bestehen. Die verschiedenen Bewusstseinszustände sind tief eingebettet in unbewusste Prozesse. Das Unbewusste gliedert sich, wie in Kapitel 7 ausgeführt, in unterschwellige und vorbewusste Prozesse, die insbesondere bei der Wahrnehmung wichtig sind. Hierzu gehören Prozesse, die in Gehirnzentren außerhalb der Großhirnrinde ablaufen und deshalb niemals bewusst werden können, gleichgültig wie kompliziert und wichtig sie sind. Dies gilt praktisch für alle unbewussten Vorbereitungen unserer Gefühle, Vorstellungen, Gedanken, Erinnerungen, Pläne, Wünsche und Entscheidungen, für die gesamten Detailinhalte unseres prozeduralen Gedächtnisses, d. h. unserer Fertigkeiten, für die unbewussten Konditionierungsprozesse und auch für die Detailausführungen unserer Bewegungen (wir haben keine Ahnung, wie das Gehirn es macht, dass beim Sprechen der Stimmapparat so bewegt wird, dass die Lautäußerungen produziert werden, die wir beabsichtigten). Weiterhin gehören zum Unbewussten all die Dinge, die wir einmal bewusst erlebt haben, die aber ins Unbewusste abgesunken sind. Schließlich gehören all die Ereignisse hinzu, die wir vor, während und in den ersten ca. 3 Jahren nach der Geburt erlebt haben, die aber überhaupt nicht oder nicht in einer Weise in unser Langzeitgedächtnis gelangten, dass wir uns im Jugend- und Erwachsenenalter an sie erinnern könnten; dies Phänomen nennt Freud »infantile Amnesie«.

Die beiden letzten Formen des Unbewussten sind für die Lehre Freuds die wichtigsten. Leider können die Neurowissenschaften bisher nur wenig zu den Prozessen sagen, die das Absinken von bewusst erlebten Inhalten in das Langzeitgedächtnis kontrollieren. Es gibt zwar aus der Psychologie gewisse Einsichten darüber, welche Faktoren die Wahrscheinlichkeit erhöhen bzw. verringern, mit der bewusste Erfahrungen aus dem Langzeitgedächtnis wieder abgerufen werden können, und man erkennt (wie in Kapitel 5 und 9 geschildert), dass diese Faktoren bei dem Vorgang eine große Rolle spielen, den Freud »Verdrängung« genannt hat. Die genauere Beschaffenheit des »Zensors«, den Freud zwischen der Ebene des Vorbewussten und des Bewussten annahm, ist aber unbekannt. Wir müssen davon ausgehen, dass hierbei den limbischen Zentren, insbesondere der Amygdala, dem insulären, dem anterioren cingulären und dem orbitofrontalen Cortex eine wichtige Rolle zukommt, die alle auf den Hippocampus als Organisator des bewusstseinsfähigen, deklarativen Gedächtnisses einwirken.

Immerhin gelingt es inzwischen, mithilfe bildgebender Verfahren Aktivitäten in den genannten limbischen Zentren bei psychischen Belastungszuständen wie dem Erleben negativer emotionaler Ereignisse oder der Erinnerung an traumatische Geschehnisse Aktivitäten sichtbar zu machen, die den Patienten bzw. Versuchspersonen nicht oder nur verschwommen bewusst sind. Ebenso zeigt sich, dass diese Aktivitäten in dem Maße abnehmen, wie Störungen im Erleben oder in den Verhaltensweisen der Personen sich verringern. In diesem Zusammenhang ist der in Kapitel 10 erwähnte Befund von Hariri und Mitarbeitern (Hariri et al., 2003) wichtig, dass bei der Bewältigung von bilderinduzierter Furcht Aktivitäten im rechten orbitofrontalen und cingulären Cortex einem »Kontrolleur« in dem Maße ansteigen, wie sie in der rechten Amygdala absinken.

Auch die zweite Grundannahme Freuds erweist sich als fundamental richtig, nämlich dass in der Entwicklung des Individuums das Unbewusste sehr früh entsteht und entsprechend frühzeitig die Grundstrukturen des Psychischen festlegt, lange bevor diejenigen Strukturen ausreifen, die unserer bewussten Existenz zugrunde liegen. Letztere sind insbesondere der Hippocampus und die ihn umgebende Rinde, der assoziative Cortex und die Verbindungen zwischen ihnen, d. h. das cortico-hippocampale System. Auf der Grundlage dieses Systems entsteht allmählich nach der Geburt das autobiographische Gedächtnis und damit die Beendigung der »infantilen Amnesie« gegen Ende des dritten Lebensjahres.

Aufgrund der vor allem im 10. und 11. Kapitel dargelegten Befunde kann man davon ausgehen, dass neben genetischen Faktoren, die ca. fünfzig Prozent unserer Persönlichkeit und Grundbegabungen ausmachen, vorgeburtliche und frühe nachgeburtliche Einflüsse und Ereignisse im Ausmaß von weiteren dreißig Prozent unsere Persönlichkeit formen. Dieser Prozess der Festlegung der Grundstruktur unserer Persönlichkeit ist in den ersten drei Lebensjahren besonders intensiv und nimmt zum 10. Lebensjahr hin deutlich ab. Während der Pubertät gibt es noch einmal eine Phase gewisser Umstrukturierungen der Persönlichkeit, ab dann sind wir in unserem Charakter im Wesentlichen stabil. Dies korrespondiert eng mit den Ausreifungsprozessen der daran beteiligten Hirnzentren, von denen der orbitofrontale Cortex erst während der Pubertät zur vollen Reife gelangt. Alle späteren Einflüsse und Erfahrungen bewegen sich – von tiefgreifenden emotionalen (insbesondere traumatischen) Erlebnissen abgesehen – in dem von diesen Vorgängen vorgegebenen Rahmen.

Die dritte Grundannahme Freuds erfährt ebenfalls eine weitgehende empirische Unterstützung. Die Entwicklungspsychologie und die Bindungsforschung im engeren Sinne haben zeigen können, dass das Verhältnis zur Mutter oder zu einer anderen Bezugsperson von großer Bedeutung für die weitere Entwicklung des Säuglings und Kleinkindes ist. Zweifellos gibt es eine gewisse natürliche Toleranz des Säuglings und Kleinkindes gegenüber den Verhaltensweisen der Mutter in dem Sinne, dass eine ständige Verfügbarkeit der Mutter für eine gesunde Entwicklung keineswegs nötig ist, sondern wohl eher das Vorhandensein eines bestimmten *Minimalangebots*. Problematisch wird es jedoch (s. Kapitel 10, fünfter Teil), wenn Neugeborene – aus welchen Gründen auch immer – eine gewisse »Verletzlichkeit« mit auf die Welt bringen, die ein besonderes Verhalten der Mutter erfordert, das aber aus Unkenntnis, Überforderung oder aufgrund psychischer Defizite von der Mutter nicht geleistet werden kann. Dann kommt es zum gegenseitigen Aufschaukeln des »unangepassten« Verhaltens des Säuglings bzw. Kleinkinds und der Mutter, wie in Kapitel 10 im Zusammenhang mit ADHS beschrieben.

Selbstverständlich hinterlassen in der Psyche auch all die »normalen« Entwicklungsschwierigkeiten ihre Spuren, die sich bei der Entwicklung der Persönlichkeit und des Ich auf den drei Ebenen des Psychischen, wie ich sie zu Ende des 10. Kapitels dargestellt habe, nämlich der unbewussten affektiven, der unbewussten emotionalen Ebene und der bewussten kognitiven Ebene ergeben. Dies ist das psychodynamische Geschehen des Aufbaus eines primären psychischen Selbst, seiner Antriebe und Bedürfnisse, seiner Auseinandersetzung mit dem »Anderen« in Form von Mutter, Vater und Geschwister als Quelle von Lust, Bedürfnisbefriedigung, Schutz und Anregung, aber auch von Schmerz, Widerstand, Kontrollverlust und Begrenzung des Selbst. Hierzu können die Neurowissenschaften erst einmal nichts aussagen. Es ist aber auch nicht auszuschließen, dass sie vielleicht sogar bald genetische, hirnanatomische und hirnphysiologische Korrelate zu diesen frühen psychodynamischen Prozessen aufzeigen können. Ebenso wenig lässt sich von Seiten der Neurowissenschaften zurzeit etwas zu den vielfältigen »Verkleidungen« sagen, in denen frühkindliche oder pubertäre Konflikte auf der Bewusstseinsebene des Erwachsenen auftauchen.

Auch die vierte Grundannahme Freuds, dass das bewusste Ich keine oder keine umfassende Kenntnis von denjenigen unbewussten Geschehnissen hat und auch grundsätzlich nicht haben kann, wird von Neurobiologie und Psychologie gestützt. Unser bewusstes Ich erlebt sich sowohl als Quelle seiner Wünsche, Gedanken, Vorstellungen und Handlungspläne als auch als Verursacher seines Handelns. Es fühlt sich in seinen Entscheidungen frei in dem Sinne, von keinerlei Faktoren außer ihm kausal bedingt zu sein und in vielen Situationen auch anders handeln zu können, wenn es nur gewollt hätte. Hierauf werde ich im 15. Kapitel dieses Buches noch ausführlich eingehen.

Da Bewusstsein ein Zustand ist, der unabdingbar an cortikale Aktivitäten gebunden ist (s. Kapitel 7), können vom Ich die Einflüsse des subcortikalen limbischen Systems grundsätzlich nicht zu diesen Zentren zurückverfolgt werden – sie wären ja sonst nicht unbewusst. Gleichzeitig herrscht der im 12. Kapitel ausführlich beschriebene Zwang des Ich zur Rechtfertigung vor sich selber und vor anderen, was häufig zu ausgedehnten »Konfabulationen« führt. Das Ich muss Dinge erklären, die es aus bewusster Erfahrung gar nicht kennt, sondern höchstens ahnt. Diese Situation ist ähnlich derjenigen im voraufgegangenen Kapitel geschilderten, in der bei Split-Brain-Patienten die rechte Hemisphäre »sprachlos« ein Verhalten steuert, das die linke, sprachbegabte, dann erklärt, ohne irgendeine Kenntnis von den Vorgängen in der rechten Hemisphäre zu haben. In welcher Weise sich hier bloßes Unwissen mit Abwehr- und Verkleidungsmechanismen vermischt, wie sie die Freudsche Lehre annimmt, kann von neurowissenschaftlicher Seite bisher nicht gesagt werden.

Eine wichtige Frage bei einer Bewertung der Lehre Freuds aus Sicht der Neurowissenschaften ist die nach den Möglichkeiten und Grenzen der Psychotherapie, insbesondere in Form der Psychoanalyse. Klar ist, dass aufgrund mangelnder Einsicht in die unbewussten Faktoren, die auf das bewusste Wünschen, Wollen, Denken und Handeln einwirken, eine *Selbsttherapie* nicht möglich ist, und zwar deshalb nicht, weil die Ursachen der Störungen nicht zugänglich sind und selbst die Symptome geleugnet oder fehlinterpretiert werden. Das bewusste Ich kann – zumindest in direkter Weise – die Grenzen des eigenen Bewusstseins nicht übersteigen, da jede Reflexion des eigenen Verhaltens durch diejenigen Mechanismen gefiltert wird, die das Bewusstsein lenken. Entsprechend erscheint jeder Person in aller Regel das eigene Verhalten gerechtfertigt und konsistent. Dies führt unweigerlich zum »Wiederholungszwang«, der aus Sicht der betroffenen Person ja nur das Wiederholen *bewährter* Handlungsmuster darstellt.

Dies erklärt, warum sich in aller Regel Menschen auch dann nicht ändern, wenn sie starke Ablehnung durch ihre Umgebung erfahren und aufgefordert werden, ihr Verhalten zu korrigieren. Hierzu wäre ja eine »objektive« Diagnose der Sachlage nötig, aufgrund derer feststellbar ist, ob die anderen Recht haben oder nicht, und dies kann von der betroffenen Person nicht erbracht werden. In aller Regel – und nicht immer ohne Grund – werden statt einer selbstkritischen Überprüfung den anderen bei ihrer Kritik niedere Motive unterstellt, und damit wird der Anlass zur Verhaltensänderung beseitigt. Die Ablehnung durch andere steigert häufig nur den Widerstand, und dies kann in einer fast paranoiden Abwehr der Kritik enden.

Der Psychotherapeut ist hier in einer anderen Position als der Patient, denn er steht außerhalb des fatalen Deutungszirkels des Patienten. Er hat einen parallelen Zugang zu den bewussten Äußerungen des Patienten *und* zu den Äußerungen des Unbewussten in Fehlleistungen, Träumen, Neurosen und Psychosen, und er kann in geduldiger therapeutischer Tätigkeit versuchen, die unbewussten psychischen Konflikte aufzudecken. Dies kann aber niemals ausschließlich sprachlich geschehen, sondern nur in Verbindung mit der Erzeugung eines »emotionalen Aufruhrs«, der auf das Unbewusste des Patienten einwirkt. Die Amygdala und die anderen limbischen Zentren verstehen Sprache als rein kognitives Kommunikationsereignis nicht, sondern nur die mit ihr verbundenen emotionalen Komponenten wie Prosodie, Mimik und Gestik, oder sprachlich ausgelöste emotionale Zustände wie bildliche Erinnerungen oder

Vorstellungen. Diese Emotionen können dann Veränderungen sub-corticaler limbischer Zentren auslösen, zum Beispiel die gesteigerte Ausschüttung bestimmter Neuromodulatoren und Neuropeptide.

Die entscheidende Rolle bei der Psychotherapie spielt das Gefühl des Patienten, mit all seinen »Macken« vom Therapeuten akzeptiert und nicht wie üblich von der familiären oder kollegialen Umwelt abgelehnt zu werden. Es kann sich im günstigen Fall dadurch ein neues Vertrauensverhältnis zwischen »Ich« und »Du« einstellen, das – aufgrund welcher Ereignisse auch immer – gestört wurde oder nie vorhanden war. Dieses neue Vertrauensverhältnis und damit die neue Beziehungserfahrung kann die schweren Verletzungen des Ich-Welt- und des Ich-Du-Verhältnisses zumindest mildern.

Allerdings ist aus neurowissenschaftlicher Sicht noch unklar, wie Psychotherapie im Einzelnen wirkt. Wir können davon ausgehen, dass psychische Konflikte mit dem Entstehen bestimmter Netzwerke in der Amygdala (und anderen limbischen Zentren) einhergehen, z. B. aufgrund »fehlerhafter« emotionaler Konditionierung oder aufgrund traumatischer Erlebnisse, die zu psychischen Leidens-zuständen und zu »Fehlhandlungen« führen. Man kann sich aus neurowissenschaftlicher Sicht drei Arten vorstellen, auf denen Psy-chotherapie abläuft.

Die erste Art beruht in einer Stärkung der Ebene des bewussten Ich, und zwar in der Weise, dass der Einfluss des orbitofrontalen und cingularen Cortex auf die Amygdala und damit die Impulskontrolle verstärkt wird. Eine solche Maßnahme verändert allerdings nicht die »verknoteten« Netzwerke im limbischen System, sondern mildert höchstens deren negative Auswirkungen auf das Verhalten. Die Ursachen der psychischen Störungen sind lediglich übertüncht; in ungünstigen Situationen treten die früheren Symptome wieder auf, so als habe nie eine Besserung stattgefunden. Die zweite Art könnte im Auflösen der »verknoteten« limbischen Netzwerke bestehen und damit im Beseitigen des Übels an der Wurzel. Manche Emotions-Neurobiologen wie Joseph LeDoux und Michael Fanselow bezwei-feln aber, dass amygdaläre Netzwerke überhaupt umlernen können, wenn sie erst einmal in einer bestimmten Weise geprägt wurden. Sie gehen davon aus, dass die Amygdala »nie vergisst«.

Die dritte Art könnte, wie LeDoux (1998) zum Beispiel annimmt, darin bestehen, dass im Laufe einer Therapie aufgrund andersartiger, d. h. positiver emotionaler Erfahrungen in der Amygdala »Ersatz-

schaltungen« angelegt werden, die die negativen Schaltungen ein-
kapseln und an ihnen *vorbei* einen eigenen Zugang zur Handlungssteuerung erlangen. Therapie wäre dann die Induktion der Bildung
dieser kompensatorischen Netzwerke. Der für die psychoanalytische
Therapie wichtige Prozess der Übertragung und Gegenübertragung
könnte hierfür günstige emotionale Bedingungen schaffen in dem
Sinne, dass es dabei zu neurochemischen Zuständen kommt, in
denen eine Neubildung von kompensatorischen Netzwerken in
der Amygdala (und anderswo im limbischen System) ermöglicht
wird. Es ist aber nicht auszuschließen, dass es in manchen besonders günstig verlaufenden Therapien doch zu einer langfristigen
Veränderung in den primär »erkrankten« limbischen Netzwerken
kommt.

Man darf in diesem Zusammenhang nicht übersehen, dass Freud
bei all seiner Genialität ein Kind des Rationalismus des 19. und
beginnenden 20. Jahrhunderts war. Für ihn ist die Hauptaufgabe der
Therapie das *Bewusst-Machen* unbewusster psychischer Konflikte, im
»Es muss zu Ich werden!« Dies ist in meinen Augen eine Über-
schätzung der Rolle des Ich bei der Handlungssteuerung. Wenn das
Ich gar keinen direkten Kontrollzugang zum Handeln hat, sondern
wenn ihm nur eine Beraterfunktion zukommt, dann ist es zwecklos,
das »Es« aufklärerisch zum »Ich« machen zu wollen. Die Primär-
funktion der Therapie muss es vielmehr sein, die »Verknotungen« des
Es im limbischen System zu beseitigen bzw. zu kompensieren und das
Ich dazu zu bringen, seine konfabulatorischen Ausflüchte einzu-
stellen.

Wir sehen, dass viele Kernbestandteile der Freudschen Lehre mit
den Erkenntnissen der Neurowissenschaften vereinbar sind. Wie viele
der weiteren Bestandteile der Freudschen Psychoanalyse wie die
Traumdeutung, die Lehre vom Ödipuskonflikt, vom Penisneid,
vom Lebens- und Todestrieb einer empirischen Überprüfung stand-
halten werden, sei dahin gestellt – sie werden von vielen heutigen
Psychoanalytikern auch nicht mehr als Dogma angesehen.

Letztendlich geht es nicht darum, Freud zu beweisen oder zu
widerlegen, sondern um eine neurobiologische Grundlegung von
Psychotherapie. Eine solche Grundlegung wird wichtige Hinweise zu
ihrer Optimierung liefern können. Klar ist aus neurobiologischer
Sicht, warum eine Psychotherapie so schwierig und langwierig ist und
warum sie manchmal teilweise oder ganz scheitert. Wäre eine Psycho-

therapie leicht und könnte der Mensch wesentliche Teile seiner Persönlichkeit schnell und aus eigenem Antrieb ändern (sie wären dann auch nicht wesentliche Teile), dann wäre vieles von dem falsch, was in diesem Buch an empirischen Befunden vorgetragen wurde.

13. Das motorische Gehirn

Unter dem Begriff »motorisches System« versteht man in der Neurobiologie und Neurologie alle an der Vorbereitung und Steuerung von motorischen Aktionen und Reaktionen beteiligten Hirnzentren. Allerdings ist dieser Begriff im Grunde nur sinnvoll im Zusammenhang mit der traditionellen Einteilung der Gehirnstrukturen und -funktionen in die Gebiete *Sensorik, zentrale Verarbeitung* und *Motorik*. Eine solche Trennung ist aber nicht aufrechtzuerhalten. Sensorik und zentrale Verarbeitung gehen im Gehirn gleitend ineinander über; ebenso gibt es keine scharfe Abgrenzung zwischen zentraler Verarbeitung und Motorik. Letztlich ist das gesamte Gehirn als »motorisches System« zu betrachten, denn alles, was dort abläuft, ist nur sinnvoll, wenn es früher oder später in Verhalten einmündet. Wenn ich im Folgenden vom *motorischen System* spreche, dann schließe ich neben den Hirnzentren, die mehr oder weniger unmittelbar eine Bewegung steuern, auch diejenigen mit ein, die an der Auswahl von Bewegungen, der Festlegung der Details ihrer Ausführung, an Überwachung, Kontrolle und Korrektur beteiligt sind.

Das motorische System in diesem weiteren Sinne umfasst eine große Zahl von Hirnzentren. Zu allererst sind dies die Motorkerne im Gehirn und in den motorischen Abschnitten (Segmenten) des Rückenmarks, in denen sich die Motorneurone und die ihnen zugeordneten Interneurone befinden, die eine Gruppe von Muskeln ansteuern, die wiederum für einen bestimmten Typ von Bewegungen zuständig sind. Im Gehirn handelt es sich um die drei Augenmuskelkerne und die motorischen Kerne des Nervus (N.) trigeminus, N. facialis, N. glossopharyngeus, N. vagus, N. accessorius und N. hypoglossus. Diese Nerven innervieren Muskeln des Kopfes (einschließlich Mund und Zunge) und des Nackens. Die spinalen Motorsegmente im Rückenmark steuern, streng topographisch, die übrigen Teile des Bewegungsapparates unseres Körpers.

Zum motorischen System gehören außerdem (1) Zentren im Verlängerten Mark, in der Brücke und im Mittelhirntegmentum, die einen direkten Zugriff auf diese Motorkerne und -segmente haben und deren Aktivität modulieren können; (2) das Kleinhirn mit seinen verschiedenen Anteilen (Vestibulo-, Spino- und Cerebro-Cerebellum) und die eng mit dem Kleinhirn verbundene Brücke (pontine Kerne); (3) der im Mittelhirntegmentum angesiedelte Nucleus ruber und das Mittelhirndach (Colliculi superiores und inferiores); (4) motorische Kerne des Thalamus; (5) die Basalganglien im Mittelhirn, Zwischenhirn und Endhirn und schließlich (6) prämotorische und motorische Areale des Isocortex.

Bewegung ist nicht gleich Bewegung. Vielmehr unterscheidet man folgende Typen von motorischen Aktionen und Reaktionen: (1) reine mono- oder disynaptische Reflexe; (2) rhythmische, hochgradig stereotype Bewegungen wie Atmen, Laufen, Kauen und Schlucken; (3) reflexartige Leistungen der Stützmotorik; (4) automatisierte Hinwende-, Schreck- und Abwehrreaktionen; (5) automatisierte Handlungsabläufe wie Radfahren, sich die Schuhe zubinden, eine Tastatur bedienen; und (6) Planhandlungen im eigentlichen Sinne.

Zu den Reflexen im eigentlichen Sinne gehören der Kniesehnenreflex (das Bein schnellt vor, wenn die Kniesehne gedehnt wird, etwa durch den Hammer des Arztes) und der Lidschlagreflex (wir zucken in Schrecksituationen oder bei schneller Annäherung eines Gegenstandes mit dem Augenlid). Ersterer ist ein so genannter *monosynaptischer* Reflex, auch »Eigenreflex« genannt. Er beruht darauf, dass die Dehnung der Sehne und der Muskeln in ein hierfür zuständiges Rückenmarkssegment gemeldet wird. Das geschieht über eine einzige Synapse. Diese leitet die Erregung zu den dort befindlichen Motorneuronen weiter, welche die gedehnten Muskeln innervieren, und zwar innerhalb von Millisekunden und damit lange bevor uns der Vorgang bewusst wird. Diese Eigenreflexe sind nicht willentlich unterdrückbar (was verhängnisvoll wäre); sie schützen uns nämlich nicht nur, sondern dienen auch der unwillkürlichen Kontrolle unserer Körperhaltung.

Der Lidschlagreflex wird durch Neuronen im Hirnstamm gesteuert. Hier werden verschiedenartige Sinnesempfindungen zusammengeschaltet, wenn wir z. B. mit dem Augenlid zucken, weil ein Gegenstand auf uns zugeflogen kommt, unser Lid von einem plötzlichen Luftstoß gereizt wird, oder wenn ein Versuchsleiter unseren Lidschlag auf einen bestimmten Ton »konditioniert« hat (ein beliebtes Praktikumsexperiment). Dabei sind zwei oder mehrere synaptische Umschaltungen und Konvergenzen involviert (daher *disynaptischer* bzw. *polysynaptischer* Reflex genannt), und entsprechend ist der Lidschlagreflex auch über Konditionierung oder willentlich (wenn auch mit einigem Aufwand) veränderbar.

Atmen, Laufen, Kauen, Schlucken und Kratzen, aber auch die Leistungen unserer Stützmotorik werden ebenfalls als Reflexe bezeichnet, da sie in der Tat häufig reflektorisch und gegen unseren Willen bzw. ohne bewusste Kontrolle ablaufen. In der Tat gehen unsere Atembewegungen weiter, wenn wir tief schlafen; wir können laufen, kauen und schlucken und dabei mit unseren Gedanken ganz woanders sein. Wir halten unsren Körper aufrecht, und zwar auch auf leicht schwankendem Grund, ohne dass wir dies bewusst steuern müssten oder auch nur könnten; wir haben nämlich in aller Regel keine Ahnung davon, wie unsere Körpermuskeln diese sehr komplizierten Leistungen vollbringen. Allerdings können wir – häufig in bestimmten Grenzen – in diese reflexhaften Abläufe eingreifen und sie verändern. Dies rührt daher, dass die entsprechenden Zentren durch Zentren der *Willkürmotorik* innerviert und moduliert werden. Dasselbe gilt auch für alle automatisierten Hinwende-, Schreck- und Abwehrreaktionen. Schreckreaktionen erfolgen sehr schnell, mit einer Latenz von ca. 30 Millisekunden. Dies ist mehr als zehnmal schneller als die Zeit, die verstreichen muss, bis uns ein Reiz bewusst wird.

Die soeben genannten reflexhaften Reaktionen und Bewegungen haben eines gemeinsam, nämlich dass sie ohne Bewusstsein und Willensanstrengungen ablaufen. Dafür sind sie viel zu schnell, und unsere Empfindung hinkt immer mit beträchtlicher Verzögerung hinterher. Sie beruhen auf der Aktivität subcorticaler motorischer Zentren. Ihr Gegenteil sind die *willkürmotorischen* Bewegungen, die neben subcorticalen Zentren immer auch eine Beteiligung corticaler Zentren erfordern. Gemeinsam ist ihnen, dass wir sie *uns selbst zuschreiben*, und zwar unabhängig davon, ob wir sie *bewusst geplant oder ausgeführt* haben. Wie bereits geschildert, gibt es allerdings einen gleitenden Übergang zwischen Bewegungen und Handlungen, die wir nur mit hoher Konzentration ausführen können (z. B. das Einfädeln eines Fadens durch ein enges Nadelöhr), bis hin zu völlig automatisierten Handlungen wie dem Fahrradfahren, die wir allerdings irgendwann einmal mühsam erlernt haben.

Im Folgenden soll nur von Willkürmotorik im geschilderten Sinne die Rede sein. Sehen wir uns also diejenigen Hirnzentren genauer an, die mit der Vorbereitung und Durchführung von Willkürhandlungen zu tun haben.

Hirnzentren der Willkürmotorik

Der *primäre Motorcortex* befindet sich im präzentralen Gyrus direkt vor der Zentralfurche der Großhirnrinde (*Sulcus centralis*), und zwar sowohl in der Tiefe als auch an der Oberfläche dieser Hirnwindung (Abb. 3.4, 13.1). Er umfasst das Brodmann-Areal A4 und wird beim Affen F1 genannt. In einem breiteren Bereich direkt vor A4 liegt der prämotorische Cortex, der das Brodmann-Areal A6 einschließt. Er setzt sich aus funktional unterschiedlichen Teilen zusammen. Zu ihnen gehören ein *laterales, d. h. außen liegendes prämotorisches Areal*, und ein *mediales*, am oberen Rand der Innenseite der Hemisphäre liegendes supplementär-motorisches Areal (SMA) und ein davor liegendes prä-SMA (Abb. 3.5). Hinzu kommen auf der Innenseite unterhalb von SMA und prä-SMA und innerhalb des Gyrus cinguli ein rostrales und ein caudales cinguläres motorisches Areal (rCMA, cCMA), und auf der Außenseite der Hemisphäre das frontale Augenfeld (FEF, A8) sowie das akzessorische frontale Augenfeld (AEF, A6). Bei der folgenden Darstellung der Funktionen der verschiedenen motorischen Areale und ihrer anatomischen Verbindungen stütze ich mich vornehmlich auf die Darstellung von Passingham (1993) und Jeannerod (1997); speziellere Literatur ist im Text genannt.

Im primären Motorcortex A4 (beim Affen F1; vgl. Abb. 13.1) ist die gegenseitige (kontralaterale) Körpermotorik abgebildet. Dies ergibt den »motorischen Homunculus«, wie ihn der berühmte Neurochirurg Wilder Penfield aufgrund von detaillierten Hirnreizungen beschrieben hat. Dieser Homunculus hängt mit dem Kopf nach unten und ist in seinen Proportionen stark verzerrt (Abb. 13.2). Er ist damit ein ungefähres Spiegelbild seines Bruders, des »sensorischen Homunculus«, der auf der gegenüberliegenden Seite der Zentralfurche im postzentralen Gyrus lokalisiert ist (s. Kapitel 4).

Der motorische Homunculus kommt durch eine mehr oder weniger systematische Abbildung aller willkürlichen (quergestreiften) Körpermuskeln im Gyrus praecentralis zustande. Die Muskeln der Füße und Beine sind auf der Innenseite der Großhirnrinde, die Muskeln von Knie, Hüfte, Rumpf, Schulter und Ellbogen oben auf dem Gyrus praecentralis repräsentiert. Handgelenk, Hand, Finger, Daumen, Nacken, Brauen, Auge, Gesicht sowie der Mundapparat mit Lippen und Kiefermuskeln sind im außen liegenden Gyrus praecentralis abgebildet, und zwar in der angegebenen Reihenfolge.

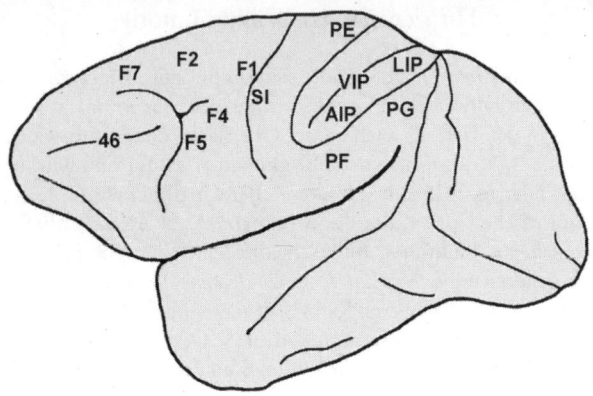

13.1 Motorische und parietale Rindenfelder beim Makakenaffen. Erläuterungen im Text. Abkürzungen: F1 = primärer motorischer Cortex; F2 = caudales Feld des dorsolateralen prämotorischen Cortex; F7 = rostrales Feld des dorsolateralen prämotorischen Cortex; F4 = caudales Feld des dorsolateralen prämotorischen Cortex; F5 = rostrales Feld des dorsolateralen prämotorischen Cortex; SI = primärer somatosensorischer Cortex; PE = vorderer oberer Parietallappen; PG = hinterer oberer Parietallappen; PF = unterer Parietallappen; AIP = anteriores intraparietales Areal; LIP = laterales intraparietales Areal; VIP = ventrales intraparietales Areal. (Aus Rizzolatti et al., 2000, verändert.)

Seitlich an die Gesichtsmuskulatur, am unteren Ende des Sulcus centralis, schließt sich das Areal A43 an, *cortikales Mastikationsfeld* genannt, das die Zungen-, Schluck- und Schlundmuskulatur innerviert. Da ein dreidimensionaler Körper nicht kontinuierlich auf einer (zweidimensionalen) Oberfläche abgebildet werden kann, gibt es typische Sprünge in dieser Abbildung, und zwar einmal zwischen Hand und Kopf und ein anderes Mal zwischen Kopf und Zunge; der Homunculus ist sozusagen zerrissen.

Der Homunculus hat dünne Beine und einen schmächtigen Rumpf, eine große Hand mit sehr großen Fingern, eine kleine Stirn, einen sehr großen Mund und eine große Zunge. Diese Verzerrung in den Körperproportionen entspricht den Unterschieden in der Feinheit der peripheren Innervation, d. h. der Zahl der Motorneurone pro Zahl der Muskelfasern. So ist bei der Gesichtsmuskulatur fast jede einzelne Muskelfaser von einem einzigen Motorneuron innerviert,

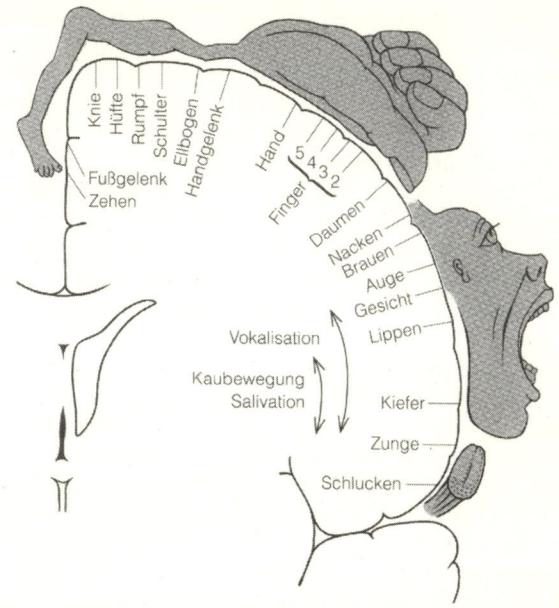

Knie
Hüfte
Rumpf
Schulter
Ellbogen
Handgelenk
Fußgelenk
Zehen
Hand
5 4 3 2
Finger
Daumen
Nacken
Brauen
Auge
Gesicht
Vokalisation
Lippen
Kaubewegung
Salivation
Kiefer
Zunge
Schlucken

13.2 Motorischer Homunculus. (Aus Benninghoff, 1994; nach Penfield und Rasmussen, 1950.)

beim Rumpf und den körpernahen Extremitätenteilen dagegen werden bis zu hundert Muskelfasern von einem einzigen Motorneuron erregt. Dies wiederum entspricht der Feinheit, mit der wir diese Körperteile bewegen können.

Der primäre motorische Cortex weist also eine *somatotope Organisation* auf, die jedoch keine strikte Punkt-zu-Punkt-Projektion darstellt; vielmehr lässt sich ein einzelnes Motorneuron im Rückenmark von einem cortikalen Gebiet mit einem Durchmesser von ein bis drei Millimetern aus erregen (Creutzfeldt, 1983). Selbst eng benachbarte Pyramidenzellen beeinflussen unterschiedliche Muskeln. Es gibt also eine erhebliche Überlappung in der Ansteuerung von Muskeln, die wohl darauf beruht, dass funktionell zusammenarbeitende motorische Einheiten zusammengeschaltet sind.

Die Neurone im primären motorischen Cortex innervieren vorwiegend die so genannten distalen, d. h. rumpf-fernen Muskeln, z. B.

die Fingermuskeln. Sie kodieren die *Kraftentwicklung*, die nötig ist, um einen Körperteil in eine bestimmte Position zu bringen, die *Geschwindigkeit*, mit der dies geschieht, und die *Bewegungsrichtung*. Bei (schmerzloser) elektrischer Reizung von Teilen des primären motorischen Cortex, wie sie bei der freigelegten Großhirnrinde eines Patienten vor einer Hirnoperation möglich ist, können Zuckungen kleiner Muskelgruppen oder kleiner distaler Körperteile wie eines Fingers ausgelöst werden. Die Erregungsschwelle ist dabei vergleichsweise niedrig, d. h. solche Zuckungen sind leicht auslösbar. Die Erregung des motorischen Cortex führt in aller Regel zu *kontralateralen* Bewegungen; nur bei den Cortexabschnitten, die für Muskeln nahe der Mittellinie sowie für die Kehlkopf-, Schlund- und Kaumuskulatur zuständig sind, erfolgt eine beidseitige Aktivierung. Solche elektrisch ausgelösten Bewegungen erscheinen, wie Penfield berichtet (Penfield, 1958), dem Patienten *unerwartet, unbegründet und aufgezwungen* (s. dazu die beiden folgenden Kapitel).

Eingänge erhält der primäre motorische Cortex vornehmlich aus den vor ihm liegenden Gebieten dorsolateralen motorischen Cortex (beim Affen F2 und F7; vgl. Abb. 13.1) sowie dem auf der Innenseite der Hemisphäre liegenden supplementärmotorischen Areal SMA (beim Affen F3) des dorsolateralen und dorsomedialen prämotorischen Cortex sowie aus den ventrolateralen thalamischen Kernen. Den Ausgang bilden die Fasern der Pyramidenbahn (s. unten).

Der *dorsolaterale prämotorische Cortex* liegt vor dem primären motorischen Cortex und gliedert sich beim Affen in zwei *dorsale* Felder, nämlich ein caudales Feld F2 und ein rostrales Feld F7, sowie zwei *ventrale* Felder, nämlich ein caudales Feld F4 und ein rostrales Feld F5 auf (Abb. 13.1). Anders als der primäre motorische Cortex steuert der dorsolaterale prämotorische Cortex nicht die Aktivität einzelner distaler Muskelgruppen und entsprechend kleine Willkürbewegungen, sondern komplexere Aktivitäten der Rumpfmuskulatur sowie der rumpfnahen Muskeln der Gliedmaßen und des Kopfes. Die Reizschwelle für das elektrische Auslösen solcher Bewegungen ist dabei höher als prämotorischen Cortex. Allgemein wird dem dorsolateralen prämotorischen Cortex die Rolle der Bewegungssteuerung gegenüber *externen Reizen* und *Reizsituationen* zugeschrieben. Er ist auch der Ort visuomotorischen und audiomotorischen Lernens, und zwar in Verbindung mit den entsprechenden sensorischen Cortexarealen und dem posterioren parietalen Cortex.

Der dorsolaterale prämotorische Cortex ist auch zuständig für eine komplexe Arm-Hand-Auge-Steuerung, die den Verhältnissen im posterioren parietalen Cortex (s. unten) sehr ähnlich ist. Im dorsalen Teil von A6 bzw. beim Affen im caudal liegenden Gebiet F2 und im rostral liegenden F7 (Abb. 13.1), gibt es Neuronen, die durch die Blickbewegung moduliert werden. Nach neueren Untersuchungen soll es in F2 des Makakenaffen Neuronen geben, die bei der Ausbildung neuer Assoziationen zwischen visuellen Hinweisreizen und bestimmten motorischen Reaktionen besonders aktiv sind, während dies für F7 nicht gelten soll (Rizzolatti et al., 2000). Im ventralen caudalen Teil des lateralen prämotorischen Areals, d. h. in F4, gibt es Neuronen, die wie parietale Neurone die Richtung der Greifbewegung kodieren, d. h. sie feuern während der Bewegung, und zwar in Abhängigkeit von einer bestimmten Greifrichtung. Wieder andere Neurone in F4 reagieren auf die Objektposition unabhängig von Augenbewegungen.

Im rostralen ventralen Areal, d. h. F5 (Abb. 13.1), finden sich bei Affen Neurone, die mit Greifen nach Objekten mit der Hand und mit dem Mund befasst sind, sowie mit Objektmanipulation und dem Anblick von Objekten, auf die solche Bewegungen und Aktionen bezogen sind. Diese F5-Neurone wurden in den letzten Jahren im Gehirn von Makakenaffen intensiv untersucht, vor allem von der Gruppe um Giacomo Rizzolatti in Parma (vgl. Rizzolatti et al., 1986, 2000). Diese Forscher fanden heraus, dass die meisten F5-Neurone für einen von drei Typen des Ergreifens von Objekten zuständig sind, nämlich entweder für den Präzisionsgriff (mit Daumen und Zeigefinger), den Oppositionsgriff (Daumen gegen alle Finger) oder den Ganz-Hand- bzw. Kraftgriff. Die meisten dieser Neurone waren für den Präzisionsgriff zuständig.

Rizzolatti und seine Kollegen fanden, dass Neurone in F5 aus zwei Gruppen zusammengesetzt sind, von denen die eine Gruppe »kanonische F5-Neurone« genannt wird und in einer Teilregion von F5 (*F5ab* genannt) lokalisiert ist. Diese Neurone reagierten auch beim Anblick ergreifbarer Objekte, und zwar häufig bei dreidimensionalen Objekten einer ganz bestimmten Sorte. Bei der zweiten, größeren Gruppe von F5 antworteten die Neurone nur, wenn nach einem bestimmten Objekt gegriffen wurde.

Diese Teilregion von F5 ist reziprok mit einem Areal im posterioren parietalen Cortex verbunden, *anteriores intraparietales Areal, AIP* genannt (Abb. 13.1). Hier finden sich die von dem japanischen Neurobiologen Sakata und seinen Mitarbeitern beschriebenen »Hand-Neurone«, die fast dieselben Eigenschaften haben wie die von F5 (Sakata et al., 1995). Sakata und seine Mitarbeiter fanden hier drei Klassen von Neuronen, und zwar solche, die nur bei Handbewegungen reagieren, andere, die nur beim Anblick von Objekten reagieren, und solche, die bei beidem aktiv sind. Die rein visuell aktivierten Neurone fehlen in F5. Ebenfalls gibt es in AIP viele Neurone, die während der ganzen Handbewegung feuern, während die meisten F5-Neurone nur beim Ergreifen der Objekte aktiv sind. Rizzolatti und seine Kollegen nehmen an, dass die enge Zusammenarbeit von Neuronen in AIP einerseits und in F5ab andererseits festlegt, auf welche Weise der Anblick eines bestimmten Objekts in eine Greifbewegung nach diesem Objekt umgesetzt werden soll, bevor über Kommandos von höheren exekutiven Zentren diese Greifbewegung gestartet wird.

In F5, genauer im vorderen Teil, F5 c genannt, finden sich auch die berühmt gewordenen »Spiegelneurone« (*mirror neurons*), die von der Rizzolatti-Gruppe entdeckt wurden (vgl. Gallese und Goldman, 1998). Diese Spiegelneurone reagieren auf selbst ausgeführte oder bei anderen beobachtete zielgerichtete Bewegungen, vor allem auf das Ergreifen, Manipulieren und Platzieren von Objekten. Die Bedeutung der Objekte für den Affen spielte dafür meist keine Rolle, jedoch ihre Größe. Einige dieser Neurone waren nur bei ganz bestimmten, bei anderen Affen beobachteten *intentionalen* Bewegungen aktiv. Mithilfe bildgebender Verfahren und transkranieller Magnetstimulation wurde die Existenz solcher Spiegelneurone beim Menschen in ungefähr demselben cortikalen Areal in Nähe des Broca-Zentrums wahrscheinlich gemacht.

Welche Funktion diese Neurone sowohl beim Affen als auch beim Menschen haben, ist noch unklar. Naheliegend war der Gedanke, dass es sich um eine Art »Imitationsneurone« handelt, die unser Gehirn befähigen, bestimmte Handbewegungen und Objektmanipulationen nachzumachen. Dies könnte beim Menschen auch durchaus der Fall sein; beim Affen steht einer solchen Deutung die von Experten berichtete Tatsache gegenüber, dass Makakenaffen oder auch nichtmenschliche Primaten insgesamt selten oder gar nicht Handlungen und Gebärden »nachäffen«, ganz im Gegensatz zu Menschen, die dies bereits unmittelbar nach der Geburt tun (vgl.

Kap. 11). Eine mögliche Deutung ist, dass bei den Affen die Spiegel-neurone dem Verstehen von sinnvollen Aktionen anderer Affen dienen, während sie beim Menschen tatsächlich dem »Nachäffen«, dem Imitieren dienen. Die Tatsache, dass die Spiegelneurone beim Menschen in unmittelbarer Nähe des Broca-Areals zu liegen schei-nen, gibt zu interessanten Spekulationen darüber Anlass, in welcher Weise Gebärden und ihr Anblick mit der Evolution von Sprache zusammenhängen.

Auf der Innenseite des prämotorischen Cortex liegen das *supple-mentär-motorische Areal* im engeren Sinne (englisch *SMA proper*, beim Affen F3) und rostral davon das prä-SMA (beim Affen F6) (Abb. 3.5). Die funktionale Abgrenzung beider Areale ist umstritten. Früher schrieb man dem eigentlichen SMA eine Aktivität bei komplexen, überwiegend *intern generierten* Willkürbewegungen zu, insbesondere bei deren Initiierung; ebenso sollte es bei nur vorgestellten Willkür-bewegungen, bei Planung, Vorbereitung, Übersetzen von Motiven und Plänen aktiv sein (Roland, 1980). Nach neuerer Erkenntnis ist dies wohl eher oder gar ausschließlich für prä-SMA der Fall (Stephan und Frackowiak, 1996), während das eigentliche SMA/F3 nur bei echten Bewegungen aktiv ist. Dieses Feld ist mit dem primären motorischen Cortex verknüpft, prä-SMA/F6 dagegen nicht (Rizzo-latti et al., 1996). Dies spricht dafür, dass SMA proper eine *prä-motorische*, prä-SMA dagegen eine *exekutive*, d. h. der Handlungs-vorbereitung dienende Funktion hat, und zwar aufgrund *intern generierter* Ziele.

Auch die Eingänge beider Areale sind verschieden: SMA/F3 erhält Input vom »rein motorischen« ventrolateralen und posterioren ven-trolateralen Kern des Thalamus, prä-SMA/F6 hingegen vom lim-bisch-exekutiven dorsomedialen Nucleus und vom anteroventralen thalamischen Nucleus, die auch den präfrontalen und orbitofronta-len Cortex versorgen. Lage und Funktion der beiden im Gyrus centralis gelegenen motorischen Areale, nämlich des *rostralen* und des *caudalen cingulären Motorareals*, sind umstritten und sollen deshalb hier nicht weiter behandelt werden.

Der *posteriore parietale Cortex* (Brodmann-Areale A5, A7 a, b) ist eng mit dem lateralen prämotorischen Cortex verbunden. Wie bereits in Kapitel 4 geschildert, hat der posteriore parietale Cortex mit Raum- und Bewegungswahrnehmung und davon abgeleiteten sym-bolischen Leistungen zu tun, aber auch mit Handlungsplanung und

-vorbereitung. Neurone im posterioren parietalen Cortex kodieren sowohl das Greifen nach Objekten (*reaching*) als auch deren Ergreifen (*grasping*) (Jeannerod, 1997). Beide Neuronenpopulationen sind räumlich getrennt: Neurone im dorsalen posterior-parietalen Cortex sind eher für das *Greifen*, solche im ventralen Teil für das *Ergreifen* zuständig. Einige dorsale posterior-parietale Cortex-Neurone kodieren die Greifrichtung, andere Neurone wiederum andere Aspekte visuomotorischen Verhaltens, z. B. die Manipulation von Objekten. Einige dieser Neurone werden durch die jeweilige Augenposition oder durch Augenbewegungen bzw. die relative Objektposition beeinflusst und sind somit körper-, kopf- und augenzentriert. Weiter vorn liegende Neurone scheinen dagegen eher Arm- als Handbewegungen zu kodieren. Daneben gibt es dort auch »antizipatorische« Neurone, die vor einer Greifbewegung in Abhängigkeit von deren Richtung feuern.

In dem zwischen A5 und A7 liegenden anterioren intraparietalen Areal AIP (Abb. 13.1) liegen beim Makakenaffen die bereits erwähnten, von Sakata beschriebenen »Hand-Neurone«, die das visuell gesteuerte Ergreifen von Objekten kontrollieren; sie werden von Hand- und Fingerbewegungen beeinflusst (Sakata et al., 1995). Viele dieser Neurone reagieren aber auch auf den bloßen Anblick eines Objektes, ohne dass nach ihm gegriffen wird. Der posteriore parietale Cortex interagiert hierbei stark mit dem Colliculus superior, in dem sich ebenfalls Neurone befinden, die mit Blick-, Arm- und Handbewegungen zu tun haben.

Insgesamt aber ist die Rolle des posterioren parietalen Cortex beim Greifen noch unklar. Klar ist hingegen, dass der posteriore parietale Cortex beim Greifen und bei anderen Bewegungen teils antizipatorische, teils bewegungsleitende, teils direkt motorische Funktionen hat. Die Komplexität der Antwort eines Teils der Neurone zeigt, dass die Wahrnehmung von handlungsrelevanten Objekten, die Planung von Bewegungen und deren Ausführungen bereits auf der Ebene einzelner Neurone (bzw. kleiner Neuronenverbände) nahtlos ineinander übergehen. Dies unterstreicht auf zellulärer Ebene die *Einheit von Perzeption und Aktion*.

Das okulomotorische System

Ein willkürmotorisches System spezieller Art, das innerhalb der Psychologie und der kognitiven Neurobiologie besonders gut untersucht wurde, ist das *okulomotorische System*, das die Augenbewegungen steuert. Es ist u. a. deshalb interessant, weil hier cortikale und subcortikale sowie willkürmotorische und unwillkürliche Steuerbahnen in komplexer Weise ineinander greifen.

Bei den Augenbewegungen unterscheidet man folgende Typen: (1) den *vestibulo-okulären Reflex* (VOR), der den Blick während kurzer und schneller Kopfbewegungen stabilisiert; (2) den *optokinetischen Nystagmus* (OKN), d. h. Blickstabilisierung während langsamer und langanhaltender Kopfbewegungen; (3) *langsame willkürliche Augenfolgebewegungen*; (4) *Augensakkaden*, d. h. schnelle gezielte Augenbewegungen, die in Amplitude und Richtung, jedoch nicht in ihrer Geschwindigkeit willentlich beeinflusst werden können; und (5) *Vergenzbewegungen*, d. h. konvergente oder divergente Bewegungen beider Augen bei einem herannahenden oder sich entfernenden Objekt.

Die unmittelbare Kontrolle der Augenbewegungen wird von den drei Augenmuskelnerven ausgeübt. Diese sind der *Nervus oculomotorius*, der die vier Augenmuskeln Musculus rectus superior, inferior, medialis und obliquus inferior innerviert; der *N. trochlearis*, der den Musculus obliquus superior innerviert, und der *N. abducens*, der den M. rectus lateralis versorgt. Diese Augenmuskelnerven stehen unter der Kontrolle der okulomotorischen Zentren der Brücke, die ihrerseits parallel vom cortikalen frontalen Augenfeld (FEF) und vom Colliculus superior des Mittelhirndaches gesteuert werden. Beide Gebiete stehen bei der Steuerung der Augenbewegungen mit zahlreichen anderen cortikalen (vor allem parietalen) und subcortikalen Zentren in Verbindung.

Das frontale Augenfeld (FEF) erhält – meist rückgekoppelte – Eingänge von den primären und sekundären visuellen und auditorischen Gebieten, vom supplementär-motorischen Areal und vom akzessorischen Augenfeld (AEF), vom posterioren parietalen und vom präfrontalen Cortex sowie subcortikal vom Colliculus superior und vom mediodorsalen (»limbischen«) Thalamus. Das FEF ist das Hauptsteuerzentrum für bewusste, willkürliche Augenbewegungen. Der Colliculus superior stellt – neben anderen Funktionen – das wichtigste subcortikale Steuerzentrum für gezielte und reflektorische

Augen- und Augenfolgebewegungen dar, ebenso für entsprechende Bewegungen des Kopfes und für die Auge-Hand-Koordination. Er erhält direkte erregende und über die Basalganglien indirekte hemmende Eingänge vom FEF sowie Eingänge vom lateralen Kniehöcker und von der Sehrinde, vom posterioren parietalen und vom präfrontalen Cortex.

Die Steuerung der Augenbewegungen umfasst ein System parallel geschalteter Kontrollsysteme, von denen eines rein reflektorisch ist und die medullären und pontinen Kerne umfasst, ein zweites willkürlich-unbewusst, mit dem Colliculus superior als Hauptzentrum, und eines willkürlich-bewusst, in dessen Mittelpunkt das FEF steht. Enge Beziehungen bestehen bekanntlich zwischen dem fovealen Sehen und der Aufmerksamkeit: Die Ausrichtung unserer visuellen Aufmerksamkeit fällt in aller Regel mit der genauen Ausrichtung unserer Blickachse überein; es ist deshalb schwer, Objekte extrafoveal, d. h. aus den Augenwinkeln zu beobachten.

Efferenzen des motorischen Cortex

Die motorischen Ausgänge des Cortex umfassen neben der *Pyramidenbahn* (s. unten) die Bahnen (1) zum Corpus striatum (vor allem zum Putamen); (2) zu den thalamischen Umschaltkernen; (3) zum Nucleus ruber und von dort aus zum Rückenmark; (4) zu den Reticulariskernen in der Brücke und der Medulla oblongata und von dort aus zum Rückenmark; (5) zu den so genannten Brückenkernen und von dort aus zu den Kleinhirnhemisphären; und (6) zur unteren Olive und von dort ebenfalls zum Kleinhirn. Diese sechs Bahnen stellen ca. 85 Prozent der motorischen Efferenzen des Cortex dar.

Die *Pyramidenbahn* (*Tractus corticospinalis*) umfasst nur rund fünfzehn Prozent der cortikalen motorischen Efferenzen und entspringt den motorischen cortikalen Arealen A4 und A6, den somatosensorischen Arealen A3, 1 und 2 und dem posterioren parietalen Areal A5. Im primären motorischen Areal findet man als auffällige Ausgangsneurone die rund dreißigtausend Betzschen Riesenzellen. Die meisten Fasern der Pyramidenbahn stammen aber von kleinen Pyramidenzellen in A4 und den anliegenden motorischen und sensorischen Cortexarealen.

Die Pyramidenbahn besteht aus rund einer Million Fasern, die zu den für bestimmte Bewegungen zuständigen Rückenmarkssegmenten ziehen. Diese Fasern bilden zum Teil direkte (d. h. monosynaptische) Kontakte mit den segmentalen Motorneuronen, und zwar hauptsächlich mit solchen im oberen Rückenmark, welche die distalen Muskeln des Vorderarms versorgen und damit die Feinbewegung der Finger steuern. Die Mehrzahl der Pyramidenfasern zieht in der *Pyramidenkreuzung* der Medulla oblongata zur Gegenseite. Daher kontrolliert ein motorisches cortikales Areal in der Regel die Motorik der gegenüberliegenden Körperseite.

Die Fasern der Pyramidenbahn enden aber nicht nur in segmentalen motorischen Schaltkreisen des Rückenmarks, sondern auch direkt in dessen aufsteigenden sensorischen Schaltstellen, in den medullären Hinterstrangkernen (Nucleus gracilis und Nucleus cuneatus) und im ventrobasalen Nucleus des dorsalen Thalamus. Auf diese Weise kann der motorische Cortex (im weiteren Sinne) auf unterschiedlichen Ebenen seinen eigenen somatosensorischen und propriozeptiven Eingang kontrollieren.

Subcortikale motorische Zentren

Das cortikale willkürmotorische System, das seinen Hauptausgang in der Pyramidenbahn hat (s. oben), wurde lange Zeit das *pyramidale System* genannt und dem subcortikalen, *extrapyramidalen System* entgegengestellt, zu dem man die Basalganglien, den Nucleus ruber (zuständig für Arm- und Beinbewegungen) und das Kleinhirn rechnete. Vom extrapyramidalen System meinte man, es sei für die unwillkürliche Motorik zuständig. Diese Unterscheidung ist sowohl anatomisch als auch funktional unzutreffend. Zum einen sind die Basalganglien und das Kleinhirn durch massive Faserzüge mit dem cortikalen pyramidalen System verbunden, zum anderen spielen die Basalganglien bei der Willkürmotorik eine entscheidende Rolle (im direkten Sinne des Wortes, wie wir noch sehen werden).

Zu den *subcortikalen* Zentren, die an der Steuerung der Willkürmotorik beteiligt sind, gehören: (1) die *Basalganglien,* (2) verschiedene Kerne des *Thalamus* und (3) die *Kleinhirn-Hemisphären.*

Die *Basalganglien* liegen tief im Innern des Großhirns und umfassen das dorsale Striatum (gebildet aus dem Nucleus caudatus und dem Putamen), den dorsalen Globus pallidus externus und internus, die Substantia nigra pars compacta und pars reticulata und den Nucleus subthalamicus (Abb. 3.2, 3.3 und 8.5). Das ventrale Striatum einschließlich des Nucleus accumbens und des ventralen Pallidum sind Teile des limbischen Systems und als solche in die affektive und emotionale Beeinflussung der Willkürmotorik involviert. Sie wurden bereits in Kapitel 8 besprochen.

Der *Nucleus caudatus* und das *Putamen* bilden im menschlichen Gehirn zusammen die größte subcortikale Zellmasse (Abb. 8.5). Beide haben einen identischen anatomischen Aufbau; sie enthalten ca. 100 Millionen mittelgroße und sechshunderttausend große Zellen. Die mittelgroßen Zellen haben dornenbesetzte Dendriten und benutzen GABA als Transmitter; sie bilden die Efferenzen des Striatum. In ihnen finden sich die Neuropeptide Substanz-P, Dynorphin und Enkephalin. Andere Arten von mittelgroßen Zellen können Somatostatin, GABA oder Neuropeptid Y enthalten; daneben gibt es einige cholinerge Interneuronen. Das Striatum zeigt eine durch bestimmte Anfärbemethoden nachweisbare Untergliederung in so genannte *Striosomen*, d. h. in Inseln mit geringer Dichte des Enzyms Acetylcholinesterase (AChE), und in eine dazwischen liegende *Matrix* mit hoher AChE-Dichte. Die Zellen in den Striosomen sind Zielgebiet der Projektionen dopaminerger Neurone aus der Substantia nigra, von denen wir noch hören werden.

Der *Globus pallidus* (»bleicher Kern«), meist auch einfach *Pallidum* genannt, liegt im Zwischenhirn, jedoch eng benachbart zum Striatum (beide zusammen bilden den so genannten linsenförmigen Kern, *Nucleus lentiformis*). Das Pallidum wird untergliedert in einen lateralen (oder »externen«) und einen medialen (oder »internen«) Teil, die bei Primaten einschließlich des Menschen durch die Lamina medullaris medialis getrennt werden. Das Pallidum enthält ungefähr sechshunderttausend meist große Zellen mit langen Fortsätzen.

Der *Nucleus subthalamicus* ist ein großzelliger Kern im caudalen Diencephalon (Abb. 3.2, 3.3 und 8.5). Er steht im engen Kontakt mit der *Substantia nigra* (»schwarze Substanz«). Diese wird in einen zellreichen dorsalen Teil unterteilt, die *Pars compacta*, und einen ventralen zellärmeren Teil, die *Pars reticulata*. Die Pars compacta enthält große polygonale Zellen, die Dopamin synthetisieren (diese Zellen werden als Zellgruppe A9 bezeichnet) und zu den Zellen in den Striosomen des Striatum projizieren. Von ihnen wird noch die Rede sein.

Das Kleinhirn

Das Kleinhirn ist beim Menschen nach dem Endhirn die größte Hirnstruktur und umfasst ungefähr zehn Prozent des gesamten Hirnvolumens (Abb. 13.3). Gleichzeitig enthält es schätzungsweise 20 bis 30 Milliarden Neurone (die allermeisten davon die sehr kleinen Körnerzellen); falls diese Zahl zutrifft, dann wären dies ungefähr die Hälfte der Neurone, welche die Großhirnrinde besitzt.

Das Kleinhirn wird in drei anatomisch und funktional unterschiedliche Teile eingeteilt (13.3): (1) das *Vestibulocerebellum*, das aus dem Lobus flocculo-nodularis besteht und mit den Kernen des Gleichgewichtsorgans eng verbunden ist; es ist zuständig für die Gleichgewichtsmotorik. (2) Das *Spinocerebellum*, das den Kleinhirn-Mittelteil (»Wurm«, *Vermis*) und die angrenzenden mittleren Teile der beiden Kleinhirnhemisphären umfasst und Eingänge durch die spino-cerebellären Bahnen erhält, die Informationen über den Anspannungszustand der Muskeln und Sehnen vermitteln; es ist zuständig für die Stütz- und Haltemotorik. (3) Das *Cerebrocerebellum*, auch Neocerebellum genannt, das den größten, seitlichen Teil der Kleinhirnhemisphären einnimmt. Es erhält über die Brückenkerne Eingänge aus dem motorischen und prämotorischen Cortex und ist für die Feinmotorik und deren »glatten« und richtigen Ablauf zuständig.

Die Oberfläche, »Rinde« oder Cortex des Cerebellum ist stark gefaltet, viel stärker noch als die Großhirnrinde, und weist eine noch gleichförmigere Struktur auf (Abb. 13.4). Sie besteht aus drei Schichten, der innen liegenden *Körnerzellschicht*, in der sich die vielen Milliarden an kleinen Körnerzellen und die weit weniger zahlreichen größeren Golgizellen befinden; der *Purkinjezellschicht*, in der sich die rund achtzigtausend sehr großen Purkinjezellen mit ihren flachen, Spalierobst-artigen Dendritenbäumen befinden; und der *Molekularschicht*. Diese enthält Stern- und Korbzellen, die Dendritenbäume der Purkinje-Zellen und die Axone der Körnerzellen, die das Parallelfasersystem bilden (s. unten). Im Innern des Cerebellum liegen die *Kleinhirnkerne* (Abb. 13.3). Diese sind der Nucleus dentatus (der größte Kleinhirnkern, er befindet sich in den lateralen Hemisphären), der Nucleus emboliformis und der Nucleus globosus, zusammen Nucleus interpositus genannt (er liegt im intermediären Teil des Cerebellum), und der Nucleus fastigii, der im Wurm angesiedelt ist.

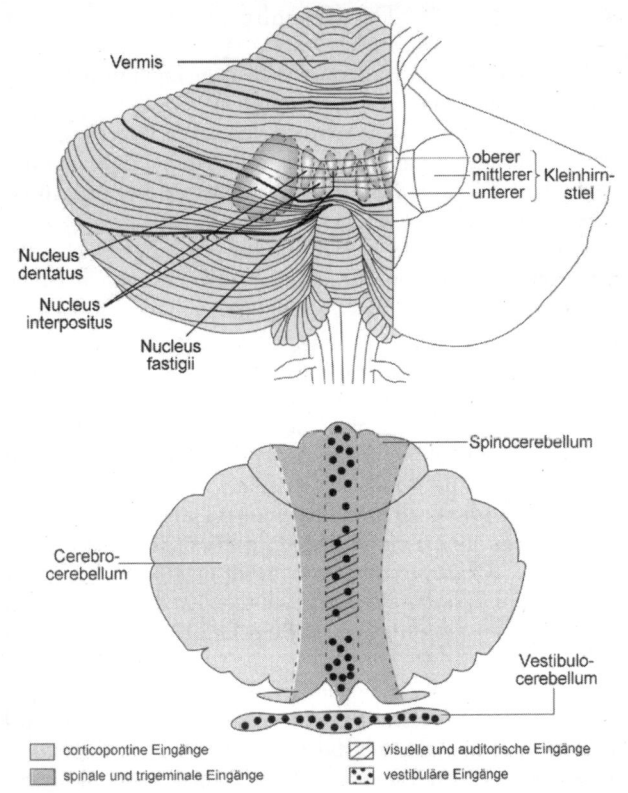

13.3 Oben: Gesamtansicht des menschlichen Kleinhirns von dorsal mit den tiefsitzenden Kleinhirnkernen und den Kleinhirnstielen. Unten: Kleinhirn-schema mit den drei funktionellen Bestandteilen. (Nach Kandel et al., 1991; verändert.)

Eingänge des Cerebellum bilden zwei Fasersysteme, die *Moosfasern* und die *Kletterfasern* (Abb. 13.4). Die *Moosfasern* stammen aus der Brücke, der Formatio reticularis, den vestibulären Kernen der Medulla oblongata, dem Tectum und dem Rückenmark. Sie vermitteln Information über die Stellung des Kopfes und Körpers und den Zustand der Muskeln, Sehnen und Gelenke, die von den Vestibulariskernen, von den Muskelspindeln, den Gelenkrezeptoren und den

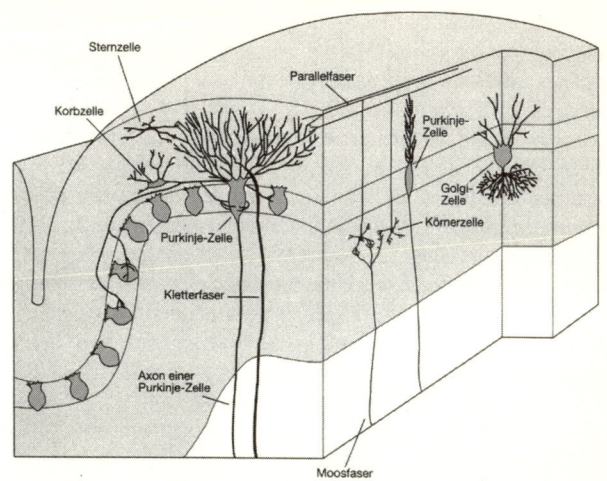

13.4 Dreidimensionale Darstellung einer Kleinhirnwindung mit ihren zellulären Elementen. Weitere Erläuterungen im Text. (Nach Kandel et al., 1991; verändert.)

Sehnenorganen kommen. Die Moosfasern enden büschelartig an den Dendriten der vielen kleinen Körnerzellen und an den Axonen der Golgizellen. Die Körnerzellen wiederum senden Fortsätze in die Molekularschicht, wo sich diese Fortsätze T-förmig aufzweigen und das System der *Parallelfasern* bilden, das rund zwanzig Milliarden Fasern (!) umfasst. Im rechten Winkel zu diesen Fasern stehen die flachen, ausladenden Dendritenbäume der Purkinjezellen; dabei empfängt jede der achtzigtausend Purkinjezellen ungefähr zweihunderttausend Parallelfasern. Hierdurch entsteht ein gigantisches Gittersystem, das insbesondere zur Berechnung von Laufzeitunterschieden geeignet ist. Dies könnte dann die Grundlage für eine Repräsentation komplexer raumzeitlicher Vorgänge bilden. Die Moosfasern bilden erregende (glutamaterge) Kontakte mit den Purkinjezellen; die genauere Regulation der Aktivität dieses Gitters erfolgt über hemmende, GABAerge Interneuronen. Bei diesen handelt es sich um Golgi-Zellen, die die Körnerzellen hemmen, um Korbzellen, welche die Zellkörper der Purkinjezellen hemmen, und um Sternzellen, welche die Dendriten der Purkinjezellen hemmen.

Die *Kletterfasern* haben ihren Ursprung in der so genannten unteren Olive (*Oliva inferior*) der Medulla oblongata, die ihrerseits Eingänge aus dem Rückenmark, dem Verlängerten Mark und der Brücke erhält. Sie umspinnen die Zellkörper und die Dendriten der Purkinjezellen im lateralen Teil der Kleinhirnhemisphären, der mit der Großhirnrinde in Verbindung steht. Dabei kontaktiert jede Kletterfaser eine bis zehn Purkinjezellen, die ihrerseits nur von einer Kletterfaser erregt werden; es gibt also keinen Überlappungsbereich zwischen den einzelnen Kletterfasern. Die Kletterfasern wirken über Glutamat erregend auf die Purkinjezellen, und zwar in einer sehr effektiven Weise: Ein präsynaptisch einlaufendes Aktionspotential löst in den Purkinjezellen eine hochfrequente Salve von Aktionspotentialen aus. Die Kletterfasern modulieren außerdem den Einfluss der Moosfasern.

Die Purkinjezellen sind die einzigen Ausgangselemente des Kleinhirns. Sie wirken über GABA hemmend auf die bereits genannten Kleinhirnkerne ein und gehören zu den wenigen hemmenden Projektionsneuronen im Gehirn (die meisten anderen sind erregend). Die Kleinhirnkerne (Abb. 13.3) haben je nach Lage unterschiedliche Zielorte. Der Nucleus fastigii projiziert zu den Vestibulariskernen, von denen das Vestibulocerebellum (der Lobus flocculo-nodularis) Eingänge erhält. Vom Nucleus dentatus und Nucleus interpositus gehen Projektionen zum Nucleus ruber und zum Zentralen Höhlengrau des Mittelhirns, zu den intralaminären Kernen sowie zum Nucleus ventralis lateralis des Thalamus, der seinerseits zur motorischen Rinde projiziert. Der ventrale Teil des Nucleus dentatus (das so genannte »Neodentatum«) ist beim Menschen besonders groß. Über die intralaminären Kerne ist das Cerebellum indirekt mit dem Striatum und dem assoziativen Cortex verbunden, wobei das Neodentatum zum präfrontalen Cortex projiziert.

Das Kleinhirn ist das Integrationszentrum für Koordination und Feinabstimmung der Körperbewegungen und des Muskeltonus. Es spielt eine wichtige Rolle beim Sequenzieren und Glätten von motorischen Reaktionen sowie beim motorischen Lernen, insbesondere auch bei solchen Handlungen, die mit zunehmender Übung automatisiert werden und bei denen keine komplexen Entscheidungen zu treffen sind. Das Kleinhirn ist zudem ein wichtiger Ort motorischen Lernens, etwa was die Koordination von Kopf- und Augenbewegungen betrifft. Dies können wir gut studieren, wenn wir eine *Umkehrbrille* aufsetzen. Solche Brillen vertauschen entweder das obere und das untere oder (was noch störender ist) das rechte und das linke Gesichtsfeld. Bewegt man sich mit einer solchen Brille einige Zeit umher (dies ist wichtig!), dann dreht sich die Welt allmählich wieder in die richtige Position. Dieser Lernvorgang findet bei einer Läsion des Vestibulocerebellum nicht statt. Andere Arten motorischen Lernens betreffen die erfahrungsabhängige Kraftaufwendung bei der Bewegung von Gegenständen und überhaupt die Anpassung des Bewegungsaufwandes an die aktuelle Situation, aber auch die Konditionierung des Lidschlagreflexes.

Man könnte meinen, dass der operative oder verletzungsbedingte Verlust des Kleinhirns zumindest die automatisierte Motorik völlig zum Erliegen bringen würde, insbesondere auch angesichts der Tatsache, dass das menschliche Gehirn dadurch etwa ein Viertel seiner Neurone verliert. Dies ist aber nicht der Fall. Ein Kleinhirnausfall führt zwar zu verzögerten Bewegungen, zu Schwierigkeiten beim motorischen Entfernungsschätzen oder Abschätzen des Kraftaufwandes, auch zu verzögertem, schleppendem Sprechen, aber keineswegs zu einem völligen Fortfall der Motorik. Es sind wohl eher motorische »Spitzenleistungen«, die ausfallen.

Wie Untersuchungen der letzten zehn Jahre gezeigt haben, ist das Kleinhirn nicht nur bei rein motorischen Aufgaben aktiv, sondern auch bei Aufgaben, die man als eindeutig kognitiv bezeichnen muss (Leiner et al., 1991; Schmahmann, 1997). Hieran sind insbesondere die lateralen Teile der Kleinhirnhemisphären und der Nucleus dentatus beteiligt. So ist seit langem bekannt, dass *Vorstellungen* über motorische Aktionen und Handlungsabläufe nicht nur das supplementär-motorische Areal und prä-SMA aktivieren, sondern auch das Kleinhirn. Wie Ivry und Fiez (2000) schreiben, ist es eher schwierig, neben rein motorischen Aufgaben kognitive Aufgaben zu finden, bei denen das Kleinhirn *nicht* aktiv ist. Über das Ausmaß, in dem das Cerebellum an kognitiven Leistungen beteiligt ist, gibt es allerdings noch keine übereinstimmenden Vorstellungen.

Zurzeit werden auf der Basis sehr unterschiedlicher empirisch-experimenteller Evidenzen folgende Hypothesen diskutiert (vgl. Ivry und Fiez, 2000): (1) Das Kleinhirn hat mit dem schnellen und effektiven Wechsel von Aufmerksamkeit zu tun; (2) es ist an der sensorischen Erkundung der Umwelt beteiligt, insbesondere im Hinblick auf die mögliche Handhabung von Objekten; (3) es hat mit dem Überwachen und der Fehlerkontrolle von motorischen und nichtmotorischen Abläufen zu tun, insbesondere im Zusammenhang mit der Möglichkeit, Voraussagen über zukünftige Abläufe zu machen und diese für Lernvorgänge einzusetzen; (4) es hat eine ganz allgemeine Funktion im Erfassen und Überwachen von zeitlichen Abläufen, seien diese rein motorischer, sprachlicher oder gedanklicher Art; (5) es hat mit den motorischen Abläufen expliziten und rein gedanklichen Sprechens zu tun und ist dadurch an der »phonologischen Schleife« des Arbeitsgedächtnisses beteiligt, wie dieses von Baddeley (1986) konzipiert wurde. Es wäre demnach sozusagen das Arbeitsgedächtnis aus motorischer Sicht.

Diese Funktionen müssen sich keineswegs gegenseitig ausschließen, ergeben aber zusammengenommen noch keinen wirklichen Sinn. Entweder hat man noch nicht die richtigen Fragen an das Kleinhirn gestellt, oder dieser Hirnteil ist – wie das Endhirn – eben an vielen unterschiedlichen Funktionen beteiligt. Das »Zeitmessen«, die sich daraus ergebende Funktion der zeitlichen Sequenzierung von motorischen oder mentalen Ereignissen und das Glätten ihrer Abfolge sind jedenfalls die hervorstechendsten Funktionen des Kleinhirns. Das von Längsfasern und Purkinjezellen gebildete hochgradig regelmäßige Netzwerk scheint ideal geeignet zu sein für das genaue Auslesen von Laufzeitunterschieden. Für eine ausführliche Diskussion der genauen Arbeitsweise des Kleinhirns siehe den Artikel von Braitenberg et al. (1997).

Motorische Bahnen

Über den Hauptausgang des motorischen Cortex, die Pyramidenbahn, haben wir bereits gesprochen. Über diese Bahn steuert der motorische Cortex direkt die Motorkerne in der Medulla oblongata und im Rückenmark an, die ihrerseits direkt die Muskeln von Kopf/Gesicht, Hals und restlichem Körper aktivieren. Daneben ist der motorische und exekutive Cortex aufs Vielfältigste mit den genannten subcorticalen Zentren, vor allem mit den Basalganglien und dem Cerebellum teils direkt, teils über thalamische Umschaltkerne verbunden. Wie wir sehen werden, kann der motorische Cortex ohne die Mitwirkung der Basalganglien keine Willkürbewegungen auslösen oder steuern.

Über die Bahnen, die zwischen motorischem Cortex und dem Kleinhirn unter Einschluss der pontinen und thalamischen Umschaltkerne verlaufen, wurde ebenfalls bereits gesprochen. Dieses motorische System ist für diejenigen Willkürbewegungen zuständig, die bereits *eingeübt* wurden und bei denen es nicht viel zu entscheiden gibt. Für geplante und bewusst gesteuerte oder zumindest bewusst ausgelöste Bewegungen sind dagegen vor allem diejenigen Bahnen zuständig, die zwischen Cortex und Basalganglien verlaufen. Sie bilden ein kompliziertes System, dessen Grundaufbau wir aber verstehen müssen, wenn wir wissen wollen, wie diese Art von Willkürhandlungen gesteuert wird.

Der präfrontale Cortex, der orbitofrontale und anteriore cinguläre Cortex, der motorische Cortex, der laterale prämotorische und der supplementär-motorische Cortex, der posteriore parietale und der inferiore temporale Cortex projizieren alle zu den Basalganglien (vgl. Abb. 13.5). Demgegenüber gibt es zu den Basalganglien nur wenige Projektionen vom dorsalen und medialen Temporallappen und keine vom Okzipitallappen. Da die genannten cortikalen Areale zum Teil unterschiedliche Funktionen haben, überrascht es nicht, dass sie teilweise getrennte Bahnen zu den Basalganglien schicken und dass diese unterschiedlichen cortikalen Eingänge in den Basalkernen auch teilweise getrennt weiterverarbeitet werden. Von dort werden sie zu teilweise unterschiedlichen thalamischen Umschaltkernen weitergesandt, von wo aus die Bahnen in der Regel zu denjenigen cortikalen Arealen zurücklaufen, von denen sie ihren Ausgang hatten.

Dabei ergibt sich nach Alexander et al. (1990) und Passingham (1993) in (zuweilen leicht abweichender) Übereinstimmung mit anderen Autoren (Hoover und Strick, 1993) folgendes Schema (Abb. 13.5): (1) Der untere Temporallappen und der laterale orbitofrontale Cortex, die mit kognitiv-bewertenden Leistungen und bewussten emotionalen Zuständen zu tun haben, projizieren zum ventromedialen Nucleus caudatus, von dort zum mediodorsalen Globus pallidus internus, von dort zum magnozellulären Teil des mediodorsalen thalamischen Nucleus und zum medialen ventralen anterioren Nucleus und dann zurück zu den cortikalen Ausgangsgebieten; (2) der anteriore Teil des posterioren parietalen Cortex, der dorsolaterale präfrontale Cortex, das frontale Augenfeld und prä-SMA, die alle mit Handlungsplanung und Handlungsvorbereitung

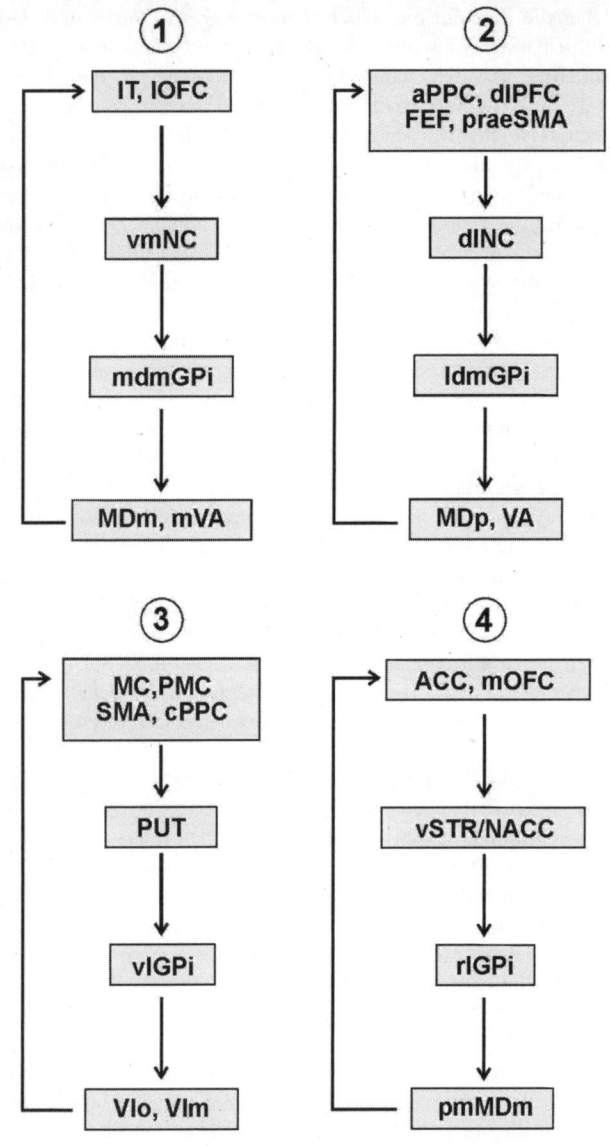

13.5 Vier handlungssteuernde Schleifen zwischen Großhirnrinde, Basalganglien (Putamen, Nucleus caudatus, Globus pallidus), Thalamus und zurück zur Großhirnrinde. (1): kognitiv-emotionale Schleife; (2) exekutive Schleife; (3) willkürmotorische Schleife; (4) limbische Schleife. Weitere Erläuterungen im Text.
Abkürzungen: (1): IT = inferotemporaler Cortex; lOFC = lateraler orbitofrontaler Cortex; vmNC = ventromedialer Nucleus caudatus; mdmGPi = mediodorsaler Teil des medialen Globus pallidus internus; MDm = medialer Teil des magnozellulären mediodorsalen thalamischen Kerns; mVA = medialer ventraler anteriorer thalamischer Kern. (2): aPPC = anteriorer Teil des posterioren parietalen Cortex; dlPFC = dorsolateraler präfrontaler Cortex, dlNC = dorsolateraler Nucleus caudatus; ldmGPi = lateraler Teil des dorsomedialen Globus pallidus internus; MDp = posteriorer Teil des magnozellulären mediodorsalen thalamischen Kerns; VA = ventraler anteriorer thalamischer Kern. (3) MC = primärer motorischer Cortex; PMC = prämotorischer Cortex; SMA = supplementärmotorischer Cortex; cPPC = caudaler Teil des posterioren parietalen Cortex; PUT = Putamen; vlGPi = ventrolateraler Globus pallidus internus; Vlo = ventrolateraler oraler thalamischer Kern; Vlm = ventrolateraler medialer thalamischer Kern. (4) ACC = anteriorer cingulärer Cortex; mOFC =medialer orbitofrontaler Cortex; vSTR/NACC = ventrales Striatum/Nucleus accumbens; rlGPi = rostrolateraler Globus pallidus internus; pmMDm = posteromedialer Teil des magnozellulären dorsomedialen thalamischen Kerns.

zu tun haben, projizieren in den dorsolateralen Nucleus caudatus, von dort zum lateralen dorsomedialen Globus pallidus internus, von dort über den ventralen anterioren thalamischen Nucleus und den parvozellulären Teil des mediodorsalen Nucleus zurück zum Cortex; (3) der motorische, dorsolaterale und mediale prämotorische Cortex (SMA) sowie der caudale posteriore parietale Cortex, die mit den gröberen und feineren Details einer Bewegung zu tun haben, projizieren zum *lateralen* Teil des Striatum (Putamen), von dort zum ventrolateralen Globus pallidus internus und von dort über den medialen und oralen ventrolateralen thalamischen Kern zurück zum Cortex; (4) der anteriore cinguläre Cortex, der mit Aufmerksamkeit und Fehlerüberwachung zu tun hat, sowie der mediale OFC, der mit Verhaltensbewertung befasst ist, projizieren zum *ventralen* Teil des Striatum bzw. zum Nucleus accumbens, von dort zum rostrolateralen Globus pallidus internus und von dort über den posteriomedialen magnozellulären mediodorsalen Nucleus zurück.
    Innerhalb der Basalganglien ergeben sich folgende Schaltkreise

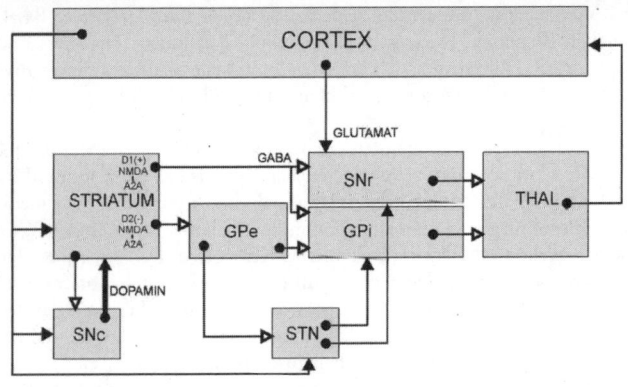

13.6 Verschaltung zwischen Cortex und Basalganglien bzw. innerhalb der Basalganglien. Exzitatorisch wirkende glutamaterge Einflüsse sind mit schwarzen Pfeilköpfen dargestellt, inhibitorische GABAerge mit offenen Pfeilköpfen. Dicker schwarzer Pfeil: dopaminerge Projektion von der Substantia nigra zum Striatum. Abkürzungen: A2A = Adenosin-Rezeptoren; D1/D2 = dopaminerge Rezeptortypen; GPe = Globus pallidus, äußerer Teil; GPi = Globus pallidus, innerer Teil; NMDA = glutamaterger Rezeptorentyp; SNc = Substantia nigra, pars compacta; SNr = Substantia nigra, pars reticulata; STN = subthalamischer Nucleus; THAL = Thalamus. Weitere Erläuterungen im Text.

(Abb. 13.6): Die Großhirnrinde projiziert in paralleler Weise *erregend* (über den Transmitter Glutamat) zum Striatum, zur Substantia nigra pars compacta, zum Nucleus subthalamicus und zur Substantia nigra pars reticulata, wobei das Striatum die Hauptmasse des Eingangs erhält. Das Striatum wirkt seinerseits *hemmend* über GABAerge Neuronen auf die Substantia nigra pars reticulata ein, und diese wiederum wirkt *hemmend* auf thalamische Kerne, nämlich den Nucleus ventralis anterior, den Nucleus ventralis lateralis und den Nucleus dorsomedialis ein. Diese schließlich projizieren *erregend* (über den Transmitter Glutamat) zum Cortex zurück, und zwar der Nucleus dorsomedialis zum PFC und der Nucleus ventralis anterior und lateralis zum supplementär-motorischen und prämotorischen Cortex. Wir haben hier also eine Schleife vor uns, die nacheinander aus einem erregenden, einem hemmenden, einem hemmenden und einem erregenden Abschnitt besteht. Sie wird *direkte Schleife* genannt.

Innerhalb der Basalganglien selbst existiert eine Reihe weiterer Schleifen. In einer ersten Schleife wirkt das Striatum *hemmend* auf den Globus pallidus *internus*, der *hemmend* auf die genannten thalamischen Kerne wirkt. In einer weiteren Schleife wirkt das Striatum *hemmend* auf Globus pallidus *externus* ein. Dieser wirkt seinerseits *hemmend* auf den Globus pallidus *internus* ein. Der Globus pallidus internus wirkt ebenso wie die Substantia nigra pars reticulata *hemmend* auf die ventralen und medialen Thalamuskerne ein.

In diese Schleifen sind nun zwei Nebenschleifen eingebaut. Die eine Nebenschleife besteht darin, dass das Striatum hemmend auf die Substantia nigra *pars compacta* einwirkt. Die Substantia nigra pars compacta wirkt über dopaminerge Neuronen auf das Striatum *zurück* und beeinflusst die hemmenden (GABAergen) Ausgangsneuronen des Striatum. Diese hemmenden Ausgangsneurone tragen einen D_1-Rezeptor, auf den Dopamin erregend, und einen D_2-Rezeptor, über den Dopamin hemmend wirkt.

Wenn nun Dopamin auf die D_1-Rezeptoren erregend wirkt, dann verstärkt es die hemmende Wirkung dieser Striatum-Ausgangsneurone auf die nachgeschalteten Zentren, d. h. die Substantia nigra pars reticulata, den Globus pallidus internus und den Globus pallidus externus. Die hemmende Einwirkung von Dopamin auf die D_2-Rezeptoren im Striatum hat den entgegengesetzten Effekt, indem die hemmende Wirkung der D_2-tragenden GABAergen Ausgangsneurone auf die genannten nachgeschalteten Zentren reduziert oder aufgehoben wird. Dadurch kommt dieser Nebenschleife zwischen Striatum und Substantia nigra pars compacta und dem von ihr produzierten Dopamin-Signal eine strategische Bedeutung in der gesamten Steuerung von Willkürhandlungen zu, wie wir noch sehen werden.

Die zweite Nebenschleife entsteht dadurch, dass der Globus pallidus externus *hemmend* auf den Nucleus subthalamicus einwirkt, der seinerseits *erregend* (über Glutamat) auf den Globus pallidus internus und die Substantia nigra pars reticulata einwirkt, die ihrerseits (s. oben) hemmend auf die thalamischen Umschaltkerne wirken.

Der gesamte Informationsfluss durch das Striatum wird also durch ein außerordentlich komplexes Wechselspiel zwischen erregendem (glutamatergen) und hemmendem (GABAergen) Input bestimmt, in das sich Dopamin als *Modulator* einschaltet. *Erhöhte* Dopaminausschüttung durch Neuronen der Substantia nigra pars compacta in das

Striatum führt letztendlich über den D_2-Rezeptor zu einer *Enthemmung* der thalamischen Kerne, die zur Großhirnrinde zurückprojizieren und damit zu einer Verstärkung motorischer Aktivität. Umgekehrt bewirkt eine *Absenkung* des Dopaminspiegels eine Verarmung der Willkürmotorik, wie dies bei der Parkinson-Krankheit der Fall ist, mit der wir uns kurz befassen müssen.

Die Parkinsonsche Erkrankung

Die *Parkinsonsche Erkrankung* (Morbus Parkinson), vor fast zweihundert Jahren durch den englischen Arzt James Parkinson zuerst beschrieben, tritt gehäuft bei Männern im Alter ab sechzig Jahren auf und ist charakterisiert durch eine allgemeine Verlangsamung der Motorik einschließlich des Sprachflusses und eine Verarmung der Mimik, interessanterweise aber nicht (oder nicht wesentlich) durch eine Beeinträchtigung der Augenbewegungen, die ja von der übrigen Willkürmotorik weitgehend abgekoppelt sind. Die Hände und Finger der Patienten zeigen ein auffälliges Zittern (Tremor), das »Pillendrehen« zwischen Daumen und Zeigefinger, das durch eine erhöhte Muskelanspannung erzeugt wird. Mit zunehmender Erkrankung ergeben sich Schwierigkeiten und schließlich die Unfähigkeit, in Abwesenheit starker äußerer Reize, d. h. *von innen heraus*, Willkürbewegungen zu starten. Parkinson-Patienten wollen etwas tun (z. B. Aufstehen oder Losgehen), können es aber nicht. Automatisierte Bewegungen, wie sie durch starke äußere Reize (z. B. laute Befehle, das Hören von Marschmusik oder kleine Barrieren, die die meisten von uns »automatisiert« übersteigen) ausgelöst werden, sind hingegen wenig beeinträchtigt.

Bei Parkinson-Patienten liegt eine Störung in den Basalganglien vor, genauer eine verminderte Dopamin-Produktion aufgrund eines Absterbens dopaminerger Neurone der Substantia nigra pars compacta; allerdings wird die Krankheit erst deutlich, wenn etwa drei Viertel dieser Neurone abgestorben sind. Aufgrund des Dopamin-Mangels kommt es zu einem Fortfall der Hemmung der D_2-Rezeptoren im Striatum durch Dopamin und damit zu einer »enthemmten« Aktivität der D_2-Rezeptoren-tragenden Neurone, die dadurch, über die geschilderte Wirkungskette, die thalamischen Kerne hemmen. Diese werden somit daran gehindert, den prämotorischen und supplementär-motorischen Cortex hinreichend zu aktivieren oder eine vorhandene Aktivierung so zu verstärken, dass sie eine bestimmte Schwelle überschreitet.

Infolge des Dopamin-Mangels sind bei Parkinson-Patienten gleichzeitig die erregenden, d. h. glutamatergen Neurone des Nucleus subthalamicus überaktiv. Dessen Neurone erregen wiederum Neuronen im Globus pallidus internus und in der Substantia nigra pars reticulata (s. oben). Diese werden daraufhin ebenfalls überaktiv und hemmen stark die thalamischen Kerne. Dopamin-Mangel und Glutamat-Überschuss haben also in den Basalganglien ein und denselben Effekt, nämlich den, dass sie die thalamischen Kerne blockieren.

Klassischerweise wird die Parkinsonsche Erkrankung mit der Gabe von L-Dopa (*Levodopa*) therapiert. L-Dopa ist eine Vorstufe des Dopamin und im Gegensatz zu Dopamin in der Lage, die Blut-Hirnschranke zu passieren; es wird dann im Gehirn zu Dopamin umgebaut. Andere Mittel gegen die Parkinsonsche Erkrankung verzögern die Wiederaufnahme von Dopamin an der Präsynapse oder beeinflussen die präsynaptische Re-Synthese von Dopamin. Diese Stoffe haben allein oder in Kombination den Nachteil, dass ihre Wirkung mit der Zeit nachlässt und ihre Dosis zunehmend gesteigert werden muss, bis sie schließlich überhaupt nicht mehr wirken. Seit einigen Jahren wird deshalb mit wechselndem Erfolg versucht, durch Einpflanzen embryonalen Dopamin-produzierenden Gewebes in den Bereich des Striatum den Dopamin-Mangel längerfristig zu beheben.

Ein ganz anderer, offenbar sehr erfolgreicher Ansatz zur langfristigen Behebung der Parkinson-Symptome ist das dauerhafte Implantieren von Stimulationselektroden im Nucleus subthalamicus. Diese Elektroden werden über eine Art »Schrittmacher« in kurzen Rhythmen aktiviert. Der Nucleus subthalamicus liegt, wie beschrieben, im zweiten »Nebenschluss« der Basalganglien. Er ist der einzige rein erregende Kern der Basalganglien, und durch seine Aktivität wird die hemmende Wirkung des Globus pallidus internus und der Substantia nigra pars reticulata auf die thalamischen Umschaltkerne verstärkt. Das Absenken der Aktivität des Nucleus subthalamicus auf diese Kerne vermindert deren hemmende Wirkung im Thalamus und führt somit zu einer Erleichterung des Startens von Willkürhandlungen.

Wichtig bleibt festzuhalten, dass es sich bei der Parkinsonschen Erkrankung nicht primär um eine Störung des cortikalen, sondern des *subcortikalen* Motorsystems handelt, dem ein fehlendes oder zu schwaches Dopaminsignal von der Substantia nigra zum dorsalen Striatum zugrunde liegt. Im Verlauf der Erkrankung kommt es allerdings sekundär oder parallel hierzu zu Beeinträchtigungen des kognitiven Systems, z. B. solcher Leistungen, die im präfrontalen Cortex angesiedelt sind (vgl. Wolters und Scheltens, 1993).

Die Basalganglien erhalten wie geschildert massive Eingänge vom frontalen und parietalen Cortex und projizieren dorthin zurück, aber sie haben auch eigene Ausgänge zu anderen subcortikalen motorischen Zentren (Abb. 13.7). Die Substantia nigra projiziert zum Colliculus superior, dem Hauptzentrum für unbewusste Arm-, Hand- und Augenbewegungen, von dem aus eine Bahn zum Rückenmark zieht. Die Substantia nigra projiziert auch, ebenso wie der Nucleus subthalamicus und das dorsale Pallidum, zum Nucleus tegmentalis pedunculo-pontinus, von dem im Zusammenhang mit der Schreckreaktion bereits die Rede war. Diese Bahnen verlaufen damit parallel zur Pyramidenbahn. Sie stellen die »stammesgeschichtlich alten« absteigenden motorischen Bahnen dar, zu dem evolutionär bei den Säugern die direkte cortico-bulbo-spinale Bahn, die *Pyramidenbahn*, hinzugekommen ist.

Wir sehen insgesamt, dass es für den motorischen und prämotorischen Cortex, aber auch für den präfrontalen Cortex notwendig ist, die Basalganglien anzusteuern, um ihre Funktionen ausüben zu können. Warum dies so ist und welche Konsequenzen dies hat, werden wir im nächsten Kapitel besprechen.

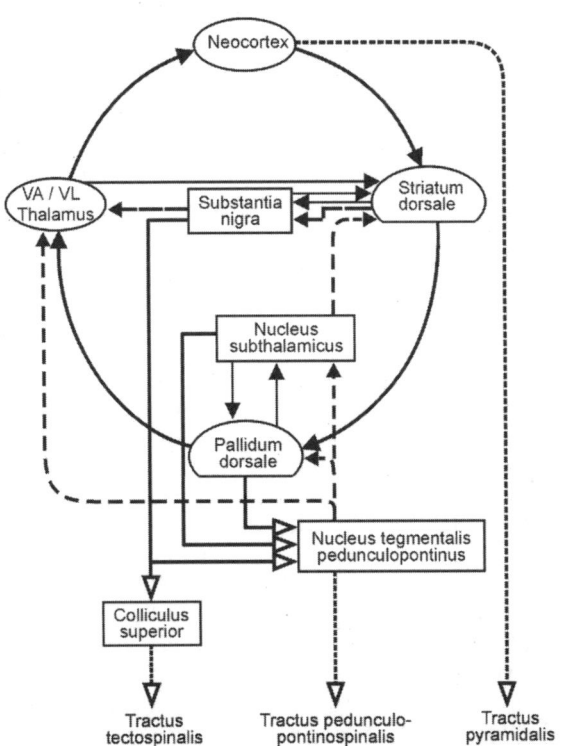

13.7 Schematische Darstellung der »dorsalen« oder »motorischen« Schleife zwischen corticalen und subcorticalen Zentren für die Steuerung von Willkürhandlungen. Motorische, prämotorische und exekutive Areale des Neocortex/Isocortex projizieren zum dorsalen Striatum, das seinerseits Bahnen zum dorsalen Pallidum schickt. Von dort aus laufen die Bahnen über den Nucleus ventralis anterior und ventrolateralis des Thalamus (VA/VL) zum Neocortex zurück. Mit dem dorsalen Striatum und dem dorsalen Pallidum sind die Substantia nigra und der Nucleus subthalamicus jeweils eng verbunden. Vom motorischen und prämotorischen Neocortex nimmt die Pyramidenbahn (Tractus pyramidalis) ihren Ausgang. Parallel hierzu projiziert die Substantia nigra zum Colliculus superior des Mittelhirns, von dem der tectospinale Trakt zum Rückenmark absteigt. Die Substantia nigra, der Nucleus subthalamicus und das dorsale Pallidum projizieren zum Nucleus tegmentalis pedunculo-pontinus, der über den pedunculopontinospinalen Trakt zum Rückenmark projiziert. Weitere Erläuterungen im Text. (Nach Nieuwenhuys et al., 1991; verändert.)

14. Handeln

Unter *Handeln* versteht man das Verfolgen von Zielen, genauer den Versuch, Wünsche, Pläne und Absichten in die Tat umzusetzen. Handeln unterscheidet sich hierdurch vom bloßen *Reagieren* auf bestimmte Sinnesreize; jenes wird überwiegend *intern*, dieses überwiegend *extern* bestimmt.

Der Aufenthalt im Zentrum einer Großstadt zeigt uns, dass Handeln in der Tat etwas anderes ist als Reagieren. Viele Menschen hasten einem Ziel entgegen, von dem wir annehmen, dass es ihr Bewusstsein beherrscht (ein noch zu erledigender Einkauf, eine wichtige Verabredung, der demnächst abfahrende Bus usw.). Andere schlendern von Schaufenster zu Schaufenster und schauen sich diese oder jene Auslage an, halten sich lange hier auf, überspringen ein Schaufenster dort usw.

In den geschilderten Fällen gehen wir von einer *starken Innengeleitetheit* oder *Autonomie* des Verhaltens aus, und es erscheint absurd, anzunehmen, die beobachteten Menschen stellten reine Reiz-Reaktions-Maschinen dar. Am deutlichsten scheint diese Innengeleitetheit unseres Handelns zu sein, wenn die Verwirklichung der gesetzten Ziele auf starke Widerstände stößt, seien diese äußerer Natur wie ein hoher Berg oder ein eisiger Wind, gegen die man ankämpfen muss, oder innerer Natur wie Müdigkeit oder Zweifel am Erfolg eines Unternehmens. Hier – so scheint es uns – ist eine große *Willensanstrengung* nötig, um das Ziel trotz allem zu verwirklichen.

Philosophie, Psychologie und die Neurowissenschaften haben sich in der Vergangenheit schwer getan, ein plausibles, mit empirischen Befunden vereinbares Konzept des Handelns zu entwickeln. Wie im ersten Kapitel dieses Buches dargestellt, sah der Behaviorismus Verhalten als reine Reiz-Reaktionsbeziehung an. Es gibt für ihn weder einen Unterschied zwischen Handeln und Reagieren, noch einen zwischen dem Verhalten von Menschen und dem von Tieren. Wichtig dabei ist nur die Tatsache, dass ein interner (weiter nicht zu analysierender) Mechanismus bestimmte Umweltreize (bzw. Reizsituationen) und bestimmte Reaktionen (Hebeldrücken, Picken, durch ein Labyrinth laufen, aber auch Sprechen) miteinander verknüpft, und zwar aufgrund von Erfolg (Belohnung oder Vermeiden von Strafe) und Misserfolg oder auch nur aufgrund des zeitlich-räumlichen Zusammentreffens von Reiz und Reaktion. Die Regeln und Gesetzmäßigkeiten dieser Verknüpfungen sind nach Meinung des Behaviorismus vom Pantoffeltierchen bis hin zum Menschen dieselben.

Eine adäquate Beschreibung des Verhaltens benötigt nach Auffassung der Behavioristen keinerlei »mentalistischen« Konzepte wie Bewusstsein, Wille und Absicht. Derartige alltagspsychologische Termini sind überflüssige Beschreibungen der Tatsache, dass ein Tier oder Mensch unter bestimmten Bedingungen etwas in einer ganz bestimmten Weise tut. Jemandem einen Willen, einen Handlungsvorsatz zuzuschreiben oder abzusprechen beruht auf bestimmten Merkmalen seines Verhaltens, nicht auf prinzipiell unbeobachtbaren mentalen Zuständen. Das Willenskonzept ist danach in der Psychologie ein überflüssiges Konzept, ganz zu schweigen von der Frage, ob dieser hypothetische mentale Zustand auch noch »frei« sei.

Die berühmte kognitive Wende in der Psychologie hat auch die Erkenntnis zurückgebracht, dass Phänomene wie »innere Bereitschaft« und »Intentionen« unabdingbar sind, um komplexes tierisches und menschliches Verhalten adäquat erklären zu können. Allerdings war bis vor kurzem in der Psychologie eine starke Betonung des Kognitiven gegenüber dem Emotionalen und Volitionalen (also dem *Willensmäßigen*) zu finden; eine substantielle Weiterentwicklung der Willenspsychologie findet erst seit kurzem statt, und zwar zeitgleich mit dem wachsenden Interesse der Hirnforschung für die neuronalen Grundlagen des Emotionalen und der Handlungssteuerung.

Freilich gab es – meist aus klinisch-neurologischen Gründen – seit längerem ausgedehnte Untersuchungen des motorischen Systems, die zu den Erkenntnissen führten, die ich im vorangegangenen Kapitel geschildert habe. Diese wurden aber von der Psychologie kaum zur Kenntnis genommen und auch innerhalb der Neurowissenschaften bis vor kurzem überhaupt nicht mit den Erkenntnissen über das kognitive System in Verbindung gebracht. Erst vor wenigen Jahren hat man in den Neurowissenschaften begonnen, sich über die Umsetzung von Wahrnehmungen und Vorstellungen in Aktionen Gedanken zu machen und nach einem »sensorisch-motorischen Umsetzungsglied« (*sensorimotor interface*) zu suchen. Auch in der Psychologie haben nur wenige Arbeitsgruppen die um die Wende vom 19. zum 20. Jahrhundert vorhandene bedeutende Tradition der Handlungs- und Volitionspsychologie fortgesetzt.

Am anderen Ende der Skala stehen diejenigen Theorien der Verhaltenssteuerung, die von einer inneren Bestimmtheit des menschlichen und tierischen Verhaltens ausgehen. Wie im ersten Kapitel dargestellt, fallen hierunter die Trieb- und Instinktkonzepte, die bei Konrad Lorenz und seinen Schülern ihre vorerst letzte Ausprägung fanden; auch die Psychoanalyse Sigmund Freuds gehört hierher. Bei beiden sind es aber eher die unbewussten Antriebe, die das menschliche Verhalten steuern bzw. solche Triebe und Motive, die wir zwar bewusst erleben, gegen die wir aber wenig bis nichts tun können, außer sie in unschädliche Bahnen lenken.

Im Folgenden will ich zuerst auf die neueren Erkenntnisse und Modellvorstellungen der psychologischen Forschung eingehen, die sich mit der Steuerung von Willkürhandlungen befasst. Anschließend werde ich die Frage behandeln, inwieweit diese Vorstellungen mit Erkenntnissen der Neurowissenschaften in Einklang zu bringen sind.

Erkenntnisse der Handlungs- und Volitionspsychologie

Die Untersuchung des Wesens und der Verursachung von Willenshandlungen hat im Unterschied zur Gegenwart in der Psychologie gegen Ende des 19. und in der ersten Hälfte des 20. Jahrhunderts eine große Rolle gespielt. Berühmt ist die Abhandlung über den Willen in den »Principles of Psychology« von W. James (1890), in der ausgeführt wird, dass es sich beim Willen um erfahrungsabgeleitete dominante Vorstellungen des Auszuführenden (»*kinaesthetic idea of what the act is to be*«) handelt, welche die Realisierung vorantreiben. Es gibt für James keine eigene Willensenergie, an die sein Lehrer Wilhelm Wundt glaubte. Was es zwischen der Vorstellung des Auszuführenden und dem tatsächlichen Ausführen gibt, ist ein *fiat!* (»es geschehe!«), ein Ruck oder Entschluss, der den Motorapparat über eine bestimmte Hemmschwelle bringt. Ebenso zeigte James auf, dass eine bewusst geplante Tat einschließlich des *fiat!* die Ausnahme darstellt; diese tritt nämlich nur dann auf, wenn innerliche oder äußerliche Schwierigkeiten oder Gegenstimmen zu überwinden sind.

Im Allgemeinen haben wir (wie auch immer geartete) *Vorstellungen* des Auszuführenden, die in Handlungen umgesetzt werden. Bei diesen *ideomotorischen Handlungen* handelt es sich meist um bewährte, weithin automatisierte Akte, denen keine ernsthaften Alternativen entgegenstehen. Umgekehrt – dies wird von James am Beispiel des Aufstehenmüssens an einem kalten Wintermorgen diskutiert – kann es zu *starken Willensakten* kommen, ohne dass eine Handlung (das Aufstehen) *tatsächlich* folgt, weil nämlich widerstrebende Tendenzen zu stark sind (die große Müdigkeit, das warme Bett). Einige Zeit später treibt uns die starke Vorstellung etwa vom Zorn des Vorgesetzten aufgrund unseres Zuspätkommens plötzlich aus dem Bett, ohne dass irgendein expliziter Willensentschluss dazu nötig wäre. Nach James ist es diese Vorstellung, die *direkt* – ohne einen Willensakt dazwischen – die Muskeln antreibt.

Diese durch Narziss Ach in Deutschland zu Beginn des vorigen Jahrhunderts vorangetriebene Psychologie der Willenshandlung (Ach, 1905, 1910) kam für lange Zeit durch das Aufkommen des amerikanischen Behaviorismus in den Verhaltenswissenschaften zum Erliegen. Im deutschsprachigen Raum haben nur der Psychologe Heinz Heckhausen und in jüngerer Zeit der Osnabrücker Julius Kuhl, der Dresdner Thomas Goschke, der Bielefelder Odmar Neumann und insbesondere der in München tätige Wolfgang Prinz und seine Mitarbeiter Handlungspsychologie in dem genannten Sinne betrieben (vgl. dazu den immer noch sehr lesenswerten, von Heckhausen, Gollwitzer und Weinert 1987 herausgegebenen Sammelband »Jenseits des Rubikon – Der Wille in den Humanwissenschaften«).

Bedeutsam für die psychologische und neurobiologische Handlungstheorie ist die bereits genannte Tatsache, dass explizites, bewusstes Planen von Handlungen und abwägendes Entscheiden zwischen Handlungsalternativen nur das eine Extrem eines großen Spektrums bilden, an dessen anderem Ende sich mehr oder weniger automatisierte Aktionen befinden, die einer bewussten Kontrolle gar nicht mehr unterliegen und dennoch die Kriterien von Willkürhandlung erfüllen. Dazwischen liegen solche Handlungen, die von einer mehr oder weniger bewussten, auf relativ hoher Ebene angesiedelten Zielvorstellung geleitet sind, deren Realisierung sich aber aus Ketten von Handlungen zusammensetzt, bei denen nur der *Zeitpunkt*, aber nicht der *Ablauf* einer gewissen Willenskontrolle unterliegt.

Dies ist zum Beispiel der Fall, wenn wir morgens die jahrelang praktizierte Fahrt von zu Hause zu unserem Arbeitsplatz absolvieren. Hierbei steht zwar der grobe Ablauf fest, wir sind jedoch in der Lage, die Initiierung bestimmter Teilhandlungen der gegebenen Situation anzupassen. Subjektiv erleben wir dies als glatte Abfolge der Teilhandlungen ohne explizite Willensentschlüsse, während Abweichungen von dieser Routine (z. B. das Fahren eines Umweges wegen eines Staus) *ausdrücklich und bewusst* von uns vorgenommen werden müssen. Sind aber unsere Gedanken ganz woanders, so sind wir zwar in der Lage, komplexe Sequenzen von Handlungen auszuführen, ohne überhaupt daran denken zu müssen, wie dies geschieht, aber dabei handelt es sich immer um hochgradig eingeübte Handlungen. Dies kann zu der peinlichen Situation führen, dass wir uns plötzlich vor unserer Arbeitsstätte befinden, wo wir doch zu einem ganz anderen – allerdings nicht gewohnten – Ziel wollten. Hier wirkt die kaum bewusste Wahrnehmung externer Reizkonstellationen *direkt handlungsleitend* (»... an dieser Kreuzung biege ich rechts ab ...«).

Nach Heckhausen (1987) sind bei einer vollständigen Willenshandlung idealtypisch folgende Phasen zu unterscheiden: (1) die realitätsorientierte Motivationsphase; (2) die Intentionsbildung; (3) die realisierungsorientierte, präaktionale Phase; (4) die aktionale Volitions- bzw. Handlungsphase; und (5) die postaktionale Phase, die das Erzielte bewertet und für spätere Handlungen berücksichtigt. Mentale Zielrepräsentationen müssen nach Heckhausen keineswegs bewusst und können auf unterschiedlichen Hierarchieebenen angesiedelt sein. Motivationale Repräsentationen sind auf der höchsten Zielebene angesiedelt, volitionale auf der niedrigsten Zielebene; diese sind vorgestellte Quasi-Realisierungen von Zielen, welche die Entschlussbildung direkt befördert. Wir haben also hier kurz gesagt die Abfolge von Motivation – Intentionsbildung – präaktionaler Volition – fiat! – aktionaler Volition – bewertender Motivation vor uns (vgl. auch Gollwitzer, 1987).

Wie werden Absichten überhaupt umgesetzt? Hiermit haben sich im deutschsprachigen Raum in jüngerer Zeit Wolfgang Prinz und seine Mitarbeiter sowie Thomas Goschke auseinander gesetzt. Prinz unterscheidet bei der Handlungssteuerung *Pläne*, die Dispositionen für die Organisation langfristiger und komplexer Handlungszusammenhänge sind, *Absichten* als abstrakte Zielsetzungen, die erst in der Handlung selbst konkretisiert werden, und *Ziele* als konkrete Zustände, die durch einfache Handlungen konkretisiert werden (Prinz, 1998). Der wichtigste Begriff des Konzeptes der Münchner Gruppe um Prinz ist der *Handlungscode*. Er umfasst einen Gesamtmechanismus, mithilfe dessen bestimmte Pläne, Absichten und schließlich Ziele in Verhalten, d. h. Bewegungsabläufe umgesetzt werden.

Solche Handlungscodes bilden sich aus über das *Erlernen von Handlungseffekten*, d. h. über die Erfahrung, dass gewissen Bewegungsabläufen bestimmte Umweltereignisse folgen. Hieraus entsteht das Wissen, wie mit einer gewissen Verlässlichkeit und Regelmäßigkeit bestimmte Ziele zu realisieren sind. Hierbei muss es sich überhaupt nicht um einen bewussten Vorgang handeln – und ist es nach Prinz auch meist nicht; für ihn ist *Bewusstsein* ein für das Handeln zu vernachlässigendes Epiphänomen. Hierauf werde ich im nächsten Kapitel noch einmal zurückkommen.

Ein Handlungsziel gliedert sich nach Prinz in einen *Zielcode* und einen *Bewegungscode*. Der Zielcode kann sich auf erstrebenswerte Ereignisse in der Umwelt beziehen, die kurz-, mittel- oder langfristig erreichbar sind, aber auch auf die Bewegung selbst (auf so genannte Begleiteffekte, z. B. wenn jemand mit dem Finger schnippt, um ein Zeichen zu geben, oder wenn jemand eine bestimmte Bewegungsfigur ausführen will). Selbstverständlich gibt es im Zielcode eine Reihung der Ziele, nämlich die Bewegung selbst, ein Nahziel, ein Fernziel usw. Der Bewegungscode umfasst dann das Abarbeiten von Handlungscodes in geeigneten Realisierungsbewegungen.

Mit diesem Ansatz, der hier nur summarisch dargestellt werden kann (vgl. Neumann und Prinz, 1987; Prinz, 1998, 2000, zur historisch-systematischen Einordnung Kluwe, 2000) versuchen Prinz und seine Mitarbeiter das Auseinanderfallen der Handlungssteuerung in zwei oder gar drei Blöcke (Sensorik – Motorik bzw. Sensorik – zentrale Verarbeitung – Motorik) mit all den daraus resultierenden Problemen zu vermeiden. Wahrnehmung, innere Gestimmtheit (auf die Prinz nicht explizit eingeht) und Motorik fügen sich somit von vornherein zu einer Einheit zusammen. Genauer gesagt: Die Wahrnehmung bestimmter Umweltereignisse und die dabei auftretenden Wünsche und Pläne rufen »automatisch« Vorschläge bzw. Programme auf den Plan, wie die Realisierung zu erreichen sei.

Dies setzt voraus, dass es keine völlig getrennten Codes für Wahrnehmung und für Handlung (und damit das Problem des *interface*) gibt, sondern eine *prinzipielle Kontinuität und Kommensu-*

rabilität zwischen beiden Bereichen, zumindest aber einen Übergangsbereich, in dem ein gemeinsamer Wahrnehmungs-Handlungscode
vorliegt (das Prinzip des *common coding*). Prinz geht davon aus »dass
die Endprodukte der Wahrnehmung aus dem gleichen Stoff gemacht
sind wie die Ausgangsprodukte der Handlungssteuerung« (Prinz,
2000, S. 46). Lediglich ihre Funktionen sind verschieden, nämlich
einmal die Repräsentation von Umweltereignissen, ein andermal die
Repräsentation intendierter zukünftiger Ereignisse.

Wahrnehmungsvorgänge induzieren also grundsätzlich auch
Handlungstendenzen. Dies schließt an die Handlungstheorie des
französischen Neurobiologen Marc Jeannerod an, der die gemeinsame Codierung von Wahrnehmung und Handlung in Teilen des
motorischen Systems unterstreicht (Jeannerod, 1997, 2003). Jeannerod weist darauf hin, dass nahezu alle cortikalen Areale, die motorische Funktionen haben, auch beim Beobachten von Bewegungen
(insbesondere von anstrengenden, schwierigen oder emotional geladenen Bewegungen wie Fahrrad fahren, einen Faden in ein Nadelöhr einfädeln oder den Fußball »ins Tor bringen«) aktiv sind, ebenso
bei Vorstellen eigener oder fremder Bewegungen.

Die Vorstellung eines gemeinsamen Wahrnehmungs-Handlungs-
Codes wird durch jüngste Untersuchungen von Blakemore und
Mitarbeitern (Blakemore et al., 2002) sowie von Haggard und Mitarbeitern (Haggard et al., 2002) unterstützt. Blakemore und Mitarbeiter gehen davon aus, dass das Gehirn vor einer Willkürbewegung
eine zweifache Voraussage trifft, nämlich zum einen eine Voraussage
über den Zustand des Bewegungsapparates, der in Gang gesetzt
werden muss, um die entsprechende Willkürbewegung auszuführen,
und zwar genau zu dem Moment des Bewegungsbeginns. Diese
Voraussage ist notwendig, weil die für die Bewegung notwendigen
Motorkommandos spezifisch an den gegenwärtigen Zustand des
Bewegungsapparates angepasst sein müssen, und sie stützt sich
natürlich auf die unmittelbar vorausgehenden somatosensorischen
Rückmeldungen. Die zweite Voraussage betrifft die zu erwartenden
sensorischen Rückmeldungen vom Bewegungsapparat, wenn alles so
ausgeführt wird wie vom Gehirn »gewollt«. Es wird vom Gehirn
normalerweise automatisch unterstellt, dass die tatsächlichen aktuellen Rückmeldungen mit dieser Voraussage übereinstimmen; kleine
tatsächliche Abweichungen werden ignoriert. Wenn aber die Abweichungen zwischen Voraussage und Rückmeldung zu groß sind, dann

wird dies als das Gefühl wahrgenommen, die Bewegung nicht selbst initiiert zu haben (s. unten).

Die Dominanz der Voraussage über die Rückmeldung bzw. der *Bewegungsintention* ist nach Ansicht der Autoren auch die Grundlage für das Gefühl der willentlichen Bewegungskontrolle. Dies erklärt, weshalb Versuchspersonen unter bestimmten Bedingungen das Gefühl haben, sie hätten intendierte Bewegungen tatsächlich ausgeführt, die gar nicht stattfanden. Dies geschieht z. B., wenn Bewegungen einer Hand auf einen Bildschirm so eingespiegelt werden, dass diese den intendierten (aber gar nicht stattgefundenen) Handbewegungen entsprechen. Ähnliches wird auch von Patienten mit amputierten Gliedmaßen berichtet, die zuweilen das Gefühl haben, sie könnten die nicht mehr vorhandenen Gliedmaßen willentlich bewegen. Interessanterweise lässt sich der gefürchtete »Phantomschmerz« (d. h. amputierte Gliedmaßen schmerzen intensiv) zumindest in einer Reihe von Fällen durch solche »Scheinbewegungen« bekämpfen. Ist dagegen der Mechanismus, der der Voraussage über die Rückmeldungen zugrunde liegt, gestört, dann haben die Patienten das Gefühl, die Gedanken, Vorstellungen, Worte und Bewegungen würden nicht von ihnen selbst stammen, sondern von »fremden Kräften«. Dies ist vor allem bei Schizophrenen zu finden. Der britische Neuropsychologe Chris Frith nimmt an, dass bei Schizophrenen der genannte Voraussage-Mechanismus gestört ist, so dass sie ihre eigenen Gedanken, Worte und Bewegungen für fremdverursacht ansehen (vgl. Blakemore et al., 2002).

Haggard und Mitarbeiter (2002) konnten ebenfalls zeigen, dass die Handlungsintentionen bei der Selbstzuschreibung von Handlungen eine wichtige Rolle spielen. Sie stellten fest, dass unser Gehirn dazu tendiert, den relativ langen Zeitraum von den ersten Handlungsintentionen bis zu den sensorischen Rückmeldungen zeitlich zu einem einzigen Erleben zusammen zu ziehen, so dass Handlungsabsicht und Handlungsvollzug praktisch eine Einheit bilden – ganz im Sinne des oben genannten Prinzips des »common coding«. Im Vergleich zu unwillkürlichen Bewegungen werden die Handlungsintentionen später und die Rückmeldungen früher erlebt, als sie tatsächlich auftreten (s. auch Knoblich, 2002). Ich werde auf diese Experimente im Zusammenhang mit der Frage nach der Willensfreiheit im nächsten Kapitel noch einmal zurückkommen.

Der präfrontale Cortex:
Zentrales Exekutivsystem oder nicht?

Der soeben vorgestellte handlungstheoretische Ansatz von Wolfgang Prinz verbleibt weitgehend innerhalb des Rahmens der Psychologie; die Frage, wie dies im Gehirn abläuft, wird nur am Rande behandelt. Mit dieser Frage setzt sich der Psychologe Thomas Goschke ausführlich auseinander, insbesondere mit derjenigen nach der Natur des zerebralen »Exekutivsystems«, also desjenigen Systems, das im Gehirn Handlungen plant, vorbereitet, kontrolliert und bewertet (Goschke, 1995, 2003).

Die traditionelle Sicht lautet, dass das *Ich* diese Rolle spielt; es wird als *mentales, zentrales Entscheidungs- und Exekutivsystem* angesehen. Dem entspricht aus moderner angelsächsischer Sicht die Annahme eines »zentralen Exekutivsystems«, »zentralen Prozessors« oder »supervisory attentional system«, wie es Neisser (1967) bzw. Shallice (1988) konzipiert haben. Dieses System befindet sich nach Auffassung der Autoren an der Spitze einer Entscheidungshierarchie und erfüllt (in der Darstellung von Goschke) bei der Ausführung von Willenshandlung folgende Funktionen: (1) eine Selektionsfunktion (zeitliche Auswahl von Zielen und Handlungen); (2) eine Planungsfunktion (mentale Simulation von Handlungssequenzen); (3) eine Realisierungsfunktion (Modulation der Aktivierung von Handlungsschemata); (4) eine Abschirmfunktion (Hemmung impulsiver Tendenzen bzw. die Selektion intentionsrelevanter Information); (5) eine Managementfunktion (Koordinierung und Regulation von Subroutinen); (6) eine Überwachungsfunktion (Bewertung von Handlungsergebnissen und die Korrektur von Fehlern); (7) eine Interruptfunktion (Auslösen von Handlungswechseln); und schließlich (8) eine Selbstregulationsfunktion (Einsatz metakognitiver Strategien).

In den letzten Jahren haben – wie in den voraufgegangenen Kapiteln dargestellt – viele Autoren dem präfrontalen Cortex (oder Teilen davon wie dem Arbeitsgedächtnis) Funktionen zugeschrieben, die dieser Aufzählung sehr nahe kommen (vgl. Förstl, 2002), nämlich (1) die Einschätzung dessen, was in der Umwelt Sache ist; (2) der Abgleich widersprechender Handlungssysteme; (3) das flexible Umschalten zwischen verschiedenen Taktiken und Strategien (diese Funktion ist bei Patienten mit Läsionen des PFC massiv gestört); (4) bei der Sache bleiben (PFC-Patienten zeigen eine erhöhte Ablenkbarkeit); (5) das Aufrechterhalten des Aufmerksamkeitsfokus, der intentionalen Kontrolle, der starken Innengelenktheit (PFC-Patienten sind stark außengelenkt); (6) die Planung und Organisation von Handlungsabfolgen (PFC-Patienten sind konfus, lassen wichtige Teile einer Handlungsfolge fort, tun Dinge ohne Planung und Überlegung); (7) die aktive Konstruktion und Ausführung eines Planes (d. h. den ersten Schritt vor dem zweiten tun, was bei PFC-Patienten häufig nicht der Fall ist; (8) Abgleich von Intention und Verhalten, d. h. zu wissen, was man zur Verwirklichung eines Planes tun muss (PFC-Patienten scheinen zu wissen, was sie tun sollen und geben darüber manchmal sogar Auskunft, aber sie führen die beabsichtigte Handlung nicht aus oder tun etwas anderes); (9) das prospektive Gedächtnis, d. h. die Überlegung, was zu welchem Zeitpunkt getan werden muss (PFC-Patienten haben ein unbeeinträchtigtes klassisches Gedächtnis, jedoch ein gestörtes prospektives, d. h. auf die Zukunft gerichtetes Gedächtnis).

Insgesamt also scheint der präfrontale Cortex in der Tat dasjenige Hirngebiet zu sein, das die Instanz zum Planen von Handlungen darstellt, die auch auf mittlere und längere Sicht zielgerichtet, sinnvoll und effektiv sind. Ist er hierfür die *singuläre* Entscheidungsinstanz im Gehirn, wie unterstellt wird?

Goschke bezweifelt dies und geht von *multiplen Kontrollinstanzen* aus. In erster Linie denkt er dabei an unterschiedliche Subareale des präfrontalen und orbitofrontalen Cortex, von denen in Kapitel 4 und 5 bereits die Rede war. Die dorsalen bzw. lateralen Teile des präfrontalen Cortex zeichnen sich durch unterschiedliche Eingänge vom parietalen bzw. temporalen Cortex aus und befassen sich mit dem »wo?« bzw. dem »wie?«, während der orbitofrontale Cortex sich eher mit dem »wozu?« und dem »warum?« beschäftigt. Der dorsale und laterale präfrontale Cortex haben also eher kognitiv-exekutive Funktionen im Bereich von Planung und Antizipation, der orbitofrontale (und mediale) Cortex hingegen ist zuständig für die (meist inhibitorische) Kontrolle emotionaler Tendenzen und reizbedingter Interferenz. Ausfälle des orbitofrontalen Cortex führen entsprechend zu Enthemmung und mangelnder Ausrichtung des Verhaltens an zu erwartende Konsequenzen, nicht aber zu Ausfällen in der Einsicht in das, was eigentlich zu tun ist.

Goschke fasst Handlungssteuerung nicht als Ausführung eines zentralen Kommandos auf, sondern als ein »Optimierungsproblem mit multiplen Randbedingungen«, dessen Lösung die Kooperation und Konkurrenz *mehrerer* Kontrollsysteme erfordert. Er zählt dabei eine Reihe von spezifischen »Kontrolldilemmata« auf, die zu lösen seien (die Kurzbeschreibungen stammen von mir), (1) das Invarianz-Varianz-Dilemma (bleibe ich bei einer bewährten Sache oder fange ich etwas Neues, Riskantes an?); (2) das Orientierungs-Realisierungs-dilemma (bleibe ich bei einem Handlungsmodell oder erkunde ich unvoreingenommen die Umwelt?); (3) das Abwäge-Initiierungs-Dilemma (wie lange überlege und plane ich, und wann entscheide ich frisch und mutig?); (4) das Antizipations-Bedürfnis-Dilemma (nehme ich kurzfristige Verschlechterungen zugunsten des Erreichens langfristiger Ziele in Kauf?); (5) das Selektions-Überwachungsdilem-ma (wie stark konzentriere ich mich auf das Erreichen eines be-stimmten Zieles, und wie stark beachte ich das, was sonst noch passiert?).

Das zur Lösung dieser Dilemmata vorgeschlagene Rahmenmodell Goschkes basiert auf der Annahme eines Kampfes der genannten Subsysteme um Ressourcen, genauer um das *Arbeitsgedächtnis*. Die »Flaschenhals-Eigenschaften« des Arbeitsgedächtnisses sind es, wel-che nach Goschke die bewusste Handlungsplanung zuweilen so kompliziert machen, und zwar insbesondere die Tatsache, dass das Arbeitsgedächtnis zur Erledigung seiner Aufgaben auf viele verschie-dene, im Gehirn weit verteilte Programme zurückgreifen muss. Dieser Flaschenhals wird jedoch dadurch umgangen, dass sich Hand-lungen automatisieren. Hierbei steht der Abruf von Programmen bereits fest und muss nicht erst »erstritten« werden. Darin besteht der große Vorteil der Automatisierung von Handlungen.

Cortex, Basalganglien und die »dorsale Schleife«

So plausibel diese Annahmen Goschkes sind, sie müssen erweitert werden durch die Berücksichtigung der Rolle der Basalganglien bei der Steuerung von Willkürhandlungen. Die traditionelle Vorstellung der Steuerung von Willkürhandlungen lautet, dass der präfrontale und orbitofrontale Cortex zusammen mit dem parietalen Cortex Handlungen vorbereitet und die entsprechenden »Befehle« an die prämotorischen und motorischen Cortexareale schickt, die diese dann in konkrete Programme für Bewegungsabfolgen umsetzen.

Diese Programme laufen dann über die Pyramidenbahn zu den medullären und spinalen Motorkernen, und von dort aus werden die Bewegungen gestartet. In dieser Weise – so scheint es – wird der »Wille in die Tat umgesetzt«.

Diese »klassische« Vorstellung ist aber unvereinbar mit zwei Tatsachen, nämlich erstens derjenigen, dass der präfrontale Cortex, ebenso wie alle anderen cortikalen Areale, die an der Planung, Vorbereitung, Ausführung, Überwachung und Bewertung von Willkürhandlungen beteiligt sind, neben dem limbischen System massiv mit den Basalganglien verbunden und in seinen exekutiven Funktionen ohne beide nicht funktionsfähig ist. Die andere Tatsache besteht darin, dass Parkinson-Patienten große Schwierigkeiten haben oder gar unfähig sind, Willkürhandlungen einzuleiten, also das zu tun, was sie beabsichtigen. Wie bekannt, liegt der Defekt bei ihnen nicht in den cortikalen Regionen, die mit bewusstem Planen und Wollen befasst sind, sondern in subcortikalen Zentren, nämlich einer unzureichenden und schließlich ganz fehlenden Modulation des Striatum durch dopaminerge Neuronen der Substantia nigra pars compacta. Nach traditioneller Auffassung cortikaler Steuerung von Willkürhandlungen dürften Parkinsonpatienten gar nicht die für sie typischen Schwierigkeiten haben, oder es müssten bei ihnen cortikale Störungen vorliegen.

Es stellt sich heraus, dass die genannten exekutiven cortikalen Areale *allein* nicht – oder nicht hinreichend – in der Lage sind, die prämotorischen und motorischen cortikalen Areale so zu aktivieren, dass Willkürhandlungen ablaufen können. Vielmehr müssen hierzu die im vorigen Kapitel beschriebenen unterschiedlichen Schleifen zwischen Cortex, Basalganglien und thalamischen Umschaltstellen in einer bestimmten Weise durchlaufen werden (Abb. 13.4). Dies bedeutet nichts anderes, als dass Basalganglien und thalamische Kerne essentiell an der Steuerung *intern generierter*, d. h. bewusst geplanter bzw. ausgeführter Willkürhandlungen beteiligt sind und nicht nur an hochgradig automatisierten Handlungen, wie früher angenommen wurde. Hierfür sprechen viele neurobiologische Befunde einschließlich der spezifischen Aktivität von Neuronen in den Basalganglien und des Entstehens des so genannten Bereitschaftspotentials (*readiness potential*), das weiter unten besprochen wird.

Elektrophysiologische Untersuchungen an Makakenaffen zeigen, dass Neurone im Striatum tatsächlich an der Vorbereitung einer

Willkürhandlung beteiligt sind. Sie feuern nach Schultz (1998) drei bis zwei Sekunden vor Beginn einer noch nicht eingeübten Bewegung; einige davon verstummen bei Bewegungsbeginn, andere feuern weiter. Diese Aktivität hat nach Schultz zu tun mit der Erwartung einer Instruktion (»rechten oder linken Knopf drücken!«) oder eines »Los!«-Kommandos, mit der konkreten Vorbereitung oder dem direkten Anstoß einer Bewegung. Daneben sind sie aber auch mit eindeutig motivationalen Aspekten der Handlung befasst, z. B. mit der Erwartung und dem tatsächlichen Erlangen einer Belohnung, wie dies in Kapitel 10 im Zusammenhang mit der Aktivität von Neuronen in der Substantia nigra, im Ventralen Tegmentalen Areal und im Nucleus accumbens geschildert wurde.

Das Ventrale Tegmentale Areal, das selbst nicht zu den Basalganglien gerechnet wird, projiziert über dopaminerge Bahnen parallel zum Nucleus accumbens und zur Substantia nigra, in der sich ebenfalls dopaminerge Neurone befinden (Abb. 14.1). Die Substantia nigra gehört sowohl zum »ventralen, limbischen Pfad«, dem auch ventrales Striatum/Nucleus accumbens und ventrales Pallidum angehören, als auch zum »dorsalen, motorischen Pfad«, zu dem das dorsale Striatum, das dorsale Pallidum und die ventrolateralen thalamischen Kerne angehören. Es bildet hiermit neben dem anterioren und mediodorsalen thalamischen Kern ein wichtiges Konvergenzzentrum zwischen ventralem und dorsalem Pfad.

Wir haben also davon auszugehen, dass vor dem Starten einer geplanten Bewegung die »dorsale Schleife« zwischen motorischen, prä- und supplementär-motorischen und parietalen Arealen einerseits und den Basalganglien mehrfach durchlaufen wird. Dabei wird nach Meinung der Experten in den Basalganglien durch Hemmung und selektive Enthemmung *diejenige Handlung festgelegt, die in diesem Augenblick und in dieser Weise den vorgegebenen Intentionen am besten entspricht.* Ohne diesen subcorticalen Vorgang können Willkürhandlungen nicht cortical gestartet werden. Dabei ist davon auszugehen, dass die Basalganglien (die vor allem mit dem Striatum einen beachtlichen Raum im Gehirn einnehmen) entweder selbst den Gedächtnisort für diese Zwecke darstellen – was wahrscheinlich ist – oder zumindest einen sehr schnellen Zugriff auf einen entsprechenden Gedächtnisort haben (der allerdings noch gefunden werden müsste).

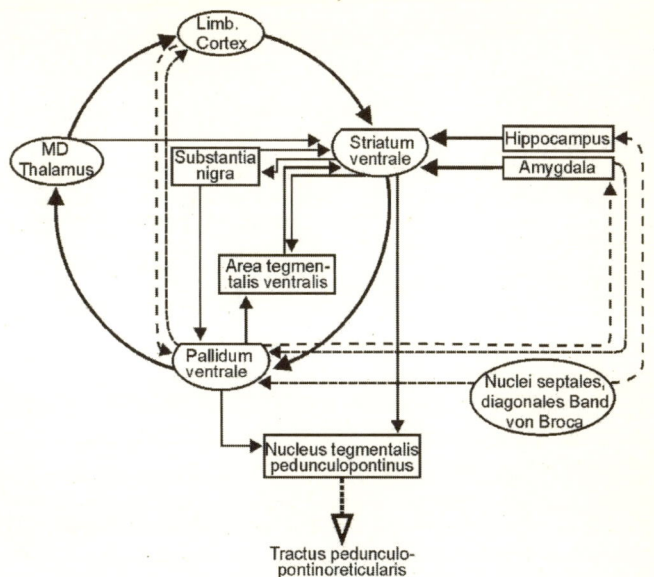

14.1 Schematische Darstellung der »ventralen« oder »limbischen« Schleife zwischen corticalen und subcorticalen Zentren der emotionalen Verhaltensbewertung. Der limbische Cortex, bestehend aus dem orbitofrontalen und cingulären Cortex, projiziert zum ventralen Striatum (Nucleus accumbens), das seinerseits zum ventralen Pallidum projiziert. Beide stehen in enger Verbindung mit der Substantia nigra. Auf das ventrale Striatum/Nucleus accumbens sowie das ventrale Pallidum wirken die Amygdala und das Ventrale Tegmentale Areal als Zentren des emotionalen Gedächtnisses, der Hippocampus als Zentrum für das episodische Gedächtnis (Kontextgedächtnis) sowie das basale Vorderhirn (Nuclei septales, diagonales Band von Broca) als Zentrum für Aufmerksamkeitssteuerung ein. Das ventrale Pallidum projiziert zum Nucleus mediodorsalis (MD), der seinerseits zum limbischen Cortex zurück sowie zum ventralen Striatum projiziert. Das ventrale Pallidum und der limbische Cortex haben auch direkte Verbindungen miteinander. Ventrales Pallidum und ventrales Striatum projizieren zum Nucleus tegmentalis peduculo-pontinus, von dem der Tractus pedunculo-pontinoreticularis seinen Ausgang nimmt. Weitere Erläuterungen im Text. (Nach Nieuwenhuys et al., 1991; verändert.)

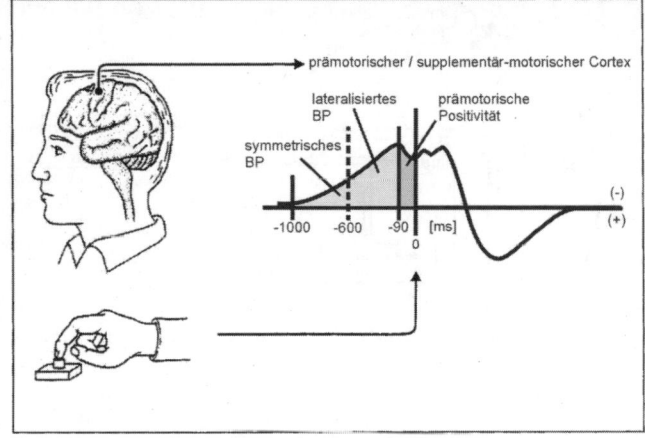

14.2 Entstehung des Bereitschaftspotentials (BP): Neurone im prämotorischen und supplementär-motorischen Cortex beginnen 2-1 Sekunden vor
einer willkürlichen Fingerbewegung aktiv zu werden. Zuerst entsteht das
symmetrische Bereitschaftspotential, ca. 600 Millisekunden vor der Bewegung beginnt der Aufbau des *lateralisierten* Bereitschaftspotentials. Die
motorischen Neurone, welche die eigentliche Bewegung steuern, feuern
ca. 90 Millisekunden vor Bewegungsbeginn (= Zeitpunkt 0). Dies ist in der
prämotorischen Positivität sichtbar. Weitere Erläuterungen im Text. (Nach
Kandel et al., 1991; verändert.)

Das Bereitschaftspotential

Der geschilderte Vorgang lässt sich gut anhand des Entstehens des so
genannten *Bereitschaftspotentials* nachverfolgen (Abb. 14.2). Das Bereitschaftspotential wurde 1965 von Kornhuber und Deecke zum
ersten Mal beschrieben (Kornhuber und Deecke, 1965, vgl. zum
Folgenden auch Lang et al., 1991; Cunnington et al., 1997; Brunia und
van Boxtel, 2000). Es handelt sich um ein langsames negatives
Potential, das aus dem EEG herausgefiltert wird. Negative langsame
corticale Potentiale bedeuten nach allgemeiner Auffassung eine
Aktivierung, positive eine verringerte Aktivität. Das Bereitschaftspotential beginnt zwei Sekunden bis eine Sekunde vor dem Starten
einer Willkürhandlung (angezeigt durch die ersten Muskelpoten-

tiale) und besteht im Wesentlichen aus zwei Komponenten. Die erste ist eine symmetrische, d. h. über der linken und rechten Hemisphäre registrierbare Komponente, *symmetrisches Bereitschaftspotential* genannt; dieses ist am stärksten über dem supplementär-motorischen Areal und dem prä-SMA registrierbar. Die zweite Komponente ist asymmetrisch, d. h. über einer Hemisphäre ableitbar, nämlich derjenigen, die dem zu bewegenden Körperteil gegenüberliegt (der *kontralateralen* Hemisphäre also). Sie wird *lateralisiertes Bereitschaftspotential* genannt und beginnt 700 bis 500 Millisekunden vor der Motoraktivität. Sie ist am stärksten über dem prämotorischen und motorischen Cortex registrierbar, von dem aus die kontralaterale Bewegungskontrolle erfolgt.

Im ersten Teil des Bereitschaftspotentials wird also eine *beidseitige* Aktivierung von SMA und prä-SMA ein bis zwei Sekunden vor Bewegungsbeginn registriert, im zweiten Teil eine halbe Sekunde vor Bewegungsbeginn eine *einseitige, kontralaterale* Aktivierung. Das lateralisierte Bereitschaftspotential ist allerdings nicht einfach eine Folge des ihm voraufgehenden symmetrischen Bereitschaftspotentials, sondern es gehen zusätzlich starke Erregungen ein, die vom lateralen Kleinhirn stammen und über den Nucleus dentatus (den entsprechenden Kleinhirnkern) und den ventrolateralen thalamischen Kern vermittelt werden. Entsprechend tritt das lateralisierte Bereitschaftspotential – wenngleich in seiner Amplitude verringert – auch bei automatisierten Bewegungen auf, bei denen SMA und prä-SMA nicht aktiv sind.

Das symmetrische Bereitschaftspotential tritt entsprechend nur oder vornehmlich bei nicht-automatisierten, insbesondere bei *intern generierten Bewegungen* auf. Nach übereinstimmender Meinung wird es hauptsächlich durch die von den Basalganglien kommenden Erregungen induziert, entsteht also nicht allein durch Eigenaktivität des SMA bzw. prä-SMA. Dies zeigt sich vor allem daran, dass Parkinsonpatienten, die ja ein intaktes SMA bzw. prä-SMA besitzen, ein sehr kleines oder überhaupt kein symmetrisches Bereitschaftspotential aufweisen, wenn sie Bewegungen ausführen wollen, aber nicht können (vgl. Brunia und van Boxtel, 2000). Bei ihnen ist durch das fehlende Dopaminsignal zwischen Substantia nigra pars compacta und dem Striatum die »dorsale Schleife« an einer entscheidenden Stelle unterbrochen. Die vom Cortex zu den Basalganglien geschickte Erregung kann dort nicht verarbeitet bzw. nicht zu den thalamischen Umschaltkernen weitergeleitet werden. Der langsame Aufbau des symmetrischen Bereitschaftspotentials über eine halbe Sekunde bis eineinhalb Sekunden legt nahe, dass die dorsale Schleife mehrfach durchlaufen werden muss, damit sich das Potential voll aufbaut.

Dies bedeutet, dass der präfrontale Cortex SMA und prä-SMA nicht in dem Maße direkt erregen kann, dass dort eine Willkür-handlung ausgelöst wird, wie man traditionell meinte, sondern dass die Aktivierung des PFC *zusätzlich* ihren Weg über die dorsale Schleife nehmen muss. Dies ist im Lichte der Funktionen der Basalganglien, nämlich des *Hemmens, Filterns und selektiven Enthemmens* von Handlungssequenzen, durchaus verständlich (vgl. Graybiel et al., 1994). In diesem Sinne haben die Basalganglien vor der Ausführung einer Willkürbewegung das »letzte Wort«, nämlich ein bis zwei Sekunden vorher. Soweit wir wissen, erfolgt nach dem Aufbau des symmetrischen Bereitschaftspotentials keine wesentliche corti-kale Beeinflussung der einmal getroffenen »Entscheidung«. Dies steht ganz im Gegensatz zur Vorstellung Benjamin Libets, der »freie Wille« sei in der Lage, noch in diesem Moment ein Veto einzulegen (s. Kapitel 15). Allerdings kann beim Auftreten des *lateralisierten* Bereitschaftspotentials das Kleinhirn mitwirken, aber dies geschieht nur in Hinblick auf Bewegungsdetails und zudem völlig unbewusst.

Cortex, limbisches System und die Rolle der »ventralen Schleife«

Ich habe erwähnt, dass die Basalganglien durch Auswahl aus einem vorhandenen (und offenbar riesigen) Repertoire und durch selektive Enthemmung diejenige Handlung festlegen, die *in diesem Augenblick* und *in dieser Weise* den vorgegebenen Intentionen am besten entspricht. Wir können uns dies bildlich so vorstellen, dass vom Cortex bestimmte Ausführungsvorgaben erfolgen, die dann durch die Basalganglien »überprüft« und in weiteren Details festgelegt werden. Diese Information wird dann an den prämotorischen und motorischen Cortex gesandt, nachdem sie über die Ausschüttung des Dopamin-signals von der Substantia nigra pars compacta auf das Striatum freigeschaltet wurde.

Was genau dieses Signal im dorsalen Striatum bewirkt, ist nicht ganz klar. Zwei Möglichkeiten bieten sich an: Entweder ist dieses Signal *instruktiv*, greift also in den Selektionsprozess innerhalb des Striatum direkt auswählend oder modifizierend ein, oder es ist *permissiv*, indem es selektiven Prozessen im Striatum »freie Bahn« gibt. Letzteres nehmen viele Autoren an, z. B. Ann Graybiel – eine der Autoritäten auf diesem Gebiet (vgl. Graybiel et al., 1994). Sie geht davon aus, dass an der Selektion von Handlungen so genannte tonisch aktive Interneurone (*TANs*) im Striatum beteiligt sind, die – wie Schultz und Mitarbeiter beschrieben und kürzlich erneut bestätigt haben (Schultz, 1998, und persönliche Mitteilung) – bei Belohnungserwartung aktiv sind. Diese TANs erhalten nach Meinung von Graybiel von der Substantia nigra ein »Lehrsignal« über die »Richtigkeit« ihrer Aktivität. Das von der Substantia nigra kommende Dopaminsignal müsste also gar nicht aktionsspezifisch sein, sondern könnte – in einfachen Worten ausgedrückt – lauten: »ihr dürft in Aktion treten und das tun, was ihr gelernt habt«. Angesichts der Tatsache, dass Parkinsonpatienten eine einmal in Gang gekommene Bewegungsweise schnell wieder beenden (z. B. werden die Schritte immer kleiner, und der Patient bleibt schließlich stehen), deutet allerdings darauf hin, dass das Dopaminsignal *dauernd* gegeben werden muss.

Woher aber wissen die Basalganglien, wie sie zu »entscheiden« und welche Erregung sie freizuschalten haben? Woher weiß die Substantia nigra, wann sie das Dopaminsignal auszustoßen hat (selbst wenn dies nur ein permissiver Akt ist)? Entscheidungen darüber, welche Handlung wie ausgeführt werden soll, sind in aller Regel nicht rein sachlicher und detailhafter Natur, sondern gebunden an Intentionen, Motive und Emotionen. Dies aber ist – nach allem, was wir wissen – nicht Sache der Basalganglien, sondern des limbischen Systems. Wie aber kommt dieses System ins Spiel?

Die Antwort lautet: durch die ventrale Schleife, die zwischen dem orbitofrontalen und anterioren cingulären Cortex über das ventrale Striatum bzw. den Nucleus accumbens, von dort zum ventralen Pallidum, dann zum magnozellulären Teil des mediodorsalen thalamischen Nucleus verläuft und von dort aus zurück zum orbitofrontalen und cingulären Cortex (Abb. 14.1). Dies ist die Schleife, die unsere Wünsche, Pläne und Motive zuerst durchlaufen müssen, um bestätigt oder fallen gelassen zu werden. Erst wenn dies einige Male geschehen ist, springt sozusagen die Erregung auf die dorsale Schleife über. Das Hauptzentrum für dieses »Überspringen« könnte vor allem die *Substantia nigra* sein, die von der ventralen Schleife das Kommando erhält, das Dopaminsignal auszuschütten (so etwas Ähnliches vermutet auch Ann Graybiel); andere mögliche Kandidaten sind das ventrale Striatum, das direkt auf das dorsale Striatum einwirkt, und das ventrale Pallidum, welches das dorsale Pallidum beeinflussen kann, aber auch der anteriore und mediodorsale thalamische Nucleus.

Die nächste Frage lautet dann: Woher weiß die ventrale Schleife, was gut oder schlecht ist, wünschbar oder nicht wünschbar? Dies muss zwangsläufig aus limbischen Zentren kommen, die mit Bewertung im eigentlichen Sinne zu tun haben. Die ventrale Schleife wird tatsächlich massiv beeinflusst durch die Amygdala und das mesolimbische System (wobei der Nucleus accumbens selbst zur ventralen Schleife gehört) sowie durch den Hippocampus als Organisator des expliziten Gedächtnisses (Abb. 14.1). Alle drei Instanzen wirken auf die Substantia nigra, den Nucleus accumbens und das ventrale Pallidum ein, aber auch auf den mediodorsalen thalamischen Nucleus, und sie nehmen gleichzeitig direkten Einfluss auf den präfrontalen, orbitofrontalen und anterioren cingulären Cortex. Sie können also an mindestens fünf subcortikalen und cortikalen Stellen die ventrale Schleife steuern.

Ein neuronales Modell der Steuerung von Willkürhandlungen

Wir können uns auf der Grundlage des soeben Gesagten den Vorgang des Planens, Vorbereitens und Auslösens einer Willkürhandlung aus neurobiologischer Sicht in folgender Weise plausibel machen:

In einer ersten Phase entstehen – wie handlungspsychologisch beschrieben – Wünsche und Absichten (dies entspricht der Motivationsphase und Intentionsbildung). Hieran sind vor allem der präfrontale und orbitofrontale Cortex beteiligt, die eng mit den *sensorischen und kognitiven* Zentren einschließlich des corticohippocampalen *deklarativen* Gedächtnissystems und mit limbischen Zentren verbunden sind. Wir nehmen entsprechend bestimmte Dinge in unserer Umwelt wahr, die in uns Gedanken, Handlungsantriebe und Bedürfnisse erwecken (Kaffeeduft, schönes Wetter, ein interessant klingender Buchtitel); ebenso können – bewusst oder unbewusst – rein intern kognitive und emotionale Zustände aufgerufen werden (ein Wunsch »steigt in uns auf«). Gleichzeitig werden über das affektive System körperliche Bedürfnisse der verschiedensten Art wie Hunger und Schlafbedürfnis vermittelt.

Diese Wünsche und Absichten werden uns zumeist erst bewusst, nachdem sie bereits eine bestimmte unbewusste »Zensur« erfahren haben. Andere Wünsche und Absichten passieren diese Zensur nicht und werden »verdrängt«, d. h. unbewusst gehalten, obgleich sie durchaus verhaltenswirksam werden können. Dies gilt sicherlich für die stark traumatisierenden Erlebnisse, von denen in früheren Kapiteln bereits die Rede war, aber wohl auch für all das, was im Sinne Freuds für das bewusste Ich bedrohlich sein könnte (freilich ist darüber wenig Empirisch-Experimentelles bekannt). Die Verhaltensantriebe, welche die Zensur passiert haben, werden von uns typischerweise so empfunden, als kämen sie von »nirgendwoher« oder »von uns selbst«; wir sagen zum Beispiel »ich hatte *plötzlich* den Wunsch . . .«. Nur bei sehr starken affektiven Zuständen fühlen wir uns überwältigt; irgendetwas »ist stärker als wir«. In keinem Fall aber sind wir uns *erlebnismäßig* der Tatsache bewusst, dass diese Antriebe aus dem limbischen System kommen.

Freilich ist das, was wir wünschen oder planen, keineswegs völlig durch das limbisch-emotionale System festgelegt; wir sind ja nicht ausschließlich von limbischen Gefühlen und Affekten getrieben. Es können sich aus rein sachlichen Gründen Verhaltensmotive ergeben. Es ist Aufgabe des präfrontalen Cortex, die Analyse dessen, »was da draußen Sache ist«, zu betreiben und Schlüsse für unser Verhalten daraus zu ziehen. In aller Regel sind wir inneren *und* äußeren Antrieben ausgesetzt, emotionalen *und* kognitiv-rationalen. Es kommt dann – wenn die Dinge nicht zu emotionsbeladen und drängend sind – auf Ebene des präfrontalen Cortex zu einem Abgleich bzw. einem Konflikt zwischen Trieben und Antrieben einerseits und sachlichen Überlegungen und Einschätzungen andererseits. In jedem Fall müssen wir davon ausgehen dass die »limbische Schleife« mehrfach bis vielfach durchlaufen wird, insbesondere im Falle eines Widerstreits von Neigung, Pflicht und Fakten, von Emotion und Kognition.

Kommt es zu irgendeiner Art Kompromiss (meist setzen sich Affekte ja nicht »brutal« durch), dann drängen Wunsch und Absicht zur Verwirklichung. Bei der *realisierungsorientierten Phase* sind wieder die sachlich-analytischen Fähigkeiten des präfrontalen Cortex gefordert, der einschätzen muss, ob der intern für vertretbar befundene Wunsch *jetzt* und *mit den derzeit zur Verfügung stehenden Mitteln* realisiert werden kann. Freilich beinhaltet auch dies eine Mitwirkung des emotionalen Systems, denn die Stärke des Wunsches nach Realisierung und insbesondere der *Zeitpunkt* der Realisierung werden ganz wesentlich von der Motivation, d. h. vom Grad erwarteter Belohnung, bestimmt. Je größer die anstehenden Schwierigkeiten und je geringer die erwartete Belohnung, desto geringer die Neigung, die Absicht jetzt oder *überhaupt* zu verwirklichen (dann wird etwas auf die lange Bank geschoben).

Schließlich soll zur Tat geschritten werden! Damit tritt der Ablauf in die *aktionale Volitions- bzw. Handlungsphase ein.* Dies ist offenbar der Moment, an dem die handlungsvorbereitende Erregung aus der ventralen, limbischen Schleife in die dorsale Schleife »springt«. Alles scheint entschieden und nur noch darum zu gehen, *wie* und *wann* die Handlung ausgeführt wird. Dies wird – so vermutet man – in den Basalganglien festgelegt. Auch ist hier eine allerletzte Sperre eingebaut, die in dem bereits mehrfach erwähnten Dopaminsignal von der Substantia nigra zum dorsalen Striatum besteht und die dorsale Schleife instruktiv oder permissiv »freischaltet«. Hier besteht für das limbische System über seinen Zugriff auf die Substantia nigra eine letzte Einwirkmöglichkeit. Nach der endgültigen Freischaltung wird das symmetrische Bereitschaftspotential im SMA und prä-SMA aufgebaut, gefolgt vom lateralisierten Bereitschaftspotential, das die Aktivität des motorischen Cortex widerspiegelt. Dieser gibt dann den eigentlichen Startschuss für die Bewegung.

Dieser komplizierte Ablauf ist allerdings nur nötig, wenn die auszuführende Bewegung noch nicht zur Routine geworden ist, wenn es also noch des inneren Antriebs, der Überlegung, des Konfliktschlichtens bedarf. Je automatisierter ein Handlungsablauf und je stärker er von externen Reizen bestimmt ist, desto mehr dominiert die zwischen prämotorischen und motorischen Arealen, der Brücke, dem Kleinhirn und dem ventrolateralen thalamischen Kern verlaufende Schleife der »spontanen« Willkürhandlungen, also derjenigen Handlungen, die wir ausführen, ohne lange zu überlegen, die wir uns dennoch – im Gegensatz zu Reflexen – zuschreiben. Die Basalganglien sind dann weniger gefragt. Dies sehen wir bei Parkinson-Patienten, die am ehesten rein extern aktivierte oder sehr eingeschliffene Bewegungen ausführen können, nicht aber selbst-initiierte.

Ob dies alles genauso abläuft, wie ich geschildert habe, bleibt der weiteren Forschung überlassen; immerhin stimmt dieses Modell weitgehend mit den derzeit bekannten Forschungsergebnissen überein. Im Prinzip besagt das Modell, dass bei der Ausbildung von Wünschen und Absichten, der Handlungsplanung und bei der Handlungsvorbereitung ein unverzichtbares Zusammenwirken subcorticaler und damit grundsätzlich unbewusster Faktoren einerseits und corticaler und damit potentiell bewusster Faktoren andererseits stattfindet. Ohne die »Mitwirkung« der subcorticalen Zentren in den Basalganglien und im limbischen System könnten wir Willenshandlungen nicht ausführen. Hierdurch soll gewährleistet werden, dass alles, was wir bewusst oder unbewusst beabsichtigen und schließlich auch tun, stets im Einklang mit unserer unbewussten kognitiven und emotionalen Erfahrung stattfindet.

15. Willensfreiheit, Determinismus und Autonomie

Die Frage nach der Willensfreiheit ist eine der philosophischen Kernfragen und hat entsprechend seit der Antike das abendländische Denken beherrscht. Ohne den festen Glauben an eine – zumindest partielle – Freiheit des Willens und ebenso des Handelns ist nach Meinung der großen Mehrheit unserer Mitbürger unsere westliche Gesellschaft einschließlich unseres Rechtssystems nicht denkbar, ebenso wenig das Bild, welches diese Mitbürger von sich als vernünftig und verantwortlich handelnden Personen haben.

Die empirisch arbeitende Psychologie und die Neurowissenschaften haben mit bemerkenswerten Ausnahmen bis vor kurzem dieses Thema nahezu ängstlich gemieden, und zwar meist mit dem Hinweis, dass die Frage, ob der menschliche Wille wirklich frei sei, nicht in ihre Kompetenz falle; dies solle man besser den Theologen, Philosophen sowie den Juristen überlassen. Man konnte sich auch nicht vorstellen, wie diese Frage empirisch-experimentell untersucht werden könnte. Erst im Zusammenhang mit dem Interesse, welches das 1983 veröffentlichte Experiment des amerikanischen Neurobiologen Benjamin Libet erfuhr und immer noch erfährt, hat sich in der Philosophie, der Psychologie und insbesondere auch in den kognitiven Neurowissenschaften die Diskussion um die Willensfreiheit intensiviert. Die Öffentlichkeit ist davon nicht unberührt geblieben. Heute findet man in vielen populärwissenschaftlichen Zeitschriften oder Wochenmagazinen die Frage gestellt, ob Willensfreiheit eine Illusion sei.

Zweifellos ist die Beantwortung dieser Frage und selbst der Versuch hierzu ein wichtiges Unterfangen, jedoch herrscht große Verwirrung darüber, was man mit dem Begriff der Willensfreiheit eigentlich meint. Es ist also ratsam, sich diesem Problemkomplex behutsam zu nähern. Für historisch-systematische Details sei auf den Artikel »Freiheit« im »Historischen Wörterbuch der Philosophie« (der Band mit dem Buchstaben »W« wie Willensfreiheit ist noch nicht erschienen), die Sammelbände »Jenseits des Rubikon. Der Wille in den Humanwissenschaften« (Heckhausen et al., 1987) und den Sammelband »Voluntary Action« (Maasen et al., 2003) sowie auf das Buch von Henrik Walter »Neurophilosophie der Willensfreiheit« (Walter, 1998) verwiesen. Einen sehr guten systematischen Überblick gibt auch

Michael Pauen in seinem Buch »Grundprobleme der Philosophie des Geistes« (Pauen 2001).

Kurze Phänomenologie des Willens und der subjektiv empfundenen Willensfreiheit

Wir fühlen uns bei einer bestimmten Klasse von Handlungen, die man entsprechend *Willenshandlungen* oder *Willkürhandlungen* (englisch *voluntary actions*) nennt, sowie bei unserem Wünschen, Wollen, Planen, Vorstellen, Denken und Erinnern *frei*. Dieses Gefühl ist im Wesentlichen durch drei Inhalte bestimmt: (1) die Gewissheit, diese Tätigkeit werde *von uns* bzw. *unserem Willen* erzeugt und gelenkt, wir bzw. unser Wille seien der *Verursacher* unserer Handlungen; (2) die Überzeugung, wir könnten auch anders handeln oder hätten im Rückblick auch anders handeln können, *wenn wir nur wollten* bzw. *gewollt hätten*; (3) wir fühlen uns für diese Handlungen *verantwortlich* und akzeptieren (bereitwillig oder widerstrebend), für die Konsequenzen unseres Handelns zur Verantwortung gezogen zu werden.

Ich möchte das erste Kriterium am Beispiel einer einfachen Willkür- oder Willenshandlung erläutern. Wir haben den Willen, nach der Kaffeetasse vor uns zu greifen, und dieser Wille ist von dem Wunsch (Motiv) bestimmt, Kaffee zu trinken. Obwohl im Allgemeinen eine solche Bewegung relativ automatisiert ist, läuft sie doch in Hinblick auf Greifdistanz, Richtung und insbesondere auf den genauen Zeitpunkt der Handlung flexibel ab. Zu irgendeinem, offenbar frei gewählten Moment geben wir uns einen teils mehr teils weniger deutlichen »Ruck«, *jetzt* nach der Tasse zu greifen. Dieser *Willensaufwand* wird umso stärker erlebt, je größer die inneren oder äußeren Widerstände sind (z. B. wenn wir eigentlich gar keinen Kaffee mehr trinken wollen, aber aus Höflichkeit müssen, oder wenn uns der Arm weh tut). Wir können jedoch auch, in das Gespräch vertieft, völlig geistesabwesend nach einer Tasse greifen, wenn dem nichts entgegensteht. Dann erleben wir gar keinen Willensruck, schreiben uns die Handlung aber trotzdem zu. Schütten wir dabei die Tasse um und beschmutzen eventuell die Kleidung des Nachbarn, so fühlen wir uns hierfür verantwortlich und kommen für den Schaden auf.

Diese Selbstzuschreibung fehlt bei drei anderen Arten von Verhaltensweisen, nämlich erstens bei vegetativ-affektiven Reaktionen wie Erhöhung des Blutdrucks, starkem Stress, starker Furcht, Erstarren, plötzlichem Glücksgefühl – bei Zuständen also, die uns typischerweise *ergreifen* oder *überfallen*. Sie fehlt aber auch typischerweise bei Reflexen und hochautomatisierten Handlungen, die uns »passieren«, die wir aber ebenfalls *nicht als von uns veranlasst* empfinden. Auch gibt es Situationen, in denen wir das Gefühl haben, wir könnten nicht anders handeln als in einer bestimmten Weise (z. B. wenn starke moralische oder gesellschaftliche Zwänge vorherrschen). Schließlich gibt es neurotische Zustände wie Waschzwang und Platzangst, denen Patienten sich ausgeliefert fühlen. In allen drei Fällen heißt es: »Entschuldigung, aber ich konnte nichts dafür!«

Das zweite Kriterium für Willenshandlungen, nämlich der Eindruck, wir hätten tatsächlich *anders handeln können* oder zumindest dann, wenn wir anders *gewollt* hätten (»Alternativismus« genannt), ist ein Resultat der Empfindung, dass Vorgänge in uns wirken, die uns zwar in die eine oder andere Richtung bewegen *könnten*. Es gibt aber *gute Gründe*, die jedoch nicht als absolut zwingend empfunden werden. Es scheint uns, als sei unsere Entscheidung eine rollende Kugel, die sich ohne größeren Aufwand in die eine oder die andere Richtung bewegen könnte. Wir erleben in uns Wünsche, Vorstellungen, Gefühle, Absichten, Pläne und auch den Prozess des Abwägens zwischen Alternativen, aber wir empfinden dies keineswegs als einen zwangsläufigen Prozess.

Zu diesen beiden Kernpunkten kommt hinzu, dass wir bei Willenshandlungen ganz allgemein den Eindruck haben, unser eigenes Verhalten ebenso wie dasjenige unserer Mitmenschen sei *nicht* oder nur in gewissen Grenzen *voraussagbar*. Am wenigsten scheint dies beim eigenen Handeln so zu sein: mir erscheint *offen*, was ich als nächstes tun werde. Bei anderen Menschen ist dies weniger klar, und wir glauben zuweilen, wir könnten ihr Handeln umso mehr voraussehen, je mehr wir von ihnen und den Bedingungen wüssten, unter denen sie leben. Das erweist sich jedoch häufig als Irrtum. Interessanterweise erscheint uns *im Rückblick* unser Leben und insbesondere das der anderen Menschen in vieler Hinsicht als durchaus zwangsläufig verlaufen zu sein: »Ich konnte *damals* nicht anders ...«, oder aber: »Wenn ich *damals* gewusst hätte, was ich heute weiß, dann hätte ich mich anders entschieden!«

Sehen wir uns kurz an, in welchen Situationen wir am stärksten das Gefühl der Willensfreiheit haben, d. h. das Gefühl, *wir* seien es, die die Entscheidung treffen, und wir könnten auch anders handeln, wenn wir nur wollten. Dies tritt dann auf, wenn (1) die Motivationslage nicht zu einseitig ist, d. h. wenn wir uns Alternativen zumindest *als realistisch vorstellen* können, (2) wenn die Konsequenzen der Entscheidung *nicht* beträchtlich sind, wenn es also nicht um Kopf und Kragen geht, und wenn (3) wir unseren Verstand in Ruhe walten lassen können.

Dies ist z. B. der Fall, wenn wir überlegen, wann, wo und mit wem wir im kommenden Sommer unseren Urlaub verbringen sollen. Dies ist keine Entscheidung um Tod oder Leben, und im Normalfall zwingt uns niemand, den Urlaub in einem bestimmten Land bzw. an einem bestimmten Ort zu verbringen. War ich in diesem Jahr in Frankreich, so möchte ich im kommenden Jahr vielleicht nach Norwegen, denn da soll es auch ganz schön sein. Es kann aber auch sein, dass es in Frankreich so schön war, dass ich wieder dorthin fahre. In Norwegen ist alles auch viel teurer! Wieder andere Motive lassen mich Neuseeland oder die Südsee in Erwägung ziehen, weil es dort sehr schön sein soll, allerdings müsste ich dann viele Stunden lang im Flugzeug sitzen.

Es ist klar, dass neben meiner vergangenen Erfahrung mit Ferienreisen viele Randbedingungen und Einschränkungen finanzieller, logistischer, geopolitischer usw. Art mitspielen, selbstverständlich auch Erzählungen und Ratschläge meiner Mitmenschen. Hinzu kommt natürlich die wichtige Frage des *wann*. Nur in seltenen Fällen kann ich hier frei planen und entscheiden: Schul-, Semester- und Betriebsferien und klimatische Bedingungen des prospektiven Ferienlandes sind zu berücksichtigen. Und nicht zu vergessen die Frage: *mit wem*? Will ich mit der Familie verreisen, dann kann es hier erhebliche Einschränkungen meiner Entscheidungsfreiheit geben, bis hin zur Drohung des Ehepartners »nach X fährst du gefälligst allein!« oder gar bis Androhung des Endes der Beziehung, so dass mir gar nichts übrig bleibt als zähneknirschend nach Y zu fahren, wo ich doch so gern nach X gefahren wäre. An diesem Beispiel sieht man, wie gleitend der Übergang von (fast) völliger Entscheidungsfreiheit zu (fast) völliger Entscheidungsdeterminiertheit ist. Nichtsdestoweniger habe ich bei all dem das Gefühl, dass ich zumindest *im Prinzip* auch ganz anders hätte entscheiden können, wenn ich nur gewollt hätte (warum ich nicht anders gewollt habe – das ist dann eine ganz komplizierte Frage!). Ich war also im Prinzip frei.

Unfrei fühle ich mich, wenn es einerseits um sehr viel geht, andererseits aber keinerlei vernünftige Entscheidungshilfen zuhanden sind. Dies tritt z. B. bei einem Universitätsprofessor dann auf, wenn er einen attraktiven Ruf an eine andere Universität erhält, die eigene Universität ihn aber zu halten versucht, indem sie zu jedem verlockenden Angebot ein gleichwertiges Gegenangebot macht. Dann zermartert man sich das Gehirn mit der Frage: »gehe ich oder bleibe ich?« Sind die universitären Angebote und Gegenangebote wirklich gleichwertig, dann kommen andere Gesichtspunkte zum Tragen, wie das Verhältnis zur Kollegenschaft, Wünsche des Ehepartners und der Kinder, deren Berufs- bzw. Schulbesuchsmöglichkeiten, Lebenshaltungskosten hier und dort, Hauskauf und -verkauf, klimatische Eigenheiten, die größere Nähe zum Ferienhaus, Verlust der Nähe zu Freunden und so fort. Je größer die Alternativen, desto qualvoller die Entscheidung; am besten, man würfelt! Wie froh ist man in solcher Situation, wenn einem durch ein unvorhergesehenes Ereignis die Entscheidung abgenommen wird!

Wir sehen, dass das Gefühl, ob und in welchem Maße ich mich bei meinen Entscheidungen *frei fühle*, von vielen inneren bzw. verinnerlichten äußeren Einflüssen und von einer typischen Motivations- und Entscheidungslage abhängt. Völlige Wahlfreiheit, d. h. die vollkommene Abwesenheit klarer Motive bzw. das völlige Gleichgewicht von Motiven wird ebenso als qualvoll empfunden wie völlige Unfreiheit oder der Zwang, sich sofort zu entscheiden. *Wir fühlen uns frei, wenn wir von dem, was wir jetzt tun, den Eindruck haben, wir hätten dies auch so gewollt.* Die Frage, ob unsere Absichten und unser Wille tatsächlich frei waren, stellt sich uns dabei gar nicht.

Kurzer philosophiegeschichtlicher Rückblick

In dem immer noch lesenswerten Artikel »Willensfreiheit« des »Wörterbuchs der philosophischen Begriffe« (4. Auflage 1930) unterscheidet Rudolf Eisler drei Aspekte von Willensfreiheit, nämlich einen metaphysischen, einen ethischen und einen psychologischen Aspekt.

Im *metaphysischen* Sinne ist Willensfreiheit dadurch gekennzeichnet, dass es eine *Willenskraft* gibt, die als Kern des Willens unser Handeln wesentlich verursacht, ohne selbst in irgendeiner Weise verursacht zu sein. Natürlich gibt es Wünsche und Motive, die zu einem Abwägen führen können, aber sie determinieren den Willen nicht gänzlich, da es ja die gänzlich freie Willenskraft gibt. Diese Willenskraft stellt sich damit außerhalb der Determiniertheit alles natürlichen Geschehens.

Dieser Begriff von metaphysischer (oder »kosmologischer«) Willensfreiheit findet sich am klarsten formuliert von Immanuel Kant in der »Kritik der reinen Vernunft«: Freiheit im »kosmologischen« Sinne ist »das Vermögen, einen Zustand· von selbst anzufangen, deren [!] Kausalität also nicht nach dem Naturgesetze wiederum unter einer anderen Ursache steht, welche sie der Zeit nach bestimmte« (Kritik der reinen Vernunft, S. 523). Kant fügt aber hinzu: »Die Freiheit ist in dieser Bedeutung eine rein transzendentale Idee, die erstlich nichts von der Erfahrung Entlehntes enthält, zweitens deren Gegenstand auch in keiner Erfahrung bestimmt werden kann«. Willenshandlungen sind entsprechend für Kant *nur der Idee nach, nicht aber empirisch frei*. Daraus folgt für Kant auch, dass der Versuch, Willensfreiheit empirisch nachweisen zu wollen, absurd ist.

Ein solcher metaphysischer Begriff von Willensfreiheit findet sich bereits beim französischen Philosophen Descartes (1596-1650). Bei ihm ist der (in seiner Existenz gar nicht hinterfragte) unsterbliche und immaterielle Wille die Instanz, die im Gehirn die Zirbeldrüse so bewegt, dass die »Geisterchen« (wir würden heute sagen *die neuronalen Erregungen*) in die als feine Schläuche gedachten Nerven gelangen, auf hydraulische bzw. pneumatische Weise die Muskeln aufblähen und so den Bewegungsapparat in Gang setzen. Der Wille ist damit die eigentliche Vermittlungsinstanz zwischen unsterblichem und immateriellem Geist und sterblichem, materiellem Gehirn und Körper.

Ein solcher Ansatz hat natürlich mit denselben Problemen zu kämpfen wie der Leib-Seele- bzw. Geist-Gehirn-Dualismus (s. Exkurs 1). Wenn alles Naturgeschehen streng nach dem Kausalitätsprinzip abläuft, dann muss die Willenskraft in der Tat ein *außerhalb des Naturgeschehens* stehendes Prinzip sein. Wie so etwas aber wiederum kausal (als »mentale« oder »willentliche«) Verursachung in das Naturgeschehen eingreifen kann, konnte bisher trotz vieler Versuche nicht befriedigend geklärt werden.

Der unter Philosophen am meisten vertretene Standpunkt geht von einem *ethischen* Begriff von Willensfreiheit aus, wenngleich meist in Kombination mit dem metaphysischen Begriff. Nach dieser Auffassung sind Menschen dann frei, wenn sie *aus Einsicht in das Gute bzw. das Sittliche* handeln und entsprechend in der Lage sind, »sinnlichen und anderen Trieben«, den »äußeren und inneren Verlockungen, Anreizungen, Regungen zu widerstehen« (Eisler, 1930).

Für Platon ist der Wille nichts anderes als die *Idee des Guten*, die vorschreibt, was man wirklich und begründet will bzw. wollen soll. Das Gute zu kennen und es verwirklichen wollen sind für ihn eins. Insofern findet man bei Platon das Problem der Willensfreiheit nicht explizit behandelt. Bei Kant wird der Begriff des »Guten« durch den des »Sittengesetzes« ersetzt: Ein freier Wille ist ein Wille unter sittlichen Gesetzen (»Grundlegung zu einer Metaphysik der Sitten«, S. 81 f.). Entsprechend heißt es bei ihm: »Ein jedes Wesen, das nicht anders als unter der Idee der Freiheit handeln kann, ist eben darum, in praktischer Rücksicht, wirklich frei, d. i. es gelten für *dasselbe* alle Gesetze, die mit der Freiheit unzertrennlich verbunden sind, ebenso, als ob sein Wille auch an sich selbst, und in der theoretischen Philosophie gültig, für frei erklärt würde« (S. 83). Weiter: »Wir nehmen uns in der Ordnung der wirkenden Ursachen als frei an, um uns in der Ordnung der Zwecke unter sittlichen Gesetzen zu denken ...« (S. 85 f.). Und: »Als ein vernünftiges, mithin zur intelligibelen Welt gehöriges Wesen kann der Mensch die Kausalität seines eigenen Willens niemals anders als unter der Idee der Freiheit denken« (S. 88). Die Freiheit besteht für Kant also in dem Geleitetsein durch das Sittengesetz, und dies ist identisch mit dem Geleitetsein durch die Vernunft.

Bei anderen Philosophen ist eine solch enge Verknüpfung zwischen Sittengesetz und Vernunft aufgelöst zugunsten einer mehr *psychologischen* Auffassung von Freiheit, die darin besteht, dass man sich von allen unmittelbaren Trieben und Motiven frei macht und Verstand und Vernunft walten lässt. Freier Wille ist für Aristoteles vernunftgemäßes Streben; im Willen realisiert sich, was vorher Gegenstand eines abwägenden Überlegens war. Für Cicero ist Vernunft der »reine leidenschaftslose Führer« des Willens; je mehr ich mich in der Gewalt habe, desto vernünftiger und freier bin ich.

Diese Idee der Freiheit als eines *vernunftgeleiteten Wollens und Handelns* zieht sich, teils mit, teils ohne ethisch-moralischen Hintergrund bis in die Gegenwart. Wir sind frei, wenn wir – statt spontan und »irrational« zu handeln – in der Lage sind, unsere Wünsche und Motive offen zu legen, sie »deutlich zu entfalten«, wie Schopenhauer sagt, Alternativen zu erwägen, die mittel- und langfristigen Konsequenzen dieser Alternativen zu bedenken und dann vernünftig zu entscheiden. Willensfreiheit ist dann allein der »durchgekämpfte Konflikt zwischen mehreren Motiven« (Schopenhauer). Der Berliner Philosoph Peter Bieri nennt dies den »gestaltenden, schöpferischen Aspekt des Entscheidens«. Nach Bieri besteht Freiheit in der »Fähigkeit, einen inneren Abstand zu uns selbst aufzubauen und uns dadurch in unserem Willen zum Thema zu werden«. Der Wille muss auf diese Weise »angeeignet«, »erarbeitet« werden; erst dadurch wird er zum freien Willen (Bieri, 2001).

Eine solche Auffassung kann, muss aber nicht, den klassischen *Alternativismus* als einen wichtigen Bestandteil der Willensfreiheit beinhalten. Hiernach besteht Freiheit darin, zwischen zwei oder mehr Alternativen frei wählen zu können (auch »Deliberationsfähigkeit« genannt). In diesen Zustand versetzt mich die Vernunft. Beim Philosophen Moses Mendelssohn (1729-1786) heißt es entsprechend: »Das Vermögen der Seele, die Beweggründe für und wider eine Handlung zu vergleichen und sich nach dem Resultat dieser Vergleichung zu entschließen, wird die Freiheit genannt«. Dem entspricht unser subjektiver Eindruck, wir hätten auch anders handeln können, *wenn wir es uns anders überlegt hätten.*

Die vorerst letzte Stufe dieser Entwicklung besteht in der Definition von Willensfreiheit als *Autonomie,* d. h. im Handeln »aus sich selbst heraus«. Eine Variante dieser Auffassung findet sich bereits bei Aristoteles, der sagt, frei handeln heiße, bewusst *aus sich selbst zu handeln,* d. h. selbst das Prinzip des Handelns zu sein. Unfrei ist danach das von außen oder von innen durch Zwang herbeigeführte Handeln, frei hingegen der bewusste, angeeignete Wille. Dabei wird die Frage, ob dieser Wille im *metaphysischen* Sinne »frei« sei, gar nicht mehr thematisiert. In Fortsetzung dieses Gedankens fasst auch Peter Bieri Freiheit als Autonomie auf, im Gegensatz zu einem »manipulierten« Willen: »Wir möchten uns das Gesetz unseres Willens selber geben können«.

Der Magdeburger Philosoph Michael Pauen sieht ebenso wie der Berliner Philosoph Volker Gerhardt Willensfreiheit in der Selbstbestimmung, der *Autonomie* eines Subjekts begründet (Pauen 2001;

Gerhardt, 2002). Dabei impliziert diese Selbstbestimmung keineswegs eine Unabhängigkeit von allen handlungsbestimmenden Faktoren. Es genügt, dass eine Unabhängigkeit gegenüber denjenigen Faktoren besteht, die nicht dem Selbst zuzurechnen sind. Das Selbst muss also Urheber der Handlungen sein, und zwar unabhängig davon, unter welchen Bedingungen dieses Selbst entstanden ist und welche Kräfte auf es einwirken. Entsprechend gibt es für Pauen wie für Gerhardt keinen Alternativismus im strengen (»inkompatibilistischen«) Sinne und auch keine Freiheit im metaphysischen Sinne: Ich entscheide so, wie *mein Selbst*, meine gesamte Persönlichkeit dies festlegen. Pauen und Gerhardt sehen mit einem solchen Konzept auch keinen Widerspruch zwischen Determiniertheit allen Geschehens und der Existenz von Willensfreiheit – sie sind damit »Kompatibilisten« (dazu unten mehr).

Eine *Ablehnung* der Idee von Willensfreiheit geschieht aus ebenso vielen verschiedenen Gründen wie ihre Befürwortung. Ein bedeutender Grund ist theologisch-metaphysischer Natur: Wenn Gott allmächtig und allwissend ist, d. h. alles Geschehen lenkt und voraussieht, dann kann der sterbliche Mensch nicht wirklich frei sein; er hat nur eine Scheinfreiheit. Entsprechende Argumente findet man bei Martin Luther. Einen theologisch-metaphysischen Determinismus vertrat auch Baruch Spinoza (1632-1677). Für Spinoza ist nur Gott wirklich frei; der Wille ist wie alles, was der Mensch denkt und tut, determiniert.

Eine Wendung zum Psychologischen vollzieht sich mit den englisch-schottischen Empiristen Hobbes, Locke und Hume, die den Willen zum bloßen Lenker des Handelns machen. In diesem Zusammenhang stellt sich auch die Frage nach der *Freiheit* des Willens nicht mehr in klassischer Weise. Nach Thomas Hobbes (1588-1679) ist das Handeln dann *frei*, wenn es *durch einen Willen gelenkt* ist. Die Menschen haben zumindest teilweise das Vermögen, das zu tun, was sie wollen, aber sie haben nicht das Vermögen, *frei* zu wollen. Entsprechendes findet sich bei John Locke (1632-1704): Der Mensch hat zwar die Möglichkeit, zwischen Alternativen zu wählen; für welche Alternative er sich jedoch entscheidet, ist durch seine Natur festgelegt. Das Freiheitsbewusstsein entspringt nach Locke der *Illusion des Anders-Handeln-Könnens*. Wenn wir – so Locke – alle Umstände und geheimen Triebfedern menschlichen Handelns kennen, würden wir auch die Richtung des Wollens eines Menschen voraussagen können. Dieser Auffassung schließen sich auch die französischen Aufklärer wie Voltaire und d'Holbach an.

David Hume (1711-1776) ist unter den Philosophen derjenige, der am konsequentesten die Existenz einer Willensfreiheit leugnet. Hume lehnt die Descartes'sche Zweiteilung des Geschehens in ein Reich der Notwendigkeit, also des Naturgeschehens, und ein Reich der Freiheit, nämlich des menschlichen Handelns, strikt ab. Für ihn ist menschliches Handeln genauso von Gesetzen und Regelmäßigkeiten bestimmt wie das Naturgeschehen. Im achten Abschnitt der »Untersuchung über den menschlichen Verstand« mit der Überschrift »Über Freiheit und Notwendigkeit« stellt Hume fest: »Dieselben Beweggründe rufen immer dieselben Handlungen hervor: dieselben Ereignisse folgen aus denselben Ursachen. Ehrsucht, Geiz, Selbstliebe, Eitelkeit, Freundschaft, Edelmut, Gemeingeist: diese Affekte sind in verschiedenen Mischungsgraden in der menschlichen Gesellschaft verteilt und von Anbeginn der Welt und noch heute der Quell aller Handlungen und Unternehmungen gewesen, die man je beim Menschen beobachtet hat«. Und weiter: »Die Menschen sind in allen Zeiten und Orten so sehr dieselben, dass uns die Geschichte auf diesem Gebiet nichts Neues oder Fremdartiges berichtet«. Ein völlig willkürliches, nicht von erwartbaren Gründen und Motiven ableitbares Verhalten wäre – so Hume – für die Gesellschaft unerträglich. Jeder von uns geht bei der Beurteilung seiner Mitmenschen von einer empirisch erfahrbaren Gesetzmäßigkeit und Voraussagbarkeit des Verhaltens aufgrund bekannter Motive aus, nur bei sich selbst unterstellt er eine Freiheit und damit Nichtvoraussagbarkeit des Handelns. Dies aber beruht nach Hume auf einer Illusion.

Man kann das soeben Gesagte in folgender Weise zusammenfassen. Der Begriff der *Willensfreiheit im starken Sinne* umfasst im Wesentlichen folgende Aspekte: Erstens die *Urheberschaft des Willens*, d. h. das Verursachen einer Handlung durch den Willen, ohne dass dieser Wille selbst verursacht ist. Zweitens das tatsächliche *Anderskönnen* bzw. das Anderskönnen, *wenn man nur anders will*. Drittens die *Verantwortlichkeit* des Menschen für sein Tun und damit auch seine *Schuldfähigkeit*. Bin ich nicht in einem freien Willensakt der Urheber meines Tuns, hätte ich nicht anders handeln können als ich getan habe und war mir die Möglichkeit eines vernünftigen Abwägens der Konsequenzen meines Tuns gegeben, dann bin ich auch nicht für mein Handeln verantwortlich und kann entsprechend auch nicht schuldig werden. Auf diese Problematik werde ich in dem sich an dieses Kapitel anschließenden Exkurs 3 eingehen.

Es ist eine solche *Willensfreiheit im starken Sinne*, welche die traditionelle Auffassung von Willensfreiheit überhaupt einschließlich der herrschenden Strafrechtstheorie bestimmt. Es ist unaufrichtig zu behaupten, eine solch starke Annahme von Willensfreiheit vertrete niemand mehr; das Gegenteil ist der Fall. Die große öffentliche Aufregung und Entrüstung über das tatsächliche oder vermeintliche »Leugnen« von Willensfreiheit durch Neurobiologen und Kognitionspsychologen wäre ansonsten völlig unverständlich. Selbstverständlich gibt es Konzepte einer Willensfreiheit in einem viel schwächeren, z. B. kompatibilistischen Sinne, von denen bereits die Rede war und gleich noch sein wird.

Determinismus und Willensfreiheit

Ein wichtiger, bisher noch nicht ausführlicher zur Sprache gekommener Aspekt der Willensfreiheits-Debatte ist der Zusammenhang zwischen Determinismus und Freiheit des Wollens und Handelns. In diesem Zusammenhang gibt es traditionellerweise zwei Lager: Zum einen sind dies die so genannten *Inkompatibilisten*, die meinen, menschliche Freiheit und Determinismus seien unvereinbar (inkompatibel). Wenn alles Geschehen in dieser Welt determiniert ist, dann kann es auch keine Willensfreiheit geben. Die *Kompatibilisten* hingegen sehen eine solche Vereinbarkeit; ihrer Meinung nach sind Willensfreiheit und Handlungsfreiheit auch in einer vollständig determinierten Welt möglich (vgl. Walter, 1997; Pauen, 2001).

Die Frage, ob es in unserer Welt vollständig deterministisch zugeht, ist sowohl in der Philosophie als auch in den Naturwissenschaften eine offene Frage. Auch ist nicht klar, was eine »völlige Determiniertheit« eigentlich bedeutet (s. hierzu die Artikel »Determinismus/Indeterminismus«, »Kausalgesetz« und »Kausalität« im Historischen Wörterbuch der Philosophie sowie An der Heiden, 1996). Traditionell wird darunter die vollständige Gültigkeit des »Kausalgesetzes« verstanden, nach der alles, was geschieht, eine Ursache haben muss, die eine bestimmte Wirkung festlegt. Das gesamte Weltgeschehen besteht dann aus lückenlosen Ursache-Wirkungs-Ketten. Eine Willensfreiheit, die eine Wirkung auf Handlungen hat, selbst aber *nicht verursacht* ist, kann es dann per definitionem nicht geben.

Allerdings ist es bereits im Rahmen der Newtonschen Physik nicht gelungen zu klären, was denn eigentlich diese Ursache-Wirkungs-Beziehung sei, da man nicht mehr im Aristotelischen Sinne davon ausgehen konnte, dass die Wirkung »irgendwie« in der Ursache bereits enthalten war. Die Annahme eines Kausalprinzips wurde entsprechend zunehmend durch die Idee der *Gesetzmäßigkeit* physikalischer Prozesse ersetzt, die man mithilfe von Differentialgleichungen beschreiben kann. Wenn man entsprechende *Naturgesetze* sowie alle Anfangs- und Randbedingungen genau kannte und über hinreichende mathematische Methoden verfügte, so konnte man das weitere Geschehen auch genau voraussagen. Eine Nichtvoraussagbarkeit von Ereignissen resultierte entsprechend aus einer Unkenntnis der einschlägigen Naturgesetze, der Anfangs- und Randbedingungen eines Geschehens und einer begrenzten Berechenbarkeit der Ereignisse.

Dieser Standpunkt einer durchgängigen Determiniertheit der Welt wurde durch den Umstand bekräftigt, dass es im 19. Jahrhundert immer mehr evident wurde, dass es – anders als man bisher glaubte – zwischen den Vorgängen in der belebten und der unbelebten Natur keinerlei fundamentalen Unterschiede gibt: Die physikalischen und chemischen Gesetze unterliegen allen bisher bekannten biologisch-physiologischen Vorgängen, es gibt kein gegenüber der »toten Materie« eigenständiges »Lebensprinzip« (eine *vis vitalis*). Es war in diesem Zusammenhang von größter Bedeutung, in der zweiten Hälfte des 20. Jahrhunderts zeigen zu können, dass dies auch für die Vorgänge im Gehirn gilt. Die molekularen und zellulären Grundlagen neuronaler Prozesse sind, wie in den voraufgehenden Kapiteln geschildert, bis in Details hinein bekannt, und nirgendwo hat man etwas entdecken können, was den Naturgesetzen widerspricht.

Die Auffassung von der völligen Determiniertheit der Natur wurde im 20. Jahrhundert durch zwei Umwälzungen in den Naturwissenschaften zumindest teilweise in Frage gestellt. Zum einen entdeckte man in der Quantenphysik Vorgänge, die mit deterministischen Gesetzen scheinbar oder tatsächlich nicht in Einklang zu bringen waren; das bekannteste Beispiel hierfür ist die Heisenbergsche Unbestimmtheitsrelation: Man kann nicht im selben Experiment Ort und Impuls eines Elektrons mit hinreichender Genauigkeit messen. Ersetzt wurden die deterministischen Gesetze in der Quantenphysik durch *statistische* Gesetze. Ob dies eine »objektive« Indeterminiertheit mikrophysikalischen Geschehens widerspiegelt, wie Werner Heisenberg und mit ihm eine Reihe von Physikern glaubten bzw. glauben, oder ob dies an unserer aktuellen Unkenntnis »verborgener Ordnungsparameter« liegt, wie seinerzeit Max Planck und Albert Einstein glaubten und eine Minderheit der Physiker heute noch glaubt, ist unentschieden. Die heutige Physik betont hingegen, dass die statistischen Gesetze der Quantenphysik genauso »gesetzmäßig« gelten wie die klassischen Gesetze und keinerlei indeterministische »Lücken« im strengen Sinne zulassen; die einzige Einschränkung besteht dann darin, dass das *Einzelereignis* (z. B. der Zerfall eines Uranatoms) nicht präzise vorausgesagt werden kann.

Die zweite Umwälzung stellt die so genannte Chaos-Theorie dar, deren Hauptaussage lautet, dass in bestimmten (»chaotischen«) Systemen eine immer genauere Kenntnis der Anfangs- und Randbedingungen und des »Bildungsgesetzes« nicht notwendig zu einer immer genaueren Vorhersage zukünftigen Verhaltens führt. Dies wird mit einer *sensitiven* (d. h. hochempfindlichen) *Abhängigkeit von den Anfangs- und Randbedingungen* begründet. Winzigste Unterschiede in diesen Bedingungen können große Folgen für das zukünftige Systemverhalten haben. Ein einfaches Beispiel hierfür lautet: Je genauer ich einen Bleistift mit seinem stumpfen Ende auf die Schneide einer Rasierklinge zu setzen versuche, desto weniger kann ich vorhersagen, nach welcher Seite er fallen wird.

Chaotisches Verhalten ist auch häufig die Folge komplexer interner Organisation eines Systems. Das bekannteste Beispiel eines komplexen chaotischen Systems ist das Wetter, das nicht nur ein äußerst kompliziertes physikalisches Geschehen umfasst, sondern sich überall auf der Welt in räumlicher und zeitlicher Weise beeinflusst. Wettervorhersagen werden umso ungenauer, je lokaler sie sein sollen. Man kann aber auch relativ einfache Systeme konstruieren, z. B. künstliche neuronale Netzwerke, die aus nur drei untereinander verbundenen Neuronen bestehen, von denen zwei Neurone erregend und ein Neuron hemmend ist. Bei geeigneter Veränderung der Kopplungsstärken geht dieses System von einer gleichförmigen zu einer regelmäßig rhythmischen und schließlich in eine völlig »chaotische« Zustandsabfolge über. Ähnliches gilt für das so genannte Doppelpendel, bei dem ein Pendel an einem zweiten Pendel aufgehängt ist. Die Bewegungen dieses Doppelpendels sind längerfristig nicht exakt zu berechnen, sondern nur näherungsweise, da der Berechnungsfehler mit der Zeit exponentiell zunimmt.

Das Bedeutsame an der Chaostheorie ist der (auch streng mathematische) Beweis, dass aus der Nichtvorhersagbarkeit des Verhaltens eines Systems keineswegs dessen Indeterminiertheit folgt. Das häufig von Vertretern der Willensfreiheit vorgetragene Argument, Unvorhersagbarkeit des Verhaltens beweise eine Indeterminiertheit, ist also falsch. Anders ausgedrückt: Ein in seinem Verhalten *nicht* vorhersagbares System kann genauso gut indeterministisch (falls es so etwas überhaupt gibt) wie deterministisch sein. Im Falle unseres kleinen neuronalen Netzwerkes wissen wir genau, dass es deterministisch arbeitet, denn wir haben es selbst gebaut. Bringen wir es in einen bestimmten Kopplungszustand, dann kann niemand allein aufgrund der Beobachtung des Verhaltens oder der Anwendung mathematischer Tests allein herausfinden, ob es deterministisch oder indeterministisch arbeitet.

Diese Zusammenhänge sind wichtig, wenn wir uns der Frage zuwenden, ob es im Gehirn des Menschen (und natürlich anderer Tiere) streng deterministisch zugeht oder nicht. Zweifellos kann niemand exakt das Verhalten eines Menschen voraussagen, sofern dieses ein bestimmtes Maß an Komplexität überschreitet (wenn es sich also nicht um die einfachsten Reflexe handelt). Selbst wenn ich einen Menschen jahrelang studiert habe, werde ich gelegentlich Überraschungen erleben. Ebenso wenig verstehen wir das menschliche Gehirn in einem Ausmaß, dass wir alle darin ablaufenden Prozesse genau vorhersagen könnten; dies ist bei der ungeheuren Komplexität des Gehirns auch nicht verwunderlich. Wie zuvor festgestellt, folgt aus dieser Nichtvorhersagbarkeit menschlichen Verhaltens und komplexer Hirnvorgänge weder, dass diese streng deterministisch ablaufen, noch dass sie es nicht tun. Dies ist auch nicht präzise empirisch-experimentell überprüfbar. Was wir jedoch überprüfen können, ist die Frage, ob es nicht innerhalb eines neuronalen Geschehens, das uns experimentell gut zugänglich ist, Anzeichen für ein »indeterministisches« (d. h. nicht exakt, sondern nur mit Wahrscheinlichkeiten voraussagbares) Geschehen gibt.

Dies scheint unter anderem bei den Vorgängen an der chemischen Synapse der Fall zu sein, genauer bei der Freisetzung von synaptischen Vesikeln in der Präsynapse. Diese Vorgänge sind insbesondere an der so genannten neuromuskulären Synapse untersucht worden, die in einer Muskelfaser als Endigung des Axons eines Motorneurons zu finden ist und dort den Neurotransmitter nicotinisches Acetylcholin ausschüttet (vgl. Kapitel 3 und Dudel, 2001). Die Präsynapse enthält zahlreiche Vesikel, die jeweils einige Tausend Acetylcholin-Moleküle enthalten. Wird die Nervenendigung, d. h. die Präsynapse, gereizt, so wandern proportional zur Stärke der Reizung mehr oder weniger viele Vesikeln zur präsynaptischen Zellmembran, verschmelzen mit ihr und setzen den Transmitter frei. Diese Transmitter-Freisetzung (*Exozytose*) löst dann in der Postsynapse eine graduierte Veränderung des Membranpotentials aus.

Die Exozytose eines einzigen Vesikels ist das kleinste neuronale Ereignis, das durch eine Erregung der Präsynapse herbeigeführt werden kann, und diesem Ereignis entspricht das Auftreten eines »Quantenstroms« innerhalb eines postsynaptischen Potentials. Das Auftreten eines solchen »Quantums« kann man mit besonderem technischen Aufwand sichtbar machen. Um ein einziges postsynaptisches Potential zustande zu bringen, müssen etwa 500 »Quantenströme« zusammenkommen. Wichtig im vorliegenden Zusammenhang ist die Tatsache, dass die minimale Vesikelfreisetzung nach Erregung der Präsynapse und damit das Auftreten von Quantenströmen *statistisch schwankt*, und zwar zwischen 0 und 3. Es lässt sich also nicht präzise vorhersagen, ob aufgrund einer minimalen Erregung der Präsynapse überhaupt ein Quantum auftritt bzw. ob es sich dabei um ein, zwei oder drei Quanten handelt. Gelegentlich wird sogar ohne Erregung der Präsynapse, also »spontan«, ein Vesikel freigesetzt.

Diese Vorgänge haben den Neurophysiologen und Nobelpreisträger John Eccles, Verfechter eines interaktiven Dualismus und einer Willensfreiheit im starken Sinne, zu der Idee veranlasst, der freie Wille könne Gehirnvorgänge dadurch beeinflussen, dass er die Wahrscheinlichkeit des Auftretens der soeben beschriebenen »Quanten« steuert. Dies solle vor allem an cortikalen Synapsen im supplementär-motorischen Areal geschehen, das – wie in Kapitel 14 geschildert – in die Steuerung willkürmotorischer Handlungen involviert ist (Eccles, 1982, 1994). Dabei wird allerdings über den Begriff des »Quantums« auf unzulässige Weise eine begriffliche und inhaltliche Nähe zu der oben erwähnten Diskussion um indeterministische Prozesse in der Quantenphysik erzeugt. »Quantum«

heißt hier wie dort »Minimalmenge«, beinhaltet aber jeweils etwas völlig anderes. Während es in der Quantenphysik tatsächlich um physikalisch winzigste Einheiten, Elementarteilchen, und deren Eigenschaften geht, enthält ein synaptisches Vesikel, wie erwähnt, einige Tausend Acetylcholin-Moleküle, und ist damit ein Ereignis, das eindeutig zur makrophysikalischen Welt gehört.

Man kann leicht zeigen, dass die Beeinflussung der Wahrscheinlichkeit der Ausschüttung eines einzigen synaptischen Vesikels gar keinen nachhaltigen Effekt auf das Auftreten eines postsynaptischen Potentials haben kann, da allein rund 500 solcher Quantenströme zusammenkommen müssen. Die beschriebenen kleinen Schwankungen mitteln sich bereits hierbei weitestgehend aus. Hinzu kommt, dass ein postsynaptisches Potential an einer Synapse einer Pyramidenzelle der Großhirnrinde von den distalen Dendriten den relativ weiten Weg bis zum Axonhügel laufen und dort mit anderen Erregungen von vielen anderen Synapsen zusammenkommen muss, um dort ein Aktionspotential auszulösen. Wie wir in Kapitel 3 gehört haben, erfordert das Auftreten eines Aktionspotentials am Axonhügel einen erheblichen zeitlichen und räumlichen Summationseffekt vieler postsynaptischer Erregungen.

Es hätte für den freien Willen also gar keinen Zweck, an der Wahrscheinlichkeit der Exozytose von Transmittervesikeln in der Präsynapse anzusetzen, da die Wirkung eines solchen Einzelereignisses bis zum Auslösen eines Aktionspotentials völlig ausgemittelt wäre. Hinzu kommt, dass das Auftreten eines einzigen Aktionspotentials an einer einzigen Pyramidenzelle für die Aktivierung einer motorischen Reaktion kaum etwas bedeutet, sondern es muss dafür die geordnete Aktivität von Hunderttausenden bis Millionen von Pyramidenzellen mit Millionen bis Milliarden von Synapsen zusammenkommen.

Allerdings kann man bei vielen Neuronen feststellen, dass das Auftreten eines Aktionspotentials nicht präzise erfolgt, sondern im Bereich einiger Millisekunden variieren kann, insbesondere wenn es sich um eine Salve von Aktionspotentialen handelt. Dies bedeutet, dass nach dem Auftreten eines Aktionspotentials das Wiedererreichen der Feuerschwelle und damit das Auslösen des nächsten Aktionspotentials nicht völlig stereotyp stattfindet. Der Grund hierfür mag darin liegen, dass das Öffnen und Schließen der einzelnen Ionenkanäle ebenso wie die Exozytose der Transmittervesikel selbst kein exakt vorausberechenbarer Prozess ist.

Es gibt aber viele Beispiele für Neuronen, die außerordentlich präzise arbeiten. Dies ist z. B. bei der Lokalisation einer Hörquelle der Fall, wo es um das Erfassen von Unterschieden der Laufzeiten der Schalldruckwellen im rechten und linken Ohr im Bereich von Mikrosekunden geht; hierbei ist äußerste Präzision neuronaler Prozesse nötig. Eine ähnlich hohe Präzision findet man auch bei der Aktivität motorischer Neurone, die unsere Augenstellungen und -bewegungen kontrollieren. Ein »chaotisches« und ein präzises Auftreten von Aktionspotentialen kann sogar an demselben Neuron stattfinden. Letzteres ist z. B. notwendig, wenn sich bei der Interaktion zwischen Neuronen eines Netzwerkes Zustände der Synchronisation und Desynchronisation abwechseln müssen. Es muss hierfür *unterschwellig* arbeitende Mechanismen geben, die die Höhe der Feuerschwelle absolut präzise regulieren, und dies kann z. B. durch die Einwirkung von Neuromodulatoren geschehen. All dies bedeutet, dass neuronale Prozesse im Zusammenhang mit dem Auftreten von Aktionspotentialen völlig präzise und deterministisch ablaufen können, *wenn es darauf ankommt.*

Andererseits gibt es Zustände »chaotischer« Aktivität im Gehirn, z. B. im präfrontalen Cortex, wie dies bereits in Kapitel 6 dargestellt wurde. Hier gibt es Netzwerke, deren Aktivität sich unter dem Einfluss des dopaminergen mesolimbischen Systems stark erhöht. Dies ist vor allem dann der Fall, wenn der präfrontale Cortex im Zusammenhang mit Problemlösen und Handlungsplanung »kreativ« sein soll. Solche chaotische neuronale Aktivität wird offenbar induziert, um erhöhte Leistungen zu vollbringen.

Ob es im Gehirn über die genannten Vorgänge an der Präsynapse bei der Exozytose der Transmittervesikel und an der Nervenzellmembran beim Entstehen von Aktionspotentialen hinaus noch andere »echte« stochastische Prozesse gibt, ist nicht gut untersucht. Mit aller Vorsicht kann man aber davon ausgehen, dass derartige Vorgänge auf der molekularen und zellulären Ebene des neuronalen Geschehens keinen wesentlichen Einfluss auf die verhaltensrelevanten Zustände des Gehirns haben, denn sie mitteln sich bereits auf der Ebene kleiner neuronaler Netzwerke völlig aus. Überdies gilt, dass das Gehirn absolut präzise arbeiten kann, wenn es zum Überleben darauf ankommt. In vielen Fällen »übergenauer« Leistungen zeigt sich, dass diese (scheinbar paradoxerweise) durch das Induzieren erhöhten Rauschens erreicht wird, mit dem der Mittelungseffekt optimiert wird.

Wir können also getrost akzeptieren, dass die Nichtvorhersagbarkeit globaler Aktivitäten des Gehirns und des sich daraus ergebenden Verhaltens sich allein schon aus der Komplexität der im Gehirn ablaufenden Prozesse ergibt. Wie die Mathematik zeigt, sind bereits einfache Systeme schon dann nicht mehr genau berechenbar (und erscheinen uns »indeterminiert« in ihrem Verhalten), wenn drei Größen in nicht-linearer Weise, aber völlig deterministisch zusammenwirken. Die Zahl der Faktoren, die das Geschehen im Gehirn im Wesentlichen festlegen, ist unbekannt, aber sicherlich außerordentlich viel größer als drei, und deshalb ist die Nichtvorhersagbarkeit komplexer neuronaler Geschehnisse und des Verhaltens von Tieren und Menschen aus systemtheoretischer Sicht eher eine Trivialität. Staunen muss man eher darüber, *wie präzise* trotz der ungeheuren Komplexität neuronale Prozesse und Verhaltensweisen ablaufen können, wenn es nötig ist!

Letztlich aber können wir die Frage, ob das menschliche Gehirn tatsächlich *deterministisch* arbeitet oder nicht, im Zusammenhang mit der Frage nach der Willensfreiheit getrost beiseite legen, sofern es uns nicht gelingt, nachzuweisen, dass die Nichtvorhersagbarkeit des menschlichen Gehirns und des von ihm hervorgebrachten Verhaltens (1) auf tatsächlich indeterministische Prozesse im Gehirn zurückzuführen ist und nicht eine bloße Folge neuronaler Komplexität, und (2) der *freie Wille* hier lenkend eingreift. Um den Glauben an den freien Willen zu retten, nutzt es bekanntlich nichts, auf die vorgebliche oder tatsächliche Indeterminiertheit von Quantenprozessen oder des Freisetzens von Transmittervesikeln zurückzugreifen, wenn diese mit dem freien Willen nichts zu tun haben.

Der von vielen Philosophen und philosophierenden Physikern (z. B. Werner Heisenberg, Pascual Jordan) und Neurobiologen (John Eccles, Benjamin Libet) gezogene Schluss »Nichtvoraussagbarkeit gleich Indeterminiertheit gleich Willensfreiheit« ist also ein doppelter und doppelt peinlicher Fehlschluss. Überdies: Welchem Anhänger des freien Willens soll es ein Trost sein, dass statt eherner deterministischer Gesetze der pure Zufall in seinem Gehirn waltet?

Handlungspsychologische Erkenntnisse zur
Steuerung von Willenshandlungen

In der Handlungs- und Volitionspsychologie liegt inzwischen eine große Zahl von Forschungsresultaten vor, die erhebliche Zweifel an der Existenz von Willensfreiheit im oben definierten starken Sinne wecken. Eine gute Übersicht hierzu liefert das kürzlich erschienene Buch »The Illusion of Conscious Will« des amerikanischen Psychologen Daniel Wegner (Wegner, 2002). Ebenso sind aus der Neurologie und Psychiatrie seit Jahrzehnten Fakten bekannt, die ebenfalls derartige Zweifel nähren. Die spektakulären Untersuchungen von Benjamin Libet bzw. Patrick Haggard und Martin Eimer haben im Wesentlichen dazu geführt, all das neu zu sichten und zu einer in sich konsistenten Theorie zusammenzufügen (wobei dadurch die Originalität der Libet'schen Versuche nicht herabgewürdigt werden soll).

Bei der empirischen Überprüfung der Willensfreiheit haben wir uns vor allem mit folgenden Fragen auseinander zu setzen: (1) Was ist Wille? (2) Wie entsteht er? (3) Was bewirkt er, und in welcher Beziehung steht er zur Handlung, die ihm folgt? (4) Wie kommt es zum Eindruck der Selbstverursachung der Handlungen? (5) Wie kommt es zur Selbstzuschreibung der Handlungen?

Zu den ersten drei Fragen: An der Existenz des Willens gibt es keinen vernünftigen Zweifel, denn jeder von uns erlebt ständig den Zustand des »etwas Wollens«. Worum handelt es sich aber hierbei? Nach Weinert (1987) kann man fünf Qualitäten und Funktionen des Willens bzw. des Wollens unterscheiden, nämlich (1) das *energetisierende Wollen*, mit dem ich bestimmte Handlungsabsichten vorantreibe; (2) die *Richtungsfunktion* des Willens, d. h. dass ich gerade dies und nicht etwas anderes tun will; (3) die *Selbstinitiierungsfunktion* des Willens, d. h. das Ingangsetzen einer Handlung ohne deutlichen externen oder internen Zwang; (4) die *Kontrollfunktion* des Willens, d. h. dass ich einen bestimmten Handlungsstrang beibehalte und ihn konsequent verfolge; und (5) die *Bewusstseinsqualität* des Willens, d. h. das Gefühl, dass *ich* es bin, der da handelt, und dass ich dies *frei und ungezwungen* tue.

Der Wille erscheint entsprechend als ein wichtiger Faktor bei der Auswahl, der Vorbereitung und der Steuerung komplexer Handlungen. Keinen Willen zu etwas zu haben oder »willensschwach« zu sein, ist ein Zustand, der bei Mitmenschen leicht zu erkennen ist. Wir können also davon ausgehen, dass der Wille kein bloßes Epiphänomen ist, d. h. ein subjektiver Zustand, ohne den alles im Gehirn und im Verhalten genauso abläuft wie es mit ihm tut (vgl. Exkurs 1). Es trifft auch zu, dass in meinem subjektiven Erleben der Zustand, einen Willen zu haben, gleichbedeutend ist mit dem Gefühl, dass dieser Wille *frei* ist; deshalb werden beide Dinge häufig verwechselt.

Ein *expliziter Willensakt* (oder *Willensruck*) tritt, wie bereits erwähnt, allerdings nur bei tatsächlichen oder erwarteten Hindernissen und Handlungsalternativen auf, die ausgeräumt werden müssen. Dabei gilt: Je größer die Hindernisse und möglichen Alternativen, desto stärker muss der Willensruck sein. Was ohne Anstrengung und ohne Vorhandensein von Hindernissen in die Tat umgesetzt werden kann – z. B. trinken, wenn ich durstig bin – benötigt keinen Willensakt. Im Übrigen tun wir die meisten alltäglichen Dinge, ohne dass wir sie ausdrücklich wollten; wir tun sie *einfach*, weil sie automatisiert sind. Dennoch schreiben wir sie uns zu, und deshalb werden sie zu Willenshandlungen, ohne durch einen expliziten Willensakt herbeigeführt zu sein.

Ebenso folgt aus einem Willensakt nicht zwingend, dass die gewollte Handlung auch wirklich und wie gewollt erfolgt. Ich kann an einem kalten, trüben Wintermorgen – siehe das Beispiel von William James – ganz stark aufstehen *wollen*, allein ich tue es nicht, während ich später ohne jede »Wollung« (*volition*) aus dem Bett springe, nachdem ich erschrocken festgestellt habe, wie spät es inzwischen ist.

Es gibt also *Willensakte ohne anschließende Willkürhandlungen*, und es gibt *Willkürhandlungen ohne einen voraufgegangenen expliziten Willensakt* – und natürlich alle erdenklichen Möglichkeiten dazwischen: Wir können etwas sehr detailliert wollen und dann auch tun (z. B. einen Apparat genau in der und der Reihenfolge auseinander nehmen und wieder zusammensetzen), wir können den Ablauf einer eingeschliffenen Handlung wollen (zum Institut fahren), ohne die dazu erforderlichen Details bewusst zu planen, und wir können etwas völlig ohne Willensakt tun, während wir mit den Gedanken ganz woanders sind (z. B. Spazieren gehen und intensiv diskutieren und dabei sogar Hindernissen ausweichen, sofern diese nicht zu komplex sind).

Dies alles bedeutet, dass es bei der Ausführung von Willenshandlungen gar keinen festen Zusammenhang zwischen einem

Willenszustand und einer bestimmten Handlung gibt. Allein dieses Faktum muss uns bereits misstrauisch gegenüber der klassischen Willensfreiheitstheorie machen. Handlungen werden subjektiv zu Willenshandlungen dadurch, dass wir das Gefühl haben, *wir* seien es, die die Handlung verursachten (und nicht andere). Ob der Handlung ein Willensakt vorausgeht, ist dabei gleichgültig. Ein expliziter Wille tritt nur unter bestimmten Bedingungen auf, wenn wie erwähnt äußere oder innere Widerstände zu überwinden sind, ansonsten kann er ganz fehlen.

Gehen wir einmal von dem Normalzustand aus, dass wir etwas tun, weil wir bestimmte Bedürfnisse oder Intentionen haben, und dass uns diese auch bewusst sind. Ich greife zu der Kaffeetasse vor mir, weil ich Kaffee trinken möchte. Ich stehe auf und gehe zum Telefon, weil es läutet. Ich bestelle Theaterkarten, weil ich mir gern ein bestimmtes Theaterstück anschauen will. Was ich dabei erlebe, ist so etwas wie eine innere Aufforderung, ein innerer Drang, etwas Bestimmtes zu tun (oder zu lassen). Diese höchst unterschiedlichen inneren Zustände belege ich mit dem Begriff »Wille«, weil ich dies so gelernt habe. Da *ich* diesen Willen empfinde, ist er *mein* Wille, also bin *ich* es, der diesen Willen hat. Was ich aber tatsächlich erlebe, ist ein *Nebeneinander* von Ich-Gefühl und »innerem Drang«, die zu einer einzigen Instanz verschmolzen werden, obgleich sie bei genauer Analyse (mindestens) zwei unterschiedliche Zustände sind.

Dies ist der Vorgang der automatischen Ich-Aneignung (*Selbst-Attribution*) psychischer Zustände. Alles, was im Bewusstsein auftaucht, d. h. Wahrnehmungen, Vorstellungen, Gedanken, Gefühle, Bewegungen usw., wird von einem anderen Bewusstseinszustand, dem Ich oder Selbst, *angeeignet*. Dieses Ich ist natürlich nicht der Produzent dieser Zustände, aber es hat keine Möglichkeit, die genannten anderen unbewussten Prozesse (ebenso wie sich selbst) zu ihren eigentlichen Quellen zurückzuverfolgen (sonst wären sie ja nicht unbewusst). Es geht vielmehr nach dem Ausschlussprinzip vor: Wenn keine anderen Ursache erkennbar ist, dann müssen diese Zustände von mir stammen!

Diese automatische Ich-Aneignung von bewusst erlebten Zuständen lässt sich auf vielfache Weise demonstrieren. So kann man Versuchspersonen bestimmte Reize oder Reizsituationen *unterschwellig* darbieten (z. B. maskiert, s. Kapitel 7, Teil B), und sie tun dann etwas, wovon sie anschließend behaupten, sie hätten es so und nicht anders gewollt. Allerdings ist – wie in Kapitel 7 B dargelegt – eine solche subliminale Beeinflussung nur in engen Grenzen möglich, d. h. mithilfe einer Verstärkung oder Abschwächung bereits vorhandener Verhaltenstendenzen, wie das Coca-Cola-Beispiel zeigt. Dies scheint auch für die spektakulären Beeinflussungen des Verhaltens unter Hypnose zu gelten (hierzu ausführlich Wegner, 2002).

Es ist richtig, dass ein Hypnotiseur einer geeigneten Versuchsperson in Hypnose befehlen kann, nach dem »Aufwachen« auf dem Boden herumzukriechen. Sie wird dies dann auch tun und gleichzeitig dieses merkwürdige Verhalten zu erklären versuchen – meist mit peinlichen Argumenten wie »ich habe gerade etwas verloren!« oder »der Teppich sieht interessant aus, ich wollte mir so einen schon immer kaufen«. Nach Auskunft von Fachleuten ist aber nur jeder Zehnte bis Fünfte für weitergehende hypnotische Beeinflussung empfänglich, und überdies werden bei der Hypnose offenbar nur bereits vorhandene Wünsche und Tendenzen verstärkt. Hypnose scheint unter anderem darauf zu beruhen, dass man sieht, was man immer schon sehen wollte; deshalb kann man auch unter Hypnose keine Dinge befehlen, die nach Auffassung des Hypnotisierten unethisch wären. In dem vorgegebenen Rahmen eigenen Handelns eignet sich der Hypnotisierte aber einen von außen eingegebenen Befehl an und erklärt ihn entsprechend als seinen eigenen Wunsch.

Andere Evidenzen für den Prozess der automatischen Selbstzuschreibung ergeben sich aus Hirnstimulationsexperimenten. Elektrische Reizungen der Hirnrinde wurden extensiv vom kanadischen Neurologen Wilder Penfield seit den dreißiger Jahren des vorigen Jahrhunderts durchgeführt, und zwar bei Epilepsiepatienten, denen zum Zweck der Entfernung eines epileptischen Herdes die Großhirnrinde freigelegt wurde. Diese Untersuchungen führten zur ersten genauen Kartierung sensorischer und motorischer Funktionen des Cortex (s. Kapitel 3 und 4). Eine punktuelle Reizung des somatosensorischen Cortex direkt vor der Zentralfurche führte je nach Ort zu einem Kribbeln in bestimmten Körperteilen, eine Reizung des primären motorischen Cortex zu Zuckungen einzelner Muskeln oder Muskelgruppen, eine Reizung des prämotorischen und supplementärmotorischen Cortex zu kompletten Bewegungen von Gliedmaßen (Penfield, 1958). Die Patienten berichteten dabei, sie könnten diesen Bewegungen nicht widerstehen, sie kämen ihnen »aufgezwungen«

vor. Umgekehrt waren sie bei Reizung bestimmter Areale in diesen prämotorischen Arealen nicht in der Lage, Bewegungen auszuführen, die sie ausführen *wollten*, d. h. die Cortexstimulation übte eine Hemmung aus. Bei einer Reihe von Patienten führte jedoch die Stimulation eines Cortexareals am Fuß der Zentralfurche im Übergang zur sylvischen Furche zuverlässig zum Willen bzw. Bedürfnis, die linke bzw. rechte Hand oder den linken oder rechten Fuß zu bewegen (Penfield und Rasmussen, 1950).

Der spanische Neurologe José Delgado berichtete, dass unter ähnlichen Bedingungen wie bei Penfield die Stimulation des rostralen Anteils der so genannten internen Kapsel (d. h. der Faserbahnen, die vom Thalamus durch die Basalganglien hindurch zum Cortex ziehen) zu Bewegungen des Patienten führte, die er sich selbst zuschrieb. Ähnlich konnte mithilfe der Transkranialen Magnetstimulation (TMS) der Neurologe Brasil-Neto Fingerbewegungen auslösen, die die Versuchsperson als »gewollt« beschrieb (beide Befunde zitiert nach Wegner, 2002). Dass solche Experimente mit »gewollten« Bewegungen aufgrund von Hirnstimulation selten sind, liegt vor allem daran, dass es überhaupt schwierig ist, per elektrischer Stimulation komplexe Empfindungen auszulösen. Dies ist im Wesentlichen darin begründet, dass die elektrische Reizung ein höchst unspezifischer Stimulus ist.

Wie wir soeben gehört haben, ist es möglich, wenngleich schwierig, per direkter Stimulation geeigneter Hirnzentren Bewegungen auszulösen, die der Patient bzw. die Versuchsperson als »gewollt« empfindet. Allerdings kann man, wie im voraufgegangenen Kapitel berichtet, mit relativ einfachen Mitteln, z. B. eingespiegelten Fremdbewegungen, Versuchspersonen dazu bringen, Handlungen als selbstveranlasst zu betrachten, die gar nicht von ihnen stammen. Das Umgekehrte, dass nämlich eine eindeutig vom Patienten veranlasste Willkürbewegung als nicht von ihr stammend empfunden wird, gibt es ebenfalls, und zwar nicht nur bei Schizophrenen, sondern auch bei psychisch gesunden neurologischen Patienten. Wie wir im voraufgegangenen Kapitel gehört haben, ist dies dann der Fall, wenn das System gestört ist, das für die Bewegungsvorbereitung und die Kontrolle der »richtigen« Ausführung von Willkürbewegungen zuständig ist.

Wir sehen daran, dass der Akt der *nachträglichen* Selbstzuschreibung von Handlungen, d. h. das Gefühl, sie seien gewollt oder selbstveranlasst, auf komplizierten neurobiologischen Prozessen beruht, die ihrerseits völlig unbewusst ablaufen. Dies ist mit der traditionellen Auffassung, es gebe eine *Handlungsabsicht*, die zum *Willen* wird und dann über einen *Willensruck* die *Handlung* auslöst, nicht in Einklang zu bringen.

Die Tatsache, dass wir bestimmte Bewegungen unseres Körpers (eben die Willkürbewegungen) unserem *Willen* zuschreiben, hat aber auch Gründe, die aus der Assoziationspsychologie bekannt sind und auf die bereits David Hume ausführlich hingewiesen hat: Wir erleben vielfach täglich, dass wir Wünsche haben, die zu Absichten, Plänen und schließlich Willenszuständen werden und in die Tat umgesetzt werden. Diese regelmäßige zeitliche Abfolge (*Assoziation*) verleitet uns mehr oder wenig zwanghaft dazu, sie – wie bei praktisch allen regelhaften Abfolgen – als eine *Kausalbeziehung* anzusehen. Der Wunsch erscheint danach als Ursache des Willens, der Wille als Ursache der Handlung. Dieser Vorgang ist aus der Gestaltpsychologie wohlbekannt: Dinge erscheinen allein schon aufgrund ihres Zusammentreffens und eines sich daraus ergebenden Geschehens kausal miteinander verkettet. Sehen wir, wie eine Billardkugel auf eine andere trifft, und diese rollt dann in eine bestimmte (erwartete) Richtung, so interpretieren wir dies zwanghaft als Ursache-Wirkungs-Verhältnis.

Schließlich scheint das Gefühl der Autorschaft für unsere Handlungen auch eine Folge der Zuschreibung durch die soziale Umgebung zu sein; manche Psychologen wie Wolfgang Prinz halten diesen Umstand sogar für die wichtigste Grundlage des Gefühls der Selbstverursachung von Handlungen. Bevor das Kleinkind ein stabiles Ich entwickelt hat, erfährt es, dass die Mutter ihm bestimmte Handlungen zuschreibt (»das hast du aber gut gemacht!«), und es ist wahrscheinlich, dass sich das kindliche Ich überhaupt erst durch diese Attribution als *Handlungssubjekt* konstituiert. Ebenso erfährt es von der Bezugsperson Selbst-Erklärungen wie »Ich habe dies getan, ich habe das so gewollt ...« Es lernt: Da gibt es jemand, der ein *Ich* ist, und der veranlasst Handlungen!

Selbstzuschreibung und das Gefühl der Autorschaft spielen eine außerordentlich wichtige Rolle in der sozialen Kommunikation und beim Aufbau des Selbst. Handlungen verlangen sozial akzeptable Erklärungen, und diese werden mit den Mitteln der Alltagspsychologie als Motive, Wünsche, Absichten und Wille geliefert. In dieser

Alltagspsychologie gibt es mentale Akteure, die wünschen, planen, wollen und handeln. Der Zwang zur Selbstzuschreibung ist so stark, dass Personen häufig Handlungen, die gar nicht in der Weise ablaufen, wie sie geplant waren, nachträglich als so gewollt empfinden (Wegner, 2002). Hierauf werde ich weiter unten noch ausführlicher eingehen.

Das Experiment Benjamin Libets und seine Folgen

Wie zu Beginn dieses Kapitels festgestellt, wurde eine experimentelle Überprüfung der Existenz von Willensfreiheit lange als unmöglich angesehen, und zwar vornehmlich aus folgenden Gründen. Erstens könne man subjektive Zustände des Wollens bzw. des Willensaktes einschließlich ihres Zustandekommens und genauen zeitlichen Auftretens nicht empirisch, d. h. aus der Perspektive des exakten Beobachters (der Dritte-Person-Perspektive), erfassen, sondern nur aus der Ich- (oder Erste-Person-)Perspektive. Damit sei nicht zu entscheiden, ob dem Auftreten eines bewussten Willensaktes irgendwelche unbewussten Hirnvorgänge vorhergehen (wie ein Determinist behaupten würde) oder umgekehrt (wie ein Dualist es erwarten würde). Zweitens lasse sich die Überzeugung, dass man in einer bestimmten Situation auch hätte anders handeln können, wenn man nur anders gewollt hätte (*Alternativismus*), nicht empirisch überprüfen, weil man eine bestimmte Situation nicht exakt wiederholen und erst recht nicht die Versuchsperson exakt in einen früheren mental-psychischen Zustand zurückversetzen könne.

Es zeigt sich, dass letzteres Argument zwar im strengen Sinne zutrifft, dass die mit dem ersteren Argument verbundenen Schwierigkeiten aber umgangen werden können. Man muss nur nach Hirnvorgängen schauen, die gut messbar sind und zugleich eindeutig mit dem Ingangsetzen von Willkürhandlungen zusammenhängen, und dann eine Möglichkeit finden, den Zeitpunkt eines Willensaktes in irgendeiner Weise quasi-objektiv zu bestimmen. Gelingt beides, so lässt sich entscheiden, ob der Willensakt dem Beginn von Willkürhandlungen stets vorausgeht, gleichzeitig auftritt oder ihm nachfolgt.

Die Idee, die Sache so anzugehen, hatte der amerikanische Neurobiologe Benjamin Libet vor rund 20 Jahren. Er ist Dualist und wollte – wie er mir einmal erzählte – mit seinen Experimenten die Existenz der Willensfreiheit objektiv nachweisen. Das von ihm und seinen Mitarbeitern durchgeführte und 1983 veröffentlichte Experiment ist häufig beschrieben worden; ich will es dennoch noch einmal kurz schildern, weil es auf einige Details ankommt, die bei der Wiederholung des Libet-Experiments durch die beiden Psychologen Patrick Haggard und Martin Eimer verändert wurden.

Bei Libets Experimenten zur Beziehung zwischen Bereitschaftspotential und Willensakt (Libet et al., 1983) wurden Versuchspersonen darauf trainiert, innerhalb einer gegebenen Zeit spontan den Entschluss zu fassen, einen Finger der rechten Hand oder die ganze rechte Hand zu beugen. Der Beginn der Bewegung wurde wie üblich über das Elektromyogramm (EMG) gemessen. Dabei blickten die Versuchspersonen auf eine Art Oszilloskop-Uhr, auf der ein Punkt mit einer Periode von 2,56 Sekunden rotierte. Zu genau dem Zeitpunkt, an dem die Versuchspersonen den Entschluss zur Bewegung fassten, mussten sie sich die Position des rotierenden Punktes auf der Uhr merken. In einer anderen Serie genügte es, sich zu merken, ob sie den Entschluss *vor* oder *nach* einem Stop der Rotation gefasst hatten. Die Versuchspersonen mussten in einer ersten Serie den *Zeitpunkt des Entschlusses* (W) bestimmen, in einer anderen Serie den *Zeitpunkt der Empfindung der Bewegung* (M), und in einer dritten den Zeitpunkt der Empfindung eines somatosensorischen Reizes. Bei all den Experimenten wurde das *symmetrische* Bereitschaftspotential gemessen (vgl. Kapitel 14).

Was war zu erwarten? Wenn der Zeitpunkt des Entschlusses dem Beginn des Bereitschaftspotentials *vorausging* (natürlich ohne im EEG sichtbar zu sein!), dann war die Willensfreiheit einem empirischen Beweis nähergebracht. Fiel er mit dem Beginn des Bereitschaftspotentials zusammen, dann war nichts verloren, denn man durfte dem immateriellen freien Willen zumuten, dass er *instantan*, d. h. ohne jegliche Verzögerung, auf die Hirnprozesse einwirkt. *Folgte* er jedoch deutlich dem Beginn des Bereitschaftspotentials, dann waren erhebliche Zweifel an der Existenz eines freien Willens als eines *mentalen Verursachers*, der selbst nicht materiell verursacht ist, geboten.

Es zeigte sich in Libets Experiment, dass das Bereitschaftspotential im Durchschnitt 550-350 ms, mit einem Minimum bei 150 ms und Maximum bei 1025 ms, dem Willensentschluss *vorausging*, niemals mit ihm zeitlich zusammenfiel oder ihm etwa folgte (Abb. 15.1). Für

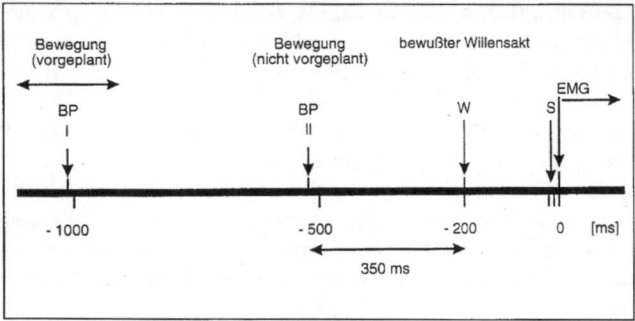

15.1 Abfolge der Ereignisse (gemessen in Millisekunden, ms), die nach B. Libet einer selbstinitiierten Handlung vorausgehen. Die Muskelaktivität, registriert durch das Elektromyogramm (EMG), setzt bei 0 ein. Bei vorgeplanten Bewegungen tritt das Bereitschaftspotential (BP I) um 1000 ms vorher ein, bei nicht vorgeplanten oder spontanen Bewegungen um 500 ms (BP II). Das subjektive Erleben des Willensaktes (W) tritt um 200 ms vor Bewegungsbeginn auf, also deutlich nach Beginn der beiden Typen von Bereitschaftspotentialen. Das subjektive Erleben eines Hautreizes (S) trat um 50 ms vor der tatsächlichen Reizung auf, d. h. die von Libet ebenfalls entdeckte »Vordatierung« von Sinnesreizen kann nicht für das Auftreten der Bereitschaftspotentiale vor dem »Willensakt« verantwortlich sein. (Nach Libet, 1990; verändert.)

Libet lautete die – ihm persönlich sehr unangenehme – Schlussfolgerung: Der Willensentschluss *folgt* dem Beginn des Bereitschaftspotentials, er tritt weder gleichzeitig auf, noch geht er ihm vorher. Was auch immer der Willensentschluss tut, er löst jedenfalls nicht das Bereitschaftspotential aus, von dem man annehmen darf, dass es Bedingungen reflektiert, die eine Bewegung kausal hervorrufen. Libet äußerte daraufhin die Meinung, dass unsere Willenshandlungen von unbewussten, subcortikalen Instanzen in unserem Gehirn vorbereitet werden und somit nicht völlig frei sind. Das Einzige, das er dem Willensakt an Freiheit zugestand, war eine Art »Veto«, mit dem er ein einmal gestartetes Bereitschaftspotential wieder abblocken konnte, so dass keine Willkürhandlungen auftraten. Wie dies zu geschehen habe, erklärte Libet allerdings nicht, und niemand sonst hat derartige Veto-Ereignisse gefunden.

Diese Versuche wurden seither heftig diskutiert und auf mehr oder weniger intelligente Weise kritisiert (vgl. dazu Libet, 1985). Während die einen (darunter viele Philosophen und Psychologen) sie pauschal als »kompletten Blödsinn« bzw. »absolut nicht aussagekräftig« abtaten, machten andere einige durchaus ernst zu nehmende Einwände. Diese bezogen sich im Wesentlichen auf folgende Punkte: Erstens besteht eine Schwierigkeit darin, den Zeitpunkt des Willensaktes (Libets »W«) subjektiv genau zu bestimmen und ihn überdies mit der objektiven Zeitmessung des Bereitschaftspotentials in Beziehung zu setzen. Wer garantiert uns, dass subjektive und objektive Zeit überhaupt systematisch miteinander korrelieren! Libet hatte dies selbstverständlich bedacht und über die Wahrnehmung eines sensorischen Reizes diese Beziehung zu eichen versucht. Außerdem wäre es – wenn es keine systematische Beziehung zwischen dem zeitlichen Auftreten des Willensaktes und des Beginns des Bereitschaftspotentials gab – rätselhaft, warum Ersteres Letzterem immer folgte. Vielmehr wäre ein völlig unsystematischer zeitlicher Bezug zu erwarten.

Eine weitere Schwierigkeit bestand in der impliziten Annahme, dass die motorische Reaktion durch das Bereitschaftspotential strikt bedingt wurde. Dies ist nicht selbstverständlich, denn wie erwähnt ist der von Libet über SMA und prä-SMA gemessene erste Teil des Bereitschaftspotentials symmetrisch, während der zweite Teil asymmetrisch-kontralateral ist. Es war also anzunehmen, dass zum symmetrischen Bereitschaftspotential noch irgendetwas hinzukommen muss, ehe die Reaktion wirklich ausgelöst wird, und dies könnte der freie Wille sein.

Ein besonders ernsthaftes Argument war schließlich, dass es sich bei den von Libets Versuchspersonen ausgeführten Bewegungen um sehr einfache und hochgradig eingeübte Reaktionen handelte, die nicht mehr in ihrer Ausführungsart entschieden, sondern nur noch gestartet werden mussten. Was Libet also maß – so das Argument –, war das Starten einer hochautomatisierten Reaktion und keineswegs eine »richtige« Willensentscheidung im Sinne einer Wahlhandlung. Es wurde also gar keine Entscheidung gemessen, sondern das »Triggern« einer vorgefassten und lange vorbereiteten Bewegung.

Die Libetschen Versuche wurden – wie bereits erwähnt – von Haggard und Eimer kürzlich in wesentlichen Teilen wiederholt, allerdings mit einigen Modifikationen, durch die sie versuchten, berechtigte Einwände zu berücksichtigen (Haggard und Eimer, 1999). Zum einen maßen sie neben dem symmetrischen auch das *lateralisierte* Bereitschaftspotential. Dieses bildet, wie in Kapitel 14 geschildert, die zweite Komponente des Bereitschaftspotentials und spiegelt nach gegenwärtiger Auffassung die später einsetzende Aktivität des dorsolateralen prämotorischen und motorischen Cortex wider. Es ist dadurch spezifischer für die nachfolgende Bewegung als das symmetrische Bereitschaftspotential.

Weiterhin führten die Autoren neben der Aufgabe der Versuchspersonen, zu einem frei gewählten Zeitpunkt innerhalb von drei Sekunden eine vorgegebene Taste zu drücken (*fixed choice*) eine »freie Wahl« (*free choice*) ein, in der sich die Versuchspersonen entscheiden konnten, die linke *oder* die rechte Taste zu drücken. Dies ist natürlich keine »große Willensentscheidung«, aber immerhin etwas, das nicht als das bloße Triggern einer feststehenden Reaktion bezeichnet werden kann. Schließlich versuchten Haggard und Eimer bei der Auswertung ihrer Daten noch festzustellen, ob und in welchem Maße der Zeitpunkt der Wahl mit dem Beginn des symmetrischen bzw. des lateralisierten Bereitschaftspotentials korrelierte und ob dies bei der »festen« und der »freien« Wahl unterschiedlich ausfiel.

Im Einzelnen fanden Haggard und Eimer erstens, dass sich die subjektiv berichteten Zeitpunkte einer »fixierten« (z. B. nur links) und einer »freien« Wahl (wahlweise links oder rechts) mit durchschnittlich 355 und 353 Millisekunden vor Beginn der Reaktion nicht signifikant voneinander unterschieden. Zweitens fanden sie, dass auch die Zeitpunkte des Beginns des lateralisierten Bereitschaftspotentials sich unter beiden Reaktionsbedingungen nicht signifikant unterschieden; sie lagen jeweils bei 798 Millisekunden (»freie« Wahl) und bei 895 Millisekunden (»fixierte« Wahl) vor Reaktionsbeginn. In jedem Fall aber lag der Beginn des lateralisierten Bereitschaftspotentials signifikant, und zwar um durchschnittlich 350 Millisekunden, *vor* dem Zeitpunkt des Willensentschlusses, gleichgültig ob »frei« oder »fixiert«. Die Autoren berichteten, dass es schwierig war, den Beginn des symmetrischen Bereitschaftspotentials exakt zu messen, generell aber lag er – was selbstverständlich ist – weit vor dem Beginn des lateralisierten Bereitschaftspotentials.

Haggard und Eimer fanden auch, dass bei »frühen Entscheidungen« (d. h. solchen bei durchschnittlich 530 Millisekunden vor Beginn der Reaktion) das lateralisierte Bereitschaftspotential entsprechend früher, d. h. im Durchschnitt bei 906 Millisekunden, begann; bei »späten Entscheidungen« (solchen bei durchschnittlich 179 Millisekunden) begann es hingegen bei 713 Millisekunden und damit entsprechend später. Dieser Zusammenhang von »Entscheidungs-zeitpunkt« und Beginn des lateralisierten Bereitschaftspotentials war hochsignifikant. Der – schwierig zu bestimmende – Beginn des symmetrischen Bereitschaftspotentials hingegen ko-variierte *nicht* mit einem frühen oder späten Auftreten des Willensentschlusses, lag aber immer weit vor dem Entscheidungszeitpunkt.

Was bedeuten diese Ergebnisse? Sie bestätigen die Libetschen Befunde in ihrer Grundaussage und spezifizieren sie darüber hinaus. Es kann nunmehr keinen Zweifel daran geben, dass unter den gegebenen Bedingungen der Entschluss, eine bestimmte vorgegebene oder frei zu wählende *einfache* Bewegung auszuführen, mehrere hundert Millisekunden *nach* Beginn des lateralisierten Bereitschafts-potentials auftritt, und dabei eindeutig einem frühen oder späten Beginn dieses Potentials *folgt*. Hierbei ist die bereits erwähnte Tat-sache besonders zu beachten, dass das lateralisierte Bereitschafts-potential der ausgelösten Bewegung viel spezifischer (und zeitlich kürzer) vorhergeht und dass die mit ihm erfasste Aktivität nach allem, was wir wissen, die Bewegung in ihren Details festlegt.

Wir müssen also davon ausgehen, dass sich unter den gegebenen Bedingungen das Gefühl, etwas *jetzt* zu wollen (das *fiat!* der Voli-tionspsychologen, der Willensruck), sich erst kurze Zeit nach Beginn des lateralisierten Bereitschaftspotentials entwickelt, und dass die erste Komponente, das symmetrische Bereitschaftspotential, sich *weit vor* dem »Willensentschluss« aufbaut. *Der Willensakt tritt auf, nach-dem das Gehirn bereits entschieden hat, welche Bewegung es ausführen wird.*

Auch konnten Haggard und Eimer zeigen, dass dies nicht nur beim bloßen Auslösen einer vorbereiteten Reaktion der Fall war, sondern auch bei einer echten, wenngleich wiederum einfachen Wahlhand-lung. Bei der klassischen Erörterung des Problems der Willensfreiheit (s. oben) geht es ja um die Frage, ob man *völlig frei zwischen zwei Alternativen wählen* könne, und dabei muss es gleichgültig sein, ob es sich um den linken oder rechten Tastendruck oder um das Verkaufen oder Nichtverkaufen eines Aktienpakets handelt. Wichtig ist, dass die Personen bei beidem das *klare Gefühl* haben, *eine freie Entscheidung getroffen zu haben*, und dies ist in den Experimenten von Haggard und Eimer eindeutig der Fall.

Es gibt viele weitere Erkenntnisse aus der Handlungspsychologie, die dafür sprechen, dass das Gefühl, eine Bewegung zu wollen, erst auftritt, *nachdem* die Bewegung bereits eingeleitet wurde. Dies ist z. B. bei Experimenten der Fall, bei denen man möglichst schnell einen linken oder rechten Knopf drücken muss, je nachdem welcher Hinweisreiz aufleuchtet. Diese Entscheidungen werden eindeutig *unbewusst* getroffen. Die entsprechenden Bewegung haben schon eingesetzt, ehe ich das Gefühl der Entscheidung habe. Schließlich bestätigen die in Kapitel 14 erwähnten Untersuchungen von Haggard und seinen Mitarbeitern (Haggard et al., 2002) auch unseren subjektiven Eindruck, dass bei Greifbewegungen unser Wille direkt antreibt (vgl. hierzu Neumann und Prinz, 1987; Prinz, 1996, 1998).

Schließlich und endlich stimmen die Versuchsergebnisse von Libet und seinen Mitarbeitern ebenso wie die von Haggard und Eimer trotz aller ihrer experimentellen Beschränkung mit dem überein, was ansonsten über die Vorbereitung und das Auslösen von Willkürhandlungen im Gehirn bekannt ist, wie ich dies im voraufgegangenen Kapitel ausführlich geschildert habe. Danach baut sich zuerst das symmetrische Bereitschaftspotential über den cortikalen Arealen SMA und prä-SMA und dann das lateralisierte Bereitschaftspotential über dem dorsolateralen prämotorischen und dem motorischen Cortex unter Einwirkung der Erregungen auf, die von den Basalganglien über die thalamischen Umschaltkerne eintreffen. Dabei dürfte diese dorsale Schleife mehrmals durchlaufen werden. Erst wenn das Bereitschaftspotential (besonders das lateralisierte) eine Mindeststärke erreicht hat und cortikale Neurone hinreichend aktiviert wurden, tritt das Bewusstsein auf, *etwas zu wollen* (wobei allerdings bereits feststeht, dass dies passiert). Die hierbei auftretenden Verzögerungszeiten von 300 bis 400 Millisekunden stimmen im Übrigen gut mit denen überein, die in der Großhirnrinde nötig sind, um z. B. eine Sinneswahrnehmung bewusst werden zu lassen (vgl. Kapitel 7).

Ist die Willensfreiheit also durch die Psychologen und Neurobiologen empirisch widerlegt? Sicherlich nicht vollständig und nicht in den Augen aller Kritiker! Niemand kann dafür garantieren, dass den zitierten Forschern methodische Fehler nicht unterlaufen sind, die ihren Kollegen und den Gutachtern der angesehenen Zeitschriften, in denen die Untersuchungen publiziert wurden, entgingen. Manches wird sich an dem vorgestellten Konzept noch ändern. Allerdings stimmen die genannten psychologischen und neurobiologischen Befunde untereinander gut überein und können auch relativ viele Ungereimtheiten des Konzepts der Willensfreiheit erklären.

Die Bedeutung des bewussten und distanzierten Abwägens

Ein vielfach vorgebrachter Einwand gegen die Schlussfolgerungen aus den Experimenten Libets bzw. Haggards und Eimers lautet, dass eine Willensentscheidung häufig nicht in wenigen Sekunden getroffen wird, sondern dass ihr oft ein längeres Abwägen von Argumenten und Gegenargumenten vorausgeht, insbesondere wenn es sich um komplizierte Dinge handelt. Ich habe dies weiter oben am Beispiel der Planung des nächsten Urlaubs erläutert. In diesem »Spiel der Gedanken« – so lautet das Argument – sei man in jedem Falle frei, wie sehr uns Realisierungszwänge später auch einengten.

In der Tat sind solche Prozesse des Abwägens notwendig, wenn es um eine detaillierte Analyse komplexer Situationen, das schnelle Zusammenfügen großer und unübersichtlicher Datenmengen und insbesondere das Bestimmen mittel- und langfristiger Konsequenzen von Handlungsalternativen geht: Tue ich A, dann habe ich mit diesen Konsequenzen zu rechnen, bei B dagegen mit jenen! Dies alles sind Aufgaben, welche die subcorticalen limbischen Zentren aus vielerlei Gründen nicht leisten können und wofür sich im Laufe der Evolution eine besonders große und komplexe Großhirnrinde mit einem entsprechend großen Stirnhirn entwickelt hat, wie dies beim menschlichen Gehirn der Fall ist. Es gibt, wie erwähnt, sogar Hinweise darauf, dass bei der Konfrontation mit schwierigen Problemen Netzwerke des Stirnhirns in ein erhöhtes »Rauschen« (als »gezieltes Zufallselement«) versetzt werden, um neue, ungewöhnliche Verknüpfungsstrukturen zu erzeugen, die wir dann subjektiv als besonders kreative Einfälle erleben.

In dieser Abwägungsphase fühlen wir uns typischerweise umso freier, je mehr es uns gelingt, Affekte (Wut, Zorn, Panik, sexuelle Erregung usw.) und Emotionen (Furcht, Angst, Enttäuschung, Gier, Ehrgeiz, Neid usw.) zurückzudrängen und einen »kühlen Kopf« zu bewahren. Wir treten sozusagen von uns selbst zurück und betrachten uns von außen, wie dies Peter Bieri beschrieben hat (s. oben). Bekanntlich schränken starke Affekte die Fähigkeit zum sorgfältigen Abwägen von Argumenten und zur langfristigen Kalkulation der Folgen unseres Tuns stark ein, und seit jeher gilt die Weisheit, dass man im Zustand großer Erregung keine wichtigen Entscheidungen treffen sollte. Wie erwähnt, hat entsprechend bei vielen philosophischen Erörterungen zur Willensfreiheit (insbesondere bei Aristoteles und Kant) die Beherrschung der »Leidenschaften« oder das emotionslose Abwägen von Alternativen und das Offenlegen der eigenen Antriebe (Schopenhauer) eine wichtige Rolle gespielt, und viele haben darin den Kern der Willensfreiheit gesehen.

Freilich ist eine solche Abwägungsphase *nicht automatisch* mit dem Gefühl der Freiheit verbunden. Sind die Argumente und Gegenargumente in ihrer Stärke sehr ausgeglichen, dann wird die Wahl zur »Qual« (man erinnere sich an den armen Universitätsprofessor und die qualvolle Frage »Gehen oder Bleiben?«), und wir fühlen uns überhaupt nicht frei, sondern vielmehr hin- und hergerissen. Am freiesten fühlen wir uns hingegen, wenn ein einziges Motiv bzw. Argument klar überwiegt, ohne zugleich mit einem starken affektiv-emotionalen Zustand, z. B. einem großen Risiko, verbunden zu sein. Dann folgen wir einerseits bereitwillig diesem Motiv, haben andererseits aber das Gefühl, wir könnten eigentlich auch anders entscheiden.

Es wäre jedoch eine Illusion, dies für den Zustand tatsächlicher Freiheit zu halten. Das rationale Abwägen geschieht nämlich nicht weniger determiniert als das affektiv-emotional bestimmte Entscheiden; *wir erleben es nur anders.* Ob wir überhaupt in schwierigen Situationen unseren Verstand oder unsere Gefühle walten lassen und in welchem Ausmaß wir vor einer Entscheidung in ein rationales Abwägen eintreten, hängt zu allererst von unserem Temperament, unserer Persönlichkeit, unserer Erziehung und unseren bisherigen Erfahrungen ab. Charakteristischerweise haben wir – wenn überhaupt – erst durch Vorbilder, eine lange Erziehung bzw. eigene bittere Erfahrungen gelernt, bei wichtigen Entscheidungen rational und nicht affektiv-emotional vorzugehen.

Welche Argumente uns beim rationalen Abwägen überhaupt zur Verfügung stehen, und welche davon uns in einem bestimmten Augenblick in den Sinn kommen. Dies hängt wie alles, das uns »in den Sinn kommt«, nicht von unserem bewussten Denken ab, sondern wird von unserem unbewusst arbeitenden Erfahrungsgedächtnis bestimmt, über das wir keine willentliche Macht haben. Ich kann mich vor einer wichtigen Entscheidung hinsetzen und die Alternativen und ihre Konsequenzen genau erwägen, ich kann mich von Experten beraten lassen, Bücher lesen usw. – es gilt doch: Wie auch immer das Resultat rationalen Abwägens lauten mag, es unterliegt der Letztentscheidung des limbischen Systems, denn es muss *emotional akzeptabel* sein. Der eine Freund wird mir dies und der andere jenes raten; wem ich glaube und folge, wird letztlich emotional entschieden, und zwar im Rahmen all meiner bisherigen Erfahrungen.

Unser Verstand kann als ein Stab von Experten angesehen werden, dessen sich das verhaltenssteuernde limbische System *bedient*. Dieser Stab kann in detaillierter Weise komplexe Dinge prüfen, vergleichen und Voraussagen anstellen, und dazu ist – wie mehrfach ausgeführt – das limbische System nicht in der Lage. Hierzu haben wir Menschen einen großen Cortex mit seinen wunderbaren Verarbeitungsqualitäten. Der Cortex entscheidet aber ebenso wie der Beraterstab selbst nichts, beide bereiten die Entscheidungen nur vor. Sie sagen uns: Wenn du dies tust, dann wird dies wahrscheinlich diese Folgen haben, tust du jenes, dann wird das passieren usw. ... Da das verhaltenssteuernde System bzw. der oberste Chef sich aber eindeutig verhalten muss, muss auch eine eindeutige Entscheidung getroffen werden, und zwar eine, die emotional verträglich ist. Dies meinen wir, wenn wir sagen, wir müssten mit einer bestimmten wichtigen Entscheidung »leben können«.

Es sind, anders als die Alltagspsychologie es sieht, nicht die logischen Argumente *als solche*, die uns zu vernünftigem Handeln antreiben, sondern die Vorstellungen der hiermit verbundenen Konsequenzen, die uns positiv oder negativ erscheinen. Ein impulsiver Mensch, der von seinem Vorgesetzten bei einer Beförderung übergangen wurde, wird kurz entschlossen dem Vorgesetzten mit seiner Kündigung drohen. Ein vernünftiger Mensch wird dies eventuell unterlassen, und zwar nicht vornehmlich deshalb, weil es logisch gesehen vernünftiger ist, nicht unüberlegt zu kündigen, sondern weil ihm bewusst ist, dass dies viel schlimmere Folgen haben könnte (wenn man nicht eine ähnlich gute oder gar bessere Stellung in Aussicht hat) als die Nicht-Beförderung. Im umgekehrten Fall wird man einen scheinbar günstigen Kauf eines ersehnten Objektes bei knapper Kasse deshalb nicht tätigen, weil man sich die Folgen des Schuldenmachens vor Augen führt und weil die Furcht davor den Lustgewinn des schnellen Kaufs überwiegt. Verstand und Vernunft brauchen Gefühle zu ihrer Durchsetzung.

Emotionale Verträglichkeit bedeutet im Normalfall also nicht Irrationalität, sondern *Abwägen und Handeln im Lichte der gesamten bisherigen Erfahrung.* Diese Gesamterfahrung liegt überwiegend unbewusst vor und setzt sich zusammen aus den Erfahrungen, die immer unbewusst waren, und solchen, die einmal bewusst waren und dann ins Unbewusste abgesunken sind. Diese *Gesamterfahrung* bestimmt die Art, wie wir uns zu uns selbst und unserer Umwelt verhalten. Der Aufbau des Erfahrungsgedächtnis ist stets ein höchst individueller Prozess. In dem Maße, in dem er innerhalb normaler gesellschaftlicher Normen abläuft, erwächst hieraus ein einigermaßen »vernünftiges« Verhalten, und in dem Maße, in dem eine Person Erfahrungen gemacht hat, die außerhalb dieser Normen liegen, erscheinen sie den anderen, »Normalen« als irrational. Für die Person selber ist aber das eigene Verhalten hingegen höchst rational, weil übereinstimmend mit seiner bewussten und unbewussten individuellen Erfahrung.

Die Funktion des Gefühls der Willensfreiheit

Eine wichtige Frage ist bisher unbeantwortet geblieben: Warum gibt es denn überhaupt das Gefühl der Freiheit des Willens und des Handelns, wenn dieses Gefühl eine Illusion ist – eine Illusion in dem Sinne, dass es die tatsächlichen Verhältnisse der Handlungsvorbereitung und -steuerung nicht widerspiegelt?

Die Gründe hierfür sind schnell genannt und sind weitgehend identisch mit denjenigen für die Existenz eines Selbst, wie sie in Kapitel 11 bereits vorgestellt wurden. Im Zusammenhang mit dem Leben und Überleben in einer überaus komplexen natürlichen und sozialen Umwelt entwickelt das Gehirn ein *Selbst* bzw. *Ich*, welches eine *Bewusstseins- und Verhaltens-Identität* ermöglicht. Wesentliche Grundlage hierfür ist die Ausbildung eines autobiographischen Gedächtnisses. Dieses Selbst-Ich ist nur dann funktionsfähig, wenn es sich Intentionen, Absichten und Handlungsfähigkeit zuschreibt, die aus dem Unbewussten aufsteigen, und davon ausgeht, dass Handlungen direkt von ihm und nicht über viele unbewusste limbische, exekutive und motorische Prozesse gesteuert wird. Nur so erscheint es möglich, den Willen auf eine Handlungsabsicht zu »fokussieren« und Handlungen auf lange Sicht zu planen, denn dies benötigt ein virtuelles »Planungszentrum«. Schließlich besteht eine wichtige Funktion des Ich in der *Interpretation* und *Legitimation* der eigenen Handlungen. Das bewusste, sprachliche Ich hat die Aufgabe, Handlungen *vor sich selbst* und *vor der sozialen Umwelt* zu einer plausiblen Einheit zusammenzufügen und zu rechtfertigen, und zwar gleichgültig, ob die gelieferten Erklärungen auch den Tatsachen entsprechen.

Die Konstruktion eines handlungsplanenden und -steuernden Ich und seines Willens ist eine unabdingbare Voraussetzung für die Organisation unserer Gesellschaft. Wie beschrieben, beruht unsere soziale Interaktion und Kommunikation auf der *intentionalen Deutung* menschlichen (und zum Teil auch tierischen) Handelns. Wir können dieses Handeln gar nicht anders beschreiben als in intentionalen Begriffen wie Wünsche, Absichten, Pläne, Ziele und Willen. Die Entwicklungspsychologie der letzten Jahre hat gezeigt, dass diese Intentionalität – wenn sie nicht gar dem Menschen eingeboren ist – sich sehr früh ausbildet. In der Alltagspsychologie rennt ein Mensch, *weil* er unbedingt seinen Zug erreichen muss; ein Student arbeitet fleißig, *weil* er eine Prüfung bestehen muss.

Natürlich ist uns klar, dass wir hier einem fatalen Deutungszirkel unterliegen, wie der Behaviorismus richtig konstatiert hat. Wir beobachten ein bestimmtes Verhalten (Rennen, Fleiß) und folgern daraus einen inneren intentionalen Zustand, den wir dann zur Erklärung des beobachteten Verhaltens nehmen. Wir tun dies automatisch, weil wir es in uns selbst so empfinden, und weil es die Deutung unseres eigenen wie auch fremden Verhaltens ungeheuer erleichtert oder überhaupt erst ermöglicht, und – das hatte der Behaviorismus nicht bedacht – weil unser Gehirn dafür so eingerichtet ist. Es wäre zumindest im Alltagsleben nicht möglich, wissenschaftlich korrekte nicht-intentionale Beschreibungen für ein Verhalten zu liefern. Am ehesten ginge dies noch bei stereotypen affektiv-emotionalen Zuständen: »Mit ›er fürchtet sich‹ will ich inhaltlich nichts anderes aussagen, als dass beim Anblick dieses Objekts seine Amygdala und andere limbische Zentren die und die vegetativen und motorischen Reaktionen hervorrufen, und zwar aufgrund angeborener Antriebe und emotionaler Konditionierung«. Oder: »Mit ›Alfred hat sich in Inge verliebt‹ meine ich, dass das limbische System von Alfred, insbesondere seine zentrale und mediale Amygdala in Zusammenarbeit mit seinem Hypothalamus ...«. Bei einer nicht-intentionalen Erklärung dafür, warum Herr Meier so schnell rennt, müsste man sehr weit ausholen und die Persönlichkeitsstruktur von Herrn Meier, seine frühkindlichen Erfahrung, seine spätere Erziehung, seine

Berufssituation usw. genau darlegen, und eventuell käme man nicht zu einem befriedigenden Ende. So sagt man einfach »Herr Meier rennt, weil er unbedingt seinen Zug kriegen muss« und baut darauf, dass die Menschen, denen man dies erzählt, schon wissen werden, was man damit meinte, nämlich dass es *bewusste Ziele* gibt, die Handeln antreiben. Ob dies wissenschaftlich korrekt ist, spielt in diesem Zusammenhang keine Rolle, denn solche alltagspsychologischen Erklärungen erfüllen den Zweck der Zuweisung von *Intentionen*, ohne die keine Gesellschaft funktioniert.

Eine vorläufige Zusammenfassung

Willensfreiheit im starken »alternativistischen« und »libertarischen« Sinne dieses Begriffs, nämlich der freien Verursachung meiner Handlungen durch meinen Willen und faktischen Alternativismus, gibt es nicht. Die Gründe für diese Feststellung sind:

(1) Mein Handeln ist nicht schon deshalb frei, weil es mir frei *erscheint*.

(2) Aus der (partiellen) Nichtvorhersagbarkeit menschlichen Handelns folgt nicht logisch zwingend, dass dieses Handeln (partiell) frei ist. Viele Systeme in unserer Welt sind in ihrem Verhalten nicht vorhersagbar, obwohl sie streng deterministisch arbeiten. Andere Systeme sind in ihrem Verhalten nur über Wahrscheinlichkeiten vorausberechenbar; sie arbeiten aber deshalb nicht weniger deterministisch. Einen Indeterminismus im strengen Sinne scheint es in der physikalischen Welt einschließlich des Gehirns nicht zu geben.

(3) Die Beziehung zwischen Wille, Willensakt und Handlung entspricht nicht dem alltagspsychologischen Schema. Weder muss ein Wille bzw. Willensakt vorhanden sein, damit eine Handlung willentlich erscheint, noch folgt aus einem Willen bzw. Willensakt notwendig eine Willenshandlung.

(4) Unser Wille erscheint uns frei, weil wir die Ursprünge der Motive, die ihn determinieren, nicht bewusst zurückverfolgen können. Unser Wille erscheint uns auch dann noch frei, wenn die Beeinflussung über externe Reize oder aus dem Unbewussten auf der Hand liegt. Wir fühlen uns frei, wenn wir tun können, was wir zuvor wollten bzw. bei eingeschliffenen Gewohnheiten immer schon gewollt haben.

(5) Die Intention, etwas jetzt zu tun, sowie die Selbstzuschreibung einer Handlung hängt von einer Reihe komplizierter neurobiologischer Gegebenheiten ab, die selbst völlig unbewusst ablaufen. Veränderung in diesen Gegebenheiten verändern in voraussagbarer Weise den Prozess der Selbstzuschreibung. Diese Selbstzuschreibung ist darüber hinaus von sozialen Lernprozessen abhängig.

(6) Das Gefühl, jetzt etwas tun zu wollen, tritt auf, *nachdem* im Gehirn, genauer im limbischen System und den Basalganglien, die unbewusste Entscheidung darüber getroffen wurde, ob etwas jetzt und in einer bestimmten Weise getan werden soll.

(7) Der Prozess sorgfältigen bewussten Abwägens, der manchen Willenshandlungen voraufgeht, findet wie alle mentalen Akte im Gehirn im Rahmen der Vorgaben des emotionalen Erfahrungsgedächtnisses statt und orientiert sich ebenfalls an den *emotionalen* Konsequenzen von Handlungsalternativen. Das Resultat dieses Abwägens muss überdies emotional akzeptabel sein, um in den Entscheidungsprozess einzugehen.

(8) Das Unterstellen von Intentionen in Form von Wünschen, Zielen, Absichten, Plänen und Willen bei unserem Handeln sowie dem Handeln unserer Mitmenschen geschieht mehr oder weniger automatisch und dient vor allem der leichteren Beschreibung menschlichen Verhaltens sowie der Rechtfertigung unseres Handelns vor uns selbst und vor anderen.

Willensfreiheit und Autonomie

Sind wir – wenn all dies zutrifft – aus neurobiologischer Sicht bloße Maschinen? Gewiss nicht. Zwar gibt es wenig Zweifel daran, dass es auch bei den hochstufigen Prozessen in unserem Gehirn, die für die Steuerung unseres Verhaltens zuständig sind, deterministisch zugeht, also weder so etwas wie ein freier Wille noch quantenphysikalische »Indeterminiertheiten« (im Sinne der eingeschränkten Berechenbarkeit) existiert.

Wir Menschen (und wohl auch die meisten Tiere) besitzen im Gehirn eine Fähigkeit, die uns fundamental von allen bisherigen »Maschinen« unterscheidet, nämlich diejenige zur *Selbstbewertung* der eigenen Handlungen und zu der sich daraus ergebenden erfahrungsgeleiteten *Selbststeuerung*, zur *Autonomie*. Von dem System, das dies leistet und mit dem limbischen System identisch ist, habe ich ausführlich gesprochen. Der Arbeit dieses überlebenssichernden Systems würde eine wirkliche Willensfreiheit fundamental widersprechen. Wenn immer es um die Frage geht, was wir als nächstes tun bzw. wie wir uns in einer bestimmten Situation verhalten sollen, dann greift das limbische System auf seine Erfahrungen zurück, die im deklarativen, emotionalen und prozeduralen Gedächtnis gespeichert sind. Diese treten beim Menschen als bewusste Argumente, Wünsche, Absichten, Gefühle und Handlungstendenzen auf und gehen als »Ratschläge« in das limbische und verhaltenssteuernde System ein (wobei wir die Illusion haben, diese Zustände würden direkt unser Handeln steuern). So wird sichergestellt, dass wir erfahrungsgesteuert handeln. Dies nicht zu tun, wäre *höchst irrational*.

Ein einfaches Beispiel möge dies erläutern. Ich habe es wegen eines außerordentlich wichtigen Termins in X sehr eilig und möchte unbedingt den Zug um 7.50 Uhr nach X bekommen. Ich bin spät dran, der Bahnhof ist in Sichtweite, mich trennt nur noch eine sehr verkehrsreiche Straße von ihm. Die Fußgängerampel hat gerade auf Rot umgeschaltet. Viele Autos brausen an mir vorbei, neben mir stehen Eltern mit ihren Kindern. Was soll ich jetzt tun? Bei Rot über die Straße gehen? Dann setze ich mich einer großen Gefahr aus und gebe überdies ein sehr schlechtes Beispiel ab (vielleicht werde ich auch von einem Verkehrspolizisten gesehen), aber ich schaffe vielleicht doch noch den Zug. Den verpasse ich wahrscheinlich, wenn ich warte. Die vernünftigste Entscheidung ist die des Abwägens der Konsequenzen des einen oder des anderen Tuns. Wenn der Termin wirklich äußerst wichtig ist, werde ich über die Straße rennen, es sei denn, der Verkehr ist so dicht, dass dies den sicheren Tod oder zumindest schwere Verletzungen nach sich ziehen würde. Dies empfinde ich als starke Furcht vor dem Überqueren der Straße. Das heißt, ich tue das, was meine gesamte Erfahrung mir in diesem Augenblick rät.

Natürlich kann es sich dabei auch um die Erfahrung anderer handeln, aber diese ist bekanntlich nur dann wirksam, wenn sie mit denselben starken Emotionen verbunden ist wie die eigenen Erfahrungen. Unsere Vorfahren haben sicherlich ähnliches erlebt, wenn sie einem Feind oder gefährlichen Tier zu entkommen suchten und an einem tiefen Graben ankamen, dessen Überspringen riskant war.

Gäbe es eine Willensfreiheit im Sinne des faktischen Alternativismus, dann würde ich eventuell auch dann über die Straße rennen, wenn kein vernünftiger Mensch dies täte, und mein Vorfahre wäre gesprungen, auch wenn der Graben viel zu breit war (und er wäre eventuell nicht mein Vorfahre). Dies hat David Hume schon viel früher klar festgestellt: Willensfreiheit im starken Sinne des Alternativismus ist *höchst unvernünftig*, denn dies hieße, sich *nicht* an die eigene Erfahrung zu halten. Wie David Hume ebenfalls bereits ausführte, wäre die Möglichkeit einer wirklich freien Willensentscheidung unvereinbar mit einem friedlichen und geregelten Zusammenleben der Menschen. Jede Gesellschaft beruht auf der hinreichenden Kalkulierbarkeit des Verhaltens ihrer Mitglieder, d. h. auf der Annahme, dass Menschen sich in ähnlichen Situationen ähnlich verhalten. Gäbe es eine wirkliche Willensfreiheit, dann würde es noch viel häufiger passieren, dass unsere Mitmenschen sich unkalkulierbar verhalten.

Worum es letztlich geht, ist die *Autonomie menschlichen Handelns*, nicht Willensfreiheit. Autonomie ist die Fähigkeit unseres ganzen Wesens, *innengeleitet*, aus individueller Erfahrung heraus zu handeln, und zwar gleichgültig ob bewusst oder unbewusst. Gerade dies würde durch eine Willensfreiheit, die sich außerhalb des limbischen Bewertungssystems und damit gegen die Erfahrung stellt, verhindert. Autonomie im starken Sinne ist mit Willensfreiheit unverträglich.

Wie wir eingangs gehört haben, setzen einige Philosophen, zu denen auch Michael Pauen und Volker Gerhardt gehören, Willensfreiheit und Autonomie gleich. Sie sind beide *Kompatibilisten*, d. h. sie sehen in einer vollständigen Determiniertheit allen Geschehens auf dieser Welt einschließlich des Gehirns und seiner Leistungen einerseits und der Willensfreiheit andererseits keinen Widerspruch. Sie ermöglichen einen solchen Standpunkt dadurch, dass sie Willensfreiheit in einer Weise definieren, die von der genannten *starken* Bedeutung in wesentlichen Punkten abweicht. D. h. sie nehmen *keine* spezifische mentale Verursachung des Handelns durch den Willen an und akzeptieren auch nicht den Alternativismus, d. h. den Glauben, wir könnten zumindest in manchen Situationen anders handeln. Für sie – ebenso wie für mich – ist klar: Ich handle immer aus bestimmten Gründen, von denen mir keineswegs alle bewusst sein müssen, und wenn ich anders handle, dann aus anderen Gründen. Eine wirkliche Wahlfreiheit wäre nur möglich, wenn es »Lücken« im Wirkungszusammenhang meines Gehirns gäbe und hier ein metaphysischer freier Wille auf nicht-natürliche Weise einwirken würde.

Für Pauen und Gerhardt ist Freiheit dann gegeben, wenn Selbstbestimmung vorliegt, wenn mein Selbst, als Kern meiner Person, und sonst niemand der Urheber meines Handelns ist. Bei Pauen wird diese personale Freiheit in folgender Weise bestimmt: (1) Personale Freiheit ist die Fähigkeit eines Subjektes, so zu handeln, wie es der Gesamtheit seiner personalen Merkmale entspricht. (2) Eine faktisch vollzogene Handlung entspricht der personalen Freiheit, wenn der Handelnde sie hätte unterlassen können, sofern sie der Gesamtheit seiner personalen Merkmale widersprochen hätte (Pauen, 2001). Bei Gerhardt heißt es entsprechend: »Wann immer jemand etwas *von sich aus* tut, ist er frei. Und das Bewusstsein der Freiheit ist eben das, was solche Handlungen begleitet. Freiheit erfahren wir darin, dass wir etwas von uns selbst aus tun« (Gerhardt, 2002). Der Mensch ist in der Lage, sich selbst die Regeln seines Handelns zu geben.

So sehr auch in vielen Stücken dieser Argumentation zuzustimmen ist, so ist sie doch nur dann schlüssig, wenn es tatsächlich das *Selbst* ist, das unser Handeln bestimmt. Dies ist aber in meinen Augen nicht der Fall. Natürlich gibt es in uns ein Selbst – wir sind das ja! Dieses Selbst hat vielerlei Funktionen, die in Kapitel 11 ausführlich diskutiert wurden – aber eine Funktion hat es gewiss *nicht*, nämlich Handlungen zu entscheiden und zu steuern, zumindest nicht, was die bewussten Anteile des Ich betrifft. Wie wir gehört haben, setzt sich das Ich zusammen aus genetischen Faktoren, die meine Persönlichkeit in erheblichem Maße festlegen, aus vorgeburtlichen und frühen nachgeburtlichen Erfahrungen sowie aus Erfahrungen, die ich als junger Mensch und schließlich als Erwachsener gemacht habe. Diese Ausformung meines Selbst ist ein überaus komplexer Vorgang, der dennoch als völlig determiniert angesehen werden kann, auch wenn der »Zufall« im umgangssprachlichen (nicht im naturwissenschaftlichen) Sinne eine Rolle dabei spielen mag (z. B. dass ich den schweren Unfall, den ich mit 29 Jahren hatte, überlebte). Nirgendwo gibt es darin Lücken von Freiheit, und die Ausformung des Selbst unterscheidet sich nicht vom Wachstum meines Gehirns. Letztendlich sind es die unbewussten Teile meines Selbst, die mein Handeln wesentlich lenken, nicht die bewussten.

Diese Situation *Freiheit* zu nennen, widerspricht dem herkömmlichen und weithin akzeptierten Begriff von Willens- oder Handlungsfreiheit. Von den meisten Vertretern der Willensfreiheit wird als Kern dieser Freiheit gerade die Dominanz *bewusster* Überlegungen über die unbewussten Antriebe gesehen (s. oben), das Walten von Vernunft, Verstand und Einsicht. Entsprechend argumentiert auch Gerhardt, wenn er schreibt: »Es ist die *eigene Einsicht*, aus der eine Handlung erfolgen muss, wenn man sie auch unter verschärften Ansprüchen *frei* nennen können soll. Die Selbstbewegung aus ›freien Stücken‹ wird dann vollzogen, wenn sie aus *eigener Einsicht* erfolgt« (Gerhardt, 2002). Einsicht ist bewusstes Reflektieren, und dies kann nach Meinung sowohl der Philosophen als auch der Neurobiologen und Psychologen nun einmal nicht unbewusst vonstatten gehen, auch wenn ihm viele unbewusste Dinge vorhergehen.

Wir haben also das Dilemma vor uns, dass die Gleichsetzung von Autonomie und Freiheit zwar verbal den Begriff der menschlichen Freiheit rettet, aber nur um den Preis, dass dem Selbst all das zugeschrieben wird, was zuvor dem »freien Willen« zugewiesen wurde, nämlich »aus sich heraus« zu entscheiden und zu handeln. Das scheint mir aber aus soeben den genannten Gründen nicht eine überzeugende Lösung des Problems der Willensfreiheit zu sein, insbesondere nicht angesichts der Tragweite, die dieses Problem in der Strafrechtstheorie hat. Davon wird im sich anschließenden Exkurs 3 die Rede sein.

Exkurs 3:
Freier Wille, Verantwortlichkeit und Schuld

Der Begriff der Willensfreiheit schließt sowohl in seiner starken wie seiner schwachen (kompatibilistischen) Form die *Verantwortung* für das eigene Handeln und damit auch die *Schuldfähigkeit* ein. Wenn man nun, wie hier geschehen, dafür plädiert, den Begriff der Willensfreiheit fallen zu lassen, dann stellt sich sofort die Frage, ob man damit auch auf die Begriffe Verantwortung bzw. Verantwortlichkeit und Schuld bzw. Schuldfähigkeit verzichtet. Dies hätte natürlich weit reichende Folgen für unser Rechtssystem. Bevor wir hierauf näher eingehen, müssen wir uns kurz fragen, was überhaupt im rechtlichen Sinne unter »Schuld« zu verstehen ist.

Erst einmal müssen wir einen zivilrechtlichen und einen strafrechtlichen Schuldbegriff unterscheiden. Der erstere Schuldbegriff bezieht sich auf die zivilrechtliche Haftung für einen Schaden und hat keine weiter reichenden moralischen Aspekte. Ausgangspunkt ist dabei die Frage: Wem kann gerechterweise das Risiko eines Schadens aufgebürdet werden? Hier gibt es zum einen eine verschuldensabhängige Haftung, die sich aus Vorsatz oder Fahrlässigkeit ergibt. Zum anderen gibt es auch eine verschuldensunabhängige Haftung bzw. Gefährdungshaftung, z. B. beim Ausüben einer gefährlichen Tätigkeit.

Für den strafrechtlichen Schuldbegriff ist die moralische *Verwerflichkeit der Tat* zentral. In dem bekannten Strafrechtslehrbuch von Wessels und Beulke heißt es: »Der *Gegenstand* des Schuldvorwurfs ist die in der rechtswidrigen Tat zum Ausdruck kommende *fehlerhafte Einstellung* des Täters zu den Verhaltensanforderungen der Rechtsordnung. Die innere Berechtigung des *Schuldvorwurfs* liegt darin, dass der Mensch auf freie Selbstbestimmung angelegt und bei Anspannung seines ›Rechtsgewissens‹ im Stande ist, das rechtlich Verbotene zu vermeiden, sobald er die geistig-sittliche Reife erlangt hat und solange er nicht wegen schwerer seelischer Störungen iSd § 20 [StGB] unfähig ist, das Unrecht der Tat einzusehen oder nach dieser Einsicht zu handeln« (Wessels/Beulke, 2002; S. 127, alle Hervorhebungen im Original).

In der herrschenden Meinung wird also davon ausgegangen, dass der Täter wissen musste oder hätte wissen müssen, dass er Unrecht begeht. Er begeht also die Tat *freiwillig*. So heißt es bei Wessels/ Beulke: »In Übereinstimmung mit dem Menschenbild des Grundgesetzes beruht das deutsche Strafrecht auf dem *Schuld- und Verantwortungsprinzip*: Strafe setzt Schuld voraus ... Grundlage des Schuld- und Verantwortungsprinzips ist die Fähigkeit des Menschen, sich frei und richtig zwischen Recht und Unrecht zu entscheiden. Nur wenn diese Entscheidungsfreiheit existiert, hat es Sinn, einen Schuldvorwurf gegen den Täter zu erheben« (a. a. O. S. 125).

Wichtig in diesem Zusammenhang ist der Vorsatz zur Tat. Vorsatz ist nach herrschender Meinung »der Wille zur Verwirklichung des strafbaren Tatbestandes in Kenntnis aller objektiven Tatumstände«. Hierbei gibt es zum einen den »Vorsatz (*dolus directus*) 1. Grades«: Dem Täter kommt es gerade auf den Eintritt des strafwürdigen Ereignisses an, z. B. den Tod eines Menschen, auch wenn er nicht sicher weiß, ob dieses Ereignis auch tatsächlich eintreten wird. Weiterhin gibt es den »Vorsatz zweiten Grades«: Der Täter weiß, dass das strafwürdige Ereignis eintreten wird, dies kann für ihn aber durchaus unerwünscht, d. h. eine ungewollte Nebenfolge seines Tuns sein. Drittens gibt es den »Eventualvorsatz (*dolus eventualis*)«: Der Täter hält den Eintritt des Ereignisses für möglich und findet sich damit ab bzw. nimmt dies billigend in Kauf.

Höchstrichterlich mehrfach bestätigt wurde die Auffassung, der Täter besitze, wie jeder gesunde Mensch, die Möglichkeit, in gewissen Grenzen willensfrei zu entscheiden und zu handeln. Der Bundesgerichtshof und die Mehrzahl der führenden Strafrechtler gehen also von der *Realexistenz* der Willensfreiheit aus. Dass sich das Strafrecht hier auf schwankendem Grund befindet, ist den Strafrechtlern durchaus klar. Sie glauben aber mit folgender Feststellung sicheren Boden unter die Füße zu bekommen: »Da weder der Standpunkt des klassischen *Indeterminismus* mit dem Postulat ›absoluter Willensfreiheit‹ noch die Gegenposition des *Determinismus* mit dem Erklärungsprinzip der ›Kausalgesetzlichkeit‹ menschlichen Verhaltens (Verbrechen als zwangsläufiges Produkt von Anlage und Umwelt) wissenschaftlich exakt beweisbar sind, muss das Strafrecht sich mit der Erkenntnis zufrieden geben, dass das *Prinzip der Verantwortlichkeit* des sittlich reifen und seelisch gesunden Menschen eine *unumstößliche Realität unserer sozialen Existenz* ist« (Wessels/ Beulke, S. 125; Hervorhebung im Original).

Diese Willensfreiheit muss im Strafprozess nicht faktisch bewiesen werden (das ist rückblickend meist gar nicht möglich), sondern wird *normativ* unterstellt, wenn zur Tat bestimmte Bedingungen herrschten, welche die Annahme plausibel machen, dass der Täter aus eigenem Willen handelte. Entsprechend gilt: Der Täter hat dann schuldhaft gehandelt, wenn ein anderer (der nicht straffällig wurde) in der Lage des Täters nach allgemeiner Erfahrung der Tatversuchung widerstanden hätte. Es geht hier also um ein »objektives, reales Andershandeln-Können«, das uns im vergangenen Kapitel als Alternativismus im starken Sinne bereits begegnet ist.

Schuld im strafrechtlichen Sinne zieht *Strafe* nach sich. Hierbei unterscheidet man in der herrschenden Strafrechtslehre eine »absolute« und eine »relative« Strafzwecktheorie (vgl. Wessels/Beulke, 2002, S. 4). Nach der absoluten Strafzwecktheorie soll Strafe den Verstoß gegen die Rechtsordnung vergelten und wird unabhängig von ihrer gesellschaftlichen Wirkung gedacht. Schuld muss gerächt werden, damit die verletzte Rechtsordnung wieder ins Lot kommt. Nach der relativen Strafzwecktheorie soll Strafe allgemein *präventiv* wirken, und zwar zum einen in Form einer *allgemeinen gesellschaftlichen Wirkung* (Generalprävention), die als positive Generalprävention, das Rechtsbewusstsein der Allgemeinheit stärken bzw. ihr Vertrauen in die Rechtsordnung befördern und als negative Generalprävention andere Täter abschrecken soll. Zum anderen soll die Strafe eine *Wirkung auf den Täter* (Spezialprävention) ausüben, und zwar – wiederum im positiven Sinne – ihn bessern und – im negativen Sinne – die Gesellschaft vor dem Täter schützen, indem dieser eingesperrt wird. Aus Sicht der Experten (s. Wessels/Beulke) enthält das deutsche Strafrecht eine Vereinigung von Ansätzen beider Strafzwecktheorien, d. h. sowohl den Vergeltungsgedanken als auch den Gedanken des Schutzes der Gesellschaft und der Besserung des Täters.

Den Strafrechtstheoretikern sind natürlich die klassischen Einwände von Seiten der Philosophen, Psychologen und Psychiater gegen die Annahme einer Willensfreiheit in ihrer starken Form bekannt. Strafrecht und Rechtsprechung kommen diesen Bedenken in gewissem Maße durch die Berücksichtigung strafmildernder Umstände verschiedenster Art entgegen, es bleibt aber ein als unverzichtbar angesehener Kern persönlicher Schuld, die an das Übertreten der Norm wider besseren Wissens gebunden ist, an die freie Willensentscheidung zur Straftat.

Gegen eine Gründung des Strafrechts auf den Begriff der persönlichen Schuld hat es seit jeher unter den Rechtstheoretikern starke Bedenken gegeben. Als Alternative wurde deshalb der »funktionale« oder »soziale« Schuldbegriff entwickelt, der vom Begriff einer persönlichen Schuld unabhängig ist. Der Täter hat, freiwillig oder nicht, gegen gesellschaftliche Normen verstoßen und ist damit schuldig geworden. Strafe erfolgt allein im Sinne der General- und Spezialprävention, nicht aufgrund des Vergeltungsprinzips. Hierauf werde ich noch weiter unten eingehen.

In eine andere Richtung gehen Bemühungen von Rechtstheoretikern, zwischen objektiver und subjektiver Schuld zu unterscheiden, und zwar in expliziter Auseinandersetzung mit den Argumenten aus Psychologie und Hirnforschung gegen die Annahme einer Willensfreiheit. Hier ist vor allem der Mannheimer Strafrechtstheoretiker Björn Burkhardt zu nennen (Burkhardt, 2003). Burkhardt akzeptiert, dass es unmöglich ist, eine objektive Freiheit im Sinne eines tatsächlichen Andershandeln-Könnens nachzuweisen und zur Grundlage des Strafrechts zu machen. Er argumentiert, jede Handlung habe zwei Perspektiven, eine aus der Ersten Person (also des Handelnden selber) und eine aus der Dritten Person (also des Beobachters). Beide könnten sich oberflächlich gesehen ausschließen, hätten aber beide ihre Berechtigung und müssten komplementär zueinander gesehen werden.

Im vorliegenden Zusammenhang gibt es nach Burkhardt aus der Perspektive der *Dritten* Person keine Willensfreiheit: Alles, was jemand tut, hat bestimmte Ursachen, welche die Tat determinieren. Insofern ist es plausibel, aus dieser Perspektive von der Determiniertheit menschlichen Handelns auszugehen. Aus der Sicht der *Ersten* Person ist dies aber völlig anders. Hier erlebt sich der Mensch bei seinen Entscheidungen frei im Sinne des Andershandeln-Könnens und der Indeterminiertheit; er hat ein tiefes »Freiheitserlebnis«. Dieses Freiheitserlebnis ist nach Burkhardt trotz aller Gegenargumente von Psychologen und Neurobiologen keineswegs eine Illusion, sondern ein unbezweifelbares Faktum. Es ist damit »nicht nur das Fundament individueller Verantwortlichkeit. Das Strafrecht stabilisiert vielmehr dieses Fundament, indem es die Erste-Person-Perspektive als den maßgeblichen Beurteilungsgegenstand garantiert« (a. a. O. S. 239; Übersetzung von B. B.).

Frei ist nach Burkhardt also der Mensch dadurch, dass er sich frei *fühlt*; ohne *erlebte* Freiheit gibt es kein Schuldprinzip. Ob das

Verhalten eines Täters persönlich vorwerfbar ist, hängt für Burkhardt nicht davon ab, ob er real eine objektiv vollziehbare Handlungsalternative gehabt hätte, sondern ob er in der Vorstellung handelte, eine solche Freiheit zu haben. Wenn die Handlung aus einem freien Wollen heraus erfolgt ist, dann ist der Handelnde auch für sie verantwortlich.

Ein solcher Standpunkt ist zweifellos interessant und stellt innerhalb der Strafrechtstheorie eine Außenseiterposition dar, doch hat er, wie der Standpunkt der »objektiven« Freiheit und Verantwortung, unannehmbare Implikationen und Konsequenzen. Er hieße nämlich nichts anderes, als dass eine Person, die sich hinsichtlich einer bestimmten Tat unschuldig fühlt, weil sie sich nicht frei fühlt, auch nicht bestraft werden kann, obwohl sie die Tat nachweislich begangen hat. Die Person muss nur glaubhaft erklären, dies oder jenes habe sie zur Tat getrieben, die sie nicht frei gewollt habe. Umgekehrt muss eine Person bestraft werden, die sich als schuldig bekennt, obwohl sie die Tat überhaupt nicht getan hat (bekanntlich gibt es so etwas).

Wie im vorigen Kapitel dargelegt, ist das Vorhanden- oder Nichtvorhandensein des *Gefühls* eines freien Willens und eines sich eventuell daraus ergebenden Schuldgefühls eine verzwickte Angelegenheit und teils eine Sache des Charakters, teils eine der Umstände. Manche Menschen begehen die – in den Augen anderer – größten Verbrechen gleichmütig oder sogar mit hohem Rechtsbewusstsein, während andere sich für Taten schuldig fühlen, die sie nicht absichtlich oder überhaupt nicht getan haben. Aus der Verhaltensbiologie und Psychologie ist bekannt, dass man Tieren und Menschen für beliebige Taten ein Schuldbewusstsein »ankonditionieren« kann, und es gibt außer Mord an Familienmitgliedern im menschlichen Handeln wohl kaum etwas, das nicht in irgendeinem Teil der Welt oder zu irgendeiner Zeit der Weltgeschichte höchst lobenswert und damit frei von jeglicher Schuld galt und in einem anderen Teil oder zu einer anderen Zeit höchst verwerflich und damit stark schuldbehaftet.

Natürlich geht die Mehrheit der Strafrechtstheoretiker nicht von einer völligen, unbedingten Freiheit aus, sondern von einer Art eingeschränkter Willensfreiheit, wie sie Peter Bieri vertritt (s. vorhergehendes Kapitel), d. h. der Fähigkeit, vor der Tat von seiner eigenen Motivationslage zurückzutreten und diese zu überdenken (»Deliberationsfähigkeit« genannt). Ich habe aber im vorigen Kapitel ausführlich dargelegt, dass diese Fähigkeit zwar wichtig ist für eine

»vernünftige«, weil langfristige Handlungsplanung, dass aber hierbei nichts an Handlungsfreiheit zu finden ist. Es handelt sich um einen komplexen, wenngleich vollständig determiniert ablaufenden Prozess des Widerstreits der Motive.

Nach all den Befunden, die in diesem Buch präsentiert wurden, müssen wir von Folgendem ausgehen: Menschen können im Sinne eines *persönlichen Verschuldens* nichts für das, was sie wollen und wie sie sich entscheiden, und dies gilt unabhängig davon, ob ihnen die einwirkenden Faktoren bewusst sind oder nicht, ob sie sich schnell entscheiden oder lange hin und her überlegen. Sie werden in dem jeweils einen oder anderen Fall eventuell völlig unterschiedliche Dinge tun, aber sie tun dies nicht frei. Die Gene, die vor- und nachgeburtlichen Entwicklungen und Fehlentwicklungen, die frühkindlichen Erfahrungen und Traumatisierungen, die späteren Erfahrungen und Einflüsse aus Elternhaus, Freundeskreis, Schule und Gesellschaft –, all dies formt unser emotionales Erfahrungsgedächtnis, und dessen Auswirkungen auf unser Handeln unterliegen nicht dem freien Willen.

Ist ein Täter also nicht schuldig und verantwortlich für sein Tun? Wenn dies so wäre, was folgte daraus für das Strafrecht und die Gesellschaft allgemein? Eine naive, aber häufig geäußerte Auffassung gegen die Kritik am Begriff der persönlichen Schuld lautet, dass dann ja »jeder tun kann, was er will«. Dies ist natürlich ein Irrtum. Die meisten Menschen begehen nicht deshalb keine Straftat, um nicht im metaphysischen Sinne schuldig zu werden, sondern weil sie die negativen Konsequenzen der Tat fürchten, und zwar entweder aufgrund einer lebhaften Vorstellung dieser Konsequenzen (Haftstrafe, gesellschaftliche Ächtung usw.) oder aufgrund einer bewusst-unbewussten Scheu, auch Gewissen genannt, die Folgen einer negativen emotionaler Konditionierung sind.

Ein Verzicht auf den Begriff der persönlichen Schuld bedeutet keineswegs ein Verzicht auf *Bestrafung einer Tat als Verletzung gesellschaftlicher Normen*. Dies ist bereits in der Idee der General- und Spezialprävention enthalten. Täter werden danach nicht deshalb bestraft, weil sie »mutwillig« schuldig geworden sind, sondern weil sie gebessert werden sollen, falls dies möglich ist; andernfalls muss die Gesellschaft vor ihnen geschützt werden. Hieran knüpfen bereits im geltenden Strafrecht die »Maßregeln der Besserung und Sicherung« an, bei denen nicht die Schuld, sondern die Sozialgefährlichkeit des

Täters ausschlaggebend ist. »Ihre Anordnung ist auch bei *schuldlosem* Handeln zulässig und setzt nur das Vorliegen einer ›rechtswidrigen Tat‹ iSd § 11 I Nr. 5 [StGB] voraus« (Wessels/Beulke, 2002, S. 125). Auch ist der Gedanke der Abschreckung potentieller Täter (negative Spezialprävention) ebenfalls unabhängig vom Begriff einer persönlichen Schuld.

Der Verzicht auf den Begriff der persönlichen Schuld hat zweifellos den großen Vorteil, dass man das Strafrecht nicht mehr in einer Weise begründet, die aus Sicht der modernen Hirnforschung und Psychologie nicht haltbar ist. Er hat aber auch erhebliche Nachteile. Zum einen wird natürlich der Begriff der Schuld als einer bloßen *Verletzung gesellschaftlicher Normen* dem Wandel der gesellschaftlichen Verhältnisse ausgeliefert. Was in der einen Gesellschaft als Normenverletzung gilt, wird in der anderen als legitim oder sogar erwünscht angesehen. Allerdings war dies auch im traditionellen Strafrechtssystem mit seinem »moralischen« Schuldprinzip nie anders.

Der andere »Nachteil« ist, dass im Strafvollzug der Gedanke der *Besserung* einen viel höheren Stellenwert erhält als bisher und deshalb mit sehr viel höheren Kosten und Anstrengungen verbunden ist. Nach Auskunft von Experten ist der bestehende Strafvollzug im Sinne eines Besserungssystems nicht sehr effektiv, wie auch die hohen Rückfallquoten zeigen, wenngleich mancherorts an wirksameren Maßnahmen und Instrumenten gearbeitet wird. Wie und in welchem Maße man einen Straftäter nachhaltig bessern kann, ist eine schwierige und auch wissenschaftlich noch nicht gut beantwortbare Frage. Sie hängt ursächlich mit der allgemeineren Frage zusammen, in welchem Maße Menschen überhaupt veränderbar sind.

Man kann sich in dieser schwierigen Frage von folgenden Einsichten leiten lassen: Die Erziehungsfähigkeit der Menschen und damit auch die Besserungsfähigkeit von Straftätern ist von mehreren Faktoren abhängig. Hierzu gehört erstens das Alter der Personen; Menschen sind – das ist eine Binsenweisheit – im Durchschnitt im Kindesalter veränderbarer als im Jugendalter und sehr viel veränderbarer als im Erwachsenenalter. Zweitens kommt es auf den Typ der zu verändernden Funktionen bzw. Verhaltensweisen an. Wie in diesem Buch dargelegt, ist Temperament in hohem Maße angeboren. Was man Charakter und Persönlichkeit nennt, entwickelt und verfestigt sich früh und ist schon im Jugendalter nur noch schwer und im Erwachsenenalter kaum mehr veränderbar, es sei denn, die Person ist starken emotionalen Erlebnissen oder einer jahrelang gleich bleibenden Einwirkung ausgesetzt.

Dagegen sind andere Bereiche wie schulische oder berufliche Kenntnisse und Fähigkeiten, fachliches Wissen usw. lebenslang veränderbar, auch wenn etwa ab dem 30. Lebensjahr diese Lern- und Umlernfähigkeit langsam zurückgeht. Schließlich gibt es individuelle Unterschiede hinsichtlich der Veränderbarkeit. Der eine ist etwa im Bereich sozialer Kompetenzen generell eine flexibler Mensch und stellt sich schnell auf veränderte Verhältnisse ein (bis zum totalen Opportunismus), der andere ist ein »Sturkopf«. Der eine kann akademisches Wissen schnell anhäufen, hat aber zwei linke Hände, der andere ist praktisch sehr begabt, kann aber mit akademischem Wissen nichts anfangen. Entsprechend gibt es große individuelle Unterschiede hinsichtlich der Besserungsfähigkeit von Straftätern.

Hier ist selbstverständlich nicht der Ort, über Verbesserungen im Strafvollzug nachzudenken. Klar ist aber, dass dies eine Aufgabe ist, an der die Verhaltens- und Neurowissenschaften beteiligt werden sollten. Ob und wann es möglich sein wird, die Besserungsfähigkeit von Straftätern mit wissenschaftlichen Methoden (Messung vegetativer Reaktionen, EEG, bildgebende Verfahren usw.) verlässlich zu erfassen, ist schwer zu sagen. Zumindest kann dies nicht ausgeschlossen werden, und die sozialen und ethischen Folgen solcher Möglichkeiten müssen dringend diskutiert werden.

Noch brisanter sind natürlich die Perspektiven einer »präventiven« psychosozialen Diagnostik, d. h. einer Abschätzung der Möglichkeit, mit der sich Kinder in eine bestimmte Richtung entwickeln werden, einschließlich der Gefahr, ein unverbesserlicher Schwerverbrecher zu werden. Das Dilemma besteht darin, dass man trotz bester Diagnosemethoden, die es vielleicht einmal geben wird, wahrscheinlich niemals zu präzisen Prognosen kommen wird, sondern nur zu Wahrscheinlichkeitsaussagen. Was aber sollen wir mit einem Kind anfangen, bei dem zum Beispiel eine Wahrscheinlichkeit von 63 Prozent diagnostiziert wird, dass es ein Sexualstraftäter wird? Sollen wir es sich unbeeinflusst weiterentwickeln lassen? Sollen wir es einer speziellen Erziehung teilhaftig werden lassen (wenn ja, welcher Erziehung?), oder sollen wir es gleich wegsperren?

Dieses Dilemma besteht freilich schon heute bei der Entscheidung über das weitere Schicksal eines Gewaltverbrechers nach Verbüßen seiner Haft: Entlassen oder Sicherheitsverwahrung – womöglich lebenslang? Zweifellos wird sich das zurzeit praktizierte psychiatrische Begutachtungswesen durch Hinzunahme neurowissenschaftlicher Diagnoseverfahren verbessern lassen, doch völlig sicher wird die Diagnose wohl nie werden. Vom allgemeinen Rechtsbewusstsein wird man hier nichts erwarten dürfen, denn der allgemeine Aufschrei wird ebenso groß sein, wenn ein Straftäter nach Abbüßen seiner Strafe ungerechtfertigterweise in Sicherheitsverwahrung kommt, oder wenn ein anderer als ungefährlich Eingestufter entlassen und wieder einschlägig straffällig wird. All dies darf Rechtstheoretiker, Strafrechtler und Strafvollzugsexperten nicht daran hindern, mit Vertretern derjenigen Wissenschaften intensiv zu diskutieren, die sich mit der Analyse und Veränderbarkeit menschlichen Handelns befassen, also Psychologen, Neurobiologen, Psychiater, Psychotherapeuten und Verhaltensforscher. Dieser Prozess hat allerdings kaum erst begonnen.

Zu konstatieren bleibt der paradoxe Zustand, dass wir das Prinzip der persönlichen Verantwortung und der persönlichen Schuld und ihrer Begründung durch eine freie Willensentscheidung als wissenschaftlich nicht gerechtfertigt ablehnen müssen, dass aber gleichzeitig die Gesellschaft sehr wohl in der Lage sein muss, durch geeignete Erziehungsmaßnahmen ihren Mitgliedern das *Gefühl der Verantwortung* für das eigene Tun einzupflanzen, und zwar nicht aufgrund freier Willensentscheidung, sondern aus der durch Versuch und Irrtum herbeigeführten Einsicht heraus, dass ohne ein solches Gefühl der Verantwortung das gesellschaftliche Zusammenleben nachhaltig gestört ist. Die Erzeugung dieses Gefühls der Verantwortung ist demnach eine Aufgabe, die jeder von uns – auch unfreiwillig – zu übernehmen hat. In diesem Sinne kann es Verantwortung ohne persönliche Schuld geben.

16. Zusammenfassung und Ausblick: Ein neues Menschenbild?

Zu Beginn dieses letzten Kapitels werde ich die Kernaussagen dieses Buches noch einmal zusammenfassen, und zwar kapitelübergreifend. Anschließend werde ich mich der Frage widmen, in welchem Verhältnis diese Aussagen mit dem in unserer Gesellschaft vorherrschenden, weitgehend sozialwissenschaftlich geprägten Menschenbild stehen und ob sich hier aktuelle Anknüpfungspunkte ergeben. Ich schließe das Buch mit der Beantwortung der Frage, ob das hier vorgestellte Konzept nicht doch auf einen neurobiologischen Reduktionismus hinausläuft.

Zusammenfassung

Die vorgebliche Einzigartigkeit des Menschen

Das traditionelle Menschenbild geht davon aus, dass der Mensch in der Natur eine einzigartige Stellung einnimmt. Als Gründe hierfür werden vor allem angeführt: der Besitz von Geist, Bewusstsein, Intelligenz, Verstand und Vernunft, das Sprachvermögen und insbesondere die spezifische *gesellschaftliche* Natur des Menschen.

Biologisch gesehen gibt es keine Sonderstellung des Menschen. Menschen und Schimpansen sind auf das Engste miteinander verwandt, viel enger als die beiden Schimpansenarten mit Gorillas und anderen Großaffen. Diese Verwandtschaft gilt auch für viele Verhaltensweisen. Ebenso ist das menschliche Gehirn ein typisches Großaffengehirn, und mit einer charakteristischen Ausnahme, dem Broca-Sprachzentrum, gibt es im menschlichen Gehirn nichts, was nicht eine große Ähnlichkeit mit den Gehirnen der anderen Großaffen aufwiese. Das Gehirn des Menschen ist zwar besonders groß im Vergleich zu seinem Körper, aber die Veränderungen der einzelnen Gehirnteile folgen den für Säugetiere bzw. Primaten geltenden evolutiven Trends. Dies gilt trotz vieler gegenteiliger Darstellungen auch für die Großhirnrinde und das Stirnhirn.

Entsprechend findet sich qualitativ nahezu alles, was traditionell dem Menschen als einzigartige Fähigkeiten zugeschrieben wird, auch bei einigen nichtmenschlichen Tieren, zumindest bei den Großaffen. Hierzu gehört der Besitz von Geist und Bewusstsein, von Denken, Vorstellen, Erinnern, Handlungsplanung, komplexer Kommunikation, das Verstehen intentionalen Handelns und der Wissensrepräsentation bei anderen, Werkzeuggebrauch, Werkzeugherstellung, Unterrichten und Traditionsbildung.

Dies soll nicht heißen, dass es überhaupt keine Unterschiede zwischen Menschen und nichtmenschlichen Tieren gibt. Bis zum Beweis des Gegenteils dürfen wir davon ausgehen, dass die geistigen Fähigkeiten des Menschen erheblich größer sind als die anderer Tiere, und dass wir Menschen über bestimmte Bewusstseinsformen verfügen wie das Nachdenken über uns selbst und den Sinn des Lebens, die bei den anderen Tieren nicht oder nur in geringem Umfang ausgeprägt sind. Ebenso sind Werkzeuggebrauch und Werkzeugherstellung bei (nichtmenschlichen) Tieren sehr begrenzt. Insbesondere ist die Fähigkeit zum Zeitbewusstsein und damit zu längerfristiger Handlungsplanung gering ausgeprägt.

Nichtmenschliche Tiere besitzen die verschiedensten Formen gestischer, mimischer und lautlicher Kommunikation, deren Leistungsfähigkeit und Komplexität von uns oft unterschätzt wird. Die menschliche syntaktisch-grammatikalische Sprache ist aber diesen tierischen Kommunikationssystemen in vieler Hinsicht überlegen. Diese Sprache ist evolutionär eine sehr späte »Erfindung« – vielleicht ist sie in ihrer ausgereiften Form nicht älter als fünfzigtausend Jahre. Sie baut auf Vorstufen sprachlicher Kommunikation auf, wie sie bei Kleinkindern im Alter bis zu zweieinhalb Jahren zu finden sind (d. h. als nicht-syntaktische, agrammatische Zwei- bis Dreiwort-Sprache). Sie ist offenbar verbunden mit der Weiterentwicklung des präfrontalen Cortex und seiner Fähigkeit zur Verarbeitung mentaler Zustände entlang der Zeitachse. Nicht zufällig ist das Broca-Areal, das der Fähigkeit zur syntaktisch-grammatikalischen Sprache zugrunde liegt, Teil des präfrontalen Cortex. Diese Sprache mag anatomisch-physiologisch nur ein kleiner Schritt gewesen sein, aber dieser Schritt hatte große Folgen, da er insbesondere unseren Umgang mit abstrakten Repräsentationen und Symbolen erleichterte und damit überhaupt erst menschliche Kultur ermöglichte.

Der Besitz von Geist und Bewusstsein wird – wie erwähnt – traditionell als herausragendes Merkmal des Menschen angesehen. Auch wenn nichtmenschliche Tiere einige der Bewusstseinszustände besitzen, die sich beim Menschen finden, so ist Bewusstsein beim Menschen wahrscheinlich dem Umfang nach größer und zum Teil von anderer Art als bei den übrigen Tieren. Dies betrifft wohl vor allem das Ich-Bewusstsein, das Nachdenken über sich selbst und die Entwicklung einer »Theory of Mind«, d. h. das Einbeziehen dessen, was andere denken und fühlen könnten, in die eigenen Vorstellungen, das handlungsplanende und das sprachliche Bewusstsein.

In diesem Zusammenhang wurde gezeigt, dass es *das* Bewusstsein gar nicht gibt, sondern eine größere Zahl unterschiedlicher Bewusstseinszustände (oder »Bewusstseinsmodule«), die von unterschiedlichen Hirnzentren hervorgebracht werden und (in seltenen Fällen) unabhängig voneinander ausfallen können. Diese unterschiedlichen Bewusstseinszustände haben unterschiedliche Funktionen. Eine besonders hervorstechende Funktion von Bewusstsein besteht in der Verarbeitung neuer und komplexer Situationen, die meist eine multimodale Integration erfordern. Diese Funktion ist mit sensorischem *Erlebnisbewusstsein* (Wahrnehmungen und Gefühle) und *Aufmerksamkeitsbewusstsein* verbunden. Diese Zustände sind ihrerseits eingebettet in das so genannte *Hintergrundbewusstsein*, zu dem das Körper-, Orts-, Ich-, Autorschafts- und Realitätsbewusstsein gehören.

Erlebnis- und Aufmerksamkeitsbewusstsein werden umso stärker erlebt, je neuer, komplexer und bedeutungshafter die Situationen und Probleme sind, mit denen sich das Gehirn konfrontiert sieht. Dabei kann es sich um das Erkennen eines Sachverhalts oder eines Gesichts handeln, das Verstehen eines Satzes oder um das Erlernen einer komplexen Bewegung. Dieses Erlebnis- und Aufmerksamkeitsbewusstsein zieht sich in dem Maße zurück, in dem das Gehirn die Aufgabe meistert, und schließlich bewältigt es die Aufgabe ohne jeden Aufwand an Aufmerksamkeit und mit nur begleitendem oder ganz ohne Bewusstsein.

Generell gilt, dass uns nur dasjenige überhaupt bewusst werden kann, was von Aktivitäten in der Großhirnrinde begleitet ist. Aus neurobiologischer Sicht stellen sich Erlebnis- und Aufmerksamkeitszustände als schnelle (d. h. innerhalb von Sekunden ablaufende) Umstrukturierungen ausgedehnter cortikaler Netzwerke dar, die dem Erschaffen neuer Bedeutungen im Bereich des Wahrnehmens, Denkens, Erinnerns, Vorstellens und Handlungsplanens zugrunde liegen. Die außerhalb der Großhirnrinde angesiedelten Hirnzentren sind zur schnellen Umstrukturierung großer Netzwerke als Träger großer Datenmengen *nicht* in der Lage. Sie steuern jedoch nachhaltig die bewusstseinsbegleiteten Vorgänge im Cortex und benutzen die Hirnrinde zur Lösung von Problemen, die sie selbst nicht bewältigen können.

Diese Steuerungsfunktion gilt vor allem für den Hippocampus als Organisator des deklarativen Gedächtnisses, das limbische System als Produzenten und Kontrolleur affektiver und emotionaler Zustände sowie die retikuläre Formation und das basale Vorderhirn als Lenker unspezifischer bzw. spezifischer Aufmerksamkeit. Jedem Bewusstseinszustand geht entsprechend eine Phase unbewusster Vorverarbeitung sensorischer Information voraus, in der entschieden wird, ob und in welchem Maße sich die Großhirnrinde mit dieser Information befassen soll. Was wir dann bewusst erleben, ist nur das »Endprodukt« einer überaus komplexen Informationsverarbeitung.

Die moderne Hirnforschung kann inzwischen bis auf die zelluläre Ebene zeigen, dass in verschiedenen Gebieten der Großhirnrinde neuronale Aktivitäten der Großhirnrinde und Erlebniszustände aufs Engste miteinander verknüpft sind. Die von Bewusstsein begleiteten Prozesse sind auch deshalb gut erfassbar, weil sie mit neuronalen Vorgängen verbunden sind, die stoffwechselphysiologisch »teuer« sind (insbesondere hinsichtlich des Sauerstoff- und Zuckerverbrauchs). Die Stärke bewussten Erlebens ist mit neuronaler Aktivität (insbesondere mit synaptischen Reorganisationsvorgängen) und diese wiederum mehr oder weniger linear mit der Stoffwechselrate korreliert. Dies bedeutet, dass Geist und Bewusstsein – welcher speziellen Natur sie auch immer sein mögen – im Rahmen bekannter physikalisch-chemischer Gesetzmäßigkeiten auftreten und diese nicht übersteigen, wie traditionell angenommen wird.

Gleichzeitig ergibt sich die Einsicht, dass Bewusstseinszustände, insbesondere in Form von Erleben und Aufmerksamkeit, in eine Vielzahl unbewusster Vorgänge eingebettet ablaufen. Diese umfassen (1) solche Prozesse, die grundsätzlich unbewusst sind, weil sie entweder stets unterschwellig ablaufen oder in früher Kindheit zurzeit der »infantilen Amnesie« stattfanden, d. h. vor Ausbildung des autobiographischen Gedächtnisses, (2) solche, die vorbewusst sind (s. oben), und (3) solche, die einmal bewusst waren, aber ins Unbewusste abgesunken sind. Das Gehirn hat die Tendenz, bewusste und damit stoffwechselphysiologisch teure, langsame und fehleranfällige Funktionen überzuführen in unbewusste und damit stoffwechselphysiologisch billige, schnelle und präzise Funktionen. Dies wird jedoch erkauft mit einem Verzicht auf einen intermodalen Transfer, auf Flexibilität und das Erfassen semantischer Tiefe. Wir Menschen leben jedoch in einer hochkomplexen natürlichen und sozialen Umwelt, in der Bewusstsein als eine besonders aufwendige Form der Informationsverarbeitung unverzichtbar ist. Bewusstseinszustände überwinden funktionale Beschränktheiten unbewusster Informationsverarbeitung zugunsten einer kreativen Handlungsplanung.

Die Rolle der Gefühle bei der Verhaltenssteuerung

Gefühle im weitesten Sinne entstehen durch die Aktivität von Zentren des limbischen Systems. Dazu gehören zum ersten Erlebniszustände, die mit dem Auftreten und der Befriedigung lebenswichtiger *körperlicher Bedürfnisse* im Zusammenhang mit Wachen und Schlafen, Hunger, Durst, Temperaturregulation, Schmerz und Sexualität verbunden sind. Diese Funktionen sind uns angeboren und nicht oder nur in engen Grenzen »willentlich« oder durch Unwelteinflüsse veränderbar. Hiermit verwandt sind unsere *grundlegenden Affekte* wie Lust, Wut, spontanes Angriffs- und Abwehrverhalten, das Bedürfnis nach menschlicher Nähe usw., die in der Regel mit Standard-Reizsituationen verknüpft und ebenfalls nur schwer durch Erziehung oder Erfahrung formbar sind.

Emotionen im engeren Sinne lassen sich auf einige wenige Grundzustände wie Glück, Überraschung, Furcht, Verachtung, Trauer und Ärger zurückführen (so genannte Basisemotionen), die allen Menschen gemeinsam sind. Sie bestimmten in beliebiger Mischung unser alltägliches Gefühlsleben. Sie haben keine vorgegebenen konkreten Inhalte, sondern können über den Vorgang der *emotionalen Konditionierung* an mehr oder weniger beliebige Objekte und Geschehnisse angebunden werden. Dies geschieht vornehmlich in der basolateralen Amygdala, unterstützt durch das mesolimbische System, das uns über die Ausschüttung von »Belohnungsstoffen« (gehirneigenen Opiaten) Lustempfindungen vermittelt, sowie den Hippocampus.

Durch diesen Vorgang erhalten Objekte und Geschehnisse eine emotionale Bewertung nach den Grundkategorien »positiv-lustvoll« und damit erstrebenswert sowie »negativ-unangenehm-schmerzhaft« und damit zu vermeiden; die Details des Geschehens und dessen Kontext werden durch das cortico-hippocampale System hinzugeliefert. Diese drei Komponenten, nämlich das Geschehen, seine emotionale Bewertung und die Details und der Kontext, werden in der basolateralen Amygdala fest miteinander verkoppelt und treten deshalb bei der Konfrontation mit ähnlichen Geschehnissen stets gemeinsam auf. Ob sich diese Verkopplungen durch andersartige Erfahrungen überhaupt wieder auflösen lassen oder ob dieses emotionale Gedächtnis kein »Vergessen« kennt, ist unklar.

Gefühle haben einen massiven Einfluss auf die bewusste ebenso wie die unbewusste Verhaltenssteuerung. Als »starke Gefühlszustände« in Form von Stress, Schmerz, Furcht, Angst, Aggressivität, Lust, Glück, Verliebtsein und Liebe ergreifen sie uns und lassen uns ihre Macht spüren. Sie schließen komplizierte Interaktionen zwischen angeborenen Tendenzen, vorgeburtlichen und frühkindlichen Einflüssen und späteren Lebenserfahrungen ein. Verstand und Vernunft entstehen relativ spät in der Entwicklung des Individuums und können nur in begrenztem Maße auf die Emotionen einwirken. Dies geschieht im Wesentlichen dadurch, dass der orbitofrontale, präfrontale und cinguläre Cortex eine hemmende Wirkung auf Amygdala und mesolimbisches System entfalten und damit eine Impuls- und Fehlerkontrolle ausüben.

Die Rolle des bewussten, sprachlichen Ich und die Möglichkeiten und Grenzen der Psychotherapie

Nach traditioneller Auffassung steht das Ich an der Spitze all der Funktionen, die uns zu Menschen machen, vor allem vernünftiges Denken, Wollen und Handeln. Das Ich ist der »Steuermann der Seele« (Aristoteles) – oder sollte es doch sein. Es hat dafür zu sorgen, dass die niederen Triebe in ihre Schranken verwiesen werden und Affekte und Gefühle uns nicht zu sehr beherrschen.

Dem steht die neurobiologisch vermittelte Einsicht gegenüber, dass das Ich – entsprechend den verschiedenen Formen des Bewusst-

seins – ein Bündel ganz unterschiedlicher Funktionen und Erlebniszustände ist, und dass es *keinen* direkten Zugriff auf die verhaltenssteuernden Zentren des Gehirns hat. Das Ich ist in seinen verschiedenen Ausprägungen ein Konstrukt, welches das Gehirn entwirft, um
komplexe kognitive, exekutive und kommunikative Aufgaben besser
bewältigen zu können. Die unterschiedlichen Formen des Ich entwickeln sich in engem Zusammenhang mit der Hirnreifung im
Rahmen vorgeburtlich und frühkindlich ablaufender Prozesse. In
seiner späten, selbstreflektierenden Form ist das Ich wesentlich von
der Sprache und damit von der Gesellschaft bestimmt.

Unser bewusstes Ich hat nur begrenzte Einsicht in die eigentlichen
Antriebe unseres Verhaltens. Die unbewussten Vorgänge in unserem
Gehirn wirken stärker auf die bewussten Vorgänge ein als umgekehrt.
Das bewusste Ich steht gleichzeitig unter einem Erklärungszwang.
Dies führt zu den typischen Pseudoerklärungen oder »Rationalisie-
rungen« eigenen Verhaltens vor sich selbst und vor den anderen, und
zwar in einer Weise, die wir als gesellschaftlich akzeptabel erlernt
haben. Das bewusste Ich ist nicht in der Lage, über Einsicht oder
Willensentschluss seine emotionalen Verhaltensstrukturen zu ändern. Dies kann nur über emotional »bewegende« Interaktionen
geschehen, wie sie beispielsweise im Rahmen einer Psychotherapie
möglich sind.

Der Psychotherapeut kann den fatalen Deutungszirkel des sich
selbst interpretierenden Individuums durchbrechen und die eigentlichen Ursachen psychischer Störungen aufdecken, die sich an der
Oberfläche des Verhaltens in Fehlleistungen, Neurosen und Psychosen äußern. In der Psychotherapie scheinen sich aber die primären
»Verknotungen« unbewusst arbeitender limbischer Netzwerke nicht
aufzulösen, sondern es werden offenbar »Ersatzschaltungen« angelegt, die in der Lage sind, die fehlentwickelten Netzwerke einzukap-
seln und einen eigenen Zugriff auf das Wünschen, Denken, Wollen
und Handeln zu erlangen.

Sprache dient nicht in erster Linie dem Austausch von Wissen und
dem Vermitteln von Einsicht, sondern der Legitimation des überwiegend unbewusst gesteuerten Verhaltens vor uns selbst und vor
anderen. Dies ist ein wichtiges Faktum individuellen emotionalen
Überlebens und gesellschaftlichen Zusammenlebens. Sprachliche
Kommunikation bewirkt nur dann Veränderungen in unseren Partnern, wenn diese sich aufgrund interner Prozesse der Bedeutungs-

erzeugung oder durch nichtsprachliche Kommunikation mit uns bereits in einem konsensuellen Zustand befinden. Wissen kann nicht übertragen, sondern nur wechselseitig konstruiert werden.

Ist der Mensch mit drei Jahren fertig?

Persönlichkeit und Charakter des Menschen und damit die Grundstrukturen der Beziehung zu sich selbst und zu seiner Umwelt werden biographisch sehr früh festgelegt. Genetisch oder bereits vorgeburtlich bedingte Charakterzüge machen knapp die Hälfte unserer Persönlichkeit aus. Hinzu kommen Merkmale, die durch prägungsartige Vorgänge kurz nach der Geburt bzw. in den ersten drei bis fünf Jahren festgelegt werden; besonders wichtig scheint dabei die Interaktion mit den Bezugspersonen (Mutter, Vater) zu sein. Entsprechend können frühkindliche traumatische Erlebnisse wie die Trennung von der Mutter, Vernachlässigung, Missbrauch oder schockhafte Erfahrungen bleibende psychische Schäden hinterlassen.

Allerdings muss man dabei bedenken, dass das menschliche Gehirn über eine erhebliche Toleranz hinsichtlich des erforderlichen Ausmaßes an Bindung und Betreuung verfügt. Dies erklärt, warum frühe negative Erfahrungen keineswegs bei allen Menschen längerfristige Folgen haben. Bei starken Verhaltensauffälligkeiten müssen wir oft von einer genetisch oder vorgeburtlichen Prädisposition ausgehen, die durch falsches oder richtiges Verhalten der Bezugsperson verstärkt oder abgemildert werden kann. Große Bedeutung kommt dabei dem »internen Beruhigungssystem« im Gehirn zu, das im Wesentlichen auf der hinreichenden Anwesenheit des Neuromodulators Serotonin, endogener Opiate, Oxytocin und Neuropeptid Y beruht. Eine Störung dieses Systems führt zu ADHS und zu erhöhter reaktiver Aggressivität.

Die Bedeutung des frühen Kindesalters wird durch Erkenntnisse über die Entwicklungsdynamik und Plastizität des menschlichen Gehirns unterstrichen. In späterer Jugend und im Erwachsenenalter ist der Mensch in seinen Persönlichkeitsmerkmalen nur noch wenig veränderbar, es sei denn, ihm widerfahren starke emotionale Erlebnisse. Junge ebenso wie ältere Menschen suchen sich eher die Umwelten, die zu ihnen passen, als dass sie sich diesen Umwelten anpassen. Ob man die rund zwanzig Prozent an Veränderbarkeit, die für die späteren Erziehungsmaßnahmen und Einwirkungen zur

Verfügung stehen, als viel oder als wenig ansieht, ist eine Geschmackssache. Insgesamt führen die genannten Erkenntnisse zu einer skeptischen Haltung in Bezug auf die Veränderbarkeit des Menschen.

Willensfreiheit und Autonomie

Die Freiheit des Wünschens, Planens und Wollens ist ein weiterer Grundpfeiler unseres traditionellen Menschenbildes. Sie besteht in der Fähigkeit, ohne erkennbaren Zwang, aus »sich heraus«, zu wollen und zu handeln und damit in einer bestimmten Situation auch anders handeln zu können, wenn man nur anders will.

Diese starke Form der Willensfreiheit ist, auch wenn sie von uns in dieser Form subjektiv erlebt wird, eine Illusion. Das Gefühl des »freien« Willensaktes entsteht in uns, *nachdem* limbische Strukturen und Funktionen bereits festgelegt haben, was wir zu tun haben. Das Gefühl der Willensfreiheit im starken Sinne des Anders-Handeln-Könnens dient der Selbst-Zuschreibung des Ich, ohne die eine komplexe Handlungsplanung nicht möglich ist.

Unsere bewussten Wünsche und Absichten und unser Wille stehen unter Kontrolle des unbewussten, limbischen Erfahrungsgedächtnisses, und ebenso wird von dieser Instanz festgelegt, ob und in welchem Maße das, was bewusst gewollt wurde, wirklich getan wird. In dieser Weise ist garantiert, dass alles, was wir tun, im Lichte der gesamten individuellen (auch sozial vermittelten) Erfahrung geschieht, die im limbischen System gespeichert ist.

Dies macht ein rationales Abwägen in Entscheidungssituationen keineswegs überflüssig, im Gegenteil: Ein Einsatz von Verstand und Vernunft im Unterschied zu den Funktionen subcorticaler Zentren ist notwendig, um mittel- und langfristige Konsequenzen unseres Handelns zu erkennen. Entsprechend sind Verstand und Vernunft in komplexen und hinreichend wichtigen Entscheidungssituationen gefragt. Das limbische System legt jedoch fest, wann, in welchem Ausmaß und mit welchen Argumenten das rationale cortikale System zum Einsatz kommt. Wir haben durch anhaltende Belehrung und noch stärker durch bittere Erfahrung gelernt, dass es nützlich ist, bei wichtigen Dingen Verstand und Vernunft walten zu lassen. Beide entscheiden jedoch nichts; sie fungieren für das emotionale handlungssteuernde System als *Ratgeber*, indem sie wünschbare oder nicht wünschbare Konsequenzen der verschiedenen Alternativen aufzeigen.

Menschen *fühlen* sich frei, wenn sie das tun können, was sie zuvor wollten; die Frage nach der Freiheit des Wollens wird von ihnen dabei erlebnismäßig gar nicht thematisiert. Dieses *Handeln aus eigenem Wollen* ist die Grundlage menschlicher Autonomie, nicht ein tatsächliches Anders-Handeln-Können. Dieses würde in vielen Situationen als willkürliches Handeln erscheinen und ein ersprießliches menschliches Zusammenleben unmöglich machen.

Der Verzicht auf die Annahme einer Willensfreiheit im Sinne des Anders-Handeln-Könnens bedeutet auch den Verzicht auf einen subjektiven Schuldbegriff. Menschen können als bewusste Individuen nichts für das, was sie tun, denn ihr bewusstes Handeln wird durch das emotionale Erfahrungsgedächtnis geleitet, das nicht dem Willen unterliegt. Entsprechend müssen sich Strafrecht und Strafvollzug anstelle einer moralischen Verdammung auf den Erziehungs- und Besserungsaspekt konzentrieren, sofern ein Straftäter besserbar erscheint, bzw. auf den Schutz der Gesellschaft vor »unverbesserlichen« Straftätern. Dies schließt nicht den Gedanken der *Verantwortlichkeit* für das eigene Handeln und dessen Konsequenzen aus. Diese Verantwortlichkeit ist aber selbst ein Erziehungsprodukt und legt fest, was ein Mensch ohne Nachteile für sich und andere in der Gesellschaft tun darf und was nicht.

Die Hirnforschung und der Homo sociologicus

Eine wichtige Frage lautet, in welchem Verhältnis die hier vorgestellte neurobiologische Sicht des Menschen zum Menschenbild der Sozialwissenschaften steht, das zweifellos weite Teile des wissenschaftlichen Denkens in unserem Land beherrscht. Die zentralen Bestandteile dieses sozialwissenschaftlichen Menschenbildes sind – bei allen Unterschieden zwischen den Schulen und Autoren – folgende: (1) Fühlen, Denken und Handeln sind ausschließlich sozial entstanden und geformt. (2) Soziale Phänomene sind folglich nur durch andere soziale Phänomene, also *soziologisch*, zu erklären und nicht etwa durch den Rekurs auf nicht-soziologische Disziplinen. (3) Die Biologie einschließlich der Neurobiologie ist dementsprechend irrelevant für die Erklärung sozialer Phänomene oder bietet bestenfalls triviale Erklärungen, zum Beispiel im Zusammenhang mit der Befriedigung körperlicher Bedürfnisse, Sicherung der eigenen Unversehrtheit, Zugang zu Sexualpartnern usw. Charakteristisch für die Sozialwissenschaften ist der tief greifende *Anti-Individualismus*, der seit Emile Durkheim über Jahrzehnte die europäisch-kontinentalen ebenso wie die angelsächsischen Sozialwissenschaften prägte und dessen Dogma lautet: Der Mensch ist in seinem Kern ein gesellschaftliches Wesen, er ist nur das, was die Gesellschaft aus ihm macht.

Einer solchen Grundüberzeugung steht das, was ich in diesem Buch vorgetragen habe, diametral entgegen. Meine Kernaussage lautet: Die gesellschaftliche Natur des Menschen ergibt sich aus seiner biologischen Natur und nicht umgekehrt, und deshalb ist die gesellschaftliche Natur des Menschen ohne seine (neuro)biologische nicht verständlich. Nur weil der Mensch über angeborene Mechanismen verfügt, die ihn biologisch, psychisch und kommunikativ an andere Menschen binden, gibt es überhaupt so etwas wie eine menschliche Gesellschaft. Viele Säugetiere sind Einzelgänger und schon rein biologisch nicht auf »Gesellschaft« ausgelegt. Das ist bei den »Schimpansenartigen«, zu denen wir gehören, eben völlig anders.

Dies sieht man am deutlichsten beim menschlichen Sprachvermögen, das sicherlich mehr als alle anderen Fähigkeiten die Grundlage der menschlichen Gesellschaft ist. Menschliche Sprache wäre ohne die Evolution bestimmter Hirnmechanismen nicht möglich gewesen, und keine gesellschaftlichen Verhältnisse auf der Welt ändern etwas an dem Zeitpunkt, zu dem kleine Kinder mit dem Sprechen, der Produktion ganz bestimmter Sprachlaute und der Entwicklung von Syntax und Grammatik beginnen, und bis zu dem sie eine Sprache vollkommen beherrschen lernen können und ab wann nicht mehr. Vieles spricht dafür, dass in der Tat eine biologisch bestimmte »universelle Grammatik« der Sprache im Sinne von Chomsky existiert. Die Grenzen der menschlichen sprachlichen Kommunikation sind biologische Grenzen. In ähnlicher Weise ist unsere weitere Lern- und Anpassungsfähigkeit biologisch vorgegeben: Was der erwachsene Mensch noch erlernen kann und welche Belastungen, z. B. im Zusammenhang mit einer neuen beruflichen Tätigkeit, er ertragen kann, hängt im Wesentlichen von Eigenschaften seines Gehirns ab, die natürlich individuell stark schwanken können. Diese Schwankungen sind aber nicht in entscheidendem Maße umweltbedingt.

Man muss deshalb zutiefst skeptisch sein gegenüber dem jahrzehntelang in den Sozialwissenschaften dominierenden Glauben an die völlige Formbarkeit des Menschen durch die Gesellschaft. Die hier vorgetragenen wissenschaftlichen Erkenntnisse erhärten zwar keineswegs das genaue Gegenteil, nämlich eine völlige biologische Determiniertheit menschlichen Verhaltens, aber sie lassen für die Einflussmöglichkeiten der Gesellschaft in der Jugend- und Erwachsenenzeit einen vergleichsweise schmalen Bereich übrig. Drei Viertel der menschlichen Persönlichkeit sind genetisch bedingt oder werden durch frühkindliche Lern- und Prägungsprozesse festgelegt. Letztere Prozesse sind die eigentlichen Vermittlungsmechanismen des Gesellschaftlichen in das Individuum, aber es sind wiederum Mechanismen, die in einem im weiteren Sinne biologisch vorgegebenen Rahmen stattfinden, nämlich innerhalb der Beziehung zwischen Kind, Mutter, Vater und Geschwistern.

Dies soll keineswegs heißen, dass Menschen sich nach dem 7. oder 10. Lebensjahr nicht mehr ändern können, aber diese Veränderungsmöglichkeiten sind beschränkt, und Veränderungen finden entweder in ungerichteter Weise durch schockartig einwirkende Ereignisse statt oder aufgrund jahrelanger Einwirkung. Scheinbar schnelle Änderungen finden nur dann statt, wenn Menschen schon lange innerlich dazu bereit waren.

Ein interessanter Nebenaspekt ist, dass der Soziologismus genauso wie die Neurowissenschaften die traditionelle Idee einer Willensfreiheit ablehnt, wenn auch mit ganz anderen Argumenten. Der Soziologismus geht – mit den Worten Martin Kohlis – davon aus, »dass Individuen, auch wenn sie glauben, frei zu sein und frei zu handeln, soziale Programme reproduzieren – dass sie Rollen spielen, Normen erfüllen, Regeln einhalten, sozialen Drehbüchern (Skripts) folgen oder Deutungsmuster umsetzen … An die Stelle von Willen, Idee und Geist traten Gesellschaft, Ideologie und Kultur. Individuelles Handeln war im Wesentlichen durch diese sozialen Programme bestimmt – das war die Ausformung des Konzepts des *homo sociologicus*« (M. Kohli, unveröffentlichtes Manuskript). Niklas Luhmann etwa verstand Individualität nicht als faktisch freies Handeln, sondern »ausschließlich als sozialen Zurechnungsmodus, anders gesagt, als Code, mit dem die Gesellschaftsmitglieder sich Sachverhalte symbolisch verfügbar machen« (Kohli). Dies kommt tatsächlich der im voraufgegangenen Kapitel präsentierten Idee sehr nahe, dass das Erleben von Willensfreiheit ein Akt individueller und sozialer

Zuschreibung ist, auch wenn diese Vorstellung in einem ganz anderen Begründungszusammenhang steht.

In den letzten Jahren ist in den Sozialwissenschaften eine zunehmende Abwendung vom harten Anti-Individualismus hin zu einer Aufwertung des Individuums zu beobachten, allerdings in einer eigentümlichen Weise und offenbar von erheblichen Skrupeln begleitet. Deutlich werden diese in einer Kontroverse zwischen zwei führenden deutschen Soziologen, Hartmut Esser und Dirk Baecker (vgl. Baecker, 2003). Diese Kontroverse entzündet sich ausgerechnet am Werk von Niklas Luhmann, der trotz seiner Sympathien für eine biologienahe Systemtheorie wohl am entschiedensten einen Anti-Individualismus vertreten hat. Dieser Auffassung ist jedenfalls Esser und wohl auch die Mehrzahl der deutschen Soziologen.

Baecker als Schüler von Luhmann vertritt jedoch eine andere Position: »Die Luhmannsche Soziologie hat darin ihren einzigartigen Wert, daß sie sich nicht nur dem kognitionswissenschaftlichen Anspruch der gegenwärtigen Wissenschaftsszene stellt, sondern Wege aufzeigt, wie man die Soziologie in diese Kognitionswissenschaften einbringen kann« (Baecker, 2003, S. 69). Freilich wird hier an eine »konstruktivistische Naturwissenschaft des Denkens und Erkennens« gedacht, wie sie nach Meinung Baeckers der vor wenigen Jahren verstorbene chilenisch-französische Neurobiologe und Philosoph Francisco Varela entwickelt hat. Leider bewegte sich das meiste, was Franscisco Varela dachte und schrieb, weitab von der Art empirisch-experimenteller Neurobiologie, wie sie in diesem Buch dargestellt wird. Überdies hat sich Varela ebenso wie sein Lehrer Maturana stets vehement gegen die Einordnung als »Konstruktivist« gewehrt.

Diskussionswürdiger erscheint mir dagegen eine Entwicklung in den Sozialwissenschaften, die mit den Begriffen »Rational Choice«, »ökonomischer Ansatz« oder »Werterwartungstheorie« verbunden ist und menschliches Verhalten durch nutzenorientierte Entscheidungsprozesse bestimmt sieht. Dies wertet Hartmut Esser als »Rückkehr zum Methodologischen Individualismus« in den Sozialwissenschaften. Diese Ansätze haben nicht zufällig eine große Ähnlichkeit mit den Theorien der Soziobiologie und der Verhaltensökologie, wie sie im ersten Kapitel dieses Buches dargestellt wurden.

Die Grundanschauung dieser Richtung geht auf den so genannten »Utilitarismus« des britischen Philosophen und Ökonomen Jeremy

Bentham (1748-1832) zurück, der das Vermehren von Lust und Glück und die Verminderung von Unlust und Schmerz als die zentrale Triebfeder individuellen menschlichen Handelns ansah. Von ihm stammte die Formulierung, dass es das wichtigste Ziel der Gesellschaft sein müsse, der größten Zahl von Menschen den größtmöglichen Glückszustand zu vermitteln. Die moderne Variante dieser »Nutzentheorie« lässt sich in den Worten Hartmut Essers (Esser, 1999) folgendermaßen zusammenfassen: Jeder Handelnde ist konfrontiert mit einer klar definierten Anzahl von Handlungsalternativen. Er verfügt zugleich über eine klar definierte, konsistente und vollständige Präferenzordnung für alle denkbaren Situationen, die durch sein Handeln eintreten könnten. Außerdem wird unterstellt, dass jeder Handelnde allen künftigen Ereignissen eine gemeinsame und konsistente Verteilung von Wahrscheinlichkeiten zuweisen kann. Der Handelnde wählt dann diejenige Alternative aus, die den aus den Präferenzen und Wahrscheinlichkeiten gebildeten erwarteten Nutzen maximiert.

Es ist klar, dass diese Annahme eine starke Überzeichnung rationalen Handelns darstellt. In Wirklichkeit ist diese Rationalität durch eine Reihe von Faktoren eingeschränkt (die »bounded rationality« von Herbert Simon). Hierzu gehören unter anderem (1) der »Besitztumseffekt«: Menschen tendieren dahin, dasjenige, was sie besitzen, in seinem Wert höher einzuschätzen als das, was sie durch Änderung ihres Handelns erreichen könnten, auch wenn der ökonomische Wert beider Güter objektiv gleich ist; (2) die Furcht vor dem Risiko (Beharrungsvermögen): Menschen tendieren dazu, ihr bisheriges Verhalten auch unter erheblichen Kosten fortzusetzen, wenn Verhaltensalternativen mit unkalkulierbaren Risiken verbunden sind; (3) Kurzsichtigkeit: Nahe liegende Ereignisse haben subjektiv ein höheres Gewicht als ferner liegende, und entsprechend werden nahe liegende Ziele eher verfolgt als ferner liegende – gleichgültig was eine abstrakte Rationalität sagt; (4) »Satisficing«: Menschen betrachten in der Regel nur wenige Alternativen, meist nur zwei, und keineswegs alle, deren Erwägung vernünftig wäre. Sie hören mit dem Abwägen dann auf, wenn sie auf eine *halbwegs befriedigende* Lösung gestoßen sind, auch wenn abstrakt die Chance besteht, dass es noch wesentlich günstigere Lösungen gibt.

Ein bemerkenswerter Aspekt ist das, was Esser »Elias-Effekt« nennt, weil dieser auf Überlegungen des deutschen Soziologen

Norbert Elias zurückgeht. Diese lauten in Worten von Esser: »Wenn die Konsequenzen des Tuns unübersichtlicher und teurer werden, dann werden die Menschen vorsichtiger und ›berechnender‹. Gibt es dagegen klare Fronten und ist mit Vorsicht, Nachdenken und ›rationaler‹ Kalkulation nicht viel zu gewinnen, dann kann man ungestraft seinen Affekten folgen. Mehr noch: Dann wird es oft buchstäblich lebenswichtig, nicht lange zu überlegen, was man tut...« (Esser, a. a. O., S. 319).

Der Kernpunkt der von Esser vertretenen Anschauung lautet demnach: Menschliches Handeln geschieht nach einer Kosten-Nutzen-Rechnung unter Einschluss einer Abwägung des Nutzens von Rationalität und Affektivität. Der Einsatz von Verstand und Vernunft ist an einen ausreichenden Zugang zu Informationen gebunden, der begrenzt sein kann und Zeit und Aufwand erfordert. Die Kosten des Einsatzes von Verstand und Vernunft müssen also ebenfalls in Anschlag gebracht werden; manchmal ist es eben günstiger, spontan zu reagieren und nicht lange rational zu analysieren.

Einen ganz ähnlichen Standpunkt vertritt der amerikanische Ökonom Gary S. Becker mit seinem »ökonomischen Ansatz«: »Alles menschliche Verhalten kann... so betrachtet werden, als habe man es mit Akteuren zu tun, die ihren Nutzen, bezogen auf ein stabiles Präferenzsystem, maximieren und sich in verschiedenen Märkten eine optimale Ausstattung an Information und anderen Faktoren schaffen« (Becker, 1999, S. 15). Der Anspruch dieses Ansatzes ist gewaltig, wenn Becker fortfährt: »Trifft dieses Argument zu, dann bietet der ökonomische Ansatz einen einheitlichen Bezugsrahmen für die Analyse menschlichen Handelns, wie ihn Bentham, Comte, Marx und andere seit langem gesucht, aber verfehlt haben« (S. 15). Deutlicher noch als Esser betont Becker, dass es bei seinem Ansatz nicht um eine bewusst-denkende Rationalität geht, sondern um eine tiefere Rationalität des Handelns, wie sie auch die Verhaltensökologie vertritt (vgl. Kapitel 1). So heißt es bei ihm: »Der ökonomische Ansatz ist daher vereinbar mit der Betonung des Unbewußten in der modernen Psychologie oder mit der Unterscheidung von manifesten und latenten Funktionen in der Soziologie...« (S. 6).

Diese Aussagen kommen zweifellos dem nahe, was in diesem Buch auf neurobiologischer Grundlage vertreten wurden: Rationalität im traditionellen Sinne ist ein »Instrument« zur Bewältigung komplexer, d. h. unübersichtlicher Situationen; doch gibt es Situationen, in denen Affekte wichtiger sind als Verstand und Vernunft. Allerdings ist der Begründungszusammenhang meines Konzepts menschlichen Verhaltens ein anderer. Innerhalb der Rational-Choice-Theorie und ihren gegenwärtigen Ausformulierungen etwa durch Esser und Becker fungieren Affekte und Gefühle und insbesondere unbewusste Entscheidungskomponenten als einschränkende Randbedingungen. In dem hier vorgetragenen Konzept ist es genau umgekehrt: Rationalität ist eingebettet in die affektiv-emotionale Grundstruktur des Verhaltens; das limbische System entscheidet, ob, wann und in welchem Maße Verstand und Vernunft zum Einsatz kommen. Ein weiterer wesentlicher Unterschied besteht darin, dass nicht die Optimierung von Kosten-Nutzen-Verhältnissen, selbst bei Berücksichtigung aller »Randbedingungen«, das wichtigste Kriterium menschlichen Entscheidens und Handelns ist, sondern das Aufrechterhalten eines möglichst stabilen und in sich widerspruchsfreien emotionalen Zustandes. Zu dieser Widerspruchsfreiheit gehört natürlich ein spannungsarmes Verhältnis zwischen dem »Ich« (insbesondere seinen unbewussten Anteilen) und dem »Anderen«, zwischen dem Wunsch nach Selbstverwirklichung und dem nach der Zuneigung der Gruppe.

Diese Bemerkungen sind natürlich sehr vorläufig. Es ist zu hoffen, dass die Sozialwissenschaften sich der großen Herausforderung durch die Neurowissenschaften stellen, insbesondere im Zusammenhang mit einem Neo-Individualismus, der hoffentlich nicht nur ein methodologischer sein wird.

Schlussbemerkung:
Also doch der Homo neurobiologicus?

Im Jahre 1983 veröffentlichte der französische Neurobiologie Jean-Pierre Changeux ein Buch mit dem Titel »L'Homme Neuronal«, das ein Jahr später, also 1984, mit dem deutschen Titel »Der neuronale Mensch« und dem ebenso bemerkenswerten wie umständlichen Untertitel »Wie die Seele funktioniert – die Entdeckungen der neuen Gehirnforschung« erschien. Dieses Buch, das in der Tat eine ganze Reihe der seinerzeit neuen Erkenntnisse der Hirnforschung präsentierte, vertrat einen radikalen neurobiologischen Reduktionismus.

So heißt es ungefähr in der Mitte des Buches im Zusammenhang mit neuronalen Codierungsprinzipien: »Diese Beobachtungen und Überlegungen zwingen uns nicht nur dazu, die inneren Mechanismen des Verhaltens zu berücksichtigen, sondern ihnen gegenüber auch einen deterministischen Standpunkt zu beziehen. Theoretisch spricht heute nichts mehr dagegen, menschliches Verhalten als Neuronenaktivität zu beschreiben. Es ist höchste Zeit, daß der neuronale Mensch in Erscheinung tritt« (S. 161). Und später heißt es im Zusammenhang mit dem neuronalen Regulationssystem, das dem Bewusstsein zugrunde liegt: »Doch sagen wir lieber, das Bewußtsein *ist* dieses System von Regulationen und Funktionen. Fortan hat der Mensch nichts mehr mit dem ›Geist‹ zu schaffen – es wird ihm genügen, ein neuronaler Mensch zu sein« (S. 216). Einen ähnlich reduktionistisch-eliminativen Standpunkt formulierten Patricia und Paul Churchland wenige Jahre später: Wir können das ganze alltagspsychologische Gerede um Bewusstsein, Geist, Gefühle, Wünsche und Willen vergessen und diese Phänomene auf das tatsächliche neuronale Geschehen reduzieren (vgl. Exkurs 1).

Das damals einiges Aufsehen erregende Buch von Changeux ist weitgehend vergessen, und es erscheint aus heutiger Sicht abenteuerlich, was in dem Untertitel der deutschen Ausgabe versprochen wurde. Sind die Neurobiologen seither bescheidener geworden? Vielleicht nicht ganz: Rund zehn Jahre später wurde im Titel des Buches von Francis Crick wieder etwas Ähnliches versprochen, nämlich *Was die Seele wirklich ist*! Zugegeben, in den letzten Jahren haben sich die empirisch-experimentellen Befunde zum »Einklang« von mentalem und neuronalem Geschehen in bestimmten Teilen des Gehirns aufgrund des Fortschritts der Methoden und Techniken enorm vermehrt und ebenso die Einsichten in die neuronalen Korrelate des Psychischen. Aber die »Seele« wurde dabei nicht erklärt. Die neurophilosophische Diskussion der beiden letzten Jahrzehnte hat, wie sie im Exkurs 1 in Teilen nachgezeichnet wurde, das Verdienst gehabt, die Fallstricke eines solchen naiven Reduktionismus offen zu legen.

Der Anspruch der heutigen Neurowissenschaften muss bescheidener ausfallen. Man muss akzeptieren, dass eine unmittelbare Gleichsetzung von Bewusstsein und dem Feuern cortikaler Neurone unzulässig ist, und zwar sowohl aus empirischen als auch aus erkenntnistheoretischen Gründen. Man will nicht mehr »das Seelische« oder »den Geist« erklären, sondern verstehen, was im Gehirn abläuft, bevor und wenn eine Versuchsperson von sich berichtet: Jetzt habe ich die und die Emotionen, Wahrnehmungen oder Wünsche! Das ist zwar mehr, als man realistischerweise vor zwanzig Jahren erwarten durfte, aber eine Reduktion des Psychischen auf das Neuronale ist nach wie vor unmöglich; übrig bleibt die Irreduzibilität des subjektiven Erlebniszustandes.

Und dennoch: Selbst wenn man aus den genannten Gründen *keinen* neurobiologischen Reduktionismus vertritt, so lässt sich doch behaupten, dass die neurobiologischen Erkenntnisse den wahrnehmenden, denkenden, vorstellenden, erinnernden, fühlenden und wollenden Menschen als einen Gesamtprozess begreifen lassen, der sich innerhalb bekannter, deterministisch wirkender Naturgesetze vollzieht und innerhalb dieser Grenzen verstehbar und letztlich auch erklärbar ist. Geist, Bewusstsein, Wille werden dabei als *besondere* physikalische Zustände akzeptiert, die das Naturgeschehen nicht transzendieren.

Dieser Standpunkt eines *nicht-reduktionistischen Physikalismus* mag vielen Geisteswissenschaftlern dennoch als ein Reduktionismus erscheinen, denn er richtet sich gegen das traditionelle geisteswissenschaftliche Menschenbild, für welches das Geistige als höchstes Sein des Menschen das Naturgeschehen übersteigt und seine Freiheit, Individualität und Menschenwürde begründet. Der nicht-reduktionistische Physikalismus macht damit den Menschen nicht zu einem rein neuronalen Prozess. Ich will diese Aussage abschließend anhand zweier Beispiele erläutern.

Das erste Beispiel betrifft die Steuerung unserer Gefühle durch chemische Signalsubstanzen, d. h. Transmitter, Neuromodulatoren, Neuropeptide und Neurohormone. Mehr noch als das elektrophysiologische Geschehen in unserem Gehirn bestimmen sie unser Fühlen, Denken und Handeln; ein Ungleichgewicht in diesem neuropharmakologischen »Haushalt« führt zu massiven Veränderungen unserer psychischen Befindlichkeit. Wodurch unser Gefühlsleben auch immer bestimmt sein mag, die Wirkung muss über die genannten Substanzen vermittelt werden. Es ist deshalb verfehlt, diesen Umstand als unspezifische Voraussetzung unserer ansonsten gesellschaftlich bedingten seelischen Vorgänge anzusehen.

Natürlich muss hier die Frage gestellt werden, was an einem Dopamin-Molekül antreibend ist, an einem Serotonin-Molekül beruhigend und an einem Noradrenalin-Molekül aufregend. Nichts

– so lautet die schlichte Antwort. Diese Moleküle wirken nicht bloß chemisch, sondern als *Boten*-Stoffe, als Überbringer von *Bedeutungen*. Sie werden von bestimmten Zentren des Gehirns, die eine konkrete Funktion ausüben, z. B. die der Voraussage von Belohnung, zu anderen Zentren geschickt, wo sie nach dem Ankoppeln an spezifische Rezeptoren bestimmte Abläufe auslösen oder beeinflussen, z. B. die Auswahl einer Handlung aus verschiedenen Alternativen. Das Einwirken von Dopamin aus der Substantia nigra auf D_2-Rezeptoren im dorsalen Striatum könnte somit bedeuten: »Tu dies, denn es verspricht eine Belohnung!« Entsprechend wird die dorsale Schleife freigeschaltet, und eine bestimmte Handlung wird ausgeführt, die eine Belohnung erwarten lässt.

Diese Bedeutung hat das Dopamin nicht allein über die Funktion der Substantia nigra, denn diese ist selbst nur eine aus vielen Neuronen bestehende Hirnstruktur. Ihre Funktion und damit Bedeutung erlangt die Substantia nigra dadurch, dass sie in spezifischer Weise mit anderen Hirnstrukturen zusammenhängt, z. B. mit dem Gedächtnis oder der Amygdala, die ihr zuarbeiten und denen sie umgekehrt ebenfalls zuarbeitet. So weisen sich Hirnstrukturen gegenseitig ihre Funktionen und Bedeutungen zu, und zwar über ihre interne Struktur, die Antworteigenschaften ihrer Neurone, ihre neuropharmakologische Ausrüstung und das Verknüpfungsmuster mit anderen Hirnstrukturen und schließlich über die Weise, wie einige von ihnen mit der Umwelt interagieren und andere über das Verhalten auf diese Umwelt einwirken.

Das zweite Beispiel ist die Parallelität der Entwicklung des Gehirns und der Persönlichkeit. Wie wir gehört haben, beginnt die Ausbildung der Persönlichkeit bereits in den ersten Wochen der Embryonalentwicklung mit dem Entstehen der Strukturen, die unsere affektive Grundausrüstung hervorbringen. Noch während der Embryonalentwicklung entsteht die zweite Schicht des limbischen Systems, die das Gehirn für konditionierende Prozesse empfänglich macht. Die Geburt und die Erlebnisse der ersten Stunden, Tage, Wochen und Monate danach wirken als Umweltreize nachhaltig auf diese Konditionierungsebene ein und formen dadurch das Grundgerüst unserer Persönlichkeit. Dies wird auf neuronaler Ebene durch eine überbordende Überproduktion und eine anschließende, von »neuronalem Wettkampf« geleitete dramatische Reduktion von Neuronen und Synapsen ermöglicht, gefolgt von Dendritenwachstum.

Das sich entwickelnde Gehirn saugt förmlich die Einwirkungen der (engeren) Umwelt in sich auf.

Erst spät setzt die Entwicklung dessen ein, was die Geistes-, Kultur- und Sozialwissenschaften als den *eigentlichen Menschen* ansehen. Diejenigen Hirnteile, deren Aktivität unser gesellschaftliches Handeln, d. h. den Umgang mit unseren Mitmenschen, das Abschätzen der Folgen unseres Verhaltens sowie moralische und ethische Erwägungen bestimmen, entwickeln sich zum Teil erst während und nach der Pubertät. Aber auch dann sind die Menschen nicht »frei« im traditionellen Wortverständnis. Wir können nicht *aus eigener Kraft* unsere Persönlichkeitsstruktur ändern, wir können uns aber diejenigen gesellschaftlichen Verhältnisse suchen, die am besten zu dieser Struktur passen. Hierin besteht die Autonomie des Menschen.

Literaturverzeichnis

Ach, N. (1905): Über die Willenstätigkeit und das Denken. Vandenhoeck & Ruprecht, Göttingen

Ach, N. (1910): Über den Willensakt und das Temperament. Quelle & Meyer, Leipzig

Adolphs, R., D. Tranel und A. R. Damasio (1998): The human amygdala in social judgement. Nature 393: 470-474

Adolphs R. und D. Tranel (2000): Emotion, recognition, and the human amygdala. In: J. P. Aggleton (Hrsg.), The Amygdala, 2nd edition. A Functional Analysis. Oxford University Press, New York, Oxford. S. 587-630

Aggleton, J. P. (1992): The Amygdala: Neurobiological Aspects of Emotion, Memory, and Mental Dysfunction. Wiley-Liss, New York, Chichester

Aggleton, J. P. (1993): The contribution of the amygdala to normal and abnormal emotional states. Trends in Neurosciences 16: 328-333

Aggleton, J. P. (2000): The Amygdala, 2nd edition. A Functional Analysis. Oxford University Press, New York, Oxford

Aggleton, J. P. und M. W. Brown (1999): Episodic memory, amnesia, and the hippocampal-anterior thalamic axis. Behavioral Brain Sciences 22: 425-489

Akert, K. (1994): Limbisches System. In: D. Drenckhahn und W. Zenker (Hrsg.), Benninghoff, Anatomie Bd. 2. Urban und Schwarzenberg, München, Wien, Baltimore, S. 603-627

Alcock, J. (1996): Das Verhalten der Tiere aus evolutionsbiologischer Sicht. G. Fischer, Stuttgart

Alexander, G. E., M. D. Crutcher und M. R. DeLong (1990): Basal ganglia-thalamocortikal circuits: Parallel substrates for motor, oculomotor, »prefrontal« and »limbic« functions. In: H. B. M. Uylings, C. G. van Eden, J. P. C. de Bruin, M. A. Corner and M. G. P. Feenstra (Hrsg.), The Prefrontal Cortex. Its Structure, Function and Pathology. Elsevier, Amsterdam, New York, Oxford, S. 119-146

Alheid, G. F., J. S. de Olmos und C. A. Beltramino (1995): Amygdala and extended amygdala. In: G. Paxinos (Hrsg.), The Rat Nervous System, 2nd edition. Academic Press, San Diego, S. 495-578

Amelang, M. und D. Bartussek (1997): Differentielle Psychologie und Persönlichkeitsforschung. Kohlhammer, Stuttgart, Berlin, Köln, 4. Auflage

Amorapanth, P., J. E. LeDoux und K. Nader (2000): Different lateral amygdala outputs mediate reactions and actions elicited by a fear-arousing stimulus. Nature Neuroscience 3: 74-79

An der Heiden, U. (1996): Chaos und Ordnung, Zufall und Notwendigkeit. In: G. Küppers (Hrsg.), Chaos und Ordnung – Formen der Selbstorganisation in Natur und Gesellschaft. Reclam, Stuttgart, S. 97-121

Anand, K. J. S. und F. M. Scalzo (2000): Can adverse neonatal experiences alter brain development and subsequent behavior? Biology of the Neonate 77: 69-82

Anderson, J. R. (1996): Kognitive Psychologie. Spektrum Akademischer Verlag, Heidelberg, Berlin, Oxford. 2. Auflage.

Anderson, S. W., A. Bechara, H. Damasio, D. Tranel und A. R. Damasio (1999): Impairment of social and moral behavior related to early damage in human prefrontal cortex. Nature Neuroscience 2: 1032-1037

Angermeier, W. F. (1976): Kontrolle des Verhaltens. Das Lernen am Erfolg. Springer, Berlin, Heidelberg, New York

Arthurs, O. J. und S. Boniface (2002): How well do we understand the neural origin of the fMRI BOLD signal? Trends in Neurosciences 25: 27-31

Asendorpf, J. (1999): Psychologie der Persönlichkeit, 2. Auflage. Springer, Berlin u. a.

Asendorpf, J. B. und S. Wilpers (1999): Personality effects on social relationships. J. Personality and Social Psychology 74: 1531-1544

Baddeley, A.D (1986): Working Memory. Clarendon Press, Oxford.

Baddeley, A.D (2000): The episodic buffer: a new component for working memory? Trends in Neurosciences 2001: 417-423

Baecker, D. (2003): Die Zukunft der Soziologie. Soziologie Heft 1: 66-70.

Bartels, A. und S. Zeki (2000): The neural basis of romantic love. Neuro Report, 11: 3829-3834

Basar-Eroğlu, C., E. Coromaldi, J. Ehlers, J. und E. Hoff (2002): Neurowissenschaftliche Aspekte der Liebe: Ein kurzer Überblick. In: H. Reuter und M. Stadler (Hrsg.), Lebenswelt und Erleben. Beiträge zur Erfahrungspsychologie. Festschrift zum 65. Geburtstag von Gisla Gniech. Pabst, Lengerich, S. 11-23

Bateman, A. J. (1948): Intra-sexual selection in *Drosophila*. Heredity 2: 321-329

Bates, J. E., K. Bayles, D. S. Bennett, B. Ridge, M. M. Brown (1991): Origins of externalizing behavior problems at eight years of age. In: D. J. Pepler und K. H. Rubein (Hrsg.), The development and treatment of childhood aggression. Lawrence Erlbaum, Hillsdale, S. 93-120

Baynes, K. und M. S. Gazzaniga (2000): Consciousness, introspection and the split-brain: The two minds/one body problem. In: M. S. Gazzaniga (Hrsg.), The New Cognitive Neurosciences, 2nd edition. MIT Press, Cambridge, Mass., S. 1355-1363

Bechara, A., D. Tranel, H. Damasio, R. Adolphs, C. Rockland und A. R. Damasio (1995): Double dissociation of conditioning and declarative knowledge relative to the amygdala and hippocampus in humans. Science 269: 1115-1118

Bechara, A., H. Damasio, D. Tranel und A. R. Damasio (1997): Deciding advantageously before knowing the advantageous strategy. Science 275: 1293-1295

Becker, G. S. (1999): Der ökonomische Ansatz zur Erklärung menschlichen Verhaltens. J. C. B. Mohr (Paul Siebeck), Tübingen.

Bellugi, U. und M. Studdert-Kennedy (1980): Signed and Spoken Language: Biological Constraints on Linguistic Form (Hrsg.). VCH, Weinheim

Benecke, C., J. Merten und R. Krause (2000): Die Bedeutung des intersubjektiven Feldes in der Psychotherapie. Psychotherapie 5: 73-80

Benninghoff, A. (1994) : Anatomie Bd. 2, D. Drenckhahn und W. Zenker (Hrsg.). Urban und Schwarzenberg, München-Wien-Baltimore

Bierens de Haan, J. A. (1940): Die tierischen Instinkte und ihr Umbau durch Erfahrung. Leiden

Bieri, P. (2001): Das Handwerk der Freiheit. Über die Entdeckung des eigenen Willens. Hanser, München

Birbaumer, N. und R. F. Schmidt (1999a): Biologische Psychologie. Springer, Heidelberg u. a., 4. Auflage

Birbaumer, N. und R. F. Schmidt (1999b): Akademie-Journal der Berlin-Brandenburgischen Akademie der Wissenschaften 1/99: 6-10

Blakemore, S.-J., D. M. Wolpert und C. D. Frith (2002): Abnormalities in the awareness of action. Trends in Cognitive Sciences 6: 237-242

Bliss, T. V. P. und G. L. Collingridge (1993): A synaptic model of memory: Long-term potentiation in the hippocampus. Nature 232: 31-39

Bliss, T. V. P. und W. Lømo (1973): Long-lasting potentiation of synaptic transmission in the dentate area of the anesthetized rabbit following stimulation of the perforant path. J. Physiology 232: 331-356

Blough, D. S. und P. McBride Blough (1970): Psychologische Experimente mit Tieren. Suhrkamp, Frankfurt am Main

Bohannon, J. N. (1988): Flashbulb memories for the space shuttle disaster: A tale of two stories. Cognition 29: 179-196

Bonner, J. T. (1983): Kultur-Evolution bei Tieren. Parey, Hamburg

Braitenberg, V. und A. Schüz (1991): Anatomy of the Cortex. Springer, Berlin, Heidelberg, New York

Braitenberg, V., D. Heck und F. Sultan (1997): The detection and generation of sequences as a key to cerebellar function: Experiments and theory. Behavioral and Brain Sciences 20: 229-277

Breidbach, O. (2001): Hirn und Bewußtsein – Überlegungen zu einer

Geschichte der Neurowissenschaften. In: M. Pauen und G. Roth (Hrsg.), Neurowissenschaften und Philosophie. UTB-W. Fink, München, S. 11-57

Brodmann, K. (1909): Vergleichende Lokalisationslehre der Großhirnrinde. Barth, Leipzig, (Nachdruck Leipzig 1985)

Bromm, B. und J. E. Desmedt (Hrsg.) (1995): Advances in Pain Research and Therapy Bd. 22: Pain and the Brain. From Nociception to Cognition. Raven Press, New York

Brown, C. M., P. Hagoort und M. Kutas (2000): Postlexical integration processes in language comprehension: Evidence from brain-imaging research. In: M. S. Gazzaniga (Hrsg.), The New Cognitive Neurosciences, 2nd edition. MIT Press, Cambridge, Mass., S. 881-895

Brown, R. und J. Kulik (1977): Flashbulb memories. Cognition 5: 73-99

Brunia, C. H. M. und G. J. M. van Boxtel (2000): Motor preparation. In: J. T. Cacioppo, L. G. Tassinary und G. G. Berntson (Hrsg.), Handbook of Psychophysiology, 2. Auflage, Cambridge University Press, Cambridge, S. 507-532

Burkhardt, Björn (2003): First-person understanding of action in criminal law. In: S. Maasen, W. Prinz und G. Roth, Voluntary Action. Oxford University Press, New York, Oxford

Buss, D. M. (1989): Sex differences in human mate preferences: Evolutionary hypotheses tested in 37 cultures. Behavioral Brain Sciences 12: 1-49

Butterworth, G. (1992): Origins of self-perception in infancy. In: Psychological Inquiry 3, S. 103-111

Byne, W., E. Kemenether, L. Jones, V. Haroutunian und K. L. Davis (1999): The neurochemistry of schizophrenia. In: D. S. Charney, E. J. Nestler und B. S. Bunney (Hrsg.), Neurobiology of Mental Illness. Oxford University Press, New York, Oxford, S. 236-245

Cacioppo, J. T., G. C. Berntson, J. T. Larsen, K. M. Poehlmann und T. A. Ito (2000): The psychophysiology of emotion. In: M. Lewis und J. M. Haviland-Jones (Hrsg.), Handbook of Emotions, 2. Auflage, Guilford Press, New York, London, S. 173-191

Cahill, L. und J. McGaugh (1998): Mechanisms of emotional arousal and lasting declarative memory. Trends in Neurosciences 21: 294-299

Canlī, T., H. Sivers, S. L. Whitfield, I. H. Gotlib und J. D. E. Gabrieli (2002): Amygdala responses to happy faces as a function of extraversion. Science 296: 2191-2195

Carroll, J. B. (1993): Human Cognitive Abilities: A Survey of Factor-Analytic Studies. Cambridge University Press, New York

Carter, C. S., T. S. Braver, D. M. Barch, M. M. Bitvinick, D. Noll und J. D. Cohen (1998): Anterior cingulate cortex, error detection, and the online monitoring of performance. Science 280: 747-749

Cattell, R. B. (1963): Theory of fluid and crystallized intelligence: A critical experiment. H. Educational Psychology 54: 1-22

Chalmers, D. J. (1996): The Conscious Mind. In Search of a Fundamental Theory. Oxford University Press, New York, Oxford

Changeux, J.-P. (1984): Der neuronale Mensch. Wie Seele funktioniert – die Entdeckungen der neuen Gehirnforschung. Rowohlt, Reinbek

Charney, D. S. und D. Bremner (1999): The neurobiology of anxiety disorders. In: D. S. Charney, E. J. Nestler und B. S. Bunney (Hrsg.), Neurobiology of Mental Illness. Oxford University Press, New York, Oxford, S. 494-517

Cheour, M. , R. Ceponiene, A. Lehtokoski, A. Luuk, J. Allik, K. Alho und R. Näätänen (1998): Development of language-specific phoneme representations in the infant brain. Nature Neuroscience 1: 351-353

Churchland, P. M. (1985): Reduction, qualia, and the direct introspection of brain states. J. Philosophy 82: 8-28

Churchland, P. M. (1997): Die Seelenmaschine. Spektrum Akademischer Verlag, Berlin, Heidelberg, Oxford

Churchland, P. S. (1986): Neurophilosophy: Towards an unified science of the mind-brain. MIT-Press, Cambridge, MA.

Cierpka, M. (1999) Kinder mit aggressivem Verhalten. Hogrefe, Göttingen

Clore, G. L. und A. Ortony (2000): Cognition in emotion: Always, sometimes or never? In: R. D. Lane und L. Nadel (Hrsg.), Cognitive Neuroscience of Emotion. Oxford University Press, New York, Oxford, S. 24-61

Coccaro, E. F., R. J. Kavoussi, R. L. Hauger, T. B. Cooper und C. F. Ferris (1998): Cerebrospinal fluid vasopressin levels – correlates with aggression and serotonin function in personality-disordered subjects. Archives of General Psychiatry 55: 708-714

Comer, R. J. (1995): Klinische Psychologie. Spektrum Akademischer Verlag, Heidelberg

Cowey, A. und P. Störig, (1991): The neurobiology of blindsight. Trends in Neurosciences 14: 140-145

Creutzfeldt, O. D. (1983): Cortex Cerebri. Leistung, strukturelle und funktionelle Organisation der Hirnrinde. Springer, Berlin u.a.

Crick, F. (1994): Was die Seele wirklich ist. Die naturwissenschaftliche Erforschung des Bewußtseins. Artemis und Winkler, München

Crick, F. und C. Koch (1995): Are we aware of neural activity in primary visual cortex? Nature 375: 121-123

Cunnington, R., R. Iansek, K. A. Johnson und J. L. Bradshaw (1997): Movement-related potentials in Parkinson's disease. Brain 120: 1339-1353

Damasio, A. R. (1994): Descartes' Irrtum. Fühlen, Denken und das menschliche Gehirn. List, München

Damasio, A. R. (2000): Ich fühle, also bin ich. List, München

Davidson, R. J. (1999): Neuropsychological perspectives on affective styles and their cognitive consequences. In: T. Dagleish und M. J. Power (Hrsg.), Handbook of Cognition and Emotion. Wiley, Chichester u.a., S. 103-124

Davis, M. (1998): Are different parts of the extended amygdala involved in fear versus anxiety? Biological Psychiatry 44: 1239-1247

Dawkins R. (1976): The Selfish Gene. Dt.: Das egoistische Gen. Springer, Berlin-Heidelberg (1978)

Deacon, T. W. (1990): Rethinking mammalian brain evolution. American Zoologist 30: 629-705

Deacon, T. (1997): The Symbolic Species – The Co-Evolution of Language and the Brain. Norton, New York

Dehaene, S. (2000): Cerebral bases of number processing and calculation. In: M. S. Gazzaniga (Hrsg.), The New Cognitive Neurosciences, 2. Auflage. MIT Press, Cambridge, Mass., S. 987-998

Dolan, R. J. (2000): Functional neuroimaging on the human amygdala during emotional processing and learning. In: Aggleton, J. P. (Hrsg.), The Amygdala. 2. Auflage. A Functional Analysis. Oxford University Press, New York, Oxford. S. 631-653.

Dollard, J., L. Doob, N. Miller, O. Mowrer und R. Sears (1939): Frustration and Aggression. Yale (New Haven)

Drevets, W. C., K. M. Gade, K. Ranga und R. Krishnan (1999): Neuroimaging studies of mood disorders. In: D. S. Charney, E. J. Nestler und B. S. Bunney (Hrsg.), Neurobiology of Mental Illness. Oxford University Press, New York, Oxford, S. 394–418

Dronkers, N. F., B. B. Redfern und R. T. Knight (2000): The neural architecture of language disorders. In: M. S. Gazzaniga et al. (Hrsg.), The New Cognitive Neurosciences, 2. Auflage, MIT Press, Cambridge, Mass., S. 949-958

Dudel, J. (2001): Synaptische Erregung und Hemmung. In: Dudel, J., R. Menzel und R. F. Schmidt (Hrsg.) (1996/2. Aufl. 2001): Neurowissenschaften. Vom Molekül zur Kognition. Springer, Heidelberg, S. 115-144

Dudel, J., R. Menzel und R. F. Schmidt (Hrsg.) (1996/2. Aufl. 2001): Neurowissenschaft. Vom Molekül zur Kognition. Springer, Heidelberg

Duman, R. S. (1999): The neurochemistry of mood disorders: Preclinical studies. In: D. S. Charney, E. J. Nestler und B. S. Bunney (Hrsg.), Neurology of Mental Illness. Oxford University Press, New York, Oxford, S. 333-347

Eccles, J. C. (1982) The initiation of voluntary movements by the supplementary motor area. Arch. Psychiatr. Nervenkr. 231: 423-441

Eccles, J. C. (1994): Wie das Selbst sein Gehirn steuert. Piper, München

Ehlert, U., D. Wagner, M. Heinrichs und C. Heim (1999): Psychobiologische Aspekte der posttraumatischen Belastungsstörungen. Nervenarzt 70: 773-779

Eibl-Eibesfeldt, I. (1970): Liebe und Hass. Zur Naturgeschichte elementarer Verhaltensweisen. Piper, München

Eibl-Eibesfeldt, I. (1967/1987): Grundriß der vergleichenden Verhaltensforschung. Piper, München, 7. Auflage

Eisler, R. (1930): Wörterbuch der philosophischen Begriffe. 3. Band. Mittler & Sohn, Berlin

Ekman, P. (1999a): Basic emotions. In: T. Dagleish und M. J. Power (Hrsg.), Handbook of Cognition and Emotion. Wiley, Chichester u.a., S. 45-60

Ekman, P. (1999b): Facial expressions. In: T. Dagleish und M. J. Power (Hrsg.), Handbook of Cognition and Emotion, Wiley, Chichester u. a., S. 301-320

Eldredge, N. (1985): Unfinished Synthesis. Biological hierarchies and modern evolutionary thought. Oxford University Press, New York, Oxford

Eliot, L. (2001): Was geht da drinnen vor? Die Gehirnentwicklung in den ersten fünf Lebensjahren. Berlin Verlag, Berlin

Ellenberger, H. F. (1996): Die Entdeckung des Unbewussten. 2. Auflage. Diogenes-Huber, Bern

Ellis, H. C. und B. A. Moore (1999): Mood and memory. In: T. Dagleish und M. J. Power (Hrsg.), Handbook of Cognition and Emotion. Wiley, Chichester u. a., S. 193-210

Emery, N. J. und D. G. Amaral (2000): The role of the amygdala in primate social cognition. In: R. D. Lane und L. Nadel (Hrsg.), Cognitive Neuroscience of Emotion. Oxford University Press, New York, Oxford, S. 156-191

Eriksen, C. W. (1960): Discrimination and learning without awareness: A methodological survey and evaluation. Psychological Review 67: 279-300

Esser, G., M. Dinter-Jörg, J. Herrle, P. Yantorno-Villalba, F. Rose, M. Laucht und M. H. Schmidt (1996): Bedeutung der Blickvermeidung im Säuglingsalter für den Entwicklungsstand des Kindes mit zwei und viereinhalb Jahren. Zeitschrift für Entwicklungspsychologie und pädagogische Psychologie 28: 3-19

Esser, H. (1999): Soziologie. Spezielle Grundlagen, Bd. 1: Situationslogik und Handeln. Campus, Frankfurt am Main, New York

Falkai, P., K. Vogeley und B. Bogerts (2000): Schizophrenie. In: H. Förstl

(Hrsg.), Klinische Neuropsychiatrie. Neurologie psychiatrischer Störungen und Psychiatrie neurologischer Erkrankungen. G. Thieme, Stuttgart, New York, S. 23-34

Fendt, M. und M. S. Fanselow (1999): The neuroanatomical and neurochemical basis of conditioned fear. Neuroscience and Biobehavioral Reviews 23: 743-760

Finlay, B. L. und R. B. Darlington (1995): Linked regularities in the development and evolution of mammalian brains. Science 268: 1578-1584

Fisher, H. (2001): Lust, Anziehung und Verbundenheit. Biologie und Evolution der menschlichen Liebe. In H. Meier und G. Neumann (Hrsg.), Über die Liebe. Piper, München, S. 81-112

Florey, E. (1996): Geist – Gehirn – Seele: Eine kurze Ideengeschichte der Hirnforschung. In: G. Roth und W. Prinz (Hrsg.), Kopfarbeit. Kognitive Leistungen und ihre neuronalen Grundlagen. Spektrum Akademischer Verlag, Heidelberg, S. 37-86

Fodor, J. A. (1975): The Language of Thought. Thomas Y. Crowell, New York

Förstl, H. (2002): Frontalhirn. Funktionen und Erkrankungen. Springer, Berlin u. a.

Freud, S. (1915/1999): Das Unbewusste. Gesammelte Werke, Bd. X. Fischer, Frankfurt am Main

Freud, S. (1920/1999): Jenseits des Lustprinzips. Gesammelte Werke Bd. 13. Fischer, Frankfurt am Main, S. 3-69

Freud, S. (1923/1999): Das Ich und das Es. Gesammelte Werke, Bd. 13. Fischer, Frankfurt am Main, S. 235-289

Freud, S. (1950/1999): Entwurf einer Psychologie. Gesammelte Werke Nachtragsband. Fischer, Frankfurt am Main, S. 375-486

Friederici, A. D. und A. Hahne (2001): Neurokognitive Aspekte der Sprachentwicklung. In: H. Grimm (Hrsg.), Enzyklopädie der Psychologie, Themenbereich C, Serie III, Bd. 3 Sprachentwicklung. Hogrefe, Göttingen, S. 273-310

Fries, P. J., H. Reynolds, A. E. Rorie und R. Desimone (2002): Modulation of oscillatory neuronal synchroniziation by selective visual attention. Science 291: 1560-1563

Fuster, J. M. (1973): Unit activity in prefrontal cortex during delayed-response performance. Neuronal correlates of transient memory. J. Neurophysiology 36: 61-78

Fuster, J. M. (1995): Memory in the Cerebral Cortex. Bradford Book. MIT Press, Cambridge, Mass., London

Fuster, J. M. und G. E. Alexander (1971): Neuronal activity related to short-term memory. Science 173: 652-654

Gallese, V. und A. Goldman (1998): Mirror neurons and the simulation theory of mind-reading. Trends in Cognitive Sciences 2: 493-501

Gardner, H. (1983): Frames of Mind. The Theory of Multiple Intelligences. Basic Books, New York

Gardner, H. (1987): The Mind's New Science. Basic Books, New York

Gardner, R. A., T. B. Gardner und T. E. van Cantfort (1989): Teaching Sign Language to Chimpanzees. State Univ. New York Press, New York

Garey, L. J. und G. Leuba (1986): A quantitative study of neuronal and glial numerical density in the visual cortex of the bottlenose dolphin: evidence for a specialized subarea and changes with age. J. Comp. Neurol. 247: 491-496

Gazzaniga, M. S. (1995): Consciousness and the cerebral hemispheres. In: M. S. Gazzaniga et al. (Hrsg), The Cognitive Neurosciences. MIT Press, Cambridge, Mass. S. 1391-1400

Gazzaniga, M. S. und J. E. LeDoux (1978): The Integrated Mind. Plenum Press, New York

Gehring, W. J. und R. T. Knight (2000): Prefrontal-cingulate interactions in action monitoring. Nature Neuroscience 3: 516-520

Gehring, W. J. und A. R. Willoughby (2002): The medial frontal cortex and the rapid processing of monetary gains and losses. Science 295: 2279-2282

Gerhardt, V. (2002): Freiheit als Selbstbestimmung. Nova Acta Leopoldina 86/324: 31-45

Ghazanfar, A. A. und M. Hauser (1999): The neuroethology of primate vocal communication: substrate for the evolution of speech. Trends in Cognitive Sciences 3: 377-384

Givens, B. und M. Sarter (1997): Modulation of cognitive processes by transsynaptic activation of the basal forebrain. Behav. Brain Research 84: 1-22

Goldin-Meadow, S. (1999): The role of gesture in communication and thinking. Trends in Cognitive Sciences 3: 419-429

Goleman, D. (1996): Emotionale Intelligenz. Hanser, München

Gollwitzer, P. M. (1987): Suchen, Finden und Festigen der eigenen Identität: Unteilbare Zielintentionen. In: H. Heckhausen, P. M. Gollwitzer und F. E. Weinert (Hrsg.), Jenseits des Rubikon. Der Wille in den Humanwissenschaften. Springer, Berlin u. a., S. 176-189

Goodall, J. (1986): The Chimpanzees of Gombe. Patterns of Behavior. Belknap Press of Harvard University Press, Cambridge, Mass.

Goschke, T. (1995): Wille und Kognition: Zur funktionalen Architektur der intentionalen Handlungssteuerung. In: Enzyklopädie der Psychologie. Motivation, Volition und Handlung. Motivation und Emotion, 4. Hogrefe, Göttingen u. a.

Goschke, T. (1996a): Gedächtnis und Emotion: Affektive Bedingungen des

Einprägens, Erinnerns und Vergessens. In: D. Albert und K.-H. Stapf (Hrsg.), Enzyklopädie der Psychologie. Themenbereich C, Serie II, Bd. 4: Gedächtnis. Hogrefe Verlag für Psychologie, Göttingen, Bern, Toronto, Seattle, S. 603-692

Goschke, T. (1996b): Lernen und Gedächtnis: Mentale Prozesse und Gehirnstrukturen. In: G. Roth und W. Prinz (Hrsg.), Kopfarbeit. Kognitive Leistungen und ihre neuronalen Grundlagen. Spektrum Akademischer Verlag, Heidelberg, S. 359-410

Goschke, T. (1997): Implicit learning and unconscious knowledge: Mental representation, computational mechanisms, and neural structures. In: K. Lamberts und D. Shanks (Hrsg.), Knowledge, concept and categories. Psychology Press, Hove, UK, S. 247-333

Goschke, T. (2003): Willentliche Handlungen und kognitive Kontrolle: Zur funktionalen Dekomposition der »zentralen Exekutive«. In: S. Maasen, W. Prinz und G. Roth (Hrsg.), Voluntary Action. Oxford University Press, New York, Oxford, S. 49-85

Gould, S. J. und R. L. Lewontin (1979): The spandrels of San Marco and the Panglossian paradigm. Proc. Royal Society London B 205: 581-598

Graf, P. und D. L. Schacter (1985): Implicit and explicit memory for new associations in normal subjects and amnesic patients. Journal of Experimental Psychology: Learning, Memory, and Cognition 11: 501-518

Graybiel, A. M., T. Aosaki, A. W. Flaherty und M. Kimura (1994): The basal ganglia and adaptive motor control. Science 265: 1826-1831

Grillner, S., L. Cangiano, G.-Y. Hu, T. Thompson, R. Hill und P. Wallén (2000): The intrinsic function of a motor system – from ion channel to network and behavior. Brain Research 886: 224-236

Grimm, H. (1995): Sprachentwicklung – allgemeintheoretisch und differentiell betrachtet. In: R. Oertner und L. Montada (Hrsg.), Entwicklungspsychologie. Psychologie-Verlags-Union, Weinheim, S. 705-759

Grossmann, K. E. und K. Grossmann (2002): Klinische Bindungsforschung aus Sicht der Entwicklungspsychologie. In: B. Strauß, A. Buchheim und H. Kächele (Hrsg.), Klinische Bindungsforschung. Schattauer, Stuttgart, New York, S. 295-318.

Grossman K. E., K. Grossmann, M. Winter und P. Zimmermann (2002): Attachment relationships and appraisal of partnership: From early experience of sensitive support to later relationship representation. In: L. Pulkkinen und A. Caspi (Hrsg.), Paths to Successful Development. Cambridge University Press, Cambridge, Mass.

Guilford, J. P. (1950): Creativity. American Psychologist 5: 444-454

Güntürkün, O. und L. von Fersen (1998): Of whales and myths. Numerics of cetacean cortex. In: N. Elsner and R. Wehner (Hrsg.), New Neuroethology on the Move. Proceedings of the 26th Göttingen Neurobiology Conference Vol. II, 493. Thieme, Stuttgart

Haggard, P. und M. Eimer (1999): On the relation between brain potentials and the awareness of voluntary movements. Experimental Brain Research 126: 128-133

Haggard, P., S. Clark und J. Kalogeras (2002): Voluntary action and conscious awareness. Nature Neuroscience 4: 382-385

Haier, R. J., B. V. Siegel, A. MacLachlan, E. Soderling, S. Lottenberg M. S. Buchsbaum (1992): Regional glucose metabolic changes after learning a complex visuospatial/motor task: A positron emission tomographic study. Brain Research 570: 134-143

Hamann, S. (2001): Cognitive and neural mechanisms of emotional memory. Trends in Cognitive Sciences 5: 394-400

Hamilton, W. D. (1974): The genetical theory of social behavior. J. Theoretical Biology 7: 1-52

Hariri, A. R., V. S. Mattay, A. Tessitore, B. Kolachana, F. Fera, D. Goldman, M. F. Egan und D. R. Weinberger (2002): Serotonin transporter genetic variation and the response of the human amygdala. Science 297: 400-403

Hariri, A. R., V. S. Mattay, A. Tessitore, F. Fera und D. R. Weinberger (2003): Neocortical modulation of the amygdala response to fearful stimuli. Biological Psychiatry 53: 494-501

Hasegawa, I., T. Fukushima, T. Ihara und Y. Miyashita (1998): Callosal window between prefrontal cortices: cognitive interaction to retrieve long-term memory. Science 281: 814-818

Hassenstein, B. (1973): Verhaltensbiologie des Kindes. Piper, München

Haxby, J. V., E. A. Hoffman und M. I. Gobbini (2000): The distributed human neural system for face perception. Trends in Cognitive Sciences 4: 223-233

Haynes, J. D., G. Roth, M. Stadler und H. J. Heinze (2003): Neuromagnetic correlates of perceived contrast in primary visual cortex. J. Neurophysiology 89: 2655-2666

Healy, H. und M. G. Williams (1999): Autobiographical memory. In: T. Dagleish und M. J. Power (Hrsg.), Handbook of Cognition and Emotion. Wiley, Chichester u. a., S. 229-242

Hebb, D. O. (1949): The Organization of Behavior. A Neuropsychological Theory. Wiley, New York

Heckhausen, H. (1987): Perspektiven einer Psychologie des Wollens. In: H. Heckhausen, P. M. Gollwitzer und F. E. Weinert (Hrsg.), Jenseits des Rubikon. Der Wille in den Humanwissenschaften. Springer, Berlin u. a., S. 121-142

Heckhausen, H., P. M. Gollwitzer und F. E. Weinert (Hrsg.), Jenseits des

Rubikon. Der Wille in den Humanwissenschaften. Springer, Berlin u. a., 1987

Heffner, H. E. und R. S. Heffner (1995): Role of auditory cortex in the perception of vocalization by Japanese Macaques. In: E. Zimmermann, J. D. Newman and U. Jürgens (Hrsg.), Current Topics in Primate Vocal Communication. Plenum Press, New York, London, S. 207-219

Heinz, A. (1999): Serotonerge Dysfunktion als Folge sozialer Isolation. Der Nervenarzt 70: 780-789

Heinz, A. (2000): Das dopaminerge Verstärkungssystem. Steinkopff, Darmstadt

Helmuth, L. (2002): A generation gap in brain activity. Science 296: 2131-2133

Herring, H. und U. Schönpflug (1976): Ich. Historisches Wörterbuch der Philosophie. Bd. 4. Schwabe, Basel, S. 1-18

Herrmann, M., M. Rotte, C. Grubich, A. D. Ebert, K. Schiltz, T. F. Münte und H.-J. Heinze (2001): Control of semantic interference in episodic memory retrieval is associated with an anterior cingulate-prefrontal activation pattern. Human Brain Mapping 13. 94-103

Hess, W. R. (1954): Das Zwischenhirn. Schwabe, Basel

Hess, W. R. (1957): Die Formatio reticularis des Hirnstammes im verhaltensphysiologischen Aspekt. Arch. Psychiatr. Nervenkr. 196: 329-336

Highley, J. D. und M. Linnoila (1997): Low central nervous system serotonergic activity is traitlike and correlates with impulsive behavior. A nonhuman primate model investigating genetic and environmental influences on neurotransmission. Ann. N. Y. Acad. Sci. 836: 39-56

Hofman, M. A. (2000): Evolution and complexity of the human brain: Some organizing principles. In: G. Roth und M. F. Wullimann (Hrsg.), Brain Evolution and Cognition, Wiley-Spektrum Akademischer Verlag, New York, Heidelberg, Berlin, S. 501-521

Holland, P. C. (1993): Cognitive aspects of classical conditioning. Current Biology 3: 230-236

Holst, E. von (1957): Die Auslösung von Stimmungen bei Wirbeltieren durch »punktförmige« elektrische Erregung des Stammhirns. Naturwissenschaften 44: 549-551

Holst, E. von und U. von Saint Paul (1960): Über das Wirkungsgefüge der Triebe. Naturwissenschaften 18: 409-422

Hoover, J. E. und P. L. Strick (1993): Multiple output channels in the basal ganglia. Science 259: 819-821

Horn, J. L. und R. B. Cattell (1966): Refinement and test of the theory of fluid and crystallized ability intelligence. Journal of Educational Psychology 57: 253-270

Hüther, G. (1996): The central adaptation syndrome: Psychosocial stress as a trigger for adaptive modifications of brain structure and brain function. Progress in Neurobiology 48: 569-612

Ikeda, H., B. Heinke, R. Ruscheweyh und J. Sandkühler (2003): Synaptic plasticity in spinal lamina I projection neurons that mediate hyperalgesia. Science 299: 1237-1240

Ivry, R. B. und J. A. Fiez (2000): Cerebellar contributions to cognition and Imagery. In: M. S. Gazzaniga et al. (Hrsg.), The New Cognitive Neurosciences, 2nd edition. MIT Press, Cambridge, Mass., S. 999-1011

Jackson, F. (1982): Epiphenomenal qualia. Philosophical Quarterly 32: 127-136.

James, W. (1884): What is an emotion? Mind 9: 188-205

James, W. (1890): Principles of Psychology. Encyclopedia Britannica, Chicago u. a., (Nachdruck 1984)

Jeannerod, M. (1997): The Cognitive Neuroscience of Action. Blackwell, Oxford, S. 153-171

Jeannerod, M. (2003): Self-generated actions. In: S. Maasen, W. Prinz, G. Roth (Hrsg.), Voluntary Action. Oxford University Press, New York, Oxford

Jenkins, J. R. und W. J. Rowland (1996): Pavlovian conditioning of agonistic behavior in male threespine stickleback (Gasterosteus aculeatus). J. Comp. Psychology 110: 396-401

Jerison, H. J. (1973): Evolution of the Brain and Intelligence. Academic Press, New York

Jerison, H. J. (1991): Brain Size and the Evolution of Mind. American Museum of Natural History, New York

Jerison, H. J. (2000): The evolution of neural and behavioral complexity. In: G. Roth und M. F. Wullimann (Hrsg.), Brain Evolution and Cognition. Wiley-Spektrum Akademischer Verlag, New York, Heidelberg, Berlin, 523-553

Jones, E. G. (2001): The thalamic matrix and thalamocortikal synchrony. Trends in Neurosciences 24: 595-601

Julien, R. M. (1997): Drogen und Psychopharmaka. Spektrum Akademischer Verlag, Heidelberg

Kandel, E. R. (1999): Biology and the future of psychoanalysis: A new intellectual framework for psychiatry revisited. Am. J. Psychiatry 156: 505-524

Kandel, E. R. (2001): The molecular biology of memory storage: a dialogue between genes and synapses. Science 294: 1030-1038

Kandel, E. R., J. H. Schwartz und T. M. Jessell (1996): Neurowissenschaften. Spektrum Akademischer Verlag, Heidelberg

Kant, I. (1787/1983): Kritik der reinen Vernunft. Meiner, Hamburg

Kant, I. (1786/1963): Schriften zur Ethik und Religionsphilosophie. Wissenschaftliche Buchgesellschaft, Darmstadt

Kastner, S., P. de Weerd, R. Desimone und L. G. Ungerleider (1998): Mechanisms of directed attention in the human extrastriate cortex as revealed by functional MRI. Science 282: 108-111

Kellerman, K. (1989): Looking and loving: effects of mutual gaze on feelings of romantic love. J. Research in Personality 23: 145-161

Kim, J.-N. und M. N. Shadlen (1999): Neuronal correlates of a decision in the dorsolateral prefrontal cortex of the macaque. Nature Neuroscience 2: 176-185

Klima, E. und U. Bellugi (1979): The Signs of Language. Harvard University Press, Cambridge Mass.

Klüver, H. und P. C. Bucy (1937): An analysis of certain effects of bilateral temporal lobectomy in rhesus monkeys. J. Psychol. 5: 33-54

Klüver, H. und P. C. Bucy (1939): Preliminary analysis of functions of the temporal lobes in monkeys. Arch. Neurol. Psychiatr. 42: 979-1000

Kluwe, R. H. (2000): Steuerung des Denkens und Handelns. Zeitschrift für Psychologie 208: 1-31

Knight, R. T. und M. Grabowecky (2000): Prefrontal cortex, time, and consciousness. In: M. S. Gazzaniga et al. (Hrsg.), The New Cognitive Neurosciences, 2nd edition. MIT Press, Cambridge, Mass., S. 1319-1339

Knoblich, G. (2002): Self-recognition: body and action. Trends in Cognitive Sciences 6: 447-449

Koch, M. (1999): The neurobiology of startle. Progress in Neurobiology 59: 107-128

Koch, M., A. Schmid und H.-U. Schnitzler (2000): Role of nucleus accumbens dopamine D1 und D2 receptors in instrumental and Pavlovian paradigms of conditioned reward. Psychopharmacology 152: 67-73

Köck, W. K. (1993): Zur Geschichte des Instinktbegriffs. In: E. Florey und O. Breidbach (Hrsg.), Das Gehirn – Organ der Seele? Zur Ideengeschichte der Neurobiologie. Akademie-Verlag, Berlin, S. 217-257

Kolb, B. und I. Q. Wishaw (1993): Neuropsychologie. Spektrum, Heidelberg

Koob, G. F. und M. Le Moal (1997): Drug abuse: hedonic homeostatic dysregulation. Science 278: 52-58

Kornhuber, H. H. und L. Deecke (1965): Hirnpotentialänderungen bei Willkürbewegungen und passiven Bewegungen des Menschen: Bereitschaftspotential und reafferente Potentiale. Pflügers Archiv für Gesamte Physiologie 284: 1-17

Krause, K.-H., S. Dresel und J. Krause (2000): Neurobiologie der Aufmerksamkeitsdefizit-/Hyperaktivitätsstörung. Psycho 26: 199-208

Kudryavtseva, N., N. P. Bondar und D. F. Avgustinovitch (2002): Association between experience of aggression and anxiety in male mice. Behavioral Brain Research 133: 83-93

Kusch, M. und F. Petermann (1997): Komorbidität von Aggression und Depression. Kindheit und Entwicklung 6: 212-223

Lachnit, H. (1993): Assoziatives Lernen und Kognition. Spektrum Akademischer Verlag, Heidelberg, Berlin, Oxford

Lachnit, H. (2003): The principle of contiguity. In: R. H. Kluwe, G. Lüer und F. Rösler (Hrsg.), Principles of Learning and Memory. Birkhäuser, Basel, Boston, New York, S. 3-13.

Lang, W., D. Cheyne, R. Kristeva, R. Beisteiner, G. Lindinger und L. Deecke (1991): Three-dimensional localization of SMA activity preceding voluntary movement. Experimental Brain Research 87: 688-695

Laucht, M. (2001): Antisoziales Verhalten im Jugendalter: Entstehungsbedingungen und Verlaufsformen. Kinder- und Jugendpsychiatrie und Psychotherapie 29: 297-311.

LeDoux, J. (1998): Das Netz der Gefühle. Wie Emotionen entstehen. Hauser, München, Wien

LeDoux, J. (2000): Emotion circuits in the brain. Annu. Rev. Neurosci. 23: 155-184

Leiner, H. C., A. L. Leiner und R. S. Dow (1991): The human cerebro-cerebellar system: its computing, cognitive, and language skills. Behavioral Brain Research 44: 113-128

Levine, J. (2002): Materialism and Qualia. Pacific Quarterly 64: 354-361. Dt.: Gedanken über Qualia. In: M. Pauen und A. Stephan (Hrsg.), Phänomenales Bewusstsein – Rückkehr zur Identitätstheorie? Mentis, Paderborn, S. 108-121

Libet, B. (1978): Neuronal vs. subjective timing for a conscious sensory experience. In: P. A. Buser und A. Rougeul-Buser (Hrsg.), Cerebral Correlates of Conscious Experience. Elsevier/North-Holland, Amsterdam u. a., S. 69- 82

Libet, B. (1985): Unconscious cerebral initiative and the role of conscious will in voluntary action. Behavioral Brain Sciences. 8: 529-566

Libet, B. (1990): Cerebral processes that distinguish conscious experience from unconscious mental functions. In: J. C. Eccles und O. D. Creutzfeldt (Hrsg.), The principles of design and operation of the brain. Pontificae Academiae Scientiarum Scripta Varia 78: 185-202

Libet, B. (1994): A testable field theory of mind-brain interaction. J. Consciousness Studies 1: 119-126

Libet, B., C. A. Gleason, E. W. Wright und D. K. Pearl (1983): Time of conscious intention to act in relation to onset of cerebral activity (readiness-potential). Brain 106: 623-642

Linnoila, M. und D. S. Charney (1999): The neurobiology of aggression. In: D. S. Charney, E. J. Nestler und B. S. Bunney (Hrsg.), Neurobiology of Mental Illness. Oxford University Press, New York, Oxford, S. 855-871

Liu, D., J. Diorio, J. C. Day, D. D. Francis und M. J. Meany (2000): Maternal care, hippocampal synaptogenesis and cognitive development in rats. Nature Neuroscience 3: 799-806

Loftus, E. F. (2000): Remembering what never happened. In: E. Tulving (Hrsg.), Memory, Consciousness and the Brain: The Tallinn Conference. Psychology Press, Philadelphia, PA, S. 106-118

Loftus, E. F. und J. E. Pickerell (1995): The formation of false memories. Psychiatric Annals 25: 720-725

Logothetis, N. K., J. Pauls, M. Augath, T. Trinath und A. Oeltermann (2001): Neurophysiological investigation of the basis of the fMRI signal. Nature 412: 150-157

Lorenz, K. (1963): Das sogenannte Böse – Zur Naturgeschichte der Aggression. Dr. G. Borotha-Schoeler, Wien

Lorenz, K. (1965): Über die Bildung des Instinktbegriffes (1937). In: Über tierisches und menschliches Verhalten. Aus dem Werdegang der Verhaltenslehre, Bd. 1. Piper, München, S. 283-342

Lorenz, K. (1965): Über tierisches und menschliches Verhalten. Aus dem Werdegang der Verhaltenslehre, 2 Bde, Piper, München

Lorenz, K. und N. Tinbergen (1965): Taxis und Instinkthandlung in der Eirollbewegung der Graugans (1938). In: Über tierisches und menschliches Verhalten. Aus dem Werdegang der Verhaltenslehre, Bd. 1. Piper, München, S. 343-379

Lurija, A. R. (1968): The Mind of a Mnemonist. Basic Books, New York, London

Lurija, A. R. (1991): Der Mann, dessen Welt in Scherben ging. Rowohlt, Reinbek

Lynch, G. (1986): Synapses, Circuits, and the Beginnings of Memory. Oxford University Press, New York

Maasen, S., W. Prinz und G. Roth (2003), Voluntary Action. Oxford University Press, New York, Oxford

MacLean, P. (1947): Psychosomatic disease and the »visceral brain«: Recent developments bearing on the Papez theory of emotion. Psychosom. Med. 11: 338-353

MacLean, P. (1952): Some psychiatric implications of physiological studies on frontotemporal portion of limbic system. Electroenceph. Clin. Neurophysiol. 4: 407-418

MacLean, P. (1990): The Triune Brain in Evolution. Plenum, New York

MacPhail, E. (1998): The Evolution of Consciousness. Oxford University Press, Oxford: New York, Tokyo

Magistretti, P. J. (1999): Brain energy metabolism. In: M. J. Zigmond, F. E. Bloom, S. C. Landis, J. L. Roberts und L. R. Squire (Hrsg.), Fundamental Neuroscience. Academic Press, San Diego u. a., S. 389-413

Magistretti, P. J., L. Pellerin, D. L. Rothman und R. G. Shulman (1999): Energy on demand. Science 283: 496-497

Mai, J. K., J. Assheuser und G. Paxinos (1997): Atlas of the Human Brain. Academic Press, San Diego.

Maren, S. und M. S. Fanselow (1996): The amygdala and fear conditioning: Has the nut been cracked? Neuron 16: 237-240

Markowitsch, H. J. (1999): Gedächtnisstörungen. Kohlhammer, Stuttgart

Markowitsch, H. J. (2000): The anatomical bases of memory. In: M. S. Gazzaniga et al. (Hrsg.), The New Cognitive Neurosciences, 2. Auflage, MIT Press, Cambridge, Mass., S. 781-795

Markowitsch, H.-J. (2002): Dem Gedächtnis auf der Spur. Vom Erinnern und Vergessen. Wissenschaftliche Buchgesellschaft, Darmstadt

Markowitsch, H. J., J. Kessler, C. van der Ven, G. Weber-Luxenburger und W.-D. Heiss (1998): Psychic trauma causing grossly reduced brain metabolism and cognitive deterioration. Neuropsychologia 36: 77-82

Maturana, H. R. (1982): Erkennen: Die Organisation und Verkörperung von Wirklichkeit. Vieweg, Braunschweig

Mazur, A. und A. Booth (1998): Testosterone and dominance in men. Behavioral and Brain Sciences 21: 353-397

McEwen, B. S. (1999): The effects of stress on structural and functional plasticity in the hippocampus. In: D. S. Charney, E. J. Nestler und B. S. Bunney (Hrsg.), Neurobiology of Mental Illness. Oxford University Press, New York, Oxford, S. 475-493

McFarland, D. (1989): Biologie des Verhaltens. Evolution, Physiologie, Psychobiologie. VCH, Weinheim

McGaugh, J., B. Ferry, A. Vazdarjanova, B. Roozendaal (2000): Amygdala: role in modulation of memory storage. In: J. P. Aggleton (Hrsg.), The Amygdala, 2nd edition. A Functional Analysis. Oxford University Press, New York, Oxford, S. 391-423

Mehler, J. und A. Christophe (2000): Acquisition of languages: Infant and adult data. In: M. S. Gazzaniga et al. (Hrsg.), The New Cognitive Neurosciences, 2nd edition. MIT Press, Cambridge, Mass., S. 897-908

Melchers, P. und G. Lehmkuhl (2000): Neuropsychologie des Kindes- und Jugendalters. In: W. Sturm, M. Herrmann und C.-W. Wallesch (Hrsg.),

Lehrbuch der Klinischen Neuropsychologie. Swets und Zeitlinger, Lisse (NL), S. 613-647

Meltzoff, A. M. (1995): Understanding the intentions of others: Re-enactments of intended acts by 18-month-old children. Developmental Psychology 31: 838-850

Meltzoff, A. und A. Gopnik (1993): The role of imitation in understanding persons and developing a theory of mind. In:. S. Baron-Cohen, H. Tager-Flusberg und D. J. Cohen, (Hrsg.), Understanding Other Minds: Perspectives from Autism. Oxford University Press, Oxford, S. 335-366

Meltzoff, A. und M. Moore (1992): Early imitation within a functional framework: The importance of person identity, movement, and development. Infant Behavior and Development 15: 379-505

Menzel, R. (2001): Neuronale Plastizität, Lernen und Gedächtnis. In: J. Dudel, R. Menzel und R. F. Schmidt (Hrsg.) (2. Auflage): Neurowissenschaften. Vom Molekül zur Kognition. Springer, Heidelberg, S. 487-526

Menzel, R. und G. Roth (1996): Verhaltensbiologische und neuronale Grundlagen von Lernen und Gedächtnis. In: G. Roth und W. Prinz (Hrsg.), Kopfarbeit. Kognitive Leistungen und ihre neuronalen Grundlagen. Spektrum Akademischer Verlag, Heidelberg, S. 239-277

Merikle, P. M. und M. Daneman (1996): Memory for unconsciously perceived events: Evidence from anesthetized patients. Consciousness and Cognition 5: 525-541

Metzinger, T. (1995): Bewußtsein. Beiträge aus der Gegenwartsphilosophie. Schöningh, Paderborn u. a.

Metzinger, T. (1999): Subjekt und Selbstmodell. Mentis, Paderborn

Mogg, K. und B. P. Bradley (1999): Selective attention and anxiety: a cognitive-motivational perspective. In: T. Dagleish und M. J. Power (Hrsg.), Handbook of Cognition and Emotion. Wiley, Chichester u. a., S. 145-170

Moore, T. M., A. Scarpa und A. Raine (2002): A meta-analysis of serotonin metabolite 5-HIAA and antisocial behavior. Aggressive Behavior 28: 299-316

Münte, T. F. und H.-J. Heinze (2001): Beitrag moderner neurowissenschaftlicher Verfahren zur Bewußtseinsforschung. In: M. Pauen und G. Roth (Hrsg.), Neurowissenschaften und Philosophie. UTB-W. Fink, München, S. 298-328

Nauta, W. J. H. (1958): Hippocampal projections and related neural pathways to the midbrain in the cat. Brain 81: 319-340

Neisser, U. (1967): Cognitive Psychology. Appleton, New York

Nelson, R. J. und S. Chiavegatto (2001): Molecular basis of aggression. Trends in Neurosciences 24: 713-719

Nestler, E. J. und G. K. Aghajanian (1997): Molecular and cellular basis of addiction. Science 278: 58-63

Neubauer, A. C. und H. H. Freudenthaler (1994): The mental speed approach to the assessment of intelligence. In: J. Kingma und W. Tomic (Hrsg.), Advances in Cognition and Educational Practice: Reflections on the Concept of Intelligence. JAI Press, Greenwich, CT, S. 149-174

Neubauer, A. C., H. H. Freudenthaler und G. Pfurtscheller (1995): Intelligence and spatiotemporal patterns of event-related desynchronization (ERD). Intelligence 20: 249-266

Neumann, O. und W. Prinz (1987): Kognitive Antezedenzien von Willkürhandlungen. In: H. Heckhausen, P. M. Gollwitzer und F. E. Weinert (Hrsg.), Jenseits des Rubikon. Der Wille in den Humanwissenschaften. Springer, Berlin u. a., S. 195-215

Newen, A. und K. Vogeley (2000): Selbst und Gehirn. Mentis, Paderborn

Neyer, F. J. und J. B. Asendorpf (2001): Personality-relationship transaction in young adulthood. J. Personality and Social Psychology 81: 1190-1204

Nieuwenhuys, R. (1985): Chemoarchitecture of the Brain. Springer, Heidelberg u. a.

Nieuwenhuys, R., J. Voogd und Chr. van Huijzen (1991): Das Zentralnervensystem des Menschen. Springer, Berlin, Heidelberg, New York

Nieuwenhuys, R., H. J. ten Donkelaar und C. Nicholson (1998): The Central Nervous System of Vertebrates, Vol. 3. Springer, Berlin

Noesselt, T., S. A. Hillyard, M. G. Woldorff, A. Schoenfeld, T. Hagner, L. Jäncke, C. Tempelmann, H. Hinrichs und H.-J. Heinze (2002): Delayed striate cortikal activation during spatial attention. Neuron 35: 575-587

O'Rahilly, R. und F. Müller (1999): The Embryonic Human Brain. An Atlas of Developmental Stages, 2. Auflage, Wiley-Liss, New York u. a.

Öhman, A. (1999): Distinguishing unconscious from conscious emotional processes: methodological considerations and theoretical implications. In: T. Dagleish und M. J. Power (Hrsg.), Handbook of Cognition and Emotion. Wiley, Chichester u. a., S. 321-352

Olds, J. (1958): Self-stimulation of the brain. Science 127: 315-324

Panksepp, J. (1998): Affective Neuroscience. The Foundations of Human and Animal Emotions. Oxford University Press, New York, Oxford

Papez, J. W. (1937): A proposed mechanism of emotion. Arch. Neurol. Psychiatry 38: 725-743

Paré, D., W. R. Collins und J. G. Pelletier (2002): Amygdala oscillations and the consolidation of emotional memories. Trends in Cognitive Sciences 6: 306-314

Parrot, W. G. und M. P. Spackman (2000): Emotion and memory. In: M.

Lewis und J. M. Haviland-Jones (Hrsg.), Handbook of Emotions, 2. Auflage, Guilford Press, New York, London, S. 476-499

Parsey, R. V., M. A. Oquendo, N. R. Simpson, R. T. Ogden, R. Van Heertum, V. Arango, V. und J. J. Mann (2002): Effects of sex, age, and aggressive traits in man on brain serotonin 5-HT$_{1a}$ receptor binding potential measured by PET using [C-11]WAY-100635. Brain Research 954: 173-182

Pascalis, O., M. de Haan und C. A. Nelson (2002): Is face processing species-specific during the first year of life? Science 296: 1321-1323.

Passingham, R. (1993): The Frontal Lobes and Voluntary Action. Oxford University Press, Oxford, New York, Tokyo

Passingham, R. E., I. Toni und M. F. S. Rushword (2000): Specialisation within the prefrontal cortex: the ventral prefrontal cortex and associative learning. Experimental Brain Research 133: 103-113

Pauen, M. (2001): Grundprobleme der Philosophie des Geistes und die Neurowissenschaften. In: M. Pauen und G. Roth (Hrsg.), Neurowissenschaften und Philosophie. UTB-W. Fink. München, S. 83-122

Pauen, M. und G. Roth (2001): Neurowissenschaften und Philosophie. UTB-W. Fink, München.

Pauen, M. und A. Stephan (2002) Phänomenales Bewusstsein – Rückkehr zur Identitätstheorie? Mentis, Paderborn

Pauen, S. (2000): Wie werden Kinder Selbst-Bewußt? Frühkindliche Entwicklung von Vorstellungen über die eigene Person. In: K. Vogeley, A. Newen (Hrsg.), Selbst und Gehirn: Menschliches Selbstbewußtsein und seine neurobiologischen Grundlagen. Mentis, Paderborn

Paul, A. (1999): Von Affen und Menschen. Verhaltensbiologie der Primaten. Wissenschaftliche Buchgesellschaft, Darmstadt

Penfield, W. (1958): The Excitable Cortex in Conscious Man. Liverpool University Press, Springfield, Ill.

Penfield, W. und T. Rasmussen (1950): The Cerebral Cortex of Man. MacMillan Co., New York

Penfield, W. und L. Roberts (1959): Speech and Brain-Mechanisms. Princeton University Press, Princeton

Penrose, R. (1995): Schatten des Geistes. Wege zu einer neuen Physik des Bewußtseins. Spektrum Akademischer Verlag, Heidelberg

Peterhans, E. und R. von der Heydt (1991): Subjective contours – bridging the gap between psychophysics and physiology. Trends in Neurosciences 14: 112

Petermann, F., M. Kusch und K. Niebank (2000): Entwicklungspsychopathologie. Weinheim

Petit, L., S. M. Courtney, L. G. Ungerleider und J. V. Haxby (1998): Sustained activity in the medial wall during working memory delays. J. Neuroscience 18: 9429-9437.

Petrides, M. (2000): The role of the mid-dorsolateral prefrontal cortex in working memory. Experimental Brain Research 133: 44-54

Philbeam, D. und S. J. Gould (1974): Size and scaling in human evolution. Science 186: 892-901

Pillemer, D. B. (1984): Flashbulb memories of the assassination attempt on President Reagan. Cognition 16: 63-80

Pitkänen, A., V. Savander und J. E. LeDoux (1997): Organization of intra-amygdaloid circuitries in the rat: an emerging framework for understanding functions of the amygdala. Trends in Neurosciences 20: 517-523

Pitkänen, A. (2000): Connectivity of the rat amygdaloid complex. In: J. P. Aggleton (Hrsg,), The Amygdala, 2nd edition. A Functional Analysis. Oxford University Press, New York, Oxford, S. 31-115

Ploghaus A., I. Tracey, J. S. Gati, S. Clare, R. S. Menon, P. M. Matthews und J. N. Rawlins (1999): Dissociating pain from its anticipation in the human brain. Science 284: 1979-1981.

Pöppel, E. (1985): Grenzen des Bewußtseins. Über Wirklichkeit und Welterfahrung. Deutsche Verlagsanstalt, Stuttgart.

Posner, M. I. (1994): Seeing the mind. Science 262, 673-674

Povinelli, D. J. (1995): The unduplicated self. In: P. Rochat (Hrsg.), The Self in Infancy. Advances in Psychology 112. Elsevier, North Holland, S. 161-192

Povinelli, D. J. und J. Volk (2003): Chimpanzee minds: suspiciously human? Trends in Cognitive Sciences 7: 157-160

Preuss, T. M. (1995): Do rats have a prefrontal cortex? The Rose-Woolsey-Akert program reconsidered. J. Cognitive Neurosci. 7: 1-24

Preuss, T. M. (2000): What's human about the human brain? In: M. S. Gazzaniga et al. (Hrsg.) The New Cognitive Neurosciences, 2nd edition. MIT Press, Cambridge, Mass., S. 1219-1234

Price, R. D. (2000): Psychological and neural mechanisms of the affective dimension of pain. Science 288: 1769-1772

Prinz, W. (1996): Freiheit oder Wissenschaft? In: M. von Cranach und K. Foppa (Hrsg.), Freiheit des Entscheidens und Handelns. Roland Asanger, Heidelberg, S. 86-103

Prinz, W. (1998): Die Reaktion als Willenshandlung. Psychologische Rundschau 49: 10-20

Prinz, W. (2000): Kognitionspsychologische Handlungsforschung. Zeitschrift für Psychologie 208: 32-54

Rager, G. (1994): Entwicklung des menschlichen Nervensystems. In: D. Drenckhahn und W. Zenker (Hrsg.), Benninghoff, Anatomie Bd. 2. Urban und Schwarzenberg, München, Wien, Baltimore, S. 396-433

Raichle, M. E. (1994): Bildliches Erfassen von kognitiven Prozessen. Spektrum der Wissenschaft Juni, S. 56-63

Raine, A., M. S. Buchsbaum, L. LaCasse (1997). Brain abnormalities in murderers indicated by positron emission tomography. Biological Psychiatry 42: 495-508.

Raine, A., J. R. Meloy, S. Bihrle, J. Stoddard, L. LaCasse, L. und M. S. Buchsbaum (1998): Reduced prefrontal and increased subcortikal brain functioning assessed using positron emission tomography in predatory and affective murderers. Behav. Sci. Law, 16: 319-332

Raine, A., T. Lencz, S. Bihrle, L. LaCasse und P. Colletti (2000): Reduced prefrontal gray matter volume and reduced autonomic activity in antisocial personality disorder. Archives Gen. Psychiatry 57: 119-127

Rainville, P., G. H. Duncan, D. D. Price, B. Carrier und M. C. Bushnell (1997): Pain affect encoded in human anterior cingulate but not somatosensory cortex. Science 277: 968-971.

Rao, S. C., G. Rainer und E. K. Miller (1997): Integration of what and where in the primate prefrontal cortex. Science 276: 521-524

Reber, A. S. (1967): Implicit learning of artificial grammars. J. Verbal Learning and Verbal Behavior 6: 855-863

Riska, B. und W. R. Atchley (1985): Genetics of growth predict patterns of brain-size evolution. Science 229: 1302-1304

Rizzolatti, G., L. Fadiga, L. Fogassi und V. Gallese (1996): Premotor cortex and the recognition of motor actions. Cognitive Brain Research 3: 131-141

Rizzolatti, G., L. Fogassi und V. Gallese et al. (2000): Cortikal mechanisms subserving object grasping and action recognition: A new view on the cortikal motor functions. In: M. S. Gazzaniga et al. (Hrsg.), The New Cognitive Neurosciences, 2nd edition. MIT Press, Cambridge, Mass., S. 539-552

Robbins, T. M. und B. J. Everitt (1995): Arousal systems and attention. In: M. S. Gazzaniga et al. (Hrsg.), The Cognitive Neurosciences, MIT Press, Cambridge, Mass., S. 243-262

Rochat, P. (1989): Object manipulation and exploration in 2-to-5-month-old infants. Developmental Psychology 25: 871-884

Rockel, A. J., W. Hiorns und T. P. S. Powell (1980): The basic uniformity in structure of the neocortex. Brain 103: 221-244

Roland, P. E., B. Larsen, N. A. Lassen und E. Skinhut (1980): Supplementary motor area and other cortikal areas in organization of voluntary movements in man. J. Neurophysiology 43: 118-136

Rolls, E. T. (1999): The Brain and Emotion. Oxford University Press, New York, Oxford.

Roth, G. (1974): Kritik der verhaltensphysiologischen Grundlagen der

Lorenzschen Instinkttheorie. In: G. Roth (Hrsg.), Kritik der Verhaltensforschung. Beck, München, S. 156-189

Roth, G. (1996): Das Gehirn und seine Wirklichkeit. 2. veränderte Aufl.
Suhrkamp, Frankfurt am Main

Roth, G. (2000): The evolution and ontogeny of consciousness. In: T.
Metzinger (Hrsg.), Neural Correlates of Consciousness. Bradford Book,
MIT Press, Cambridge, Mass., London, S. 77-97

Roth, G. und M. F. Wullimann (1996/2001): Die Evolution des Nervensystems und der Sinnesorgane. In: J. Dudel, R. Menzel und R. F. Schmidt
(Hrsg.), Neurowissenschaft. Vom Molekül zur Kognition. Springer-Ver-
lag, Heidelberg, Berlin, S. 1-31

Rowe, J. B., I. Toni, O. Josephs, R. S. J. Frackowiak und R. E. Passingham
(2000): The prefrontal cortex: response selection or maintenance within
working memory? Science 288: 1656-1660

Sacks, O. (1987): Der Mann, der seine Frau mit einem Hut verwechselte.
Rowohlt, Reinbek

Sacks, O. (1990): Seeing Voices, S. Harper Perennial, New York

Sakata, H., M. Taira, A. Murata und S. Mine (1995): Neural mechanisms of
visual guidance of hand action in the parietal cortex of the monkey.
Cerebral Cortex 5: 429-438.

Savage-Rumbaugh, S. (1984): Acquisition of functional symbol usage in apes
and children. In: H. L. Roitblat, T. G. Bever und H.S Terrace (Hrsg.),
Animal Cognition. Earlbaum, Hillsdale, New Jersey, S. 291-310

Scalaidhe, S. P. O., F. A. W. Wilson und P. S. Goldman-Rakic (1997): Areal
segregation of face-processing neurons in prefrontal cortex. Science 278:
1135-1138

Schacter, D. L. (1996): Searching for Memory. The Brain, the Mind, and the
Past. Basic Books, New York

Schacter, D. L. und T. Curran (2000): Memory without remembering and
remembering without memory: Implicit and false memories. In: M. S.
Gazzaniga et al. (Hrsg.), The New Cognitive Neurosciences, 2nd edition,
S. 829-840

Schacter, D. L. und J. F. Kihlstrohm (1989): Functional amnesia. In: F. Boller
und J. Grafman (Hrsg.), Handbook of Neuropsychology, Bd. 3, Elsevier,
Amsterdam, S. 209-231

Schafe, G. E., K. Nader, H. T. Blair und J. E. LeDoux (2001): Memory
consolidation of Pavlovian fear conditioning: a cellular and molecular
perspective. Trends in Neurosciences 24: 540-546

Schauz, C. und M. Koch (2000): Blockade of NMDA receptors in the
amygdala prevents latent inhibition of fear-conditioning. Learning and
Memory 7: 393-399

Scherer, K. R. (1999): Appraisal theory. In: T. Dagleish und M. J. Power (Hrsg.), Handbook of Cognition and Emotion. Wiley, Chichester u. a., S 637-663

Schmahmann, J. D. (1997): The Cerebellum and Cognition. Academic Press, San Diego

Schmidt, W. (1997): Zur Neurobiologie von Suchterkrankungen. Nervenheilkunde 16: 197-200

Schneider, H. J. (2000): Gewaltdelinquenz im Kindes- und Jugendalter. Häufigkeit, Ursachen, Vorbeugung und Kontrolle in internationaler Perspektive. Kriminalistik 2: 87-98

Schultz, W. (1998): Predictive reward signals of dopamine neurons. J. Neurophysiology 80: 1-27

Schüz, A. (2000): What can the cerebral cortex do better than other parts of the brain? In: G. Roth und M. F. Wullimann (Hrsg.), Brain Evolution and Cognition. Wiley-Spektrum Akademischer Verlag, New York, Heidelberg, Berlin, S. 491-500

Scoville, W. B. und B. Milner (1957): Loss of recent memory after bilateral hippocampal lesions. J. Neurology, Neurosurgery and Psychiatry 20: 11-21

Seeley, B. A. (1999): What is love, medically speaking? Sonoma County Physician, 50 (5)

Selye, H. (1936): A syndrome produced by diverse nocuous agents. Nature 138: 32-41

Selye, H. (1946): The general adaptation syndrome and the diseases of adaptation. J. Clinical Endocrinology 6: 117-173

Semendeferi, K., A. Lu, N. Schenker und H. Damasio (2002): Humans and great apes share a large frontal cortex. Nature Neuroscience 5: 272-276

Shallice, T. (1988): From Neuropsychology to Mental Structure. Cambridge University Press, Cambridge Mass.

Shannon, C. E. und W. Weaver (1949): The Mathematical Theory of Communication. The University of Illinois Press, Urbana

Shastri, L. (2002): Episodic memory and cortico-hippocampal interactions. Trends in Cognitive Sciences 6: 162-176

Shepherd, G. M. (1994): Neurobiology, 3. Edition. Oxford University Press, New York, Oxford

Shi, C. und M. Davis (1999): Pain pathways involved in fear conditioning measured with fear-potentiated startle: lesion studies. J. Neuroscience 19: 420-430

Shidara, M. und B. J. Richmond (2002): Anterior cingulate: Single neuronal signals related to degree of reward expectancy. Science 296: 1709-1711

Shin, L. M., S. M. Kosslyn, R. J. McNally, N. M. Alpert, W. L. Thompson, S. C. Rauch, M. L. Macklin und R. K. Pitman (1997): Visual imagery and perception in posttraumatic stress disorder. A positron emission tomographic investigation. Arch. Gen. Psychiatry 54: 233-241

Siegel, A., T. A. P. Roeling, T. R. Gregg und M. R. Kruk (1999): Neuropharmacology of brain-stimulation-evoked aggression. Neuroscience and Biobehavioral Reviews 23: 359-389

Singer, W. (1995): Development and plasticity of cortikal processing architecture. Science 270: 758-764

Skinner, B. F. (1953): Science and Human Behavior. MacMillan. Dt.: Wissenschaft und menschliches Verhalten. Kindler, München (1973)

Smythies, J. (1997): The functional neuroanatomy of awareness: With a focus on the role of various anatomical systems in the control of intermodal attention. Consciousness and Cognition 6: 455-481

Spanagel, R. und F. Weiss (1999): The dopamine hypothesis of reward: past and current status. Trends Neurosci. 22: 521-527

Spearman, C. (1904): »General intelligence«, objectively determined and measured. American J. Psychology 15: 201-293

Spitzer, M. (2002): Musik im Kopf. Hören, Musizieren, Verstehen und Erleben im neuronalen Netzwerk. Schattauer, Stuttgart, New York

Squire, L. R. (1987): Memory and Brain. Oxford University Press, New York

Squire, L. R. und B. Knowlton (1995): Memory, hippocampus, and brain systems. In: M. S. Gazzaniga et al. (Hrsg.), The Cognitive Neurosciences. MIT Press, Cambridge Mass., S. 825-836

Stephan, K. M. und R. S. Frackowiak (1996): Motor imagery – anatomical representation and electrophysiological characteristics. Neurochemi. Res. 21: 1105-1116

Stern, E. (2001): Intelligenz, Wissen, Transfer und der Umgang mit Zeichensystemen. In: E. Stern und J. Guthke (Hrsg.), Perspektiven der Intelligenzforschung. Pabst, Lengerich, S. 163-203.

Sternberg, R. J. (1999): Successful intelligence: finding a balance. Trends in Cognitive Sciences 3: 436-442

Swanson, L. W. und G. D. Petrovitch (1998): What is the amygdala? Trends in Neurosciences 21: 323-331

ter Pelwijk, J. J. und N. Tinbergen (1937): Eine reizbiologische Analyse einiger Verhaltensweisen von Gasterosteus aculeatus L. Z. Tierpsychologie 1: 193-200

Tinbergen, N. (1951): The Study of Instinct, Oxford University Press, Oxford. Dt.: Instinktlehre: vergleichende Erforschung angeborenen Verhaltens. Paul Parey, Berlin, Hamburg (1953)

Tinbergen, N. und A. C. Perdeck (1950): On the stimulus situation releasing the begging response in the newly hatched herring gull chick (Larus argentatus). Behaviour 3: 1-38

Tolman, E. C. (1932): Purposive Behaviour in Animals and Men. Appleton, New York

Tomasello, M. (2002): Die kulturelle Entwicklung des menschlichen Denkens. Suhrkamp, Frankfurt am Main

Tomasello, M., J. Call und B. Hare (2003): Chimpanzees understand psychological states – the question is which ones and to what extent. Trends in Cognitive Sciences 7: 153-156

Trautmann-Villalba, P., M. Gerhold, M. Polowcyk, M. Dinter-Jörg, M. Laucht, G. Esser und M. H. Schmidt (2001): Mutter-Kind-Interaktion und externalisierende Störungen bei Kindern im Grundschulalter. Kinder- und Jugendpsychiatrie 29: 263-273

Tremblay, L. und W. Schultz (1999): Relative reward preference in primate orbitofrontal cortex. Nature 398: 704-708

Trevarthen, C. (1993): The self born in intersubjectivity: The psychology of an infant communicating. In: U. Neisser (Hrsg.): The Perceived Self. Cambridge University Press, Cambridge, S. 121-173

Vogeley, K. und A. Newen (2003): Ich denke was, was du nicht denkst. Gehirn und Geist 2/2003: 52-59

Vogeley, K., P. Bussfeld, A. Newen, S. Herrmann, F. Happé, F. Falkai, W. Maier, N. J. Shah, G. R. Fink und K. Zilles (2001): Mind reading: Neural mechanisms of theory of mind and self-perspective. NeuroImage 14: 170-181

Volavka, J. (1995): Neurobiology of Violence. American Psychiatric Press, Washington, D. C., London

von der Pahlen, B., R. Lindman, T. Sarkola, H. Mäkisalo und C. J. P. Eriksson (2002): An exploratory study on self-evaluated aggression and androgens in women. Aggressive Behavior 28: 273-280

Vorberg, D., U. Mattler, A. Heinecke, T. Schmidt und J. Schwarzbach (2001): Invariant time-course of priming with and without awareness. Psych. Science

Voytko, M. L. (1996): Cognitive functions of the basal forebrain cholinergic system in monkeys: Memory or attention? Behavioral Brain Research 75: 13-25

Walker, D. L. und M. Davis (1997): Double dissociation between the involvement of the bed nucleus of the stria terminalis and the central nucleus of the amygdala in light-enhanced versus fear-potentiated startle. Journal of Neuroscience 17: 9375-9938

Walter, H. (1998): Neurophilosophie der Willensfreiheit. Mentis, Paderborn

Warrington, E. K. und L. Weiskrantz (1974): The effect of prior learning on subsequent retention in amnesic patients. Neuropsychologica 12: 419-428

Wegner, D. (2002): The Illusion of Conscious Will. Bradford Books, The MIT Press, Cambridge Mass., London

Weinert, F. E. (1987): Bildhafte Vorstellungen des Willens. In: H. Heckhausen, P. M. Gollwitzer und F. E. Weinert (Hrsg.), Jenseits des Rubikon. Der Wille in den Humanwissenschaften. Springer, Berlin u. a., S. 10-26

Weiskrantz, L. (1986): Blindsight. A case study and implications. Oxford University Press, Oxford

Weiskrantz, W. (1956): Behavioral changes associated with ablation of the amygdaloid complex in monkeys. J. comp. Psychol. 49: 381-391

Wessels, J. und W. Beulke (2002): Strafrecht, Allgemeiner Teil (32. Auflage). C. F. Müller, Heidelberg

Wickett, J. C., P. A. Vernon und D. H. Lee (1994): In vivo brain size, head perimeter, and intelligence in a sample of healthy adult females. Personality and Individual Differences 16: 813-838

Wilson, E. O. (1975): Sociobiology: The New Synthesis. Belknap Press of Harvard Press, Cambridge, Mass.

Wilson, F. A. W., S. P. O. Scalaidhe und P. S. Goldman-Rakic (1993): Dissociation of object and spatial processing domains in primate prefrontal cortex. Science 260: 1955-1958

Winston, J. S., B. A. Stranger, J. O'Doherty und R. J. Dolan (2002): Automatic and intentional brain responses during evaluation of trustworthiness of faces. Nature Neuroscience 5: 277-292.

Wolffgramm, J. (1995): Abhängigkeitsentwicklung im Tiermodell. Zeitschrift für klinische Psychologie 24: 107-117

Wolters, E. C. und P. Scheltens (1993): Mental Dysfunctions in Parkinson's Disease. Vrije Universiteit Amsterdam, Dordrecht

Woolf, N. J. und S. R. Hameroff (2001): A quantum approach to visual consciousness. Trends in Cognitive Sciences 5: 472-429

Wrangham, R. und D. Peterson (2001): Bruder Affe. Menschenaffen und die Ursprünge menschlicher Gewalt. Heinrich Hugendubel (Diederichs), München

Zenker, W. und W. Neuhuber (1994): Autonomes (viszerales, vegetatives) Nervensystem. In: D. Drenckhahn und W. Zenker (Hrsg.), Benninghoff, Anatomie Bd. 2: Urban und Schwarzenberg, München, Wien, Baltimore, S. 628-647

Zimmermann, E. (1995): Loud calls in nocturnal prosimians: Structure, evolution and ontogeny. In: E. Zimmermann, J. D. Newman und U. Jürgens (Hrsg.), Current Topics in Primate Vocal Communication. Plenum Press, New York, London, S. 47-72

Zippelius, H. (1992): Die vermessene Theorie. Eine kritische Auseinander-

setzung mit der Instinkttheorie von Konrad Lorenz und verhaltenskund-
liche Forschungspraxis. Vieweg, Braunschweig, Wiesbaden

Zubieta, J.-K., Y. R. Smith, J. A. Bueller, Y. Xu, M. R. Kilbourn, D. M.
Jewett, C. R. Meyer, R. A. Koeppe und C. S. Stohler (2001): Regional mu
opioid receptors regulation of sensory and affective dimensions of pain.
Science 293: 311-315

Personenregister

Sachregister

Gerhard Roth
- Aus Sicht des Gehirns. 216 Seiten. Kartoniert
- Fühlen, Denken, Handeln. Wie das Gehirn unser Verhalten
  steuert. stw 1678. 608 Seiten
- Das Gehirn und seine Wirklichkeit. Kognitive Neurobiologie und ihre philosophischen Konsequenzen.
  stw 1275. 384 Seiten

John R. Searle. Freiheit und Neurobiologie.
91 Seiten. Kartoniert

Wolf Singer
- Ein neues Menschenbild? Gespräche über Hirnforschung.
  stw 1596. 144 Seiten
- Der Beobachter im Gehirn. Essays zur Hirnforschung.
  stw 1571. 240 Seiten
- Vom Gehirn zum Bewußtsein. 59 Seiten. Gebunden

John R. Searle
im Suhrkamp Verlag

Ausdruck und Bedeutung. Untersuchungen zur Sprechakt-
theorie. Übersetzt von Andreas Kemmerling.
stw 349. 212 Seiten

Freiheit und Neurobiologie. Übersetzt von Jürgen Schröder.
Kartoniert. 91 Seiten

Geist, Sprache und Gesellschaft. Übersetzt von
Harvey P. Gavagai. Gebunden und stw 1670. 192 Seiten

Intentionalität. Eine Abhandlung zur Philosophie des Geistes. Übersetzt von Harvey P. Gavagai. stw 956. 353 Seiten

Sprechakte. Ein sprachphilosophischer Essay. Übersetzt von
R. und R. Wiggershaus. stw 458. 306 Seiten

Die Wiederentdeckung des Geistes. Übersetzt von
Harvey P. Gavagai. st 2550. 303 Seiten

Geist. Eine Einführung. Übersetzt von Sibylle Sulewski.
Gebunden 320 Seiten

NF 146/1/5.04

Ludwig Wittgenstein
im Suhrkamp Verlag

Vermischte Bemerkungen. Eine Auswahl aus dem Nachlaß. Herausgegeben von Georg Henrik von Wright unter Mitarbeit von Heikki Nyman. Neubearbeitung durch Alois Pichler. 205 Seiten. Gebunden

Vorlesungen 1930-1935. Cambridge 1930-1932. Aus den Aufzeichnungen von John King und Desmond Lee. Herausgegeben von Desmond Lee. Cambridge 1932-1935. Aus den Aufzeichnungen von Alice Ambrose und Margaret Macdonald. Herausgegeben von Alice Ambrose. Übersetzt von Joachim Schulte.
Gebunden und stw 865. 452 Seiten

Vortrag über Ethik. Und andere kleine Schriften. Herausgegeben und übersetzt von Joachim Schulte.
stw 770. 142 Seiten

Wittgensteins Vorlesungen über die Grundlagen der Mathematik, Cambridge, 1939. Nach den Aufzeichnungen von R. G. Bosanquet, Norman Malcom, Rush Rhees und Yorick Smythies. Übersetzt von Joachim Schulte. Gebunden. 363 Seiten

Über Ludwig Wittgenstein

John Gibson/Wolfgang Huemer (Hg.). Wittgenstein und die Literatur. stw 1782. 450 Seiten

P. M. S. Hacker. Wittgenstein im Kontext der analytischen Philosophie. Übersetzt von Joachim Schulte. 634 Seiten. Gebunden

Merrill B. Hintikka/Jaakko Hintikka. Untersuchungen zu Wittgenstein. Übersetzt von Joachim Schulte. stw 1224. 419 Seiten

Wolfgang Kienzler
- Wittgensteins Wende zu seiner Spätphilosophie 1930 bis 1932. Eine historische und systematische Darstellung. 339 Seiten. Pappband

Der Konflikt der Lebensformen in Wittgensteins Philosophie der Sprache. Herausgegeben von Wilhelm Lütterfelds und Andreas Roser. stw 1382. 253 Seiten

Saul A. Kripke. Wittgenstein über Regeln und Privatsprache. Eine elementare Darstellung. Übersetzt von Helmut Pape. stw 1783. 180 Seiten

Brian McGuinness. Wittgensteins frühe Jahre. Übersetzt von Joachim Schulte. Gebunden und stw 1014. 492 Seiten

Eike von Savigny/Oliver Scholz (Hg.). Wittgenstein über die Seele. stw 1173. 304 Seiten

Joachim Schulte
- Chor und Gesetz. Wittgenstein im Kontext. stw 899. 166 Seiten
- Ludwig Wittgenstein. sb 9. 160 Seiten

Joachim Schulte (Hg.). Texte zum Tractatus. Aufsätze von Hidé Ishiguro, Anthony Kenny, Norman Malcolm, Brian McGuinness, David Pears, Frank Ramsey, Peter Simons. Herausgegeben und übersetzt von Joachim Schulte. stw 771. 194 Seiten

Georg Henrik von Wright. Wittgenstein. Übersetzt von Joachim Schulte. 226 Seiten. Gebunden